한국목간학회총서 25

木簡과 文字 연구

25

| 한국목간학회 엮음 |

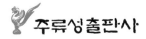 주류성출판사

| 1면 | 2면 | 3면 | 4면 | 5면 |

계양산성 출토 목간
(계양산성박물관 제공)

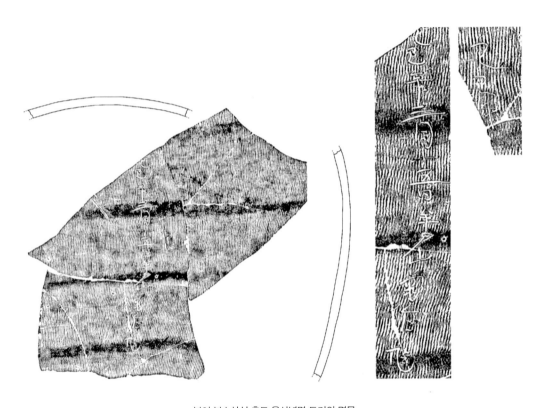

부여 부소산성 출토 을사년명 토기의 명문
(국립부여문화재연구소 제공)

부소산성(2020년)

쌍북리 602-10

관북리

부소산성

궁남지

北舍명 토기
(국립부여문화재연구소 제공)

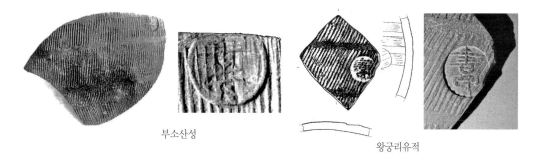

부소산성

왕궁리유적

書官명 토기
(국립부여문화재연구소 제공)

진경대사비
(성균관대학교 제공)

신년휘호
(藏山 金斗漢 先生, 2021. 2. 16 제35회 정기발표회장에서)

木簡과 文字

第26號

| 차 례 |

특집 1

동아시아의 문자 교류와 논어
- 한반도 논어 목간을 중심으로 -

李成市 著[*]

山田章人 譯[**]

〈국문초록〉

  이 글은 필자가 직접 조사한 인천 계양산성, 김해 봉황동 출토 논어목간, 평양 정백동 364호분 출토 죽간에 관한 연구성과 및 발표에 이르기까지 공동연구자와 협력한 경위를 구체적으로 논한 것이다. 이를 통해 출토문자자료는 다각적인 협동작업을 필수로 한다는 것을 강조하였다. 먼저 계양산성과 김해 봉황동 출토 논어목간의 경우, 다각형의 길이가 1미터 이상에 이르는 목간에 생략없이 공야장편이 기록되어 있었다는 사실을 한 발 앞서 공유한 것이 연구의 출발점이 되었다. 또한 두 논어목간이 신라국토의 서북쪽(당)과 동남쪽(일본) 바다와 접한 변경에서 출토되었다는 공통점에 착목하여, 그 독특한 형태와 입지를 통해 변경관아에 신라 덕치주의를 상징적으로 드러내는 시각 목간으로서 다루어졌다고 추측하였다. 이러한 신라사회 내에서 이루어진 논어의 수용과 사회적 침투와 관련하여 원성왕대에 설치된 독거삼품과가 주목된다. 국학 학생은 상위평가를 받기위해서는 논어가 필수였으며, 독서삼품과를 졸업한 자들은 골품제의 신분적 제약을 초월하여 발탁하는 중위제를 통해 종래에는 상정되지 않았던 고위 관직에 이르는 것이 가능했다. 더하여, 정백동 364호분 출토 논어죽간은 기원전 1세기 한반도의 논어수용을 말해주는 귀중한 자료임에도 불구하고 긴 시간 동안 정확한 정보가 공개되지 않았다. 이러한 상황 속에서 발굴직후 찍힌 논어죽간사진의

* 日本 早稲田大学 교수
** 경북대학교 사학과 박사과정

입수경로와 협동작업을 통한 사진의 분석에 대해 논하였다. 심지어, 정확한 발굴시기, 발굴상황 등을 북한 사회과학원의 협력을 얻어 알 수 있었던 경위에 관해서도 논하였다. 이 글에서 다룬 한반도출토 목간, 죽간 연구는 비록 출토점수가 적기는 하지만, 동아시아 출토문자자료연구의 교류 속에서 착실히 진전되고 있다는 것을 다시금 강조하였다.

▶ 핵심어: 논어목간, 논어죽간, 계양산성, 김해 봉황동, 시각목간, 정백동 364호분, 독서삼품, 중위제

I. 머리말

필자에게 주어진 주제는 「동아시아의 문자 교류와 논어」이다. 지금까지 필자가 한반도에서 출토된 논어 목간이나 죽간을 만날 수 있었던 것은 고대 동아시아 문자 교류 연구의 진전 덕분이다. 그 자료들과의 만남은 한국 목간 연구의 급속한 진전과 그 연구에 종사하는 사람들과의 만남없이는 불가능하였다. 『논어』라는 텍스트가 동아시아史를 연구하는 데 중요한 위치를 차지함은 두말할 나위 없으나, 출토 문자 자료로서 『논어』는 그 중요성에 비하여 의거해야 하는 자료가 충분하지 않으며, 아직 초기 단계에 있다고 해도 과언이 아니다. 그러한 가운데 한반도에서 출토된 논어 목간·죽간은 특별한 위치를 차지하고 있다고 할 수 있다.

예컨대 중국에서도 河北省 定州市 中山懷王 劉修 墳墓에서 출토된 논어 죽간이 널리 알려져 있는데, 발굴 이래 화재나 재해를 당하는 등 발굴 당시의 整簡이 거의 현존하지 않고, 죽간 사진은 한 장도 공개되지 않는 상황이다.[1] 이에 비해 한반도에서는 이미 尹龍九 씨의 專論이 있듯이 평양 貞柏洞 364호분에서 출토된 논어 죽간의 선명한 사진이 남아 있어 그 사진을 통해 기원전 1세기 논어 텍스트의 상황을 구체적으로 살펴볼 수 있는 귀중한 자료이다.[2]

또한 한반도에서 발견된 세 점의 논어 목간(인천 계양산성, 김해 봉황동, 부여 쌍북리)은 모두 다각형의 觚에 기록되어 있고, 글씨를 생략하지 않고 기록하였다는 특징을 가지고 있는 점에서 일본 열도에서 출토된 습서 등의 논어 목간과 성격을 달리한다. 이러한 성격은 고대 한반도에서 『논어』의 수용 방식을 검토하는 데 매우 흥미로운 자료라 할 수 있다.

이와 같은 특색을 지닌 한반도 출토 논어 목간·죽간이 한국 목간 연구가 본격화된 2000년대에 들어와 발견된 것은 결코 우연이 아니라 동아시아에서 진행되고 있는 목간 연구의 교류가 촉진된 결과라고 필자는 생각한다.[3]

---

1) 河北省文物研究所定州漢墓竹簡整理小組, 1997, 『州漢墓竹簡論語』, 文物出版社.

2) 尹龍九, 2020, 「平壤出土 竹簡 『論語』의 文本」, 『東아시아 『論語』의 전파와 桂陽山城 심포지움 자료집(2020년 11월 27일)』.

3) 韓半島에서 出土된 논어 목간·죽간에 관한 拙稿는 다음과 같다. 李成市, 2009, 「新羅の識字教育と『論語』」, 『漢字三千年』, 高田時雄編, 臨川書店(2010년에 『新羅史學報』에 번역 게재); 李成市·尹龍九·金慶浩, 2009, 「平壤 貞柏洞364號墳출토 竹簡 『論語』에 대하여」, 『木簡과 文字』 4; 李成市, 2011, 「平壤出土『論語』竹簡의 消息」, 『史滴』 33; 李成市, 2014, 「韓國木簡と東アジア世界—

위와 같은 이유로 필자에게 요구된 주제는 「동아시아의 문자 교류와 논어」이지만, 현대 출토 자료로서 논어 목간·죽간에 관한 연구에서 진행되고 있는 인적 교류와 고대 동아시아에서의 문자 교류를 往還하면서 주제에 대해 생각하는 바를 논해 보고자 한다.

II. 한국 목간 연구 프로젝트를 통한 한국 목간과의 만남

필자가 한국 목간에 대해 집중적으로 연구를 시작한 것은 2002년 와세다대학(早稻田大學)이 21세기 COE 프로그램으로 채택되어 대학 내에 「아시아 지역 문화 인핸싱 연구 센터(アジア地域文化エンハンシング研究センター)」가 설립된 것과 관련이 있다. 이 연구 센터는 한국의 BK, HK사업단에 해당하는 것이며, 연구 센터에서 8개의 프로젝트 연구소가 국제 공동연구를 추진했다.[4] 필자가 설립한 조선문화연구소는 이 프로젝트의 인수처가 되었으며, 2002년 국립창원문화재연구소에 한국 목간 연구의 공동연구를 제의하여 2004년에 국립문화재연구소로부터 승인을 받았다. 연구 대상으로서 한국에서 가장 많은 목간이 출토된 성산산성 목간의 공동 조사를 처음부터 구상하고 있었다. 한국에서 처음으로 계획된 본격적인 목간 연구를 추진하기 위해 일본 고대 목간 연구의 일인자인 히라카와 미나미(平川南) 씨를 객원 교수로, 일본 고대사 연구자인 미카미 요시타카(三上喜孝) 씨, 중국 고대사 연구자인 아베 소이치로(安部聡一郎) 씨를 각각 객원 연구원으로 초빙하고, 하시모토 시게루(橋本繁) 씨를 객원 연구 조수로 채용하여 한국 목간을 다각적인 관점에서 조사하기로 하였다.[5]

이와 같은 목적으로 2002년 국립창원문화재연구소에 공동연구를 제의하자, 정계옥(鄭桂玉) 학예실장은 공동연구를 시작하는 데 앞서 협의한 끝에 한국 목간에 대한 기초 자료 제작에 착수하였다. 정계옥 씨는 단기간에 『한국의 고대 목간』의 편찬을 이루고 출판하였다.[6] 이 책의 간행 이전에는 한국 출토 목간을 총람하는 도록이 전무하였고, 이미 간행된 보고서에도 목간의 仔細를 전하는 것은 없는 것이나 마찬가지였다. 『한국의 고대 목간』은 한국 목간의 중요성을 국제적으로도 널리 알리는 획기적인 도록이 되었다. 바로 이러한 도록의 간행과 궤를 같이 하듯 2001년 김해 봉황동에서 『논어』 공야장편이 쓰인 목간이 발견되었다. 이 논어 목간의 출토는 국립창원문화재연구소에 공동연구를 신청한 2002년 말에 부산대학교 신경철(申敬澈) 교수로부터 발견 연락을 받고 곧바로 부산대학교 박물관에서 조사할 수 있었다. 오랫동안 유적 발굴 현장 견

『論語』木簡を中心に」, 『東アジア木簡学のために』, 角谷常子編, 汲古書店; 李成市, 2015, 「平壤楽浪地区出土『論語』竹簡の歴史的性格」, 『國立歴史民俗博物館報告』 194.

4) 이 프로그램의 구상에 대해서는 早稻田大学アジア地域文化エンハンシング研究センター編, 2006, 『アジア地域文化の構築-21世紀COEプログラム研究集成』, 雄山閣을 참조.

5) 공동 연구의 추이에 대해서는 朝鮮文化研究所編, 2008, 『韓國の古代木簡』, 雄山閣; 早稻田大学朝鮮文化研究所·大韓民國國立加耶文化財研究所編, 2009, 『日韓共同研究資料集成安城山山城木簡』, 雄山閣을 참조.

6) 國立昌原文化財研究所編, 2004, 『韓國의 古代木簡』, 國立昌原文化財研究所.

학에 도움을 주었던 전옥년(全玉年) 학예사가 발굴 담당자이기도 하였고, 그 후 발굴 상황도 보고서[7]를 통해서는 알 수 없는 세부 사항을 확인할 수 있었다.

이 당시의 조사나 이후의 연구 진전은 하시모토 시게루 씨에 의한 일련의 연구를 통해 밝혀졌는데, 2002년 12월 부산대학교 박물관에서 진행된 조사 직후에 하시모토 씨는 봉황동 출토 논어 목간에 관한 가설을 제기하였다.[8] 하시모토 씨가 제시한 출토 목간의 복원안은 일부 논자를 제외하면 대부분 지지를 받고 있는 것으로 보인다. 즉 봉황동에서 출토된 논어 목간은 그 現狀을 보면 양끝이 결손되어 있어 21㎝도 되지 않으나, 원래 1m 이상에 달하는 사각형의 장대한 觚에 공야장편이 생략되지 않고 적혀 있던 것으로, 발견된 논어 목간은 그 일부였을 것으로 추정되고 있다.[9]

이 봉황동 논어 목간의 가장 큰 문제는 출토층이 교란되어 있어 복잡하고, 출토지의 층위를 파악할 수 없어 논어 목간이 이용·폐기된 시대를 특정하기 어렵다는 점이다. 이는 발견된 논어 목간의 용도와 관련된 근본적인 문제이며, 어떠한 시대에 어떠한 장소에서 어떠한 목적으로 이용되었는가하는 논어 목간의 텍스트로서의 성격을 알아내는 데 필수적인 조건이 되는 여러 문제들을 특정하기 어려워 연구상의 큰 隘路가 되어 있다.

그러나 하시모토 씨는 봉황동 출토 논어 목간에 대한 자신의 복원안을 토대로 이 논어 목간이 신라 시대 김해소경에 소재한 학교에서 이용된 것으로 추정하였다. 그와 같은 추정의 근거는 『新增東國輿地勝覽』 소재의 기사에 天寶 연간(8세기 중엽) 신라 웅주에 국학 조교의 존재가 확인되는 것으로 간주하고, 나아가 州 뿐만 아니라 小京에도 학교의 존재를 추정하는 데 있다. 그 후에도 약간의 수정을 가하여 재차 신라 지방(소경·군)에서 진행된 석전 등의 제사에서 논어 목간이 이용되었다고 하는 가설을 제기하였다.[10]

필자는 하시모토 씨의 가설을 참조하면서 중국 고대에서 학습에 사용되었다고 하는 『急就篇』이나 『蒼詰篇』 등의 다면 목간(觚)이 있는 점이나 조선 왕조 시대 四書五經의 암기 도구인 경서통이 있다는 사실을 염두에 두고, 지방 관아의 관인이 신라 국학에서 행해진 논어 시험을 위한 학습에 이용하는 학습용 교본이라고 생각하고 있었다.[11] 이러한 가설이 성립하기 위해서는 우선 봉황동 논어 목간이 신라에 국학이 성립된 7세기 후반 이후의 목간이어야 한다.

---

7) 부산대학교 박물관, 2007, 『金海鳳凰洞低湿地遺跡』 釜山大學校博物館研究叢書33輯에 따르면 6세기 후반에서 7세기 초의 연대라고 되어 있으나, 당시 질문에 대해 신경철 씨는 더 내릴 가능성을 제시하였다. 구체적으로는 발굴을 맡은 전옥년 씨가 목간이 출토된 층에서 경주 안압지에서 출토된 토기와 편년상 비슷한 시기의 토기가 검출된 점으로 미루어 7세기 후반 이후에나 이를 가능성이 충분하다는 견해를 제시하였다.

8) 橋本繁, 2004, 「金海出土『論語』木簡と新羅社会」, 『朝鮮学報』 193; 朝鮮文化研究所編, 2007, 「東アジアにおける文字文化の伝播—朝鮮半島出土『論語』木簡の検討を中心に」, 『韓國出土木簡の世界』, 雄山閣; 橋本繁, 2012, 「韓國出土『論語』木簡의 形態와 用途」, 『지하의 『論語』 지상의 『論語』』, 金慶浩·李昤昊編, 成均館大學校出版部; 橋本繁, 2019, 「視角木簡의 政治性」, 『文字와 古代韓國1(記錄과 支配)』, 韓國木簡学会編, 주류성.

9) 橋本繁, 2020, 「한국출토 論語 목간의 원형복원」, 『東아시아 '論語'의 전파와 桂陽山城 심포지움 자료집(2020년 11월 27일)』.

10) 橋本繁, 2012, 앞의 책.

11) 李成市, 2009, 앞의 책.

그 후 인천광역시 부천구의 계양산성에서 약 14㎝ 크기의 오각형 觚 형상을 가진 『논어』의 공야장편이 쓰인 논어 목간(1호 목간)이 발견되었다. 연합뉴스 김태식(金泰植) 기자는 2008년 11월 12일자로 선문대학교 고고연구소(이형구(李亨求) 소장)가 2006년 3차 조사에서 제1 集水井에서 논어 목간을 검출한 사실을 보도하면서 계양산성 출토 논어 목간은 널리 알려지게 되었다. 그것은 보고서 『계양산성』[12]이 간행된 직후의 일이었다.

보도에서도 강조된 것은 출토된 목간과 같은 층위에서 円底短頸壺가 발견된 사실이다. 이는 한성 백제 시대의 전형적인 토기임이 발굴 담당자에 의해 인정되고, 함께 출토된 논어 목간도 한성 백제 시대인 5세기의 것으로 보고서에서 특필되었다.

이와 더불어 중요한 점은 같은 집수정에서 길이 50㎝에 가까운 목간이 발견되었는데, 그 하단부 4분의 1은 공야장의 논어와 마찬가지로 오각형으로 되어 있으며, 더구나 그 오각형의 한쪽 면에 7자 정도의 글자가 확인된 사실이다(2호 목간). 그 서체로 미루어 이 2호 목간은 1호 목간과 마찬가지로 논어가 기록되어 있었다고 보고서에서 추정되고 있다.[13]

보도와 동시에 김태식 기자는 이형구 소장과의 중개를 맡아, 鮮文대학교 고고연구소로부터 보고서가 필자에게 전달되었다. 그 후 필자는 하시모토 시게루 씨와 함께 계양산성을 방문하여 성 내부를 답사하여 계양산성의 입지와 목간이 발견된 제1집수정을 확인할 수 있었다.

아직도 필자의 뇌리에 남아 있는 것은 발굴 조사 보고서에 명기된 논어 목간을 5세기 한성 백제 시대의 유물로 보는 시대관이다. 발굴 담당자의 고고학적 지식이 우선적으로 존중되어야 함은 물론이다. 그러나 여러 論難이 있는 가운데 그 후에 진행된 계양문화유산연구원에 의한 5, 6차 조사 이후(2013~14년)에 계양산성의 유적이나 유물은 6세기 말에서 10세기 사이의 시기에 걸쳐 있다는 사실이 공표되었다.[14] 백제, 고구려계의 유물이 전혀 없는 것은 아니나, 계양산성의 유적, 유물의 대부분이 신라가 이 지역에 6세기 후반에 진출한 이후의 것이라는 점은 움직일 수 없다.[15]

또한 주목해야 할 것은 하시모토 시게루 씨의 연구에 의해 계양산성 출토 논어 목간 또한 觚 형태라는 점 및 1m가 넘는 장대한 목간이라는 점이 복원안에서 김해 봉황동 출토 논어 목간과 동일한 형태적 특징을 지니며, 더구나 생략되지 않은 공야장편이 기록되어 있었다는 공통점이 있다는 것이다.

김해 봉황동과 인천 계양산성에서 발견된 두 논어 목간은 모두 발굴 당초의 발굴 보고서와 시대관이 상이하나, 한쪽은 발굴 담당자의 조언으로, 다른 한쪽은 그 후의 조사 진전에 따라 7세기 말 이후 신라의 유물로 고찰할 수 있음이 판명되고, 현재 연구자들 사이에서 공통적인 이해가 되어 있다.

---

12) 李亨求, 2008, 『桂陽山城発掘報告書』, 鮮文大學校考古研究所·仁川廣域市桂陽區, 牙山市, p.279.

13) 하단부의 석문은 「□□□子□□□」로 되어 있다(李亨求, 2008, 앞의 글, p.270).

14) 桂陽文化遺産研究院, 2015, 『桂陽山城第5·6次試·發掘調査略報告書』, 仁川廣域市桂陽區.

15) 徐奉洙, 2020, 「계양산성의 발굴과 문자자료」, 『東아시아 '論語'의 전파와 桂陽山城 심포지움 자료집(2020년 11월 27일)』; 白種伍, 「한국고대 산성의 집수시설과 용도」, 『東아시아 '論語'의 전파와 桂陽山城 심포지움 자료집(2020년 11월 27일)』.

III. 2개의 논어 목간의 용도

앞서 언급한 바와 같이 김해 봉황동 목간이 발견되었을 당시에 필자는 장대한 觚 형태를 한 논어 목간을 소박하게 학습용 교본으로 생각하였다. 그러나 김해와 인천이라는 멀리 떨어진 두 지역에서 장대한 목간이 『논어』 공야장편을 생략하지 않고 적는다는 공통성이 나타남에 따라 논어 목간의 용도에 대해 재검토할 필요성이 제기되었다.

즉 봉황동 출토 논어 목간에 대해서는 국학의 시험을 전제로 하여 학습용 교본으로 간주하였으나, 계양산성에서 출토된 논어 목간과 함께 살펴보면 출토지가 통일 신라 영역의 변경인 해변 지역이라는 지리적 조건에서 공통된다. 나아가 장대한 觚와 『논어』 공야장편이 기록되어 있다는 공통점 또한 간과할 수 없다.

만약 양자의 복원안이 옳다면, 두 논어 목간의 특징은 먼저 서사 재료로서 목재가 가진 내구성이라는 특성을 살린 이용법이 있다고 보아야 한다. 그러한 서사 재료를 규정한 배경으로, 일본 고대에서 『논어』나 『文選』이 학습 대상이 된 것처럼 양 목간은 국학이라는 국가의 교육 기관과의 관련이 지적되어 왔다.

원래 신라의 국학은 7세기 중엽에 연원이 있으며, 신문왕대(682년)에 제도로 정비되었는데, 거기서 이루어진 교육은 유학의 경전이 중심이었고, 특히 학습자에게 『논어』는 『孝經』과 함께 필독 문헌이었다. 그렇기에 필자는 신라 국학의 위상을 전제로 논어 목간의 구체적 이용 방법을 암송용 학습 도구로 추정하였다.

이와 같이 추측한 과정에는 唐代 과거에서 경서의 앞뒤 문장을 가리고 한 줄만 보이게 하고, 그 한 줄 중의 세 글자를 다시 숨기고 그 글자를 알아맞히게 하는 경서의 암기 능력을 묻는 시험(帖経, 試帖)이 있었던 사실이나 나아가 고대 일본의 學令에는 "一貼三言을 시도하라"라고 보이는데, 논어 목간은 이러한 貼紙에 對備하는 학습에 사용되었을 거라는 생각이 있었다. 즉 한국에서 출토된 논어 목간을 통해 신라의 국학에서도 『논어』의 習熟度를 가늠하는 試帖이 이루어졌을 가능성을 추측해 본 것이다.[16]

이와 같은 논어 목간에 대한 추정에 대해 도미야 이타루(冨谷至) 씨의 요청에 따라 발표한 자리에서 도미야 씨로부터 다음과 같은 지적을 받았다. 즉 중국의 장대한 간독이나 觚는 쓰인 내용을 전달하는 데 기능한 것이 아니라, 간독의 형상을 시각에 호소하는 것을 목적으로 하는 경우가 있어 거기에 기록되어 있는 내용(知覚)보다는 그 형상이 전해 주는 시각 효과를 의식한 「視覚木簡」이라는 것이다.[17] 도미야 씨는 필자가

---

16) 李成市, 2009, 앞의 책. 일본의 學令에 따르면 諸經의 학습 요령과 평소 치러지는 시험에 대해서는 다음과 같은 규정이 있다. "凡學生, 先讀經文, 通熟, 然後講義. 每旬放一日休暇, 休暇前一日, 博士考試, 其試讀者, 每千言內, 試一帖三言, 每二千言內, 問大儀一条." 먼저 텍스트의 素讀을 배워 암송할 수 있게 되면 文意에 대한 강의를 받는다. 10일마다 하루 쉬는 날이 있고, 쉬는 날 전날에 박사가 시험을 실시하는데, 그 시험에서는 암송한 문장에 대해 千字마다 한 군데 세 글자를 가리고 그 글자를 답하게 하고, 二千字마다 한 군데 文意를 답하게 하였다고 한다. 애초에 일본 학령에서 규정된 상기와 같은 시험은 당의 시험법에 유래된 것이었다. 『通典』 卷15 選擧2에는 "凡擧司課試之法, 貼經者, 以所習經掩其兩端, 中間開唯一行, 裁紙爲貼, 凡貼三字, 隨時增損, 可否不一, 或得四, 得五, 得六者爲通."라고 되어 있다. 經書 문장의 전후를 가리고 중간의 한 줄만을 보이게 하여 그 한 줄 가운데 세 글자를 종이에 붙여 가린 글자를 답하게 하는 시험이다. 일본의 학령에 있는 「一貼三言을 시도하라」란 바로 종이를 재단하고 세 글자에 붙인 貼紙를 사용한 「試帖」, 「貼經」을 말하는 것으로 보인다.

17) 심포지움 「漢字文化三千年」(京都大学21世紀COEプログラム「東アジア世界の人文情報学研究教育拠点」主催シンポジウ

한국에서 출토된 두 개의 『논어』 목간을 암기용 도구로 보는 가설을 숙지하면서 자설을 전개하기 위한 전제로 일부러 저에게 발표를 요청하였다는 사실을 심포지엄이 끝난 후에 알게 되었다. 도미야 씨는 필자가 2000년 교토대학(京都大学) 인문과학연구소 연구회에서 한국 목간에 대한 발표를 요구받은 이래 한국 목간에 대해 다양하게 지적한 바가 있어 위와 같은 새로운 관점을 무겁게 받아들였다.

이와 같은 도미야씨의 識見을 감안할 때[18] 더욱 유의해야 할 것은 한반도에서 출토된 두 논어 목간의 출토지가 가지는 공통성에 대해서이다. 즉 김해 봉황동 부근에는 신라 시대에 김해소경이 소재하였다. 한편 인천 계양산성에서는 집수 시설을 비롯하여 '主夫'라는 명문 기와가 출토된 사실에서 고구려 시대부터 신라 시대에 걸쳐 이 땅에 主夫吐郡이 소재하였던 것으로 추정된다. 따라서 두 논어 목간은 통일 신라에 존재한 소경이나 군의 관아 시설과 어떠한 관련이 있을 것으로 추측되는 것이다.

이러한 사실을 전제로 하시모토 씨는 재빨리 도미야 씨의 「시각목간」의 지견을 도입하면서 새로운 가설을 제기하였다. 즉 두 목간은 소경이나 군에서 석전과 같은 의식에 사용되었을 것으로 추정하고, 나아가 『논어』의 상징성이 중시되고 있었다고 간주하여 서사된 문자 자체가 의례에서 주술적인 의미를 지녔을 것이라는 가설이다. 요컨대 두 『논어』 목간이 소경이나 군 시설과의 관련을 전제로 신라 소경이나 군의 학교에서 석전과 같은 의례에 사용된 것으로 해석하는 것이다.[19]

그러나 이 가설에는 여러 가지 논증해야 할 과제가 있어 보인다. 가령 『신증동국여지승람』에 전하는 통일 신라의 구주(웅주)의 경우는 고사하고 5소경이나 지방의 군에 학교가 있었음은 사료상 확인되지 않는다. 또한 석전과 같은 제사가 지방 사회에서 개최되려면 이를 요청할 역사적 조건이 있어야 한다. 설사 석전이 소경이나 군에서 행해졌다 하더라도 왜 그 자리에서 다름 아닌 공야장편이 읽혀야 하는지, 이들에 대한 구체적인 설명이 필요하지 않을까 생각된다.

혹은 논어 목간의 상징성, 시각성을 강조한다면 공야장편이 아니더라도 고대 일본에서 많은 사례가 있듯이 학이편도 좋지 않을까 생각된다. 또한 의례에서 주술적인 의미를 지니고 있었다면 일본 도쿠시마현(德島縣) 관음사 유적에서 출토된 논어 목간이 그렇듯이 문자의 탈락 없이 정확하게 전문을 적을 필요는 없지 않을까 하는 등의 다양한 의문이 제기된다.[20]

ム, 2007년 12월 11일). 이때의 발표 논문인 도미야 씨의 「書記官への道一漢代下級役人の文字修得」은 高田時雄編, 2009, 『漢字文化三千年』, 臨川書店 第二部에 수록되어 있다.

18) 다만 도미야 이타루 씨는 표식으로 기능한 다면체의 장대한 簡에 대해, 한국 출토 논어 목간과 일본 관음사 유적에서 출토된 논어 목간을 들어 이들 장다면체의 논어 簡은 읽기 위한 것이 아니라 게시하여 상징적인 역할을 수행한 시각 목간의 일종이라 생각한다」고 하였다. 그러나 어떠한 상징적 역할인지에 대해서는 언급이 없다(冨谷至, 2012, 「視角木簡への展望」, 『東アジアの簡牘と社会一東アジア簡牘学の検討』, 角谷常子編, 中國法政大学法律戸籍整理研究所, 奈良大学簡牘研究会, 中國法律史学古代法律文献專業委員会).

19) 橋本繁, 2012, 앞의 책.

20) 도쿠시마현(德島縣) 관음사유적에서 출토된 논어 목간은 『논어』를 정확하게 쓴 것이 아니기 때문에 습서로 보는 설도 있다. 그러므로 '읽기를 위한 텍스트가 아니라 보여 줌으로써 효과를 발휘하는 呪物이었다'고 하는 견해도 있다(多田伊織, 2002, 「観音寺遺跡出土 『論語』木簡の位相一觚・『論語』文字」, 『観音寺遺跡Ⅰ(観音寺遺跡木簡篇)』, 財団法人德島県埋蔵文化財センター編, 德島県埋蔵文化財研究会.

IV. 시각 목간으로서의 한국 논어 목간

돌이켜 보면 두 개의 논어 목간이 출토된 지점인 김해 봉황동과 인천 계양산성은 신라의 동남쪽과 서북쪽 변경의 땅에 위치한다. 나아가 중요한 점은 김해 봉황동과 계양산성이 일본 열도 혹은 중국 대륙과 동떨어진 신라 국토의 周緣인 바닷가에 위치하고 있다는 점이며, 그 위치는 소경이나 군사상의 요충지가 된 군의 소재지였다는 입지이다.

이러한 입지 조건에서 상기되는 것은 일본 열도에서 출토된 논어 목간의 사례이다. 일본에서는 논어 목간의 출토지 가운데 3분의 1이 도읍이 아닌 지방에서 출토되었으며, 이들 유적의 상당수가 모종의 형태로 國府나 국부의 관인과 관련되어 있다는 특징이 있다고 한다. 또한 이들 유적은 국부 자체가 아니라 하더라도 국부가 관할하는 역참이었거나 초기 국부였을 가능성이 높은 곳이었으며, 이러한 특징으로 미루어 지방 사회에서 『논어』가 확산된 배경에 국부 관인의 존재를 상정할 수 있다는 지적이 있다.[21]

이와 같은 일본 고대의 사례를 참조하면서 한반도에서 출토된 두 개의 논어 목간에서 주목되는 것은 출토된 두 지점이 위에서 언급한 바와 같이 통일 신라 시대의 단순한 지방이 아니라는 사실이다.

우선 계양산성은 현재 인천광역시 부천구의 시가지에 입지하고 있으며, 주변의 간척이 진행된 현재의 경관을 보고 과거의 지형을 상상하는 것은 매우 어려우나, 적어도 고려 시대에 계양산 부근은 한강 하구와 바다가 가까이에 있는 환경이었다. 현재 계양산성 남쪽에 펼쳐져 있는 평야부는 과거 한강 유역이었던 것으로 추정되어 있다.[22] 『대동여지도』에 보이는 掘浦川이 큰 유역이었던 것으로 보면 될 것이다.

그러한 현재의 환경과는 전혀 다른 신라 시대의 경관을 짐작할 수 있는 문헌으로서 13세기 초에 이규보가 좌천되어 계양부사로 간 당시의 시문이 남아 있다. 이에 따르면 한강 하류의 하구에 위치한 계양산의 입지 모습은 한쪽만 육지로 이어져 있고 세 방향이 물로 둘러싸여 있었다고 전한다. 또한 계양에서 보는 경관은 섬에 있는 듯했고, 나아가 산 정상에서는 서쪽 황해상의 섬들이 한눈에 내려다볼 수 있었다고 한다.[23] 또한 『동국여지지』(1656년)에도 이와 같은 경관이 기록되어 있다. 아마도 지금의 인천항과 가까운 남서쪽 일부만 육지로 이어져 있었던 것으로 추측된다.

다른 한편인 김해 봉황동에 대해서도 『논어』 목간의 출토지 부근은 그 가까운 곳까지 해안선이 들어와 있었음이 밝혀진 바 있다. 최근 들어 봉황동 서쪽에서 고려 시대 선착장이 발견되었으며, 나아가 신라에 의해 금관가야가 병탄된 532년 이전부터 그곳에 선착장이 있었다는 추정도 있다.[24] 논어 목간이 출토된 김해

---

21) 三上喜孝, 2008, 「韓國出土木簡と日本古代木簡─比較研究の可能性をめぐって」, 朝鮮文化研究所編, 2007, 앞의 책: 三上喜孝, 2020, 「古代日本における論語木簡の特質─韓國出土の論語木簡との比較から」, 『東아시아 '論語'의 전파와 桂陽山城 심포지움 자료집(2020년 11월 27일)』.

22) 오랫동안 한반도 역사 지도 작성에 관여해 온 김유철(金裕哲) 씨의 교시에 따른 것이다.

23) 『新增東國輿地勝覽』 권9, 富平都護府, 山川條에는 다음과 같은 기록이 있다. "李奎報望海誌, 路四出桂之徹, 唯一面得通於陸, 三面皆水也. 始予謫守是州, 環顧水是蒼然浩然者, 疑入島嶼中, …群山衆島杳然相望". 또한 현재 지형으로는 부근이 육지가 되어 있고, 계양산에서 서남쪽으로 15㎞ 떨어진 곳에 인천항이 위치하고 있으며, 여기서부터 중국 각지로 향하는 항로가 있다.

봉황동은 바로 해변의 포구에 자리를 잡고 있었던 셈이다.

이렇게 보면 논어 목간이 출토된 두 지점은 신라 국토의 서북쪽(당)과 동남쪽(일본)을 가르는 바다에 면한 변방에 있었다는 점에서 공통된다고 할 수 있을 것이다. 더구나 두 지역은 바다를 사이에 두고 이웃나라인 당과 일본에 이르는 국경의 요충지였던 셈이다. 통일 신라 시대 당으로 가는 외항으로는 인천보다 남양만의 당성(당은군)이 알려져 있다. 다만 인천이 당과의 교섭에서 상징적인 지역이었던 점은 『仁川李氏大同譜』에 보이는 바와 같다. 즉 고려의 권신인 이자겸의 원조인 許仁이 경덕왕 때(천보 14년)에 당에 파견되었을 때 현종이 帝都를 떠나던 어려운 시기였는데, 그럼에도 불구하고 조공하였다는 것이 크게 환영 받아 현종으로부터 李姓을 하사 받고 귀국하자 경덕왕으로부터 邵城(인천시 남구)의 식읍을 하사 받았다고 한다.[25] 이러한 전승에서도 인천이 당과의 관계를 상징하는 땅이었다는 일단을 알 수 있다.

문제는 이와 같은 입지 조건에서 『논어』 공야장편을 쓴 것의 의미나 그 상징성을 찾는 것이 가능한지 여부이다. 여기서 상기되는 것은 오래전부터 종종 여러 문헌에 인용되는 공야장편 가운데 다음 한 구절이다.

> 子曰, 道不行, 乘桴浮於海. 從我者其由與. 子路聞之喜.

즉 시대와 공간을 넘어 인구에 膾炙된 이 구절은 공자가 이상으로 삼는 도덕이 행해지지 않고 있음을 한탄하며, 중국을 떠나 桴를 타고 동쪽 바다로 나아가고 싶은데, 그때 공자를 따르는 자는 子路일까라고 말한 구절이다.

시대를 거슬러 올라가면, 낙랑에 있던 조선의 백성들이 간소한 법에 의해 다스려진 것이 箕子의 교화에 의한 것이라고 하는 사상은 漢代까지 널리 정착되어 있었다. 실제로 공야장편의 위 구절은 箕子 東來 전설과 결부되어 『한서』 지리지에도 다음과 같이 보인다.

> 殷道衰, 箕子去之朝鮮. 教其民以禮義·田蠶·織作. 樂浪朝鮮民犯禁八條. …(중략)… 俗稍益薄.
> 今於犯禁浸多, 至六十餘條. 可貴哉, 仁賢之化也. 然東夷天性柔順, 異於三方之外. 故孔子悼道不
> 行, 設浮於海, 欲居九夷. 有以也夫.

낙랑군 설치 이전의 조선은 기자와 공자 두 聖賢과 결부되어 이상향이었던 것처럼 묘사되어 있다. 이러한 기술을 기점으로 『논어』 공야장편의 한 구절은 「東夷」 혹은 「조선」과 결부되어 해석되기에 이르게 된다.

주지하다시피 후세에 이를수록 『논어』 공야장편의 해당 기사는 기자 동래 전설과의 관련성을 강화하면

---

24) 田中俊明, 2009, 『古代の日本と加耶』, 山川出版社, p.36.
25) 『仁川李氏大同譜』(全6卷大同譜編纂委員会, 1982) 卷1 「大阿湌邵城伯事績」에는 다음과 같이 있다. "公本姓許氏, 始諱仁, 賜改名
　奇, 景德王朝以阿湌奉使于唐, 即玄宗天寶十四年乙未也, 丙申禄山之亂, 義未能遽還, 從帝帝入蜀, 備經艱嶮, 盡力衛扈, 不憚勞苦,
　丁酉從帝還都, 帝嘉之, 贈之以詩. 仍賜皇姓李氏, 戊戌奉帝詔還國, 王以其四年, 即還功高勞多, 特加崇秩, 封邵城伯食邑一千五百戶,
　諱儉·諱波·諱貴·諱俊, 世爲新羅大官, 襲奉邵城, 皆以李許複姓云".

서 공자가 가야 할 땅(동이, 조선)이라는 해석은 후세에도 영향을 미치게 된다. 이는 중국의 『논어』 공야장 편의 해석뿐만 아니라 기자 동래 전설이 한반도에서 역사를 거치면서 점차 심화된 사실에서도 엿볼 수 있다.

이러한 역사적 문맥을 상기할 때, 공야장편을 쓴 논어 목간이 눈앞에 바다를 바라보는 김해 봉황동이나 계양산성에 소재한 소경의 관아나 군의 관아에 내걸려 있었다면, 그러한 공야장의 한 구절을 암시하는 논어 목간이 내걸린 그곳이야말로 신라왕의 덕으로 다스려진 국토의 변경임을 상징적으로 말해 주는 것이라 할 수 있지 않을까 생각된다.

이때 전제가 되는 것은 공야장편의 내용을 자국(신라)의 덕치주의로 내면화하고 있었다는 신라 왕토사 상의 高揚이다. 어쨌든 이 점에 대해서는 앞서 언급한 7세기 말의 국학 설치에 따른 유교 교육이 이후 신라 유교 사상의 기반과 그 형성으로 이어지지 않았을까 생각해 보고 싶다.[26]

그러나 좀 더 생각해 보아야 할 것은 두 개의 목간이 원래 1m가 넘는 형태를 가진 논어 목간이었음에도 불구하고 짧게 절단되어 폐기되었던 사실이다. 제작 당시의 이용 목적은 바닷가에 소재한 관아에서 신라 국토의 덕치주의를 상징하는 시각 목간이었다 하더라도 그것이 그 후에 짧게 절단되어 계양산성의 경우처럼 집수정에 투기된 이유가 문제가 될 것이다.

여기서 주목해야 할 것은 계양산성에서 출토된 목간이 円底短頸壺와 함께 출토된 점이나 이성산성 등 다른 사례에서 논어 목간이 円底短頸壺 안에 담아 주술로 사용된 것이 아닌가 하는 지적이 있다는 점이다.[27] 실제로 이성산성의 저수지터에서는 토기 안에서 부적과 같은 목간이 출토된 바 있다. 또한 최근에는 경산 소월리에서도 人面裝飾甕과 함께 목간이 출토되었는데, 목간이 출토된 이 土坑이 주변 상황으로 미루어 제 사 유적으로 추정된다는 견해는 움직이기 어렵다고 한다.[28]

말하자면 계양산성이나 김해 봉황동의 논어 목간이 視覺 목간으로서 상징적인 의미를 지니고 관아에 내 걸려 있었다 하더라도 그것이 최종적으로는 주술적인 목적을 지니고 투기된 것에 대해 그러한 사실이 갖는 별도의 의미를 규명할 필요가 다시 생기는 것이다.

V. 평양 정백동 논어 죽간 발견의 경위

이상과 같이 한반도의 두 논어 목간에 대해서는 와세다대학의 COE 프로젝트에 관여한 것도 있어 커다 란 연구 과제 중 하나가 되어 있었다. 바로 계양산성에서 출토된 논어 목간이 화제가 되고 있던 거의 같은 무렵에 필자는 쓰루마 가즈유키(鶴間和幸) 씨가 근무하는 가쿠슈인대학(学習院大学)에서 오랫동안 편집에

---

26) 李成市, 2014, 앞의 책.
27) 白種伍, 2020, 앞의 글.
28) 윤용구 씨의 敎示에 따른 것이다.

관여해 온 『世界史史料』(岩波書店)의 최종 작업에 종사하고 있었다. 그 일을 하고 있을 때 쓰루마 씨가 평양에서 논어 죽간이 출토된 사실을 아느냐고 필자에게 물으며, 쓰루마 씨의 연구실에서 종이에 인쇄된 논어 죽간 사진을 보았다. 당시는 다급한 마감 작업을 하고 있었을 때이기도 하여 어떠한 유래를 가진 죽간인지 자세히 살펴볼 여유도 없어 평양 출토라는 점에 관심을 가지면서도 쓰루마 씨가 기탁한 자료 가운데 논어 죽간의 사진을 몇 분간 확인하는 데 그쳤다. 그것이 정백동 364호분에서 발견된 논어 죽간이었고, 초원 4년 낙랑 호구부와 함께 출토되었다는 사실을 확인하기까지 지금으로서는 믿기지 않을 만큼의 우여곡절이 있었다.

사진에 찍힌 평양 출토 논어 죽간의 구체적인 발굴 장소와 시기를 알게 된 큰 계기는 이듬해(2009년) 4월 安息年으로 성균관대학교 동아시아학술원에 방문 교수로 체류하기 위해 서울에 도착하였을 때부터였다. 서울에서는 윤용구 씨를 중심으로 북한에서 간행된 『朝鮮考古研究』(149호, 2008년 11월)에 게재된 낙랑군 호구부 목독 사진의 검토회가 진행되고 있었다. 이 낙랑 호구부는 孫永鍾 씨가 2006년 6월 『歷史科學』에서 釋文을 발표하였으나, 사진은 이때 처음 공표된 것이었다. 윤용구 씨를 비롯한 한국목간학회에서는 선명하지 않은 사진에 대한 분석을 여러 기법을 이용해 정력적으로 진행하고 있었다.[29]

손영종 씨가 2005년에 낙랑 호구부에 관한 논문을 발표한 것은 당시 필자에게 있어 평생 잊을 수 없는 큰 충격이었다. 그것은 논문이 발표되기 7개월 전인 2005년 12월에 필자가 북한의 사회과학원 고고학연구소를 방문하여 아들인 孫秀浩 소장과 함께 손영종 씨를 만났었기 때문이다. 고고연구소에서는 주로 북한의 목간 출토 현황 등을 손수호 소장에게 질문하고, 제가 들고 간 국립가야문화재연구소편 『한국의 고대 목간』을 기증하며, 북한의 목간 출토 상황에 관한 가능성에 대해 논의하고 있었다. 그때 고고학연구소의 후의에 따라 대동강 남안 일대(통일가 발굴 현장) 출토 유물 등을 열람하게 해주시면서도 오로지 고구려 유적에서 목제품의 출토에 대한 질문만 하였다. 그동안 손영종 씨는 오로지 『한국의 고대 목간』만 샅샅이 훑어보고 계셨다. 지금 돌이켜봐도 손영종 씨와의 대화가 전혀 없는 채 끝난 것이 후회스럽다.

손영종 씨가 『朝鮮斷代史』 고구려편이나 『역사과학』에서 낙랑 호구부의 목독에 언급하는 것은 그로부터 4개월, 7개월 후에 간행된 각각의 저작에서였다.[30] 당시 이미 그 서술이 끝난 상태였을지도 모르지만, 손영종 씨는 2005년 12월에 비로소 한국 목간 연구의 진전에 대해 알게 된 것만은 틀림없다. 당시 손영종 씨가 중병을 앓았다는 것을 그 후의 소식을 통해 알게 되었는데, 『조선단대사』나 『역사과학』에서 언급된 낙랑 호구부에 대한 내용은 한국을 비롯한 해외 연구자들에게 전하는 말로 남겨진 것이 아닐까 은근히 추측하고 있다.

2009년 한국에 체재하고 있을 때 일로 다시 돌아가면, 성균관대학교에서는 김경호 씨와 매주 한국 목간

---

29) 尹龍九, 2008, 「平壤出土『樂浪郡初元四年縣別戶口簿』研究」, 『木簡과 文字』 3.

30) 孫永鍾, 「平壤市貞柏洞三六四号古墳からは楽浪郡初元四年県別戶口多少□□という統計表が書かれている木簡が現れた」 (孫永鍾, 2006, 『朝鮮斷代史(高句麗史一)』, 과학백과사전출판사); 孫永鍾, 2006, 「楽浪郡南部地域(後代帯方郡地域)의 位置-『楽浪郡初元四年戶口多少□□』統計資料를 中心으로」, 『歷史科学』 2006년 第二期

과 중국 목독과의 관계에 대해 논의할 기회가 있어 김경호 씨의 연구실을 자주 찾아갔다. 그 무렵에 평양 목독(호구 통계부)과 중국 출토 목독과의 관계 등을 연구실에 있던 여러 도판에 기초하여 교시를 받았다.

그와 같은 일도 있어 2009년 10월 말에 윤용구 씨도 함께 셋이서 중국 출토 문자 자료를 논의하던 중 필자가 과거에 쓰루마 씨 연구실에서 보았던 평양 출토 논어 죽간을 상기하여 평양 출토 논어 죽간은 낙랑 호구부와 어떠한 관계가 있지 않겠느냐는 이야기가 나왔다. 그 자리에서 쓰루마 씨에게 직접 확인할 것을 두 사람에게 약속하고, 쓰루마 씨에게 메일로 연락하여 이 점을 세 사람의 요청으로 확인을 의뢰하였다. 공교롭게도 김경호 씨는 쓰루마 씨의 저작인 『秦の始皇帝』를 번역하여 한국에 소개한 것이나 윤용구 씨의 낙랑 호구부 연구가 쓰루마 씨가 깊이 관여하던 학회지 『中國出土資料研究』에 이듬해 3월에 번역 게재될 예정이었다는 인연도 있어 쓰루마 씨는 곧바로 평양 출토 죽간 사진의 뒷면에 「貞柏洞364号墳出土」라 명기되어 있다는 답신을 주셨다. 우리는 이때 비로소 논어 죽간이 정백동 364호분에서 초원 4년 낙랑 호구부와 함께 출토되었음을 확인할 수 있었다.

그 해 12월에는 쓰루마 씨에게 사진 자료를 위탁한 前 고구려회 회장인 이토 도시미쓰(伊藤利光) 씨로부터 정식으로 사진 대여를 받게 되었고, 처음으로 사진 뒷면에 쓰여 있던 출토지가 「貞柏洞364号墳」임을 확인하였다.

윤용구 씨, 김경호 씨와 필자 세 사람은 11월에 쓰루마 씨로부터 회신을 받았을 때 공동 집필을 통해 정백동 364호분 출토 논어 죽간의 전체 모습을 『목간과 문자』에 투고할 것을 약속하고, 한국목간학회 총무 이사였던 윤선태 씨에게 보고하고 12월에 간행된 4호에 게재하게 되었다.

이렇게 해서 발표된 공저 논문은 그 후 일본어, 중국어로 번역되고 영어로도 소개된 덕에 많은 연구자에게 전할 수 있었다.[31] 이러한 큰 성과도 있어 김경호 씨는 2010년 8월에 성균관대학교 동아시아학술원이 주최한 국제회의인 「논어와 동아시아-지하의 논어, 지상의 논어」를 주관하여 중국에서 3명의 연구자를 초빙하고, 또한 일본에서도 3명의 연구자를 초청하여 국제 학회를 개최하였다.

이 국제회의 자리에서 뜻밖의 발언이 중국의 연구자로부터 있었다. 즉 정백동에서 출토된 논어 죽간의 사진이 너무 선명하여 출토 유물 여부가 의심스럽다는 것이다. 이와 같은 발언은 필자에게 생각지도 못했던 일이지만, 논어 죽간이 촬영된 경위에 깊은 관심을 기울이는 계기가 되기도 하였다.

원래 정백동 출토 유물을 비롯한 統一街 출토 유물의 사진은 사회과학원으로부터 일본에서 발표할 것을 의뢰받은 것이었다.[32] 그 이전에 이토 도시미쓰 씨에게는 여러 차례에 걸쳐 사진 입수 경위에 대해 여쭈었으나, 필자가 논어 목간의 사진을 접하기까지는 상당한 우여곡절이 있었음을 알게 되었다. 게다가 논어 죽

---

31) 李成市·尹龍九·金慶浩, 2009, 앞의 글(日本語譯 『中國出土資料研究』 14, 2010년 3월, 中國語譯 「平壤貞柏洞三六四號墓出土竹簡《論語》」, 『出土文獻研究』 10, 2011년 7월, 中國文化遺産研究院, 北京).

32) 고구려회는 일본에서 개최된 高句麗文化展(1985년 9월~1987년 5월)을 계기로 1988년 6월 설립되었는데, 초대 회장으로 에가미 나미오(江上波夫)가 취임하고, 1990년부터 매년 북한을 방문해 회보를 간행하여 활동을 홍보해 왔다. 그 후 구노 다케시, 나가시마 기미치카 씨가 회장으로 취임하고, 회보는 67호(2002년)까지 간행되었다. 이후 이토 도시미쓰 씨가 회장이 되었는데, 이토 씨는 오랫동안 사회과학원에서 기탁받은 사진을 보관하였으며, 이후 사진은 쓰루마 씨에게 위탁되었다.

간의 사진 피사체의 진위가 문제가 되기도 하여 재차 국제회의 후에 이토 씨에게 묻게 되었다. 마침 이토 씨는 그 해 여름 북한에 도항을 계획하고 있어 저도 동행할 것을 부탁하였으나, 논어 죽간의 진위 문제도 있어 직접 사회과학원 관계자에게 찾아갈 것을 이토 씨와 상의하고 9월에 가게 되었다.

같은 해 8월 말에 동아시아 목간 연구의 국제회의가 베이징에서 개최되기도 하여 이토 도시미쓰(伊藤利光) 씨와는 베이징에서 합류하고 함께 북한의 사회과학원 역사연구소를 방문하였다. 조희승(曹喜勝) 소장과는 2008년에 캐나다 UBC에서 열린 고구려사 국제회의에 동석하였는데, 성균관대학교 국제회의에서 중국 연구자들의 疑義를 전하였더니 1990년대 정백동 고분군 발굴 상황 및 사진이 찍힌 경위에 대한 자세한 내용을 솔직하게 말씀해 주셨다. 조 소장에 따르면 정백동 364호분은 발굴 당초에 1m 정도 물에 잠긴 흔적이 있었고, 발굴 당시에도 고분 바닥 부분은 수분을 포함하고 있었다고 한다. 조 소장은 출토된 후 바로 현장으로 달려가 직접 현장을 목격하였다고 한다. 또한 1992년에 간행된 조선고고연구에는 유병흥(劉秉興) 씨에 의해 "논어 제11권 전문이 쓰인 책서와 같은 유물도 있다."[33]라고 서술되어 있고 당시 유물 조사를 맡았던 고전 연구자 원로들이 분석한 결과라는 경위에 대해서도 소개되어 있다.

그 후 윤용구 씨는 『高句麗會會報』에 실린 논어 죽간의 사진[34] 분석을 통해 죽간 총수를 추정하여 조희승 소장의 회상이 근거 없는 지적이 아님을 확인하였다.[35] 또한 이토 씨의 후의에 의해 사회과학원역사연구소에서 위탁받은 정백동 364호분에서 출토된 세형동검(細形銅劍)과 漆器 등 출토품의 사진에 대해서도 후일 학술지에 발표할 것을 허락하셨다.[36] 주목해야 할 것은 그 세형동검의 사진 가운데 하나에 「貞柏洞364号墳1990年7月發掘」이라 명기되어 있었다는 점이다. 이에 따라 그동안 발견 시기를 알 수 없었던 정백동 출토 낙랑 호구 통계부나 논어 죽간이 발견된 시기를 특정할 수 있게 되었다. 정백동 364호분 발굴로부터 20년만의 일이었다.

조희승 소장은 국제적으로도 주목받고 있는 정백동 364호분 출토 논어 죽간이 향후 연구에 활용되기를 바란다며, 사진의 활용은 저에게 일임할 것을 평양을 떠나기 전에 전해 주셨다. 정백동 일대 발굴 당시에는 북한이 '고난의 행군' 시기였던 것도 있어 정식 보고서는 아직 간행되지 않았지만, 앞으로도 계속 남겨진 논어 죽간의 사진을 통해 많은 사실이 밝혀지기를 간절히 바란다.[37]

---

33) 劉秉興, 1992, 「考古學分野에서 이룬 成果」, 『朝鮮考古学研究』 1992년 第2期, p.2.
34) 高句麗會 간행, 2001, 『高句麗會會報』 63호.
35) 李成市·尹龍九·金慶浩, 2009, 앞의 글.
36) 낙랑 구역에서 출토된 유물의 사진은 2011년에 이르러 공표를 전제로 열람하였다. 이때 정백동 364호분에서 출토된 세형동검의 사진 캡션에 "1990年7月發掘"이라 기록되어 있었기 때문에 정백동 364호분의 발굴 시기가 판명되었다.
37) 尹龍九, 2020, 앞의 글.

VI. 맺음말

이상에서 「동아시아 문자 교류와 논어」라는 주제로 논술해 보았는데, 한반도에서 출토된 논어 목간·죽간에 대해 필자가 지금까지 진행해 왔던 연구가 동아시아 목간 연구자와의 교류의 산물임을 다시 한 번 강조하고 싶다.

마지막으로 한반도에서 출토된 논어 목간·죽간 연구와 관련하여 신라 사회에서 이루어진 『논어』의 수용에 대해 약간의 사견을 표하고자 한다. 아직까지는 충분한 논증을 실시하기에 이르지 못하고 있지만, 결론만을 말해 향후의 연구를 위한 각서로 하고 싶다.

「東아시아 '論語'의 전파와 桂陽山城」 심포지움 자료집에서도 채미하(蔡美河) 씨가 「신라의 유가 교육과 논어」를 고찰하였는데, 국학과 『논어』와의 관계에서 각별히 유의하고 싶은 것은 신라 국학에서의 학습 내용과 8세기 말 원성왕대에 이르러 새롭게 설치된 讀書三品科(788년)의 학습 내용과의 관계에 대해서이다. 지금까지도 독서삼품과에 대해서는 많은 언급이 있는데,[38] 국학이 창설되었을 때(682년)에도, 또 독서삼품과가 설치되었을 때에도 『논어』의 학습이 계속 중시되고 있었던 사실이다. 말하자면 필수 과목으로 계속 중시되고 있는 점은 신라 사회를 생각하는 데 『논어』가 가지고 있는 의의가 강조되어도 좋을 것이다.

더욱이 독서삼품과에서 주목되는 것은 「삼품과」라는 명칭의 유래가 되는 「上品, 中品, 下品」이라는 세 가지 등급 설정은 국학 학생들이 다음과 같이 通曉한 과목의 多寡에 따라 행해진 점이다.

> 上品 『春秋左氏傳』(혹은 『禮記』 혹은 『文選』), 『論語』 『孝經』
> 中品 『曲禮』 『論語』 『孝經』
> 下品 『曲禮』 『孝經』

나아가 이 삼품 위에는 널리 五經·三史·諸子百家의 서적에 정통한 자를 대상으로 삼품의 평가를 뛰어넘어 발탁하였다는 별격의 대우가 존재한 것이다.[39]

종래 국학 및 독서삼품과의 말미에 기록된 졸업생에게 주어진 관위의 성격을 둘러싸고 국학 수학생은 입학 시에 大舍에서 無位인 사람들이고, 학생들은 국학 졸업 시에 大奈麻, 奈麻의 관위가 주어진다. 이에 대해 5두품·4두품의 골품 신분인 무위에서 대사 이하인 사람에 대해 중급 실무 관료로 나아갈 榮達의 길을 준다는 해석이 있다. 또한 이와 더불어 졸업할 때 주어지는 대나마와 나마는 유교 전거를 중심으로 한 과목을 배운 학생(대나마)과 算學 과목을 선택한 학생(나마)으로 나뉘어 진다는 가설이 제기된 바 있다.[40]

---

38) 木村誠, 2004, 「統一新羅の官僚制」, 『古代朝鮮の國家と社會』, 吉川弘文館: 浜田耕策, 2002, 「國学と遣唐討留学生」, 『新羅國史の研究—東アジア史の視点から』, 吉川弘文館.

39) 해당 부분은 다음과 같이 있다. 『三國史記』 卷10 新羅本紀10, "若博兼通五經·三史, 諸子百家書者, 超擢用之".

40) 木村誠, 2004, 앞의 책, p.232.

그러나 이러한 이해에서 불충분한 것은 위의 가설이 『삼국사기』 직관지에 기록된 대나마 및 나마의 특진 계급의 존재를 전제로 국학이나 독서삼품과를 논하고 있다는 점이다. 즉 대나마에는 九重大奈麻까지 특진 계급이 있었고, 한편 나마에는 七重奈麻까지 있었다고 한다. 이것이 독서삼품과 졸업생의 대우라면 「중급 실무 관료」로의 영달이라 할 수 없을 것이다.[41]

애초에 重位制는 신라 17등의 관등 가운데 아찬에도 있었다. 이들 아찬, 대나마, 나마의 중위란 6두품, 5두품, 4두품에 대해 제도상의 한계를 넘는 은혜로 마련된 제도로 생각되어 있다. 그런 점을 염두에 두고, 다시 주시해야 할 것은 九重大奈麻가 실재하였다면 그 오를 수 있는 관위는 四重阿飡을 넘게 된다. 四重阿飡은 6두품에 대한 특진 계급(제3등 상당)이지만, 5두품의 특진 계급인 九重奈麻(제2등 상당)는 6두품의 특진 계급을 능가해 버리는 것이다.

이러한 점에서 九重大奈麻에 대해서는 그 존재를 의심하는 지적도 있었다.[42] 그러나 그 실재를 적극적으로 지지하는 견해도 있다.[43] 그렇다면 신문왕대 국학의 설치로부터 1세기를 지난 원성왕대에 독서삼품과가 설치되기에 이르자 신라에서는 유교 경전의 학습이 한층 더 중시되어 삼품의 성적 우수자나 「超擢」자 가운데 5두품 출신자라 하더라도 진골 상당의 제5등 이상의 관직으로 오를 수 있음이 보장되어 있었다고 이해하여야 한다. 수업의 결과에 따라 삼품의 등급 차가 있었고, 나아가 「超擢」의 평가가 존재하였다면 그에 상당한 대우를 준비해야 하기 때문이다.

따라서 독서삼품과의 상품, 중품을 얻기 위해 필수가 된 『논어』 학습은 신라 8세기 후반부터 한층 더 열을 띠게 된 것으로 추정된다. 또한 앞서 언급한 바와 같이 논어 목간이 발휘하는 상징성을 보더라도 신라에서의 『논어』는 단순히 학습의 수준이라기보다는 신라의 역사적, 사회적 맥락에서 접근하는 것이 좋다고 생각된다. 이런 점들을 고려해 볼 때 독서삼품과를 설치한 8세기 말에 이르면 신라 사회의 『논어』는 더욱 특별한 위치를 차지하지 않았을까 생각된다. 이상과 같이 말미에서 억측에 불과한 사견을 표하게 되었다. 한반도에서 출토된 논어 목간의 해석을 둘러싼 향후 논의가 활발해지기를 바라는 마음에서이다. 너그러이 용서해 주시기를 바란다.

투고일: 2021.04.27   심사개시일: 2021.05.12   심사완료일: 2021.05.28

---

41) 木村誠, 2004, 앞의 책, p.231에는 중위제에 대한 근본적인 오해가 있다. 九重奈麻의 존재는 골품제의 규제를 받는다기보다는 골품제의 규제가 완화되어 관위 상당보다는 상위 관직에 오를 수 있는 조치로 보아야 한다. 따라서 진골 상당의 관직(장관)에 오를 수 있는 국학 졸업생을 「중급 실무 관료」의 양성 기관으로 규정할 수는 없다. 덧붙여 大奈麻에 九重大奈麻까지 실재하였을 가능성에 대해서는 武田幸男, 1954, 「新羅의 骨品体制社会」, 『歴史学研究』 299를 참조.

42) 末松保和, 1954, 「梁書新羅伝考」, 『新羅史의 諸問題』, 東洋文庫, p.406.

43) 武田幸男, 1954, 앞의 글; 武田幸男, 1975, 「骨品制의 再検討」, 『東洋文化研究所』 67.

桂陽文化遺産研究院, 2015, 『桂陽山城第5·6次試·發掘調査略報告書』, 仁川廣域市桂陽區.

國立昌原文化財研究所編, 2004, 『韓國의 古代木簡』, 國立昌原文化財研究所.

金慶浩·李昤昊編, 2012 『지하의 『論語』 지상의 『論語』』, 成均館大學校出版部.

「東아시아 '論語'의 전파와 桂陽山城」 심포지움 자료집(2020년 11월 27일).

부산대학교 박물관, 2007, 『金海鳳凰洞低湿地遺跡』釜山大學校博物館研究叢書33輯.

孫永鍾, 2006, 『朝鮮断代史(高句麗史一)』, 과학백과사전출판사.

孫永鍾, 2006, 「楽浪郡南部地域(後代帯方郡地域)의 位置-『楽浪郡初元四年戸口多少□□』統計資料를 中心으로」, 『歷史科学』 2006년 第二期.

劉秉興, 1992, 「考古學分野에서 이룬 成果」『朝鮮考古学研究』 1992년 第2期.

尹龍九, 2008, 「平壤出土『楽浪郡初元四年縣別戸口簿』研究」, 『木簡과 文字』 3.

李成市·尹龍九·金慶浩, 2009, 「平壤 貞柏洞364號墳출토 竹簡『論語』에 대하여」, 『木簡과 文字』 4.

李亨求, 2008, 『桂陽山城発掘報告書』, 鮮文大學校考古研究所·인천광역시 계양구.

橋本繁, 2019, 「視角木簡의 政治性」, 『文字와 古代韓國1(記録과 支配)』, 韓國木簡学会編, 주류성.

河北省文物研究所定州漢墓竹簡整理小組, 1997, 『州漢墓竹簡論語』, 文物出版社.

角谷常子編, 2012, 『東アジアの簡牘と社会―東アジア簡牘学の検討』, 中國法政.

角谷常子編, 2014, 『東アジア木簡学のために』, 汲古書店大学法律戸籍整理研究所, 奈良大学簡牘研究会, 中國法律史学古代法律文献専業委員会.

高句麗會 간행, 2001, 『高句麗會會報』 63호.

高田時雄編, 2009, 『漢字三千年』, 臨川書店.

橋本繁, 2004, 「金海出土『論語』木簡と新羅社会」, 『朝鮮学報』 193.

末松保和, 1954, 『新羅史の諸問題』, 東洋文庫.

木村誠, 2004, 『古代朝鮮の國家と社会』, 吉川弘文館.

武田幸男, 1954, 「新羅の骨品体制社会」, 『歴史学研究』 299.

武田幸男, 1975, 「骨品制の再検討」, 『東洋文化研究所』 67.

浜田耕策, 2002, 『新羅國史の研究―東アジア史の視点から』, 吉川弘文館.

李成市, 2011, 「平壤出土『論語』竹簡の消息」, 『史滴』 33.

李成市, 2015, 「平壤楽浪地区出土『論語』竹簡の歴史的性格」, 『國立歴史民俗博物館報告』 194.

財団法人徳島県埋蔵文化財センター編, 2002, 『観音寺遺跡Ⅰ(観音寺遺跡木簡篇)』, 徳島県埋蔵文化財研究会.

田中俊明, 2009, 『古代の日本と加耶』, 山川出版社.

早稲田大学アジア地域文化エンハンシング研究センター編, 2006,『アジア地域文化の構築-21世紀COE
　　プログラム研究集成』, 雄山閣.

早稲田大学朝鮮文化研究所・大韓民國國立加耶文化財研究所編, 2009,『日韓共同研究資料集咸安城山山城木
　　簡』, 雄山閣.

朝鮮文化研究所編, 2007,『韓國出土木簡の世界』, 雄山閣.

朝鮮文化研究所編, 2008,『韓國の古代木簡』, 雄山閣.

「漢字文化三千年」(京都大学21世紀COEプログラム「東アジア世界の人文情報学研究教育拠点」主催シン
　　ポジウム, 2007년 12월 11일.

〈Abstract〉

East Asian Text Exchange and Lunyu(論語)

− centered on the wooden documents of the Korean Peninsula −

Lee, Sung−si

This paper explains the research results of the author's investigation on the research of Gyeyang Fortress, Bonghwang−dong and Tomb No.364 in Jeongbaek−dong. Therefore, it is emphasized that the excavated text materials need to be worked together.

The shape and location of the discourse excavated from Gyeyangsanseong Fortress and Bonghwang−dongg are noteworthy. It is presumed that it was used as a symbol of Silla's virtue in its unique shape and frontier area. In connection with the acceptance of Silla's theory, the "Dokseo−Sampum(讀書三品)" official system, which was established during the reign of King Wonseong, is attracting attention. In order to get a higher evaluation, students who graduated from the reading trilogy department are required to hold high−ranking government posts that were not previously expected under the weight system.

On the other hand, although the bamboo documents of the 364 tomb in Jeongbak−dong were valuable information on the Korean Peninsula in the first century B.C., accurate information was not disclosed for a long time. Under these circumstances, the author discusses the method of obtaining photographs taken immediately after the excavation and the method of collecting photographs through joint work. In addition, the exact time and status of the excavation were discussed with the cooperation of the North Korean Academy of Social Sciences.

▶ Key words: Wooden Documents of the Lunyu, Bambu Documents of the Lunyu, Gyeyang Fortress, Tomb No.364 in Jeongbaek-dong, Bonghwang-dong in Gimhae, Visual Wooden Documents

先秦 禮典을 통해 본『論語』에 보이는 "將命" 두 용례에 대한 검토[*]

寧鎭疆 著^{**}

이계호 譯^{***}

〈국문초록〉

『論語』에 두 차례 보이는 "將命"의 용례는 각각 『논어』〈憲問〉篇, 闕黨童子의 "將命"과 〈陽貨〉篇, '孺悲欲見孔子'章의 "將命者出戶"이다. 두 군데 "將命"의 용례에 대하여 전통적인 경학자들은 대부분 禮書에 의거하여 "傳話(말을 전하다)"라고 이해하고 있는데, 기실 검토해 볼 만한 문제이다. 보다 넓은 시야에서 살펴보면, 先秦 시기의 古書, 특히 禮書에는 "將命"이라는 단어가 아주 많이 보인다. 여기서의 "將命"은 역대 경학자들이 "傳命"(傳話), 혹은 "奉命", 혹은 "致命"이라 이해하였는데, 모든 용례를 통틀어 말한 것이라 할 수 없을 뿐만 아니라 문맥에 따른 의미 해석에 잘못된 부분도 있다. 특히, 만약 "傳話"라고 이해한다면 동작의 주어는 擯相이라고 이해할 수밖에 없지만, 만약 "奉命" 혹은 "致命"이라고 이해한다면 동작의 주어는 절대 擯相일 수 없고 使者 본인이어야만 한다. 문헌, 특히 禮와 관련된 용례에 보이는 "將命"·"將事"·"將禮"에 대한 고찰을 통해 알 수 있듯이, "將命"이라는 말은 禮典에서 이미 성어로 고정되어 있는데, 그 함의는 "將事"·"將禮"와 마찬가지로 "行禮"라고 해석된다. 이 점에 있어서는 사실 訓詁에서 "將"을 "傳"으로 해석하거나 "命"을 "話"로 해석하는 데 얽매일 필요가 없다. 일찍이 王國維는 초기 문헌 중에 사실 "成語"·"成詞"가 많이 보인다고 지적한 바 있는데, "成語"의 뜻은 "成語"를 구성하는 단음절 글자와는 구별된다. "將命"도 이러한 "成語"이기 때문에 그 뜻을 융통성 있게 이해할 필요가 있고 전통적인 훈고의 방식을 고수할 필요가 없다. 게다가 전통

---

*   본고의 중국어 제목은 「从先秦礼典的角度中审『论语』中两处'将命'的理解问题」이다.

**   中國 上海大学文学院 教授

***   경북대학교 사학과 박사과정

적인 경학자들은 문맥에 따라 의미를 해석하면서 "將命"을 따로 따로 해석하였고 "將命"의 용례 전체를 고려하지도 않았다. 西周 시기 麥器에 보이는 "命"이 바로 禮書의 "將命"인데, 君王 대신 出使하여 예절을 수행하는 사람을 가리킨다. 이는 禮書에 보이는 "將命"이라는 단어의 예의적인 배경을 실증하는 것이자, 禮典에 보이는 "將命"의 來源이 유구함을 증명한다. 그러나 청동기 명문의 "命" 용례에 대한 고찰에서 알 수 있듯이, 그 당시 "命"의 語義는 비교적 협소한 것이어서 후대 禮書에 많이 보이는 "將命"과는 약간의 구별이 있었다. 이는 禮書에 보이는 이미 고정된 성어로서의 "將命"은 사실 진화 과정을 거친 것이며 처음 시작부터 이와 같았던 것은 아니었음을 보여준다.

상술한 인식을 바탕으로 보면 『논어』〈헌문〉편, 闕黨童子의 "將命"을 "傳話"로 이해하는 것은 타당하지 못하다고 생각되며, 이는 기실 闕黨童子의 "行禮"를 말한 것으로 생각된다. 바로 "行禮"였기 때문에 공자는 동자가 "어른의 자리에 앉아 있고(其居於位也)", "선생과 나란히 걸어가는(其與先生並行)" 등의 각기 다른 예절 과정을 보고 이 아이가 성급하게 일을 처리한다는 문제를 볼 수 있었던 것이다. 〈양화〉편의 "將命"은 여태까지 대체로 孺悲와 孔子 사이에서 "말을 전한(傳話)" 제삼자라고 이해되었지만, 사실 이 역시 정확한 것이 아니다. 사실 이 "將命"者는 바로 孺悲 본인으로, 이는 원문과 통설 사이의 가장 큰 차이이다. 이에 의거하여 이해하면 유가의 중요 경전인 『儀禮』〈士相見禮〉에서 손님(賓)과 주인(主) 사이에 늘 한 사람의 "擯者"가 말을 전하였다는 통설 역시 기실 자못 검토해 볼 필요가 있을 것이다.

▶ 핵심어: 將命, 傳話, 士相見禮, 擯者, 命

I. 머리말

『論語』憲問 "闕黨童子將命" 章에 다음과 같은 내용이 나온다.

> "闕黨童子將命. 或問之曰: '益者與?' 子曰: '吾見其居於位也, 見其與先生並行也. 非求益者也, 欲速成者也.'"

여기서 童子의 "將命"은 『集解』에서는 馬融이 "傳賓主之語出入也"[1]라 하였고, 이후에 皇侃은 "傳賓主之辭", 朱子의 『集注』에서는 "傳賓主之言"이라 하였으며, 청나라 사람인 劉寶楠 및 현대의 각 주석본에 이르기까지 기본적으로는 모두 "傳賓主之語"라는 해석 논리를 따르는데, 혹 "말을 전하다(傳話)", "소식을 전하다(捎口信)"[2]라 하는 것은 고금에 이의가 없다고 할 수 있다. 이외에 "將命"이라는 말은 『論語』陽貨 편 "孺悲

---

1) 程樹德, 1990, 『論語集解』, 中華書局, p.1046.
2) 楊伯峻 선생은 "정보를 전달하다"(楊伯峻, 1980, 『論語譯註』, 中華書局, p.160), 孫欽善 선생은 "전달하는 말"(孫欽善, 2009, 『論

欲見孔子章"에도 보인다.

"孺悲欲見孔子, 孔子辭以疾. 將命者出戶, 取瑟而歌, 使之聞之."

여기서의 "將命"에 何晏이 주를 달아 이르길 "그 將命者가 자신을 모르기 때문에 노래를 불러 將命者를 깨닫게 함으로써 孺悲가 생각하게 하였다.(爲其將命者不知己, 故歌, 令將命者悟, 所以令孺悲思之.)"라고 했지만, 구체적으로 "將命"을 해석한 것은 아닌 듯하다. 다만 이후에 邢昺의 소에 이르길 "將은 奉과 같다. 奉命이란 주인의 말을 출입하는 사람에게 전하는 것이다.(將猶奉也. 奉命者, 主人傳辭出入人也.)"라 하였다. 이른바 "傳辭出入"이란 위에서 "闕黨童子將命"에서의 馬融 주와 기본적으로 일치하며, 淸代의 劉寶楠 및 근래의 학자들은 모두 이렇게 이해하였다. 담백하게 말하자면 『陽貨』편의 이 한 구절에서 "將命"을 "傳辭"로 이해하는 것은 그래도 대체로 통할 수 있다. 또한 "將命"자가 "傳辭"인 이상, 사실 孺悲와는 별개라는 게 일반적인 인식이다. 즉 孺悲는 孔子를 만나고자 하는 생각을 가지고 "將命"하는 자에게 선생의 뜻을 알아오도록 한 것이다.[3] 이 또한 매우 합리적으로 보인다. 그러나 "將命"을 "傳辭"로 이해하면, "闕黨童子將命" 章에서 분명 석연치 않은 대목이 있다. 가장 분명한 것은, 단순히 賓主들 사이에서만 전해지는 말에서 공자가 어떻게 "어른과 함께 자리에 앉아 있고(其居於位也)", "선생과 나란히 한다(其與先生並行)"는 이러한 많은 문제들을 알 수 있었을까? 또한 "어른과 함께 자리에 앉아 있고(其居於位也)", "선생과 나란히 한다(其與先生並行)"는 것은 "말의 전달(傳話)"과는 전혀 무관하며, 사실 行禮하는 행위에 가깝다. 楊伯峻은 일찍이 『禮記』玉藻의 "일이 없으면 童子는 주인의 북쪽에서 서서 남면한다(童子無事則立主人之北, 南面)[4]라는 말을 인용하여 "자리에 앉아 있다(居於位)"는 것은 당시 예절에 맞지 않음을 증명하고 있으나, "將命"을 "傳辭"로 이해한다면 사실 "일이 있는(有事)" 상황으로, 『禮記』玉藻가 기록한 것과 부합하지 않는다고 하였다. 또한 『禮記』玉藻에서 앞부분의 "聽事不麻"는 명백히 喪禮의 경우에 속하므로, 『論語』에 실린 것과도 맞지 않는다. 또한 『論語』憲問의 상하 문장에 따르면 孔子가 동자의 "자리에 앉아 있다(居於位)", "선생과 나란히 하다(與先生並行)" 등의 예식을 관찰한 후에 "더 나음을 구하는 자가 아니라, 빨리 이루고자 하는 자이다(非求益者, 欲速成)"라고 판단한 것은, 예식 자체는 문제가 없으나 동자가 조금 성급하게 일을 끝마쳤다고 보았던 것 같다 (즉 "집중이 부족하다"는 의미). 따라서 『論語』陽貨편 "孺悲欲見孔子" 章의 "將命"이 타당하다고 한다면, 『論語』憲問편 "闕黨童子將命"의 "將命"이 馬融 이래 "賓主의 말을 전하다"라는 의미로 이해되어 온 것은 곰곰이 생각해보면 사실 납득하기 어렵다. 사실 "將命"은 禮典에서 흔히 볼 수 있는 단어로, 『儀禮』, 『禮記』에 모

語本解』, 北京三聯書店, p.192), 楊逢彬 선생은 "말을 전하게 하다"(楊逢彬, 2016, 『論語新注新譯』, 北京大學出版社, p.291) 등으로 이해하였는데, 모두 "傳辭"의 논리에 따르고 있다고 말할 수 있다.

3) 黃式三은 여기 "중간 사람"의 "將命"에 관하여 何晏·皇侃이 孺悲의 使者로 이해하는 것, 및 宋代 邢昺·朱子가 孔子의 집에서 명을 전달하는 자로 이해하는 것 등 두 가지 의견을 정리하였는데, 자세한 내용은 程樹德, 『論語集解』, p.1231을 참고할 수 있다.

4) 玉藻는 이 장의 처음에서 "童子의 節"이라 말하고는, 그 이후에 동자가 마땅히 지켜야 할 각종 예식이 언급되어 있으며, 바로 뒤에 "聽事不麻, 無事則立主人之北, 南面……" 운운하고 있으므로 楊 선생이 인용한 것은 정확하지 않다.

두 17번, 『左傳』에도 3번 보인다. 이는 『論語』두 곳의 "將命" 문제를 이러한 禮典의 여러 사례와 통합해서 보아야 비로소 원만한 이해를 할 수 있다는 뜻인데, 최근 각 주석을 포함하여 전통 經師는 모두 포괄적이며 체계적으로 정리되지 않았다. 이 글은 고서에 기재된 禮典의 "將命" 辭例를 결합하여 『論語』에서 闕黨 동자 및 孺悲가 孔子를 보고자 하는 章의 "將命" 문제에 대해 우리의 견해를 밝히는 것이다.

II. 禮典의 '將命' 용례

『儀禮』라는 책은 고대 禮經으로 관련 의식들이 특히 상세히 기록되어 있는데, 그중에서 "將命"은 모두 17 건이다. 이에 대한 정현의 해석은 대체로 3가지이다. 『儀禮』士相見禮에 "將命자에게 예물을 돌려주길 청하다.(請還摯於將命者)"의 주석에 "將은 傳과 같다. 傳命이란 손님을 맞이하는 자를 이른다.(將猶傳也, 傳命者, 謂擯相者)"라는 것이 첫 번째 해석인데, 바로 『論語』두 곳의 "將命" 훈고에 따르는 것이다. "將命"은 손님을 맞이하는 傳命이나 傳話로 이해하는 것이 합리적일 것 같지만, 이러한 이해에 따르면 "將命"의 주어는 擯相 이지, 賓主의 어느 한쪽이 아니라는 점을 주의하길 바란다. 士相見禮에서 말하는 상황은 사실 孺悲가 공자를 보고 싶어 하는 모습과 대체로 같다. 『論語』陽貨편과 마찬가지로 정현의 해석에 따른다면, "將命"이란 말을 전하는 것이고, 賓主 이외의 제3자이다. 賈疏도 "將命"을 擯相으로 해석하였는데, 이 역시 최근 『儀禮』 번역편의 보편적인 해석이다. 이외에, 정현의 문구 해석을 따라 『儀禮』의 "將命"에 대한 두 번째 해석이 있다. 예를 들어 聘禮에 "만약 사행 도중에 다른 나라를 경유하게 되었을 경우에는 그 나라의 국경에 이르렀을 때 차개를 보내어 길을 빌리게 한다. 차개는 속백을 들고 그 나라의 외조로 가서 군주의 명을 받든다(若 過邦, 至於竟, 使次介假道, 束帛將命於朝)"의 주에 "將은 奉과 같다"에서 정현이 이곳의 "將命"을 "奉命"이라 해석한 것은 사실 전술한 "傳命"의 의미에 가깝다. 聘禮에서 使者는 종종 임금의 명을 받들어 오기도 하기 때문에 정현 주석의 "奉命"설은 간신히 통하기는 한다. 하지만 "奉命於朝"라는 표현도 사실 매우 이상하다. 또한 여기서 한 가지 짚고 넘어가야 할 것은, 정현의 해석에 따르면 士相見禮에서 "將命"의 주체는 "擯相"이 지만, "使次介假道, 束帛將命於朝"에서는 "次介"가 "將命"의 주어이다. 따라서 "奉命"하는 자는 "次介"일 수밖에 없는데, "次介"는 분명히 "擯相"이 아니다. 이외에 또 정현의 "將命"에 대한 세 번째 해석이 있다. 聘禮·記에 "만약 빙국에 주국과 상의할 시급한 일이 발생하면, 빙향의 예를 마친다. 속백 위에 서신을 올려 주군에게 빙군의 명을 전해 바치는데, 백 글자가 넘을 경우에는 간책에 쓰고, 백 글자가 안 될 경우에는 목판에 쓴다(若有故, 則卒聘. 束帛加書將命, 百名以上書於策, 不及百名書於方)"라고 하였다. 이에 대하여 정현은 주석에서 "將은 致와 같다."고 하였다. "將命"을 "致命"으로 이해하는 것은 정현의 "傳命"·"奉命" 이외에 세 번째 해석으로, 분명하지 않지만 "傳命"의 논리를 따르고 있다. 주인에게 사명을 "致"(傳)하는 것도 말이 되는 것 같다. 다만 여기서 "將命"의 주어도 마찬가지로 使者이며, 擯相이 아니다. 그러나 설명이 필요한 부분은 『儀禮』에 "致命"도 22번 보인다는 점인데, "將命"과 "致命"의 뜻이 같은 것인지 의심이 들게 만든다. 특히 "致命"이란 단어는 『禮記』에 8번 나올 뿐만 아니라 때로는 "將命"과 "致命"의 위치가 매우 가깝기도 한데, 예를 들면 다음과 같다.

> 『禮記』雜記上: "含者執璧將命曰: '寡君使某含', 相者入告, 出曰: '孤某須矣'. 含者入, 升堂致命.
> 子拜稽顙."

두 곳의 위치가 이렇게 가까운데, 왜 똑같이 일률적으로 바꾸지 않았을까? 설마 문장의 중복을 피하려고 한 것일까? 또한 雜記上의 다음 문구는 아래와 같다.

> "上介賵, 執圭將命曰: '寡君使某賵'. 相者入告, 反命曰: '孤某須矣'. 陳乘黃·大路於中庭, 北輈. 執
> 圭將命."

두 문단 중 3곳의 "將命"은 모두 "執璧"이나 "執圭"처럼 하나의 동작이 부가되어 있으나 "致命"은 없으며, 『儀禮』22곳의 "致命"에도 이러한 부가된 동작이 없다. 우리는 이것이 "將命"과 "致命"에 구별이 있다는 것을 분명히 나타낸다고 생각하며, 아래에서 다른 곳의 "將命"과 결합하여 재차 토론할 것이다.

정현은 『儀禮』의 "將命"에 대하여 상술한 3가지 해석에 대하여 주를 달았다. 첫 번째, "將命者"는 "擯相"이라 하며, 그것은 使者가 아니다. 2·3번째, "奉命"이든 "致命"이든 "將命"의 행동 주어는 使者일 뿐 擯相이 아니다. 이는 이미 두 해석 사이에 모순이 존재하고 있음을 설명한다. 특히 상술한 『禮記』雜記上 두 구절 "將命"과 "致命" 외에는 모두 하나의 "相者"가 존재하는데 이는 擯相이 분명하고, 그것은 명백히 "將命"과 같은 사람이 될 수 없다. 특히 언급해야 할 것은, 상술한 『論語』의 "將命" 두 부분은 예로부터 모두 첫 번째 해석에 따라 이해되어왔다는 것이다. 실제로 孺悲欲見孔子章에서 "將命"을 "致命"으로 이해하면, 앞서 말한 "致命"하는 자는 왕왕 使者 본인의 기록을 참고할 수 있다. 이 "將命者"가 孺悲 본인일 가능성이 충분하다는 점에서 이 章의 이해는 전통적인 해석과 크게 다르다. 이것은 『論語』"將命" 두 곳의 전통적인 이해가 사실 그렇게 탄탄하지 않다는 것이다.

상술한 정현이 주석한 『儀禮』의 "將命"에 대한 3가지 해석, 예를 들어 "將命"을 "致命"으로 이해하면 "將命"자는 使者 자신인데, "擯相"이 없는 것은 "傳命"설과 다를 뿐만 아니라 聘禮에서도 원만하게 설명하기 어려운 모순에 부딪친다. 聘禮에 이르길 "빈이 개인의 자격으로 주군을 알현한 후에 만약 개인적으로 진귀한 물건을 헌상하고자 할 경우, 군주의 명이라 하면서 헌상하는 물건을 받들어 바친다(既覿, 賓若私獻, 奉獻, 將命)"라 하였고, 정현 주에 "君命으로 이르는 것과 같다.(猶以君命致之.)"고 하였는데, "致命"으로 이해한다면 "致" 혹은 "傳"하는 것은 누구의 "命"일까? 賈疏에서 보완하길 "비록 私獻이라 하더라도 자신의 물건은 군주의 물건과 같으니, 모두 君命으로 이르렀다고 하는 것은 신하가 군주에게 통합되기 때문이다(雖是私獻, 己物與君物同, 皆云君命致之, 臣統於君故)"[5]라 하였다. 이른바 "자신의 물건은 군주의 물건과 같다(己物與君物

---

5) 王輝整理, 2011, 『儀禮注疏』, 上海古籍出版社, p.740.

同)”, “신하는 군주에게 통합된다(臣統於君)”라고 하는 것은 뜻이 매우 잘 통하지 않는다. 손님의 개인 물건을 공물로 드려야 하는데, “將命”을 “傳命”으로 이해하면 그 “傳”의 “命”은 실현될 수 없는 문제에 직면하게 된다. 사실 “賓若私獻……將命”이란 賓이 공식적인 使命을 다한 이후에 개인적인 봉헌이 있다면 재차 예식을 거행해야하는 것이지, “君命”이라고 할 수는 없다. 즉, 여기서 “將命”은 간단히 말하면 行禮한다는 뜻이고, 여기서 賓은 분명히 “將命”의 주어이며, 擯者와는 무관하다. 聘禮는 극단적인 상황까지 언급하면서 “將命”의 용례도 담고 있다. 예를 들어 聘禮에 “상을 당했을 경우, 빈은 빙군의 명을 주국의 대부에게 전해 바치는데, 주인(대부)은 장의에 연관을 하고서 명을 받는다(遭喪, 將命於大夫, 主人長衣練冠以受)”라 하였다. “將命於大夫”는 “상을 당한(遭喪)” 상황에서 “大夫가 주인을 대행한다(大夫攝主人)”는 뜻으로, 즉 大夫가 국왕을 대신하여 상대방의 行禮를 받는 變禮를 말한다. 따라서 이른바 “將命於大夫”란 大夫에게 行禮하는 것으로 “傳命”이 아니며, 行禮하는 사람 역시 “擯相”이 아니다. 聘禮에는 “賓”이 상을 당한 상황에 대해서도 “만약 빈이 죽었는데 미처 빙군의 명을 주군에게 전하여 바치지 못하였다면, 관사에서 대렴을 한 후에 관을 주국의 조정까지 운반하여 나아가고, 상개가 대신 빙군의 명을 전하여 바친다(若賓死, 未將命, 則旣斂於棺, 造于朝, 介將命)고 언급하였다. 이 역시 變禮로서 정현 주에서 “君命이 도달했다(達君命)”라고 하여 그럭저럭 “傳命”이나 “致命”에 연결하면 통한다고 할 수는 있다. 하지만 사실 “賓死, 未將命, ……介將命.”은 분명히 賓이 사망하여 行禮를 할 수 없자 겨우 “介”로 바꾸어 行禮할 수밖에 없던 상황이며, 똑같이 바로 “行禮”한 것으로 이해할 수 있다. 또한 “介將命”에서 “介”가 분명히 “將命”의 주어이므로, 마찬가지로 “擯相”과는 무관하다.

다시 旣夕禮와 士喪禮의 “將命”을 살펴보기로 하자. 旣夕禮에 이르길 “만약 빈이 사자를 시켜 부의를 보낼 경우 빈자를 통해 주인에게 명을 전달한다. 빈자는 문 밖으로 나가 빈에게 무슨 일로 왔는지 묻고서 안으로 들어가 주인에게 보고한다.(賓賵者將命, 擯者出請, 入告.)”라 하였고, 賈疏에 이르길 “‘將命者’라 하는 것은 본인은 오지 않고 使者를 보내어 將命을 주인에게 고하는 것이다.(言‘將命者’, 身不來, 遺使者將命告主人.)”[6]고 하며 “傳命”의 옛 해석을 따르지 않았다. 사실 “將命”의 주어는 “賓賵者”이고, 그 뒤에 “擯者”·“出請, 入告”라 하여 “擯者”와 “將命”자가 분명히 한 사람이 아님을 설명하고 있다. 뒷 문구의 “賵者將命, 擯者出請 ……”에서 “將命”자와 “擯者”의 구분 역시 뚜렷하다. 특히 이 “賓賵”은 旣夕禮의 앞부분에 나오는 “公賵”, 즉 군주가 장례를 돕기 위해 보낸 기물과 상대가 된다. 즉 卿·大夫·士가 보낸 장례를 돕기 위한 기물은 윗 문장의 聘禮 중, 賓의 “私獻”과 어느 정도 비슷하다. 다시 “傳命”을 말하자면, “傳”하는 것은 누구의 “命”일까? 사실 이곳의 “將命” 역시 바로 行禮하는 것으로 이해하면 된다. 마찬가지로, “賵者”는 앞의 “賓賵者”와 분명히 상대되는 것인데, 여기서 “將命”을 “傳命”으로 이해한다면 도대체 누구의 명령을 전하는 것인가? 당혹스럽기는 마찬가지이지만 賵者가 行禮하는 것으로 이해하면 의문이 눈 녹듯이 풀린다. 旣夕禮 다음 문장에서는 또 “만약 빈이 전을 올릴 것이 있다고 하면 빈자는 안으로 들어와 주인에게 보고한 다음, 나가서 빈을 이끌고 안으로 들어온다. 빈은 명을 전달하기를 처음처럼 한다.(若奠, 入告, 出, 以賓入, 將命如初.)”라 하였는데, 이는 賓이 제사를 지낼 때 보내야 하는 물품이 있다면 공경히 바쳐야 한다고 말한 것이다. 그렇다면 行

---

6) 王輝整理, 2011, 위의 책, p.1186.

禮가 당초 부조품을 보낼 때와 같게 되므로, 여기서 命을 전달하는 것으로 해석하면 뜻이 대단히 잘 통하지 않게 된다. 이미 "將命如初"라 한 이상 "傳"으로 이해하면 재차 전달해야 한다는 것인가? 너무 군더더기로 보인다. 마찬가지로 다음 문장 "만약 빈이 부의 보낸 것이 있다고 하면 빈자가 안으로 들어가 주인에게 보고한다. 주인은 대문 밖으로 나가서 왼쪽으로 나아가 서쪽을 향해 선다. 빈은 동쪽을 향하고서 주인에게 명을 전달한다.(若賵, 入告. 主人出門左, 西面. 賓東面將命.)"에서 "賓"은 분명 "將命"의 주어[7]이고, 여기서 賓이 동쪽을 향하여 行禮하는 것을 말하는데, "명령을 전달하다"라고 해석하면 똑같이 기계적인 해석에 그치게 된다. 『旣夕禮』에서 마지막에 "무릇 예를 행할 때는 반드시 남아 있는 일이 없는지 빈에게 물어본 뒤에, 주인이 배례를 하면서 빈을 전송한다.(凡將禮, 必請而後拜送.)"라고 하는데, 이는 주인의 입장에서 말하는 것이지만 "禮"의 의미도 "將"이니만큼, 앞의 "賓"이 누구이 "將命"하는 것도 간단한 "傳命"이 아닌 行禮하는 것을 뜻한다. 또 『士喪禮』에 이르길 "대공 이상 친족은 의복을 부의로 보내는데, 사람을 시켜 주인에게 통보하지 않고 자신이 직접 방에 진설한다. 서형제가 의복을 부의로 보낼 때는 사람을 시켜 실 안의 주인에게 통보하는데, 주인은 시신을 눕혀 놓은 침상의 동쪽 곡을 하는 자리에서 배례를 하고, 수의를 전달하는 사람은 시상 위 시신의 동쪽에 수의를 올려 놓는다.(親者襚, 不將命, 以即陳. 庶兄弟襚, 使人以將命於室, 主人拜於位, 委衣於尸東床上.)"라 하였는데, 이 두 곳의 "將命"은 정현의 해석에서 전자는 "사람을 시켜 주인에게 이르지 않도록 하라.(不使人將之致於主人也)"는 뜻으로, 뒷 문장의 "사람을 시켜 실 안으로 통보하다.(使人以將命於室)"를 참고한 것이 분명하다. 후대에 『儀禮』를 해석한 사람들도 대부분 주인에게 "통보"하다는 뜻으로 이해하였는데[8], 사실 여전히 "傳命"의 논리에 따르고 있다. 그러나 이렇게 이해하는 것은 분명히 문제가 있다. "親者襚"는 앞 문장의 "君使人襚"에 상대적인 말이기 때문이다. 군주는 사람을 파견하여 장례를 돕는 물품을 보내어 정부 측을 대표하게 하는데, 예식이 엄숙하기 때문에 "수의를 전달하는 사람은 왼손으로 수의의 옷깃을, 오른손으로 허리 부분을 잡는다.(襚者左執領, 右執要.)"는 의식이 요구된다. 그러나 "親者襚"는 이러한 예식에 구애받지 않으며, 이른바 "以即陳"이란 바로 장례를 돕는 물품을 놓아두고 행하는 것이다. 그렇다면 "不將命"이란 行禮의 의식을 할 필요가 없는 것인데, 傳命이나 通報의 의식과 무슨 관계가 있는가? 『士喪禮』 뒷 문장에서는 "(소렴 뒤에도) 의복을 부의로 보내는 사람이 있을 경우, 빈을 통해 명령을 전달하는데, 빈은 문을 나와 빈께서 어떤 일로 왔는가를 묻고, 들어와 주인에게 보고한다.(有襚者, 則將命, 擯者出請, 入告.)"라 하였다. 이는 小斂 이후에 보내온 장례 의물이 있다면 의식을 행해야 한다는 것을 말한다.(이는 앞서 언급한 장례 초입에 "親者襚"·"庶兄弟襚"·"朋友襚"한 상황과 뚜렷하게 구별된다.) 그래서 다음 문장에서는 번거롭지 않게 이른바 "擯者入請, 入告"·"主人待於位"·"賓入中庭" 같은 예를 갖추는데, 바로 이러한 의미에서 "襚者"야말로 "將命"의 주어이다. 만약 "傳命"이나 "通報"로 이해한다면 그 주어는 하인과 같은 인원으로 변하여, 필연적으로 이해하는데 중대한 실수를 초래하게 된다.[9]

---

7) 旣夕禮 1편을 보면 "將命" 행동의 주어는 "賓睊者", "賵者", "賓" 등이 있고, 그들은 모두 "擯者"와 명확히 구별된다.

8) 楊天宇, 1994, 『儀禮譯註』, 上海古籍出版社, p.346; 彭林 역주, 2012, 『儀禮』, 中華書局, p.408을 참고할 수 있다.

9) 참고로, 『禮記』雜記上에는 또 상술한 襚襚 및 襚과 유사한 기록이 있는데, 예를 들면 "襚者降, 受爵弁服于門内溜, 將命, 子拜稽

상술한 禮書에 기재된 "將命"을 보면 "將命"이란 대부분 동작의 실행자이며, 결코 어떠한 "擯相"을 필요로 하지 않는다. 따라서 대부분의 경우 결코 "傳話"로 이해될 수 없으며, 사실 바로 "行禮"로 이해해도 된다. 예서에 기재된 구체적인 역사적 상황이 부족하여, 아마 쉽게 분간할 수는 없을 것이다. 우리는 史書의 몇 가지 구체적인 예를 들어서 "將命"에 대한 이해 문제를 살펴볼 것이다. 『左傳』僖公三十年에 다음의 일이 기록되어 있다.

> "周·冶殺元咺及子適·子儀. 公入祀先君. 周·冶既服, 將命: 周歂先入, 及門, 遇疾而死. 冶廑辭卿."

이는 외국으로 달아난 衛成公이 국내의 周歂·冶廑에게 뇌물을 주어 주·야 두 사람에게 정변을 일으키게 하고, 元咺과 子適·子儀 등을 죽여 衛侯가 성공적으로 복위하였다는 것을 말한다. 복위에 성공한 위성공은 자연히 당초의 약속("만약 나를 위나라로 들여보내 준다면 내 자네들을 경으로 임용하겠다.(苟能納我, 吾使而爲卿)")을 지키며 두 사람을 포상하였다. 책명이 시작되었을 때, 주천·야근 두 사람은 모두 盛裝(既服)을 차려입고서 周歂이 먼저 들어왔으나 이상하게도 때마침 발병하여 급사하니, 冶廑은 놀라서 감히 卿을 맡을 엄두를 내지 못하였다. 이곳의 "周冶既服, 將命" 중 "將命"은 분명히 상술한 禮典의 "將命"과 의미가 같다.[10] 게다가 周歂·冶廑은 분명히 "將命"의 주어이므로 "擯相"과 아무런 관계가 없을 뿐만 아니라, "傳命"도 필요 없다. 여기서 정현의 "傳"이라는 해석은 유례없는 도전에 부딪혔다. 사실 이곳에서는 "將命"을 "行禮"라고 바로 이해하는 것이 매우 타당하다. "先入"·"及門"은 바로 行禮의 구체적인 과정이다.

"將命"을 언급한 또 다른 『左傳』의 구체적인 사례를 보자. 그 기사의 세부적인 부분과 전말은 매우 분명해서 우리가 "將命"의 구체적인 뜻을 정확히 이해하는 데 큰 도움이 된다. 『左傳』哀公15년 吳는 楚의 공격을 받았고, 陳은 특별히 公孫貞子를 吳로 보내 위문하였으나 공손정자는 도중에 사망하였다고 기록하고 있다. 이것이 바로 『聘禮』의 "賓入竟而死"한 경우이다. 당시의 禮制에 따르면 이때 조문의 예는 계속 진행되므로, 『左傳』에는 陳의 사자가 "將以尸入", 즉 貞子의 시신을 수레에 싣고 오의 도읍에 들어온 것이 기록되어

賴, 如初. 受皮弁服於中庭, 自西階受朝服, 自堂受玄端, 將命, 子拜稽賴, 皆如初⋯⋯"이다. 그중 "將命"은 "行禮"로 해석될 수 있고, "傳命" 혹은 "傳話"로 해석하지 않아도 된다.

10) 두예 주는 "將入廟受命"이라 하여, "將" 자를 시간의 의미인 "막 ~를 하려고 하다"로 이해하였는데, 正義와 後人이 이를 많이 따르는 것은 옳지 않다. 문법적으로 "將入廟受命"이라는 두예 주의 이해에 따르면, 周·冶는 분명히 "命"의 목적어인데, 이곳 "周·冶既服將命"에서 周·冶는 분명히 주격이다. 우리는 『左傳』의 다른 두 곳에서 "將" 자가 "막 ~하려고 하다"는 의미인 "將命"으로 나타나는 것을 참고로 할 수 있다. 昭公七年: "史朝亦夢康叔謂己: '余將命而子茍, 與孔烝鉏之曾孫圉, 相元.'", 昭公十三年: "鄭人請曰: '聞諸道路, 將命寡君以犨·櫟. 敢請命.'" 전자 "將命"의 주어인 "余"는 史朝의 꿈에 나온 衛康叔이고, 후자 "將命"의 주어는 楚王(國)이다. 희공 13년의 이 항목대로 두예 주에 따라 "將" 자를 시간적인 "將要"로 이해하면 周·冶는 "將命"의 주어일 수밖에 없지만, 두예 주 "受命"의 이해는 오히려 周·冶의 목적격에 놓이게 되어 이는 문법적으로 모순이 된다. 만약 우리가 周·冶를 "將命"의 주어로 인정한다면, 이곳의 "將命"은 두예의 그러한 시간적 이해를 따를 수 없다는 것을 의미한다. 사실 이곳의 "將命"은 禮書에서 흔히 보이는 行禮를 나타내는 "將命"이며, 다음 문장의 "先入", "及門"은 모두 의식의 다른 부분으로, 전후 논리가 명백하다고 할 수 있다.

있다. 하지만 이를 이상하게 여긴 오나라 사람들은 太宰 嚭으로 하여금 陳의 사자를 거부하고 들어가지 못하게 하였고 陳의 사자 芋尹盖는 오가 실례를 범했다고 여겼는데, 그가 든 이유는 "事死如事生, 禮也."이었다. 정자는 사망하였으나 사명은 완수되어야 하고, 그렇지 않으면 "이는 우리 임금의 명령을 무시하여 저 풀밭 속에 내던지는 것(我寡君之命委於草莽也)"으로, 즉 陳 군주의 사명을 황야에 버리는 것이었다. 그래서 그는 "이제 만약 시신을 메고 사명을 다하지 않는다면 이는 상을 당하면 돌아가야 하는 것이니, 불가하지 않겠습니까?(若不以尸將命, 是遭喪而還也, 無乃不可乎?)"라고 버텼다. 이것은 "將命"이 절대로 傳命이나 通報일 수 없음을 충분히 보여주는데, 시신이 어떻게 말을 전달할 수 있겠는가? 이와 대조적으로 『禮記』 雜記上에는 "무릇 將命이란 殯를 향하여 사명을 다하는 것이다. 절을 하며 이마를 조아리는 것이다(凡將命, 鄕(向)殯將命. 子拜稽顙)"라 하였는데, 여기서도 "將命"을 "傳話"로 이해할 수 없다. 어떻게 殯柩에 말을 전할 수 있겠는가?[11] "致命"이라고 하는 것도 적절치 않은데, 다음 문장에서 "子拜稽顙"라고 하는 것을 보면 진실로 "命"을 받아들일 수 있는 것은 사실 嗣子이다. 『禮記』 두 곳의 "行喪禮"를 모두 殯柩를 향해 行禮해야 한다는 것으로 생각하면 눈 녹듯이 쉽게 이해가 된다. 이것은 우리가 『左傳』의 "將命"에 대해 이해하는 데 매우 좋은 참조가 된다. 또한 『左傳』의 기록은 "將命"이 어떤 "擯者"라고 해도 구애받지 않는다는 것을 보여주는데, "以尸將命"의 "尸"가 의식의 주체라는 점을 분명히 했기 때문이다. 어떤 사람은 芋尹盖가 계속 조문의 예를 하지 않는다면 "寡君之命委于草莽也"라고 이야기한 것은 곧 "寡君之命"을 포기한다는 의미라고 이해하기도 하지만, 그 사자의 의무는 "傳命"이 아닌가? 우리는 이것이 정확하지 않다고 생각한다. 사자의 임무는 비록 군주의 명을 받들어 조문을 하는 것이지만, 이 일의 구체적인 내용은 일련의 예절을 통해 실현되는 것이고, 절대로 단순히 "傳話"만은 아니라고 해야 한다. 陳의 芋尹盖는 또 만약 오에 입국할 수 없다면, 즉 "死而棄之"한다면 "是棄禮也"라고 하였다. "將命"하지 않으면 "禮"를 포기하는 것이라고 명확하게 이야기하는 것이고, 이것이야말로 중요한 내용이다. 단순히 "傳命" 또는 "傳話"로 이해하면, 사자의 실질적인 임무 내용이 "빠지기" 쉽다.

이상의 『左傳』에 실린 "將命"의 사례를 보면 첫 번째, "將命"하는 자가 바로 동작의 주어이며 어떠한 "擯相"을 필요로 하지 않는다. 두 번째, "將命"을 똑같이 行禮하는 것으로 바로 이해할 수 있다는 것은 단순한 이야기가 아니다. "將命"을 직접적으로 "行禮"라 이해할 수 있는 것에 관하여, 이미 『左傳』 哀公15년의 芋尹盖는 吳에 대해 매우 분명하게 밝혔다.

　　"於是乎有朝聘而終, 以尸將事之禮. 又有朝聘而遭喪之禮. 若不以尸將命……"

앞에는 "將事(之禮)", 뒤에는 "(以尸)將命"이라 하였는데, "將事"는 분명히 "將命"에 대응하며, 혹 "將命"이 사실 "將事"이고 "將事"가 "禮"라고 한다면, "將命"의 의미는 어렵지 않게 짐작할 수 있다. "將命"과 마찬가지

---

11) 『左傳』 昭公五年 "以書使杜洩告於殯"으로 殯柩에 말을 전할 수 있다는 것을 증명할 수도 있으나, 『左傳』의 이 기사는 특별한 역사적 사정이 있어 상례도 아닐 뿐만 아니라 "將命"도 보이지 않는다.

로 "將事"라는 용어도 고대 禮典에서 매우 빈번히 나온 어휘였다. 그렇다면 "將事"라고 하는 것에서 "將"은 어떠한 "事"일까? 사실 "禮"가 대부분이다. 우선 『儀禮』의 두 가지 예를 보면, 『士婚禮』에 다음과 같은 내용이 나온다.

> "某旣得將事矣, 敢辭."
> "凡使者歸, 反命, 曰: "某旣得將事矣, 敢以禮告." 主人曰: "聞命矣."

정현 주에 "將은 行이다."라 하므로 "將事"는 "行事"이며, 즉 직무를 이행하는 것이다. 여기서 정현은 "將"을 "傳"으로 해석하지 않았다.(아마도 목적어인 "事"에 걸렸을 것이다.) 士婚禮의 위아래 문장을 보면 두 "將事"는 사실 모두 의식을 이행하거나 바로 "行禮"하는 것으로 이해해야 하며, 특히 "아무개는 이미 맡은 일을 완수하였습니다. 감히 예물을 가지고 고합니다(某旣得將事矣, 敢以禮告)"의 "以禮告"(앞에서 "선인께서 물려주신 예이므로, 감히 예례를 받아주시기를 거듭 청합니다.(先人之禮, 敢固以請)"라 答辭하는 것에서도 "禮"를 강조한다.)에서 특히 두드러진다. 또한 聘禮편 마지막에는 "공적인 일을 마친 이후, 빈은 주군에게 귀국할 시기를 정해줄 것을 청한다(旣將公事, 賓請歸)"라 하는데, 이른바 "將公事"도 분명히 "將事"의 구조이다. 이는 賓이 한 차례 번잡한 방문 의식을 끝낸 이후 돌아갈 준비를 하는 것으로, 그렇다면 이른바 "將公事"도 聘禮와 관련이 있을 것이다. 그렇다면 다른 고서의 "將事"는 어떨까? 이와 마찬가지로 다음과 같은 고서의 기록을 살펴보자.

> 『左傳』 成公十三年, "十三年春, 晋侯使來乞師, 將事不敬. 孟獻子曰: '郤氏其亡乎! 禮, 身之于也. 敬, 身之基也. 郤子無基.'"
> 『左傳』 襄公二十五年, "鄭子産獻捷於晋. 戎服將事."
> 『左傳』 昭公二十年, "齊侯使公孫青聘於衛. 旣出, 聞衛亂. 使請所聘. 公曰: '猶在竟內. 則衛君也.' 乃將事焉. 遂從諸死鳥, 請將事. 辭曰: '亡人不佞, 失守社稷, 越在草莽, 吾子無所辱君命.' 賓曰: '寡君命下臣於朝, 曰: "阿下執事." 臣不敢貳.' 主人曰: '君若惠顧先君之好, 照臨敝邑, 鎭撫其社稷, 則有宗祧在.'乃止. 衛侯固請見之, 不獲命, 以其良馬見, 爲未致使故也. 衛侯以爲乘馬. 賓將拚. 主人辭曰: '亡人之憂, 不可以及吾子. 草莽之中. 不足以辱從者. 敢辭.' 賓曰: '寡君之下臣, 君之牧圉也. 若不獲扞外役, 是不有寡君也. 臣懼不免於戾, 請以除死.' 亲執鐸, 終夕與於燎.'"
> 『國語』 周語中, "晋旣克楚於鄢, 使郤至告慶於周. 未將事. 王叔簡公飮之酒, 交酬好貨皆厚……."
> 『孔子家語』 辨物, "吳伐越, 墮會稽. 獲巨骨一節, 專車焉. 吳子使來聘於魯, 且問之孔子, 命使者曰: "無以吾命也." 賓旣將事, 乃發幣於大夫及孔子, 孔子爵之, 旣徹俎而燕客, 執骨而問曰: "敢問骨何如爲大?"

이상과 같은 "將事"의 사례는 사실 모두 行禮 혹은 의식을 이행하는 것으로 이해해야 한다.[12] 成公 13년 郤錡의 "將事不敬"에서 孟獻子는 그의 말에 "禮, 身之干也. 敬, 身之基也"가 있다고 평하였다. "敬"은 "不敬"에 대비되므로, "禮"는 "將事"에 대비되는 것이 틀림없다. 이 점에 관하여 『禮記』鄕飮酒禮의 "성이 서서 이것을 거느리는데 공경으로 하는 것을 예라고 이른다(聖立而將之以敬曰禮)"를 참고할 수 있는데, 비록 "事"라고 하지 않고 "將之"라 하였으나, 이 또한 "禮"와 가까운 것이다. 襄公 25년 子産의 "戎服將事"는 분명히 승전을 아뢰는 禮이다. 昭公 20년의 "將事" 두 가지 예에서 전자는 두예 주에서 "行聘事"라고 했고, 후자의 "將事"는 楊伯峻이 간단명료하게 "行聘禮"라고 하였다. 이어지는 내용에서 聘禮가 최종적으로 거행되지는 않았으나, 公孫靑과 衛侯 사이에 賓·主의 문답 및 마지막에 公孫靑이 "越在草莽"을 견지하며 衛侯가 "執鐸"한 것을 보면, 견고하게 예를 지키는 것을 어렵지 않게 짐작할 수 있다.[13] 『國語』의 "未將事"는 徐元誥가 "未行告慶之禮"임을 분명히 하였다. 『孔子家語』의 "將事"는 마찬가지로 賓이 거행하는 聘禮로 이해해야 한다.[14]

실제로 고서의 "將事"를 의식을 이행하거나 行禮하는 것으로 이해해야 할 뿐만 아니라, 심지어는 "禮" 그 자체가 "將"이라 할 수 있는, 즉 "將"의 목적어로도 이해해야 한다. 아래의 예를 보자.

> 『尙書』洛誥, "惇宗將禮".
> 『儀禮』既夕禮, "凡將禮 , 必請而後拜送".
> 『詩經』穆木, "樂也君子, 福禮將之".
> 『孔子家語』冠頌, "行冠事必於祖廟, 以祼享之, 禮以將之".

『孔子家語』의 "禮以將之"는 곧 "禮"를 "將之"하는 것이다. 이 기사는 또한 『左傳』 襄公九年의 기록과 흡사한데, 『左傳』의 글에서 "군주가 관례를 행할 때에는 반드시 관향의 예를 행하고 금석의 악기를 울려 절도를 맞추며 선군의 묘에서 행해야 하는 것입니다(君冠, 必以祼享之禮行之, 以金石之樂節之, 以先君之祧処之)"는 『孔子家語』의 부분과 대응하며, 『左傳』에서 "以祼享之禮行之"라 한 것은 사실 "行", "祼享之禮"이다. 오늘날 『毛詩(詩經)』穆木에 여러 차례 보이는 "福履"는 安徽大學 소장 楚 죽간(이하 安大簡)에 모두 "福禮"라고 되어 있으며, 정리자는 『說文』의 "禮, 履也. 所以事神致福也"를 인용하고 있다. "간본에서 사용한 '禮'가 정자이고, 『毛詩』에서 사용한 '履'는 가차자이다."[15]라고 한 것은 믿을 만하다고 생각한다. 위에서 언급한 "將禮"·"禮以

---

12) 사실 西周 청동기 명문에도 "將事"의 사례가 있는데, 師袁簋銘文에 "今余肇令汝, 率齊師……左右虎臣征淮夷, ……師袁虔不彖(弛), 夙夜恤厥牆(將)事, 休既有工(功), 折首執訊……"라 하였다(師袁簋 集成 4313 4314). 그중의 "牆"은 학자들이 옛 발음의 관점을 따라 "將"과 통한다고 한 것은 믿을 만하다. 그렇다면 "牆事"는 즉 "將事"이다. 그러나 이 "將事"는 恤의 주어이고, 분명히 명사이다. 銘文의 위아래 문장을 보면 여기의 "事"는 주로 왕명으로 淮夷를 정벌하는 일이다. 여기서 "王命"의 배경은 이 "牆"의 본 글자도 사실 당연히 ""여야 한다고 결정하였는데, "牆事"는 아래에서 언급할 麥器 및 史頌鼎의 "命"과 비슷하게 모두 직무를 이행한다는 뜻을 가지고 있으며, 후대의 禮書에서 이미 고착화된 "將命"과 "將事"와는 또 다르다.

13) 덧붙이자면 고대 예절의 진행 과정에서 당연히 손님과 주인 사이에 대화를 필요로 하였는데, 이는 특히 『儀禮』에서 뚜렷하게 보이지만 대화가 行禮의 전부는 아닐 것이다. 특히 "將命"을 "傳話"로 단순하게 해석할 수는 없다.

14) 『孔子家語』의 이 기사는 『國語』魯語下에도 보이며, 『國語』에는 "既將事"가 없으니 당연히 누락된 것이다.

將之"·"將事之禮" 등의 사례를 보면 安大簡의 "福禮將之"도 분명 여기에 속하며, 의미에서도 "將之以福禮"로 이해해야 옳다. 같은 이유로 『雀巢』"之子於歸, 百兩將之"의 "將"을 安大簡에서는 "遷"이라 하여 "遷(將)之", "百兩"이라고 하였는데, 『禮記·檀弓』의 "백고의 상에 공씨의 부의를 전하는 사람이 오지 않으니, 명주와 말을 빌려 대신 가지고 갔다.(伯高之喪, 孔氏之使者未至, 束帛·乘馬而將之)"(『孔子家語』 曲禮子貢問에서는 "攝束帛乘馬而以將之"라 하였다)와 비슷하다. "束帛乘馬而將之"는 "束帛·乘馬"를 "將之"하는 것과 같다. "束帛·乘馬"라고 하는 것은 고대에 禮儀를 거행할 때의 상징적 기호로서, 더 말할 필요도 없이 명백한 것이다. 따라서 여기서는 사실상 "束帛乘馬"로 行禮하는 것을 말한다.[16] 『雀巢』의 시에서 毛亨이 "將"을 "大"라고 한 것, 鄭玄이 "將"을 "扶助"라 한 것은 모두 정확하지 않다. 『禮記』 檀弓上에는 공자가 衛國에 가서 "옛날 자신이 머물던 집 주인의 초상을 만나, 들어가서 곡을 슬프게 하였다(過舊館人之喪, 入而哭之哀)"라고 기록되어 있다. 공자는 이 정도로 상심하여 곡을 하면서도 예물을 보내 "表示"하지 않을 수 없었고, 이에 子貢에게 "說(필자의 의견은 脫이다)驂而賻之"하게 하였다. 자공은 "문인의 상에도 참마를 떼어내어 부의한 일이 있었는데, 옛 집 주인에게 참마를 꺼내어 부의하는 것은 너무 과중하지 않습니까?(於門人之喪, 未有所說驂, 說驂於舊館, 無乃已重乎?)"라 하여 의견이 달랐지만, 공자는 "내가 저번에 들어가 곡을 할 때에 상주가 나를 보고 애통해하는 것을 보고 나도 눈물을 흘렸다. 내가 어찌 이유 없이 눈물을 흘렸겠느냐.(予鄉者入而哭之, 遇於一哀而出涕. 予惡夫涕之無從也.)"라 하였다. 공자는 매우 슬퍼하며 곡을 하면서도 조금의 예물도 보내지 않은 상황은 꺼려했던 것이다. 이 기사는 『孔子家語』 曲禮子夏問에도 보인다. 『禮記』의 "惡夫涕之無從"을 『家語』에 "惡夫涕而無以將之"라 한 것에 "將之"가 보인다. 『禮記』를 참조하면 『孔子家語』에서 "將之"하여 준비한 물건은 분명히 喪禮의 상황에서 장례를 돕는 물건이다. 그러므로 여기의 "將之"는 사실 伯高 喪事의 "將之"와 의미가 일치하며, 모두 장례를 돕는 물건을 빌려 行禮를 한다는 뜻을 가리킨다. 또한 『雀巢』의 "將之", "百兩", 『禮記』 檀弓의 "束帛·乘馬"를 "將之"하는 것, 『孔子家語』의 "驂馬"를 "將之"하는 것 등은 모두 예물을 빌려 行禮하는 것이다. 전술한 『禮記』 雜記上 "執璧將命"·"執圭將命"의 "將命"은 분명히 "璧" 또는 "圭"를 "將之"하여 行禮하는 것으로 이해해야 옳다. 이와 유사한 기록은 『禮記』 少儀편에도 있다.

"其以乘壺酒, 束修, 一犬賜人, 若獻人, 則陳酒執修以將命, ……其以鼎肉, 則執以將命. 其禽加於一雙, 則執一雙以將命, ……車則說綏, 執以將命. 甲若有以前之, 則執以將命."

---

15) 黃德寬·徐在國 主編, 2019, 『安徽大學藏戰國竹簡(一)』, 中西書局, p.77.

16) 당대의 禮家 楊天宇 선생이 『儀禮』에 주를 달기를 비록 많은 곳의 "將命"이 "傳命"의 옛 설을 따르고 있으나, 전거한 聘禮·記의 "束帛加書將命"을 楊 선생은 "본국 군주의 서신을 書帛에 담아 主國의 군주에게 올리다."로 해석하였는데, 분명히 行禮의 행위였으나 역으로 유연함을 잃지 않았다(楊天宇, 1994, 『儀禮譯註』, 上海古籍出版社, p.257 참조). 또 徐淵 선생은 일찍이 檀弓의 "伯高之喪"의 문제에 관심을 가졌고, 아울러 禮書 중의 "將命"을 논하기도 했었다. 徐 씨는 禮書에서 "將命"의 "將"을 "致"로 해석하여 정현의 세 번째 설에 접근하는 경향을 보였고, 사실 禮書에 나오는 모든 "將命"의 사례를 다 말할 수는 없었다. 徐 씨의 주장은 徐淵, 2016, 「論孔子"不成禮"於伯高──從禮制角度解讀〈禮記·檀弓〉"伯高之喪"章」, 『儒學與古今中西問題』, 北京三聯書店, p.244 참조.

이상의 예처럼 "將命"이라는 단어가 많이 나온다. 이렇게 많은 "將命"에 대해 전통적인 注疏에서도 대부분 "傳命"으로 해석하였고, 근년의 『禮記』 해석문도 이에 편승하여 "致辭" 혹은 "傳話"로 해석하였으나, 사실 모두 억지스럽다. 이곳의 이른바 執脩·執鼎肉·執禽·執綏의 "將命"은 『檀弓』의 "束帛·乘馬"를 "將之"하는 사례와 극히 유사하므로, 이것은 모두 다른 사람에게 보내는 물건들을 어떻게 보내야 하는지에 대한 문제이다. "致辭" 혹은 "傳話"와는 모두 관계가 없고, 바로 "行禮"로 이해하면 된다.

상술한 禮書에 나오는 "將命"의 사례에 대한 토론을 보면, "將命"은 왕왕 동작의 주어이며 결코 어떠한 "擯者"를 필요로 하지 않는다. "將命"이라는 말은 그저 行禮하는 것으로 이해하면 된다. 필자는 이것이 우리가 『論語』의 "闕黨童子將命"에 대해 이해하는 데에도 시사하는 바가 크다고 본다. "童子將命"이란 사실 동자가 行禮하는 것이다. 아래에서 공자가 아이를 관찰하는 관점에서 보면, 이른바 "居於位也"·"與先生竝行也"에서 "居"·"行" 등 다양한 부분을 언급하는 것은 분명히 이 아이가 行禮하는 잡다한 의식이다. 공자는 이러한 예의의 작은 부분에서 비로소 동자에 대해 "非求益者也, 欲速成者也"라고 판단한다. 이처럼 이곳의 "將命"을 行禮로 해석하는 것이 "傳賓主之辭"로 이해하는 것보다 훨씬 타당하다. 또한 『論語』에서 공자가 관찰한 "闕黨童子將命"은 長幼 간에 속하는 것으로서, 『禮記』 少儀편에도 長幼 간 "將命"을 언급하고 있다.

"尊長於已逾等, 不敢問其年, 燕見不將命; ……寢, 則坐而將命."

두 곳의 "將命"은 전자의 경우 후배는 선배가 한가한 시간에 가서 만날 때, 정식으로 예를 갖추지 않아도 된다는 것을 말한다.(정현 주의 이른바 "自不用賓主之正來, 則若子弟然") 후자의 경우, 손윗사람이 누워있을 때 후배는 서 있지 말고 무릎을 꿇고 行禮해야 한다는 것을 말한다. 전통적인 注疏와 근년의 해석은 전례대로 "傳命"·"傳話"로 이해하였으나, 사실 매우 뜻이 통하지 않는 편이다.

만약 『論語』 "闕黨童子將命" 章의 "將命"이 "傳命"이 아니고 行禮라면, 陽貨편의 "將命者"가 가리키는 바도 재차 고려할 필요가 있다. 陽貨편의 "將命者"는 바로 孺悲 본인에 해당하고, 어떤 손님과 주인 간의 "傳命"者는 아니라고 생각한다. 이렇게 이해한다는 것은 陽貨편 "將命者"에 대한 전통적인 해석이 禮書에 의거한 것이므로, 특히 士相見禮의 일부 기본 예절에 대한 이해도 재검토해야 한다는 의미이다. 士相見禮의 "將命"은 모두 "主人復見之, 以其摯……" 단락에 나오며, 총 3번 보인다. 이곳의 "將命"은 정현부터 賈公彦[17], 胡培翬[18], 더 나아가 근년의 『儀禮』 주석까지 모두 "傳命", 심지어는 擯相으로 해석하는데,[19] 사실 믿을 수 없다. 여기에는 두 가지 이유가 있다. 첫 번째, 士相見禮의 앞 문장에 따르면, 모두 主·賓 사이의 왕복문답이며 擯相하는 자가 없다. 주인은 심지어 누차 "請吾子就家, 吾將走見"라고 하는데, 이는 친히 찾아뵙겠다는 것이

---

17) 王輝 整理, 2011, 『儀禮注疏』, 上海古籍出版社, p.171.

18) 胡培翬는 이 "將命"의 해석에 『論語』 "闕黨童子將命" 章을 증거로 인용할 뿐만 아니라 『周禮』 司儀의 정현 주 "出接賓曰擯, 入贊禮曰相"을 인용하여, "將命"은 곧 "傳命"임을 반복하여 표명하였다. 胡培翬, 2016, 「儀禮正義」, 『儒藏 (精華編) 第47冊』, 北京大學出版社, 2016, p.183 참조.

19) 彭林 譯註, 2012, 『儀禮』, 中華書局, p.76을 참조할 만하다.

다. 그러나 사양하며 마지막으로 "주인은 대문 밖으로 나아가서 빈을 맞이하고 재배를 한다. 빈은 답례로 재배를 한다. 주인은 읍을 하고 대문 안으로 들어가 오른쪽으로 나아간다. 빈은 예물을 받들고 대문 안으로 들어가 왼쪽으로 나아간다((主人)出迎於門外, 再拜. 賓答拜. 主人揖, 入門右. 賓奉摯, 入門左.)"라 하였다. 모두 賓·主 두 사람 사이의 일인데 어찌 "擯者"가 수고를 하겠는가? 士相見禮 전면을 검토하면 賓과 主 사이에 하나의 "擯者"가 필요하다고 명시되어 있는데, 사실 두 가지 상황, 즉 "若嘗爲臣者"와 "若他邦之人" 두 가지 경우뿐이다.[20] 기타는 "만약 선생이나 작위가 다른 사람이 대문 밖에 이르러 만나기를 청하면, 사양한다. 사양을 했는데도 허락을 받지 못할 경우, '아무개는 찾아뵐 기회가 없었습니다. 사양을 했는데도 허락하는 명을 받지 못하였으니, 장차 나가서 뵙겠습니다.'라고 말하고는 대문 밖으로 나가서 빈에게 먼저 배례를 한다(若先生·異爵者請見之, 則辭. 辭不得命, 則曰: '某無以見, 辭不得命, 將走見', 先見之)"처럼 "擯者"가 필요 없다. 두 번째, 위에서 언급한 본편의 "將命"은 모두 "주인이 다시 빈을 찾아뵙는데, 빈이 들고 왔던 예물을 가지고 간다. ……(主人復見之, 以其摯)" 단락에 나오는데, 무엇을 "復見之"라 하는가? 바로 앞 문구의 賓이 이미 주인을 방문하였기 때문에, 예에 따라 왕래한다는 관점에서[21] 이번에는 주인이 답방을 해야 하는 것이다. 이때 주인이 먼저 "지난번 그대께서 수고롭게 찾아오셔서 아무개로 하여금 뵐 수 있게 해 주셨으니, 빈자를 통해 예물을 돌려드리고자 합니다(向者吾子辱, 使某見, 請還摯於將命者)"라고 말하는데, 이 "將命者"는 결코 擯相이 아니라 賓 본인이어야 한다.[22] 이전의 賓은 주인을 만나러 갈 때 바로 "摯"를 가지고 갔기 때문이다. 우리는 士相見禮 앞 문장에서 賓主 사이의 "摯"에 관한 대화를 보자.

"(主人)'聞吾子稱摯, 敢辭摯'. 賓對曰: '某不以摯, 不敢見'. 主人對曰: '某不足以習禮, 敢固辭'."

"摯"란 예를 거행할 때의 상징적인 기호로서, 비록 "形式"에 속하지만, 없어서는 안 될 것이다(앞 문장의 "束帛乘馬"와 유사하다). 士相見禮는 "사들이 서로 찾아뵙는 예. 자신의 신분을 나타내는 예물로 겨울에는 죽은 꿩을 사용하고, 여름에는 말린 꿩고기를 사용한다(士相見之禮. 摯, 冬用雉, 夏用腒)"라 시작하며, 『禮記』郊特牲에도 "폐백을 가지고 서로 보는 것은 공경하여 분별을 분명히 밝히는 것이다(執摯以相見, 敬章別也)"라 하는데, 그래서 "摯"는 어떤 의미에서는 "禮"를 대표한다.[23] 주인은 賓이 "摯"를 가지고 찾아왔다는 것을 알았을 때, 심지어 "某固不足以習禮"라 정중하게 말한다. 여기서 "禮"는 바로 "摯"에 비하는 것이다. 당

---

20) "爲臣者"는 이전에 "主人"을 만났는데 "主人"의 신분이 월등히 높은 경우이고, "他邦之人"은 서로 다른 나라 간의 인사 교제를 언급한 것으로, 양자의 "擯"은 속사정이 있는 것이다.

21) 정현 주에 "復見之者, 禮尙往來也"라 하였다. 王輝 整理, 2011, 앞의 책, p.171.

22) 楊天宇 선생은 여기서 "將命者란 즉 傳命者이고, 擯者이기도 하다. 사실 여기서는 주인을 뵈어야 하고, 주인에게 감히 직언을 하지 못하도록 겸손해야 하기 때문에 將命者라고 한다."고 주를 달았다. 한편으론 "擯者"의 옛 주석을 따르지만 "사실 여기서는 주인을 뵈어야 한다."는 인식도 가지고 있으나, 최종 해석문은 "지금 당신을 뵐 수 있는 擯者를 허락해 달라."며 "擯者"를 고수한다. 楊 씨의 『儀禮譯註』, p.57 참조.

23) 정현 주에는 "不敢當其崇禮來見己"라 하였다. 王輝 整理, 2011, 앞의 책, p.169.

초 賓이 주인을 만나러 갔을 때 "贄"를 가지고 만났고, 지금은 주인이 답방할 때 "請還贄於將命者"라고 하였다. 이곳의 "將命者"는 당연히 "賓"일 텐데, 어떻게 "擯相"으로 이해할 수 있겠는가? 이른바 "還贄於將命者"의 정확한 의미는 "당초 贄를 가지고 行禮하던 당신에게 贄를 돌려주겠다."는 것이다. "將命"을 "執贄行禮"라 이해하는 것은 우리가 윗글에서 "將命"을 곧바로 行禮로 해석할 때가 많다는 것과도 일치한다. 참고로 전통적인 經師는 항상 『禮記』 少儀 "들으니 처음으로 군자를 뵈려는 자의 말에 이르기를, '아무개는 진실로 전달자를 통해서 이름이 들려지기를 원합니다.'라고 한다(聞始見君子者, 辭曰: '某固愿聞名於將命者')"로 시작하는데, 士相見禮의 "將命"과 서로 참조할 수 있다. 그러나 그중 "將命"에 대하여 똑같이 "傳命"이나 "通報"로 해석하면, 이른바 "某固愿聞名於將命者"는 내가 이름을 傳命者에게 알려 당신에게 줄 수 있도록 희망한다는 의미로 받아들여지기 쉽다. 士相見禮의 "將命"을 상술한 것으로 이해한 만큼, 少儀편 이곳의 "將命者"에 대한 전통적인 시각도 검토해야 한다. 여기서 "將命者"는 行禮하는 자를 가리키는 것으로 보인다. "辭"의 주어는 예로부터 모두 "賓"으로 이해되어왔는데, 이는 사실 틀린 것이며 "主人"이 되어야 한다. 여러 士相見禮에 따르면, "賓"이 "主人"을 만나러 갈 때, "주인"은 직접 만나는 것이 아니라 겸양과 사양하는 말을 반복하며, 심지어는 누차 "固辭"라고 말하기도 하는데,24) 이것은 모두 少儀의 해당 부분에서 "辭"의 주어가 "주인"이라고 할 수 있는 명확한 증거이다. 賓이 와서 보면, 주인은 정중히 '나도 일찍부터 行禮하는 당신을 알고 싶었습니다.'라고 말한다. 이에 따라 『論語』 陽貨편 "孺悲欲見孔子, 孔子辭以疾. 將命者出戶……"을 보면, 역사적 사실의 상황은 바로 상술한 "士相見禮"를 방불케 한다. 孺悲는 응당 "贄"를 가지고 뵙기를 청해야 하였으나, 결국 공자는 "辭以疾"한 후 "將命者出戶……"하였는데, 士相見禮의 "還贄於將命者"라는 표현과 연결해 보면, 陽貨편 이곳의 "將命者"가 孺悲가 아니라면 누구이겠는가? 또 贄를 가지고 뵐 때 擯者를 쓰지 않는 한 가지 다른 증거도 있다. 『禮記』 檀弓下에 "노나라 사람에 주풍이라는 자가 있었다. 애공이 예물을 가지고 보기를 청하였다(魯人有周豊也者, 哀公執贄請見之)"라 하였는데, "哀公執贄請見"에 어떻게 擯者를 쓰겠는가?25)

III. 西周 金文의 '將命'

禮書의 "將命"이란 단어는 西周金文에도 보인다. 금석문에서 "將命"을 언급한 사례를 통해 상술한 예서의 "將命"이라는 단어의 이해 문제에 대하여 검증해 보자.

서주 금석문의 "將命"은 麥器에 집중적으로 보인다.

---

24) 主人이 한 번 말하길 "某也固辭, 不得命, 將走見……", 다시 말하길 "某不足以行禮, 敢固辭", 다시 말하길 "某也固辭, 不得命, 敢不敬從"라 하였다.

25) 심지어 『論語』 陽貨편 첫 章 "陽貨欲見孔子"에서조차 어떠한 "擯者"를 볼 수 없다.

"……賜金, 用作尊彝. 用鬥井侯出入遲命. 孙孙子子其永寶" (麦方彝 9893 西周早期).

"用作寶尊彝. 用鬥侯逆造遲明命". (麦尊 6015 西周早期)[26]

그중의 "遲"은 徐中舒가 가장 먼저 "將"으로 해석하였고, 후에 黃德寬이 또 한층 더 논증하였으며,[27] 지금은 安大簡 『詩經』의 발견으로 인해 이미 이 해석은 공인된 결론이라고 할 수 있다. 가장 먼저 "遲"을 "將"으로 해석한 徐中舒는 바로 『論語』 "闕黨童子將命"을 인용하여 麥器의 "將命"을 "傳命"으로 해석하였다.[28] 麥器는 "將命"과 "出入"을 병기하고 있기 때문에, "出入", "傳命(話)"은 확실히 쉽게 통한다. 다만 여기에는 주로 "遲"의 사례가 언급되어 있는데, 그중 麥器의 "遲"자의 사례는 종종 "出入"과 "逆造"와 함께 병기되어서, 李學勤은 이 두 단어를 토론할 때 더 많은 사례를 열거하였다.[29] 상술한 "遲命"이나 "遲明命"의 이해는 더 많은 사례를 들어 다시 따져봐야 할 것으로 보인다. 李學勤은 논증하기 위한 방식으로 우선 금석문의 "出入", "逆造"의 사례를 논한 후에 麥器 銘文의 해독 문제를 재검토하였는데, 방증의 효과가 꽤 있었다. "出入", "逆造"의 사례를 열거하면 다음과 같다.

用鄉(飨)王出入吏(使)人(生尊 集成6001)
用鄉(飨)王出入 (小臣宅簋 集成4201)
用鄉(飨)王逆造吏(使)人(伯密父鼎 集成2487)
用鄉(飨)王逆造吏(使) (᭥簋 集成3731)
用鄉(飨)厥辟軝侯逆造出入吏(使)人 (叔䢜父卣 集成5428-5429)

"用鄉(饗)"이란 단어를 李學勤은 윗 글에서 이미 정확하게 "파견되어 출입하는 使者를 환대하다"고 지적하였고, 상술한 器銘에 여러 번 "出入吏(使)人"·"逆造吏(使)人"이라 말하는데, 그 "使者"의 신분은 분명하다.[30] 전거한 『左傳』 哀公十五年 芋尹盖가 자신을 반복해서 "使人"이라 칭한 것이다. 설령 宅簋이 "出入"에 가까운 것이라 하더라도, 李學勤이 "使人"을 명사적인 것으로 해석한 것도 옳다. 또한 상술한 "受派出入的使者"는 이미 왕과 제후의 사자임을 내포하고 있다(叔䢜父卣). 이를 전제로 李學勤은 비로소 麥器의 "出入(逆造)"과 "遲命"의 연칭 문제를 토론하였다. 상술한 "用鄉(饗)"의 사례를 참고하여 李學勤은 麥器 銘文의 "鬥"

---

26) 이 기물의 아래문장에는 "遲天子休"가 있는데, 이 "遲"은 "揚"과 통하며 "遲天子休"는 청동기 명문의 "對揚"과 비슷하다. 鄧佩玲, 『〈雅〉〈頌〉與出土文獻新證』, 商務印書館, 2017, p.252를 참조할 수 있다.

27) 黃德寬, 2002, 「說」, 『古文字硏究』 第24辑, 中華書局, p.272.

28) 徐中舒, 1998, 『徐中舒歷史論文選輯』, 中華書局, p.555.

29) 李學勤, 2010, 「釋"出入"和"逆造"——金文釋例之一」, 『通向文明之路』, 商務印書館, p.180. 아래에 인용한 李 선생의 설은 모두 해당 글에 보인다.

30) 유사한 사례로는 伯矩鼎의 "伯矩作寶彝, 用言(歆)王出內(入)使人"(集成2456); 衛鼎의 "乃用鄉(享)王出入使人, 眔多朋友"(集成2733)를 들 수 있는데, 이른바 "用言(歆)"·"用鄉(享)"은 모두 환대·초대하다는 뜻이다.

을 "饌"으로 해독하고, "具食" 즉 접대의 뜻으로 이해한 것은 매우 정확하다. 군주가 使者를 대접한다는 이러한 의미는 『詩·小雅·四牡』의 小序 "勞使臣之來也"[31] 및 『儀禮·燕禮』에서 주인이 "不腆之酒"로 "使臣"에게 "잠시" 피로를 풀게 한 것을 참고할 수 있다. 나아가 李學勤은 麥器 銘文의 "邏命"을 바로 禮의 "將命"이자 명사적인 것으로 해석하여 "將命하는 사람은 곧 使人이고, 군주의 명령을 전달한다."고 하였다. 李學勤이 "邏(將)命"을 명사적인 "使人"으로 이해한 것은 탁월한 식견이다. 이로써 "邏命"과 禮의 "將命"을 연결시킬 수 있을 뿐만 아니라, 동작의 주어인 "使人"은 우리가 윗 글에서 토론한 禮書의 "將命", "將事"자의 신분에 매우 부합한다는 것을 알 수 있었다. 그들 역시 파견을 보낸 자들이었으며, 그 본인은 "邏(將)命"자였고, 결코 어떠한 "擯相"이 아니었다. 현재의 문제는 "邏(將)命" 또는 "邏明命"을 어떻게 풀어야 하는가이다. 李學勤은 禮書의 옛 주석을 따라 "국군의 명령을 전달한다"고 해석하였는데, 위아래 문장을 보면 이 또한 말이 된다. 그러나 상술한 禮書·史書(『左傳』, 『國語』)의 "將命", "將事"의 사례를 보면, "將命", "將事"의 행위 주체는 대부분 使者이거나 예식을 행하는 것을 대접하는 사람이다. 사자나 行禮하는 사람들은 사명을 띠고 찾아오는 경우가 많지만, 구체적인 행동은 단순히 上傳下達의 "傳話"만이 아니라, 일련의 번잡한 行禮를 하는 과정까지 포함하고 있다. 따라서 禮書나 史書의 "將命", "將事" 사례를 참조하면, "用鄕(饗)"의 여러 사례의 "出入(使人)" 또는 麥器의 "出入命"은 모두 "出入"하여 예식을 이행하는 사람들을 가리키며, 이들은 "命"을 받아 "出入"하였으나, 결코 단순히 "傳話"하는 것이 아니라 일련의 번잡한 의식을 완수해야 하였다.

상술한 "使人" 직책을 보다 더 잘 설명하기 위한 관건은 "禮"이고 단순히 "傳話"가 아니다. 또 "使人"의 신분에 대하여 설명할 필요가 있다. 이른 바 "使人"은 사실 바로 고서에 자주 보이는 "行人"이며, 사서에 증거가 있다.

> 『左傳』 襄公十一年, "書曰'行人', 言使人也".
> 『左傳』 昭公二十三年, "書曰: '晋人執我行人叔孫婼', 言使人也".
> 『左傳』 哀公十五年, "上介芋尹盖對曰: '寡君聞楚爲不道, 荐伐吳國, 滅厥民人. 寡君使盖備使, 吊君之下吏. 無禄, 使人(公孫貞子)逢天之戚, 大命隕隊, 絶世於良, 廢日共積, 一日遷次. 今君命逆使人曰: "無以尸造於門." 是我寡君之命委於草莽也.'"

『春秋經』 襄公 11년과 昭公 23년의 傳의 설명에 따르면, "行人"이 곧 "使人"이라는 말을 반복하고 있다. 哀公 15년 陳 측의 芋尹盖가 "使人"이라 자칭한 것도 사실 "行人"이다. 즉 군주의 명을 받고 出使한 외교관이었다. 여러 史書를 살피면, 이들 "行人"이나 "使人"이 직무 수행 과정에서 가장 흔히 마주하는 것이 바로 禮儀나 儀節의 문제이다. 아래의 기록이 모두 명증할 수 있다.

> 『左傳』 文公四年, "衛寧武子來聘, 公與之宴, 爲賦 『湛露』 及 『彤弓』. 不辭, 又不答賦. 使行人私焉.

---

31) 그 당시 使臣의 노고는 시에서 누차 "王事靡盬"고 한 것을 통해 그 실마리를 한번 살펴볼 수 있다.

對曰: '臣以爲肄業及之也. 昔諸侯朝正於王, 王宴樂之, 於是乎賦'湛露', 則天子當陽, 諸侯用命也. ……今陪臣來繼舊好, 君辱貺之, 其敢干大禮以自取戾?'"

『左傳』襄公四年, "穆叔如晋, 報知武子之聘也, 晋侯享之. 金奏『肆夏』之三, 不拜. 工歌『文王』之三, 又不拜. 歌『鹿鳴』之三, 三拜. 韓獻子使行人子員問之, 曰: '子以君命, 辱於敝邑. 先君之禮, 藉之以樂, 以辱吾子. 吾子舍其大, 而重拜其細, 敢問何禮也?' 對曰: '三『夏』, 天子所以享元侯也, 使臣弗敢與聞. 『文王』, 兩君相見之樂也, 使臣不敢及. 『鹿鳴』, 君所以嘉寡君也, 敢不拜嘉. ……'"

『左傳』昭公六年, "季孫宿如晋, 拜莒田也. 晋侯享之, 有加籩. 武子退, 使行人告曰: '小國之事大國也, 苟免於討, 不敢求貺. 得貺不過三獻. 今豆有加, 下臣弗堪, 無乃戾也.' 韓宣子曰: '寡君以爲歡也.' 對曰: '寡君猶未敢, 況下臣, 君之隸也, 敢聞加貺?' 固請徹加而後卒事. 晋人以爲知禮, 重其好貨".

『左傳』成公十三年, "三月, 公如京師. 宣伯欲賜, 請先使, 王以行人之禮禮焉. 孟獻子從. 王以爲介, 而重賄之".

이상의 문헌 중 밑줄 친 부분은 "禮"가 초기의 "行人"이나 "使人"의 직무에서 중요한 내용이었음을 충분히 증명해준다. 先秦의 "行人"이나 "使人"의 직무 수행 과정에서 직면하는 예절의 번잡함에 관하여, 『儀禮』 聘禮 등의 편만 자세히 읽어봐도 이해할 수 있다. 『禮記』聘義에는 심지어 "빙례와 사례는 지극히 큰 예이다. 질명에 행사를 시작하여 날이 거의 한낮이 된 뒤에야 예가 이루어진다. 군세고 용기가 있는 자가 아니고서는 능히 행하지 못한다(聘射之禮, 至大禮也. 質明而始行事, 日幾中而後禮成, 非强有力者弗能行也)"라 하였는데, 이는 단순히 "使人"이 대면해야 하는 번잡한 예절뿐만 아니라 그 의식의 繁重은 심지어 비범한 "체력"이 뒷받침되어야 할 정도로, 결코 傳話의 문제만이 아니었다는 것을 충분히 설명한다. 따라서 상계한 금석문은 "用獻"의 여러 사례인 "出入使人" 또는 麥器의 "出入遲命"을 막론하고 모두 군주의 명을 받고 出使하는 사람을 가리키며, 이들의 직무 수행 과정의 핵심 업무는 바로 관련 의례 규정을 이행하는 것으로, 결코 단순한 傳話가 아니다. 이를 놓고 보면, 후대 禮書에서 고사성어로 굳어진 "將命"은 분명 麥器의 "遲命"과 더 가깝다.

참고로 금석문 중에는 상술한 麥器의 "遲(將)命" 이외에 이하의 사례가 있는데, 학자들이 "遲" 글자를 논할 때 자주 언급하는 것이다. 史頌鼎에 다음의 내용이 나온다.

"頌其萬年無疆, 日遲天子顯命"(史頌鼎 2787·2788 西周晚期)

史頌鼎 "日遲天子显命"의 배경은 周王이 史頌에게 명하여 "百姓"·"里君" 및 "率堣螯於成周" 등을 살펴서 최종적으로 "休有成事"하는 것이다. 사실 史頌의 역할은 "出入(使人)"과 흡사하며, 물론 직무 수행 과정에서 禮儀 등의 일을 피할 수 없다. 史頌이 鼎의 주조를 기념하며 "日遲天子显命"이라 한 것은, 여기서는 단순히 "傳話"일 뿐만 아니라 심지어 "遲"을 "奉"이라 이해해도 괜찮다고 생각한다. 銘文의 위아래 문장을 살펴보

면, 정확한 의미는 그가 천자의 "出入(使人)" 직무를 매일 극진히 다하겠다는 뜻이다. 또한 史頌鼎의 "日遟天子顯命"과 『大雅·烝民』의 "肅肅王命, 仲山甫將之"의 사례는 유사한데, 후자의 "將之"도 "王命"이며, 毛傳에서는 "將은 行이다."라 하였다. "行", "王命"은 "傳話"로 개괄할 수 없는 것이다. 여러 『烝民』의 시에서 仲山甫의 직무를 살펴보면, 그중 "出納王命, 王之喉舌"이라는 것은 확실히 "傳話"인 듯하나, 이외에도 "賦政於外, 四方爰發", "袞職有闕, 維仲山甫補之", "仲山甫出祖, 四牡業業", "夙夜匪懈, 以事一人" 등 매우 많은 업무가 있으며, "傳話"로 개괄할 수 있는 것이 아니다. 또한 史頌鼎의 "日遟天子顯命"와 『烝民』의 "肅肅王命, 仲山甫將之"에서 비록 "遟(將)"이나 "將之"와 "命"이 그림자처럼 따르는 모습이지만, 우리는 이것들이 상술한 禮書에서 이미 특정한 의미로 고착된 "將命"과는 다소 구별이 있다고 생각한다.

또한 禹鼎의 銘文에서는 다음과 같이 말하고 있다.

"於遟朕肅慕, 惠(助)西六師·殷八師, 伐噩侯馭方, 勿遺壽幼"(禹鼎 2833 西周晚期)

다만 "慕"는 "謨"와 통하며, 뜻은 "꾀하다(謀)"이다. "於遟朕肅慕"는 사실 武公이 禹에게 공경하게 하거나 자신의 계획·모략을 수행하게 한다는 뜻이다. 이는 史頌鼎 및 『烝民』의 恭行王命과도 비슷한 뜻이지만, 禮書에 흔히 보이는 "將命"과는 다소 다른 것이다.

IV. 맺음말

마지막으로 본문의 논의를 명확히 함으로써 정리하고자 한다. 우리는 "將命"이 先秦의 禮典에서 자주 쓰이는 성어로 만들어졌으며, 이 점은 西周의 麥器에서 처음 드러난 것이라고 생각한다. 성어로 만들어진 단어는 "將"과 "命"을 따로 분리하여 해석하는 것이 적절치 않다는 것을 의미하며, 진실로 王國維가 "그 성어의 의미는, 그 안의 단어를 구별한 의미와는 또 다르다."[32]고 말한 것과 같다. 이는 전통적인 經師에서 "將"을 "傳"·"奉"·"致"라고 하기 때문에, 禮書에 있는 "將命" 사례를 원만하게 해석하지 못하는 원인이다. 우리는 禮典의 성어가 된 "將命"은 사실 "將事", "將禮"의 의미와 같고, "行禮"로 바로 이해하면 된다고 생각한다. "行禮"할 때는 구체적인 儀節도 일부 포함되어 있을 뿐만 아니라 관련자들이 하는 말도 포함되어 있다. 전통 經師는 "傳賓主之辭"로 해석하였지만, 사실 언어적 측면에 주의를 기울였을 뿐, 전면적이지는 못하였다. 뿐만 아니라 "將命"을 기계적으로 "傳話"라 이해하면, "將命"이라는 단어의 주어를 착각하여 賓·主 사이에 존재하지 않는 "擯相"을 만들어내기 쉽다. 이로부터 출발하면, 『論語』憲問 "闕黨童子將命"의 "將命"을 "行禮"로 바로 번역하면 된다고 본다. 바로 "行禮"이기 때문에, 공자는 동자가 "其居於位也", "其與先生並行" 등 다른 예의범절 부분에서 이 아이가 너무 서두른다는 것을 알 수 있었다. 또한 『論語』陽貨 편 "孺悲欲見孔

---

32) 王國維, 黄爱梅 点校, 王國維 手定, 2014, 『與友人論詩書中成語書』, 『觀堂集林』, 浙江教育出版社, p.24.

子" 章의 "將命者"는 孺悲 본인이며, 역으로 이곳의 "將命者"를 공자와 孺悲 사이에 말을 전달하는 제3자(擯相)로 해석하는 것은 부정확하다. 여태까지 士相見禮의 賓·主 사이에는 반드시 하나의 "擯者"가 필요하다는 이해에 대해서도 사실 더 검토할 필요가 있다.

투고일: 2021.04.28   심사개시일: 2021.05.12   심사완료일: 2021.05.24

참/고/문/헌

鄧佩玲, 2017, 『〈雅〉〈頌〉與出土文獻新證』, 商務印書館.

徐淵, 2016, 「論孔子"不成禮"於伯高——從禮制角度解讀〈禮記·檀弓〉"伯高之喪"章」, 『儒學與古今中西問題』,
    北京三聯書店.

徐中舒, 1998, 『徐中舒歷史論文選輯』, 中華書局.

孫欽善, 2009, 『論語本解』, 北京三聯書店.

楊伯峻, 1980, 『論語譯註』, 中華書局.

楊逢彬, 2016, 『論語新注新譯』, 北京大學出版社.

楊天宇, 1994, 『儀禮譯註』, 上海古籍出版社.

王國維, 黃愛梅 点校, 王國維 手定, 2014, 『與友人論詩書中成語書』, 『觀堂集林』, 浙江教育出版社.

王輝整理, 2011, 『儀禮注疏』, 上海古籍出版社.

李學勤, 2010, 「釋"出入"和"逆造"——金文釋例之一」, 『通向文明之路』, 商務印書館.

程樹德, 1990, 『論語集解』, 中華書局.

彭林 譯註, 2012, 『儀禮』, 中華書局.

胡培翬, 2016, 「儀禮正義」, 『儒藏 (精華編) 第47册』, 北京大學出版社.

黃德寬, 2002, 「說逴」, 『古文字研究』第24辑, 中華書局.

黃德寬·徐在國 主編, 2019, 『安徽大學藏戰國竹簡(一)』, 中西書局.

〈Abstract〉

Discussion of two examples of "Tjiangming(將命)" that appear to be "Lunyu" through the pre-Qin Ritual

Ning ZhenJiang

It is an article on how to interpret the phrase "Tjiangming(將命)" that appears twice in the Lunyu xiànwèn(憲問) and Yanghuo(陽貨). The traditional interpretation was transmission. However, it is difficult to understand the traditional interpretation.

He then reviewed 17 places in "Yi Li(儀禮)" and "Li Ji(禮記)" and three places in "Zuo Zhuan(左傳)" biography, explaining that some of them can be interpreted as meaning of transmission, but they cannot be interpreted by themselves. In conclusion, we believe that the meaning of "Tjiangming" should be interpreted as "to do one's courtesy(將禮)" or "Perform a ceremony(行禮)".

Finally, he paid attention to the fact that the word "Tjiangming" appeared in the Bronze Script(金文) and proved it from the case of the Bronze Script.

▶ Key words: tjiangming(將命), chuanhua(傳話), Greeting manners of scholars(士相見禮), binzhe(擯者), ming(命)

海昏漢簡『論語』初讀[*]
– 전한 중기 論語學의 고찰을 겸하여 –

陳侃理 著[**]

유창연 譯[***]

〈국문초록〉

현대 학자들은 전한 시기의 경학에 대해 대체로 전한 말 내지 후한 시기 사람들의 개괄적인 찬술에서 나온 것으로 이해하고 있는데, 이러한 후대의 찬술은 새로 출현한 家法宗派 관념의 영향 하에서 생겨난 것이다. 따라서 전한 시기 경학의 실제 상황을 이해하려면 반드시 출토된 한대 경전을 연구해야만 한다. 특히, 海昏侯 劉賀墓 출토 간독에 포함된 대량의 전한 시기 유가 경전 초본은 『詩』·『禮』·『春秋』에서부터 『論語』와 『孝經』류 문헌에 이르기까지 그 종류가 풍부하고 수량도 방대한데, 대체로 家法宗派 관념이 강화되기 이전인 선제 시기 혹은 그보다 이른 시기에 초사된 것이어서 아주 귀중한 1차 자료라고 할 수 있다.

출토된 한대 유가 서적 중에서 『논어』는 특히 경학사 연구에 편리하다. 기존에 출토된 『논어』 죽간으로는 3종이 있는데, 시대는 소제~선제 시기에 집중되어 있고 각자 『漢書』〈藝文志〉에서 말하는 『齊論』 혹은 『魯論』의 일부 특징들을 지니고 있다. 그러나 이러한 계통과 구분되는 부분도 존재하기 때문에 전한말 이후 사람들이 말하던 家法으로 개괄하기는 어렵다. 특히 해혼후 유하묘 출토 『논어』 죽간본에는 현행본에

---

* 본 논문은 본래 『海昏簡牘初論』(朱鳳瀚 主編, 北京大學出版社, 2020년)에 게재한 글이다. 이를 다시 한국목간학회·계양산성박물관·경북대학교 인문학술원 공동 주최의 「東아시아 '論語'의 전파와 桂陽山城 국제학술회의」(2020.11.27., 인천 계양산성박물관)에서 발표와 토론을 거친 후, 최신 자료에 근거하여 수정·보완한 것이다.

** 中國 北京大學 中國古代史研究中心 教授

*** 경북대학교 사학과 석사과정

없는 〈知道〉편이 포함되어 있어 『漢書』 예문지에서 말하는 『齊論』의 특징과 부합하지만, 해혼한간 『논어』가 『漢書』 예문지의 『齊論』과 완전히 동일한 것은 아니었다. 劉向이 校錄한 中祕藏本이 아닌, 王吉 혹은 昌邑 王師 王式과 관련된 특수한 텍스트로 간주해야 할 것이다. 여기서부터 출발하여 그 특징을 관찰해야만 비로소 해혼한간 『논어』와 이후의 각종 『논어』와의 관계를 정확히 알 수 있고, 해혼한간 『논어』의 『論語』學에서의 위치를 이해할 수 있을 것이다.

『漢書』 예문지는 『齊論』에 대해 "多問玉(王?)·知道"라고 한다. 그러나 유하묘 출토 『논어』는 아마도 〈問玉〉편이 포함되지 않은 21편 본인 것으로 보이는데, 이는 『齊論』의 편장 목차가 전한 중기까지 아직 정형화되지 않았음을 보여준다. 이러한 정형화되지 않은 상태는 기타 출토 『논어』에서도 찾아볼 수 있다. 해혼한간 『논어』와 결합시켜 살펴보면, 定州漢簡 『論語』는 『齊論』, 『魯論』, 『古論』의 일종 혹은 그 변형이 아닌 세 『논어』의 특징과 구분이 확립되기 이전의 『논어』 古本이고, 平壤貞柏洞漢簡 『論語』에는 오직 〈先進〉, 〈顔淵〉 두 편만 있으며, 해혼후한간도 매 편장마다 독립적으로 권을 이루며 각각 제명이 있어 편장 목차가 드러나지 않는다. 이는 전한 중기에 『논어』20편이 절대 분리될 수 없는 한 묶음으로 여겨졌던 것이 아니라 전사자가 편장 순서를 바꾸거나 새로운 편장을 추가해 넣었을 가능성이 있다는 사실을 보여준다.

해혼한간 『논어』와 현행본은 문구가 유사한 정도가 비교적 높아 대부분 虛辭나 用字習慣 상에서만 차이가 나타나지만, 실질적인 차이가 있는 문구도 일부 있다. 가령 현행본 〈先進〉편 마지막 1장에 속하는 "曾晳言志"簡에는 현행본과 여러 군데 차이를 보이는 문구가 있는데, 曾晳이 말한 뜻은 비를 기원하는 雩祭를 주관하여 의식이 끝나자 단비가 내렸다는 것이다. 이는 한대 이래로 통용되던 해설과 크게 차이를 보이는 것으로, 통설의 합리성과 그 형성과정에 대해 재고찰할 필요가 있음을 보여준다.

해혼한간 『논어』에만 있는 〈知道〉편은 학계에서 특히 관심을 기울이는 부분이지만 이 〈知道〉편의 구조와 내용 규명은 상당히 어려운 상황이다. 현재 확실히 알 수 있는 것은 〈知道〉편의 내용인데, 이미 발표된 "智道"라는 편장 제목이 포함된 簡과 背書에 "起智道廿一"이라는 5글자가 있는 簡의 내용은 後軍과 巫馬施의 문답이다. 이 문답은 "君子之於禽獸也, 見其生, 不食其死"라는 성어에 기초하여 지어진 것으로, 아마도 전국시대 중기 이후 "思孟學派"의 儒者가 『孟子』를 토대로 한 걸음 더 진전시켜 공자 제자의 대화로 가탁한 것으로 보인다. 이를 통해 어쩌면 〈知道〉편 텍스트의 내원과 성질을 엿볼 수 있을지도 모르겠다.

▶ 핵심어: 海昏簡 論語, 齊論「知道」편, 定州簡 論語, 平壤簡 論語, 張侯論, 論語學

I. 머리말

해혼후 유하묘 출토 간독은 대량의 전한대 유가 경전 필사본을 포함하고 있다. 『詩』, 『禮』, 『春秋』, 『논어』, 『孝經』류 문헌 등 종류가 풍부하고 수량도 매우 많다. 이처럼 풍성하고 알찬 고고 성과는 예상치 못한 것이었지만 또 이치에 맞는 일이기도 하다.

한 무제 말에서 소제 시기 한 황실의 근친들은 이미 유학 교육을 받기 시작했다. 劉賀의 아버지는 1대 昌邑王 劉髆이며, 그는 무제의 寵妃 李夫人 소생이다. 무제는 이부인과 유박, 특히 유박을 정말 사랑하였다. 天漢 4년(기원전 97년)에는 그를 창읍왕으로 봉한 후에 "五經에 통달하여 『齊詩』와 『尙書』를 가르칠 선생"인 大儒 夏候始昌을 昌邑太傅로 삼고,[1] 유박의 지도를 맡겼다. 유박과 무제가 기원전 87년 같은 해에 세상을 떠나고 劉賀가 왕위를 계승했다. 당시 劉賀는 5~6세에 불과했지만, 신변의 大臣 중에는 王式·龔遂·王吉 등 세상의 주목을 받는 儒生들이 여럿 있었다. 劉賀의 스승이었던 왕식은 『詩經』과 『春秋』 곡량학의 대가인 魯申公의 재전제자였는데, 그는 스스로 일찍이 "『詩』305篇을 조석으로 왕에게 가르쳤다"고 했으며, 훗날 그의 여러 제자들은 五經博士가 되었다.[2] 劉賀가 입조하여 왕위를 계승할 때의 郎中令 龔遂는 경학에 밝은 것으로 관리가 되었다. 그는 劉賀를 여러 차례 권계하면서, 왕국의 郎署 중 品行이 단정하고 경의를 익혀 능통한 자를 신변의 시종으로 선발할 것을 건의하기도 했다. 때때로 『詩』와 『書』로 왕에게 예의를 훈도하고 교화하였다.[3] 창읍국의 中尉 王吉도 "五經에 두루 능통하였고 騶氏의 『春秋』에도 능하여 『詩』와 『논어』를 가르쳤"을 뿐만 아니라, 『詩』, 『書』, 『春秋』를 인용하여 훈계하였다.[4] 劉賀가 18세의 청년으로서 입조하여 대통을 이었을 때의 언행이 극히 가벼웠던 주요한 이유는 나이가 어리고 세상 경험이 부족했기 때문이지, 절대 儒家 교육을 받지 못했기 때문은 아니다.

유하는 제위에서 쫓겨난 후에 곧바로 昌邑國으로 돌아갔으며, 자신이 머물던 궁전 안에 연금당한 지 10년 만에 海昏侯로 봉해졌다. 그가 海昏侯로 봉해졌을 때에는 주위에 大儒가 없었지만, 그가 휴대하였던 창읍국의 옛 물건 중에는 어렸을 때 읽었던 유가 전적들도 있었다. 이 서적들이 유하 사후에 地下에 수장되었음은 매우 자연스러운 일이다.

유하 묘에 유가 서적이 수장된 원인을 해석하면, 해당 서적들의 구조와 내용을 더욱 깊이 이해할 수 있다. 현재 학자들의 전한 경학에 대한 이해는 주로 전한 말 내지 후한 사람의 개괄적인 서술에 기반하고 있다. 확실히 錢穆이 이미 지적하였듯이, 전한시대 경학은 정말 수준이 높고 의견도 분분하였다가 宣帝 시기의 石渠閣 회의 이후에야 수많은 의견들이 정리되어 몇몇 학파로 통합되었다.[5] 선제 이후의 유생들은 각 학파들의 경전 해석상의 특징과 전국시대부터 전한시대까지의 학문 전수 계보를 서술한 바 있다. 각 학파들의 경전 해석 상의 특징과 전국에서 전한까지 경전 전수 계보는 선제 이후의 유생들이 소급하여 서술한 것이다. 이는 가법의 종파 관념의 영향 하에서 새로이 생산되었기에, 왜곡될 가능성이 높다. 따라서, 전한 경학의 실제 상황을 이해하기 위해서는 새로이 출토된 漢代 儒家 서적, 특히 선제 시대 및 그 이전에 초사된 경학 문헌을 깊이 연구해야 한다.

출토된 漢代 儒家 서적 중 『논어』는 고유한 특징이 있어서 경학사 연구에 유용하다. 『論語』는 경전이 아

---

1) 『漢書』 卷75 「夏候始昌傳」, 中華書局, 1962, p.3154.

2) 『漢書』 卷88 「王式傳」, p.3610.

3) 『漢書』 卷89 「龔遂傳」, pp.3637-3638.

4) 『漢書』 卷72 「王吉傳」, pp.3058-3066.

5) 錢穆, 2001, 『兩漢博士家法考』 10, 「宣元以下博士之增設與傢法興起」, 『兩漢經學今古文平議』, 商務印書館, pp.205-220.

니지만, 경전을 공부하는 기초이기 때문에 매우 광범위하게 전수되었다. 이미 출토된 竹簡 『논어』는 3종류가 있는데, 시대는 昭帝·宣帝 시대에 집중된다. 그 외에는 西北 邊塞에서 출토된 漢簡의 잔편도 존재한다. 출토 『논어』의 여러 서적들은 각각 『漢書』 藝文志에서 이른 바 제『논어』 혹은 노『논어』의 일부 특징들을 가지고 있기는 하지만, 또 이러한 계통과는 구별되는 점도 있어서 전한 말 이후 사람들이 서술한 家法이라 개괄할 수는 없다. 이러한 점은 확실히 전한 중기 經學의 실제 모습이다.

해혼후 劉賀墓에서 출토된 죽간본 『논어』는 현행본 『논어』에 없는 「知道」篇을 포함하는데, 이는 『漢書』 藝文志의 이른 바 제『논어』의 특징과 부합한다. 다만 海昏侯墓 출토 『논어』가 『漢書』 藝文志의 제『논어』와 같다는 것은 아니며, 더더욱 유향이 교록한 황실 祕藏本도 아니다. 마땅히 왕길 혹은 창읍왕의 스승 왕식과 관련 있는 특수한 텍스트로 간주해야 할 것이다. 이러한 관점에서 그 특징을 살펴보아야만 비로소 나중의 각 家 『논어』와의 관계를 정확하게 인식해서 『논어』學에서의 위치를 이해할 수 있으며, 나아가 漢代 『논어』學에 대한 인식을 새롭게 할 수 있을 것이다.

竹簡의 보존 상태가 좋지 못해서 보강 작업을 한 후에야 竹簡을 떼어내고 탈색을 해서 정식으로 사진 촬영을 할 수 있었다. 다만 海昏侯墓 출토 『논어』의 정리 작업은 이제 시작에 불과하다. 본고에서는 먼저 초보적인 釋文에 의거하여 海昏侯墓 출토 『논어』의 인상을 피력한 뒤, 여러 『논어』 텍스트의 사례를 열거하고 비교하여 海昏侯墓 출토 『논어』가 가진 특징을 설명하겠다. 그리고 이 시기 『논어』學의 발전 상황을 개관해 보고자 한다.

II. 해혼한간 『논어』의 특징과 성격

초보적인 통계상, 劉賀墓에서 출토된 『논어』 竹簡은 현재 500여 매가 남아 있으며, 그 대부분은 殘缺이 있다. 소수의 완전한 簡을 통해, 각 簡마다 평균 24字가 서사되었고 3개 줄로 편철되었으며, 簡의 背面에는 획선이 그어져 있었음을 알 수 있다. 각 篇의 첫 번째 簡은 비교적 완전히 남아 있고, 그 背面에는 전부 篇題가 적혀 있다. 예를 들어 "雍也", "子路", "堯"(현행본의 「堯曰」에 대응) "智道" 등은 모두 背面의 상단부에 가까운 위치에 竹青을 깎아내고 제목을 썼다. 이로써 추측해보면 이 책은 본래 매 편이 독립해서 권을 이루었을 가능성이 매우 크다. 각 편은 장으로 나눠서 초사했고 매 장은 하나의 간으로 새로 시작하지만 분장 부호는 보이지 않는다. 문자들은 매우 정연하게 서사되었다. 중문부호와 합문부호는 사용되지 않았으며, 句讀 표식도 보이지 않는다. 書風은 전반적으로 장중하면서도 우아하지만, 서로 다른 篇章 간에는 글씨체가 서로 다른 경우도 있어서 아마도 한 사람이 쓴 것은 아닐 것이다.

해혼후묘 『논어』간의 보존 상태는 좋지 못하다. 완정간은 적고 잔결은 매우 심해서 석독할 수 있는 문자가 현행본의 1/3 정도이다. 현재 남아 있는 문자가 비교적 많은 편으로는 「公冶長」, 「雍也」, 「先進」, 「子路」, 「憲問」 등이 있으며, 현행본 「鄕黨」, 「微子」, 「子張」편의 내용에 대응하는 것은 아직 발견되지 않았다. 「顏淵」篇은 존재하는지 여부도 확실치 않다. 이 외에 책 전체에서 아직 큰 제목이 발견되지 않았다. "論語"란 서명은 죽간 정리 시 내용에 근거하여 추정하여 정한 것이다.

이 『논어』 텍스트와 송대 이후의 통행본(이하로 "현행본"으로 칭한다)은 상당한 차이가 있다. 글자 사용 습관도 서로 다르다. 예를 들어 현행본의 "知"자는 이 책에서는 모두 "智"로 썼고, "政"은 모두 "正"으로, "能"은 모두 "耐"로, "室"은 모두 "窒"로, "氏"는 전부 "是"로, "舊"는 모두 "臼"로, "爾"는 모두 "壐" 혹은 "壐"로 썼다. 현행본에서 반문을 표시하는 "焉"은 이 책에서 전부 "安"으로 썼다. 현행본에서 "歟"로 읽는 "與"는 이 책에서는 모두 "耶"로 썼다. 이외에 현행본의 "如"는 簡本에서는 대부분 "若"으로 썼다. 현행본의 "佞"은 簡本에서는 혹 "年"으로 썼다. 簡文에서는 또 "邦"자를 엄격하게 피휘하여 일률적으로 "國"으로 고쳐 쓰고 있는데, 예를 들어 "壹言喪國"이라는 부분은 현행본과 다르다. 이 책 전체 각 편의 글자 사용 습관이 일치한다는 점은 의식적으로 글자를 가지런하게 정돈해서 사용했음을 설명해 주는데, 정돈한 후의 결과도 현행본과 차이가 비교적 크다.

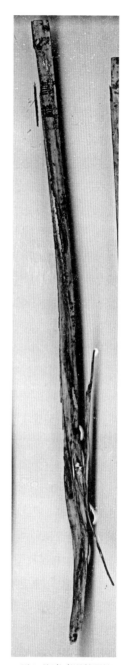

가장 주목할 점은 책에 "智(知)道"편의 제목(그림 1)과 현행본에는 보이지 않는 簡文이 보존되어 있다는 사실이다. 이는 『漢書』 藝文志의 이른 바 "제『논어』"의 일부 특징과도 부합한다. 이전에 연구자들은 해혼후묘 출토 『논어』 竹簡本을 제『논어』라고 했었다.[6] 필자도 일찍이 해혼후묘 출토 『논어』가 아마도 전한대 가장 중요한 "제『논어』" 학자인 王吉에게서 유래하는 제『논어』 계통의 대표적인 판본으로 추측한 적이 있다.[7] 이러한 설명은 근거가 없었던 것은 아니지만, 독자들이 이 책을 한 성제 시기 유향이 교열한 서적에서 보이는 "제『논어』"와 같다는 오해를 불러일으켜서 이 책의 특수성을 간과하게끔 할 수 있다. 이 간책의 특수성은 바로 소제~선제 시기부터 원제~성제 시기까지 한대 경학 발전의 관건이 되는 시기에 『논어』 텍스트의 변화가 매우 복잡했으며, 『漢書』 藝文志에서 개괄하는 세 계통이 충분히 포함할 수 없음을 설명해준다.

『漢書』 藝文志는 齊·魯·古 세 계통의 『논어』 텍스트와 해설을 수록하고 있다. 첫 번째 "古"『논어』는 모두 21篇이다. 『漢書』 藝文志의 自注에는 "공자 고택의 벽에서 나왔으며, 2개의 「子張」편이 있다"고 했는데, 顏師古의 주에서 인용하는 如淳은 "「堯曰」편을 나눈 뒤 子張이 '何如可以從政'이라고 묻는 내용 이하를 하나의 편으로 만들어 '從政'이라고 했다"고 하였다. 曹魏 말 何晏 등이 찬술

그림 1. 《智(知)道》篇題簡

6) 楊軍·王楚寧·徐長青, 2016, 「西漢海昏侯劉賀墓出土〈論語·知道〉簡初探」, 『文物』 2016-12, pp.72-92.

7) 江西省文物攷古研究院·北京大學出土文獻研究所·荊州文物保護中心, 2018, 「江西南昌西漢海昏侯墓出土簡牘」, 『文物』 2018-11, p.92.

한 『論語集解敍』에서는 "「堯曰」을 나누어 마지막 '子張問' 이하의 장을 한 편으로 만들었으니 2개의 「子張」 편이 있게 되었다. 총 21편으로 각 편의 차례는 제『논어』·노『논어』와 다르다"고 하였다. 이에 근거하면, 고 『논어』가 漢·魏 시대에 통행한 『논어』와의 가장 분명한 차이는 제20편 「堯曰」의 마지막 한 장을 떼어내어 독립적인 한 편으로 만들었다는 점이다. 어떤 텍스트에는 "子張"이라고 제목을 붙였고, 어떤 텍스트에서는 "從政"이라고 제목을 붙였다. 편수가 한 편 증가한 외에 20편의 순서도 독특한 점이 있다. 지금으로서는 南朝 梁의 皇侃이 말한 "각 편의 순서는 「鄕黨」이 두 번째 편이고, 「雍也」가 세 번째이다"라는 점만 알 수 있지만, 다른 차이도 있었는지는 확실하지 않지만 상세하게 고찰할 수 없다. 황간은 또 "편 내부의 순서가 뒤바뀐 것은 구체적으로 설명할 수 없다"고 했는데, 고『논어』에서 장의 순서와 장을 나눈 것이 노『논어』·제『논어』와 많이 달랐음을 알 수 있다. 공안국이 고『논어』를 전했다고는 하지만, 널리 유통되지는 않았다.

　　두 번째 "齊"『논어』는 22편이다. 『漢書』 藝文志의 自注에 "「問王」, 「知道」 2편이 더 많다"고 했다. 이 自注는 당연히 전한 성제 때 유향이 서적을 교열할 때 지은 "別錄"에 기반하는 것으로, 유향이 교정한 "제『논어』" 판본이 "노『논어』"에 비해 2편이 더 많았고 그 내용은 20편 내의 것이 아니라는 점을 반영한다. 그중 "問王"은 이미 연구자들이 "問玉"의 오기임을 증명하였다.[8] 이하 본고에서도 이 편을 직접 「問玉」편으로 칭한다.

　　세 번째 "魯"『논어』는 20편으로, 張禹가 전한 것이 대표적이다. 『漢書』 藝文志 "論語類"에도 「魯安昌侯說」이 수록되어 있는데, 바로 장우가 노『논어』에 대해 해설한 것이다. 張禹는 황제의 사부로 漢 成帝를 가르쳤으며 승상이 되고 후에 봉해져 유생 중에서 가장 존귀하였다. 그래서 그가 전한 『논어』는 나중에 張侯『논어』라 불리게 되었다. 노『논어』가 세상에 널리 통행하면서 다른 『논어』의 학파들은 차츰 쇠락하였다.[9] 비록 노『논어』가 대종이 되었다고는 하지만, 장우의 학문은 사실 연원이 단순하지 않다. 『漢書』 張禹傳은 그가 "琅琊 王陽(즉 王吉)과 膠東의 庸生에게 『논어』를 물었다"는 말로 시작해서, 마지막도 그가 "먼저 王陽을 섬기고 나중에 庸生을 따랐다"고 한다. 『漢書』는 확실히 왕양과 용생 모두 제『논어』의 대가였다고 하지만, 전세문헌에 장우가 노『논어』 방면에서는 어떤 사승 관계였는지 언급하지 않고 있다. 하안의 『論語集解敍』는 장우가 "원래 노『논어』를 전수받았고, 아울러 제『논어』도 논하였다"고 하지만 『漢書』 장우전의 내용과 부합하지 않는다. 황간은 『論語義疏』 서언에서 장우의 노『논어』는 夏候建에게서 유래했다고 분명히 지적했고,[10] 하안의 『論語集解敍』를 설명하면서 "장우는 하후건에게 노『논어』를 배웠고, 제『논어』를 함께 이야기하였다. 또한 용생과 왕길 등에게 물어서 그들의 좋은 점을 택하여 따랐다"고 했다. 宋人 邢昺의 『論語疏』도 대체로 이 설을 따르고 있다. 이 설은 확실히 이른 시기의 사료적 근거는 없으며, 단지 하안이 『漢書』의 내용을 견강부회하여 『논어집해서』에서 말한 것에 불과하여 실제로 신뢰하기엔 부족하다.[11] 종합하면, 지금

---

8) 王應麟, 「漢製攷 漢書藝文誌攷証(證)」, 『漢藝文誌攷証(證) 卷4』, 中華書局, p.188. 최근에도 몇몇 학자들이 漢代 邊塞에서 『論語』 「問玉」篇으로 추정되는 殘簡들을 발견한 바 있다. 王楚寧·張予正, 2017, 「肩水金關漢簡〈齊論語〉整理」, 『中國文物報』 2017-08-11 제 6版을 참조.

9) 『漢書』 卷81 「張禹傳」, pp.3347-3352.

10) 皇侃, 『論語義疏』, 中華書局, pp.4-5.

까지도 여전히 후한 이후에 형성된 노『논어』를 대표하는 "장후『논어』"의 연원이 어디에 있는지는 분명치 않지만, "張侯『논어』"에는 소위 제『논어』의 요소가 포함되어 있다는 점은 긍정할 수 있다. "장후『논어』"는 「問玉」「知道」 두 편을 흡수하였지만, 『漢書』藝文志에서 말하는 제『논어』의 주요한 특징은 갖추지 않았다. 따라서 노『논어』계통으로 귀납할 수 있다.

"張侯『논어』"은 나중에 노『논어』의 주류가 되었으며, 현행본 『논어』의 주요한 연원이기도 하다. 후한 말 정현은 "장후『논어』"를 저본으로 『논어』에 주석했는데, 이를 노『논어』로 보았다. 그는 때때로 古文本『논어』에 의거하여 글자를 개정하였기 때문에, 그의 주석 중에는 "魯讀某爲某, 今從古"란 설명이 많다.[12] 曹魏 말 하안 등이 여러 설들을 모아서 『논어집해』를 편찬했는데 "장후『논어』"를 기반으로 하였기 때문에, "장후『논어』"는 현행본의 바탕을 이루었다고도 할 수 있다. 『논어집해』본은 편장과 문구의 주체란 측면에서는 노『논어』를 계승하고 또 정현 등 여러 학자들의 주석을 총망라하면서 피치 못하게 제『논어』와 고『논어』의 몇몇 요소를 흡수했지만, 정현의 "改魯從古(古本에 따라 魯本을 고친 것)"를 따르지 않은 경우도 정말 많다. 제『논어』와 고『논어』는 수당 이후로 실전되었는데, 투르판에서 출토된 鄭玄注『논어』가 통행본과 차이가 있어서 당시 이를 "孔氏本"으로 명기하고 고『논어』에 해당하는 것으로 보았다.[13]

이상 『漢書』藝文志 및 그 후의 기록에 근거하여 『논어』 텍스트와 해설의 계통 및 그 변천을 소개하였다. 이로써 전한 말 이후의 상황을 대체로 설명할 수 있었다. 그러나 거슬러 올라가 보면, 『漢書』藝文志는 古·魯·齊『논어』 3개 학파를 뚜렷하게 구분함으로써, 그 이전 『논어』의 서로 다른 텍스트와 해설이 오랫동안 병존하면서 서로 영향을 주고받아 온 역사를 감추었다. 『漢書』藝文志의 귀납에 따르면, 『논어』의 3개 학파 간에 편장의 수가 다를 뿐만 아니라, 제『논어』와 노『논어』의 해석도 각자 나누어졌다.

漢興, 有齊·魯之說. 傳齊『論』者, 昌邑中尉王吉·少府宋畸·御史大夫貢禹·尙書令五鹿充宗·膠東庸生, 唯王暘(陽)名傢. 傳魯『論語』者, 常山都尉龔奮·長信少府夏侯勝·丞相韋賢·魯扶卿·前將軍蕭望之·安昌侯張禹, 皆名家. 張氏最後而行於世.

---

11) 이전의 한 학자도 이와 비슷한 관점을 취하였다. 張蓓蓓, 1987, 「關于"張侯論"的一些問題」, 『孔孟月刊』 26卷 3期, p.39.

12) 정현의 주석은 현재 실전되었으며, "改魯從古"한 주석문은 陸德明의 『論語音義』가 인용한 내용과 近代에 발견된 唐書本 『論語』 鄭注에서 보인다. 王國維의 「書〈論語鄭氏註〉殘卷後」 논문 및 王素가 이후에 정리·연구한 바를 참조(王素 編著, 1991, 『唐寫本論語鄭氏註及其研究』, 文物出版社). 何晏의 『論語集解叙』에서 "鄭玄就魯『論語』篇章, 考之齊·古, 以爲之注"라 한다. 陸德明의 『論語音義』도 "鄭校周之本, 以齊古讀正, 凡五十事"고 한다(陸德明, 1985, 『經典釋文』, 上海古籍出版社, p.1350). 그러나, 앞서 인용한 학자들은 고『논어』로써 노『논어』를 교정하였지, 제『논어』의 異文을 주기하지는 않았다. 吳承仕는 "아마 제『논어』는 애초에 異本이 존재하지 않았지만, 노『논어』가 古『논어』와 똑같지는 않았을 것"이라 추측하였는데(吳承仕, 2008, 『經典釋文序錄疏証(證)』, 中華書局, p.125), 여러 주장들 중 하나로 고려해볼만 하다. 필자는 何晏의 『論語集解叙』가 말한 "考之齊·古"는 제『논어』와 고『논어』의 해설을 참고한 것을 의미한다고 생각한다. 현재로서는 文字의 교정에 사용된 자료는 오직 고『논어』만이 확실하다.

13) 金穀治, 「鄭玄與〈論語〉」 및 王素 編著, 『唐寫本論語鄭氏註及其研究』, pp.237-238를 참조.

譯文

한나라가 일어나자 齊와 魯의 說이 있었다. 제나라『論語』을 전한 사람은 창읍의 중위 왕길, 소부 송기, 어사대부 공우, 상서령 오록충종, 교동의 용생 등인데, 오직 왕양만이 명가였다. 노나라『論語』를 전한 사람은 상산의 도위 공분, 장신소부 하후승, 승상 위현, 노의 부경, 전장군 소망지, 안창후 장우 등인데, 모두 명가였다. 장씨가 가장 늦었으나 그의 책이 세상에 널리 유행했다.

　　이에 근거하면, 제『논어』의 해설은 오로지 왕길 한 사람만이 학파를 이루었다. 왕길의 자는 子陽으로『漢書』도 그를 "王陽"이라고 칭했다. 하지만 노『논어』에는 龔氏·夏侯氏·韋氏·扶氏蕭氏·張氏와 같은 학파가 여럿 있었다. 황간의『논어의소』서는 유향의『별록』을 인용하여 "노나라 사람들이 배우는 것을 노『논어』라 한다. 제나라 사람들이 배우는 것을 제『논어』라 한다"고 해서, 전수받아 익히는 사람의 출신에 따라 학파가 나뉜다고 하였다. 사실『漢書』藝文志에서 언급하는 제『논어』의 대가 중 五鹿充宗은 晉人이다. 노『논어』의 대가 중 소망지는 齊人이었고, 張禹는 晉人(河內 지역)이었으며, 龔奮의 출신은 분명치 않지만 魯人은 아닐 가능성이 높다. 무제가 유학을 존숭한 이후로 경전을 가르칠 선생들을 초빙하여 장안에 모았고 각지의 유생들도 지속적으로 장안으로 가서 가르침을 구하였으니, 스승과 제자 관계의 형성도 이미 지역적 한계를 넘어서기 시작했다.『漢書』왕길전은 그가 "어릴 때부터 학문을 익혔으며, 장안에 거주하였다"고 한다. 왕길은 제『논어』의 명가로 추천되었지만, 그의 아들인 왕준은 도리어 노『논어』를 전수받아서,『漢書』藝文志에는『魯王駿說』20편을 저록했다고 되어 있다. 장우도 마찬

그림 2. "起智道廿一"簡背局部

가지로 장안에서 학문을 전수받았다. 이를 통해 학파를 출신 지역으로 구분하는 것은 대략적일 뿐이며, 실제 사정과 반드시 부합하지 않음을 알 수 있다. 뿐만 아니라, 각 학파 간에 넘을 수 없는 문호의 경계도 없어서 학자들은 두루 선택하여 반드시 자기 학파의 설만을 고수하지 않아도 되었다.『漢書』장우전을 읽어보면 노『논어』의 각 학파들 중 후대에 가장 큰 영향을 준 "장후『논어』"는 그 텍스트와 해설이 응당 장우가 "편한 대로 취사선택"하여 자신이 분석하고 선택한 결과임을 알 수 있다. 상술한 내용이『漢書』藝文志 및 유향『별록』의 사실과 다른 것에 대해, 일찍이 王素가 정확하게 논술한 바가 있다. 다만 그는『漢書』藝文志에서 제『논어』와 노『논어』의 구분이 전한 중기에 이미 존재했던 사실로 간주했기 때문에 노 지역 이외의 사람들이 노『논어』를 전수받아 익힌 것은 모두 학풍이 "제에서 노로 옮겨간" 결과라고 보았다.[14] 이는 정확한 해석이 아닐 가능성이 높다. 상술한 현상은 사실 늦어도 원제 시기까지도『논어』의 편장과 텍스트가 제와 노 두 계통으로 아직 최종적으로 고정되지 않았으며, 학자들이 장구를 나누거나 텍스트와 해석을 선택할 때에

14) 王素, 1998,「河北定州出土西漢簡本論語性質新探」,『簡帛研究』第3輯, 廣西敎育出版社, p.463.

도 여전히 상당한 정도로 자유로웠음을 보여 준다.

『논어』의 편수는 한대에 이미 대체로 고정되어서, 제·노·고 3개 학파 모두 단지 20편을 기반으로 약간의 증감만이 있을 뿐이었고, 어떠한 증감이 있는지는 여전히 변동 중이었다. 이 점은 유하 묘 출토 『논어』에서 단서를 찾아볼 수 있다. 『漢書』 藝文志는 제『논어』가 "問玉」과 「知道」 2편이 더 많았다"고 했다. 이에 근거하면, 당연히 「問玉」이 앞쪽의 제21편이 되고 「知道」가 그 뒤의 제22편이 된다. 하지만 유하 묘 출토 『논어』에서 발견된 1매의 죽간 背面에는 간의 머리 쪽에 "起智道廿一"이란 다섯 글자(그림 2)가 기재되어 있다. 이 다섯 글자는 묵색이 비교적 흐리고 書風도 엉성하여 正面의 글자와 다르기 때문에, 당연히 죽간의 사용자가 나중에 덧붙인 것이다. 이 다섯 글자는 유하 묘 출토 『논어』 텍스트에서 「지도」편의 순서는 응당 제21편으로 제20편에 바로 연결되며 「문옥」편 뒤에 배치된 것은 아니라는 것을 보여준다. 유하 묘 죽간 『논어』의 기초적 석문을 검토해 보았지만, 「문옥」편에 속하는 것으로 확정할 수 있는 문구는 발견되지 않았다. 이 두 가지 사실에 근거해서 추측해 보면, 유하 묘 출토 『논어』는 「문옥」편을 포함하지 않는 21개의 편으로 구성된 판본일 가능성이 매우 크다.

이상의 추측이 성립한다면, 유하 묘 출토 『논어』는 『漢書』 藝文志에서 말하는 제『논어』가 아니다. 유하 묘 출토 『논어』는 「지도」편이 있고 「문옥」편은 없어서, 아마도 제『논어』 형성과정에서 하나의 중간 형태를 보여주는 것이다. 이는 제『논어』가 『논어』20편을 기반으로 다른 내원의 공자 학파의 언행을 계속 더하면서 단계적으로 형성된 것임을 설명해 준다. 따라서 전한 후기 이전의 『논어』 텍스트와 해설을 고찰할 때 먼저 제『논어』·노『논어』·고『논어』를 구분할 필요는 없다. 후대에 비로소 분명해지는 개념을 그 이전의 텍스트에 적용하는 것은 발을 잘라서 신발에 맞추는 격으로, 우리의 『논어』학 발전에 대한 인식을 저해할 수 있다. 반대로, 전한 중기 초본에 대한 분석에서 출발하여 『논어』 텍스트의 변화를 고찰하는 것이 올바른 방식일 것이다.

III. 전한 중기 다른 죽간본과의 비교

유하 묘 출토 『논어』는 제『논어』의 편차가 전한 중기에도 아직 확정되지 않았음을 반영한다. 이러한 상황은 다른 출토 『논어』에서도 볼 수 있다. 해혼간본과 함께 이러한 전한 중기 『논어』 죽간본들의 특수한 형태와 명확한 異文들을 고찰해 본다면, 『논어』 텍스트의 발전과정에서 흥미로운 변화를 밝혀낼 수 있을 것이다.

1. 定州漢墓竹簡 『논어』(20편 殘本)

유하 묘 『논어』 이전의 가장 중요한 출토 『논어』는 定州 中山懷王 劉脩 墓 출토 죽간본 『논어』이다. 유수는 선제 五鳳 3년(기원전 55년)에 사망했기 때문에, 이 해가 죽간 서사 연대의 하한이 된다. 정주 죽간은 출토 전 이미 도굴범이 묘에 불을 질러서 보존 상태가 상당히 좋지 않았다. 또 나중에 당산 대지진으로 훼손되어 화질이 좋은 사진을 공개하지 못했다. 공포된 일부 모본을 보면, 자체는 성숙한 漢隷로 篆書와 古隷의 형체와 필법을 완전히 탈피하였다. 그래서 이 죽간의 초사연대는 무제 이전보다 빠를 수 없고, 소제~선제 시기의 초사본일 것이다. 대략 유하 묘 출토 『논어』와 동시기 혹은 약간 늦은 시기의 텍스트에 해당한다.[15] 간문은 모두 7,576자의 석문을 수록하고 있어서, 『논어』 전체의 2분의 1 정도인데 古字가 많이 남아 있다. 장을 나눈 것이 노『논어』의 편장에 기반한 현행본과는 많이 다르며, 글자도 통행본 속 정현이 『논어』를 주석할 때 언급한 "魯讀"과 일치하는 글자와 다른 경우가 있다.

간문에서 드러나는 모습이 모호하기 때문에, 이 『논어』가 어떤 계통에 속하는지도 여러 관점이 있다. 죽간의 정리에 참여했던 李學勤은 가장 먼저 定州本은 현행본과는 차이점이 비교적 많기 때문에 노『논어』는 아니며, 고『논어』는 당시 널리 전파되지 않았기 때문에 定州本은 제『논어』 계통에 속할 가능성이 높다고 지적하였다.[16] 정리보고의 집필자인 劉來成은 간문에 古字가 많이 포함되어 있는 것은 노『논어』도 古文을 隷定해서 만들어서 고문의 흔적이 남아있었기 때문이라고 했다. 그는 또 지적하기를 정주간 『논어』와 노『논어』의 대가 소망지의 奏議가 함께 나온 것은 절대 우연이 아니라고 했다. 이로써 유래성은 정주간 『논어』를 노『논어』로 인식하는 경향에 있음을 알 수 있다.[17] 王素는 定州本이 노『논어』를 저본으로 하고 제『논어』로 써 교정하는 "融合本" 중 하나로, 이는 "제에서 노로 옮겨가는" 경학 학풍 조류의 산물이라고 분명히 주장했다.[18]

상술한 세 관점 모두 당시 『논어』가 이미 제·노·고 세 계통이 존재했단 것을 전제로 하지만, 그에 따른 결론이 모두 완전히 이치에 맞다고 보기는 어렵다. 이학근과 유래성의 의견에 대해서는 왕소가 이미 다음과 같이 설득력 있는 비판을 했었다. "제『논어』설은 간문에 왜 「문옥」 「지도」 두 편이 없는지 해석하기 어려우며, 노『논어』설은 간문과 정현이 말한 "魯讀"이 큰 차이가 있는 동일한 문제가 있다." 그는 또 정주본 『논어』가 고『논어』일 가능성도 부정했는데 설득력이 있다.[19] 하지만 그의 노·제 "융합본"설도 문제가 있다. 왕소가 제기한 제『논어』로 노『논어』를 교정한다는 명확한 증거는 정주본 「요왈」편 말에 두 줄의 작은 글자로 "孔子曰不知命"장을 補注했다는 것이다.[20] 이 장은 "장후『논어』"에는 없으며, 후한대 고『논어』에 보인다. 육덕명의 『논어음의』의 "孔子曰不知命無以爲君子也" 아래에 정현 주를 인용한 "魯讀無此章, 今從古"[21]가 명확한 증거이다. 하안의 『논어집해』도 이 장에 공안국과 마융의 고『논어』를 전수받은 사람의 해설을 수록하였

---

15) 河北省文物研究所·定州漢墓竹簡整理小組, 1997, 「定州西漢中山懷王墓竹簡〈論語〉釋文選」 및 「定州西漢中山懷王墓竹簡〈論語〉簡介」, 『文物』 1997-5, pp.60-61을 참고. 定州本 『論語』의 整理本도 河北省文物考古研究所定州漢墓竹簡整理小組, 1997, 『定州漢墓竹簡〈論語〉』, 文物出版社; 胡平生·徐剛 主編, 2005, 『中國簡牘集成 第18冊 河北卷』, 敦煌文藝出版社, pp.1409-1560에서 볼 수 있다.

16) 李學勤, 1993, 「定縣八角廊漢簡儒書小議」, 『簡帛研究』 第1輯, 法律出版社, p.260.

17) 河北省文物研究所·定州漢墓竹簡整理小組, 1981, 「定州西漢中山懷王墓竹簡〈論語〉簡介」, 『文物』 1981-8, p.60.

18) 王素, 1998, 앞의 논문, pp.459-470.

19) 王素, 1998, 앞의 논문, pp.460-463.

20) 王素, 1998, 앞의 논문, p.465.

21) 陸德明, 『經典釋文』, p.1391.

그림 3. 《智(知)道》篇 "不知命"章

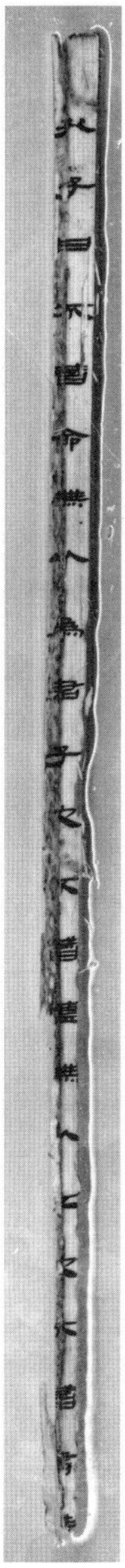

지만, 제『논어』가 이 장을 포함한다는 증거는 보이지 않는다. 왕소는 단지 고『논어』가 당시까지 전해지지 않았다는 것을 이유로 정주간『논어』의 이 장이 고『논어』가 아니라 제『논어』에서 유래했다고 단정했다. 또 그는 이 장이 원문의 두 장 이외의 부록이기 때문에 두 줄의 작은 글자로 죽간의 가장 아랫 부분에 썼다고 보았다. 왕소가 고『논어』를 배제한 이유는 충분하지 않다. 설령 이 장이 확실히 제『논어』에서 초사했다고 하더라도, 책 전체에서 그러한 서식이 사용된 부분은 이 장이 유일하기 때문에 오히려 이 간의 다른 부분은 제『논어』의 영향을 받지 않았다고 할 수 있다. 특수한 서식을 취할 뿐만 아니라, 본 편의 장 수 통계에 넣지 않았다는 것도 정주본「요왈」편의 "孔子曰不知命"장이 서책을 모두 초사한 후 별도로 보충해 넣은 부분일 가능성이 높음을 설명한다.[22] 따라서 나중에 부기된 단락을 근거로 서책의 다른 부분의 집필정황과 성격을 단정할 수는 없다.

상술한 기존 관점들을 배제해보면 정주본『논어』의 성격이 이미 분명해진다. 정주본『논어』는 제·노·고『논어』 중 하나이거나 그 변형이 아니라, 세『논어』의 특징과 구분이 확립되기 이전의 고본『논어』이다.[23] 같은 시기에 초사된 다른『논어』도 유사한 성질이 존재한다.

참고로 설명하자면, 해혼한간『논어』에 "不知命"장이 있는데, 하단이 잔결인 1매의 간만이 남아있다. 그 문장은 다음과 같다.

孔子曰: "不智(知)命, 無以爲君子也. 不智(知)禮, 無以立也. 不智(知)言, 無⋯
⋯" (그림 3)

위의 간문과 현행본 및 정주본의 보충된 부분에는 큰 차이가 없다. 해당 간의 출토 편호와 인접한 간은 모두「요왈」편에 속하고 필적도 비슷하다. 따라서 이 장은 해혼본『논어』에서 이미 정식으로「요왈」편에 들어간다고 추측할 수 있다. 이러한 특징은 정현 주와 하안『논어집해』에 비추어 볼 때 고『논어』에 속하는 것이다. 하지만 당연히 이 점에만 근거해서 해혼본『논어』를 바로 고『논어』라고 단정할 수는 없다.

---

22) 아쉽게도 현재로서는 양행의 小字로 초사된 이 章의 필적 스타일이 다른 부분과 일치하는지는 아직 확인할 수 없다.

23) 정리소조는 가장 처음으로 제시한 이 일부의 "古本『論語』"를 제시하였지만, 그것은 "제『논어』·노『논어』·古『論語』란 3개『論語』가 병존할 시기의 한 텍스트"라고도 하였다(定縣漢墓整理小組, 1981,「定縣40號漢墓出土竹簡簡介」,『文物』1981-8, p.11). 이를 통해, 당시에 정리소조가 말한 "古本"은 현행본과 상대되는 표현임을 알 수 있다. 필자가 본고에서 사용하는 "古本"이란 표현은 해당 텍스트가 전래되어 초사된 시기가 제『논어』·노『논어』·고『논어』란 3개『論語』 개념의 형성보다 빠르다는 뜻이다. 필자의 개념과 정리소조의 개념은 다르다.

2. 平壤 貞柏洞漢簡 『논어』(「先進」·「顔淵」 2편)

1990년대 초, 북한 평양시 낙랑지구 統一街 건설 공사 중 발견된 貞柏洞 364호 묘에서 약 120枚의 『논어』 죽간이 출토되었다. 「樂浪郡初元四年縣別戶口多少簿」도 같은 묘에서 출토되었다. 이로써 이 묘의 묘주는 한 원제 初元 4년(기원전 45년) 혹은 약간의 시간이 지난 뒤 매장된 낙랑군 속리로 추정된다. 평양 『논어』 죽간의 필사 연대도 응당 선제에서 원제 연간으로, 정주한묘죽간 『논어』의 연대와 비슷하거나 약간 늦은 편이다. 북한에서는 아직 『논어』 죽간을 공개하지 않았는데, 학계에는 한국과 일본 학자들이 공개한 39매의 간만이 알려져 있다. 그중 「先進」편에 속하는 31매는 17장 557자이며, 「顔淵」편에 속하는 8매는 7장 144자이다. 소개와 추측에 따르면, 아직 발표되지 않은 간들도 전부 「선진」편과 「안연」편에 속한다.[24]

연구자들이 이미 발표한 간문의 교독에 따르면, 평양본 『논어』와 현행본은 문장의 의미는 큰 차이가 없지만, 평양본은 글자 사용에서 현행본과 적잖은 차이가 있다.[25] 예를 들어, 평양본에만 존재하는 몇몇 특징들은 '沂'자를 '灑'로 적은 것, '哂'를 '訊'으로 적은 것, 접속사로 사용되는 "而"자를 "如"자로 표시한 것 등이 있다.[26] 또한 같은 시기 정주본과 해혼본 두 초사본 또는 그 중 하나와 비슷한 점도 존재한다. 예를 들면 「선진」편 "顔淵死子哭之慟"의 "慟"은 세 한간본 모두 "動"으로 쓰고 있으며, 2인칭 대명사로 사용되는 "爾"는 세 한간본 모두 "壐"로 적었다. 「선진」편 "子貢侃侃如"의 "侃"은 해혼본에서는 아직 보이지 않지만 평양본과 정주본 모두 "衍"으로 적었으며, 형제자매 간 장유의 순서를 보여주는 '仲'은 평양본·정주본 모두 '中'으로 적었다. 이러한 현상들은 전한 중기에 유행한 『논어』 텍스트에 이미 초기 텍스트의 공통된 특징이 있었고 또 각각의 고유한 특질도 존재했음을 설명해 준다. 그리고 제·노·고 『논어』 삼분법으로 『논어』 텍스트의 성질과 내원을 확정하는 것은 불가능하단 점도 보여준다.

평양본 『논어』에는 또 주목할만한 異文이 하나 존재한다. 「선진」편 "子路使子羔爲費宰"장의 첫 구절인 "子路"는 평양본에 "季路"라고 적혀 있다.[27] 『白虎通·社稷』에서 『논어』의 이 장을 인용할 때에도 "季路"라고 하였으니,[28] 이 異文은 후한 초에도 여전히 존재했을 뿐만 아니라 당시 주류 학자들도 채용했음을 알 수 있다. 따라서 평양본에서 우연히 바꾼 異文이라 보기는 어렵다. 정주본은 이 부분에 손상이 있는데, 정리자가 "子路"라고 석문한 것은 현행본을 참조한 것으로 보인다. 구설은 자로가 이때 季氏의 宰가 되어서, 子羔을 季氏의 采邑인 費의 邑宰로 추천한 것으로 생각했다. 하지만 만약 여기서 자로의 추천을 이야기하려면, "使"자를 쓰는 것은 옳지 않다. 「雍也」편의 "季氏使閔子騫爲費宰"장과 비교하면, 季氏가 노나라의 경대부와 봉군

---

24) 李成市·尹龍九·金慶浩, 2011, 「平壤貞柏洞364號墓出土竹簡〈論語〉」, 『出土文獻研究』 第10輯, 中華書局, pp.174-206를 참조.

25) 單承彬, 2014, 「平壤出土西漢〈論語〉竹簡校勘記」, 『文獻』 2014-4, pp.33-45.

26) 魏宜輝, 2014, 「漢簡〈論語〉校讀札記 - 以定州簡與朝鮮平壤簡〈論語〉爲中心」, 『域外漢籍研究集刊』 第10輯, 中華書局, pp.312-313.

27) 현행본의 첫 구절의 "后"는 平壤本에서 '費'라고 썼다. 학자들이 이미 설명한 바가 있으니, 본문에서 번잡스럽게 설명하지는 않겠다. 單承彬, 2014, 앞의 논문, pp.41-42.

28) 陳立, 『白虎通疏證』 卷3 「社稷」, 中華書局, 1994, p.88. 이 인용문은 北京大學 歷史系 박사과정에 재학 중인 厲承祥이 제시해 주셨다. 정말 감사드린다.

의 신분으로서 "使"자를 쓰는 방식은 합리적이다. 따라서 이 장의 "季路"도 본래 "季氏"였지만, 후대에 아마도 아래 문장에 자로의 변명이 있어서 당연히 "季路"의 오기라고 간주하고 "子路"로 고쳤을 것이다. 아쉽게도 해혼본에서는 아직 이 구절이 발견되지 않았지만, 해혼본 『논어』 간문에서 "季氏"는 전부 "季是"로 적혀 있다.[29] "是"자는 "足"자와 형태가 비슷해서, 아마 "路"자의 殘文을 잘못 읽은 것으로 추측된다.

평양 출토 한간 『논어』의 또 다른 특징은 「선진」과 「안연」편만 있다는 사실이다. 만약 이것이 묘에 수장된 『논어』의 전부라면, 『논어』20편은 이 당시까지도 절대 분할할 수 없는 전체로 여겨지지는 않았으며, 다른 고서와 마찬가지로 각 편 별로 초사될 수 있었다고 할 수 있다. 해혼후 한간도 각 편이 독립적인 한 권으로서 각각 제목이 적혀 있으며, 편의 순서를 적시하지는 않고 있다.[30] 이 역시 학습자가 편의 순서를 바꾸거나 새로운 편장을 더할 수 있었던 것이다.

이상의 간단한 분석에 따르면, 전한 중기의 『논어』 텍스트는 각각 서로 달랐고 또 현행본의 글자 사용 습관과도 달랐다. 텍스트는 상대적으로 확립되어 있었지만 아직 완전히 고정되지는 않았다. 편장의 조합에도 여전히 비교적 강한 변동성이 남아 있었으며, 각 편 별로 초사되는 정황도 존재했다. 당시 『논어』의 유통 상황은 절대로 제·노·고 세 『논어』만으로 개괄할 수 있는 것이 아니었다.

IV. 독특한 異文: "曾晳言志"간을 예로

지금까지의 인상으로는 해혼한간 『논어』는 현행본과 문구는 거의 비슷하지만, 허사와 글자 사용 습관에서는 차이가 크게 나타난다. 다만 일부 실질적인 異文들은 전달하는 의미에서 현행본과 중요한 차이가 있기 때문에, 먼저 소개하여 학계에 토론거리를 제공하고자 한다.

여기서 소개하려는 간문은 현행본 「선진」편의 가장 마지막 장에 속한다. 이 장의 내용은 공자가 曾点(字는 晳)·仲由·冉求·公西赤 등 4명의 제자에게 각각 그들이 뜻한 바를 말하게 한 것이다. 만일 사람들에게 널리 알려져서 임용이 되면 어떤 일을 하고 싶은지 질문한 것이다. 앞의 3명은 모두 나라를 어떻게 다스릴지 이야기했지만, 曾点만 다음과 같이 말했다.

莫春者, 春服既成, 冠者五六人 童子六七人, 浴乎沂, 風乎舞雩, 詠而歸.

공자는 네 사람의 말이 끝나자 유독 증점의 뜻을 칭찬하여 "나와 증점의 뜻이 같도다."라 감탄하였다. 이

29) 海昏漢簡 「卜姓」의 "氏"도 전부 '是'로 읽는다. 賴祖龍, 2020, 「海昏竹書〈卜姓〉〈去邑〉初釋」, 『海昏簡牘初論』, 北京大學出版社, pp.268-269.

30) 앞서 언급하였듯이, 한 簡의 배면에는 "起智道廿一" 다섯 글자가 적혀 있다. 그 字體는 다소 엉성하기 때문에 당연히 사용자가 나중에 부기한 것이다. 『智(知)道』篇의 정식 편제인 "智道" 2글자 아래에는 어떠한 서수도 없다.

그림 4. "曾皙言志"簡

말은 송대 유학자들이 공자의 뜻을 추론하는 데 사용하여, 정말 큰 영향을 끼쳤다. 하지만 현행본 『논어』에서 이 단락은 원래 의미가 이해하기 어려운 점이 있었고, 그에 반영된 공자의 뜻은 『논어』 전체에서도 매우 특이하다. 해혼후한간 『논어』에서 이 단락은 현행본과 정말 다른 문장이 많은데, 종래의 해석과는 달리 현행본의 난제를 풀어낼 수 있다.

아래에 먼저 간문을 제시한 뒤 그중 異文을 검토한다. 해혼한간 『논어』의 이 간은 모두 24자로 처음과 끝이 완정하다. 석문은 다음과 같다.

童子六七人容乎近風乎巫翌而遝子喟然曰吾與箴也三 (그림 4)

지금 구독을 하면 다음과 같다.

……童子六七人, 容(頌)乎近(沂), 風(諷)乎巫翌(雩), 㳄(滂)而遝(饋)." 子喟然曰:
"吾與箴也." 三……

"童子六七人"이 간 첫머리에 있는데, 당연히 "冠者五六人"에서 이어진 것이다. "容乎近"은 "頌乎沂"으로 읽어서, 沂水 강변에서 서책을 낭독했음을 의미한다. "風乎巫翌"의 '風'은 '諷'(암송)과 통한다. "巫翌"는 현행본의 "舞雩", 즉 노나라가 求雨 제사를 거행한 장소이다. "㳄而遝"의 '㳄'은 '滂'으로 읽으며, 큰 비가 내리는 상황을 의미한다. '遝'는 '饋'로

그림 5. 철합 후의 "箴"字

읽으며, 신령에게 음식을 대접하는 제사를 의미한다. 현행본의 "喟然" 아래에 '嘆'자가 있지만, 의미는 큰 차이가 없다. '箴'자는 原簡에는 쪼개져 있었지만 綴合 후 글자 모양이 분명한데(그림 5), 『사기』 중니제자열전에 曾皙의 이름인 '蒧'과 동일한 異體字라 하였다. 단옥재는 이를 모두 '黬'의 생략형으로, 현행본 『논어』가 '点'자를 사용한 것은 같은 음의 가차라고 했다.[31] '三' 아래의 구문은 "三子者出, 曾皙後"인데 다른 간에 보인다. 이상의 해석에 근거하면, 증석이 말한 뜻은 자신이 기우의 雩祭禮를 주재하여, 기우제가 끝나면 때에 맞추어 비가 내리길 원한다는 것이다. 이러한 내용과 현행본 및 한대 이후의 일반적인 해석은 상당히 차이가 있는데 더욱 세밀한 분석이 필요하다.

해혼본은 "容乎近"이라고 했는데, 현행본·정주본 및 『사기』 중니제자열전 등은 모두

---

31) 段玉裁, 『說文解字注』 10篇上 「黑部」, 上海古籍出版社, p.488.

"浴乎沂"이라 했다. 평양 정백동 한묘 출토 『논어』는 "浴乎濊"라고 했다.[32] '濊'는 '沂'과 통하는데, 노나라 도성 교외의 沂水를 가리킨다.[33] '浴'자는 이전에 '목욕하다', '강을 건너다', '손발을 씻다' 등 3가지 해석이 존재했다. 후한~당대의 경학자들은 일반적으로 '浴'은 '목욕'의 의미, 뒤의 문장인 "風乎舞雩"의 '風'은 본뜻으로 읽어서 '바람에 몸을 말리다'란 의미로 보았다. 하안의 『논어집해』는 후한 초 包咸의 설을 다음과 같이 인용하고 있다.

> 莫春者, 季春三月也. 春服既成, 衣單袷之時. 我欲得冠者五六人, 童子六七人, 浴乎沂水之上, 風涼於舞雩之下, 歌詠先王之道, 而歸夫子之門.[34]

황간의 『논어의소』도 이에 의거하여 경문을 해석하고 있다. 이는 후한 이후의 주류적인 의견을 반영하지만, 모든 사람들의 공통된 관점은 아니다. 후한 王充은 『논형』 明雩에서 당시 『논어』 학자들의 통설을 다음과 같이 "浴은 沂水에서 목욕하는 것을 말한다. 風은 몸을 말리는 것이다"라고 인용한 뒤 이에 대해 비평하여 "주의 4월은 夏曆의 2월로 여전히 추운 때인데 어찌 강물에 목욕하고 바람에 몸을 말리겠는가?"라고 했다. 왕충이 고의로 '莫春三月'(建辰)을 周正의 4월이자 夏正의 2월(建卯)이라고 한 것은 고서에 기록된 雩祭 시간에 맞추기 위해서이다.[35] 포함의 설과 같이 3월이라고 해도, 화북 지역의 강변에서 목욕을 하고 바람에 신체를 말리는 행위는 여전히 사리에 맞지 않는다. 왕충은 曾占이 말한 일을 '기우제'로 해석하면서, "浴乎沂"을 "沂水를 건너는 것이며, 용이 물속에서 나오는 모양이다"라고 했다. 다만 '涉'과 '浴'의 의미는 차이가 매우 커서 왕충의 설은 신뢰하기가 어렵다. 또한 어떤 학자는 '浴'이 물가에서 부정을 없애는 행위를 가리킨다고 해석하였다. 蔡邕의 『月令章句』는 『논어』의 해당 문장을 인용한 후 "매년 3월에 물가에서 몸을 깨끗이 씻는 작금의 풍습은 이 故事에서 유래한 것이다"라고 했다.[36] 채용의 의견은 "浴乎沂"가 부정을 없애는 의식으로 손발을 씻는 행위일 뿐이라 한 것이다. 주희의 『논어집주』는 이 설을 채용하여 "浴은 씻는 것을 말한다. 지금의 부정을 없애는 행위를 가리킨다"고 했다. 주희는 또 보충해서 沂水는 "地志以爲有溫泉焉, 理或然也"라고 했는데, 분명히 날씨가 추워서 목욕하기에 마땅하지 않다는 의문에 대답하기 위함이었던 것으로 보인다.[37] 韓愈는 '浴'은 '沿'의 오기로 간주하고 글자를 고쳐 해석하는 다소 독단적인 의견을 제시하였다.[38] 청대 이후 학자들은 대부분 주희의 설을 따랐다. 하지만 '浴'을 '손발을 씻어 부정을 제거하는 것'으로

---

32) 定州漢簡本은 河北省文物考古研究所·定州汉墓竹簡整理小組, 1997, 앞의 논문, p.53에 근거하였다. 현행본 『論語』는 阮元 校刻, 「論語註疏」, 『十三経注疏(清嘉慶刊本)』, 中華書局, 2009, p.5430下에 의거하였다.

33) 魏宜輝, 「漢簡〈論語〉校讀札記 - 以定州簡與朝鮮平壤簡〈論語〉爲中心」, 『域外汉籍研究集刊』 第10輯, pp.312-313.

34) 阮元 校刻 「論語註疏」, p.5430下.

35) 선학들이 이 說을 비판한 바 있다. 黃暉, 1990, 『論衡校釋(附劉盼遂集解)』 卷15 「明雩篇」, 中華書局, pp.673-678; 赵翼, 1963, 『陔餘叢考 卷4』 "浴乎沂風乎舞雩"條, 中華書局, pp.76-77.

36) 『續漢書』 「禮儀志上」, 劉昭 注引, 『後漢書』, 中華書局, 1965, p.3111.

37) 朱熹, 『論語集註』 卷6 「先進」, 『四書章句集注』, 中華書局, 1983, p.130.

해석하는 것도 매우 억지스럽다. 『설문해자』에서 "浴, 洒身也"라고 했다. 여기서 '洒'는 '洗'의 古字이며, 『설문해자』의 '滌'와 서로 뜻이 통한다. 허신이 '浴'의 본뜻은 신체의 더러움을 물로 씻어내는 것이며, 손과 발을 흐르는 물에 갖다대는 것으로 해석할 수는 없다고 판단했음을 알 수 있다. 따라서 簡本의 '容'자를 직접적으로 현행본에 근거하여 '浴'으로 읽은 것은 마땅하지 않으며, 다른 더 합리적인 해석을 찾을 필요가 있다.

'容'을 '頌'으로 읽어서, 엄숙하게 낭송하는 행위를 가리킨다고 보는 것이 비교적 자연스럽다. '頌'과 '容' 두 글자는 고서에서 보통 통용되는데, 이미 단옥재가 상세히 논했었다.[39] '公'은 見母 東部의 글자이고 '容'은 見母 屋部의 글자인데, 성모와 주요 원음이 서로 같아 聲符로서 전국~진한시기 종종 혼용되었다. '頌'의 籀文(大篆體)는 '額'로 쓰고 '容'에 따르는데, '容'자는 『설문해자』에 古文 '㕛'으로 쓰고 '公'에 따라 발음하였다. '頌'과 서로 통하는 글자로는 '訟'자도 있는데, 『설문해자』에 古文 '䛦'으로 쓰고 "從言谷声"이라 하였다. '谷'을 따라 쓰는 '容'자와 '浴'자는 모두 余母字이고 聲符도 똑같기 때문에 한대 사람들은 '浴'으로 읽었으니, 종래의 주장은 참작될 여지가 있다. 다만 만약 '頌'으로 읽는다면, 이른 봄의 서늘한 날씨에 강가에서 목욕을 한다는 의문이 생길 리가 없으니, 이러한 해석이 더욱 합리적이다. 해혼한간 『詩』의 목록에 "頌卅扁(篇)", "商頌"이 있지만, "魯容", "周容"은 모두 '容'자로 '頌'을 표시한 것이다.[40] 이러한 점도 『논어』의 해당 간의 '容'자를 '頌'으로 읽을 수 있는 유력한 방증이다.

"容(頌)乎近"의 '近'자는 왼쪽 부분이 잔결되어 있으며, 오른쪽 부분은 '斤' 아래에 필획이 하나 있는데, 이에 근거하면 좌변은 '辶'旁일 것이다. '近'은 통행본을 참고하면 '沂'로 읽을 수 있다.

"風乎巫雩"의 '風'은 옛 사람들이 이미 '諷誦'의 '諷'으로 읽어야 한다는 의견을 제출했다. 왕충은 "風乎巫雩"을 해석하여 "風은 歌이다"[41]라고 했다. 이와 똑같이 후한대 仲長統도 "諷於舞雩之下, 詠歸高堂之上"[42]이라고 했다. 모두 '風'을 '諷'으로 읽고 있다. '巫雩'는 지금까지 전해지는 판본 모두 '舞雩'로 읽고 있다. '雩'는 '雩'의 이체자이다. '巫'는 '舞'와 통하며, 本字로 읽을 수 있다. 『논어』 안연편에서 "樊遲從遊於舞雩之下"한 일을 기록하였으니, "舞雩"는 地名임을 알 수 있다. "舞雩"는 기우제를 거행한 장소이며, 옛 사람들은 노나라 성문 바깥의 沂水 남안이라고 여겼다.[43] 증석의 말은 기수 강변에서 제문을 낭송하고 기우제를 지내는 곳에서 노래하여 기우제의 의식을 거행하는 것을 가리킨다.

"沔而還"의 '沔'자는 적외선 사진에 의거하면 좌변이 '水'旁임을 알 수 있지만, 오른쪽 부분은 오물이 묻어

---

38) 『論語笔解』가 韓愈의 說을 채록한 것은 程樹德, 1990, 『論語輯釋』 卷23 「先进下」, 中華書局, p.808에 보인다. 韓愈는 暮春三月을 周正의 3월이자 夏曆의 正月로 이해하고, 그러면 당연히 물 속에 들어가서 목욕할 이유는 절대로 없으니, 몸을 씻어서 불제한다는 의미도 성립될 수 없다고 하였다. 그러나, 正月의 날씨는 한랭하기에, 원문에서 말한 "春服既成"과는 모순된다. "周三月"이란 說은 당연히 오해이다.

39) 段玉裁, 『說文解字註』 7篇下 「宀部」, p.340; 8篇上 「頁部」, p.416.

40) 朱鳳瀚, 「海昏竹書『詩』初讀」, 『海昏簡牘初論』, p.87.

41) 黃暉, 『論衡校釋』 卷15 「明雩篇」, p.675.

42) 範曄, 『後漢書』 卷49 「仲長統傳」, 中華書局, 1965, p.1644.

43) 『水經註』는 "沂水北對稷門, …… 門南隔水有雩壇, 壇高三丈, 曾點所欲風舞處也."이라 하였다. 陳橋驛 校證, 2007, 『水經註校證 卷25』, 中華書局, p.593.

있어 알 수 없었다. 강서문물고고연구소가 다시 죽간을 세척하고 사진을 찍어서  '丙'자임을 확인할 수 있었다(그림 6). '冹'자는 字書에 보이지 않아서 해석하기 어렵다. 만약 현행본을 따라 '咏'자로 해석한다면 문자학상으로는 '講通'이 되지만 앞뒤 문맥 간의 맥락과 '水'旁을 붙이는 쪽이 의미가 더 잘 통한다는 점을 고려하면, 나는 '澪'으로 읽는 쪽을 지지한다.[44] '澪'은 비가 많이 내리는 모습을 가리킨다. 앞 문장에서 기우제를 지내는 의식을 설명한 후 여기 비가 많이 내리는 결과가 나왔으니, 앞뒤 문맥이 자연스럽게 연결된다. '遝'자는 '歸'의 이체자이다. 『논형』 明雩

그림 6. "冹"字右半部 分 흑백 사진

篇은 이 문장을 인용하여 "詠而饋"라고 했다. 『논어』 정현 주도 '饋'로 읽어서, 정현의 주석은 "술과 음식을 바치는 것이다. 노『논어』는 饋을 歸로 읽었는데, 今文은 古文을 따르고 있다"고 했다.[45] 정현이 본 고문 『논어』는 '饋'로 썼지만, 현행본의 '歸'는 정현이 말한 노『논어』에 의거했다는 것을 알 수 있다. 간문의 '遝'는 '歸'로 읽어야 하며, 비가 내리기를 염원한 후에 제사를 거행함에 술과 음식을 신령에게 바치는 것을 가리킨다.

물가의 제단에서 비를 구하는 말을 읊고, 비가 올 때까지 기도를 드리며, 술과 음식을 바치며 제사를 하는 행위는 완전히 기우제를 지내는 과정이다. 이는 증석 자신이 명성을 얻어서 임용되면 하고 싶은 일이라고 말한 것이다. 공자가 여러 제자들의 뜻을 물었는데, 자로 등의 3명은 모두 治國의 術을 말한 반면 증석의 대답은 목욕과 바람 쐬는 행위와 노래 등 유희와 관련된 일로 공자의 질문과는 동떨어진 대답으로 매우 특이하다고 과거 인식되었다. 程顥는 이 때문에 증점에 대한 평가가 높은 것은 그가 특이할 정도로 자신의 지조만을 따라 행동하면서도 잘못을 저지르지 않았기 때문이며, "眞所謂狂矣"라 하고 "與聖人之誌同, 便是堯, 舜氣象也"라고도 했다.[46] 주희는 더 명확하게 "曾点之學, 蓋有以見夫人欲儘(盡)處, 天理流行, 隨處充滿, 無少欠闕, 故其動靜之際, 從容如此"[47]라 했으며, 주희는 증점의 자유분방한 대답은 천리가 인간의 욕망을 이기고 난 뒤의 여유로운 태도를 명확히 보여주며, 이러한 소탈하고 활달한 기상이 성인의 도에 맞다고 생각했었다. 정호와 주희의 판단은 송명대 유학자들에게 큰 영향을 끼쳤지만, 청대 이후로는 학자들에게 '허황되다'는 비판을 받게 되었다.[48] 전목도 "이러한 생각은 『논어』의 본뜻을 훼손한 것"으로 생각했고, 이는 禪學의 영향력 때문이라 하였다.[49] 현재 우리는 정호와 주희가 증점을 칭송한 것은 한대 학자들의 『論語』에 대한 한 독법에 근거했을 뿐이란 사실을 알게 되었다. 해혼후 한간 『논어』는 한대의 또 다른 독법을 보여주는데, 증석이 하고자 한 것은 기우제를 지내 봄 가뭄이 들었을 때 풍족한 비를 구해서 백성들에게 복을 내리는 것

44) '丙'에 따라 발음하는 글자는 '方'에 따라 발음하는 글자와 通假 관계가 있다. 簡帛 古書 중에는 그 사례가 정말 많다. 白於藍, 2017, 『簡帛古書通假字大係』, 福建人民出版社, pp.1012-1017을 참고하라. 여기서는 번잡하게 인용하지 않겠다.

45) 陸德明, 「經典釋文」, p.1374를 보라.

46) 程顥·程頤, 『二程遺書』 卷12 「明道先生語二」 "戌嫠見伯淳先生洛中所聞"條, 『二程集』, 中華書局, 2004, p.136.

47) 朱熹, 『論語集註』 卷6 「先進」, 『四書章句集註』, p.130.

48) 程樹德, 『論語輯釋』 卷23 「先進下」, p.816을 참조.

49) 錢穆, 2014, 「從朱子論語註論程朱孔孟思想歧点」, 『勸讀論語和論語讀法』, 商務印書館, pp.150-158; 錢穆, 2011, 『論語新解』, 九州出版社, p.340.

이었다. 이러한 대답은 평이하면서도 이야기의 주제에 잘 들어맞으며, 이장의 뒷 내용에서 공자가 주장한 '爲國以禮'에도 부합한다.

위의 짧은 간문과 비교해서 설명할 수 있는 것은 제·노·고 세 계통의 구분은 출 토본 전한 『논어』의 각 판본과 현행본 간 異文의 해석을 어렵게 한다는 것이다. 이 간의 "容乎近" 구절은 현행본과 정주본이 "浴乎沂"이라 썼고, 평양본은 "浴乎濊"라 써서 서로 간에 차이가 있다. 현행본의 "詠而歸"은 3개 漢簡本도 전부 '歸' 혹은 '還' 라 썼으며 '饋'라고 쓰지 않아서, 정현이 말한 古文本과도 다르다. 이 장에서 한대에 글자와 단어 사용이 서로 다른 적어도 4개의 판본이 있었다는 것을 알 수 있다. 제·노·고 판본의 구분과 定型은 전한 중기에도 아직 완성되지 않았다. 만약 더 많 은 異文들을 분석해 보면, 『논어』 판본과 편장 구조의 발전·변화 및 한대 유학자들 이 가진 공자 문하의 사상에 대한 서로 다른 이해가 더욱 분명하게 드러나게 될 것 이다.

『논어』 판본은 하안의 『논어집해』 이후 점점 하나로 통일되었다. 송대 이후 학 자들이 연구하고 읽은 『논어』의 정본은 모두 『논어집해』를 원류로 한다. 만약 『논 어집해』의 異文에 대한 선택이 부당하다면, 후세 사람들의 『논어』 의리에 대한 해 석도 바로 오독에 기초해서 만들어졌을 것이다. 문헌에 대한 오독으로부터 사상 적인 창견이 나오는 경우가 종종 있지만, 근본적인 오해를 불식시키는 작업도 여 전히 사상사 연구의 임무 중 하나이다. 후대에 만들어진 독창적인 의견의 학문적 의미를 폄하하는 것은 아니며, 오히려 어떤 시대의 사상을 그 자신이 속한 시대로 되돌리는 일에 도움이 되기도 한다. 이는 전한 중기 『논어』 텍스트 연구가 가진 학 술적 의의 중 하나이다.

V. 「知道」篇의 가치

유하 묘 출토 『논어』에서 특유의 「知道」편은 학계의 특별한 관심을 받았다. 하 지만 이 편의 구조와 내용을 규명하는 것은 상당히 어렵다. 출토 당시 『논어』간은 성질이 불분명하면서도 자적도 비슷한 죽간들과 한 데 섞인 채 출토되었기 때문 이다. 해당 죽간에는 현행본 『예기』의 중용편과 제의편 등과 같은 문장도 있고, 현 행본 『논어』와 『예기』에는 보이지 않는 내용들도 있다. 후자의 일부분은 당연히 「지도」편에 속하는 내용도 있지만, 이 부분의 시작과 끝은 현재 출토 위치로만 추 정할 수 있을 뿐이라 정확하게 구분하기는 어렵다.

현재 「지도」편의 내용으로 확실한 것은 우선 이미 발표된 "智道"篇題를 포함한

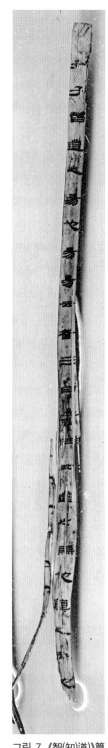

그림 7. 《智(知)道》篇 首章

a. 正面

b. 背面

그림 8. "后军问于巫马期"章

죽간으로 이 편의 제1장에 해당한다(그림 7). 간문은 다음과 같다.

孔子智(知)道之易
也, "易易"云者三
日. 子曰: "此道之
美也, 莫之御也."

이미 연구자들은 이 단락의 글자가 肩水金關 유지 출토『논어』잔간에도 보인다고 지적하였다.『孔子家語』顔回 중에도 이 장의 후반부 내용이 있다.[50]『韓詩外傳』에도 "孔子知道之易行"이란 말이 있어, 이 말은 전한대 광범위하게 유행했음을 알 수 있다.

또한, 앞에서 이미 한 簡의 背面에 "起智道廿一"이란 다섯 글자가 초사되어 있다고 언급하였는데, 이 간에 있는 한 장은「知道」편에 속한다(그림 8a, 8b). 그 문장은 다음과 같다.

后軍問於巫馬子期
曰: "'見其生, 不食
其死.' 謂君子耶?"
曰: "非也, 人心也."
后軍曰: "也不與
焉." 巫馬子寬曰:
"弗思也." 后軍退而
思之三月, 曰: "亦
弗食也."

이 내용은 두 사람과 관련이 있다. 后軍의 이름은 '膳'인데, 그의 행적은 분명하지 않다. 『사기』 중니제자열전은 공자의 제자 중 后處란 사람이 있고 자는 子里라고 했는데 아마도 그와 관련이 있을 것이다. 다른 한 사람은 巫馬子期, 즉 巫馬施이다. 그는 공자보다 30살이 어렸다. 중니제자열전은 그의 자를 子旗라고 했으며, 『공자가어』 弟子解는 그의 자를 子期라고 했다. 이 장의 뒷 부분에 있는 巫馬子寬도 응당 巫馬子期일 것인데, '寬'과 '施'는 서로 뜻이 통할 수 있기 때문이다. 巫馬子期는 공자 문하의 제자 중에서 그다지 두드러지게 언급되지는 않으며, 『논어』 제20편 중에서 「述而」편의 "陳司敗問於孔子"장에서만 보인다. 이 외에는 『여씨춘추』 찰현에 그와 宓子賤을 비교하는 내용이 있으며, 『한시외전』 권2는 그와 자로의 대화를 기록하고 있으며, 『공자가어』 제자해도 그와 공자의 문답을 기록하고 있다. 「知道」편의 첫 번째 장에서는 后軍이 비교적 중요한 역할을 맡고 있는데, 공자는 후군의 질문에 답하면서 결국 그를 설복시켰다. 무마자기는 동물의 살아 있는 모습을 보니 차마 그것을 먹을 수 없겠다고 후군에게 말하였는데, 이러한 심리는 군자만의 것이 아니라 누구나 가지고 있는 심리일 것이다. 후군이 처음에는 믿지 않자, 무마자기는 돌아가서 생각해 보라고 했다. 석 달이 지난 후, 후군은 결국 무마자기의 생각에 동의하였으며, 자신도 몰인정한 사람은 아니라고 했다.

이 장의 요지는 사람들이 전부 측은지심을 가지고 있다는 것이다. 이야기 자체는 다소 특이하지만, 말하고자 하는 명제는 유가 학설에서 흔히 볼 수 있는 성질의 것이다. 『맹자』 양혜왕상은 다음과 같이 말한다.

> 君子之於禽獸也, 見其生, 不忍見其死 ; 聞其聲, 不忍食其肉. 是以君子遠庖廚也.

『大戴禮記』 保傅은 삼대의 예를 서술하여 다음과 같이 말한다.

> 于禽獸, 見其生不食其死, 聞其聲不嘗其肉, 故遠庖廚, 所以長恩, 且明有仁也.

『賈誼新書』의 「禮」편에도 다음과 같은 비슷한 내용이 있다.

> 聖王之於禽獸也, 見其生不忍見其死, 聞其聲不嘗其肉, 隱弗忍也.故遠庖廚, 仁之至也.

馬王堆帛書 『五行』 제15章 "說" 부분에도 "見亓(其)生也, 不食亓(其)死也"란 말이 있는데, 池田知久는 『孟子』에 근거한 말이라고 지적했었다.[51] 맹자의 말뜻은 제 선왕이 희생 제의에 쓰일 소를 보고 불인지심이 생겨난 것이 '仁'의 표현이며, 이는 결국 『禮記』 玉藻의 "君子远庖厨"로 귀결된다는 것이다. 맹자는 이러한 맥

---

50) 楊軍·王楚寧·徐長青, 2016, 「西漢海昏侯劉賀墓出土〈論語·知道〉簡初探」, 『文物』 2016年 第12期, p.73.
51) 池田知久, 2005, 『馬王堆帛書五行研究』, 線裝書局·中國社會科學出版社, p.286.

락 하에서 처음으로 "見其生, 不忍見其死"이라 말한 것이다. 「지도」편의 이 장에서 후군은 "見其生, 不忍見其死"이란 말에 대하여 '君子'만이 그러한 마음을 가지게 되는 것이냐고 질문하였다. 이로써 이 장은 "君子之於禽獸也, 見其生, 不食其死"라는 기존의 구절에 기초하여 만들어진 내용임을 알 수 있다. 아마도 전국 중기 이후 '思孟學派' 유가들이 『맹자』에 기초해서 공자 제자에 가탁하여 만들어 낸 대화일 가능성이 높다.

전국~진한시대 당시에는 공자와 그의 제자들의 언행과 관련된 기록이 정말 많이 전해지고 있었으며, 지금까지도 『예기』, 『한시외전』, 『설원』, 『신서』, 『공자가어』 등 각종 전세문헌에 남아 있다. 정주 한묘 출토 『유가자언』과 北大 漢簡의 『유가논총』 등에도 관련 기록이 남아 있다. 그들의 체재와 내용은 『논어』와 비슷한 면이 많지만, 현행본 『논어』의 범주에는 속하지 않는다. 만약 『논어』의 편장이 전한 중기에도 결국 고정되지 않았다면, 이러한 孔門의 言行들도 『논어』에 포함될 가능성도 있다. 현행본 「요왈」의 "不知命"장 및 『漢書』藝文志가 언급한 제『논어』의 「문옥」편 「지도」편의 각 장은 전한 중기에 『논어』의 몇몇 판본에 편입되었을 가능성이 높다.

『論衡』正說에는 『논어』학의 발전과 관련된 내용이 있는데, 『漢書』藝文志의 기술과는 사뭇 달라서 매우 중요하다. 그 내용은 다음과 같다.

> 夫『論語』者, 弟子共紀孔子之言行, 初(原作"敕")記之時甚多, 數十百篇, 以八吋為呎, 紀之約省, 懷持之便也. 以其遺非經, 傳文紀識恐忘, 故以但八吋呎, 不二呎四吋也. 漢興失亡, 至武帝發(髮)取孔子壁中古文, 得二十一篇, 齊·魯(此下原有"二"字)·河間九篇: 三十篇. 至昭帝, 始(原作"女")讀二十一篇. 宣帝下太常博士, 時尚稱書難曉, 名之曰"傳", 後更隸寫以傳誦. 初, 孔子孫孔安國以教魯人扶卿, 官至荊州刺史, 始曰『論語』. 今時稱『論語』二十篇, 又失齊·魯·河間九篇. 本三十篇, 分佈亡失, 或二十一篇.目或多或少, 文讚(贊)或是或誤.

譯文

『論語』는 공자의 제자들이 공동으로 공자의 언행을 기록한 서적이다. 그들이 받은 가르침을 기록하는 시기가 매우 길어, 모두 수백 편이 되었다. 그래서 이를 간략하게 기록고자 휴대하기 간편한 8寸 죽간을 1尺으로 삼았다. 『論語』는 경서로 전해진 것이 아니다. 잊어버릴까 걱정해서 전문으로 기록해 남긴 것이다. 이 때문에 경서를 기록하는 데 주로 사용한 2척 4촌 길이 죽간이 아니라 8촌 길이 죽간을 사용했다. 한왕조가 흥기한 뒤 망실되었다가, 무제 때 공자의 벽장 속에서 고문을 발견해 古『論語』를 얻었다. 거기다 제『論語』, 노『論語』, 하간 헌왕이 간직한 『論語』가 9편이어서, 합치면 모두 30편이었다. 소제 때에 이르러서도 古『論語』를 태상박사에게 건네주었다. 당시는 아직 문자를 이해하기 어려워 '傳'이라 하였다. 후에 다시 예서로 써서 전수해 읽고 외우게 했다. 처음에는 공자의 자손 공안국이 노나라 사람 부경에게 전수했다. 부경이 형주자사로 승진한 뒤 비로소 『論語』라고 불렀다. 지금 말하는 『論語』는 20편이다. 본래 30편이던 『論語』는 나뉘어 망실되었고, 단지 21편이 남았다.
목차에 가감이 생기기도 하고, 자구에 착오가 생기기도 했다.

이 문단에는 오자가 꽤 많다. 여기서는 武內義雄의 의견에 따라 '敕'을 '初'로 고치고 '女'를 '始'로 고쳤으며, 孫人和의 의견에 따라 '魯' 아래의 '二'자를 삭제하여 문맥을 통하게 하였다.[52] 위 문단의 대략적인 의미는 공자 문하의 제자들이 사문의 언행을 기록한 원본의 숫자가 정말 많아서 수십~수백 편에 이른다는 것이다. 한대 이후로 그러한 서적들이 망실되었고, 공자 고택 벽에서 출토된 21편과 제·노·하간에서 찾아낸 다른 9편을 더하면 30편이 된다. 그러나 소제 시기 漢隷를 사용하여 석독, 초사한 것은 21편뿐이며, 그 나머지 편들은 망실된 끝에 겨우 20편 혹은 21편이 전해졌다.

왕충의 말은 응당 당시 널리 유전되지는 않았던 고『논어』학의 입장을 취하는 것으로, 서술된 『논어』학의 발전사는 본디 유향의 『별록』과 유흠의 『칠략』에 바탕한 『漢書』藝文志와는 판이하다. 왕충은 『논어』가 완전히 한 건국 후 다시 발견된 古文本이라고 여겼지만, 출토 한간 『논어』는 왕충이 말하는 『논어』의 定型이 늦어도 선제 이후에 갖추어졌음을 증명한다.

왕충은 또 원래의 제·노·하간의 9편이 흩어지고 망실된 것은 『논어』 20편이 고정된 이래로 편장이 점점 줄어들면서 간추려지는 과정을 경험한 것을 반영한다고 했다. 이 점도 유의할 필요가 있다. 앞서 해혼후 한간 『논어』간은 오늘날 『예기』의 일부 편장 및 귀속처를 알기 어려운 간들과 뒤섞인 채로 출토되어 구분하기 어렵다고 한 바 있다. 『논어』는 일찍이 "傳"으로 불린 적도 있으며, 상술한 내용과 확실히 구분되지도 않는다. 그렇다면, 『논어』간이 출토될 때에 서로 뒤섞여 구분하기 어려운 상태였단 사실은 확실히 전한 중기 유가 전기류 문헌의 실제 상황을 보여준다.

자료의 정리와 관련 업무의 진행에 따라, 금후에도 지속적으로 유하 묘 출토 『논어』 텍스트만의 특징을 찾아내어 분석하는 작업이 필요하며, 해혼후 한간 『논어』와 함께 출토된 유가 전기류 문헌과의 관계도 생각해 볼 필요가 있다. 그들 간의 내용·형태·출토 위치 등의 관계를 분석하면, 더욱 깊이 있고 신빙성 있는 새로운 인식을 얻게 될 것이다.

VI. 맺음말

새로운 자료의 독특한 가치는 그 내용에서 보이는 새로운 현상이 낡은 틀을 벗어나 있다는 점에 있다. 학자들은 이러한 "넘쳐흐르는" 현상들을 파악하여 새로운 문제의식과 해석을 제출하고, 새로운 학문을 창조해야 한다. 본고는 제·노·고 세 『논어』의 구분이 전한 중기의 상황과 맞지 않으며, 출토문헌이 포함하는

---

52) 武內義雄, 1978, 「論語的新研究」, 『武內義雄全集』 第1卷 「論語」篇, 角川書店, p.75; 孫人和, 1990, 『논형거정』, 上海古籍出版社, pp.134-135을 참고하라. 黃暉, 『論衡校釋』 卷28 「正說篇」所引, pp.1137-1138도 참고할 수 있다.

초기 텍스트에서 출발하여 학술사의 변천을 토론하고 학파를 구분하는 관념의 형성을 이해하고자 했다. 독자 여러분들의 비판과 질정을 구한다.

투고일: 2021.04.28	심사개시일: 2021.05.12	심사완료일: 2021.05.20

참/고/문/헌

錢穆, 2001, 『兩漢博士家法考』 10, 「宣元以下博士之增設與傢法興起」, 「兩漢經學今古文平議」, 商務印書館.

楊軍·王楚寧·徐長靑, 2016, 「西漢海昏侯劉賀墓出土〈論語·知道〉簡初探」, 『文物』 2016-12.

江西省文物攷古硏究院·北京大學出土文獻硏究所·荊州文物保護中心, 2018, 「江西南昌西漢海昏侯墓出土簡牘」, 『文物』 2018-11.

王楚寧·張予正, 2017, 「肩水金關漢簡〈齊論語〉整理」, 『中國文物報』 2017-08-11 제6版.

張蓓蓓, 1987, 「關于"張侯論"的一些問題」, 『孔孟月刊』 26卷 3期.

王素, 1998, 「河北定州出土西漢簡本論語性質新探」, 『簡帛硏究』 第3輯, 廣西敎育出版社.

河北省文物硏究所·定州漢墓竹簡整理小組, 1997, 「定州西漢中山懷王墓竹簡〈論語〉釋文選」, 『文物』 1997-5.

河北省文物硏究所·定州漢墓竹簡整理小組, 1997, 「定州西漢中山懷王墓竹簡〈論語〉簡介」, 『文物』 1997-5.

河北省文物考古硏究所定州漢墓竹簡整理小組, 1997, 『定州漢墓竹簡〈論語〉』, 文物出版社.

河北省文物硏究所·定州漢墓竹簡整理小組, 1981, 「定州西漢中山懷王墓竹簡〈論語〉簡介」, 『文物』 1981-8.

胡平生·徐剛 主編, 2005, 『中國簡牘集成 第18冊 河北卷』, 敦煌文藝出版社.

李學勤, 1993, 「定縣八角廊漢簡儒書小議」, 『簡帛硏究』 第1輯, 法律出版社.

李成市·尹龍九·金慶浩, 2011, 「平壤貞柏洞364號墓出土竹簡〈論語〉」, 『出土文獻硏究』 第10輯, 中華書局.

單承彬, 2014, 「平壤出土西漢〈論語〉竹簡校勘記」, 『文獻』 2014-4.

魏宜輝, 2014, 「漢簡〈論語〉校讀札記 - 以定州簡與朝鮮平壤簡〈論語〉爲中心」, 『域外漢籍硏究集刊』 第10輯, 中華書局.

賴祖龍, 2020, 「海昏竹書〈卜姓〉〈去邑〉初釋」, 『海昏簡牘初論』, 北京大学出版社.

黃暉, 1990, 『論衡校釋(附劉盼遂集解)』, 中華書局.

程樹德, 1990, 『論語輯釋』, 中華書局.

錢穆, 2014, 「從朱子論語註論程朱孔孟思想歧点」, 『勸讀論語和論語讀法』, 商務印書館.

錢穆, 2011, 『論語新解』, 九州出版社.

楊軍·王楚寧·徐長靑, 2016, 「西漢海昏侯劉賀墓出土〈論語·知道〉簡初探」, 『文物』 2016年 第12期.

池田知久, 2005, 『馬王堆帛書五行硏究』, 線裝書局·中國社會科學出版社.

武內義雄, 1978, 「論語的新硏究」, 『武內義雄全集』 第1卷 「論語」篇, 角川書店.

孫人和, 1990, 『論衡擧正』, 上海古籍出版社.

〈Abstract〉

A First Look at the Haihunkan "Lunyu"

Chen Kanli

In order to understand the actual conditions of the sutras of the Han Dynasty, it is necessary to study the scriptures of the Han Dynasty excavated. In this regard, a large number of Confucian scriptures discovered in the Han Dynasty were copied during the Xuanje(宣帝) period or earlier, so they can be said to be the first source.

Among the books unearthed in the Han Dynasty Confucianism, "Lunyu" is especially important in the study of economic history. The Haihunkan(海昏簡) "The Analects" contains an volume of "Jido(知 道)" which is not available in the current book. It is similar to the characteristics in "Hanseo(漢書)" but not exactly the same. It is not until you start here that you can accurately understand the relationship between the Haihunkan "Lunyu" Jelun(齊論) and the subsequent "Lunyu."

It can be seen that it was not standardized until the middle of the Han Dynasty, which was introduced in the table of contents. This unstructured state can also be seen in other unearthed "Lunyu." There are only two volumes of the Pyongyang version of Lunyu: Advanced and Abyss. The Haihunkan also have their own volumes, and since each has its own title, the overall table of contents does not appear. This shows that up until the middle of the Han Dynasty, 20 volumes of "Lunyu" were not considered inseparable.

▶ Key words: Haihun Bamboo Manuscripts, Jelun, volume of Jido. Pyongyang Bamboo Manuscripts, Haihunkan

투루판문서 중 『論語』 白文本[*]

- 漢末魏晉南北朝 시기 『論語』의 연구 및 그 전파 -

戴衛紅 著[**]

오준석 譯[***]

〈국문초록〉

돈황과 투루판 지역에서는 『論語鄭氏注』, 『論語集解』, 『論語義疏』, 『論語音義』 등의 『論語』 注本 및 白文本이 출토되었다. 아스타나 169호묘 출토 『論語』 白文本는 비록 19개 문자로 되어 있지만, 글자의 작성방법에서 시대의 특징과 당시 사회의 글쓰는 풍습을 볼 수 있다, 예를 들면 "悅"자의 사용, "朋"자의 俗寫 등이다. 학자들의 관심이 비교적 적은 신출토 투루판 2006TSYIM4:5-1背面, 2006TSYIM4:5-2背面 古사본 『論語』 公冶長·雍也篇의 내용, 서사의 특징은 아래와 같이 정리할 수 있다. 1) 前秦부터 北涼時期까지의 『論語』 公冶長·雍也편 잔권으로; 2) 이 2건의 문서에는 모두 25행이 남아 있는데 각 장은 서로 이어져 서사되었고 새로운 장은 따로 단락을 나누어 서사되지 않았다. 그중 어떤 장 앞에는 ", " 부호를 제시하여 새로운 장의 시작을 표시하였다; 3) 투루판 출토 唐 사본 論語 鄭氏注 公冶長, 雍也와 문자상 차이가 있는데, 이런 차이는 결미 어조사 "也", "尒已矣"의 유무 외에도, 正文 문자의 차이가 많다. 예를 들어, "文"-"聞", "弓"-"恭", "知"-"智", "事"-"仕", "反"-"返", "本"-"奔", "使"-"史", "女"-"汝"와 같은 것들인데, 독음은 서로 같은데 形體에 오류가 있었을 가능성도 있다. 또한 "女", "知"의 용법은 何晏 『論語集解』와 서로 같다. 그 외에, 2006TSYIM4:5-2(背) 문서 중 "冉有"의 "有"字, "祝駝之佞"의 "⬛"字는 초사자의 오필로 보이지 않으며, 다른 판본인 것처럼 보인다. 4) 南朝로부터 전래되었을 가능성이 있다. 본 논문은 漢末부터 魏晉南北朝, 隋唐學者의 『論語』

---

* 이 논문은 2019년 대한민국 교육부와 한국연구재단의 지원을 받아 수행된 연구임(NRF-2019S1A6A3A01055801).

** 경북대학교 인문학술원 HK연구교수 역임. 현 中國社會科學院 古代史研究所 硏究員

*** 경북대학교 인문학술원 HK연구교수

注, 疏 및 연구의 맥락을 정리하는 한편, 漢末~魏晉南北朝 『論語』 注, 疏의 西北지역, 백제, 倭國으로의 流傳을 함께 검토하고자 한다.

▶ 핵심어: 『論語』, 『論語鄭氏注』, 『論語集解』, 『論語義疏』, 白文本, 투루판

I. 서론

淸末 이래로 돈황과 투루판 지역에서는 唐代 사본인 『論語鄭氏注』, 『論語集解』, 『論語義疏』, 『論語音義』 등의 『論語』 注本이 출토되었다.[1] 1990년대 이후 투루판에서는 또다시 『論語』 鄭玄注本 및 白文本 잔권이 발견되었는데, 李盛鐸이 보관하다가 후에 日本 杏雨書屋으로 옮겨져 敦煌祕笈 중 세 편의 『論語』 注 사본이 출간되면서 세상에 알려졌다.[2] 더욱 놀라운 소식은 2020년 9월 일본에서 皇侃의 『論語義疏』 古本이 발견된

---

1) 돈황 지역에서 출토된 『論語』의 관련 사본 자료는 다음의 것들을 포괄한다. 1) 唐 『論語鄭注』, 스타인문서 S.3339호, S.6121호와 S.7003B호의 3건, 펠리오문서 P.2510호 1건, 書道博物館藏 돈황 사본 1건. 2009년 杏雨書屋이 공포한 敦煌祕笈 중 편호가 "羽014の一"으로 되어 있는 것은 15행이 남아 있는데 하단 및 좌측에 잔결이 있는 『論語·雍也』의 잔권이다. 문서의 우상단에는 "敦煌石室祕笈", "木齋眞賞"이라는 두 印이 찍혀 있다. 經文은 큰 글자로 되어 있고, 兩行의 협주가 있는데 해서·행서의 두 서체로 서사되었다. 經文의 첫 글자는 "子"이며 그 위에는 붉은색 점이 찍혀 있다. 影片冊 저록에 쓰인 종이는 黃麻紙로서, 12.5~13.5×25㎝이며, 撰者는 분명하지 않다. 注文은 包咸, 孔安國注와 비슷한데, 『論語集解』, 『論語集注』와 완전히 일치하지는 않는다. 王天然은 문자의 특징에 따라 "羽014の一" 사본, S.6121호, S.11910호, BD09954호, 上博24(24579)호 사본에 대해 綴合을 진행하여, 상술한 다섯 편의 잔권은 사실 한 권에서 분할된 것이고, 그 내용은 『論語鄭氏注』 雍也篇이라는 결론을 얻었다(王天然, 2012, 「讀杏雨書屋所藏八件經部敦煌寫本小識」, 경북대학교 아시아연구소 『아시아연구』 제16집, 2012년 2月 참고). 2) 돈황 지역에서 출토된 唐 『論語集解』는 모두 60件으로, 스타인문서 15건, 펠리오문서 40건, 羅振玉 소장 돈황 사본 2件, 구소련 레닌그라드 아시아인민연구소 소장본 2건, 영국도서관 소장 돈황 刻本 1건이다. 그중 P.3271호 사본의 의미가 큰데, 해당 사본은 모두 35행이 있으며, 앞 12행 상반부는 모두 잔결이 있고, 제13행의 상반부 역시 불완전하다. 『論語·鄕黨』 "足蹜蹜如有循"부터 篇末까지 기록되어 있다. "사본 經文은 單行의 큰 글자로 쓰이고, 注文은 兩行의 작은 글자로 쓰이는 격식은 『集解』 기타 사본 및 傳本과 같다. 다른 것은 注文의 내용이 『集解』보다 훨씬 많아서 대략 9군데의 注文이 많다." 이 9조 注文 중에서, 6조는 皇侃 『論語義疏』에 인용된 江熙, 範寧, 欒肇, 繆協注와 같은 것이고, 나머지 3조는 출처를 알 수 없다(李方, 1998, 『敦煌〈論語集解〉校證』, 江蘇古籍出版社, 참조). 2009년 杏雨書屋이 공포한 敦煌祕笈 중 편호가 "羽014の二"로 되어 있는 것은 10행이 남아 있으며, 네 변에 모두 잔결이 있다. 중간 부분에는 "敦煌石室祕笈", "木齋眞賞"의 두 印이 찍혀 있다. 經文은 큰 글자로 되어 있고, 兩行의 夾注가 있으며, 행서체로 초록되었다. 卷子의 첫 행 문자는 모두 우측 부분이 빠져 있고 종이를 꿰매어 병합한 흔적이 있다. 影片冊 저록에 사용된 종이는 갈색의 거친 종이로 11~18.6×22.6㎝이다. 寫本은 『論語集解』 子罕篇의 관련 내용과 대체로 일치한다. 3) 唐寫本 皇侃 『論語義疏』(講經本) 寫本 잔권 1건, 즉 펠리오 3573호에 學而·爲政·八佾·裏仁 4편이 있는데, 學而의 "學而時習之"장은 약간 잔결이 있고, 裏仁은 단지 "事父母幾諫"장만 남아 있다. 모두 649행으로 16,000여 자이다. 寫本 권말에 비록 後梁 貞明九年(923)의 공문서가 싸여져 있지만, 後梁 龍德의 연호도 있다. 그러나 卷內 문자는 唐을 피휘하고 있어 唐나라 사람의 사본임을 알 수 있다. 4) 돈황 지역에서 출토된 白文本 論語 사본은 俄藏Дх.2144, 스타인 문서 3건, S.966, S.5756, S.6023;펠리오 문서 2건, P.2548, P.3783을 포괄한다.

2) 榮新江·李肖·孟憲實, 2008, 『新獲吐魯番出土文獻』, 中華書局; 杏雨書屋藏, 2009, 『敦煌祕笈影片冊一』, 武田科學振興財團. 관련 연구로는 다음의 것들을 참고할 수 있다. 朱玉麟, 2007, 「吐魯番新出論語古注與孝經義寫本硏究」, 『敦煌吐魯番硏究 第10卷』; 王

것으로, 이 古本은 南北朝時期 梁朝의 학자 皇侃이 저술한 『論語義疏』의 제5권으로 20장의 古종이가 높이 27.3㎝의 卷子에 함께 붙어 있었다. 이 古本은 慶應藝塾大學이 2017년 고서점에서 구입한 후 文獻學과 中國 文學 영역의 전문가들로 팀을 구성하여 2018년부터 그에 대한 고증을 진행하여 그 문자 서사 形制가 南北 朝末期부터 隋朝에 속할 가능성이 극히 높음을 확인하였다. 연구팀은 출토문물을 제외하고 이것이 지금까지 나온 『論語』 관련 필사본 중 가장 오래된 것으로 보고 있다. 2020년 10월 7일부터 13일까지 東京 丸善書店 丸之內總店에서 거행된 慶應藝塾圖書館 古籍善本 전시회 상에서 이 王(皇)侃의 『論語疏』 古本이 전시되었다.[3]

구미, 일본 및 중국의 학자들은 돈황, 투루판에서 출토된 『論語』 종이 注本에 대해 깊이 있는 전면적 검토를 진행하였다.[4] 『論語』 종이 白文本 은 출토된 자료가 상대적으로 적고, 연구 성과도 비교적 분산되어 있다.[5] 본 논문은 선학들의 연구 기초 위에서 투루판 출토 『論語』 白文本, 특히 학자들의 관심이 비교적 적은 신출토 투루판 2006TSYIM4:5-1背面, 2006TSYIM4:5-2背面 古사본 『論語』 公冶長·雍也篇의 내용, 서사의 특징을 총결하고 漢末부터 魏晉南北朝, 隋唐學者의 『論語』 注, 疏 및 연구의 맥락을 정리하는 한편, 漢末~魏晉南北朝 『論語』 注疏의 西北지역, 백제, 倭國으로의 流傳을 함께 검토하고자 한다.

素, 2007, 「吐魯番新出闞氏高昌王國〈論語鄭氏注〉寫本補説」, 『文物』 2007年第11期; 王天然, 2012, 「讀杏雨書屋所藏八件經部敦煌寫本小識」, 『아시아연구』 16, 경북대 아시아연구소; 許建平, 2013, 「杏雨書屋〈論語〉殘片三種校錄及研究」, 『從鈔本到刻本:中日〈論語〉文獻研究』, 北京大學出版社; 許建平, 2016, 『敦煌經學文獻論稿』, 浙江大學出版社, pp.348-369; 夏國強, 2016, 「日本杏雨書屋刊佈李盛鐸舊藏敦煌寫本〈論語〉殘卷敘論」, 『孔子研究』 2016年 第2期, pp.46-51.

3) 慶應義塾大學圖書館, 2020, 「慶應義塾大學三田미디어센터(慶應義塾図書館)이 『論語』의 傳世 最古 寫本을 공개」; 朝日新聞 「最古級의 『論語』 사본을 발견, 중국에서도 소실된 것이 고서점에서」(2020.9.26.) https://www.asahi.com/articles/photo/AS20200926001456.html.

4) 연구 槪述은 唐明貴, 2006, 「敦煌及吐魯番唐寫本〈論語〉注本研究概述」, 『古籍整理研究學刊』 2006年第1期를 참고할 수 있다. 연구 성과는 다음을 참고할 수 있다. 羅振玉, 1917, 「〈論語〉鄭注〈述而〉至〈鄉黨〉殘卷跋」, 『雪堂校勘群書敘錄』, 上虞羅氏貽安堂凝清室刊本(이후 羅振玉, 2004, 『浙江與敦煌學: 常書鴻先生誕辰一百周年紀念文集』, 浙江古籍出版社, pp.170~172 수록); 王國維, 「書〈論語鄭注〉殘卷跋」, 『觀堂集林』 卷四; 王重民, 「『〈論語〉鄭注〈八佾篇〉敘錄」, 『敦煌古籍敘錄』; 陳鐵凡, 1960, 「敦煌〈論語〉鄭注三本疏證」, 『大陸雜誌』 20卷10期; 陳鐵凡, 1961, 「敦煌本〈論語〉異文匯考」, 『孔孟學報』 1961第1期; 王素, 1984, 「敦煌文書中的第四件〈論語鄭氏注〉」, 『文物』 1984年 第9期; 王素, 1972, 「唐寫本論語鄭氏注說明」, 『文物』 1972年第2期; 中國科學院考古研究所資料室, 1972, 「唐景龍四年寫本論語鄭氏注校勘記」, 『考古』 1972年 第2期; 王素, 1991, 「唐寫本論語鄭氏注及其研究」, 文物出版社; 華喆, 2012, 「鄭玄禮學的延伸—唐寫吐魯番出土寫本〈論語鄭氏注〉研究」, 『西域研究』 2012年 第3期, pp.96-106; 林姝孚, 2019, 「敦煌, 吐魯番〈論語〉鄭注殘卷版本考—文化特殊性視角下的考察」, 『歷史文獻研究』 2019年第1期, pp.121-138. 일본학자들의 관련 연구성과로는 다음과 같은 것들이 있다. 宮崎市定, 1976, 『論語の新研究』, 岩波書店; 金穀治, 1978, 『唐抄本鄭氏注論語集成』, 平凡社; 尾崎雄二郎, 1959, 「關於敦煌寫本〈論語鄭氏注〉和何晏〈論語集解〉所保存諸注與所謂孔安國注的關係」, 『人文』 第6期, 京都大學教養部; 熊穀尚夫, 1970, 「敦煌出土孔氏本鄭氏注論語の研究」, 『橫濱國立大學人文紀要』 16期; 熊穀尚夫, 1979, 「蜀寫本論語鄭注考」, 『加賀博士退官紀念中國文史哲學論集』; 月洞讓, 1973, 「關於〈論語鄭氏注〉」, 『漢文教室』 106; 藤塚鄰 著, 童嶺 譯, 2013, 「皇侃〈論語義疏〉及其日本刻本對清朝經學的影響」, 『從鈔本到刻本—中日〈論語〉文獻研究』, 北京大學出版社.

5) 돈황 지역에서 출토된 白文『論語』의 관련 사본 연구 성과는 다음을 참고할 수 있다. 韓鋒, 2006, 「幾件敦煌寫本〈論語〉白文殘卷綴合研究」, 『敦煌學輯刊』 2006.

II. 투루판 출토 『論語』 白文本

1. 투루판 아스타나 169호묘 출토 『論語』 白文 사본

투루판에서 출토된 『論語』의 유형으로는 唐 寫本 『論語鄭氏注』, 『論語集解』[6] 및 白文本이 있다.

白文本 『論語』는[7], 아스타나 169호묘 출토 1건이 있다. 아스타나 169호묘 출토 유물에 관해, "본 묘는 남녀 합장묘로서 고창국 建昌4年(558)의 張遵 墓表, 建昌4年 張孝章 隨葬衣物疏, 延昌16年 信女 某甲의 隨葬衣物疏가 나왔다. 남자 시신이 먼저 매장되었는데, 그 종이 모자가 뜯어지며 82호 문서가 나왔다. 본 묘의 기년 문서는 建昌4年부터 延昌16年(576)까지 있다."라고 하였다. 이 문서는 편호 72TAM169:83의 高昌 『論語』 습서로서, 墨書의 紙質문서로 모두 2행의 문자가 있으며, 행마다 9~10자가 쓰여 있다. "원래의 『孝經』 잔권 뒷면 잘린 곳에 들어가는 작은 조각이 있으며, 그 시대는 본 묘 五 『孝經』의 연대와 대체로 같은데, 그 하한은 아무리 늦어도 고창국 建昌4年(558)보다 늦지 않다."[8] 王素 선생이 이 『論語』 잔본을 소개하며, "원래 建昌4年 2月9日 전 『孝經』 잔권의 뒷면이 끊어진 곳에 있던 것으로 그 시간은 『孝經』 잔권에 상당한다"고 하였다.

같은 묘에서는 또한 『論語』, 『孝經』의 書名이 출토되었는데, 紙質문서로 모두 1행의 4字가 쓰여 있고, 편호는 72TAM169:84이다. 王素 선생은 "같은 묘에서 출토된 建昌4年 2月9日 前의 『孝經』 잔권과 『論語』 습서"로, 본 건은 두 책의 書名으로 시간은 마땅히 이들에 상당한다고 인식하였다. 72TAM169:83의 高昌 『論語』 습서의 내용은 다음과 같이 석독할 수 있다. :

---

6) (1) 1990년대 이전 발견 출토, 간행된 『論語』 사본 자료: 1. 唐 寫本 『論語集解』 3건, 즉 일본 靜嘉堂文庫 소장 투루판 사본 1건, 투루판 아스타나 67호묘 사본 2건. 아스타나 67호묘의 편호는 67TAM67:14/1(a), 14/2(a), 14/3(a), 14/4(a)이며, 잔편은 2점이 있는데, 한 편은 雍也이고 한 편은 先進이다. 衣物疏와 紀年文書는 없으며, 문서 중에는 武周時期의 新字가 있다. 2. 唐 寫本 『論語鄭氏注』, 일본 龍穀大學 소장 투루판 사본 1건, 아스타나 19호묘, 27호묘, 85호묘, 363호묘, 184호묘 출토 唐 寫本 鄭玄 『論語注』 殘卷, 투루판 唐 寫本 『論語鄭氏注』를 분별하면 다음과 같다; 1) 아스타나 19호묘에서 출토된 편호 64TAM19:32a, 54a, 55a, 33, 56, 57, 34, 58, 59호사본, 『論語鄭氏注』 公冶長 대략 永徽2年(651年)부터 上元2年(675年)까지; 2) 아스타나 184호묘에서 출토된 편호 72TAM184:12/1(b)-6(b)의 唐 사본 『論語』鄭氏注』 雍也·述而 잔권; 3) 아스타나 27호묘에서 출토된 편호 64TAM27:28(a),29(a),30(a),31/1(a),31/2(a),32(a) 18/7(a),18/8(a),33(a),34,35의 唐 龍龍2年(708) 사본 『論語鄭氏注』 雍也·述而·泰伯·子罕·鄉黨 잔권; 4) 아스타나 27호묘에서 출토된 편호 64TAM27:18/1, 18/2, 18/3, 18/4, 18/5, 18/6, 18/9(a)/18/10(a)의 唐 開元4年(716) 『論語鄭氏注』 雍也·述而·泰伯·子罕·鄉黨 잔권; 5) 아스타나27호묘에서 출토된 편호 64TAM27:36(b), 37(b);38(b), 39(b)의 唐 寫本 『論語鄭氏注』 雍也·述而 잔권; 6) 아스타나 27호묘에서 출토된 편호 64TAM27:21,22의 唐 사본 『論語鄭氏注』 雍也 잔권; 7) 아스타나 27호묘에서 출토된 唐 사본 『論語鄭氏注』 對策 잔권; 8) 아스타나 85호묘에서 출토된 唐 사본 『論語鄭氏注』; 9) 아스타나 363호묘에서 출토된 TAM27:363/1의 唐 사본 『論語鄭氏注』, 景龍4年(710年) 蔔天壽가 초사한 孔氏本 鄭注, 為政·八佾·裏仁·公冶長 일부만 있음. (2) 1990년대 이후 출토된 『論語』 사본 자료: 1997년 투루판지구 文物局이 鄯善縣 경내 洋海1號張祖墓(97TSYM1)에서 긴급 구제 발굴 및 정리를 진행하여 출토한 투루판 闞氏王國(460-488) 『論語』 사본.

7) 樓蘭지역에서 출토된 白文 論語 사본 1件. 그중 누란문서 편호는 L.A.IV.v.029—馬紙192, 내용은 "子曰學而(正面)醜醜荀子曰子曰梭□□□(背面)"이다. 侯燦의 주석: "이 문서 正面은 古籍 抄本 『論語』 學而 제1장 첫 구의 전반부이며, 뒷면은 구절이 아니라 습자 서사로 보인다."라고 하였다. 侯燦·楊代欣 編著, 1999, 『樓蘭漢文簡紙文書集成』, 天地出版社, p.351.

8) 도판 내원은 『吐魯番出土文書 圖版本(壹)』, 文物出版社, 1992年, p.236 참조.

子曰學而時習之, 不亦悅乎,
友用(有朋)自遠方來不亦.[9]

　이 중의 "悅"자는 扶餘 雙北裏 56번지 출토 百濟『論語』四面觚 중에서도 "悅"로 쓰여진 것이 보이며, 兵庫縣 朝來郡 山東町 柴字方穀柴 유적에서 출토된 『論語』 목간 중에도 "悅"로 쓰인 것이 보인다.[10] 일본 宮內廳書陵部圖書寮文庫 소장 南宋刊 『論語注疏』에는 "說"로 되어 있고,[11] 今本 十三經注疏本에도 "說"로 되어 있다.
　"友"字의 경우, 돈황, 투루판 출토의 『論語鄭氏註』 중에는 學而篇이 발견되지 않았지만, 돈황에서 출토된 『論語集解』중에는 모두 9개 사본의 學而篇이 발견되었는데, 그중 P.3193호에서는 "學而時習之, 不亦悅乎? 有朋自遠方來, 不亦樂乎?"라고 되어 있고, 十三經注疏本에도 "有"로 되어 있다. 부여 雙北裏 56번지 출토 百濟『論語』四面觚와 日本 石神遺跡『論語』 습서목간, 柴遺跡『論語』 습서목간에 모두 "有"로 되어 있어 이곳 습서중에서의 "友"자는 아마도 서사자의 形音 오류로 보인다.[12]
　이른바 "用"字에 대해, 張艷奎는 위에 인용한 글 중에서 "朋"字로 인식하였는데, 단지 학생들이 본문을 모사할 때 대충 모양만 모방한 것으로, 지식능력의 제한으로 인해 서사한 글자가 규범적이지 못해 알아보기 힘든 것이라고 하였다.[13] 우리는 현재의 자료에 근거할 때 이런 습서가 학생들의 작품인지 추정하기는 어렵다. 게다가 "用"字는 아마도 "朋"의 俗寫體 중 일종으로 보인다. 돈황문헌 중에서, "朋" 또한 "用"로 쓰인 용례가 있는데, 예를 들면 『敦煌俗字典』에 인용된 P.3873 중 "韓用已死, 何更再言! 唯願大王有恩, 以禮葬之, 可不得利後[人]?", "韓用賦一首", S.527 顯德六年正月三日女人社再立條件: "父母生其身, 用友長其值" 등을 들 수 있다.[14] 이런 것들은 응당 서사자가 서사 과정 중 "朋" 중간 부분 두 획을 중첩시키거나 생략함으로서 만들어진 俗體字일 것이다.
　아스타나 169호묘 출토 『論語』 白文本는 비록 19개 문자로 되어 있지만, 글자의 작성 방법에서 시대의 특징과 당시 사회의 글 쓰는 풍습을 찾아낼 수 있다, 예를 들면 "悅"자의 사용, "朋"자의 俗寫 등이다.

---

9)『吐魯番出土文書 第2册』, 文物出版社, 1985, p.279. 도판은『(圖文版) 吐魯番出土文書(壹)』, 文物出版社, 1992, p.136 참조.

10) 자료 정보는 奈良文化財研究所 木簡庫: https://mokkanko.nabunken.go.jp/ja/MK023060000003 참조. 이『論語』목간은 길이 10, 폭 2.4, 두께 0.7㎝의 크기로 습서간이며, "悅乎 有朋自 子乎 有子"라고 쓰여 있다.

11) 日本宮內廳書陵部圖書寮文庫藏: http://db.sido.keio.ac.jp/kanseki/T_bib_frame.php?id=006663 참조.

12) 朱玉麟은 일찍이 12세의 西州 學生 葡天壽가 孔氏本 鄭氏注『論語』의 초사를 완성한 후 남은 공백부분에 '寫書今日了'라는 五言詩를 썼는데, 그중의 "嫌遲"을 "醃池"로 잘못 썼고, "단지 당연한 개조라고 생각해 자신의 학식에 근거하여 문자의 形音 오류를 조성하였다"고 지적하였다(朱玉麟, 2010, 「中古時期吐魯番地區漢文文學的傳播與接受—以吐魯番出土文書為中心」,『中國社會科學』2010年 第6期 참조); 張艷奎는 서사자가 이곳에 "友"자를 쓴 것은 別字가 아니라, 어법의 요구나 문장의 의미에 부합하는 것이라고 주장하였다(張艷奎, 2014, 「吐魯番出土72TAM169:83號〈論語〉習書初探」,『吐魯番學研究』2014年 第2期 참조).

13) 張艷奎, 2014, 「吐魯番出土72TAM169:83號〈論語〉習書初探」,『吐魯番學研究』2014年 第2期.

14) 黃征, 2005,『敦煌俗字典』, 上海教育出版社, p.302. "朋"의 용례 참조. 돈황문헌 중 "朋"자의 용법과 관련된 정보는 경북대학교 인문학술원 方國花 교수로부터 제공받았다. 이 자리를 빌어 감사를 표한다.

2. 2006TSYIM4:5-1背面, 2006TSYIM4:5-2背面 古寫本『論語』公冶長, 雍也篇

2006년 10월, 투루판 文物局은 투루판 鄯善縣 洋海 1호臺地에 위치하고 있는 洋海 4호묘지에 대해 긴급구제 발굴을 진행하였다. 이 묘의 문서는 墓道, 北偏室 封門 근처와 南偏室 여성 시신 왼팔 밑에서 출토되었다. 내용은 남성, 여성 衣物疏 각 1건으로 기년은 없고 뒷면의 글자도 없다. 이 묘에서 나온 北涼 緣禾2年 (433) 高昌郡 高寧縣 趙貨母子冥訟文書에 근거하면 이 묘의 주인은 趙貨이며 하장 연대는 緣禾2年임을 알 수 있다. 冥訟文書와 衣物疏를 제외한 나머지 문서는 여성 시신의 종이 신발 및 趙貨 시신에 수장된 종이모자였다. 여성 시신의 종이 신발에서는 前秦 建元20年(384)의 戶籍, 『論語』와『毛詩』의 白文 잔본이 나왔다.

이 2건의 문서는 前秦 建元20年(384) 3월 高昌郡 高寧縣 都鄉 安邑裏籍 뒷면으로 25행이 남아 있다. 내용은 論語 白文本이다. 2006TSYIM4:5-1背面에는 論語 公冶長 '天道不可得聞'부터 '吾大夫崔子違之之一邦則'까지 반대로 쓰여져 있고, 2006TSYIM4:5-2背面에는 論語 雍也 '子曰回也其心三月不違'부터 '中人以下不可以語上也'까지 반대로 쓰여 있다. 2006TSYIM4:52의 공백 부분에는 뒤에 쓰인 큰 글자가 몇 개 있는데 학생 습자류로 추측되며, 『新獲吐魯番出土文獻』에는 수록되지 않았다. 그 석문은 다음과 같다.[15)]

```
1、天道，不可得文（聞）尒已矣。"、子路有聞，未之能行，唯恐有聞。
2、子貢問□                    、子曰"敏而好學，不恥下
3、            道四：其行己也弓（恭）
4、□
5、子□：罘□                    臧文仲居蔡，山節
6、藻梲，何如其知也？"、子張問："令尹子文三事（仕）為令尹，無喜色；三
7、己之，無慍色。舊令尹之正（政），必已告新令尹。何如？"子曰："忠矣。"曰："仁
8、        焉得仁？"曰："崔子試（弒）齊君，陳子文有馬十乘，□
9、                吾大夫崔子.'違之。々一邦，則□
（中缺）
10、子□："回也，其心三月不違仁，其餘則日月至焉而□
11、康子問："        從正（政）    由也    何有？"曰："賜也可使從"
12、        正（政）乎何有？"曰："求□可使從正（政）也與？"曰："求也"
13、    季氏使文子騫 為費宰。閔子騫曰："善
14、    在文（汶）上矣。"
15、伯牛有疾，子問之，自牖執其手，曰："亡□，□□□！斯也人有斯疾也！斯也人有斯疾也！"
16、、子曰："見（賢）哉，回也！一簞食，一瓢飲，在陋巷，人不堪其憂，回也□□□"
17、樂。見（賢）哉，□□！"冉有曰："非不說子之道，力不足也。"子曰："□□足者，中□
18、而廢。今女畫。"，子謂子夏曰："為君子！無
19、                得人焉爾？"曰："□有澹台滅明者，行不
20、                於偃之室也。"、子□："□之反不伐，本（奔）而殿21、
□□門，策其□，□：'□敢後，馬不進。'"子曰："□有祝鮀之佞，而"
22、□宋朝之美，難乎免於今之世矣！"、子曰："誰能出不由戶？何莫由
23、斯道？"、子曰："質勝文則□，文勝質則使（史）。文與質彬々，然後君子也。"
24、子曰："人之生            而勉（免）。"、子曰："知之者不如好之者，好之□
25、、                以語上；中人以下，不□以語上矣。"
```

이 문서는 墓中 여자의 신발을 뜯은 것으로 정리자에 의하면 이 여성은 남성 묘주(北涼 緣禾2年, 433年卒)보다 먼저 매장되었으므로, 이 문서의 하한은 433년보다 빠르다. 그 正面에는 前秦 建元20年(384) 3월 高昌郡 高寧縣 都鄉 安邑裏籍이 서사되었고, 뒷면에는 『論語』외에 習書의 필적이 있어 먼저 名籍을 쓴 후에 習書에 사용한 것으로 추정할 수 있다. 따라서 그 상한은 384년보다 늦다. 前秦 建元20年(376) 8월 前涼을 멸한 후에 다시 高昌郡을 설치하였고, 그 후 高昌郡은 계속해서 後秦, 後涼, 西涼, 北涼의 관할하에 있었다. 北魏 太延元年(435), 高昌 闞爽이 太守가 되었고 442년에 이르러 闞爽은 北涼의 잔여세력인 沮渠에 격패당하여 柔然으로 달아났다. 따라서 이 문서는 前秦부터 北涼 사이의 것이다.

이 2건의 문서에는 모두 25행이 남아 있는데 각 장은 서로 이어져 서사되었고 새로운 장은 따로 단락을 나누어 서사되지 않았다. 그중 어떤 장 앞에는 " , " 부호를 제시하여 새로운 장의 시작을 표시하였다. 예를 들어 2006TSYIM4:5/1(背) 문서 중 한 군데에 명백한 " , " 부호가 "子張問"의 앞에 있다. 2006TSYIM4:5/2(背) 문서 중에는 한 곳에 명백한 " , " 부호가 "子謂子夏曰" 앞에 있고, 네 곳의 " , "가 "子曰" 앞에 있다. 平壤 貞柏洞 364號墓에서 출토된 『論語』 죽간 중에는 굵은 원점인 " · "이 장의 시작 부분에 있다.[16] 비록 이 양자에서 사용된 부호는 다르지만, 그 기능은 서로 같아 모두 새로운 장을 제시하는 역할을 했다.

문서의 앞 9행은 『論語』 公冶長篇의 白文本으로 투루판 아스타나 363호묘 8/1호 唐 사본, 27호묘, 19호묘 출토 『論語 鄭氏注』 公冶長 잔편과 대조해 볼 수 있다.

2006TSYIM4:5-1背面 제1행, "不可得文(聞)介已矣", 64TAM27:21,22를 참조하면 "文"字는 "聞"字와 다를 뿐만 아니라 "介已矣"가 더해져 있다. "文介已矣"는 十三經注疏本에는 "而聞也"로 되어 있다. 아스타나 363호묘 8/1호 唐 사본 鄭氏注에는 "不可得文"으로 되어 있어 "文"字는 서로 같지만 뒤에 "介已矣"는 없다. "未之"는 363호묘 8/1호 사본에는 "朱之"로 되어 있다.

第2行 "不恥下", "下"는 363호묘 8/1호 사본에는 "夏"字로 쓰여져 있다.

第3行 "道四", 363호묘 8/1호 사본에는 "道肆焉"으로 되어 있다. 十三經注疏本 '四' 아래에 '焉'字가 있다. "其行己也弓"의 "弓"字는 19호묘 64TAM19:32a, 54a, 55a, 33, 56, 57, 34, 58, 59호 사본에는 "恭"으로 쓰여져 있다. 363호묘 8/1호 사본에도 "恭"으로 되어 있다.

第6行, "藻"字, 19호묘 公冶長 잔권에는 "藻"으로 되어 있다. "知"는 19호묘 公冶長 잔권, 363호묘 8/1호 사본에 모두 "智"로 되어 있다. "子張問" 363호묘 8/1호 사본에는 "子張敏"으로 잘못 쓰여져 있다. "子張問"아래에 十三經注疏本에는 '曰'字가 있어 행간을 보충하고 있다. "三事"는 363호묘 8/1호 사본에는 "三士"로 되어 있고, 19호묘 公冶長 잔권에는 "三仕"로 쓰여져 있다.

第7行, "正", 19호묘 公冶長 잔권, 363호묘 8/1호 사본에는 "政"으로 되어 있다. ; "必已告"의 "已", 19호묘 公冶長 잔권, 363호묘 8/1호 사본에는 "以"로 되어 있다. ; "忠矣", 19호묘 公冶長 잔권은 이와 같고, 363호묘 8/1호 사본에는 "中矣"로 오기되어 있다. ; "曰仁" 앞에 작은 "子"字가 하나 있는데, 19호묘 公冶長 잔권

---

15) 榮新江·李肖·孟憲實, 2008, 『新獲吐魯番出土文獻』, 中華書局, 2008, pp.180-183.
16) 李成市·尹龍九·金慶浩, 2009, 「平壤 貞柏洞364號墳 출토 죽간〈論語〉」, 『목간과 문자』 4.

은 이와 같고, 363호묘 8/1호 사본에는 "子曰仁"으로 되어 있다.

第8行, 仁 아래의 "曰", 十三經注疏本에는 '曰'字가 없다. "試齊君", 363호묘 8/1호 사본에는 "弑"로 되어 있다. ; "有馬十乘", 363호묘 8/1호 사본에는 "拾"으로 되어 있다.

第9行, "崔子" 十三經注疏本에는 '子' 아래에 '也'자가 있다. "々一邦", 19호묘 公冶長 잔권에는 "至一邦"으로 되어 있다. 363호묘 8/1호 사본에는 "至一邦"으로 되어 있다.

第10-25行은 雍也 殘片으로, 아래에서 아스타나 184호묘 12/1(b)-12(b), 27호묘 64TAM27.21,22 唐 사본 『論語』 鄭氏注와 대조해 분석한다. :

第10行, "日月至焉"의 "至"字는 아스타나 184호묘 12/1(b)-12(b)에는 "止"로 되어 있다.

第11行, "正", 아스타나 184호묘 12/1(b)-12(b), 27호묘 64TAM27.21,22 사본에는 "政"으로 되어 있다.

第12行, "可使從正也與", 아스타나 184호묘 12/1(b)-12(b) 사본, 27호묘 64TAM27.21,22 사본에는 "可使從政與"로 되어 있어 "也"자가 없다. 또한 皇本, 邢本에는 "也"자가 있다.

第13行, "文子騫", 27호묘 64TAM27.21,22 사본에는 "閔子騫"으로 되어 있다.

第14行, "文", 27호묘 64TAM27.21,22 사본에는 "汶"으로 되어 있다.

第15行, "子 問 之, 自 牖 執其手", 27호묘 64TAM27.21,22 사본에는 "問之" 아래에 "曰"자가 있으나 테두리가 빠져 있고 ; "執其手"는 "執其首" 뒤 "首"자에 테두리가 빠져 있고, 그 뒤에 "手"자가 쓰여져 있다. ; "亡", 27호묘 64TAM27.21,22 사본에는 "末"로 되어 있다. ; "斯也人有斯疾也", 원래는 중문부호가 있다. 아스타나 184호묘 12/1(b)-12(b) 사본에는 "斯人也而有斯疾"로 되어 있고, 皇本, 邢本, 十三經注疏本에는 "夫斯人也而有斯疾也"로 되어 있다.

第16行, "見", 아스타나 184호묘 12/1(b)-12(b) 사본, 27호묘 64TAM27.21,22 사본에는 "賢"으로 되어 있다.

第17行, "冉有", 27호 64TAM27.21,22 사본, 아스타나 184호묘 12/1(b)-12(b) 사본, 十三經注疏本에 모두 "冉求"로 되어 있다. ; "非不說子道", 27호묘 사본에 "非不悅子道"로 되어 있다. ; "力不足也", 아스타나 184호묘 12/1(b)-12(b) 사본, 27호묘 64TAM27.21,22 사본에는 "也"자가 없다.

第18行, "為女畫"의 "女", 十三經注疏本에는 "女"로 되어 있고, 아스타나 184호묘 12/1(b)-12(b) 사본, 皇本에는 "汝"로 되어 있다. ; "爲君子" 앞, 아스타나 184호묘 12/1(b)-12(b) 사본, 27호묘 64TAM27.21,22 사본, 皇本에 "汝"字가 더 있고, 十三經注疏本 앞에는 "女"자가 더 있으며, 唐本, 津藩本, 足利本에는 "汝"자가 없다.

第19行, "爾", 64TAM27:21/22, 184호묘 12/1(b)-12(b) 사본에는 "耳"字로 되어 있다.

第20行, "僵", 27호묘 사본(P331)에는 雙人旁으로 되어 있고, "反不伐"의 "反"은 十三經注疏本에는 "反"으로 되어 있지만, 184호묘 12/1(b)-12(b) 사본에는 "返不伐"로 되어 있다. ; "本而壁", 184호묘 12/1(b)-12(b) 사본, 十三經注疏本에는 "奔而殿"으로 되어 있다.

第21行, "祝馱之佞", 27호묘 64TAM27.21,22 사본에는 "鮀"로 되어 있고, 184호묘 12/1(b)-12(b) 사본, 十三經注疏本에는 모두 "鮀"로 되어 있다. "佞"字는 "▨▨" 우변 위부터 세로로 한 획을 그어 그 형태가 寶

의 蓋頭와 비슷한데, 그 서법은 敦煌文獻 중 "俀", "侫", "倭"의 서법과 약간의 차이가 있어, S.5584 『開蒙要訓』:"諂俀[潛藏], 奸邪憨惡"[17], 顔元孫 『幹祿字書』"倭侫: 上俗, 下正."과 같다.

第22行, "誰能出不由戶", 27호묘 64TAM27.21,22 사본에는 구절 끝에 "者"字가 추가되어 있다.

第23行, "文勝質則使"의 "使"字, 184호묘 12/1(b)-12(b) 사본에는 "史"자로 되어 있다. ; "文與質彬彬", 皇本,邢本, 十三經注疏本에는 "文質彬彬"로 되어 있다. 184호묘 12/1(b)-12(b) 사본에는 "文質斌斌"으로 되어 있다. ; "然後君子也", 184호묘 12/1(b)-12(b) 사본, 十三經注疏本 구절 끝에 "也"字가 빠져 있다.

第24行, "而勉", 184호묘 12/1(b)-12(b) 사본은 같고, 27호묘 64TAM27.21,22사본, 十三經注疏本에는 "而免"으로 되어 있다. ; "知之", 十三經注疏本에는 "知"로 되어 있고, 184호묘 12/1(b)-12(b) 사본에는 "智"로 되어 있다.

이상의 비교에서 알 수 있다시피, 매 장의 앞에는 ","부호로써 새로운 장의 시작을 표시하며, 행을 구분하지 않고 다른 문단을 쓴다. 예를 들어 2006TSYIM4:5/1(背) 문서 중에는 분명한 "," 부호가 "子張問" 앞에 있다. 2006TSYIM4:5/2(背) 문서 중에는 한 곳에 분명한 ","가 "子謂子夏曰" 앞에 있고, 네 곳의 "," 부호가 "子曰" 앞에 있다. 그러나 ","부호가 없는 장도 있다.

편호 2006TSYIM4:5-1(背), 2006TSYIM4:5-2(背)의 두 문서는 前秦부터 北涼時期까지의 『論語·公冶長』, 『雍也』편 잔권으로, 투루판 출토 唐 사본 論語 鄭氏注 『公冶長』, 『雍也』와 문자 상 차이가 있는데, 이런 차이는 결미 어조사 "也", "尒已矣"의 유무 외에도, 正文 문자의 차이가 많다. 예를 들어, "文"-"聞", "弓"-"恭", "知"-"智", "事"-"仕", "反"-"返", "本"-"奔", "使"-"史", "女"-"汝"와 같은 것들인데, 독음은 서로 같은데 形體에 오류가 있었을 가능성도 있다. ; 또한 "女", "知"의 용법은 何晏 『論語集解』와 서로 같다. 그 외에, 2006TSYIM4:5-2(背) 문서 중 "冉有"의 "有"字, "祝駝之俀"의 "🔲"字는 초사자의 오필로 보이지 않으며, 다른 판본인 것처럼 보인다. 王素 선생은 闞氏王國 이전, 沮渠氏의 北涼 망명정권 시기(443~460), 南朝의 劉宋 정권과 최소한 4차례의 교류가 있어, 1997년 투루판 출토 闞氏王國(460~488) 『論語』 鄭氏註 사본은 南朝로부터 전래되었을 가능성이 있다고 하는데,[18] 그렇다면 이 2매의 前秦~北涼시기의 『論語』白文 사본의 내원은 어떻게 될까?

---

17) 黃征, 2005, 『敦煌俗字典』, 上海教育出版社, p.293 참조.

18) 朱玉麒 선생은 이 古籍 사본 殘葉에 대한 종합적 연구를 진행하여, 일단 이 古籍의 正面이 『論語鄭氏注』"堯曰" 제2장 후반부이며, 뒷면은 佚名 『孝經義』 序言의 전반부라고 인식하였고, 그 사본 殘葉는 "중국의 남방왕조로부터 왔을 가능성이 비교적 크다"고 하였다(朱玉麒, 2007, 「吐魯番新出論語古注與孝經義寫本研究」, 『敦煌吐魯番研究』 2007(10) 참조). 王素 선생은 이러한 견해에 동의하며 朱玉麒 글의 기초 위에서, 『論語』 편장 분장, 鄭注의 격식과 체계에 근거하여 해당 『論語』 사본이 鄭氏注임을 주장하였고, 돈황, 투루판 출토 『論語鄭氏注』 사본의 내원에 관하여 王素 선생은 闞氏王國 이전 沮渠氏의 北涼 망명 정권(443~460)이 적어도 南朝 劉宋정권과 4차례 이상의 왕래가 있었다고 주장하였다. 돈황, 투루판 출토 『鄭注』 사본은 劉宋정권에서 처음 도입된 것인가? 그는 이 가능성을 배제할 수 없다고 생각하였다(王素, 2007, 「吐魯番新出闞氏高昌王國〈論語鄭氏注〉寫本補説」, 『文物』 2007(11) 참조).

III. 漢末魏晉南北朝隋唐『論語』注·疏의 맥락

『論語』 원류 및 漢末부터 隋代까지 『論語』에 대한 연구는 『漢書』 藝文志, 『隋書』 經籍志 중에 비교적 상세한 소개가 있다. 그중에서 『漢書』卷30 藝文志 기록은 다음과 같다:

> ① 『論語』者, 孔子應答弟子時人及弟子相與言而接聞於夫子之語也. 當時弟子各有所記. 夫子既卒, 門人相與輯而論篡, 故謂之『論語』. 漢興, 有齊, 魯之說. 傳齊論者, 昌邑中尉王吉, 少府宋畸, 禦史大夫貢禹, 尚書令五鹿充宗, 膠東庸生, 唯王陽名家. 傳魯論語者, 常山都尉龔奮, 長信少府夏侯勝, 丞相韋賢, 魯扶卿, 前將軍蕭望之, 安昌侯張禹, 皆名家. ② 張氏最後而行於世.
> 『論語』古二十一篇出孔子壁中, 兩『子張』. 如淳曰: "分堯曰篇後子張問'何如可以從政'已下為篇, 名曰從政." 『齊』二十二篇多『問王』, 『知道』. 如淳曰: "問王, 知道, 皆篇名也." 『魯』二十篇, 『傳』十九篇師古曰: "解釋論語意者." 『齊說』二十九篇. 『魯夏侯說』二十一篇. 『魯安昌侯說』二十一篇師古曰: "張禹也." 『魯王駿說』二十篇師古曰: "王吉子." 『燕傳說』三卷. 『議奏』十八篇石渠論. 『孔子家語』二十七卷. 師古曰: "非今所有家語." 『孔子三朝』七篇. 師古曰: "今大戴禮有其一篇, 蓋孔子對〔魯〕哀公語也. 三朝見公, 故曰三朝." 『孔子徒人圖法』二卷. 凡『論語』十二家, 二百二十九篇.

『隋書』 經籍志기록은 다음과 같다:

> ① 論語者, 孔子弟子所錄. 孔子既敘六經, 講於洙, 泗之上, 門徒三千, 達者七十. 其與夫子應答, 及私相講肄, 言合於道, 或書之於紳, 或事之無厭. 仲尼既沒, 遂緝而論之, 謂之論語. 漢初, 有齊, 魯之說. 其齊人傳者, 二十二篇;魯人傳者, 二十篇. 齊則昌邑中尉王吉, 少府宗畸, 禦史大夫貢禹, 尚書令五鹿充宗, 膠東庸生. 魯則常山都尉龔奮, 長信少府夏侯勝, 韋丞相節侯父子, 魯扶卿, 前將軍蕭望之, 安昌侯張禹, 並名其學. ② 張禹本授魯論, 晚講齊論, 後遂合而考之, 刪其煩惑. 除去齊論問王, 知道二篇, 從魯論二十篇為定, 號張侯論, 當世重之. 周氏, 包氏, 為之章句, 馬融又為之訓. ③ 又有古論語, 與古文尚書同出, 章句煩省, 與魯論不異, 唯分子張為二篇, 故有二十一篇. 孔安國為之傳. 漢末, 鄭玄以張侯論為本, 參考齊論, 古論而為之注. 魏司空陳群, 太常王肅, 博士周生烈, 皆為義說. 吏部尚書何晏, 又為集解. 是後諸儒多為之注, 齊論遂亡. 古論先無師說, 梁, 陳之時, 唯鄭玄, 何晏立於國學, 而鄭氏甚微. 周, 齊, 鄭學獨立. 至隋, 何, 鄭並行, 鄭氏盛於人間."

『論語』 원류를 고찰한 기록을 보면, 隋書가 漢書보다 상세하다. 이는 주로 아래의 세 측면에서 나타난다. ① 『論語』의 내용 및 편찬자에 대해 『隋書』는 『論語』 편찬의 원칙을 설명한다. 『論語』 편찬의 자료 내원은: 첫째, 筆錄되어 내려온 것, 즉 "書之於紳"이며 ; 둘째, 귀에 익어 상세한 것, 즉 "事之無厭"으로, 반복해서 듣는 것을 통해 마음에 默記하는 것이다. ② 張侯論에 대해 『隋志』의 기재는 더욱 사실적이다. ③ '古論'의 문제에 관해『隋書』는 古論의 출처 및 流傳을 지적할 뿐 아니라『魯論』과의 비교를 통해 양자의 같고 다름을 설명한다.

『論語』연구문헌의 저록 수량으로 보면,『隋書』에 기록된 것이『漢書』에 비해 크게 증가하였다.『漢書』중 저록된『論語』연구문헌은 단지 12개에 불과하다.『隋書』중에는 唐初의『論語』류 문헌 26種이 남아 있다. 그 외에『隋書』는 漢末부터 隋代까지『論語』에 대해 注疏, 集解를 한 학자들의 정황을 대략적으로 기재하고 있고, 아울러 鄭玄 論注, 何晏의 集解가 南北朝 각 왕조에서 받아들여진 정황을 기재하고 있다.

1. 東漢시기의 論語學

東漢 이래, 包咸, 何休, 馬融, 鄭玄 등이 서로 연달아『論語』에 대한 注訓을 진행하였다. 包咸(BC.7~ AD.65), "博士右師 細君에게 師事하여, 魯詩, 論語를 학습하였다. ……建武 연간, 皇太子에게 논어를 가르치고, 또한 그 章句를 지었다. 諫議大夫, 侍中, 右中郎將에 제수되었고, 永平5年, 大鴻臚로 옮겼다." 그 아들 福은 "郎中에 제수되어 역시 和帝에게 論語를 가르쳤다."[19] 이른바 "章句"는 章과 句를 나누는 것으로, 漢代 經學家들이 經義를 해설하는 한 방식이었다. 包咸을 계승하여, 何休 等의 사람들이『論語』를 注訓하였다.『後漢書·儒林傳』에 실린 何休(129~182)는 "또한 孝經, 論語, 風角七分을 注訓함에, 經緯 모두를 典謨로 삼아 文에 얽매여 같은 것을 말하지 않았다." 이후 馬融(79~166)은 今古의 학문을 모두 갖추어『論語訓說』을 지었고, "孝經, 論語, 詩, 易, 三禮, 尙書, 列女傳, 老子, 淮南子, 離騷를 注하고, 저술한 것은 賦, 頌, 碑, 誄, 書, 記, 表, 奏, 七言, 琴歌, 對策, 遺令으로 모두 21篇이다."[20] 馬融은 今古文 경전에 정통하여『論語』를 注訓할 때, 今古의 학문을 모두 취하여 그 문장을 이루었는데, 그의 注는 본래 古文經學의 특색을 체현한 것이며, 禮 및 史實을 중히 여김은 또한 今文經學의 특색을 체현한 것이다. 讖緯說 및 陰陽五行說을 引證하여 그 門生인 鄭玄의『論語注』에 영향을 끼쳤다. 안타까운 것은 隋唐의『志』모두에 이 論語의 注本을 주록하지 않아, 兩晉南北朝 시기에 산일된 것으로 보인다.

東漢 말년의『論語』注本으로 후세에 전해 내려오는 것은 經學大師 鄭玄의『論語注』이다.『後漢書』卷35 鄭玄傳 기록은 다음과 같다. 鄭玄(127~200), "門人들이 鄭玄과 여러 제자들이 五經에 대해 문답한 것을 편찬하여, 論語에 의거해 鄭志 8편을 지었다. 무릇 鄭玄이 주석한 것은『周易』,『尙書』,『毛詩』,『儀禮』,『禮記』,『論語』,『孝經』,『尙書大傳』,『中候』,『乾象歷』이며, 또한『天文七政論』,『魯禮禘祫義』,『六藝論』,『毛詩譜』,『駁許愼五經異義』,『荅臨孝存周禮難』을 저술하였는데, 모두 100여만 言에 달한다. 鄭玄의 주석은 "古學을 대종으로 삼았다", 그는『論語』주석에 글자의 釋義와 注音에 중점을 두었고 ; 동시에 "今學을 겸하여 그 뜻을 덧붙이고자 하였다.", 그의 주석은 經文의 微言大義를 밝히는데 중점을 두어 일가를 이루었다.

鄭玄이『論語』를 연구한 저작 중 목록에 수록된 것은 세 종류가 있다: 첫째는『論語注』이다.『隋書』經籍志에서는『論語』10卷을 저록하고 있는데, 주석에서는 이를 "鄭玄注"라고 하였다.『舊唐書』經籍志 및『新唐

---

19)『後漢書』卷79上 儒林·包咸傳.
20)『後漢書』卷60上 馬融傳.

書』藝文志 역시 10卷을 언급하고 있다. 『隋書』는 또한 『論語』9卷을 언급하고 있는데, 注에서 이르기를 "鄭玄의 注, 晉 散騎常侍 虞喜의 讚"이라고 하였다. 이 책을 『舊唐書』에서는 10卷으로 저록하고 있는데, 『新唐書』에는 저록이 보이지 않는다. 둘째는, 『論語孔子弟子目録』(일명 『論語篇目弟子』)이다. 『隋書』에는 1卷이 저록되어 있는데, 注에서 이르기를 "鄭玄撰"이라고 하였다. 『舊唐書』 및 『新唐書』 또한 1卷을 저록하고 있다. 셋째는 『論語釋義』로, 이 책은 『隋書』의 著錄에는 보이지 않지만, 『舊唐書』에 10卷으로 저록되어 있고, 『新唐書』에는 1卷으로 저록되어 있다.

『論語鄭氏注』는 今古學을 통달해 '論'을 해석한 대표작으로 『論語』學史에 있어 중요한 지위를 점한다. 鄭玄 『論語注』의 成書 이후 漢부터 唐까지 끊이지 않고 전해졌다. 南朝 梁,陳시기에는 비록 "鄭氏가 매우 미약"했지만, 北朝의 "周,齊에서는 鄭學이 홀로 서있었고, 隋대에는 何, 鄭이 병립하여, 鄭氏는 세상에서 성행했다."

2. 魏晉南北朝 및 隋代의 論語學

魏晉南北朝 시기 사회혼란으로 인해, 經學을 고수하는 것은 이미 진부한 것이 되었고, 實用通變이 당시의 풍조가 되어, 그때의 유가들은 "經文을 짜서 모으고, 孔穴에 억지로 끌어다 붙여, 그것이 새로운 견해라고 속이고, 전대의 유가와는 달라, 위험하지 않지만 더욱 위험하고, 義가 없는데 더욱 義가 생겨난다."[21], 따라서 經 위에 注함에 차별을 두는 것을 중히 여겼다. 書寫材料를 보면 종이의 보급이 문체의 변화에 편리함을 제공하였다. 宮崎市定은 『論語』의 간결한 注가 冗長한 疏로 발전하게 된 중요한 원인은 서사재료의 진보, 즉 불편한 木竹簡牘으로부터 편리한 종이가 보급된 것이라고 인식하였다.[22]

1) 南北朝 文風 및 『論語』의 연구

『隋書』 儒林傳은 南北朝시기 南北 학풍의 차이를 이야기한다. "南北의 다스리는 바나 章句의 좋아하고 숭상하는 것은 서로 다르다. 江左의 『周易』은 王輔嗣(弼)이고, 『尚書』는 孔安國(僞孔), 『左傳』은 杜元凱이다. 河, 洛의 『左傳』은 服子慎(虔), 『尚書』, 『周易』은 鄭康成(玄)이고, 『詩』는 모두 毛公에 주안을 두고, 『禮』는 모두 鄭氏의 것을 따른다. 대저 南人은 간략하여 그 英華를 얻고, 北學은 深蕪하여, 그 지엽을 궁구한다."

南朝에서 經學은 魏晉 학풍과 佛學의 영향을 받아 그 義理의 천명을 중시하며, 그 말과 뜻은 간략하게 하고, 經을 해석함에 여러 학파의 설을 겸하여 그 玄理를 잘 이야기하는 것이다. 학자들이 經을 해석함에 종종 이전에 있었던 각 파의 방법 및 학설을 종합하여, 鄭玄, 王肅, 王弼의 經學이 모두 중시받고 학풍은 비교적 개방적이고, 오로지 文采를 중시한다. 南朝는 王弼, 孔安國, 杜預의 注本을 중시한다. 北人의 풍속은 순박하여 淸言의 풍조 혹은 浮華의 습속에 물들지 않고 經學이 크게 흥성하였다. 『魏書』 儒林傳에 이르기를 "漢代

---

21) 『北史』 儒林傳
22) 宮崎市定, 1976, 『論語の新研究』, 岩波書店. 中文版은 宮崎市定 著, 童嶺 譯, 2013, 「〈論語〉研究史」, 『從鈔本到刻本─中日〈論語〉文獻研究』, 北京大學出版社 참조.

鄭玄이 여러 經의 注解를 아울러 하고, 服虔, 何休는 각각의 說이 있다. (鄭)玄은 易, 書, 詩, 禮, 論語, 孝經을, (服)虔은 左氏春秋, (何)休는 公羊傳을 注하여 河北에서 크게 성행하였다." 北學 중에서, 『易』, 『書』, 『詩』, 『禮』, 『論語』, 『孝經』은 모두 鄭玄을 대종으로 하고, 『左傳』은 服虔을, 『公羊傳』은 何休를 대종으로 삼았다.[23] 馬宗霍은 南朝의 經學을 총괄하여 "淸談의 풍조를 겸하여, 그 학문은 多華하고"; 北朝의 經學은 事功을 중시하여 功에 급하고 利에 가까우니, "그 학문은 多樸하다.", "華는 侈함으로 新意를 만들어 내고, 樸은 率로서 舊章에서 비롯된다."[24]

『隋書』 經籍志는 이 시기 보이는 『論語』연구의 專著를 다음과 같이 포괄하고 있다. :

論語 10卷 鄭玄注. 梁有 古文論語10卷, 鄭玄注 ; 또한 王肅, 虞翻, 譙周 등이 注한 論語 각10卷. 망실

論語9卷 鄭玄注, 晉 散騎常侍 虞喜 讚.

集解論語10卷 何晏集.

集注論語6卷 晉八卷, 晉 太保 衛瓘注. 梁有 論語補闕2卷, 宋明帝補衛瓘闕, 망실.

論語集義8卷 晉 尚書左中兵郎 崔豹集. 梁10卷.

論語10卷 晉 著作郎 李充注.

集解論語10卷 晉 廷尉 孫綽解. 梁 盈氏 및 孟整注論語 각10卷, 망실.

集解論語10卷 晉 兗州別駕 江熙解.

論語7卷 盧氏注. 梁有 晉 國子博士 梁覬, 益州刺史 袁喬, 尹毅, 司徒左長史 張憑 및 陽惠明, 宋 新安太守 孔澄之, 齊 員外郎 虞遐 및 許容, 曹思文注, 釋僧智略解, 梁太史叔明 集解, 陶弘景 集注論語 각10卷 ; 또한 論語音2卷, 徐邈 등 撰. 망실.

論語難鄭1卷 梁有 古論語義注譜1卷, 徐氏撰 ; 論語隱義注3卷, 論語義注3卷. 망실.

論語難鄭1卷

論語標指1卷 司馬氏撰.

論語雜問1卷

論語孔子弟子目錄1卷 鄭玄撰.

論語體略2卷 晉 太傅主簿 郭象撰.

論語旨序3卷 晉 衛尉 繆播撰.

論語釋疑3卷 王弼撰.

論語釋1卷 張憑撰.

---

23) 南北朝 학풍의 차이에 관해서는 唐長孺, 1992, 『魏晉南北朝隋唐史三論』, 武漢大學出版社, pp.212~237; 曹道衡, 2004, 「略論南北朝學風的異同及其原因」, 『河南大學學報(社會科學版)』2004年第4期 참조.

24) 馬宗霍, 1984, 『中國經學史』, 上海書店, p.78.

論語釋疑10卷 晉 尚書郞 欒肇撰. 梁有 論語釋駁3卷, 王肅撰；論語駁序2卷, 欒肇撰；論語隱1卷, 郭象撰；論語藏集解1卷, 應琛撰；論語釋1卷, 曹毗撰；論語君子無所爭1卷, 庾亮撰；論語釋1卷, 李充撰；論語釋1卷, 庾翼撰；論語義1卷, 王濛撰；또한 蔡系 論語釋1卷, 張隱 論語釋1卷, 原通鄭1卷, 王氏修鄭錯1卷, 虆處道論釋1卷. 망실.

論語別義10卷 範廙撰. 梁有論語疏8卷, 宋 司空法曹 張略 등 撰；新書對張論10卷, 虞喜撰.

論語義疏10卷 褚仲都撰.

論語義疏10卷 皇侃撰.

論語述義10卷 劉炫撰.

論語義疏8卷

論語講疏文句義5卷 徐孝克撰, 殘缺.

論語義疏2卷 張沖撰. 梁有論語義注圖12卷. 망실.

魏晉南北朝시대 思想文化는 격렬한 충돌과 융합의 시기였다. 이때 『論語』 注,疏 專著 수량이 크게 증가하였다. 위에서 상술한 『隋書』 經籍志에 기재한 26種을 제외하고, 『三國志』, 『晉書』, 『宋書』, 『南齊書』, 『梁書』, 『陳書』, 『魏書』, 『北齊書』, 『北周書』, 『隋書』, 『南史』, 『北史』와 朱彝尊 『經義考』에 근거하면 이때의 『論語』 注釋 專著는 모두 84部에 이른다. 『漢書』 藝文志에 수록된 "論語" 十二家"에 비해 수량상으로 크게 증가하였다. 이 84부의 專著는 아래와 같이 분별할 수 있다.: 譙周·王肅·周生烈, 張昭·虞翻·虞鷔·範甯·沈雲禎·孔翁歸·孟陋·張憑·宋纖·蔡謨·孔澄之·虞退·許容·曹思文·陳奇·盈氏·盧氏·盧景裕 『論語注』, 沈驎士 『論語訓注』, 陳群·崔浩·釋智略 『論語解』, 何晏·孫綽·江熙·太史叔明 『論語集解』, 王弼·欒肇 『論語釋疑』, 程秉 『論語弼』, 衛瓘·李充·陶弘景 『論語集注』, 崔豹 『論語集義』, 範廙 『論語別義』, 繆播 『論語旨序』, 郭象 『論語體略』, 徐邈 『論語音』, 虞喜 『論語贊鄭氏注』, 曹毗, 庾翼, 無名氏·無名氏·蔡系·張隱 『論語釋』, 應琛 『論語藏集解』, 梁覬, 袁喬, 尹毅 『論語注釋』, 王氏·伏曼容, 張譏 『論語義』, 陽惠明·無名氏 『論語義注』, 邵原 『論語通鄭』, 虆處道 『論語論釋』, 宋明帝 『論語補闕』, 張略·周弘正 『論語疏』, 戴詵·劉炫 『論語述義』, 梁武帝 『論語訓釋』, 褚仲都·皇侃·顧越·李鉉·張沖 『論語義疏』, 徐孝克 『論語講疏文句義』, 史辟原 『續注論語』, 司馬氏 『論語標指』, 王氏 『論語修鄭錯』, 徐氏 『古論語義注譜』, 亡名氏 『論語隱義』. 이외에 또한 『論語義注』, 『論語難鄭』, 『論語雜問』, 『論語義注圖』, 『論語釋駁』, 『論語隱』, 『論語駁序』, 『新書對張論』, 『論語君子無所爭』 등이 있다.[25]

이들 저작 중에서 『論語鄭氏注』가 첫 번째로 배열되어 있고, 何晏의 『論語集解』가 세 번째로 배열되어 있는 것은 "隋에 이르기까지, 何,鄭이 함께 병행되었고, 鄭氏가 사회에서 크게 성행했다"는 말이 거짓이 아님을 설명한다. 이 시기에는 『論語』注音을 단 『論語音』, 『論語』文句에 대한 전문적인 疏解인 『論語君子無所爭』뿐만 아니라, 鄭氏注에 기초한 讚 및 鄭玄注에 대해 전문적으로 힐문한 『論語難鄭』, 『王氏修鄭錯』 등의 저작

---

25) 魏晉南北朝시기 『論語』학의 발전 및 그 원인에 관해서는 唐明貴, 2006, 「魏晉南北朝時期〈論語〉學的發展及其原因」, 『齊魯學刊』 2006年第5期; 唐明貴, 2009, 『論語學史』, 中國社會科學院出版社 참조.

도 출현했다. 이외에 이 시기는 학술사상에 있어 유불도 삼교가 상호 영향을 주었고, 玄學은 魏晉南朝에 매우 깊은 영향을 미쳤다. 經을 해석해 注釋을 할 때에도 玄學思想은 자연스럽게 儒學 經典 중에 스며들었다. 三國時期의 儒家學者, 經學家, 魏晉玄學의 중요한 대표인물 중 하나인 王弼의 『論語釋疑』는 『論語』學史에 있어 『論語』注釋이 玄學化되는 새로운 기풍을 열었다. 王曉毅는 王弼의 『論語釋疑』가 세상에 나온 것이, 『論語』연구가 玄學化 되는 시대가 시작되었음을 알린 것으로 평가한다.[26]

注解의 체례에 있어 兩漢시기에는 『論語』에 대해 주로 "說", "注"를 하는 것이 위주였지만, 魏晉시기에 이르게 되면 주로 "集解"를 하게 된다. 그중에서 何晏의 『論語集解』, 衛瓘의 『論語集注』, 崔豹의 『論語集義』, 孫綽의 『論語集解』, 江熙의 『論語集解』 등이 대표적인데, 이들 저작 체례의 특징은: 舊說을 인증함에 부적합한 곳이 있으면 중간에 자기의 뜻을 적어놓은 것이다. 南北朝시기, 사람들의 『論語』疏解 體例에서도 한 걸음 더 나아가, 주로 "義疏"를 위주로 하게 되는데, 褚仲都의 『論語義疏』, 皇侃의 『論語義疏』, 劉炫의 『論語述義』, 徐孝克의 『論語講疏文句義』, 張沖의 『論語義疏』 등이 대표적이다. 이들 저작의 體例 특징은: 經典의 義理에 통달해 상세한 해석을 가하고, 여러 책을 광범위하게 수집해 舊注를 보충해 그 본말을 밝히 규명하고, 字句에 따른 經文을 강해하되 一家의 注를 위주로 "疏不破注"의 원칙에 근거해 經의 注文에 대해 보충 및 해석을 진행한 것이다.[27]

魏晉南北朝시기, 『論語』注, 疏의 저작 수량은 크게 증가하였고, 題材 또한 분명히 다양해졌으며, 『論語』 주석에 玄學化 기풍이 일어나고, 注解의 體例에서도 集解와 義疏의 두 가지 體例가 발전하였다. 따라서 唐明貴는 이 시기를 『論語』學 創新과 발전의 시기로 평가한다.[28] 후대에 비교적 큰 영향을 미친 것은 曹魏시대 何晏, 曹羲, 孫邕, 荀顗, 鄭沖 5인의 『論語集解』와 梁朝 皇侃의 『論語義疏』였다.

2) 何晏 『論語集解』

何晏(?~249) 등의 사람은 이전 20여 家의 注訓 중에서 孔安國·包鹹·馬融·鄭玄·魏陳群·王肅·周生烈의 諸說을 추리고 자기의 뜻을 넣어 책으로 만들었다. 이런 사례가 나오자 학계가 모두 이를 따르며 한순간에 대성황을 이루었다. 『論語』를 연구하는 자들만 이 體例를 모방하여 衛瓘의 『集注論語』, 崔豹의 『論語集義』, 孫綽의 『集解論語』, 江熙의 『集解論語』 등의 저작이 나왔을 뿐 아니라 ; 기타 經典을 연구하는 자들 역시 이 체례를 모방하여 範寧의 『春秋穀梁傳集解』, 『周易集注繫辭』, 『集注毛詩』, 『集釋尚書』 등의 저작이 나왔다. 다른 한편으로는 老莊思想으로 儒家經典을 해석하는 역작이 나왔는데, 王弼의 『論語釋疑』, 郭象의 『論語

26) 王曉毅, 1993, 「王弼〈論語釋疑〉研究」, 『齊魯學刊』 1993年第5期.

27) 魏晉南北朝시기 『論語』學의 발전 및 그 원인에 대해서는 唐明貴, 2006, 「魏晉南北朝時期〈論語〉學的發展及其原因」, 『齊魯學刊』 2006年 第5期; 唐明貴, 2009, 『論語學史』, 中國社會科學院出版社 참조.

28) 唐明貴, 2009, 『論語學史』, 中國社會科學出版社. 그러나 후대 학자들 중 이 시기 학풍에 대해 비명을 한 학자도 있다. 예를 들어 淸代 學者 錢福林은 일찍이 이 시기의 學人들에 대해 "昧於古訓, 師夫己胸, 新說遞增, 盛為誇飾, 吐辭雖藻, 尋理實詭. 更乃妄立體裁, 托於彝訓, 自寫性情, 上晦墳典, 文采既曜, 耳目用惑. 是以舍真傳偽, 流弊不還也."라고 비명하였다(錢福林, 1985, 「六朝經術流派論」, 『詁經精舍文集』 卷一, 中華書局 참조).

體略』, 向秀의 『易義』, 樂肇의 『易論』, 鄒湛의 『易統略』 등이 있다.[29]

3) 皇侃 『論語義疏』

梁朝시기, 經學은 진일보 발전하였다. 『梁書·儒林傳』에 따르면 伏曼容이 『周易』, 『毛詩』, 『喪服集解』, 『老』, 『莊』, 『論語義』를 ; 嚴植之가 『喪服』, 『孝經』, 『論語』를 精解하고 ; 賀革이 『孝經』, 『論語』, 『毛詩』, 『左傳』을 ; 孔僉이 『三禮』, 『孝經』, 『論語』 등을 수십 차례에 걸쳐 講說하였으며, 生徒 또한 수백이었다고 한다.

『梁書』 儒林傳과 『南史』 儒林傳에 의하면 皇侃(488~545)이 "『論語義』 10卷을 편찬하여 『禮記義』와 함께 세상에서 중시되었고 학자들이 이를 전하였다"고 하였다. 皇侃은 賀場을 스승으로 삼아, 힘을 다해 공부하여 그 業에 통달했다고 한다. 그중 『三禮』, 『孝經』, 『論語』에 가장 밝아 후에 國子助教가 되었다. 皇侃이 講說할 때 청중은 수백 인에 달했고, 『禮記講疏』 50卷을 편찬해 상주하여 祕閣에 소장하라는 황제의 詔가 내려졌다. 또한 『論語義』 10卷을 편찬하여 『禮記義』와 함께 세상에서 중시되었고 학자들이 널리 이를 전하고 익히게 되었다.

皇侃의 『論語義疏』는 南朝 梁武帝 연간에 成書되었는데, 이는 魏 何晏 等의 『論語集解』를 저본으로 江熙의 『論語集解』 및 漢魏 이래 儒家들의 遺說을 집대성한 것이다. "먼저 何集에 통달하고 江集 중 취할만한 여러 사람의 설로서 부회하였다. 또한 따로 여러 通儒의 解釋을 취하여 何集에서 좋지 않은 부분에 인용해 그 說로 삼았고 그 견문의 넓음을 보였다."[30] 13家를 제외하고 또한 江熙 本人의 설을 취하였다. 其他의 通儒로 인용한 바는 沈居士, 熊埋, 王弼, 王朗, 張憑, 袁喬, 王雍, 顧歡, 梁冀, 顏延之, 沈峭, 釋惠琳, 殷仲堪, 張封溪, 太史叔明, 繆協, 庾翼, 顏特進, 陸特進, 本師(賀瑒)을 포괄한다. 義疏의 문체상 특징에 대해 牟潤孫이 두 가지 점을 다음과 같이 지적하였다.: "첫째, 책의 章 단락을 나누는 것이고, 둘째, 그 책 안에 問答이 있다는 점이다."[31] 章의 단락을 나눈다는 것은 義疏에서 經을 해석할 때 經의 注文에 대해 구조 해체를 진행하여 章과 段을 나누어 講解를 한다는 것이다. 講解할 때에 종종 먼저 章의 大義를 논하며, 후에 다시 段을 나누어 講論하는 것이다. 이는 義疏와 기타 注解의 體例가 다른 점이다. 이른바 問答이 있다는 것은 義疏에서 解經을 할 때 "스스로 질문을 설정하고, 스스로 답을 풀이한다"는 釋注의 방식이다. 皇侃은 『論語』의 經注文을 해석하는 과정 중, 답하기 어려운 의문을 해결하기 위해 "自設問, 自解答"의 新 注經방식을 설정하였다. 다음으로 經注文은 疏를 겸한다. 皇侃은 注文의 유무에 관계없이, 經文은 기본적으로 매 구절마다 해석하였다.

皇侃의 『論語義疏』는 儒佛에 정통하여, 玄을 원용하여 『論』을 해석하며, 새로운 注釋 체례를 인용하여, 梁啟超는 이 책을 "各家 舊注의 本具을 모아 이를 보존하고, 산일된 舊注의 잔존 문장을 보존하여 經學을 하는 사람들에게 미친 공헌이 진실로 적지 않다. ; 게다가 皇氏는 여러 책들을 모두 모아 各家의 미비한 점을 보충한 공 역시 크다"라고 평가하였다.[32] 孫述圻은 皇侃의 『論語義疏』가 儒玄에 정통하며, 儒佛이 함께 들어가

---

29) 唐明貴, 2009, 『論語學史』, 中國社會科學院出版社.

30) 皇侃, 1985, 「論語義疏敘」, 何晏, 皇侃, 『論語集解義疏』, 『叢書集成初編』, 中華書局 참조.

31) 牟潤孫, 1987, 「論儒釋兩家之講經與義疏」, 『注史齋叢稿』, 中華書局, p.294.

96 _ 한국목간학회 『목간과 문자』 26호(2021. 6.)

있어 六朝시대의 기풍을 대표하는, 六朝시대 사조의 축소판이라고 인식하였다.[33] 따라서 皇侃의『論語義疏』는『論語』學術史는 물론 經學史에서도 중요한 지위를 점하고 있다.

3. 唐代의『論語』연구

唐代의 현존『論語』연구 專著로는 後晉 開運2年(945年)에 成書된『舊唐書』卷47『經籍志上』에 다음과 기록하고 있다. :

> 論語十卷何晏集解. 又十卷鄭玄注, 虞喜贊. 又十卷王肅注. 又十卷鄭玄注. 又十卷宋明帝補衛瓘注. 又十卷李充注. 又十卷孫綽集解. 又十卷梁顗注. 論語集義十卷盈氏撰. 論語九卷孟釐注. 論語十卷袁喬注. 又十卷尹毅注. 又十卷江熙集解. 又十卷孫氏注. 次論語五卷王勃撰. 論語音二卷徐邈撰. 古論語義注譜一卷徐氏撰. 論語釋義十卷鄭玄注. 論語義注十卷暢惠明撰. 論語義注隱三卷. 論語篇目弟子一卷鄭玄注. 論語釋疑二卷王弼撰. 論語釋十卷欒肇撰. 論語駁二卷欒肇撰. 論語大義解十卷崔豹撰. 論語旨序二卷繆播撰. 論語體略二卷郭象撰. 論語雜義十三卷. 論語剔義十卷. 論語疏十卷皇侃撰. 論語述義二十卷戴詵撰. 論語章句二十卷劉炫撰. 論語疏十五卷賈公彦撰. 論語講疏十卷禇仲都撰. 孔子家語十卷王肅注. 孔叢子七卷孔鮒撰. 右六論語三十六家, 凡三百八十七卷.

北宋 仁宗 嘉祐5年(1060年) 成書된『新唐書』卷57 藝文志에 다음과 같이 기록한다. :

> 論語鄭玄注十卷;又注論語釋義一卷;論語篇目弟子一卷;王弼釋疑二卷;王肅注論語十卷;又注孔子家語十卷;李充注論語十卷;梁顗注十卷;孟釐注九卷;袁喬注十卷;尹毅注十卷;張氏注十卷;何晏集解十卷;孫綽集解十卷;盈氏集義十卷;江熙集解十卷;徐氏古論語義注譜一卷;虞喜贊鄭玄論語注十卷;暢惠明義注十卷;宋明帝補衛瓘論語注十卷;欒肇論語釋十卷;又駁二卷;崔豹大義解十卷;繆播旨序二卷;郭象體略二卷;戴詵述議二十卷;劉炫章句二十卷;皇侃疏十卷;禇仲都講疏十卷;義注隱三卷;雜義十三卷;剔義十卷;徐邈音二卷;孔叢七卷;王勃次論語十卷;賈公彦論語疏十五卷;韓愈注論語十卷;張籍論語注辨二卷. 右論語類三十家, 三十七部, 三百二十七卷. 失姓名三家, 韓愈以下不著錄二家, 十二卷.

이상은 唐代 남아 있던『論語』注, 疏의 목록 및 隋唐시대『論語』研究의 일부 저록이다. 隋唐史志의 目錄 및 朱彝尊의『經義考』와 陳夢雷의『古今圖書集成』에 의하면 隋唐시대에 편찬된『論語』연구 저작은 모두 13

---

32) 梁啓超, 1948,「論語注釋匯考」,『燕京學報』第34期.
33) 孫述圻, 1986,「論皇侃的〈論語義疏〉」,『南京大學學報』1986年第3期.

부라고 하여, 魏晉南北朝시대의 연구 저작에 비하면 수량은 훨씬 적다. 이들은 賈公彦『論語疏』15卷, 陸德明『論語音義』1卷, 王勃『次論語』10卷, 韓愈『論語注』10卷, 侯喜『論語問』, 張籍『論語注辨』2卷, 韓愈·李翱『論語筆解』2卷, 馬總『論語樞要』10卷, 李涪『論語刊誤』2卷, 李篠『論語注』, 無名氏『論語雜義』13卷,『論語剔義』10卷, 陳蛻『論語品類』7卷으로 구분할 수 있다.

이외에 皇侃의 論語義疏는 "『隋唐』'志'에 저록되었고, 陸氏의『釋文』에 引證되었으며, 五代 邱光庭의『兼明書』에 인용되어, 宋 晁公武의『郡齋讀書志』, 尤袤의『遂初堂書目』에 실렸다. 南宋 초기 中國에 마땅히 그것이 남아 있었지만 陳氏의『書錄解題』에는 빠졌다." 그러나 宋代 邢昺의『論語正義』가 令甲에 따라 天下의 學徒들이 필수적으로 尊奉해야 할 유일한 표준 서적이 된 후에,『論語義疏』는 점차 잊혀져 갔고, 사람들이 다시 찾지 않게 되었다. 後晉시기 成書된『舊唐書』經籍志는 何晏의『論語集解』를 수위에 두고 鄭玄注를 그 다음에 두었다. 이는 唐代『論語鄭玄注』가 비록 매우 유행하였지만, 그 지위는 隋代에 미치지 못했음을 일정 부분 설명한다. 何晏의『論語集解』는 衆家의 說을 집록하고 있어 당시 사람들의 환영을 받았다. 그러나 北宋시기에 이르러 宋祁와 歐陽修가 편찬한『新唐書』藝文志 중 鄭玄의『論語』연구 여러 종 저작이 다시 수위에 올랐고, 何晏의『集解』는 두드러지지 않은 위치에 배치되었다. 林甦字는 그 원인을 분석하기를 宋祁와 歐陽修 등의 사람들은 古文運動의 선도자로서 兩漢文風의 학술 전통을 제창하였으므로 六朝이래의 문체 학풍에 반감을 가졌기 때문이라고 하였다.[34] 五代 이후, 論語鄭氏注는 점차 亡佚되었고, 宋代에 이미 완전한 판본이 전해지는 것을 찾기 어렵게 되었다. 비록 후대의 학자들이 그 輯佚을 진행한 적이 있지만 자료의 부족으로 인해 合輯은 원본 내용에 비해 크게 부족해지게 되었다. 그러나 20세기 이래 돈황, 투루판지역에서 차례대로 여러 건의 唐本『論語鄭氏注』잔권이 출토되며, 鄭玄『論語注』연구가 극히 중요해지게 되었다.

IV. 漢末魏晉南北朝『論語』注, 疏의 流傳

1. 前秦北凉, 高昌時期『論語』鄭氏注의 源流

일찍이 兩漢시기, 高昌지역에 戊己校尉가 설치되었고, 魏晉은 그 제도를 계승했다. 儒家文化가 점차 西域지방으로 유입되었고, 新疆 羅布淖爾유지에서 公冶長篇의 일부 漢代 斷簡이 발견되었는데,[35] 이는 儒家文化가 이미 이 지역에 유입된 것을 말해준다.

漢魏 이래로 西北지역의 儒家文化는 계속 발전하였다.『隋書』經籍志에는 "魏 司空 陳群, 太常 王肅, 博士 周生烈이 모두 (論語의) 뜻을 말하였다"고 한다. 그중 周生烈은 "字가 文逸이며, 本姓은 唐이고," 敦煌사람으로『三國志』는 그가 "歷注經傳, 頗傳於世"했다고 기록하였다. 裴松之注에서 이르기를: "이 사람의 姓은 周生이며, 이름은 烈이다. 何晏『論語集解』에는 烈이 지은『義例』가 있고, 나머지 그의 저술은 晉 武帝『中經簿』

---

34) 林甦字, 2019, 「敦煌, 吐魯番〈論語〉鄭注殘卷版本考—文化特殊性視角下的考察」, 『歷史文獻研究』2019年第1期, pp.121-138.

35) 黃文弼, 1948, 「羅布淖爾考古記」, 『中國西北科學考察團叢刊 之一』, 國立北京大學出版部, pp.209-210.

에 보인다"[36]라고 하였다. 林勰宇는 앞서의 引文 중 何晏『論語集解』중 남아 있는 周生烈의 注文 14조를 집록하고,[37] 周生烈의 義例는 아마도 西北지역에 계속 남아 있어, 北涼 沮渠茂鍵 義和5년(437年), 沮渠茂虔이 劉宋에게 "奉表獻方物"할 때, "『周生子』 13卷"이 그중에 포함되었다고 보았다. 張軌가 涼州에 들어가 刺史가 된 후 高昌郡을 설치(327年)하였다. 前涼은 學校를 세워 河西九郡의 冑子를 가르치며 崇文祭酒를 두고 봄, 가을에 鄕射의 禮를 행하였다. 前涼 후기 民間의 私人들 사이에서 전수의 풍조가 성행하였는데, 유명한 隱士로는 索襲, 宋纖이 있어 "經緯를 밝히 구하고, 제자로서 수업받는 자가 3천여 인"이었고,[38] 儒學 名士들은 각각 전문하는 바가 있어 宋纖과 같은 자는 "『論語』를 注하고 詩頌 數萬言을 지었다."

前秦 建元12年(376) 8월 前涼을 멸한 후 다시 高昌郡을 설치하였다. 그후 高昌郡은 계속 後秦, 後涼, 西涼, 北涼의 관할하에 있었다. 北涼 玄始6年(417年), 沮渠蒙遜은 姑臧에서 "內苑에 遊林堂을 짓고, 古聖賢의 초상을 그렸다.", 그는 堂에서 여러 신하들과 연회를 베풀며 자주 堂 내에서 여러 신하들과 儒家經傳에 대해 논하였다.

만약 漢晉 이래 高昌郡 儒家文化의 발전 및 前涼, 北涼의 儒家文化에 대한 중시를 고려하면, 투루판 鄯善縣 洋海1號臺地 洋海4號墓地에서 새롭게 획득된 2006TSYIM4:5-1背面, 2006TSYIM4:5-2背面의『論語』公冶長·雍也 사본 잔편은 아마도 高昌지역에서 계속 流傳된 漢晉 論語 본래의 모습일 것이다.

前涼과 北涼은 儒家文化의 발전을 중요시했을 뿐 아니라 東晉, 劉宋과 계속해 밀접한 관계를 유지하였다. 특히 北涼 承玄2年(429年) 겨울 11월, "다시 사신을 파견해 宋에 入貢했고", "아울러 周易子集 諸書를 구하여, 詔를 내려 도합 75卷을 주도록 하였다. 또한 司徒 王弘이 『搜神集』을 구하여, 弘이 이를 필사해 주었다." 劉宋 元嘉14年(즉 沮渠茂虔 義和5年, 437年) "沮渠茂虔이 奉表獻方物할 때, 『周生子』 13卷, 『時務論』 12卷, 『三國總略』 20卷, 『俗問』 11卷, 『十三州志』 10卷, 『文檢』 6卷, 『四科傳』 4卷, 『敦煌實錄』 10卷, 『涼書』 10卷, 『漢皇德傳』 25卷, 『亡典』 7卷, 『魏駁』 9卷, 『謝艾集』 8卷, 『古今字』 2卷, 『乘丘先生』 3卷, 『周髀』 1卷, 『皇帝王曆三合紀』 1卷, 『趙畋傳』 並『甲寅元曆』 1卷, 『孔子贊』 1卷, 도합 154卷을 헌납하였다. 沮渠茂虔이 또한 晉·趙의 起居注 및 諸雜書 수십 건을 구하니, (宋)太祖가 이를 주었다."[39]

만약 前涼과 東晉 간의 왕래, 北涼과 南朝 劉宋 간의 교통과 왕래, 특히 그 문화상의 교류를 고려하고, 위 2건의『論語』公冶長·雍也편의 잔편이 보여주는 것과 何晏『論語集解』중 "女", "知" 등 글자의 용법 습관이 비슷하다는 점을 고려하면, 이 2건의『論語』公冶長·雍也 사본 잔편은 아마도 東晉, 劉宋에서 전래된 것으로 생각할 수 있다.

시간이 좀 더 지난 高昌國 시기에도 『論語鄭氏注』가 유행하였는데, 그 원류는 어디에서 온 것일까? 펠리오문서 P.2510호 문서『鄭注』長卷이 세상에 나오며, 그 篇題가 큰 글자로 "孔氏本"이라고 쓰여 있어 학자들

---

36) 『三國志』 卷13 魏書 王肅傳, 中華書局, 1982, p.420.

37) 林勰宇, 2019, 「敦煌, 吐魯番〈論語〉鄭注殘卷版本考一文化特殊性視角下的考察」, 『歷史文獻研究』 2019年第1期, pp.121-138.

38) 『魏書』 卷52 宋纖傳.

39) 『宋書』 卷98 氏胡·胡大且渠蒙遜, 中華書局, 1974年, p.2416.

의 관심을 받았다. 中國 서북 변경에서 유행한 鄭氏注 중 "孔氏本"이 쓰여진 것과 없는 것 두 종류가 있는데, 王素 선생은 이 두 종류 사본의 篇題에 대해 분류와 총결을 진행해 펠리오 문서 P.2510호 長卷의 篇題는 "某某篇第幾孔氏本鄭氏注"라고 했고 ; 葛天壽 사본, 아스타나 184號墓 12/1(b)-126(b)호 사본, 日本書道博物館 소장본, 日本 龍骨大學 소장본의 篇題는 모두 "論語某某第幾孔氏本鄭氏注"라고 했다. "孔氏本鄭氏注"의 가장 완정한 篇題인 "論語某某篇第幾"는 아직 발견되지 않았는데, 어떤 것은 "論語"와 "篇" 세 글자가 없고, "某某第幾"만 있는데, 아스타나 27호묘 18/5(a)와 같은 것이다. ; 어떤 것은 "篇"자가 없고, "論語某某第幾"로 쓰여진 것이 있는데, 아스타나 27호묘 29(a), 30(a) 같은 것이다. 王素 선생은 "孔氏本"이 붙어 있지 않은 사본은 원래 北朝에서 유행하던 판본으로 즉 『隋書』 經籍志에 저록된 "『論語』十卷鄭玄注"이며, "孔氏本"이 붙은 사본은 원래 南朝에서 유행하던 판본으로, 즉 隋志 중 "梁有『古文論語』十卷鄭玄注"이며, 高昌時期 유입된 梁朝의 古文 『論語』注라고 보았다.[40]

2. 百濟로 流傳된 『論語』

한편 이 시기에는 百濟에서 『論語』가 유행하였다. 百濟와 中國 각 왕조 간의 사신 교류는 밀접하여,[41] 百濟는 東晉 정권에 여섯 차례에 걸쳐 使節을 파견하였다. 東晉 왕조와의 通使 과정 중 百濟는 漢文化의 영향을 받았다. 近肖古王 30년, 즉 東晉 寧康2年(374年) "開國이래 문자 記事가 없던" 역사를 끝내고 高興을 博士로 세워 漢字로 관찬 百濟 國史 『書記』를 편찬하였다.[42] 劉宋시기에 이르러 양국의 교류는 더욱 빈번해졌다. 劉宋 건국 當年, 즉 永元初年(420年) 7월 戊戌日, 征東將軍 高句驪王 高璉號를 征東大將軍으로, 鎭東將軍 百濟王 扶餘映을 鎭東大將軍으로 칭하였다. 『宋書』 卷97 百濟傳에 따르면 백제는 景平2年(424年), 元嘉7年(430年), 元嘉27年(450年), 大明元年(457年), 大明2年(458年), 泰始7年(471年) 모두 사신을 建康에 보내어 進貢하였고, 특별히 元嘉2年(425年) 劉宋은 사신을 百濟에 보내어 "宣旨慰勞"한 후에, 백제는 "매년 사신을 보내어 奉表하고 方物을 바쳤다." 그중 문화교류의 내용은 더욱 풍부한데, 元嘉27年(450年) 百濟王은 方物을 바치는 것 외에 또한 上表하여 "『易林』, 『式占』, 腰弩를 구하니 太祖가 이를 주었다."[43] 또한 『周書』 卷49 異域傳 上 百濟에서 이르기를 백제는 "宋의 『元嘉曆』을 사용해, 建寅月을 歲首로 하였다."고 한다. 『元嘉曆』은 劉宋의 天文學家 何承天이 창제하여, 元嘉22年(445年) 정식으로 사용하였고, 梁 天監8年(509年) 이를 폐지하고, 祖沖의 『大明曆』을 사용하였다. 百濟가 宋의 『元嘉曆』을 사용한 것은 그 문화적인 성취가 南朝와 긴밀하였

---

40) 王素, 「唐寫本〈論語鄭氏注〉校讀劄記」는 王素, 1991, 『唐寫本論語鄭氏注及其研究』, 文物出版社, pp.244-248에 보인다.

41) 百濟와 六朝의 우호적 교류에 대해서는 다음 연구를 참고할 수 있다. 範毓周, 1994, 「六朝時期中國與百濟的友好往來與文化交流」, 『江蘇社會科學』 1994年 第5期, pp.84-90; 韓昇, 2002, 「蕭梁與東亞史事三考」, 『上海社會科學院學術季刊』 2002年 第3期, pp.174-182; 成正鏞·李昌柱·周裕興, 2005, 「中國六朝與韓國百濟的交流」, 『東南文化』 2005年 第1期, pp.24-30; 周裕興, 2010, 「從海上交通看中國與百濟的關係」, 『東南文化』 2010年 第1期, pp.70-78; 韓昇, 2015, 『東亞世界形成史論(增訂版)』, 中國方正出版社, pp.113-127.

42) 『三國史記』 卷24 百濟本紀 近肖古王; 『三國史 第5冊』, 奎章閣圖書, p.9.

43) 『宋書』 卷97 百濟傳, p.2394.

음을 설명한다.

蕭齊시기, 비록 百濟는 高句麗의 끊임없는 남침을 받아 남쪽으로 천도하였지만, 백제는 중국과의 우호적 왕래를 중단하지 않았다. 建元元年, 永明2年, 永明8年 모두 사신을 齊로 파견하였다. 建武2年 東城王 牟大가 表를 올려 高達, 楊茂, 會邁를 太守로 봉할 것을 구하였을 때, 齊 明帝의 비준을 얻었고, 蕭齊 정권은 또한 사신 겸 謁者僕射 孫副로 하여금 策命하여 죽은 조부 牟都를 大襲하여 百濟王으로 즉위하게 하고, 章綬 등과 玉銅虎竹符를 하사[四=賜?]하였다.[44]

梁 普通2年(521년) 11月, 餘隆이 사신을 파견해 奉表하자, 다음달 梁 武帝는 詔를 내려 使持節·都督百濟 諸軍事·寧東大將軍·百濟王으로 제수하였는데, 이가 백제 역사상 유명한 武寧王이다. 이때 中國 文化의 百濟에 대한 영향은 매우 깊어 1971年 7月 韓國 충청남도 공주읍 宋山里에서 발굴된 武寧王陵의 墓制와 구조, 건축방식, 隨葬器物 등을 보면 百濟와 南朝 사이의 긴밀한 문화적 관계를 엿볼 수 있게 한다.[45] 기본적으로 百濟는 매년 사신을 파견하였기 때문에 중원의 문화, 典籍은 매우 빠르게 百濟로 유입되었다. 『梁書』卷54 百濟傳 기록에 따르면 "中大通6年, 大同7年, 누차 사신을 파견해 方物을 바치고 ; 아울러 涅盤 등의 經義, 毛詩博士, 工匠, 畵師 등을 청하니 敕을 내려 이를 주었다."[46]고 한다. 이를 통해 百濟와 南朝 사이의 儒學, 曆法, 宗教, 社會生活 각 방면에서의 우호적 교류 및 중국 문화의 百濟에 대한 영향을 알 수 있다.

현존하는 문헌 통계에 따르면, 南北朝시기, 百濟는 南朝 4개 정권에 대해 27차례에 걸쳐 사신을 파견하였고, 동시에 北朝에 대해서는 5차례에 걸쳐 사신을 파견하였다. 이와 함께 南朝는 百濟에게 4차례 사신을 파견하였고, 北朝의 北魏는 百濟에게 한차례 사신을 파견하였다. 六朝時期 중국과 백제 사이의 여러 차례에 걸친 우호적 왕래와 문화교류를 통해 중국의 儒家經典 및 醫藥, 卜筮, 占卜術이 백제 사회에 널리 流傳되었다. 隋 文帝 開皇元年(581年), 隋朝가 막 건립되었을 때 百濟 威德王은 사신을 파견해 隋와 通貢하였다. 隋朝가 비록 단기간내에 멸망하였지만, 이 기간 동안 百濟는 15차례에 걸쳐 사절을 파견하였다. 唐代(618年 건국)에 들어와 百濟는 거의 매년 使者를 파견하다가 양국 간의 관계가 악화되어 이것이 중지될 때까지 모두 35차에 걸쳐 사절을 파견하였다. 『舊唐書』卷199 百濟傳 기록에 따르면 "百濟國은 …… 그 歲時, 伏臘이 中國과 같았다. 그 書籍으로는 五經, 子, 史 등이 있었고 또한 表, 疏 모두 中華의 法을 따랐다."고 한다. 중국의 儒家 典籍, 諸子, 史書 등이 백제문화의 중요한 구성 부분이 되었을 뿐만 아니라 그 文書制度(表疏之法) 또한 중화왕조를 모델로 한 것이다.

高名士 선생은 『三國史記』의 기록과 결합해 백제의 학교 설립은 4세기 중후반, 즉 百濟 근초고왕 시대(346~375)에 이루어졌을 것으로 보았다.[47] 최근 출토된 「大周故明威將軍守右衛龍亭府折衝都尉陳府君墓誌銘並序」[48]의 기재에 따르면 墓誌의 主人인 陳法子의 曾祖父가 太學正, 恩率이었던 시기는 아마도 熊津에 도

---

44) 『南齊書』卷58 百濟傳, pp.1010-1011.
45) 韓國文化財管理局 編, 1974, 『武寧王陵(日語)』. 이 점에 관해서는 많은 학자들의 논문이 있다. 韓昇, 『東亞世界形成史論(增訂版)』, pp.116-124. 참조.
46) 『梁書』卷54 百濟傳 中華書局, 1973, p.805.
47) 高明士, 2008, 『天下秩序與文化圈的探索:以東亞古代的政治與教育為中心』, 上海古籍出版社, pp.230-231.

읍했던 시기로 보인다. 「黑齒常之墓誌」의 "小學에 다닐 나이가 되면『春秋左氏傳』및 班固, 司馬遷의 두 史書를 읽는다."는 기록에서 그 일면을 엿볼 수 있다. 이것은 儒家文化의 한반도 전파와 밀접한 관계가 있다.[49] 백제와 남조, 북조는 밀접한 문화교류 관계를 유지하였는데, 그렇다면 남,북조의『論語』연구와 注疏가 자연스럽게 백제에 영향을 미쳤을 것이다. 武寧王(501~523年 재위)의 묘장에 南朝의 風格이 강하게 나타남을 볼 때, 이 시기 百濟가 선택한 문화적 風格이 南朝에 기울어져 있었음은 분명하다.

2017年 부여 쌍북리 56번지에서 출토된『論語』四面觚의 사용 연대는 백제 泗沘시대인 657年 전후로 추정된다. 출토된 殘觚의 길이는 28㎝, 폭이 가장 넓은 곳은 2.5㎝, 가장 좁은 곳은 1.8㎝이다. 觚의 의 하단에는 한 글자 정도의 길이가 남겨져 있다. 觚의 내용은『論語』學而의 제1장과 제2장의 일부이다. 四面觚 제1면에는 "子曰" 앞에 확실히 두 글자가 있는데, 이 두 글자에 대해 현재 학계에서는 세 가지로 해석하고 있다.: 한국학자인 김성식·한지아는 이를 人面의 모양으로 보았고,[50] 權仁瀚은 이를 "習+ㄴ"의 合字로 보았다.[51] 중국학자인 賈麗英은 「韓國木簡〈論語〉觚考論」에서 부여 쌍북리 출토 백제『論語』목간 앞의 두 글자를 "卷一"로 석독하였다.[52] 비록 두 글자의 필적은 확인되지만 판단하기는 쉽지 않은데, 필자는 다음과 같은 견해를 제시하고자 한다.: 첫째, 이를 古書의 篇題로 본다면, 그 기본은 "論語某某篇第幾", "論語某某第幾"가 되며, 慶應義塾大學이 구입 소장한『論語疏』에서도 "論語疏卷第六(五)子罕鄕黨"으로 기록하고 있어 "卷一", "卷二"를 바로 기록한 것은 보이지 않는다. 둘째, 木簡의 文字 본연의 모습에 따르면 "子曰" 앞에 확실히 두 글자의 문자가 보이는데, 이 두 글자의 자형을 보면 첫 번째 글자는 좌우 구조가 분명한데 우변이 좌변에 비해 조금 길다. 그러나 글자의 필획은 좌우가 비슷하다. 두 번째 글자의 마지막 획이 走之旁인 것은 분명하며, 走之旁 중간의 글자는 "白" 혹은 "自"의 字跡으로 보여, 필자는 이 두 글자를 "明道"라고 조심스럽게 생각한다. 다만『論語』卷1〈學而〉편의 첫 머리에 왜 이 두 글자를 써야 하는지는 잘 알 수 없다.

3. 倭國으로 전파된『論語』

古代 일본『古事記』應神天皇(270~310 재위)조 중에는 百濟 照古王이 和邇吉師 王仁을 통해『論語』10권과『千字文』1권을 일본에 전송했다는 기록이 실려 있는데, 이것이 일본 儒學의 발단이다. 비록 이 기재 시간은 사실과 부합하지는 않는데, 실제 應神天皇이 존재했다면 그 시기는 대략 3세기 후반에서 4세기 전반이 된다. 하지만 남조 梁 武帝시기에 이르러서야 員外散騎侍郎 周興嗣(469~521年)가 皇命을 받들어 王羲之 書法 중에서 1,000개 글자를 골라 책을 편찬했는데, 이것이 중국 역사상 최초의『千字文』이다. 이것은 위에서 말한『千字文』이 고대 일본에 보급된 시기와 불일치한다. 만약 이 사건이 일어난 시기에만 의문을 두고

48) 胡戟·榮新江 主編, 2012,『大唐西市博物館藏墓誌』, 北京大學出版社.

49) 중국문화의 한반도 전파에 관해서는 戴衛紅, 2017, 「東亞簡牘文化的傳播:以韓國出土"椋"字木簡爲中心」, 『文史哲』2017年第2期 참조.

50) 김성식·한지아, 2018, 「부여 쌍북리 56번지 사비한옥마을 조성부지 유적 출토 목간」, 『목간과 문자』 21.

51) 權仁瀚, 2019, 「對扶餘雙北裏論語木簡的幾個想法」, 『목간과 문자』 23, pp.197-214.

52) 賈麗英, 2020, 「韓國木簡〈論語〉觚考論」, 『鄭州大學學報(哲學社會科學版)』2020年第4期.

이 사건의 내용 기재를 신뢰한다면 우리들은 『論語』의 전파가 확실히 中國-百濟-倭國의 과정으로 이루어졌고, 그 『論語』의 판본이 아마도 南朝의 風格을 가진 『論語』 注本, 즉 『隋書』 經籍志의 "梁有 『古文論語』 10卷 鄭玄注"이거나 혹은 何晏의 『論語集解』일 것을 알 수 있다. 이때 倭國에 유입된 『論語』에 대해 일본학자 島田重禮는 鄭玄注 『論語』일 것으로 본다.[53]

고고자료를 통해 보면 何晏의 『論語集解』도 일본에 전해졌다. 平城京 左京二條二坊五坪二條大路 濠狀유지에서는 "何晏集解 子曰"이라는 글자가 쓰여진 習書木簡이 출토되었는데, 그 연대는 대략 天平7, 8年(735, 736年)으로 나라시대 전반기에 해당한다.[54] 兵庫縣 出石郡 出石町 袴狹유적에서도 8세기 "論語序 何晏集解" 習書木簡이 출토되었다.[55]

일본학자의 관점에 따르면 皇侃 『論語義疏』는 아마도 遣隋使를 따라 隋代에 이미 선박에 실려 일본으로 전해졌는데, 藤原佐世는 寬平연간(889~898年)에 쓰여진 『日本國見在書目錄』 중에 분명한 기록이 있다고 하였다. 1,200여년간 이 책은 약간의 古鈔本의 형식으로 전해졌다. 康熙9年(1670年), 일본 儒家學者 山井鼎이 지은 『七經孟子考文』의 凡例에는 그 나라에 皇疏가 있었음을 자칭하고 있다. 후에 浙江 餘姚 사람 汪鵬이 일본 足利學所에서 皇疏를 얻어 국내로 돌아왔고, 乾隆53年(1788) 鮑廷博刻 『知不足齋叢書』에 포함되었다. 楊守敬은 『留眞譜』 跋文 중에서 지적하기를: "『論語皇侃義疏』는 海內 逸書의 眞本임이 분명하다. 다만 괴이한 것은 根本遜志가 간행한 『義疏』의 體式이 閩, 監, 毛의 邢 『疏』 本과 완전히 같은 것이다. …… 어찌 皇 『疏』 舊本이 明刊의 式과 같은가, 해결하지 못한 이 의문은 이제 와서 皇 『疏』 古抄本 여러 통을 얻고 나서야 그 體式이 다르다는 것을 알 수 있었다."라고 하였다.

투고일: 2021.04.27   심사개시일: 2021.05.12   심사완료일: 2021.05.26

---

53) 島田重禮는 이를 鄭玄注 『論語』로 보았다. 그 설은 그의 글 「百濟所獻論語考」에 보인다. 그 글은 『史學雜誌』 第6編 第1號, 1985에 실려 있다.

54) 圖版은 奈良文化財硏究所 木簡庫(https://mokkanko.nabunken.go.jp/ja/6AFFJF09000181)에 보인다. 그 연대 추정과 연구에 대해서는 東野治之, 1996, 「論語と爾雅」, 『長屋王家木簡の硏究』, 塙書房, pp.181-184 참조.

55) 圖版은 兵庫縣敎育委員會, 2000, 『出石郡出石町袴狹遺跡(圖版寫眞篇)』, 圖版83에 보인다.

附錄: 樓蘭, 敦煌, 吐魯番出土紙本 『論語』 一覽表

출토 지역	편호	編目	版本 정보	備注
樓蘭	L.A.IV.v.029—馬紙192	學而	子曰學而(正面) 醜醜荀子曰子曰 梭口口口(背面)	習書
敦煌	P.2510號寫本	述而, 太伯, 子罕, 鄉黨	龍紀二年(890年)寫本,四卷本,孔氏本鄭氏注	『論語』卷第2. 維龍紀二年燉煌縣
	P.3573殘卷	學而, 為政, 八佾, 裏仁篇	唐寫本『論語皇疏』	전체 649行, 16,000餘字. 사본 卷 첫머리에 後梁 貞明九年(923)公文紙로 포장, 또한 後梁 龍德年號 사용.
	S.6121號		佚名論語注(王素:論語鄭氏注)	영국 소장 敦煌文獻(漢文佛經以外部分) 第10卷
	S.11910		論語鄭氏注	영국 소장 敦煌文獻(漢文佛經以外部分) 第14卷
	S.3339號寫本	八佾		殘存21行, 前20行은 八佾 殘本, 마지막 1행은 "里仁"篇題
	日本杏雨書屋藏敦煌祕笈羽014-1號寫本	雍也殘卷	論語鄭氏注	存15行, 下端 및 左側 殘缺. 經文은 大字로 雙行의 夾注가 있음. 楷書, 行書 두 서체로 서사. 經文 첫글자는 "子", 위에 붉은 점이 있음. 黃麻紙, 12.5~13.5×25㎝
	日本杏雨書屋藏敦煌祕笈羽014-2號寫本	子罕篇	論語集解	存10行, 사변에 잔결 있음. 經文은 大字로 雙行의 夾注가 있음. 行書로 抄錄. 卷의 첫 행 문자는 모두 우측편에 잔결 있음. 종이를 꿰매어 병합한 흔적 있음. 褐色의 粗紙, 11~18.6×22.6㎝
	日本杏雨書屋藏敦煌祕笈羽014-3號寫本	衛靈公篇	論語鄭氏注	存7行, 좌측 및 하단 잔결. 經文은 大字로 雙行의 夾注가 있음. 行書로 抄錄. 黃橡粗紙, 7~20×10.1~14㎝
	日本書道博物館藏敦煌寫本	顔淵, 子路		共33行, 月洞讓『輯佚論語鄭氏注』臨摹圖版 수록
	上博24(24579)號寫本	雍也		論語鄭氏注
	BD09954號(中國國家圖書館館藏)	雍也		論語鄭氏注

출토지역	편호	編目	版本 정보	備注
敦煌	唐寫本『論語音義』, 北京圖書館 소장, 編號 殷42, 許國霖『敦煌雜錄』수록			
	俄藏Дx.2144	子罕, 鄉黨	白文本	殘存27行
	S.6023	泰伯, 子罕	白文本	殘存38行
	S.5756	鄉黨	白文本	殘存19行
	S.966	鄉黨	白文本	殘存7行
吐魯番	日本龍穀大學藏吐魯番寫本 (原出吐峪溝)	子路 中部二斷行		
	日本龍穀大學藏吐魯番寫本 (原出吐峪溝)	子路, 憲問		共11行
	鄯善洋海1號張祖墓 (97TSYM1) 출토 闞氏王國 (460~488)『論語鄭氏注』寫本	論語堯曰古注	錄論語堯曰古注, 殘存9行,行17, 18字같지않음. 小字雙行夾注	闞氏王國(460~488)時期
	鄯善洋海 2006TSYIM4:5-1背面, 2006TSYIM4:5-2背面	『論語』公冶長, 雍也篇	白文本	年代는 前秦~北涼 사이 (〈384〈433)
	아스타나19號墓 編號 64TAM19:32a, 54a, 55a, 33, 56, 57, 34, 58, 59號 寫本	公冶長	『論語鄭氏注』	대략 永徽2年(651年)부터 上元2年(675年) 사이, 1964년 출토
	아스타나363號墓 編號 67TAM363:8-1(a)	為政,八,裏仁,公冶長	唐寫本『論語鄭氏注』	景龍4年(710年)三月一日私學生葡天壽□(孔氏本鄭氏注)
	아스타나67號墓 編號 67TAM67:14/1(a), 14/2(a),14/3(a),14/4(a), 殘剩 2片	殘片1은 雍也, 殘片2는 先進	論語集解	
	아스타나184號墓 編號 72TAM184:12/1(b)-6(b) 72TAM184:12/7(b)-8(b) 72TAM184:18/7(b)-8(b)	雍也 述而 述而	唐寫本『論語鄭氏注』殘卷	
	아스타나85號墓의 1/1/, 1/2	公冶長	唐寫本『論語鄭氏注』	殘存 5行
	아스타나27號墓 출토 編號 64TAM27:25(a)	雍也	唐景龍2年(708)『論語鄭氏注』	

출토 지역	편호	編目	版本 정보	備注
吐魯番	아스타나27號墓 출토 編號 64TAM27:18/1, 2, 3, 64TAM27:21, 64TAM27:22, 64TAM27:23(a), 64TAM27:24(a)	雍也	唐開元4年(716) 『論語鄭氏注』	
	아스타나27號墓 출토 編號 64TAM27:36(b),37(b)	雍也	唐寫本『論語鄭 氏注』	
	64TAM27:18/7(a) 64TAM27:18/8(a) 64TAM27:31/1(a) 64TAM27:31/2(a) 64TAM27:32(a) 64TAM27:33(a)	子罕	唐開元4年(716) 『論語鄭氏注』寫 本	
	64TAM27:34 64TAM27:18/9(a)	鄕黨	唐開元4年(716) 『論語鄭氏注』寫 本	
	64TAM27:35 64TAM27:18/10(a)			"論語卷第二""十三日高昌縣學 生賈忠禮寫"
	64TAM27:26(a) 64TAM27:27(a) 64TAM27:18/11(a) 64TAM27:18/4(a) 64TAM27:18/5(a) 64TAM27:38(b) 64TAM27:39(b)	述而		
	64TAM27:28(a) 64TAM27:18/6 64TAM27:29(a) 64TAM27:30(a)	泰伯		
	64TAM27:41 64TAM27:42 64TAM27:50/3 64TAM27:50/2 64TAM27:49, 48/6 64TAM27:48/2 64TAM27:48/3, 48/1 64TAM27:50/2 64TAM27:40, 50/5, 43, 50/6		唐寫『論語鄭氏 注』對策殘卷	

『後漢書』『三國志』『宋書』『南齊書』『梁書』『魏書』『北史』『舊唐書』『新唐書』『三國史記』『三國史』

韓國文化財管理局編, 1974, 『武寧王陵』.

김성식·한지아, 2018, 「부여 쌍북리 56번지 사비한옥마을 조성부지 유적 출토 목간」, 『목간과 문자』 21.
權仁瀚, 2019, 「對扶餘雙北裏論語木簡的幾個想法」, 『목간과 문자』 23.
李成市·尹龍九·金慶浩, 2009, 「平壤貞柏洞364號墳 출토 죽간〈論語〉」, 『목간과 문자』 4.

『吐魯番出土文書 圖版本(壹)』, 文物出版社, 1992.
杏雨書屋藏, 2009, 『敦煌祕笈影片冊一』, 武田科學振興財團.
高明士, 2008, 『天下秩序與文化圈的探索: 以東亞古代的政治與教育為中心』, 上海古籍出版社.
唐長孺, 1992, 『魏晉南北朝隋唐史三論』, 武漢大學出版社.
馬宗霍, 1984, 『中國經學史』, 上海書店.
榮新江·李肖·孟憲實, 2008, 『新獲吐魯番出土文獻』, 中華書局.
錢福林, 1985, 『六朝經術流派論』, 『詁經精舍文集』 卷一, 『叢書集成初編』本, 中華書局.
何晏·皇侃, 1985, 『論語集解義疏』, 『叢書集成初編』本, 中華書局.
許建平, 2016, 『敦煌經學文獻論稿』, 浙江大學出版社.
胡戟·榮新江 主編, 2012, 『大唐西市博物館藏墓誌』, 北京大學出版社.
黃文弼, 1948, 「羅布淖爾考古記」, 『中國西北科學考察團叢刊』, 國立北京大學出版部.
黃征, 2005, 『敦煌俗字典』, 上海教育出版社.
侯燦·楊代欣 編著, 1999, 『樓蘭漢文簡紙文書集成』, 天地出版社.
唐明貴, 2009, 『論語學史』, 中國社會科學院出版社.
王素, 1991, 『唐寫本論語鄭氏注及其研究』, 文物出版社.

牟潤孫, 1987, 「論儒釋兩家之講經與義疏」, 『注史齋叢稿』, 中華書局.
戴衛紅, 2017, 「東亞簡牘文化的傳播: 以韓國出土"椋"字木簡為中心」, 『文史哲』 2017(2).
島田重禮, 1985, 「百濟所獻論語考」, 『史學雜誌』 1985(6).

韓鋒, 2006, 「幾件敦煌寫本〈論語〉白文殘卷綴合研究」, 『敦煌學輯刊』 2006(1).
林嫄宇, 2019, 「敦煌, 吐魯番〈論語〉鄭注殘卷版本考——文化特殊性視角下的考察」, 『歷史文獻研究』 2019(1).
梁啟超, 1948, 「論語注釋匯考」, 『燕京學報』 1948(34).

賈麗英, 2020,「韓國木簡〈論語〉觚考論」,『鄭州大學學報 (哲學社會科學版)』2020(4).

許建平, 2013,「杏雨書屋藏〈論語〉殘片三種校錄及研究」,『從鈔本到刻本: 中日〈論語〉文獻研究』, 北京大學出版社.

夏國強, 2016,「日本杏雨書屋刊佈李盛鐸舊藏敦煌寫本〈論語〉殘卷敍論」,『孔子研究』2016(2).

孫述圻, 1986,「論皇侃的〈論語義疏〉」,『南京大學學報』1986(3).

唐明貴, 2006,「敦煌及吐魯番唐寫本〈論語〉注本研究概述」,『古籍整理研究學刊』2006(1).

唐明貴, 2006,「魏晉南北朝時期〈論語〉學的發展及其原因」,『齊魯學刊』2006(5).

張艶奎, 2014,「吐魯番出土72TAM169,83號〈論語〉習書初探」,『吐魯番學研究』2014(2).

朱玉麟, 2007,「吐魯番新出論語古注與孝經義寫本研究」,『敦煌吐魯番研究』2007(10).

朱玉麟, 2010,「中古時期吐魯番地區漢文文學的傳播與接受――以吐魯番出土文書為中心」,『中國社會科學』2010(6).

曹道衡, 2004,「略論南北朝學風的異同及其原因」,『河南大學學報(社會科學版)』2004(4).

王天然, 2012,「讀杏雨書屋所藏八件經部敦煌寫本小識」,『亞洲研究』2012(16), 慶北大 亞洲研究所.

王曉毅, 1992,「王弼〈論語釋疑〉研究」,『齊魯學刊』1993(5).

王素, 2007,「吐魯番新出闞氏高昌王國〈論語鄭氏注〉寫本補説」,『文物』2007(11).

宮崎市定, 1976,『論語の新研究』, 岩波書店.

『慶應義塾大學三田メディアセンター (慶應義塾図書館)が『論語』の伝世最古の寫本を公開」, 慶應義塾大學圖書館, 2020.9.10.

『最古級の「論語」寫本を発見　中國でも消失, 古書店から」, 朝日新聞, 2020.9.26, https,//www.asahi.com/articles/photo/AS20200926001456.html

奈良文化研究財木簡庫: https,//mokkanko.nabunken.go.jp/ja/MK023060000003

⟨Abstract⟩

Studies on the Original Text of The Analects Unearthed in Turpan and Its Transmission
in the Late Han Dynasty, Wei, Jin and Southern and Northern Dynasties

Dai Weihong

This paper probes into the age, characters and writing characteristics of the two Original Texts of The Analects unearthed in Turpan. It can be seen that it was an important period for the development and innovation of the analects study from the late han dynasty to the wei, jin and southern and northern dynasties, and that the analects were spread to the Chinese northwest, Baeji and Wo.

▶ Key words: The Analects, the Original Text, The Turpan Document

한국 출토 『論語』 목간의 원형 복원과 용도[*]

하시모토 시게루[**]

〈국문초록〉

본고는 한국에서 출토된 3점의 『論語』 목간에 대해 원형 복원을 중심으로 검토한다.

봉황동 목간과 계양산성 목간에 대해서는 서사면이 4, 5면 있는 1m 정도 되는 장대한 봉형 목간으로 복원되었고 그것을 전제로 다양한 견해가 제시되었다. 그런데 최근에 이러한 복원을 부정하고 짧은 습자용 목간이었다고 하는 주장이 나왔다.

먼저 장대한 목간으로 복원할 수 있는 근거는 목간에 쓰인 논어 구절이 일정한 간격으로 나오기 때문인 것을 확인했다. 이러한 복원에 대한 비판은 너무 길어서 부서지기 쉽다는 것이지만, 고려시대 청자 운반선에서 비슷한 형태의 목재를 포장재로 사용한 사례가 있다. 그리고 목간의 지름은 적어도 3㎝ 정도 있었다고 추정되며 경산 소월리에서 출토된 긴 봉상 목간과 유사하다. 이러한 실물 자료들이 있기 때문에 장대한 목간일 수 없다는 비판은 성립하기 어렵다. 그리고 논어 목간의 용도를 습자라고 추정할 수 있는 근거는 없고, 만약 습자라고 하면 목간에 일정한 간격으로 논어를 쓴 이유를 설명할 수 없게 된다. 결국 봉황동 및 계양산성의 논어 목간은 1m를 넘는 장대한 것으로 복원되며 이를 전제로 용도나 성격을 검토해야 한다.

---

[*] 이 논문은 2019년 대한민국 교육부와 한국연구재단의 지원을 받아 수행된 연구임 (NRF-2019S1A6A3A01055801). 또한 본고는 2020년 11월 27일 계양산성박물관에서 열린 계양산성박물관, 경북대학교 HK+사업단, 한국목간학회 주최 "東아시아 '論語'의 전파와 桂陽山城"에서 발표한 내용을 수정·보완한 것이다. 토론을 맡아 주신 경북대 이영호 교수님께 감사드린다.

[**] 경북대학교 인문학술원 HK연구교수

그리고 부여 쌍북리에서 출토된 목간은 길이 30㎝ 정도로 복원된다. 용도는 학습용으로 추정되고 있는데 더 구체적으로는 주석서를 읽을 때 본문만을 쓴 목간을 같이 사용한 것으로 추측된다.

▶ 핵심어: 목간, 논어, 학습용 목간, 장대한 목간

I. 머리말

본고는 한국에서 출토된 『論語』가 쓰인 목간(이하 '논어 목간')을 검토한다. 현재까지 논어 목간은 김해 봉황동에서 출토된 목간(이하 '봉황동 목간'), 인천 계양산성에서 출토된 목간(이하 '계양산성 목간'), 그리고 부여 쌍북리에서 출토된 목간 3점이 있다.

필자는 그동안 봉황동 목간과 계양산성 목간을 다룬 논문을 발표해왔다.[1] 논문에서 봉황동 목간과 계양산성 목간의 형태적 특징으로 서사면이 각각 4면, 5면인 고대 중국에서 觚라고 불리던 형태이며 복원하면 1m를 넘는 장대한 목간이라고 지적했다. 복원 길이에 대해서는 몇 가지 추정이 있지만[2] 장대한 목간이라는 점에는 거의 이론이 없었다. 그리고 이러한 특징적인 형태를 전제로 해서 그동안 용도에 대해 습자설[3], 학습설[4], 시각목간설[5], 의례설[6] 등 다양한 견해가 제기되었다. 이렇게 여러 견해가 나온 이유는 용도를 추정할 수 있는 관련 사료가 한국은 물론 중국이나 일본에도 없고 일본이나 중국의 觚나 장대한 목간과 비교하면서 용도를 추정할 수밖에 없기 때문이다.

---

1) 지금까지 필자가 발표한 논어 목간 관련 논문은 아래와 같다.
　橋本繁, 2004, 「金海出土論語木簡と新羅社会」, 『朝鮮学報』 193, 朝鮮学会.
　橋本繁, 2007a, 「金海出土 『論語』 木簡について」, 『韓国出土木簡の世界』, 雄山閣.
　橋本繁, 2007b, 「古代朝鮮における論語受容再論」, 『韓国出土木簡の世界』, 雄山閣.
　橋本繁, 2007c, 「東アジアにおける文字文化の伝播」, 『古代東アジアの社会と文化』, 汲古書院.
　하시모토 시게루, 2012, 「한국에서 출토된 『논어』 목간의 형태와 용도」, 『지하의 논어, 지상의 논어』, 성균관대학교출판부.
　橋本繁, 2014, 『韓国古代木簡の研究』, 吉川弘文館.
　橋本繁, 2018, 「韓国, 日本出土的論語木簡」, 『出土文獻の世界:第六屆出土文獻青年學者論壇論文集』, 向桃鳳 · 鄭伊凡 譯, 中西書局.
　하시모토 시게루, 2019, 「'시각목간(視覺木簡)'의 정치성」, 『문자와 고대한국 1 기록과 지배』, 주류성.
2) 李均明, 2008, 「韓中簡牘 비교연구:중국 간독의 분류설명에 의거하여」, 『목간과 문자』 1, 한국목간학회는 80㎝ 이상으로 복원된다고 하고 윤재석, 2011, 「한국 · 중국 · 일본 출토 『논어』 목간의 비교연구」, 『東洋史學研究』 114(『지하의 논어, 지상의 논어』 전재), 동양사학회는 약 100㎝로 복원됬다.
3) 東野治之, 2005, 「近年出土の飛鳥京と韓国の木簡—上代語上代文学との関わりから」, 『日本古代史料学』, 岩波書店(초판: 2003).
4) 橋本繁, 2004, 앞의 논문.
5) 冨谷至, 2010, 『文書行政の漢帝国—木簡 · 竹簡の時代』, 名古屋大学出版会; 李成市, 2014, 「韓国出土木簡と東アジア世界論—『論語』木簡を中心に」, 『東アジア木簡学のために』, 汲古書院.
6) 橋本繁, 2014, 앞의 책; 하시모토 시게루, 2019, 앞의 논문.

그런데 최근에 중국의 賈麗英이 이러한 복원 자체에 이론을 제시하였다.[7] 1m를 넘는 장대한 목간일 수 없고 짧은 습자용 목간이라고 주장한 것이다. 본고는 이 비판에 대한 응답을 주목적으로 하고 있다. 먼저 2 장에서 장대한 목간으로 복원하는 근거를 다시 제시한 다음에 3장에서 賈麗英의 주장을 검토하여 비판한다. 그리고 4장에서 부여 쌍북리에서 출토된 논어 목간의 용도를 최근에 일본에서 발견된 『論語義疏』에 언급하면서 검토해 보고자 한다.

II. 논어 목간의 복원

이 장은 봉황동 목간과 계양산성 목간을 장대한 목간으로 복원한 근거를 제시한다.

먼저 봉황동 목간은 2001년에 부산대학교 박물관이 경남 김해시 봉황동 지구에서 실시한 발굴로 출토되었다.[8]

Ⅰ   ×不欲人之加諸我吾亦欲无加諸人子× (앞 면)

〔文也?〕
Ⅱ   ×□□子謂子産有君子道四焉其×   (좌측면)

Ⅲ   ×已□□□色舊令尹之政必以告新×   (뒷 면)

Ⅳ   ×違之何如子曰清矣□仁□□曰未知× (우측면)

(209)×15~19

목간은 상하 양단이 파손되어 있으며 현존 길이는 20.9㎝이다. 각 면의 폭이 1.5~1.9㎝인 각재 모양이며 4면에 논어 공야장편이 적혀 있다.

다음에 계양산성 목간은 2005년에 선문대학교 고고연구소 발굴로 인천광역시 계양구 계산동에 있는 계양산(해발 395m) 중복에 위치한 계양산성 집수정에서 출토되었다.[9]

Ⅰ   ×賤君子□若人□×

Ⅱ ×吾斯之未能信子□×

Ⅲ ×□不知其仁也求也×

---

7) 賈麗英, 2020, 「韓国木簡《论语》觚考论」, 『郑州大学学报(哲学社会科学版)』 53-4 논문 내용을 검토하는 과정에서 戴卫红 선생님과 방국화 선생님의 도움을 받은 것을 명기하여 감사드린다. 다만 내용 해석의 잘못은 전적으로 팔자의 책임이다.

8) 부산대학교 박물관, 2007, 『金海 鳳凰洞 低濕地遺蹟』.

9) 李亨求, 2008, 『桂陽山城發掘調査報告書』, 선문대학교고고연구소, p.273.

Ⅳ　×[　　　　　　]×
　　Ⅴ　×[　　　　]子曰吾×

(138)×11.9~18.7

　목간은 단면이 부정형 오각형이며 각 면의 폭은 1.19~1.87㎝로 일정하지 않다. 상하 양단이 파손되었고 현존 길이는 13.8㎝이다. Ⅳ면은 판독이 어렵지만 나머지 면에는 역시 논어 공야장편이 적혀 있다.

　이들 논어 목간이 1m를 넘는 장대한 목간이었다고 추정하는 근거는 목간에 쓰인 논어 구절이 일정한 간격으로 나타나기 때문이다. 아래는 논어 공야장편 원문에 목간에 보이는 글자를 밑줄로 표시한 것이다.

『논어』 공야장편 전문과 목간에 보이는 글자
(1행 45자. ___ = 계양산성 목간, ___ = 봉황동 목간, ……… = 추정 부분)

公冶長第五子謂公冶長可妻也雖在縲絏之中非其罪也以其子妻之子謂南容邦有道不廢邦無道免於刑戮以
其兄之妻之子謂子賤君子哉若人魯無君子者斯焉取斯子貢問曰賜也何如子曰女器也曰何器也瑚璉也
或曰雍也仁而不佞子曰焉用佞禦人以口給屢憎於人不知其仁也焉用佞也子使漆雕開仕對曰吾斯之未能信
子説子曰道不行乘桴浮于海從我者其由也與子路聞之喜子曰由也好勇過我無所取材孟武伯問子路仁乎子曰
不知也又問子曰由也千乘之國可使治其賦也不知其仁也求也何如子曰求也千室之邑百乘之家可使爲之宰
也不知其仁也赤也何如子曰赤也束帶立於朝可使與賓客言也不知其仁也子謂子貢曰女與回也孰愈對曰賜
也何敢望回回也聞一以知十賜也聞一以知二子曰弗如也吾與女弗如也宰予晝寢子曰朽木不可雕也糞土之
牆不可杇也於予與何誅子曰始吾於人也聽其言而信其行今吾於人也聽其言而觀其行於予與改是子曰吾未
見剛者或對曰申棖子曰棖也慾焉得剛子貢曰我不欲人之加諸我也吾亦欲無加諸人子曰賜也非爾所及也子
貢曰夫子之文章可得而聞也夫子之言性與天道不可得而聞也子路有聞未之能行唯恐有聞子貢問曰孔子子
何以謂之文也子曰敏而好學不恥下問是以謂之文也子謂子産有君子之道四焉其行己也恭其事上也敬其養
民也惠其使民也義子曰晏平仲善與人交久而敬之子曰臧文仲居蔡山節藻梲何如其知也子張問曰令尹子文
三仕爲令尹無喜色三已之無慍色舊令尹之政必以告新令尹何如子曰忠矣曰仁矣乎曰未知焉得仁崔子弒齊
君陳文子有馬十乘棄而違之至於他邦則曰猶吾大夫崔子也違之之一邦則又曰猶吾大夫崔子也違之何如子
曰清矣曰仁矣乎曰未知焉得仁季文子三思而後行子聞之曰再斯可矣子曰甯武子邦有道則知邦無道則愚其
知可及也其愚不可及也子在陳曰歸與歸與我黨之小子狂簡斐然成章不知所以裁之子曰伯夷叔齊不念舊惡
怨是用希子曰孰謂微生高直或乞醯焉乞諸其鄰而與之子曰巧言令色足恭左丘明恥之丘亦恥之匿怨而友其
人左丘明恥之丘亦恥之顏淵季路侍子曰盍各言爾志子路曰願車馬衣輕裘與朋友共敝之而無憾顏淵曰願無
伐善無施勞子路曰願聞子之志子曰老者安之朋友信之少者懷之子曰已矣乎吾未見能是其過而内自訟者也
子曰十室之邑必有忠信如丘者焉不如丘之好學也

이것을 보면 계양산성 목간에는 공야장편 전반부가, 봉황동 목간에는 후반부가 일정한 간격으로 나타나는 것을 알 수 있다.

더 구체적으로 면과 면 사이의 논어 글자 수를 세 보면 계양산성 목간은 I면 첫 글자 '賤'에서 II면 첫 글자 '吾'까지 76자이며, II-III면 사이는 71자, IV면은 판독이 안 되지만 III면 '也'에서 V면 '子'까지를 보면 154자이며 이를 2로 나누면 77자가 된다. 즉 어느 면의 글자와 그다음 면의 같은 위치에 있는 글자와의 간격은 71, 76, 77자가 되어 거의 일정하다.

이와 마찬가지로 봉황동 목간은 I면 첫 글자인 '不'에서 II면 첫 글자인 '文'까지는 91자, II-III면은 79자, III-IV면은 77자이다. 목간의 어느 면과 다음 면의 글자 간격은 77, 79, 91자가 되어 약간의 차이는 있지만 역시 일정하다.

목간의 원래 길이를 계산하기 위하여 글자가 가장 많은 면의 글자 수를 바탕으로 하면 계양산성 목간은 77자, 봉황동 목간은 91자이다. 현재 남아 있는 글자 수와 길이를 바탕으로 계산해 보면 2점 목간은 다 길이 130㎝ 정도로 복원할 수 있다(그림 1).

이 추정은 글자 간격이 일정했다고 가정한 것이기 때문에 결과에는 어느 정도 폭이 있을 수 있다. 하지만 상술했듯이 다른 연구자의 복원도 대체로 1m 정도였다는 점에서 일치한다. 위에서 언급한 목간 용도에 대한 다양한 견해는 이러한 복원을 바탕으로 해서 추정된 것들이다.

그런데 최근에 賈麗英이 이러한 복원 자체를 부정한 것이다. 다음에 이 비판에 대해 살펴보겠다.

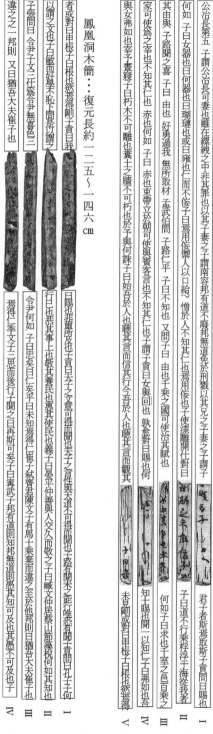

鳳凰洞 木簡…復元長約一二五~一四六 ㎝

桂陽山城木簡…復元長約一三○㎝

桂陽山城木簡 (I~V)

I: 公冶長第五 子謂公冶長可妻也雖在縲絏之中 非其罪也以其子妻之子謂南容邦有道不廢邦無道免於刑戮以其兄之子妻之子謂子 / 君子者斯焉取斯子貢問曰賜

II: 何如 子曰女器也曰何器也曰瑚璉也或曰雍也仁而不佞子曰焉用佞禦人以口給 / 何如子曰求也千室之邑百乘之

III: 其由與 子路聞之喜 子曰 由也 好勇過我 無所取材 孟武伯問 / 何如子曰賜也達於從政乎何

IV: 家可使爲之宰也不知其仁也 赤也何如 子曰 赤也束帶立於朝可使與賓客言也不知其仁也子謂子貢曰女與 / 知十賜也聞一以知二子曰弗如也吾

V: 與女弗如也幸予畫寢子曰朽木不可雕也糞土之牆不可朽也於予與何誅子曰始吾於人也聽其言而信其行今吾於人也聽其言而觀其 / 未見剛或對曰申根子曰根也慾焉得

鳳凰洞 木簡 (I~IV)

I: 曰賜也非爾所及也子貢曰夫子之文章可得而聞也夫子之言性與天道不可得而聞也子路有聞未之能行唯恐有聞 / 令尹子文三仕爲令尹無喜色三

II: 以謂之文也子曰敏而好學不恥下問是以謂 / 行己也恭其事上也敬其養民也惠其使民也義子曰晏平仲善與人交久而敬之子曰臧文仲居蔡山節藻梲何如其知也

III: 者或對曰申根子曰根也慾焉得剛子貢曰我 / 令尹何如 子曰忠矣曰仁矣乎曰未知焉得仁崔子弒齊君陳文子有馬十乘棄而違之至於他邦則曰猶吾大夫崔子也

IV: 遄之一邦則 又曰猶吾大夫崔子也 / 焉得仁孝文子三思而後行子聞之曰再斯可矣子曰甯武子邦有道則知邦無道則愚其知可及也其愚不可及也子

그림 1. 봉황동 목간, 계양산성 목간 복원도

III. 賈麗英의 비판에 대한 검토

1. 목간의 길이

먼저 장대한 목간일 수 없다는 비판에 대해 검토한다.

賈麗英이 장대한 목간임을 부정하는 근거는 觚가 1m를 넘었다면 너무 가늘고 길기 때문에 부서지기 쉽다는 것이다.[10]

그런데 목간 복원이 너무 길다는 비판은 이미 계양산성 보고서에도 있었다.

> 길이가 150㎝나 되는 소나무 막대기를 구하기도 어렵지만, 이를 지름이 2㎝ 이하로 5면을
> 치목한다는 것은 더더욱 불가능하다고 본다.[11]

이에 대한 반론도 이미 제시했지만[12] 간략하게만 언급하면 먼저 150㎝가 넘는 소나무 가지를 찾아내는 것은 어려운 일이 아니라고 생각된다. 실물 사례를 제시하면 고려시대 청자를 운반할 때 소나무류를 길이 87~134㎝, 폭 2.5~3㎝, 두께 0.9~1.4㎝로 만든 막대형 포장재가 이용되었다.[13] 복원된 논어 목간과 길이, 폭, 두께가 비슷한 목재가 청자를 운반할 때 포장재로 사용되었다는 것이니 목간이 너무 길어서 부서지기 쉽다는 주장은 근거가 없다고 생각한다.

그리고 목간을 만드는 데 사용된 나무의 지름에 대해서 계양산성 보고서는 '지름이 2㎝ 이하'라고 했는데 과연 그런지 검토해 보고 싶다.

먼저 봉황동 목간의 단면을 저변 1.9㎝, 높이 1.5㎝의 직사각형으로 간주하면 외접하는 원의 지름은 2.42㎝가 된다(그림 2-1).[14] 그리고 계양산성 목간의 단면은 부정형 오각형이기 때문에 원래 나무 지름을 계산하기가 어렵다. 그래서 각 면의 폭을 평균해서 목간 단면을 정오각형으로 가정해서 계산해 본다. 각 면 상단의 폭은 Ⅰ면이 1.59㎝, Ⅱ면 1.85㎝, Ⅲ면 1.19㎝, Ⅳ면 1.87㎝, Ⅴ면 1.398㎝이며 이를 평

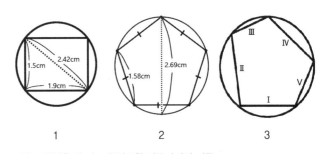

그림 2. 목간을 만드는 데 필요한 나뭇가지의 지름

---

10) 賈麗英, 2020, 앞의 논문, p.87 '从实用角度来看, 这样纤细的四面觚, 其结实耐用度定是不尽人意'.

11) 李亨求, 2008, 앞의 책, p.273.

12) 하시모토 시게루, 2012, 앞의 논문, p.211.

13) 국립해양문화재연구소, 2009, 『태안 대섬 수중발굴 조사보고서』.

14) 지름을 x로 하면 삼평방의 정리로 $x^2=1.5^2+1.9^2=5.86$, $x=\sqrt{5.86}≒2.42$

균하면 1.58㎝가 된다. 한 변의 길이가 1.58㎝의 정오각형에 외접하는 원의 지름은 2.69㎝이다(그림 2-2).[15] 정오각형으로 가정해서 계산한 수치이지만 큰 차이는 없을 것이다. 지름 2.69㎝의 원에 계양산성 목간 각 면의 폭으로 오각형을 그려본 것이 〈그림 2-3〉이다.

목간을 만드는 데 필요한 나뭇가지의 지름은 각각 2.42㎝, 2.69㎝인데 이는 최소한의 크기이다. 목간에 수피가 확인되지 않으니 원래 나뭇가지 지름은 더 컸을 것으로 추정된다. 결국 적어도 지름 약 3㎝ 정도의 나뭇가지를 가공한 것으로 추정할 수 있다.[16]

그리고 2019년에 경북 경산시 와촌면 소월리에서 출토된 목간이 이와 비교할 수 있다.[17] 소월리 목간은 상단이 파손되었지만, 현존 길이 74.2㎝나 되어 현재까지 출토된 한국 목간 중에서 가장 길다. 원래 길이가 1m를 넘었는지는 알 수 없으나 적어도 80㎝는 넘었을 것이다. 이 목간이 지름 2.8~4.3㎝ 원주형인데 목간 표면을 4면이나 5면으로 깎으면 바로 봉황동, 계양산성 논어 목간과 비슷한 형태가 될 것이다.

장대한 목간일 수 없다는 비판은 고려청자 포장재나 소월리 목간 같은 실물 자료로 반증된다고 생각한다.

2. 습자설의 문제점

다음에 논어 목간의 용도를 습자라고 하는 賈麗英의 추정에 대해 검토한다.

그런데 습자·습서 목간이라는 주장도 새로운 견해가 아니며 봉황동 목간이 출토된 후에 처음에 東野治之가 주장한 것이다. 東野治之는 목간의 원형을 90㎝에 이르는 장대한 것으로 복원하고 '이러한 형태로 전편을 쓸 수가 없고 또 사면에 글자가 있어서 編綴할 수도 없으니 이는 논어를 습서한 것으로 봐야 한다'라고 했다.[18] 이에 대한 반론도 이미 제시한 적이 있는데[19] 비슷한 목간이 50~60점 있으면 전편을 서사할 수 있으니 결코 무리한 상정이 아니고, 敦煌에서 출토된 『急就篇』은 서사면이 3면이 있는 觚에 서사한 것이니 편철할 수 없다고 해서 습자라고 볼 근거가 될 수 없다.

한편 賈麗英이 습자로 추정하는 근거는 크게 2가지로 정리된다.

첫째는 봉황동 목간에 깎아낸 흔적이 뚜렷하기 때문에 재이용한 것으로 추측된다는 것이다. 새로운 觚는 비교적 굵고 많은 서사면을 만드는 것이 쉽고, 사용해서 깎으면 깎을수록 觚는 가늘어지고 서사면이 적어진다. 실제로 출토된 觚를 보면 횡단면이 작은 觚는 길이가 길지 않다. 그렇지 않으면 부러지기 쉽다는 것이다.[20] 둘째는 목간의 글씨가 제멋대로 흘려 썼고 寫經體와는 차이가 크며 일본의 습서 목간과 비슷하

---

15) https://keisan.casio.jp/exec/system/1258355051 를 이용해서 계산했다.

16) 이 추정은 함안 성산산성에서 출토된 목간 가운데 목간을 만들기 위해 이용한 나뭇가지의 원래 지름이 대체로 2~4㎝ 정도로 추정되는 것과 공통된다(橋本繁, 2014, 「城山山城木簡の製作技法」, 『韓国古代木簡の研究』, 吉川弘文館, p.49).

17) 전경효, 2020, 「경산 소월리 목간의 기초적 검토」, 『목간과 문자』 24, 한국목간학회.

18) 東野治之, 2005, 앞의 논문, p.184.

19) 橋本繁, 2014, 앞의 책, pp.137-139; 하시모토 시게루, 2019, 앞의 논문, pp.618-619.

20) 賈麗英, 2020, 앞의 논문, p.88, '凤凰洞《论语》觚四面刮削痕迹明显, 为旧觚. 从觚的制作原理看, 新觚往往比较粗, 且容易制作成

다는 것이다.[21]

賈麗英은 목간을 몇 번이나 깎아서 습자해서 사용한 것으로 보는 것 같지만 봉황동 목간의 깎아낸 흔적이라는 것이 어느 부분을 말하는 것인지 분명하지 않다. 그리고 깎아내서 남은 묵흔 같은 반복해서 습자한 것을 알 수 있는 증거도 확인되지 않는다. 둘째 근거에 관해서 글자를 사경만큼 곱게 쓰지는 못했다고 하더라도 논어 목간의 글씨는 제멋대로 썼다고 할 만큼 흘려 쓴 것으로는 보이지 않는다. 논어 목간을 습자로 보는 적극적인 근거는 없다고 생각한다.

그리고 습자한 것으로 생각하면 앞에서 봤듯이 논어와 목간을 비교할 때 본문에 일정한 간격으로 나타나는 것을 설명할 수 없을 것이다.

賈麗英은 봉황동과 계양산성 목간을 습자용이라고 하지면 원래 길이가 어느 정도였는지 구체적으로 제시하지는 않았다. 그런데 쌍북리 목간의 원래 길이가 32㎝ 정도인 것을 '실용적인 고의 길이'라고 평가하고 있으니[22] 이 정도였다고 생각하는 것 같다. 그러면 목간 길이를 30㎝ 정도로 복원할 수 있을까. 계양산성 목간을 통해서 검토해 본다.

계양산성 목간의 현존 길이는 13.8㎝이며 한 면에 약 8자가 적혀 있다. 원래 길이가 30㎝ 정도였다면 한 면에 18자 정도 있었을 것이다. 한 면에 18자를 썼다고 하면 Ⅰ면에 쓰여있는 공야장편 제2장이 바로 18자이니 이에 맞추어서 계양산성 목간은 원래 위에 3자, 아래에 7자 더 있었다고 가정해서 복원해보면 다음과 같다. Ⅳ면은 판독이 안 되므로 생략한다('/'는 논어 장이 바뀌는 부분, 【 】는 목간 한 면 18자로 복원할 때의 상·하단).

Ⅰ   /【子謂子賤君子哉若人魯無君子者斯焉取斯 】/

Ⅱ   /子使漆雕開【仕對曰吾斯之未能信子説/子曰道不行乘桴】浮于海從我~(20자 생략)~所取材/

Ⅲ   /孟武伯問~(20자 생략)~使治【其賦也不知其仁也求也 何如子曰求千】室之邑百乘~(35자 생략)~其仁也/

Ⅴ   /宰予晝寢~(43자 생략)~而觀【其行於予與改是/子曰吾未見剛者或對曰 】申棖子曰棖也慾焉得剛/

위와 같이 복원하면 Ⅱ면은 5장 후반부와 6장 시작 부분을, Ⅲ면은 7장 중간 일부만을, Ⅴ면은 9장 마지막과 10장 모두만을 쓴 것이 된다. 이렇게 되면 논어의 내용과 전혀 상관없이 목간에 서사한 것이 되어 버리며 이러한 복원은 성립하기 어렵다고 생각한다.

결국, 논어 목간은 1m를 넘는 장대한 목간에 논어 본문을 충실히 서사했다고 하는 것이 합리적인 복원이라고 생각된다. 그리고 논어 목간의 용도나 성격은 이 복원을 전제로 해야 할 것이다.

比较多的棱面. 随着不断刮削, 觚往往会越刮越细, 棱面越来越少. 从出土的实物觚来看, 横截面小的觚不会太长, 否则易折断'.

21) 賈麗英, 2020, 앞의 논문, p.88, '书写随意, 草化明显, 与写经体的秀美风格差别很大, 反而与日本木简的习字简有更大的相似性, 视为论语习书觚更为合适'.

22) 賈麗英, 2020, 앞의 논문, p.87, '其全长应该在32厘米左右. 这个长度是一个实用觚的长度'.

Ⅳ. 부여 쌍북리 출토 목간과 신발견『論語義疏』

1. 목간 내용

다음에 최근에 부여 쌍북리 56번지 일원에서 출토된 논어 목간을 검토한다. 목간 17점이 출토되었는데 그중 1점이다.[23] 판독은 다음과 같다.

　　Ⅰ「□子曰學而時習之　不亦悅
　　Ⅱ「有朋自遠方來　不亦樂□
　　Ⅲ「人不知　而不慍　不亦□
　　Ⅳ「子乎　有子曰　其爲人也

(280)×25×18

사면목간이며 상단은 완형이지만 하단부는 결실되었다. 판독에 문제가 되는 글자는 거의 없다. 다만 1행 첫째 글자만 문제가 되어 있다. 習자 밑에 辶이 돌아가는 형식의 글자를 크게 적은 것이거나 인면을 그린 것처럼 보이기도 한다고 지적된다. 賈麗英은 '卷一'로 판독했지만 그렇게 보기는 어렵다. 본고에서는 미판독자로 한다.

내용은 이미 지적되어 있듯이 논어 학이편 제1장 전문과 제2장 모두 부분이다. 참고로 학이편 제1, 2장을 제시한다.

　　1장　子曰學而時習之不亦悅乎有朋自遠方來亦不樂乎人不知而不慍不亦君子乎
　　2장　有子曰其爲人也孝弟而好犯上者鮮矣不好犯上而好作亂者未之有也君子務本本立而道生孝
　　　　　弟也者爲仁之本與

논어 본문과 목간을 비교해보면 1면에는 '乎'자가 더 있었을 것이고, 2면 마지막 글자는 '乎', 3면 마지막 글자는 '君'일 것으로 추정된다. 그리고 4면 '有子曰'부터 2장이 시작되는데 특별한 표시는 보이지 않는다.

1면은 제1자를 제외해서 11자, 2면은 10자, 3면은 9자, 4면 9자다. 한 글자 크기로 봐서 원래 길이는 적어도 30㎝ 정도 있었을 것이다. 이 목간 1점에 39자를 적었으니 학이편을 다 쓰기 위해서는 13점이 필요하다.

2. 용도

쌍북리 목간도 봉황동 목간, 계양산성 목간과 같은 觚 형태이지만 길이는 약 30㎝ 정도로 짧다. 용도에

---

23) 김성식·한지아, 2018, 「부여 쌍북리 56번지 사비한옥마을 조성부지 유적 출토 목간」, 『목간과 문자』 21, 한국목간학회.

대해 지금까지 권인한이 『논어』 텍스트를 정확히 서사하고 있음은 경전 학습의 의도가 매우 철저했으리라는 점에서 보면 "典籍 學習用 習·落書木簡"으로 규정했고[24] 賈麗英도 논어를 학습하기 위한 고(论语学书觚)로 봤듯이[25] 학습용으로 생각할 수 있을 것이다. 그런데 학습용이라고 해도 구체적인 사용 방법으로는 글자를 외우기 위해 목간에 쓴 것이거나 목간에 적혀 있는 글자를 외우기 위해 사용한 것 등 다양한 가능성을 상정할 수 있다.

더 구체적인 사용법을 추정하기 위해 일본의 습자 목간을 검토한 新井重行의 지적에 주목하고 싶다.[26] 일본에서 출토된 논어 목간 가운데 중복되는 글자 없이 본문을 쓴 것은 습서 이외에 다른 의도가 있었다는 지적이다.

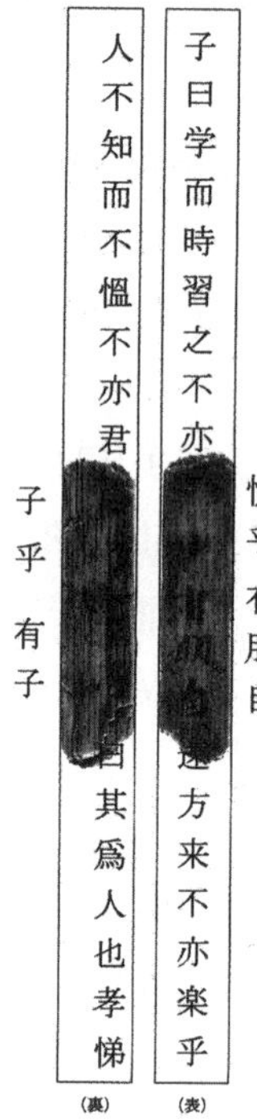

효고현(兵庫縣) 시바(柴) 유적 출토 목간
· ×悦乎有朋自×
· ×子乎有子×

(100)×24×7

이 목간의 연대는 8~9세기 전반이다. 학이편을 적은 것인데 앞면에서 뒷면으로 이어서 본문이 서사되었고 중복되는 글자가 없다는 특징이 있다. 그래서 이 목간의 원래 형태는 〈그림 3〉처럼 복원할 수 있다. 이 목간에 대해 新井重行는 '당시 전적은 본문 곳곳에 상세하고 긴 주석을 삽입한 두루마리 형태였기 때문에 본문만을 읽기에 불편하다. 그래서 목간에는 본문만을 쓰고 그것을 텍스트로 참조하면서 주석을 읽었다는 사용법'을 상정했다.[27] 쌍북리 논어 목간도 이러한 두루마리 논어를 읽기 위해 사용된 가능성이 있다.

그러한 목간의 필요성을 잘 보여주는 자료가 최근에 일본에서 발견된 『論語義疏』이다(그림 4).[28]

『論語義疏』는 梁 皇侃(488~545년)이 쓴 논어 주석서이다. 이 사본이 제일 오래된 것이면서 종이에 쓴 논어로도 현존하는 최고의 사본으로 추정되고 있다. 연대 추정의 근거는 글자체가 六朝期라는 것이다. 隋唐시기에 일본으로 수입된 것으로 추측되고 있는데 한반도에서 유입된 가능성도 언급되어 있다.[29] 이 『論語義

人不知而不慍不亦君子乎
子乎有子
□其爲人也孝悌
(裏)

子曰学而時習之不亦悦乎有朋自遠方来不亦楽乎
(表)

그림 3. 시바 (柴) 유적 출토 목간 복원(新井重行, 2006, p.224)

24) 권인한, 2019, 「扶餘 雙北里 論語木簡에 대한 몇 가지 생각」, 『목간과 문자』 23, 한국목간학회.

25) 賈麗英, 2020, 앞의 논문, p.88, '觚字迹流暢 斷句清晰 书写疏闊, 觚的長度适宜, 且題头有"卷一"标识, 与木觚章的"学书之牍"课本功能相似, 可视为"论语学书觚".

26) 新井重行, 2006, 「習書·落書の世界」, 『文字と古代日本5 文字表現の獲得 平川南 기타편』, 吉川弘文館.

27) 新井重行, 2006, 앞의 논문, p.224.

28) 사진은 慶應義塾図書館 보도자료에서 인용했다.
https://www.keio.ac.jp/ja/press-releases/files/2020/9/10/200910-1.pdf

29) 慶應義塾図書館, 2020, 『第32回慶應義塾図書館貴重書展示会 古代中世 日本人の読書』, p.11. 이 자료를 구하는데 日本國立歷史民俗博物館 三上喜孝 교수님이 도와주신 것을 명기하여 감사드린다.

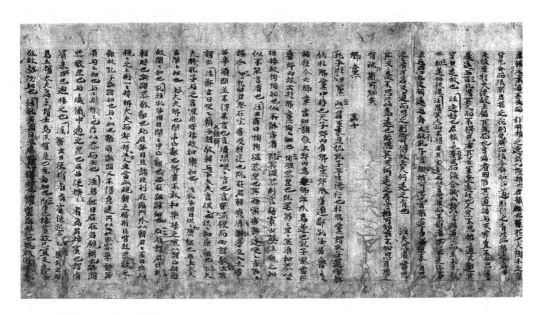

그림 4. 慶應義塾図書館 소장 『論語議疏』

疏』를 보면 논어 본문과 주소문이 똑같은 크기로 적혀 있어서 어느 부분이 본문인지 주소인지를 구분하기가 어렵다. 실제로 이 사본에는 본문을 구별하기 위해 글자 오른쪽에 붉은 점이 찍혀 있다.

백제에서 사용되었던 논어가 이와 같은 형태였을 가능성은 충분히 있을 것이다. 만약 그렇다면 논어 본문과 주소문을 구별하기가 어려우니 학습을 할 때 본문을 구별하기 위해 쌍북리 목간처럼 본문만을 쓴 목간을 같이 사용하지 않았을까. 『論語議疏』의 紙高가 27.3㎝이며 쌍북리 목간의 길이가 약 30㎝인 것도 이러한 사용법에 적당하다고 볼 수 있다.

Ⅴ. 맺음말

본고는 한반도에서 출토된 논어 목간을 1m를 넘는 장대한 목간으로 복원하는 것에 대한 賈麗英의 비판을 검토했다. 그 결과 그 비판이 성립하기 어렵고 장대한 목간으로 보는 것이 적당하다는 것을 재확인했다.

그리고 쌍북리 목간에 관해서는 본문을 충실하게 쓴 것으로 학습용으로 생각되는데 더 구체적으로는 『논어의소』와 같은 주석서를 읽을 때 본문 부분을 확인하기 위해 참조한 것일 가능성을 지적했다.

| 투고일: 2021.04.23 | 심사개시일: 2021.05.10 | 심사완료일: 2021.05.26 |

국립해양문화재연구소, 2009, 『태안 대섬 수중발굴 조사보고서』.

부산대학교박물관, 2007, 『金海 鳳凰洞 低濕地遺蹟』.

李亨求, 2008, 『桂陽山城發掘調查報告書』, 선문대학교고고연구소.

권인한, 2019, 「扶餘 雙北里 論語木簡에 대한 몇 가지 생각」, 『목간과 문자』 23, 한국목간학회.

김성식·한지아, 2018, 「부여 쌍북리 56번지 사비한옥마을 조성부지 유적 출토 목간」, 『목간과 문자』 21, 한국목간학회.

윤재석, 2011, 「한구·중국·일본 출토 『논어』 목간의 비교연구」, 『東洋史學研究』 114.

李均明, 2008, 「韓中簡牘 비교연구:중국 간독의 분류설명에 의거하여」, 『목간과 문자』 1, 한국목간학회.

전경효, 2020, 「경산 소월리 목간의 기초적 검토」, 『목간과 문자』 24, 한국목간학회.

하시모토 시게루, 2012, 「한국에서 출토된 『논어』 목간의 형태와 용도」, 『지하의 논어, 지상의 논어』, 김경호·이영호 편, 성균관대학교출판부.

하시모토 시게루, 2019, 「'시각목간(視覺木簡)'의 정치성」, 『문자와 고대한국 1 기록과 지배』, 한국목간학회 편, 주류성.

慶應義塾図書館, 2020, 『第32回慶應義塾図書館貴重書展示会　古代中世　日本人の読書』.

橋本繁, 2004, 「金海出土『論語木簡と新羅社会』, 『朝鮮学報』 193, 朝鮮学会.

橋本繁, 2007a, 「金海出土『論語』木簡について」, 『韓国出土木簡の世界』, 雄山閣.

橋本繁, 2007b, 「古代朝鮮における論語受容再論」, 『韓国出土木簡の世界』, 雄山閣.

橋本繁, 2007c, 「東アジアにおける文字文化の伝播」, 『古代東アジアの社会と文化』, 汲古書院.

橋本繁, 2014, 『韓国古代木簡の研究』, 吉川弘文館.

橋本繁, 2018, 「韓国, 日本出土的論語木簡」, 向桃鳳·鄭伊凡 譯, 『出土文獻的世界:第六屆出土文獻青年學者論壇論文集』, 中西書局.

東野治之, 2005, 「近年出土の飛鳥京と韓国の木簡－上代語上代文学との関わりから」, 『日本古代史料学』, 岩波書店.

冨谷至, 2010, 『文書行政の漢帝国－木簡·竹簡の時代』, 名古屋大学出版会.

新井重行, 2006, 「習書·落書の世界」, 『文字と古代日本5 文字表現の獲得 平川南 기타편』, 吉川弘文館.

李成市, 2014, 「韓国出土木簡と東アジア世界論－『論語』木簡を中心に」, 『東アジア木簡学のために』, 汲古書院.

賈麗英, 2020, 「韓国木简《论语》觚考论」, 『郑州大学学报』 53-4. 哲学社会科学版.

〈Abstract〉

Restoration of original form of wooden sticks on which 'the Analects of Confucius (論語)'
were written excavated in Korea

Hashimoto Shigeru

This paper focuses on the restoration of original form of wooden sticks on which '論語' were written excavated in Korea.

The wooden sticks of Bonghwang−dong and Gyeyangsanseong Fortress have been restored to very long wooden sticks of about 1 meter. And many studies have been issued on the premise of this reconstruction. Recently, however, it was claimed that they were not long sticks but short ones for practicing letters.

First, we confirmed that the reason why it can be restored to long wooden sticks was that the phrases written in the wooden sticks were spaced at regular intervals. Although these restorations have been criticized for too fragile, there was a case in which similar types of wood were used as packaging materials to carry celadon during the Goryeo Dynasty. And it is estimated that the diameter of the wooden sticks were at least 3㎝, similar to that of the wooden stick excavated from Sowol−ri, Gyeongsan in 2019. With these materials, criticism cannot be established that it cannot be long wooden sticks.

Then, we examined the rationale for assuming that the object of these wooden sticks were to practice writing. It is judged that all of them are difficult to be grounds for. Eventually, the wooden sticks were restored to be long more than 1 meter, and the purpose of them should be considered on this premise.

The wooden stick excavated from Ssangbuk−ri is restored to about 30㎝ in length. It is estimated that the use is for learning, more specifically, it is assumed that the text−only wooden stick was used together when reading the annotation.

▶ Key words: wooden tablet, the Analects of Confucius, wooden stick to learn, long wooden stick

신라의 유가 교육과 『논어』

채미하*

〈국문초록〉

본 논문은 신라의 유가교육과 『논어』의 위상에 대한 것이다. 신라의 유가교육을 대표하는 것은 국학으로, 국학은 진덕왕 이후의 정치·사회적 상황과 당 국자감의 영향을 받으면서 설치되고 정비되었다. 국학의 장관인 경(사업)은 당 국자감의 장관인 좨주와 그 명칭뿐만 아니라 역할에서도 차이를 보인다. 뿐만 아니라 국학의 교과과정과 평가 시험 역시 당과 다르다. 이와 같은 차이는 국학의 유가교육과 그 내용이 삼국시대 유가 교육의 전통 위에서 당 제도의 영향을 받았기 때문이다. 고구려에서 『문선』을 중히 여긴 것, 고구려·백제의 박사, 신라 화랑이 유가 경전 공부를 3년으로 서약한 것, 독서삼품과 시행 이전 인재를 궁술로 선발한 것 등이 그것이다.

삼국시대에도 널리 읽혀진 공자의 言行이 집약된 『논어』는 유가 교육의 교양서로, 신라 국학의 교과과정에서는 『효경』과 함께 공통과목이었다. 독서삼품과에는 상품과 중품에 포함되어 있어, 국학생은 『논어』에 대한 평가를 통과해야만 관리로 진출할 수 있었다. 시험은 經文과 주석의 뜻으로 평가하였고, 당시 사용된 『논어』의 주석서는 하안과 정현의 것으로 둘 중 하나만 通하면 되었다. 이와 같은 『논어』는 『효경』·『춘추좌씨전』과 함께 신라의 정치질서(忠과 信)를 정립하는데 기여하였다. 그리고 국학의 공자묘당에서는 공자를 비롯한 先聖 등에 대한 의례인 釋奠이 행해졌고, 『논어』는 국왕이 국학에 행차했을 때 이루어진 視學에서 강론되기도 하였을 것이다. 이를 통해 신라 유가 교육에서 『논어』의 위상을 알 수 있었다.

▶ 핵심어: 유가교육, 논어, 국학, 독서삼품과, 석전, 시학

* 경희사이버대학교 시간강사

I. 머리말

유가는 중국 춘추·전국시대에 공자와 맹자에 의해 그 틀을 갖추었고 兩漢代에는 국교가 되어 경학으로 정립되었으며 수·당대에 유교문화로 완결되었다. 『禮記』 學記편에 따르면 "치국은 교화로써 먼저하고, 교화는 학교로써 근본으로 한다(治國以敎化爲先 敎化以學校爲本)"고 하였다.[1]

유가가 우리나라에 수용된 것은 삼국시대로,[2] 지금까지 연구에 따르면 유가적 인식을 가능하게 한 사회·문화적 배경과 유가의 덕목 등이 분석되었다.[3] 이를 통해 유가는 삼국이 고대국가로 성장해 나가는 정치사사상으로 이해하면서 王者의 권위를 합리화하는 방향으로 나타났다고 한다.[4] 그리고 삼국시대 유가 교육과 통일 후 신라의 국학에 대한 연구를 통해서는 삼국시대뿐만 아니라 통일 후 신라의 유가 교육과 그 내용을 알 수 있었다.[5]

하지만 기왕의 연구에서는 삼국시대 유가교육과 신라 국학의 연계성에 대한 언급이 부족하였고, 유가 교육에서 『논어』의 위상에 대해서도 크게 관심을 가지지 않았다. 따라서 본 글은 여기에 대해 생각하려는 것이다.[6] 이를 위해 우선 삼국시대의 유가교육과 긴밀한 관련을 가진 신라 국학이 당 국자감의 영향을 받았다는 점을 염두에 두면서 신라 유가 교육의 실제를 살펴볼 것이다. 다음으로는 신라 유가 교육에서 『논어』가 차지하는 위상을 『삼국사기』 등의 『논어』 인용 기록, 신라 국학의 교과과정과 독서삼품과, 공자가 추구한 인간상인 군자, 공자 등의 先聖과 先師에 대한 제사인 釋奠과 신라 국왕이 국학에 행차[視學]했을 때 강론된 내용을 통해 알아 볼 것이다.

II. 신라의 유가교육과 그 실제

신라의 유가 교육은 다음에서 알 수 있다.

---

1) 『禮記』 學記, "發廬憲 求善良 足以諛聞 不足以動衆 就賢體遠 未足以化民 君子如欲化民成俗 其必由學乎"
2) 문화에 있어서 접촉이 반드시 수용을 뜻하는 것이 아니라 일정한 사회적 기능을 발휘해야만 비로소 수용되는 것이다(이기백, 1986, 『신라사상사연구』, 일조각, p.194).
3) 이와 관련해서는 본문 참고.
4) 김철준, 1990, 「삼국시대의 예속과 유교사상」, 『한국고대사회연구』, 서울대 출판부, p.299.
5) 본문 참고. 최근 연구는 (재)신라문화유산연구원, 2014, 「동아시아 인재양성과 신라국학」, 『제2회 신라 국학대제전 국제학술대회』; (재)신라문화유산연구원, 2013, 「신라 국학 수용과 전개」, 『2013 신라학국제학술대회 논문집』; 주보돈 외, 2015, 『신라 국학과 인재 양성』, 민속원; 이영호, 2015, 「신라 국학의 성립과 변천」, 『역사교육논집』 57, 한국역사교육학회; 박수정, 2018, 「신라 국학의 교수법과 관리 등용」, 『역사와교육』 26, 동국대 역사교과서연구소; 한영화, 2019, 「신라의 국학 교육과 관인선발」, 『신라학보』 45, 신라사학회 등.
6) 본 논문의 기본 틀은 채미하, 2006, 「신라 국왕의 시학과 그 의미」, 『한국사상사학』 32, 한국사상사학회; 채미하, 2015, 『신라의 오례와 왕권』, 혜안을 참고하였다.

1) 國學은 禮部에 속한다. 신문왕 2년(682)에 두었다. 경덕왕이 大學監으로 고쳤았다가, 혜공왕이 되돌렸다. 卿은 1명으로 경덕왕이 司業으로 고쳤다가 혜공왕이 다시 경으로 칭하였다. 관등(位)은 다른 경과 같다. 博士(약간 명으로 수는 정해지지 않았다), 助教(약간 명으로 수는 정해지지 않았다), 大舍는 2명으로 진덕왕 5년(651)에 두었는데, 경덕왕이 주부로 고쳤다가 혜공왕이 다시 대사로 칭하였다. 관등은 舍知에서 奈麻까지이다 (…).[7]

2) 及殂國學少卿臣金奉△△教撰 (…) 卄五日景辰建碑 大舍臣韓訥儒奉 (「문무왕릉비」)

3) (신문왕 2년) 6월에 국학을 세우고 卿 1인을 두었다.[8]

4) (성덕왕 16년) 가을 9월에 당에 갔던 大監 金守忠이 돌아와 文宣王·10哲·72弟子圖를 바치니, 바로 大學에 두었다.[9]

위의 내용을 보면 진덕왕 5년(651)에 대사가 국학에 설치되었고(1)[10] 국학소경은 「문무왕릉비」[11]에서 볼 수 있으며(2), 국학의 경은 신문왕 2년(682)에 설치되고 있음(3)을 알 수 있다. 이로 볼 때 진덕왕 5년에 설치되기 시작한 국학은 국학의 장관인 경을 신문왕 2년에 둠으로써 정비되었고, 경이 설치되기 전에 국학에는 소경이 있었다고 할 수 있다.[12] 이후 김수충이 大(學)監으로 성덕왕 16년(717)에 나온다는 점에서 국학

---

7) 『三國史記』 卷38, 雜志7, 職官上, "國學 屬禮部 神文王二年置 景德王改爲大學監 惠恭王復故 卿一人 景德王改爲司業 惠恭王復稱卿 位與他卿同 博士(若干人 數不定) 助教(若干人 數不定) 大舍二人 眞德王五年置 景德王改爲主簿 惠恭王復稱大舍 位自舍知至奈麻爲之 (…)"

8) 『三國史記』 卷8 新羅本紀8 神文王 2년, "六月 立國學 置卿一人"

9) 『三國史記』 卷8 新羅本紀8 聖德王 16년, "秋九月 入唐大監守忠廻 獻文宣王十哲七十二弟子圖 即置於大學"

10) 국학 설치시기는 진덕왕 5년과 신문왕 2년으로 대별된다. 전자는 이병도, 1977, 『국역 삼국사기』, 을유문화사, p.583; 이기동, 1984, 『신라골품제사회와화랑도』, 일조각, p.124; 김희만, 1994, 「신라 국학의 성립과 운영」, 『소헌남도영박사고희기념역사학논총』, 민족문화사, pp.14-19; 이인철, 1993, 『신라정치제도사연구』, 일조각, p.142; 박순교, 1997, 「신라 중대 시조존숭 관념의 형성」, 『한국 고대의 고고와 역사』, 학연문화사, pp.12-13. 후자는 이기백, 1986, 앞의 책, p.228; 고경석, 1997, 「신라 관인선발제도의 변화」, 『역사와 현실』 23, 한국역사연구회, p.112; 정호섭, 2004, 「신라의 국학과 학생녹읍」, 『사총』 58, 고려대 역사연구소, pp.48-50. 필자는 진덕왕 5년 국학에 대사 2인을 둔 것을 국학 설치의 시점으로 보고 신문왕 2년에는 국학이 정비되었다고 본다. 한편 김영하는 진덕왕 5년의 대사가 유학 관련 업무를 담당하였지만(김영하, 2002, 『한국 고대사회의 군사와 정치』, 고려대학교민족문화연구원, pp.272-274), 국학은 아직 설치되지 않았고 그럼에도 불구하고 실무관인이 배치는 현실적 필요에 따른 신라 관제의 정비과정의 관행이라고 하였다(김영하, 2005, 「신라 중대의 유학수용과 지배윤리」, 『한국고대사연구』 40, 한국고대사학회, p.146).

11) 문무왕비 건립연대와 관련된 견해는 신문왕 1년과 신문왕 2년이 있다. 신문왕 1년설은 유희해, 1922, 『해동금석원』, p.75; 이인철, 1993, 위의 책, pp.141-142; 박순교, 1997, 위의 논문, pp.129-130. 신문왕 2년설은 今西龍, 1933, 「新羅文武王陵碑に就きて」, 『新羅史研究』, 國書刊行會, p.503; 이영호, 1986, 「신라 문무왕릉비의 재검토」, 『역사교육논집』 8, 한국역사교육학회, p.52; 김창호, 1986, 「문무왕릉비에 보이는 신라인의 조상인식」, 『한국사연구』 53, 한국사연구회, p.19; 정호섭, 2004, 위의 논문, p.50 등.

12) 이인철, 1993, 위의 책, pp.141-142; 박순교, 1997, 위의 논문, pp.128-131. 한편 문무왕릉비에 소경이 기록된 것을 볼 때 직관지 국학조에 기록된 국학의 경은 실제로는 소경(浜田耕策, 1980, 「新羅 國學生と遣唐留學生」, 『呴沫集』 2, 呴沫集発行世話人, p.60)으로 보기도 하나, 따르지 않는다.

은 대학으로 불리기도 하였고(4), 경덕왕대 대학감으로 바뀌었다가 혜공왕대 다시 국학으로, 경은 사업으로, 대사는 주부로 변하였다(1).

국학의 설치와 정비는 진덕왕·신문왕·성덕왕·경덕왕 등의 정치·사회적 상황과 당 국자감의 영향과 관련지어 이해하고 있다.[13] 하지만 예부의 부속관서로 신문왕대 정비된 신라 국학은 당 국자감이 예부와는 별도의 독립적인 기구인 점과 비교된다. 그리고 신라 국학은 장관인 경과 행정 담당의 대사-사, 교육 담당의 박사-조교로 이루어졌다. 당 국자감은 祭酒(종3품)-司業(종4품하)-丞(종6품하)-主簿(종7품하)-綠事(종9품하)가 행정을, 교육은 국자학과 태학의 박사와 조교 등이 담당하였다.[14]

국학의 장관인 경은 경덕왕대 사업으로 바뀌는데, 사업은 당 국자감의 장관인 祭酒 아래 관직이며[15] 당 국자감의 장관은 좨주 혹은 좨주박사였다. "진령에서 좨주박사는 마땅히 스승으로서 모범이 되고 학교의 여러 일들을 총괄한다"고 하였고, 사업은 "『예기』에서 樂正은 (수)업을 주관하고[司業] 父師는 학업의 완성을 주관한다[司成]고 하였다.[16] 이와 같이 국학의 장관인 경(사업)은 국학의 수업을 주관하는 자로, 당 국자감의 장관이 좨주인 것과는 비교된다. 후술되지만 신라 국왕이 국학에 행차했을 때 강의 또는 강론을 담당한 것은 '박사'와 '박사이하'였다.[17] 당에서는 황제시학 등에서 좨주가 집경을 담당하였다.[18] 국학의 교수 내용 역시 당 국자감의 내용과는 차이가 있는데, 다음이 그것이다.

> 1) ① 국학 (…) 敎授하는 법은 周易·尙書·毛詩·禮記·春秋左氏傳·文選으로 구분하여 학업으로 삼았고, 박사 또는[若] 조교 1명이 때로는 예기·주역·논어·효경을, 때로는 춘추좌전·모시·논어·효경을, 때로는 상서·논어·효경·문선을 교수하였다. ② 諸生이 책을 읽음으로써 3품으로 出身한다. 춘추좌씨전과 예기와 문선을 읽고 능히 그 뜻에 통달하고 겸하여 논어와 효경에 밝은 자는 상급으로, 곡례·논어·효경을 읽은 자는 중급으로, 곡례·효

---

13) 이상은 기왕의 연구성과인 각주 5 참고.

14) 『唐六典』卷21, 국자감.

15) 『唐六典』卷21, 국자감 좨주사업, "國子監祭酒司業之職 掌邦國儒學訓導之政令 有六學焉"

16) 『唐六典』卷21, 국자감, "祭酒((…)晉令曰 祭酒博士當爲訓範 總統學中衆事(…)) 司業(…)禮記曰 樂正司業 父師司成(…))"

17) 신라 중앙 행정관부의 상급관직인 영-경은 진골·6두품이, 하급관직인 대사-사지-사는 5·4두품이 담당한다. 국학의 경은 다른 핵심 행정관부의 경과 동일한 관등인 급찬에서 아찬까지이다. 박사는 국학조의 서술 순서에서 경과 대사의 사이에 위치하고 있다는 점에서 나마-대나마(三池賢一, 1971, 「新羅內廷官制考(下)」, 『朝鮮學報』61, 天理大學朝鮮學會, p.26), 나마 이상으로(노중국, 1998, 「신라와 고구려·백제의 인재양성과 선발」, 『신라의 인재양성과 선발』(신라문화제학술발표회논문집19), p.61) 파악하기도 한다. 「성덕대왕신종명」에는 당시 기술학에 종사하였던 박사의 관등이 대사에서 대나마까지 나온다. 당 국자감에서 기술학 박사보다 유학을 교육하는 국자학·태학의 박사가 높은 관품을 가지고 있다. 이보다 신라 국학의 박사는 기술학에 종사한 박사보다는 높은 관등을 가졌을 것이다. 조교의 관등은 잘 알 수 없으나, 대사와 같지 않았을까 한다.

18) 『唐六典』21, 국자감 좨주사업, "皇帝視學 皇太子齒胄 則執柛講義焉 凡釋奠之日 則集諸生執經論議 奏請京文武七品以上淸官並與觀焉." 당 정관 21년(647; 진덕왕 1) 이전에는 尼父廟(공자묘)에 박사가 제사지냈다. 『新唐書』卷15 志5 예악5, "(貞觀)二十一年 詔左丘明 (…) 范甯二十二人皆以配享 而尼父廟學官自祭之 祝曰 博士某昭告先聖 州縣之釋奠 亦以博士祭 中書侍郎許敬宗等奏 禮學官釋奠於其先師 (…) 請國學釋奠以祭酒司業博士爲三獻 辭稱皇帝謹遣 (…)."; 『通典』卷53, 예13, 연혁13, 길례12 석전조 참고.

경을 읽은 자는 하급으로 삼았다. 만약 五經三史와 諸子百家書를 능히 아울러 통하는 자는 등급을 뛰어넘어(超) 발탁하여 임용하였다. (…) ③ 모든 학생은 관등(位)이 大舍 이하부터 관등이 없는 자이며, 나이는 15세부터 30세까지 모두 이를 충족하였다. 9년이 기한이며, 만약 노둔하여 인재가 될 가능성이 없는 자(朴魯不化者)는 그만두게 하였다. 만약 재주와 도량은 이룰 만하지만, 아직 미숙한 자(未熟者)는 비록 9년을 넘더라도 국학에 남아있는 것을 허락하였다. 관등이 大奈麻와 奈麻에 이른 이후에는 국학에서 내보낸다.[19]

2) (원성왕 4년) ① 봄에 처음으로 讀書三品을 정함으로써 出身하게 하였다. 춘추좌씨전이나 혹은 예기·문선을 읽고 그 뜻에 능통하며 논어와 효경에 모두 밝은 자를 上品으로, 곡례와 논어·효경을 읽은 자를 中品으로, 곡례와 효경을 읽은 자를 下品으로 삼았다. 혹 五經·三史·諸子百家의 글을 널리 통달한 자는 등급을 뛰어넘어 발탁하여 임용하였다. ② 예전에는 다만 弓術로써만 사람을 선발하였으니, 이때에 이르러 이를 고쳤다.[20]

위의 내용에서 국학의 '教授之法'은 각 교과목, 즉 『周易』·『尙書』·『毛詩』·『禮記』·『春秋左氏傳』·『文選』을 나누어서 業으로 하였다고 한다(1)①). 이것은 『禮記』·『周易』, 『春秋左傳』·『毛詩』, 『尙書』·『文選』 3과정이며 각 과정에는 『논어』와 『효경』이 공통으로 포함되어 있다(1)②).

당은 『주역』·『상서』·『주례』·『의례』·『예기』·『모시』·『춘추좌씨전』·『공양전』·『곡량전』을 각 1경으로 하고 『예기』·『춘추좌씨전』은 大經, 『모시』·『주례』·『의례』은 中經, 『주역』·『상서』·『공양전』·『곡량전』은 小經으로 나누고 『효경』과 『논어』(와 『노자』)를 필수로 하고 있다.[21] 일본에서는 『주역』·『상서』·『주례』·『의례』·『예기』·『모시』·『춘추좌씨전』을 각 1경으로 하고, 『예기』·『좌전』의 大經, 『모시』·『주례』·『의례』의 中經, 『주역』·『상서』의 小經으로 나누며 『효경』과 『논어』가 공통과목이었다.[22] 동아시아 삼국의 유가 교수 내용을 〈표 1〉로 제시하면 다음과 같다.

---

19) 『三國史記』 卷38 雜志7, 職官上, "① 國學 (…) 教授之法 以周易·尙書·毛詩·禮記·春秋左氏傳·文選 分而爲之業. 博士若助教一人 或以禮記·周易·論語·孝經 或以春秋左傳·毛詩·論語·孝經 或以尙書·論語·孝經·文選教授之 ② 諸生 讀書以三品出身 讀春秋左氏傳 若禮記 若文選 而能通基義 兼明論語·孝經者爲上 讀曲禮·論語·孝經者爲中 讀曲禮·孝經者爲下 若能兼通五經·三史·諸子百家書者 超擢用之 (…) ③ 凡學生 位自大舍已下至無位 年自十五至三十皆充之 限九年 若朴魯不化者罷之 若才器可成而未熟者 雖踰九年許在學 位至大奈麻·奈麻以後 出學"

20) 『三國史記』 卷10 新羅本紀10 元聖王 4년, "春 始定讀書三品以出身 讀春秋左氏傳 若禮記若文選而能通基義 兼明論語·孝經者爲上 讀曲禮·論語·孝經者爲中 讀曲禮·孝經者爲下 若博通五經·三史·諸子百家書者 超擢用之 前祇以弓箭選人 至是改之"

21) 『唐六典』 卷21 國子監 祭酒, "凡教授之經 以周易·尙書·周禮·儀禮·禮記·毛詩·春秋左氏傳·公羊傳·穀梁傳各爲一經 孝經·論語·老子 學者兼習之 諸教授正業((…)其禮記·左傳爲大經 毛詩·周禮·儀禮爲中經 周易·尙書·公羊·穀梁爲小經)"; 『唐六典』 尙書禮部 職任, "凡正經有九：禮記·左氏春秋爲大經 毛詩·周禮·儀禮爲中經 周易·尙書·公羊春秋·穀梁春秋爲小經 通二經者 一大一小 若兩中經 通三經者 大·小·中各一 通五經者 大經並通 其孝經·論語·老子並須兼習"

22) 『養老令』 학령 5조, "凡經 周易·尙書·周禮·儀禮·禮記·毛詩·春秋左氏傳 各爲一經 孝經·論語 學者兼習之"; 『養老令』 학령 7조, "凡禮記左傳 各爲大經 毛詩周禮儀禮 各爲中經 周易尙書 各爲小經 通二經者 大經內通一經 小經內通一經 若申經 即併通兩經 其通三經者 大經中經小經各通一經 通五經者 大經並通 孝經論語 皆須兼習"

표 1. 신라 · 당 · 일본의 유가 교육 교수내용[23]

	大經	中經	小經	공통과목
신라	禮記·周易	春秋左傳·毛詩	尙書·文選	論語·孝經
중국	禮記·春秋左氏傳	詩經·周禮·儀禮	易經·尙書·春秋公羊傳·春秋穀梁傳	孝經·論語(·老子)
일본	禮記·春秋左氏傳	毛詩·周禮·儀禮	周易·尙書	孝經·論語

〈표 1〉을 보면 일본은 당의 9경 중 『공양전』·『곡량전』을 제외하고 7경을 두었고, 대·중·소경의 편제는 당과 같다. 반면에 신라 국학의 교수내용은 경학인 오경(『주역』·『상서』·『모시』·『예기』·『춘추좌씨전』)과 문학(『문선』), 『논어』와 『효경』이다.[24] 당의 국자학·태학·사문학에서는 경서를 다섯 범주로 나누고(五分其經以爲之業) 나머지 소경(『역경』·『상서』·『공양전』·『곡량전』)과 『효경』·『논어』를 수업한다고 한다.[25] 즉 『주례』·『의례』·『예기』·『모시』·『춘추좌씨전』의 大經과 中經을 5개의 학습단위로 수업을 진행하였다. 신라 국학 역시 5개의 학습단위로 설정하여 당의 9경 중 『주례』·『의례』·『공양전』·『곡량전』을 제외한 오경을 두었다고 생각된다. 하지만 당과 일본의 교수 내용에는 없는 『문선』이 신라 국학에는 포함되어 있다. 당에서는 대경인 『춘추좌전』과 소경인 『주역』이 신라 국학에서는 『주역』이 『예기』와 함께, 『춘추좌전』은 『모시』와 함께 나온다. 그리고 당과 일본에서는 『효경』다음에 『논어』를 기록하였지만, 신라 국학에서는 『논어』 다음에 『효경』이 나오며, 『문선』보다는 『논어』가 앞에 기록되어 있다.

후술되는 당의 명경과에서는 2경을 평가하여 관리를 선출하였지만, 원성왕 4년(788) 제정된 독서삼품과에서는 구체적인 시험과목을 명시하였다(2). 이 중 독서삼품과의 중품과 하품에서 평가받은 『곡례』는 『예기』의 首篇으로, 당의 명경과에서는 평가 대상이 아니었다. 『곡례』는 국가적 지배질서에서 여러 신분이 지켜야 할 예와 사회적 인간관계인 부자·군신·장유·주객 등 일상생활에서 접하는 예를 설명한 것으로,[26] 당시 신라 사회의 시대적 요청과 관련 있었다고 한다.[27] 그리고 신라 국학에서 다양한 유가경전을 교수하고 있었음에도 불구하고 독서삼품과 이전에는 '단지 弓箭(활쏘는 것)으로 인물을 선발하였다'(2)②)다.

신라 국학의 박사 또는(若) 조교 약간 명은 그 수는 정해져 있지 않았고 박사 또는[若] 조교 1명이 교과목을 교수하였는데, 경덕왕 6년(747)에 諸業博士와 助敎를 두었다고 한다.[28] '業'의 사전적인 뜻은 '부여된 과업'으로, 신라 국학의 제업박사와 조교는 유가 교육 과목을 분업하는 박사와 조교라고 할 수 있다.[29] 당 국

---

23) 신라 국학의 교수내용은 당·일본과는 달리 대경·중경·소경으로 구분하지 않았지만, 편의상 기술된 순서대로 대경·중경·소경으로 편제하였다. 이와 관련해서 박수정, 2018, 앞의 논문 및 한영화, 2019, 앞의 논문 참고.

24) 이를 통해 유교적 도덕정치이념 구현이 국학의 목적이라고 하였다(이기백, 1986, 앞의 책, p.226).

25) 『唐六典』卷21 國子監 國子博士;;『唐六典』卷21, 國子監 太學博士;『唐六典』卷21, 國子監 四門博士 "國子博士 (…) 五分其經以爲之業 習周禮·儀禮·禮記·毛詩·春秋左氏傳 每經各六十人 餘經亦兼習之(…)"

26) 錢玄·錢興奇, 1998, 『三禮辭典』, 江蘇古籍出版社, pp.362-363; 김영하, 2005, 앞의 논문, p.158.

27) 이에 대해서는 채미하, 2006, 앞의 논문; 채미하, 2013, 「신라 흥덕왕대의 정치와 의례」, 『신라문화』 42, 동국대 신라문화연구소; 채미하, 2015, 앞의 책 참조.

28) 『三國史記』卷9 新羅本紀9 景德王 6년, "春正月 改中侍爲侍中 置國學諸業博士·助敎"

자감의 국자학과 태학, 사문학에서도 박사와 조교가 학업을 담당하였다.[30] 하지만 당 국자감에서는 『효경』·『논어』는 1년 안에, 『상서』·『춘추공양전』·『춘추곡량전』은 각각 1년 반에, 『주역』·『모시』·『주례』·『의례』는 각각 2년 안에, 『예기』·『좌씨춘추전』은 각각 3년 안에 학업을 마치게 한다고 하였다.[31] 신라 국학은 9년을 기한으로 하였고, 일본 역시 마찬가지였다.[32]

이와 같은 신라 국학은 당 국자감에 소속된 관부인 태학에 준하는 정도로 여겨지는데, 성덕왕대 대학이라고 하였고 경덕왕대 태학감이라고 한 점에서 생각해 볼 수 있다.[33] 이후 신라는 9세기 중엽 제2차 관호개혁을 추진하였다.[34] 前國子監卿은 「개선사석등기」(868년)[35]에, 태학박사는 최치원이 쓴 「奏請宿衛學生還蕃狀」에 나온다.[36] 이로 볼 때 신라 하대 국학은 國子監으로 불렸을 것이고, 당 국자감과 같이 국자학과 태학으로 나누어져 신라 하대 유학 교육이 이루어졌을 것이다.[37]

이상과 같이 신라 국학에서 이루어진 유가 교육은 당 제도를 수용하면서 정비되었지만, 그 실제는 변용

---

29) 노용필, 1994, 「신라시대 효경의 수용과 그 사회적 의의」, 『이기백선생고희기념논총』, 일조각, p.196; 정호섭, 2004, 앞의 논문, pp.58-60; 이현주, 2020, 「신라 효경의 수용과 활용」, 『한국사상사학』 64, 한국사상사학회도 참고. 이명식은 국학의 명칭을 대학감으로 개칭하던 경덕왕 6년에 박사와 조교를 두었다고 한다(이명식, 2000, 「신라 국학의 운영과 재편」, 『대구사학』 59, 대구사학회, pp.13-14).

30) 당 국자감의 박사와 조교, 학생 등의 인원과 관품 등은 『唐六典』 卷21, 국자감 참고.

31) 『唐六典』 卷21 國子監, "國子博士 習孝經·論語限一年業成 尙書·春秋公羊·穀梁各一年半 周易·毛詩·周禮·儀禮各二年 禮記·左氏春秋各三年"

32) 『養老令』 학령 8조, "(…) 及在學九年 不堪貢擧者 並解退(…)". 한편 국학의 각 교과과정은 7년으로 이해하기도 한다(한영화, 2019, 앞의 논문, p.348). 이외의 연구성과는 각주 5 참고.

33) 김영하, 2005, 앞의 논문, p.153 및 p.156.

34) 이기동, 1978, 「나말·려초 근기기구와 문한기구의 확장」, 『역사학보』 77, 역사학회; 이기동, 1984, 앞의 책, pp.233-246. 정호섭은 국학이라는 용어가 경문왕·헌강왕기에도 그대로 있어 국학은 변하지 않았다고 보기도 한다(정호섭, 2004, 앞의 논문, pp.54-56).

35) 「개선사석등기」의 '景文大王主 文懿皇后主 大娘主 願燈二炷 唐咸通九年戊子中春 夕繼月光 前國子監卿沙干金中庸 送上油粮業租三百碩'를 보면 경문왕 9년 석등 건립에 필요한 물자를 전국자감경인 사간 김중용이 보냈다고 한다(전미희, 1989, 「신라 경문왕·헌강왕대의 '能官人' 등용정책과 국학」, 『동아연구』 17, 서강대 동아연구소, p.52, p.51). 이와 관련해서 '見新羅國子博士薛因宣撰金庾信碑及朴居勿撰·姚克一書三郎寺碑文(『三國史記』 卷28 百濟本紀6 義慈王 20년 史論)' 國子博士 설인선이 찬한 김유신비도 참고되는데, 김유신의 몰년이 문무왕 13년이므로, 그 무렵으로 보기도 한다(정호섭, 2004, 앞의 논문, p.49). 하지만 흥덕왕대(이현태, 2006, 「신라 중대 신김씨의 등장과 그 배경」, 『한국고대연구』 42, 한국고대사학회, pp.237-240), 경문왕대(이문기, 1999, 「신라 김씨왕실의 소호금천씨 출자관념의 표방과 변화」, 『역사교육논집』 23·24, 한국역사교육학회, pp.662-667)로 보기도 한다.

36) 「奏請宿衛學生還蕃狀」 '令准去文德元年放歸 限滿學生大學博士金紹游等例 勒金茂先等 幷首領輩 隨賀正使級餐金穎船次還蕃'에 따르면 문덕 원년(진성왕 2)에 김무선을 비롯한 신라의 숙위 학생 4명을 돌려보냈다고 한다. 여기의 태학박사는 헌강왕 4년 당시 그가 신라에서 역임하고 있었던 직책으로 보고 있다(전미희, 1989, 앞의 논문, p.52).

37) 전미희, 1989, 앞의 논문, pp.50-51. p.53에서 신라의 국학에는 경문왕·헌강왕대를 전후하여 이미 태학이나 산학 등의 학과가 구분되어 있다고 하였고 노중국도 국자학·태학·산학의 학업 분야가 국학에 설치되었다고 하였다(노중국, 1998, 앞의 논문, pp.56-57). 한편 김영하, 2005, 앞의 논문, p.153에서 당 국자감과 외형상의 차이를 극복하려는 의식의 소산으로 경덕왕대의 대학감, 「개선사석등기」의 국자감이라는 표현을 이해하고 있다. 당의 경우 국자학, 태학, 사문학의 구분 기준은 父祖의 관품이었다. 신라 하대 국자학과 태학의 기준이 무엇인지에 해서는 현재로서는 알 수 없다.

되어 운영되었다. 이것은 신라에 국학이 설치되기 전부터 삼국시대 유가교육과 관련 있지 않았을까 한다. 그렇다면 삼국시대의 유가 교육은 어떠했을까.

고구려는 소수림왕 2년(372)에 태학을 설치하여 유가교육을 하였고[38] 唐書에 따르면 "풍속이 서적을 좋아하고 빈천하고 짐승이나 먹이는 집에 이르기까지 집집마다 大屋을 지어 이를 경당이라 불렀으며, 미혼의 자제들이 주야로 이곳에서 글 읽고 활쏘기를 좋아하였다"고 한다.[39] 고구려의 서적으로는 五經·三史(사기·한서·후한서)·三國志·晋春秋와 사전으로 옥편·字統·字林이 있으며 문학서인 文選을 특히 중히 여겼다고 한다.[40] 소수림왕대 이후 고구려의 신화와 왕의 계보 등에 관한 100권에 달하는 『留記』가 편찬되었고, 영양왕 10년(600)에 박사 이문진이 古史를 축소하여 『新集』 5권을 수찬하였다.[41] 사서편찬은 유교경전을 비롯한 중국문화를 이해하고 활용할 수 있는 조건을 구비하고 있었음을 보여주며, 사서는 태학의 교재로도 사용되었을 것이다.[42]

백제는 근초고왕대 박사 고흥이 『書記』를 편찬하였고[43] 박사라는 칭호에서 대학과 전문학자가 있었을 것이다. 『일본서기』의 『백제기』·『백제신찬』·『백제본기』는 『서기』 이후에 편찬되었을 것이다.[44] 『주서』에는 "풍속이 말 타고 활쏘기를 중히 여기고 경서와 사서를 좋아하였으며, 그중 뛰어난 자는 자못 한문을 해독하여 글을 잘 지었다"[45]고 하며 중국에서 毛詩博士[46]와 講禮博士[47]를 청해 오기도 하였다. 『주서』·『북사』에는 '글을 잘 지었다', 『북사』·『수사』에는 '史事에 能했다', 『구당서』에는 '表나 疏는 중국의 법에 따랐다', 『신당서』에는 '文籍이 있다'고 기록되어 있다. 이로 볼 때 백제는 經·史·子를 중심으로 교육하였음을 알 수 있다.[48] 한성시기에는 왕자 阿直岐와 박사 王仁이 유교경전 등을 왜에 전달하였고[49] 무령왕대에는 오경박사 段楊爾와 高安茂가,[50] 성왕대는 오경박사 王柳貴가 왜에 갔다.[51]

---

38) 『三國史記』 卷18, 高句麗本紀8, 小獸林王 2년, "立太學 教育子弟"

39) 『舊唐書』 卷199上 列傳149上 東夷 高麗, "俗愛書籍 至於衡門廝養之家 各於街衢造大屋 謂之扃堂 子弟未婚之前 晝夜於此讀書習射"; 『新唐書』 卷220 列傳145 東夷 高句麗, "人喜學 至窮門廝家 亦相矜勉 衢側悉構嚴屋 號扃堂 子弟未婚者曹處 誦經習射"

40) 『周書』 異域列傳 高句麗 및 『北史』 卷94 列傳82 高句麗, "書籍有五經·三史·三國志·陳陽秋"; 『舊唐書』 卷199上 列傳149上 東夷 高麗, "其書有五經及史記·漢書·范曄後漢書·三國志·孫盛晋春秋·玉篇·字統·字林, 又有文選 尤愛重之"

41) 『三國史記』 卷20 高句麗本紀8 嬰陽王 11년, "春正月 詔大學博士 李文眞 約古史爲新集五卷 國初始用文字 時有人記事一百卷 名曰 留記 至是刪修"

42) 정구복, 1983, 「전통적 역사의식과 역사서술」, 『한국학입문』, 대한민국학술원, p.83

43) 『三國史記』 卷24 百濟本紀2 近肖古王 30년, "古記云 百濟開國已來 未有以文字記事 至是 得博士高興 始有書記 然高興未嘗顯於他書 不知其何許人也"

44) 이기동, 1972, 「고대국가의 역사의식」, 『한국사론 6』, 국사편찬위원회, pp.6-7.

45) 『周書』 異域列傳 百濟, "俗重騎射 兼愛墳史 其秀異者 頗解屬文"

46) 『三國史記』 卷26 百濟本紀4 聖王 19년, "(…)兼表 請毛詩博士 涅槃等經義 幷工匠·畵師等 從之"; 『南史』 梁本紀 武帝 大同 7년, "百濟求涅槃等經疏及醫工·畵師·毛詩博士 幷許之"

47) 『陳書』 卷33 鄭灼傳 附, "梁世百濟國表求講禮博士 詔令詡行"

48) 『舊唐書』 卷199上 列傳149上 東夷 百濟, "其書籍有五經·子·史 又表疏幷衣中華之法"

49) 『日本書紀』 卷10 應神紀 15년, "百濟王 遣阿直岐 (…)阿直岐亦能讀經典 即太子菟道稚郎子師焉 天皇問阿直岐曰 如勝汝博士亦有耶 對曰 有王仁者"; 『日本書紀』 卷10 應神紀 16년, "王仁來之 則太子菟道稚郎子之 習諸典籍於王仁 莫不通達"

신라는 진흥왕 6년(545) 왕실의 덕실을 논하기 위해 『국사』를 편찬하였는데,[52] 유가나 중국 사서의 영향을 받은 것으로 이해하고 있다.[53] 진흥왕 순수비의 巡狩는 『예기』 왕제편에서 제왕이 왕경을 출발하여 산천에 제사를 지내고 제후를 불러 모아 민신을 동향을 살피며, 역일을 제시하고 금제나 예악의 기준 및 제도 복색의 규정을 통일시켜 잘못을 바로 잡는 것을 말한다. 후술되듯이 「마운령비」의 '修己以安百姓'은 『논어』 憲問章에서 취한 것이다. 乾道는 천도로, 『서경』 大禹謨편에 '罔違道以干百姓之譽', 神祇는 『서경』 태갑(상)편에 "伊尹作書曰 先王顧諟天之明命, 以承上下神祇 社稷宗廟 罔不祇肅", 四方託境은 『서경』의 왕도사상과 관련 있는 것으로, 泰誓편에는 '寵綏四方'과 '光于四方'이, 畢命편에는 '四方無虞'가, 益稷편에는 '予欲宣力四方'이 보인다. 純風은 '純美之風', 仁風으로 『晉書』 樂志 宗朝歌詩 歌成帝에 보이며 歷數는 일월 운행의 度數로 『漢書』 예악지의 '我定歷數人告其心'과 『한서』 율력지(상)의 '咨爾舜天之歷數在爾躬'에서 찾아진다. 應符의 符는 하늘로부터 명을 받은 君에게 내리는 상서로 符籍·神符·符命이라고도 하며 『사기』 효무제기에 '賜諸侯白金 以風符應合于天地'의 注로 '集解曰 晉灼曰 符瑞也 瓚曰 風示諸侯以此符瑞之應'이라고 하였다.

「임신서기석」에는 "또 따로이 먼저 신미년 (551년 또는 611년) 7월 22일에 맹서하였다. 詩·尙書·禮記·春秋傳를 차례로 습득하기를 맹서하되 3년으로 하였다"고 한다. 원광의 세속오계는 화랑도 교육의 유교덕목이 아닐까 한다.[54] 즉 事君以忠(忠)은 왕권을 중심으로 한 중앙집권적인 국가체제의 형성에 부응하는 것, 事親以孝(孝)는 가부장적인 가족제도의 발전에 따른 것, 交友以信(信)은 화랑도와 같은 집단생활에서 필요한 것, 臨戰無退(勇)는 정복전쟁의 수행에서 필수적인 것이다.[55] 살생유택은 불교의 규범으로 보기도 하나, 『예기』 月令篇과 玉藻篇에도 '때를 가려 죽이지 말라'·'細物을 죽이지 말라'·'가축을 죽이지 말라'가 나온다.

이상과 같은 삼국시대의 유가교육과 그 내용은 신라 국학이 성립되고 정비될 때 영향을 주었을 것이다. 삼국시대 유가 교육과 관련된 시스템에 대한 구체적인 내용은 알 수 없지만, 당의 제도를 받아들인 신라 국학이 당과 다른 모습을 띈 것은 삼국시대의 유가 교육 시스템의 반영이 아닐까 한다. 고구려 태학은 기록에 보이는 삼국시대 유일한 교육기관이다. 중국에서 본격적인 학교제도가 마련된 것은 漢 武帝代이다.[56] 이때 설립된 중앙의 학교인 태학은 중원의 여러 왕조에서도 사용하였고, 고구려는 소수림왕 2년(372)에 이것을 수용하여 유가교육을 하였다.[57] 백제의 경우 교육기관에 대한 기록은 없지만 유교 경전을 담당하는 박사가

---

50) 『日本書紀』 卷17 繼體紀 7년, "百濟…貢五經博士段楊爾"; 『日本書紀』 卷17 繼體紀 10년, "秋九月 百濟 (…) 別貢五經博士漢高安茂 請代博士段楊爾 依請代之"

51) 『日本書紀』 卷19 欽明紀 15년, "二月 百濟 (…) 五經博士王有貴 代高德馬丁安"

52) 『三國史記』 卷4 新羅本紀4 眞興王 6년, "(…) 伊湌異斯夫曰 國史者 記君臣之善惡 示褒貶於萬代 不有修撰 後代何觀 王深然之 命大阿湌 居柒夫等 廣集文士俾 之修撰"

53) 김두진, 1981, 「고대의 문화의식」, 『한국사 2』, 국사편찬위원회, p.286.

54) 이병도, 1959, 『한국사 고대편』, 진단학회, pp.600-602. 한편 유교의 모방에서 온 것만이 아닌 신라사회의 전통과 기반과도 연관되어 생각하기도 한다(김철준, 1990, 앞의 책, p.311).

55) 이기백, 1986, 앞의 책, p.201; 김철준, 1990, 앞의 책, pp.311-312.

56) 미조구치 유조 외, 2011, 『中國思想文化事典』, 김석근·김용천·박규태 譯, 책과 함께, pp.765-766. 漢 武帝代 학교제도의 정비는 유교의 국교화 내지 유학의 관학화와 밀접한 관련이 있다. 이와 관련해서는 渡邊義浩, 2011, 『후한 유교국가의 성립』, 김용천 譯, 동과서, 2011, pp.25-29 참조.

있었고 신라의 경우 임신서기석을 보면 유가 경전을 공부하는 기간을 3년으로 설정하고 있다.

그리고 신라 국학의 교과목의 하나인 『문선』은 당·일본의 교수 내용에는 포함되지 않은 것으로, 신라의 필요성 때문에 『문선』을 교육하였을 것이지만,[58] 고구려에서 『문선』을 중히 여겼다고 하는 것도 참고된다. 또한 신라에서는 독서삼품과를 시행하기 이전 弓箭(활쏘기)로 인재를 선발하였다. 고구려 시조 주몽의 이름이 '활을 잘 쏘는 사람'이라는 점에서 짐작할 수 있듯이, 弓箭, 射는 고구려 사회에서 왕에게 요구되는 덕목의 하나였다. 백제왕은 활 쏘는 것을 관람하거나 도성 내에 射臺를 만들어 활 쏘는 것을 익히게 하거나 도성 사람들을 모아 활 쏘는 것을 익히도록 하였다.[59] 신라왕은 활 쏘는 것을 '觀'하였고,[60] 『북사』와 『수서』, 『당서』에 따르면 8월 15일에 군신을 모아 궁정에서 활쏘기를 하였다.[61] 이와 같은 활쏘기, 즉 射는 周公 때 완비된 六藝, 禮(禮容)·樂(音樂)·射(弓術)·御(馬術)·書(書道)·數(수학)의 하나로 육덕(知·仁·聖·義·忠·和)·육행(孝·友·睦·姻·任·恤)과 함께 중국 고대 교육의 중요한 교과 과정이었다. 따라서 독서삼품과 설치 이전 신라에서 인재를 弓箭을 통해 선발한 것은 삼국시대 유가 교육 및 인재 등용방식과 관련지어 이해된다.

III. 유가교육에서 『논어』의 위상

유가의 기본 교양서로 공자의 言行이 집약된 『논어』는 삼국시대 신라에서 일찍부터 읽혀졌다. 「울진봉평비」의 '獲罪於天'은 『논어』 八佾章에 "獲罪於天 無所禱也"(하늘에 죄를 지으면 빌 곳이 없다)에서, 마운령비의 '修己以安百姓'은 『논어』 憲問章의 "子路問君子 子曰修己以敬 曰如斯而已乎 曰修己以安人 曰如斯而已乎 曰修己以安百姓 修己以安百姓 堯舜其猶病諸"에서 나온 것이다. 「임신서기석」의 '天大罪得誓'는 「울진봉평비」의 '獲罪於天'과 비교된다. 『삼국사기』에는 눌최가 '至於歲寒 獨松柏於凋',[62] 죽죽이 '使我歲寒不凋',[63] 비령자가 '歲寒然後 知松柏之後凋'[64]라고 한 것은 『논어』 子罕章의 "歲寒然後 知松柏之後凋"에서 취한 것이다. 물계자가 "(…) 일찍이 들으니 신하된 도리는 위험을 보면 목숨을 바치고, 어려움을 만나면 자신을 돌보지 않는 것이라고 하였다.(…)"[65]는 김부식이 『논어』 子張章의 "臣見危致命 見得思義"라는 구절과 『禮記』 曲禮(上)의

57) 이정빈, 2014, 「고구려의 교육기관과 인재양성」, 『제2회신라국학대제전국제학술대회』, p.10.
58) 신라 국학의 『문선』과 관련해서 각주 5 참고.
59) 『三國史記』 百濟本紀 古爾王 9년·比流王 17년·阿莘王 7년 참고.
60) 『三國史記』 卷3 新羅本紀3 實聖尼師今 14년, "秋七月 又御金城南門觀射"
61) 『北史』 卷94 列傳82 新羅; 『隋書』 卷81 列傳46 東夷 新羅; 『舊唐書』 卷99上, 列傳149上 東夷 新羅; 『新唐書』 卷220 列傳145 東夷 新羅.
62) 『三國史記』 卷47 列傳7 눌최.
63) 『三國史記』 卷47 列傳7 죽죽.
64) 『三國史記』 卷47 列傳7 비령자.
65) 『三國史記』 卷48 列傳8 물계자.

"臨難毋苟免" 또는 『구당서』 劉弘基傳의 "臨難不屈"의 구절을 합쳐 새로 만든 표현이다.[66] 하지만 이 역시 당시 『논어』에 대한 이해가 있었다고 생각한다.

김해 봉황동 저습지 유적에서 출토된 목간 4면에는 『논어』 公冶長章이 기록되어 있으며, 인천 계양산성에서도 『논어』 목간이 출토되었다. 강수와 함께 국학을 정비한 설총[67]은 '방언으로 九經을 읽었고 후생을 훈도하였'는데,[68] 9경에는 『논어』가 포함되었다고도 한다.[69] 외교문서 작성에 탁월했던 강수는 『효경』·『爾雅』·『곡례』·『文選』을 스승으로부터 배웠고[70] 유가 교육의 기본서인 『논어』도 읽었을 것이다. 『삼국사기』의 "(…) 삼가 아무 관직의 아무개를 보내 변변치 못한 물품을 진열하여 여기 계신 듯한 신령 앞에 정성을 올립니다(謹遺使某官某 奉陳不腆之物 以虔如在之靈) (…)"[71]의 '如在'는 神이 그 곳에 있는 것과 같다는 뜻으로 『논어』 八佾章의 '祭如生 祭神如神在'에서, "(…) 한 가지를 들면 이를 유추하여 세 가지를 깨달았다(聞一隅 則反之以三隅)(…)"[72]는 『논어』 述而章의 "擧一隅 不以三隅反 則不復也"에서 나온 것이다. "최치원은 『鸞郎碑』 서문에서 말하기를, '(…) 이를테면 들어와서는 집안에서 효를 행하고 나가서는 나라에 충성함은 魯 司寇의 가르침이다.(…)' "[73]는 『논어』 學而章의 "入則孝 出則悌"를 인용한 것이다.

「숭복사비」의 '覆簣'은 '작은 것을 쌓아서 큰 것을 이룸'이라는 뜻으로, 『논어』 子罕章의 "子曰 譬如爲山 未成一簣 止吾止也 譬如平地 雖覆一簣 進吾往也", 「문경 봉암사지증대사탑비」의 '九思'는 군자가 항상 염두에 두고 반성하며, 그 행실을 삼가야 할 아홉 가지의 일로, 『논어』 季氏章의 '視思明·聽思聰·色思溫·貌思恭·言思忠·事思敬·疑思問·忿思難·見得思義'를 총칭한다. 「보령성주사지 낭혜화상탑비」의 '후학[可畏]'은 後生의 뜻으로 『논어』 子罕章의 "子曰 後生可畏"에서, 「제천 월광사지 원랑선사탑비」의 '憤悱'는 배우는 사람이 가르치는 사람이 말해주기 이전에 먼저 꼭 배우고자 하는 마음을 갖는 것을 의미하는 것으로 『논어』 述而章의 "不憤不啓 不悱不發 擧一隅不以三隅反 則不復也"에서 취하였다. 「하동 쌍계사진감선사탑비」의 '先難後獲'은 어려운 일을 먼저하고 얻는 바를 뒤로 함이라는 뜻으로 『논어』 雍也章에서 樊遲가 仁에 대하여 묻자 공자가 대답한 말이고, 「하동 쌍계사진감선사탑비」의 '且尼父謂門弟子曰 予慾無言 天何言哉'(하늘이 말하지 않

---

66) 정구복 외, 1997, 『역주 삼국사기』 4 주석편(하), 한국정신문화연구원, p.799.

67) 이기백, 1982, 「통일신라와 발해의 사회」, 『한국사강좌 Ⅰ(고대편)』, 일조각, p.318.

68) 『三國史記』 卷46 列傳6 설총, "薛聰 (…) 以方言讀九經 訓導後生"

69) 당에서는 三經·三禮·三傳을 합하여 구경이라고 하였다. 즉, 『예기』와 『좌전』은 대경, 『시』·『주례』·『의례』는 중경, 『역』·『상서』·『춘추공양전』·『곡량전』은 소경이라고 하였다(『新唐書』 卷44 志34 選擧上, "凡禮記春秋左氏傳爲大經 詩周禮儀禮爲中經 易尙書春秋公羊傳穀梁傳爲小經"; 皮錫瑞, 1995, 『中國經學史』, 李鴻鎭 譯, 형설출판사, pp.165-167 참고). 따라서 설총의 9경을 이것으로 보기도 하며(조준하, 2002, 「설총의 구경에 관한 사적 고찰」, 『한국사상과 문화』 17, 한국사상문화학회, pp.98-99) 독서삼품과 시험과목인 『시경』·『서경』·『역경』·『춘추』·『예기』·『의례』·『주례』·『논어』·『효경』을 9경이라고도 한다(정구복 외, 1997, 앞의 책, pp.771-772). 이병도는 역경·서경·시경·예기·춘추·효경·논어·맹자를 9경으로 보고 있다(이병도, 1977, 앞의 책, p.681).

70) 『三國史記』 卷46 列傳6 강수, "强首 (…) 遂就師讀孝經·曲禮·爾雅·文選"

71) 『三國史記』 卷8 新羅本紀8 神文王 7년 夏 4월.

72) 『三國史記』 卷43 列傳3 김유신 부록 현손 김암.

73) 『三國史記』 卷4 新羅本紀4, 眞興王 37년.

으면서도 철을 바꾸고 만물이 생기게 하는 것처럼, 공자 자신도 그렇게 하겠다)는 『논어』 陽貨章에 보인다.

앞 장에서 살펴보았듯이, 『논어』는 동아시아 삼국의 유가 교육 과정에서 『효경』과 함께 공통 과목이었다. 하지만 신라 국학에서는 당·일본과는 달리 『효경』보다 『논어』를 먼저 기록하고 있으며, 국학의 교과과목이 『상서』-(『논어』-『효경』-)『문선』순으로 기재되어 있다. 독서삼품과에서는 『논어』가 상품과 중품에 포함되어 있다. 독서삼품과의 내용을 〈표 2〉로 제시하면 다음과 같다.

표 2. 독서삼품과 내용

	상품	중품	하품	超擢
독서삼품과	春秋左氏傳 (若)禮記 (若)文選 論語·孝經	曲禮·論語·孝經	曲禮·孝經	五經·三史·諸子百家書

위의 〈표 2〉에서 독서삼품과의 상품에는 『춘추좌씨전』 혹은 『예기』 혹은 『문선』과 『논어』·『효경』이, 중품에는 『곡례』와 『논어』·『효경』이, 하품에는 『곡례』·『효경』이 평가대상이었다. 『삼국사기』 직관지 국학조에 보이는 "諸生讀書以三品出身"과 "始定讀書三品以出身"의 '出身'은 "처음으로 벼슬길에 나섬"이라는 뜻이고, '諸生'은 국학생이다.[74] 이로 볼 때 국학생들은 국학의 교과목을 독서하여 삼품으로 평가받았으며, 독서삼품이라는 평가 내지 시험을 거쳐 관료로 진출할 수 있었다.[75]

당의 명경과에서는 二經을 시험 보는데, 2경에 통한다는 것은 대경 하나와 소경 하나에 통하거나, 중경 둘에 통하는 것이다. 시험은 경마다 10帖을 내고 『논어』는 8첩, 『효경』은 2첩을 낸다. 6첩 이상에 통하면 그 다음에 策을 시험하는데,[76] 모두 經文과 주석의 뜻[注意]을 쓰며 답안에서는 뜻과 이치를 분명하게 밝혀야 통한다고 하였다.[77] 독서삼품과에서도 경의 뜻을 평가받았을 것이고 주석에도 정통해야 했을 것이다. 후술

---

74) 당 국자감의 6학은 학생의 신분에 따라 나뉘지만(『唐六典』卷21, 국자감), 신라 국학생의 규정은 명확치 않다. 따라서 주로 6두품(이기백, 1986, 앞의 책, p.229)이나 5두품(전미희, 1988, 「원효의 신분과 그의 활동」, 『한국사연구』 63, 한국사연구회, pp.48-50 참고), 6두품 이상의 신분층(고경석, 1997, 앞의 논문, p.101), 진골에서 5두품까지(이인철, 1993, 앞의 책, p.144; 정호섭, 2004, 앞의 논문, pp.52-53), 진골부터 4두품 까지(이희관, 1998, 앞의 논문, pp.106-109), 4두품에서 평민에 이르는 하급의 신분자들도 국학생이 되었을 것이라고 하였다(이명식, 2000, 앞의 논문, p.19). 국학생의 재학시의 관등은 대사에서 무위자이지만, 졸업시에는 대나마나 나마의 관등을 받는다. 따라서 국학생은 진골부터 5두품까지가 아니었을까 한다.

75) 독서삼품과의 성격을 국학의 졸업시험(이기백, 1986, 위의 책, p.230) 내지는 국학 졸업생의 성적 평가법이자 관리 등용의 시험제도(木村誠, 1982, 「統一新羅의 官僚制」, 『日本古代史講座』 6, p.151)로 보기도 한다. 그리고 독서삼품과는 국학생 뿐만 아니라 개인적으로 유학을 습득하였던 사람들에게도 적용되었다고 한다(홍기자, 1998, 「신라 하대의 독서삼품과」, 『신라의 인재양성과 선발』(신라문화제학술발표회논문집19), pp.127-138; 정호섭, 2004, 앞의 논문, pp.63-66). 한편 독서삼품과는 진골귀족으로 어려움이 있었던 국학을 강화하기 위한 목적에서 운영되었다고 하기도 한다(장일규, 1992, 「신라말 경주최씨 유학자와 그 활동」, 『사학연구』 45, 한국사학회, pp.9-10).

76) '通二經'의 策試 문항 수는 一大一小의 경우는 대경4+소경3+효경·논어3=10문항이고, 兩中經의 경우는 중경3(주례일 경우 4)+중경3+효경·논어3=9(10)문항이다.

77) 『唐六典』尙書吏部 考功 貢擧-明經, "明經各試所習業 文注精熟 辨明義理 然後爲通 (諸明經試兩經 進士一經 每經十帖 孝經二帖 論語八帖 每帖三言 通六已上 然後試策 周禮·左氏禮記各四條 餘經各三條 孝經論語共三條 皆錄經文及注意爲問 其答者須辨明義理,

되는 신라 국학에 국왕이 행차했을 때도 '經義', 경의 뜻을 강론하였다. 신라 국학의 유가교육에서 사용한 주석서와 관련해서 다음이 참고된다.

1) 『주역』은 정현과 왕필의 注, 『상서』는 공안국과 정현의 注, 『삼례』와 『모시』는 정현의 注, 『좌전』은 복건과 두예의 注, 『공양전』은 하휴의 注, 『곡량전』은 범녕의 注, 『논어』는 정현과 하안의 注, 『효경』과 『노자』는 모두 지금 황제의 注이다. 예전 『令』의 경우, 『효경』은 공안국과 정현의 注, 『노자』는 하상공의 注이다.[78]

2) 『주역』은 정현과 왕필의 注(생각건대, 1인이 아울러 2개를 배우는 것이 아니다. 정 또는 왕을 한 가지 주만 익히는 것이다. 만약 겸하는 자가 있다면 이미 박달로 간주한다), 『상서』는 공안국과 정현의 注, 『예기(삼례)』와 『모시』는 정현의 注, 『좌전』은 복건과 두예의 注, 『효경』은 공안국과 정현의 注, 『논어』는 정현과 하안의 注이다.[79]

위의 내용에서 당과 일본에서 사용한 『논어』의 주석서는 하안과 정현의 注이다. '신주'인 주희의 『논어집주』 이전 『논어』 주석은 1,100여 종에 이르는 고주들이 있다. 이 중 대표적인 것은 삼국시대 魏 何晏(?~249)의 『논어집해』, 남북조시대 梁 黃侃(488~545)의 『논어의소』, 하안의 주에 북송시대 邢昺(932~1010)이 소(『정의』)를 붙인 것이다. 정현은 『주역』·『상서』·『모시』·『주례』·『의례』·『예기』·『논어』·『효경』 등에 주석을 하였다. 현재 통행하는 『十三經注疏』를 보면 『모시』·『주례』·『의례』·『예기』에 정현의 주석이 남아있고, 그 외는 단편적으로 보인다.

경덕왕 2년(743) 당 현종이 신라에 보낸 御註 『효경』[80]은 舊註인 공안국과 정현의 주를 당 현종이 정리한 것이다.[81] 신라 국학에서는 『효경』을 경덕왕 이전에는 공안국과 정현의 주를, 경덕왕 이후는 御註 『효경』을 사용하였을 것이다. 일본 율령에 따르면 '1인이 2개를 배우는 것이 아니다. (…) 한 가지 주만 익히는 것이다. 만약 겸하는 자가 있다면 이미 박달로 간주한다'(2)고 하였다. 이와 같은 점을 염두에 둔다면 신라 국학에서 사용한 『논어』 주석서는 하안과 정현의 주였을 것이고, 이 중 하나만 익히면 되었을 것이다.

지금까지 신라 유가에 대한 연구에 따르면 신라는 信과 忠을 귀중하게 여겼는데, 信은 횡적으로 사회적 결합을 이루고 이것은 다시 忠을 통하여 종적으로 왕권과 연결되었다고 한다.[82] 그리고 왕권을 중심으로

然後爲通 通十爲上上 通八爲上中 通七爲上下 通六爲中上 其通三經者 全通爲上上 通十爲上中 通九爲上下 通八爲中上 通七及二經 通五爲不第)"

78) 『唐六典』 卷21, 國子監 祭酒, "凡敎授之經 以周易尙書周禮儀禮禮記毛詩春秋左氏傳公羊傳穀梁傳各爲一經 孝經·論語·老子 學者兼習之 諸敎授正業(周易 鄭玄王弼注 尙書 孔安國鄭玄注 三禮毛詩 鄭玄注 左傳 服虔杜預注 公羊 何休注 穀梁 范甯注 論語 鄭玄何晏注 孝經老子 並開元御注 舊令 孝經 孔安國鄭玄注 老子 河上公注"

79) 『養老令』 학령 6조 "凡敎授之經 周易 鄭玄王弼注(謂 非是一人兼習二家 或鄭或王 習其一注 若有兼通者 旣是爲博達也) 尙書 孔安國鄭玄注 三禮毛詩 鄭玄注 左傳 服虔杜預注 孝經 孔安國鄭玄注 論語 鄭玄·何晏注"

80) 『三國史記』 卷9 新羅本紀9 景德王 2년.

81) 舊註는 전한 공안국의 주석 '傳'과 후한 정현의 주석 '解'를 지칭한다.

한 질서유지를 위해 충과 신을 강조함으로써 신분질서를 유지하였고 충의 윤리는 왕권의 강화와 관련 있다고 하였다.[83] 『춘추좌씨전』은 국가윤리인 충의를 중시한 것으로 왕권의 절대화를 위하여 요구되는 것이 반영한 것이라고 한다.[84] 후술되는 시학에서 강론한 『상서』는 『서경』으로, 유교의 정치사상이 담겨 있는 최고의 경전으로 요순의 道와 三王의 義가 담겨있는 정치철학의 역사기록이다.[85] 『효경』은 효가 忠道의 근간임을 강조한 것으로, 국가 중심·군주 중심이라고 한다.[86] 『논어』는 공자의 언행이 집약된 인·의·예에 관한 내용을 바탕으로 효제와 충신의 덕목을 강조하였다.[87]

공자는 『논어』에서 자신이 꿈꾸는 이상적인 인간상, 즉 '仁'을 실천하는 지도자로 君子를 내세웠다. 『삼국사기』를 보면 신라왕은 德과 智를 겸비하고 있어 善射와 剛勇을 내세운 고구려와 백제와는 달랐으며, 5세기이후에는 君子之風(눌지마립간)[88]·謙恭自守(소지마립간)[89] 寬厚愛人(법흥왕)[90]·寬人明敏(선덕왕)[91] 등 유교의 덕목이 보인다. 당 태종은 신라를 "진실로 군자의 나라로구나"라고 말하였고,[92] 당 현종이 성덕왕에게 내린 조서에 "바친 牛黃과 金銀 등의 물품은 표문을 살펴보니 잘 갖추어졌도다. 경의 나라 해와 달이 복되고, 삼한이 잘 도우니 오늘날 仁義의 나라라 불리고 대대로 勳賢의 업적이 두드러지도다. 문장과 예악은 군자의 풍모가 드러나고, 귀순한 이들과 충심을 받치는 이들이 근왕(勤王)의 절개를 본받는다."[93]고 하였고 당 현종이 형숙을 신라에 사신으로 보내면서 "신라는 군자의 나라라 일컬어지고, 자못 글을 잘 알아 중국과 비슷함이 있다.(…)"고 하였다.[94] 당 대종은 혜공왕을 책봉한 문서에서 "忠敬孝恭이 純性을 따라 행동함으로써 번방의 군자국(蕃君子之國)으로 外臣의 예를 지킬 수 있었다. (…)"[95]라고 하였고, 혜공왕모를 책봉한 문서에는 "圖史에 견식이 있고 式은 禮容이 있어 동방의 군자국과 나란히 하며(…)"[96]라고 하였다.[97]

---

82) 이기백, 1986, 앞의 책, p.133.

83) 김두진, 1981, 앞의 책, pp.282-284.

84) 윤남한, 1973, 「전환기의 사상동향」, 『한국민족사상대계 2』, 한국정신문화연구원, p.218; 신동하, 1991, 「고대사상의 특성」, 『한국사상사대계 2』, 한국정신문화연구원, p.265.

85) 蔣伯潛·蔣祖怡, 2002, 『유교경전과 경학』, 최석기·강정화 역주, 경인문화사, pp.112-113; 이범직, 1991, 『한국중세예사상연구-오례를 중심으로-』, 일조각, p.34.

86) 경덕왕대 당 현종 주의 『효경』 수용은 경덕왕의 왕권강화에 도움이 되었을 뿐만 아니라 유교적 효행 실천에 대한 국가적 포상이 처음 등장한 배경이라고 하였다(노용필, 1994, 앞의 논문, pp.199-203). 김영하, 2005, 앞의 논문, p.150에서 당 현종은 어주 『효경』의 증여를 통해 신라왕에게 겸허와 근신으로써 부귀와 사직을 보전하는 제후의 효를, 신라왕은 예법과 도덕으로써 종묘를 유지하는 경대부의 효를 신하에게 요구하였을 것이라고 하였다.

87) 김영하, 2005, 위의 논문, p.156.

88) 『三國史記』 卷3 新羅本紀3 訥祗麻立干 즉위년.

89) 『三國史記』 卷3 新羅本紀3 炤智麻立干 즉위년.

90) 『三國史記』 卷4 新羅本紀4 法興王 즉위년.

91) 『三國史記』 卷5 新羅本紀5 善德王 즉위년.

92) 『三國史記』 卷41 列傳1 김유신상, "眞德大和元年戊申 春秋以不得請於高句麗 遂入唐乞師 (…) 帝曰 誠君子之國也 乃詔許"

93) 『三國史記』 卷8 新羅本紀8 聖德王 30년 2월, "(…) 所進牛黃及金銀等物 省表具之 卿二明慶祚 三韓善隣 時稱仁義之鄕 世著勳賢之業 文章禮樂 闡君子之風 納欵輸忠 效勤王之節 (…)"

94) 『三國史記』 卷9 新羅本紀9 孝成王 2년 춘2월, "帝謂璹曰 新羅號爲君子之國 頗知書記 (…)"

95) 『全唐文』 卷415 常袞 冊新羅王金乾運文, "(…) 忠敬孝恭 率由純性 用蕃君子之國 能執外臣之禮 (…)"

공자는 당 貞觀 11년(637; 선덕왕 6)에 宣父라 존칭되었고[98] 당 개원 8년(720; 성덕왕 19) 이후 10철과 72현이 분화되었다.[99] 개원 20년(732; 성덕왕 31) 공자는 孔宣父로 불렸으며, 孔廟는 중사에 편제되었다.[100] 개원 25년(737; 성덕왕 36) 先師 안회를 배향하고 공자의 72명 제자와 선대의 儒者 22명의 현인을 종사하였으며[101] 개원 27년(효성왕 3) 공자는 문선왕으로 추봉되었다.[102] 신라에서는 성덕왕 16년(717)에 문선왕과 10철, 72제자의 그림을 '대학'에 안치했다고 한다. 기왕의 연구에서 성덕왕 16년(개원 5년) 기사 내용이 윤색되었다고 보기도 하며[103] 경덕왕 21년 이후의 사실로 이해하기도 한다.[104] 하지만 성덕왕 16년 이전 신라는 先聖과 先師에 대한 제사인 석전을 알고 있었다.

> (진덕왕 2년) 1) 伊湌 金春秋와 그의 아들 文王을 唐에 보내 조공하였다. 당 太宗이 光祿卿 柳亨을 보내서 교외에서 그를 맞이하여 위로하였다. (…) 2) 춘추가 國學에 가서 釋奠과 講論을 참관하기를 청하니, 태종이 이를 허락하였다. (…)[105]

위의 내용에서 김춘추는 진덕왕 원년(647) 12월에 입당하여 다음해 2월까지 당에 머물면서[106] 당의 국학에서 석전 및 강론을 참관하였다. 진덕왕 2년은 당 정관 22년으로 김춘추가 당 국학의 석전의식을 참관하였고, 진덕왕 5년은 당 영휘 2년으로 신라 국학이 설치되었고, 신문왕 2년(682)은 당 永淳 1년으로 신라 국학이 정비되었다. 『삼국사기』 직관지의 '孔子廟堂大舍'는 공자의 묘당을 관리하는 관직이다.[107] 공자묘당

---

96) 『全唐文』 卷49 代宗皇帝 冊新羅王太妃, "(…) 鑑於圖史 式是禮容 儼東方君子之國 (…)"

97) 군자국과 관련해서는 권덕영, 2005, 「8-9세기 '군자국'에 온 당나라 사절」, 『신라문화』 25, 동국대 신라문화연구소 등 참고.

98) 『新唐書』 卷15 志5 예악5, "貞觀二年 左僕射房玄齡博士朱子奢建言 周公尼父俱聖人 然釋奠於學 以夫子也 大業以前 皆孔丘爲先聖 顔回爲先師 乃罷周公升孔子爲先聖 以顔回配 (…) 貞觀十一年 尊孔子爲宣父 作廟於兗州 給戶二十以奉之"; 『唐會要』 卷35 褒崇先聖조 참고.

99) 『新唐書』 卷15 志5 예악5, "明年(開元八年) 司業李元瓘奏 先聖廟爲十哲像 以先師顔子配 則配像當坐 餘弟子列像廟堂不豫享 而范甯等皆從祀 請釋奠十哲享於上 而圖七十子於壁 曾參以孝受經於夫子 請享之如二十二賢 乃詔十哲爲坐像 悉豫祀 曾參特爲之 像坐亞之圖 七十子及二十二賢於廟壁"; 『唐六典』 卷21 國子監祭酒・司業조 참고.

100) 『舊唐書』 卷21 志1 예의1 大唐開元禮 "二十年九月 頒所司行用焉 昊天上帝五方帝皇地祇神州及宗廟爲大祀 社稷日月星辰先代帝王嶽鎭海瀆帝社釋奠爲中祀 司中司命風伯雨師諸星山林川澤之屬爲小祀"

101) 『唐令拾遺』 학령, "(開二五) 釋奠于先聖孔宣父於太學 以先師顔回配(冉伯牛 (…) 范甯等 從祀)"

102) 『新唐書』 卷15 志5 예악5, "(開元)二十七年 詔夫子旣稱先聖 可諡曰文宣王 遣三公持節冊命 以其嗣爲文宣公 任州長史 代代勿絶 (…)"

103) 박찬수는 1984, 「문묘향사제의 성립과 변천」, 『남사정재각박사고희기념 동양학논총』, 고려원, p.135에서 『三國史記』 찬자가 당시의 관념에 따라 윤색한 것이라고 하였다.

104) 경덕왕 21년(762)에 파견되었던 사신이 귀국할 때 문선왕 등의 도상을 가지고 와서 그것을 대학에 두었다고 한다(高明士, 1989, 「新羅時代廟學制的成立與展開」, 『대동문화연구』 23, 성균관대 동아시아학술원, pp.261-262). 이외 관련 연구성과는 각주 5 참고.

105) 『三國史記』 卷5, 新羅本紀5, 眞德王 2년, "1) 遣伊湌金春秋及其子文王朝唐 太宗遣光祿卿柳亨 郊勞之 (…) 2) 春秋請詣國學 觀釋奠及講論 太宗許之"

106) 권덕영, 1997, 『고대한중외교사연구』, 일조각, pp.26-31.

대사는 국학의 大舍 2인과 무관하지 않았을 것이고 신라 국학에는 공자가 문성왕으로 추봉되기 전인 개원 27년 이전에 공자묘당이 있었을 것이다. 이것은 아마도 국학이 정비되는 신문왕 2년 이후 어느 시점에 설치되었으며 성덕왕대와 경덕왕대 정비되었을 것이다. 다음은 신라 국왕이 국학에 행차한 기록이다.

> 1) (혜공왕 원년) 크게 사면했다. 왕이 太學에 행차하여 박사들에게 명해 尙書의 뜻(尙書義)을 강의하게 하였다.[108]
> 2) (혜공왕 12년) 2월에 國學에 행차하여 강의를 들었다.[109]
> 3) (경문왕 3년) 봄 2월에 왕이 국학에 행차하여 박사 이하 여러 사람에게 경서의 뜻(經義)을 강론하게 하고, 물건을 차등 있게 내렸다.[110]
> 4) (헌강왕 5년) 봄 2월에 왕이 국학에 행차하여 박사 이하에게 명해 강론하게 하였다.[111]

위의 내용을 보면 혜공왕 원년(755) 왕이 '태학'에 행차하여 '박사'에게 '尙書義', 상서의 뜻을 '講'하게 하였다고 하고(1), 혜공왕 12년(766) 2월에는 왕이 '국학'에 행차하여 '聽講'하였다고 한다(2). 경문왕은 3년(863)에는 왕이 '국학'에 행차하여 '박사이하'에게 '經義'를 '講論'하게 하였고 물건을 차등 있게 내려주었고(3), 헌강왕 5년(879)에는 왕이 '국학'에 행차하여 '박사이하'에게 '講論'을 명하였다고 한다(4).

혜공왕은 경덕왕이 왕 24년 6월에 죽자[112] 그 뒤를 이어 즉위하였고 7월부터 원년을 칭하였을 것이다.[113] 이후 공식적인 직무에 임하면서 혜공왕은 8월에 국학에 행차하였을 것이다. 이외에 신라 국왕이 국학에 행차한 시기는 2월이다. 그렇다면 신라 국왕의 국학 행차 시기는 2월과 8월로, 당「개원례」의 '國子釋奠于孔宣父'에 해당한다. 당「개원례」길례 '國子釋奠于孔宣父', '諸州釋奠于孔宣父' 諸縣釋奠于孔宣父'와 '皇帝皇太子視學', '皇太子釋奠于孔宣父' 항목은 석전과 시학이 구분되어 행해졌다. 하지만 당 德宗 建中 3년(782; 선덕왕 3) 국자사업의 상주를 보면 석전의 날에 "合集朝官 講論五經文義"하던 구례가 代宗 大曆 5년(770; 혜공왕 5)까지 계속되었으나, 이후 시행되지 않았으므로 이를 부활시키자고 하였고 德宗 貞元 2년(786; 원성왕 2)의 석전에서 "自宰臣已下 畢集於國學 學官升講座 陳五經大義及先聖之道"하였다고 한다.[114]

이로 볼 때 신라 국왕이 국학에 행차한 것은 視學儀에 해당하지만, 신라 시학의는 당·고려·조선과 같이

---

107) 공자묘당과 관련한 연구성과는 각주 5 참고.
108) 『三國史記』卷9 新羅本紀9 惠恭王 원년, "大赦 幸太學 命博士講尙書義"
109) 『三國史記』卷9 新羅本紀9 惠恭王 12년, "二月 幸國學聽講"
110) 『三國史記』卷11 新羅本紀11 景文王 3년, "春二月 王幸國學 命博士已下 講論經義 賜物有差"
111) 『三國史記』卷11 新羅本紀11, 憲康王 5년, "春二月 幸國學 命博士已下講論"
112) 『三國史記』卷9 新羅本紀9 景德王 24년.
113) 신라는 유월칭원법을 사용하고 있다(『三國史記』卷1 新羅本紀1 南解次次雄 즉위조 史論).
114) 『唐會要』卷35 석전, "1) 建中三年二月 國子司業歸崇敬奏 上丁釋奠其日 准舊例合集朝官講論五經文義 自大曆五年以前行不絶 其年八月以後權停講論 今旣日逼恐須復 依舊奏 2) 貞元二年二月釋奠 自宰臣已下 畢集於國學 學官升講座 陳五經大義及先聖之道"

단독으로 이루어진 것이 아니라 석전례 때 행해지지 않았을까. 이와 관련해서『고려사』예지 '酌獻文宣王視學儀',『세종실록』오례 '視學酌獻文宣王儀'(진설-거가출궁-작헌-시학-거가환궁),[115]『국조오례의』'享文宣王視學儀'((재계-진설-)거가출궁-(성생기-전폐-궤향-)시학-거가환궁),[116] '酌獻文宣王視學儀'(거가출궁-작헌-시학-거가환궁)[117]가 참고된다.

이상에서 신라 국학에서는 공자를 비롯한 선성과 선사에 대한 의례인 석전례가 공자묘당에서 행해졌으며 석전례의 절차 중 하나인 시학에서 '박사' 또는 '박사이하'가 강의 또는 강론하였다. 시학에서 강의 또는 강론된 내용 중 '尙書義'는『상서정의』로 보기도 하지만,[118] 상서의 뜻이다.[119] 그리고 당 태종은 국학에 행차했을 때『효경』이 講되었다고 하며,[120] 고려시대 국왕이 국자감에 행차했을 때는『상서』의 열명·무일편,『시경』의 칠월편이 강의·강론되었다고도 한다.[121] 그렇다면 '經義'의 '經'에는『상서』를 비롯한 국학의 교과 내용인『예기』(『곡례』) 등의 오경이 포함되었을 것이다. 뿐만 아니라『효경』과 함께 공자의 言行이 집약된『논어』도 강의 또는 강론되지 않았을까 한다.

IV. 맺음말

본 글은 신라의 유가교육과 논어의 위상에 대한 것이다. 신라의 유가교육을 대표하는 것은 국학으로, 이것은 진덕왕 이후 정치·사회적 상황과 당 국자감의 영향을 받으면서 설치되고 정비되었다. 그런데 신라 국학은 당 국자감과는 달리 장관은 경(사업)이며 당 국자감의 장관인 좨주와는 역할 역시 차이를 보이고 있다. 뿐만 아니라 국학의 교과과정과 평가 시험도 당과 구별된다. 이와 같은 차이는 국학의 유가교육과 그 내용이 삼국시대 유가교육의 전통 위에 당 제도의 영향을 받았기 때문이 아닐까 하였다. 고구려의 유가 교육기관인 태학이라든가, 고구려에서『문선』을 중히 여긴 것, 고구려와 백제의 박사 등이 그것이다. 그리고 신라 화랑이 유가 경전 공부를 3년으로 서약한 것과 독서삼품과 시행 이전 인재를 궁술로 선발한 것 역시 참고 된다.

---

115)『世宗實錄』卷131 오례 길례의식, "視學酌獻文宣王儀"

116)『國朝五禮儀』卷1 길례, "享文宣王視學儀"

117)『國朝五禮儀』卷1 길례, "酌獻文宣王視學儀"

118) 김영하, 2005, 앞의 논문, p.156. 통일신라기『상서』는 공영달의『오경정의』계통의 학문으로, 이것은 梅賾本을 텍스트로 한 것이라고 하였다(조성을, 1989,「정약용의 상서금고문연구」,『동방학지』, 61, 연세대 국학연구원, p.92).

119) 채미하, 2006, 앞의 논문, p.146.

120)『新唐書』卷15 志5 예악5, "(貞觀)十四年 太宗觀釋奠於國子學 詔祭酒孔穎達講孝經 (…) 玄宗開元七年 皇太子齒胄於學 謁先聖 詔宋璟亞獻 蘇頲終獻 臨享 天子思齒胄義 乃詔二獻皆用胄子 祀先聖如釋奠 右散騎常侍褚無量講孝經禮記文王世子篇"

121)『高麗史』卷62, 志16, 예4, "睿宗九年八月乙卯 王詣國學酌獻于先聖先師 御講堂 命翰林學士朴昇中 借大司成講說命三篇 百官及 生員七百餘人 立庭聽講 各進歌頌 御製詩一首 宣示左右 令各和進";『高麗史』卷16 世家16 仁宗2 仁宗 7년 3월 癸卯, "王視國學 釋奠先聖獻以殷盤二事 綾絹三十匹 御敦化堂命大司成金富轍講書無逸篇 使起居郎郎尹彦頤及諸生講問大義 賜宰樞侍臣學官諸生 酒食 學官諸生表賀";『高麗史』卷45 世家45 恭讓王1 恭讓王 2년 8월 己巳, "王謁文廟 令大司成宋文中 講詩七月篇 遂如積慶園"

다음으로 삼국시대에도 널리 읽혀진 『논어』는 신라 국학의 교과과정에 『효경』과 함께 공통과목이었고, 독서삼품과에서는 상품과 중품에 포함되어 있어 국학생들은 『논어』에 대한 평가를 통과해야만 관리로 진출할 수 있었다. 시험은 경문과 주석의 뜻에 대한 것으로, 당시 사용된 『논어』의 주석서는 하안과 정현의 것이었고 둘 중 하나만 통하면 되었다. 이와 같은 『논어』는 『효경』·『춘추좌씨전』과 함께 신라의 정치질서(忠과 信)을 정립하는데 기여하였고, 신라가 대외적으로 '君子之國'으로 불린 것도 『논어』와 관련지어 생각해 보았다. 그리고 공자의 言行이 집약된 『논어』의 위상은 공자에 대한 제사인 釋奠禮가 신라 국학의 공자묘당에서 행해지고, 석전례에서 함께 진행된 視學에서 『논어』가 강론되기도 하였다는 점에서도 알 수 있었다.

투고일: 2021.04.07   심사개시일: 2021.05.12   심사완료일: 2021.05.30

참/고/문/헌

(재)신라문화유산연구원, 2013, 「신라 국학 수용과 전개」, 『2013 신라학 국제학술대회 논문집』.

(재)신라문화유산연구원, 2014, 「동아시아 인재양성과 신라국학」, 『제2회 신라 국학대제전 국제학술대회』.

이기백, 1986, 『신라사상사연구』, 일조각.

주보돈 외, 2015, 『신라 국학과 인재 양성』, 민속원.

渡邊義浩, 김용천 역, 2011, 『후한 유교국가의 성립』, 동과서.

蔣伯潛·蔣祖怡, 최석기·강정화 역, 2002, 『유교경전과 경학』, 경인문화사.

채미하, 2015, 『신라의 오례와 왕권』, 혜안.

고경석, 1997, 「신라 관인선발제도의 변화」, 『역사와현실』 23, 한국역사연구회.

高明士, 1989, 「新羅時代廟學制的成立與展開」, 『대동문화연구』 23, 성균관대 동아시아학술원.

김두진, 1981, 「고대의 문화의식」, 『한국사』 2, 국사편찬위원회.

김영하, 2005, 「신라 중대의 유학수용과 지배윤리」, 『한국고대사연구』 40, 한국고대사학회.

김철준, 1990, 「삼국시대의 예속과 유교사상」, 『한국고대사회연구』, 서울대 출판부.

김희만, 1994, 「신라 국학의 성립과 운영」, 『소헌남도영박사고희기념역사학논총』, 민족문화사.

노용필, 1994, 「신라시대 효경의 수용과 그 사회적 의의」, 『이기백선생고희기념논총』, 일조각.

노중국, 1998, 「신라와 고구려·백제의 인재양성과 선발」, 『신라의 인재양성과 선발』(신라문화제학술발표회논문집19).

박수정, 2018, 「신라 국학의 교수법과 관리 등용」, 『역사와교육』 26, 동국대 역사교과서연구소.

박찬수, 1984, 「문묘향사제의 성립과 변천」, 『남사정재각박사고희기념 동양학논총』, 고려원.

이기동, 1972, 「고대국가의 역사의식」, 『한국사론 6』, 국사편찬위원회.

이명식, 2000, 「신라 국학의 운영과 재편」, 『대구사학』 59, 대구사학회.

이영호, 2015, 「신라 국학의 성립과 변천」, 『역사교육논집』 57, 한국역사교육학회.

전미희, 1989, 「신라 경문왕·헌강왕대의 '能官人' 등용정책과 국학」, 『동아연구』 17, 서강대 동아연구소.

정구복, 1983, 「전통적 역사의식과 역사서술」, 『한국학입문』, 대한민국학술원.

정호섭, 2004, 「신라의 국학과 학생녹읍」, 『사총』 58, 고려대 역사연구소.

조준하, 2002, 「설총의 구경에 관한 사적 고찰」, 『한국사상과 문화』 17, 한국사상문화학회.

채미하, 2006, 「신라 국왕의 시학과 그 의미」, 『한국사상사학』 32, 한국사상사학회.

채미하, 2013, 「신라 흥덕왕대의 정치와 의례」, 『신라문화』 42, 동국대 신라문화연구소.

한영화, 2019, 「신라의 국학 교육과 관인선발」, 『신라학보』 45, 신라사학회.

浜田耕策, 1980, 「新羅 國學生と遣唐留學生」, 『呴沫集』 2, 呴沫集発行世話人.

〈Abstract〉

The education of Confucian scholar and the Analects of Confucius in the period of Silla

Chai, Mi-ha

This writing is about the status of the education of Confucian scholar and the Analects of Confucius in the period of Silla. The representative institution of the education of Confucian scholar is the National Studies which studies the culture and heritage of the country. Since King Jinduck the National Studies installed and maintained by way of the political and social circumstances and it is affected by the school of Tang. Kyung which is the management of the National Studies is different from the management of the school of Tang on the name as well as role. Besides the curriculum and the evaluation examination of the National studies are different from Tang's. The difference is because the education and the curriculum of Confucian scholar of the National studies was influenced by the system of Tang on top of the existing tradition of the education of Confucian scholar in the period of three kingdoms. Goguryeo put emphasis on anthology. Goguryeo and Baekje put Parksa. Silla's Hwarang vowed 3 years study for the scriptures of Confucian scholar, and Silla also selected talented person by means of archery before they took the state examination.

The Analects of confucius which is described the speech and behavior of Confucius, and widely read in the period of three kingdoms. The Analects of confucius was a common subject in the curriculum of National studies of Silla with the book of Filial Piety. The state examination of Silla is included high level and middle level. After the students of the National Studies should pass the evaluation examination of the Analects of Confucius, and then they could enter the government service. The test was about the meaning of the scripture and the note of the Analects of Confucius, and at that times the note of the Analects of Confucius is that of Hahan and Jeunghyun's, and one of two should be passed.

Like this the Analects of Confucius contributed to establish the political order (royalty and faith) with the book of Filial Piety and Zuo Zhuan. And in the National Studies they hold a memorial service for Confucius which is remembrance on Confucius and the dead saints, also they gave a lecture on the Analects of Confucius when the king came. In view of this we can know the status of the Analects of Confucius in the education of Confucian scholar in the period of Silla.

▶ Key words: education of Confucian scholar , the Analects of Confucius, National studies, the state examination of Silla, memorial ceremony for Confucius, inspect studies

특집 2

부여 부소산성 신출토 명문토기[*]

김대영[**]

I. 머리말
II. 부소산성 명문토기 출토유구
III. 부소산성 신출토 銘文자료
IV. 명문토기의 편년적 위치
V. 맺음말

〈국문초록〉

본고는 2020년 부소산성 재난방재시스템 구축공사 중 새롭게 확인된 명문자료를 중심으로 출토 현황과 그 편년적 위치를 살펴보고자 하였다. 부소산성은 1980년부터 국립문화재연구소와 국립부여문화재연구소에서 발굴조사를 진행하였으나 아직 城의 내부는 약 6% 정도만 조사가 진행된 상황이다.

이번 재난방재시스템 구축 공사 중 확인된 유구에 대한 긴급발굴조사를 진행하면서 부소산성 내부 평탄지에 위치하고 있는 유구의 개략적인 정보를 알 수 있었는데, 이 중 부소산성 중앙부에서 서쪽으로 약간 편향되어 위치하는 궁녀사 남쪽 지점에서는 수많은 백제토기와 함께 문자자료가 확인되었다.

지금까지 확인된 문자자료는 '乙巳年三月十五日牟尸山菊作瓨'과 '北舍(북사)'가 있다. '乙巳年三月十五日牟尸山菊作瓨'의 명문은 초반부는 토기의 제작시기, 중반부는 만든 사람에 대한 기록, 마지막 '作'자의 뒤에는 제작된 토기의 기종이 적혀 있는 것으로 추론된다. 이와 유사한 명문 형태는 부여 능산리 사지 출토 토기와 익산 왕궁리 유적 출토 개배에서도 확인된다. '北舍'명 토기는 부여 관북리 유적, 쌍북리 유적, 금성산, 궁남지, 익산 토성 등에서 확인된 바 있는데, 토기가 출토된 유적은 공공적 성격을 가진 건물이나 중심 시설에 속하는 부속 건물로 이해되고 있다.

---

* 이 연구는 국립부여문화재연구소의 책임운영기관 연구과제 「백제 후기 왕궁 학술조사 연구(NRICH-2105-A55F-2)」의 지원으로 진행되었음.

** 국립부여문화재연구소 학예연구사

백제가 사비로 천도(538년)한 이후 '乙巳年'은 백제 사비기에는 585년, 645년, 백제가 멸망한 뒤로는 705년이 해당된다. 토기가 출토된 궁녀사 지점은 백제시대 문화층이 2번에 걸쳐 조성되었는데, 명문토기는 이 중 上層에서 확인되었다. 함께 출토된 유물은 보주형 뚜껑과 전달린 토기의 비율이 높은 것이 특징적이다. 이와 같은 유물 구성은 관북리 유적 '北舍'명 토기가 출토된 건물지군의 유물 구성과 매우 흡사하다.

관북리 유적에서 '北舍'명 토기가 출토된 지점은 유적의 북동쪽으로 부소산록 축대의 남쪽에 위치하는데, 건물지군은 관북리 일대가 대단위 성토(6세기 후반~7세기 초반)된 후 조성된 제2생활면에서 확인된다. 그리고 '北舍'명 토기가 출토된 궁남지는 무왕35년(634)에 조성되었고 백제의 익산지역 경영 역시 백제 무왕(600~641) 때 본격화 된다.

명문토기들과 함께 공반된 토기는 백제 토기가 분명함과 동시에 출토된 정황과 토기의 편년관으로 볼 때 이들 토기자료를 백제가 멸망한지 반세기 정도 지난 8세기 이후로 편년하기는 어렵다. 따라서 앞에서 살펴본 자료를 종합해 보면 명문토기에서 확인되는 '乙巳年'은 백제 사비기 후기인 645년에 해당할 가능성이 높은 것으로 판단된다.

▶ 핵심어: 부소산성, 관북리 유적, 명문토기, 乙巳年, 北舍, 백제토기

I. 머리말

최근 발굴조사가 백제 권역의 여러 지역에서 활발하게 진행되면서 목간, 명문토기, 명문와 등 다양한 문자자료가 지속적으로 출토되고 있어 문헌기록이 적은 백제사 연구의 중요한 자료가 되고 있다. 그러나 백제시대 유적에서 출토된 명문자료라 하더라도 그 유적의 성격과 출토된 현황, 명문이 적인 유물에 대한 정확한 이해가 동반되어야 역사를 해석하는 지표로서 활용이 가능할 것이다.

이 글은[1] 2020년 부소산성 내 재난방재시스템 구축과정에서 새롭게 확인된 명문자료를 소개하고 출토 현황과 그 의미를 정리하기 위해 작성되었다. 아직 조사가 마무리 된 상황이 아니기 때문에 현재까지 출토된 명문토기 두 점을 중심으로 출토 현황에 대해 살펴보고 확인된 문자자료의 내용을 소개하고자 한다.

그리고 이를 계기로 부소산성 출토 문자자료의 해석을 위한 다양한 논의가 진행되기를 기대하면서 명문이 적혀 있는 토기와 공반된 유물을 검토하고, 동일하거나 유사한 문자자료가 확인된 다른 유적과 비교연구를 진행하여 출토된 명문 토기가 내포하고 있는 역사적 의미와 시간적 위치에 대하여 살펴보고자 한다.

---

1) 본고는 필자가 2021년 2월 16일 국립부여문화재연구소와 한국목간학회가 공동개최한 「2020년 신출토 문자자료와 木簡」 학술 회의에서 발표한 내용을 바탕으로 수정·보완한 것임을 밝혀둔다.

II. 부소산성 명문토기 출토유구

부여 부소산성(사적 제5호)은 사비도성의 북쪽 중앙부에 위치하고 산성으로 사비기 후기 왕궁터로 추정되는 부여 관북리 유적의 배후에 위치하고 있다. 현재 부소산성의 성격에 대해서는 왕성[2], 배후산성으로서 도피성[3], 그리고 위치상 후원의 역할[4] 등을 하였을 것으로 이해되고 있다.

부소산성에 대한 최초의 발굴조사로 알려진 것은 1942년 요네다 미요지(米田美代治)와 후지사와 가즈오(藤澤一夫)에 의해 조사된 서복사지(부소산폐사지, 부소산 사지) 발굴조사로, 당시 정식 보고서는 간행되지 않았으나 조사기록과 유구배치도, 유물 사진 등이 확인되고 있다. 그러나 부소산성에 대한 조사는 그 이전에도 진행된 듯하다. 일제강점기 조선총독부박물관에서 생산한 유리건판 사진에는 부소산성 술소지 조사 사진이 확인되는데, 조사를 위한 탐색갱이 확인되며 탐색갱 내에는 원형·방형의 초석들이나 장대석이 노출되어 있다. 기록이 확인되지 않아 누가 언제 조사하였는지 정확하지 않으나 1939년으로 촬영 연도가 기록된 사진이 있어 서복사지(부소산폐사지) 조사 전에 부소산성 내부 공간에 대한 탐색 조사가 이루어졌을 가능성을 상정해 볼 수 있다.

부소산성에 대한 정식 발굴조사는 1980년 부소산폐사지(서복사지) 재발굴조사를 시작으로 2002년까지 14차에 걸친 조사가 진행되었으며, 최근 2020년부터 다시 조사가 재개되고 있다. 조사를 통하여 백제~조선시대 성벽의 변화양상 및 축조방법을 파악하였고 성과 관련된 문지, 장대지, 치성과 성 내부의 건물지, 주거지, 원형수조 등 다양한 유구가 확인되었다. 그간의 발굴조사 성과를 정리하면 다음의 표와 같다.

표 1. 부소산성 발굴조사 현황표

연번	차수	조사연도	조사구역과 면적	조사내용	조사기관
1		1942	-	- 서복사지(부소산폐사지) 발굴	총독부박물관
2	1	1980	1,256㎡	- 부소산폐사지 발굴	국립문화재연구소
3	2	1981~1982	1,153㎡	- 조선시대 군창지 확인	
4	3	1983~1984	수혈주거지 623㎡ 남측 성벽 28㎡ 수혈주거지 주변 140㎡	- 서문지내 광장지역 조사 　: 수혈주거지3, 목책열, 저장공 - 수혈주거지 남측 성벽 조사 - 수혈주거지 주변조사	
5	4	1985	548㎡	- 서문지 주변 지역 조사 　: 성책공, 석축열, 와적기단, 축석	
6	5	1986~1987	408㎡	- 남문지 및 주변 성벽조사	

2) 서정석, 2002, 『백제의 성곽』, 학연문화사.
3) 田中俊明, 1990, 「왕도로서의 사비성에 대한 예비적 고찰」, 『백제연구』 21, 충남대 백제연구소, pp.179~180.
4) 성주탁, 1980, 「백제 웅진성과 사비성 연구」, 『백제연구』 11, 충남대 백제연구소, p.40.

연번	차수	조사연도	조사구역과 면적	조사내용	조사기관
7	6	1988~1991	14,612㎡	- 동문지와 주변 성벽 확인	국립부여 문화재연구소
8	7	1991	사비루광장 남동측 104㎡ 삼충사 동북구간 34㎡	- 사비루광장 남동측 건물지조사 - 삼충사 동북구간 성벽조사 (=남문지 서편)	
9	8	1992	500㎡	- 군창지 남서측 : 방형주거지, 십자형 구	

10	9	1993~1994	가지구 204㎡
			나지구 375㎡
			다지구A 173㎡
			다지구B 27㎡
			다지구 121㎡
			라지구 128㎡
			마지구 226㎡
			바지구 154㎡
			사자루 성벽 24㎡
				- 군창지 동편 대지~영일루 대지
				  : 건물지, 석축유구, 사각토광시설
				- 군창지 남측 계곡(가)
				- 성벽 연결지점(다-A)
				- 퇴뫼형산성(다-B)
				- 군창지 남, 서쪽 성벽조사, 문지
				  및 수구지
				- 사자루 남측 성벽	

11	10	1995	A지점 124㎡ B지점 28㎡	- 통일신라시대 북문지	

12	11	1996~1997	가지점 40㎡
			나지점 326㎡
			나-A지점 26㎡
			나-B지점 90㎡
			다지점 115㎡
			A지점 717㎡
			B지점 61㎡
				- 사비루 남동편 일대 및 북성벽
				  : 건물지, 적석시설
				- 사비루 동편 일대
				  : 건물지, 방형적석단, 우물지	

13	12	1998	북문지 429㎡	- 북문지 주변: 건물지	
14	13	1999	남문지 223㎡	- 남문지 서편	

15	14	2000~2002	가지구 440㎡
			나지구 598㎡
			다지구 710㎡
				- 북문지 주변 북성벽과
				  내부평탄지,계곡부
				  : 동서석축, 우물지, 주거지 등	

16		2020~2021	1,500㎡	- 서문지 및 주변 성벽조사	백제고도 문화재단
17	15	2020~2021	12,865㎡	- 군창지~사자루 구간 긴급발굴조사	국립부여 문화재연구소

이번 2020년 긴급발굴조사는 부소산성 내 재난방재시스템 구축사업 터파기 과정에서 지속적으로 노출되는 유구의 훼손을 최소화하고 지난 참관조사 과정에서 확인된 유구에 대한 추가 조사 및 기록화를 위하여 진행된 것이다.

유적이 확인된 지점은 (추정)장대지 구간, 사자루 남쪽 성벽 절개구간, 사자루 성벽 밖 남쪽 평탄지의 굴

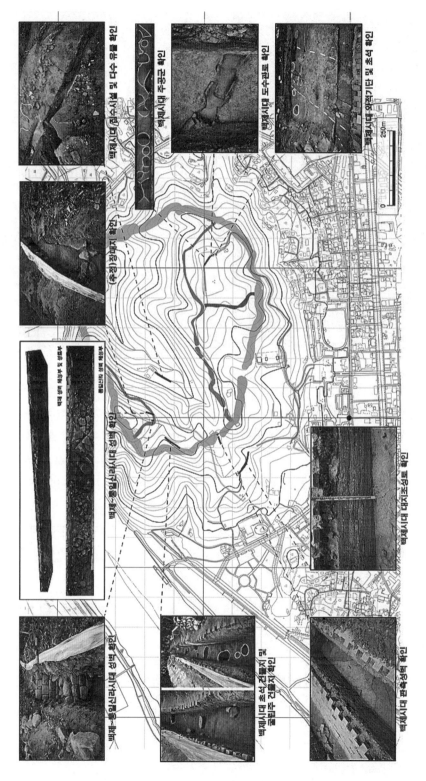

백제시대 (집수시설 및 다수 유물 확인
백제시대 주공군 확인
백제시대 도수관로 확인
백제시대 외벽기단 및 초석 확인
(추정)정지대지 확인
백제 성벽 체상부 및 성토부
백제시대 성벽 체상부 내탁부

백제~통일신라시대 성벽 확인
백제시대 대지조성토 확인
백제~통일신라시대 성벽 확인
백제시대 초석건물지 및 굴립주건물지 확인
백제시대 판축성벽 확인

250m
0

그림 1. 부소산성 긴급발굴조사 중 확인되던 유구

그림 2. 명문토기 출토지점 위치

립주·초석 건물지 확인구간, 궁녀사 남쪽의 백제시대 (추정)집수시설 구간, 백제시대 서문지 주변 성벽 절개구간, 부소산 사지 동쪽구간, 군창지 동쪽구간 등 총 7개 구간[5]이다.

이 중 명문토기가 출토된 궁녀사 구간은 1966년 세워진 궁녀사의 남쪽 평탄지에 위치하고 있으며, 이 지점은 북문지쪽으로 이어지는 큰 계곡부가 시작되는 곳이기도 하다. 이 일대는 1966년 궁녀사를 건축하면서 백제시대 초석과 유물들이 출토되었다고 보고[6] 된 바 있다.

토기가 출토된 지점에는 백제시대 문화층이 2번에 걸쳐 조성된 것으로 확인되었다. 백제시대 1문화층은 기반토(생토)와 황색사질토를 기반으로 조성되었는데, 비교적 능선의 선상부에 인접하고 있는 남쪽지역은

---

5) 2020년 부소산성 내부 군창지~사자루 구간에 대한 긴급발굴조사는 재난방재시스템 구축을 위한 터파기 과정 중 확인된 유구에 대한 긴급발굴조사였지만 조사 과정 중 확인된 유구의 중요성은 결코 적지 않다. 특히 군창지 동쪽에서는 잘 다듬어진 원형 초석을 사용한 와적기단건물지와 백제시대 주공군이 확인되었고, 사자루 남쪽 성벽 절개구간에서는 백제시대에 조성한 것으로 판단되는 토루와 이를 절개하고 석축한 성벽, 그리고 석축한 성벽 앞에 통일신라 때 다시 성벽을 덧대어 축조한 흔적도 확인되었다. 또한 사자루 성벽 밖 남쪽 평탄지 구간에는 상·하층 두 개의 층이 확인되는데, 하층에서는 굴립주(벽주)건물지와 플라스크 수혈이 상층에서는 초석건물지가 조사되어 부소산성 내에 문화층이 누층에 걸쳐 조성되어 있음을 확인하였다. 이는 이번에 소개하고 있는 궁녀사 남쪽 구간도 마찬가지인데, 부엽층을 기준으로 문화층이 상층과 하층으로 구분된다. 상하로 구분되어 있는 문화층에 대한 단계적 조사가 진행된다면, 백제 사비기 유구나 유물의 변화 단계를 세분할 수 있는 중요한 단서가 될 것으로 판단된다.

6) 홍사준, 1966, 「부여 부소산 출토의 백제유물」, 『미술사학연구』 77, 한국미술사학회, p.261.

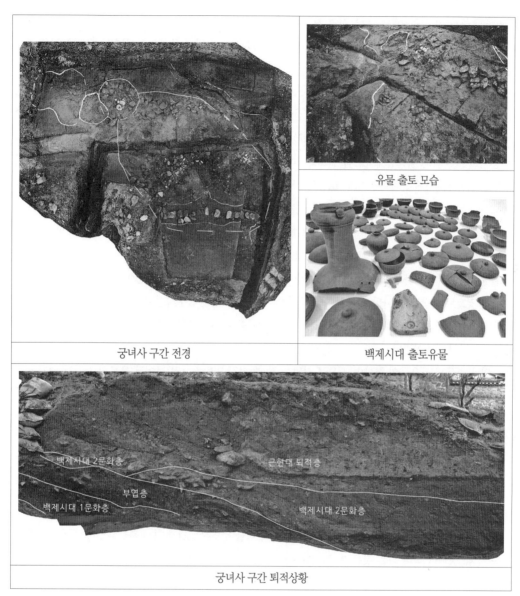

유물 출토 모습

궁녀사 구간 전경

백제시대 출토유물

백제시대 2문화층

근현대 퇴적층

부엽층

백제시대 1문화층

백제시대 2문화층

궁녀사 구간 퇴적상황

그림 3. 궁녀사 구간 조사 현황 및 출토유물

기반토(생토)가 확인되며, 북쪽은 황갈색사질토와 부엽층이 확인된다.

　1문화층의 유구로는 추정 집수시설이 있는데, 남북길이는 630㎝이며, 동서길이는 동쪽에 범위가 아직 확인되지 않았으나 약 540㎝ 내외로 추정된다. 추정 집수시설의 외곽 경계로는 30~70㎝ 정도의 잡석들이 유구의 주변으로 산포하고 있다. 출토유물로는 대형토기편이나 기와 등이 확인된다.

　백제시대 2문화층은 백제시대 1문화층의 상면으로 약 50㎝ 가량 부엽층을 조성한 뒤 그 상면을 이용하였다. 백제시대 2문화층에는 원형이나 부정형의 수혈이 확인되고 있는데, 원형의 수혈은 지름 약 160㎝, 부정형 수혈은 동서 길이 220㎝, 남북길이 212㎝이다. 이 수혈들의 형태나 조성 모습만 가지고 정확한 용도를 추론하기는 어려우나 폐기를 위한 구덩이거나 1문화층에서 확인된 유구처럼 집수의 기능을 했을 가능성이 있다.

부엽층 상면의 2문화층에서는 '乙巳年(을사년)', '北舍(북사)'라는 글씨가 새겨진 명문토기, 중국제 자기, 칠기(漆器), 목기 등 중요유물과 더불어 수백 점이 넘는 백제 사비기 토기가 함께 출토되었는데, 출토된 토기는 완형에 가까운 기대(器臺)와 보주형(寶珠形)뚜껑, 전달린 토기의 비중이 높다.

명문토기 두 점은 재난방재시스템 구축을 위한 터파기 참관조사 과정에서 수습되었으나 수습된 위치가 명확하며, 명문토기에 잔존하고 있던 토양이 2문화층 수혈군 내에서 확인되는 토양과 유사하기 때문에 수혈 내부에 퇴적되어 있던 토기편이 관로 개설을 위한 공사 중 수혈을 절개하면서 출토되었다는 상황을 가늠해 볼 수 있다. 이는 출토 당시 유구의 단면에서도 확인이 가능하며, 명문토기와 동일한 개체편이 2문화층에서 지속적으로 확인된 것으로도 알 수 있다.

원형수혈의 내부에는 수백점이 넘는 토기가 큰 시기차 없이 동시 매몰되어 있어 폐기와 같은 행위가 이루어 진 것으로 판단된다. 다만 백제시대 2문화층에 조성되어 있던 집수시설 주변으로 새로운 생활면을 조성하면서 주변의 유물을 모아 폐기하였는지, 아니면 폐기를 위해 별도로 부정형이나 원형의 구덩이를 조성했는지는 파악하기 어렵다.

그러나 출토되는 유물의 현황이나 유구 상황을 볼 때 가장 일반적으로 보이는 유물의 시기가 폐기된 유구의 마지막 활용시점이었을 것으로 판단되며, 확인된 가장 늦은 시기의 유물이 기존에 사용되던 건물 등의 유구가 폐기된 후 매몰된 시점을 말해주는 것으로 추론된다.

III. 부소산성 신출토 銘文자료

궁녀사 구간에서는 수백점이 넘는 백제시대 토기와 더불어 명문토기가 함께 출토되었다. 현재까지 확인된 토기 중 명문이 적혀 있는 것은 두 점이다. 먼저 '乙巳年'으로 시작하는 명문토기는 대형 토기의 동체편에 17자의 명문이 적혀 있는데, 토기는 대형호나 옹의 기종으로 판단된다.

'乙巳年'명 토기는 길이 43.8㎝, 너비 46.7㎝가 잔존하고 있으며, 주변에서 수습된 토기편을 고려하면 좀 더 복원될 가능성이 있다. 명문은 길이 32.0㎝ 너비 2~4㎝ 내외의 범위에서 확인되며, 처음 글자인 '乙'자가 일부 파손되었으나 명문의 전체적인 내용 파악에는 어려움이 없다. 명문은 약 1.5㎝~4㎝의 크기의 글자를 종방향으로 적었으며, 동체의 하단부로 내려올수록 왼쪽으로 글자가 치우쳐지는 경향이 있다. 글자는 종방향으로 조밀하게 적혀 있는데, 마지막 㐌자만 1.5㎝ 정도 이격되어 적혀 있다. 명문은 토기를 소성하기 전에 기록하였다.

전체 명문내용이 적힌 지점에서 오른쪽으로 약 5㎝ 떨어져 '乙巳年'이라는 명문이 한 번 더 새겨져 있는데, 명문이 적혀 있는 위치가 거의 동일한 지점이며, 같은 내용의 글자가 적혀 있는 것으로 보아 별도의 내

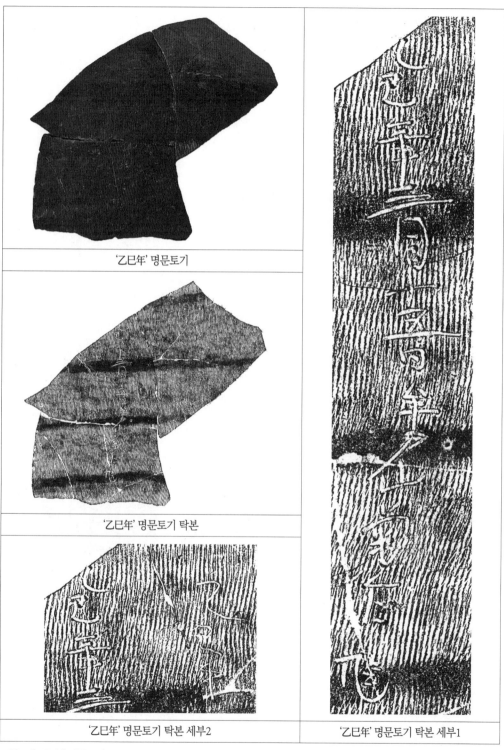

'乙巳年' 명문토기

'乙巳年' 명문토기 탁본

'乙巳年' 명문토기 탁본 세부2

'乙巳年' 명문토기 탁본 세부1

그림 4. '乙巳年' 명문토기

부여 능산리 사지 출토 명문토기	명문 세부
왕궁리 유적 출토 명문토기	명문 세부

그림 5. 부여 능산리 사지 및 익산 왕궁리 유적 출토 명문토기

용을 적으려는 의도가 있는 것으로 보기는 어렵다.

    명문의 내용은 '乙巳年三月十五日牟尸山菊作⌈⌉'(을사년삼월십오일모시산국작장)인데, 초반부는 만들어진 시기와 날짜, 중반부는 만든 사람에 대한 기록, 마지막 作의 뒤에 글자는 토기의 기종을 뜻하는 것으로 판단된다.[7]

    백제시대 명문토기 중 '作'자 뒤에 토기의 기종을 뜻하는 것으로 추론[8]되는 글자가 새겨진 것으로는 능

표 2. 부여, 익산지역 출토 '北숨'명 토기(마한 · 백제문화연구소, 2020, 『익산토성』 보고서, p.171 수정)

연번	출토유적	출토유구	인장크기	특징	사진
1	부소산성	북문지 주변	2.7㎝	'北'자 사이간격 넓고 획이 짧음	
2	관북리 유적	부소산록 석축 남쪽 배수로	2.0㎝	'北'자 사이 간격이 보통이고 획이 김	
3	관북리 유적	부소산록 석축 남쪽 배수로	1.7㎝	'北'자 사이간격이 매우 좁음	
4	쌍북리 602-10번지 유적	적석유구 주변	3.2㎝	인장 주변으로 돌대가 돌아가고 '北'자가 오른쪽으로 치우쳐 있음	
5	궁남지	배수로	1.7㎝	역방향으로 되어있음	
6	금성산	수습	2.0㎝	'北'자 획이 연결되어 있으며 '숨'자 획이 두꺼움	
7	익산토성	북쪽 석렬 유구	2.0㎝	'北'자 획이 길며 '숨'자 획이 얇음	

사에서 출토된 '係文作元瓺'
명 토기가 있으며, 이외에 토
기 기종을 뜻하는 단어가 새
겨진 명문토기로 판단되는 것
은 익산 왕궁리 유적에서 출
토된 '弥力寺匜'명 토기[9]가
있다.

그림 6. 궁녀사 구간 출토 '北舍'명 토기

같이 출토된 '北舍'명 토기
는 백제 사비왕궁지구인 관
북리 유적과 금성산, 쌍북리
유적, 궁남지, 익산토성과 같
이 왕실과 관련 있는 중요
유적에서 출토된 바 있으며, 출토된 유구는 왕궁이나 관청과 관련된 부속건물이나[10] 제사 관련 건물로 추
정[11]되고 있다. '北舍'명 토기는 토기편이 일부만 남아있어 정확한 기형을 알기는 어려우나 지금까지 출토
된 토기 기종이나 토기 동체부의 곡률로 미루어 보아 호형토기로 판단된다.

이번에 부소산성에서 출토된 '北舍'명 토기의 명문은 지름 3㎝의 크기로 印刻되었는데, 글자의 주변으로
원형의 얇은 돌대가 1조 돌아가고 있다. 이와 같이 명문 주위로 돌대가 돌아가는 것은 쌍북리 602-10번지
유적에서 1점 확인된 바 있다.

'北舍'명 토기는 지금까지 출토된 백제시대 명문토기 중에서 비교적 동일한 명문의 출토 사례가 많은 편
에 속하는데, 부여 관북리 유적에서 출토된 '北舍'명 토기는 서로 멀지 않은 지점에서 출토되었고 동일한 명
문이 새겨져있음에도 불구하고 그 크기나 글자의 형태가 다르다.

익산토성에서 확인된 '北舍'명 토기의 명문은 이번 부소산성 출토품과 유사한 위치에 인각되었으나 크기
가 다르고 외곽에 원형의 돌대가 없다. 또한 유일하게 돌대가 있는 쌍북리 유적의 '北舍'명 토기도 이번 출

---

7) 명문의 해석에 있어 명문 초반부는 토기가 만들어진 시기와 날짜(을사년 삼월 십오일)를 뜻하고 마지막 作자 뒤에 글자는 '장'자
로 토기 기종을 뜻하는 단어로 사용되었다는 것에는 큰 이견이 없어 보인다. 그러나 가운데 '牟尸山菊'의 해석은 『三國史記』에서
보이는 '馬尸山郡'(현재 충남 예산군 덕산면으로 비정)의 국이라는 사람이 만들었다는 견해(이병호, 2021, 「부소산성 출토 명문
토기에 대한 검토」, 『2020年 신출토 문자자료와 木簡』 학술회의 자료집, 국립부여문화재연구소·한국목간학회, pp.37-39), '牟
尸山'과 '馬尸山'은 음교체가 되기 어렵기 때문에 '武尸伊郡'(현재 전라남도 영광군으로 비정)의 국이라는 사람이 만든 것으로 보
아야 된다는 견해(방국화, 2021, 「부소산성 명문토기 검토 –동아시아 문자자료와의 비교-」, 『2020年 신출토 문자자료와 木簡』,
국립부여문화재연구소·한국목간학회, pp.66-67), '牟尸山菊' 모두 백제 장인의 이름이라는 견해가 제시되어 있는 상황이다.

8) 국립부여박물관, 2002, 『百濟의 文字』, 하이센스, p.60.

9) 국립부여문화재연구소, 2008, 『王宮里Ⅵ』, p.293.

10) 윤무병, 1999, 『夫餘官北里百濟遺蹟發掘報告(Ⅱ)』, 충남대학교박물관, p.69.

11) 서정석, 2014, 「부여 관북리 '北舍銘' 토기 출토 건물지의 성격 試考」, 『한국성곽학보』 26, 한국성곽학회.

토품과 비교하면 '舍'의 형태가 다른 것을 파악할 수 있다. 따라서 지금까지 보고된 '北舍'명 토기를 살펴본 결과 동일하게 印刻된 것은 없고 확인된 8점 모두 다른 형태로 인각되어 있는 것을 알 수 있었다.

IV. 명문토기의 편년적 위치

백제가 사비로 천도(538년)한 이후 '乙巳年'은 백제 사비기에는 585년, 645년, 백제가 멸망한 뒤로는 705년이 해당된다. 이번 토기가 출토된 궁녀사 지점은 백제시대 문화층이 2단계가 설정되는데, 토기는 상층의 늦은 단계의 문화층에서 출토되었다. 함께 출토된 유물은 다수가 회색토기이며, 전달린 토기와 보주형 뚜껑의 비율이 매우 높다.

이와 유사한 유물구성은 관북리 유적 2단계 건물지에서 확인된다. 관북리 유적에서 '北舍'명 토기는 2점이 출토되었는데, 모두 88년도에 조사된 부소산록 석축 남쪽의 배수로(도랑) 내부에서 출토[12]되었다. 부소산록 석축 남쪽으로는 건물지 3동이 위치하고 있으며, 이들 건물지는 관북리 유적이 대단위로 성토되고 난 뒤 조성되었다. 관북리 유적의 성토시기는 1차 성토가 6세기 4/4분기 이상으로 올라가지 못하며, 2차 성토는 621년 이후에 성토가 진행된 것으로 보고되었다.[13] 또한 건물지군이 위치하는 지점은 관북리 1단계에 생산관련 유구가 배치되었다가 2단계에 유적이 북동쪽으로 확장하는 과정에서 축대와 함께 새롭게 건물지군이 조성되는 것으로 이해되고 있다.[14]

이들 건물지와 배수구 내부에서는 다량의 토기가 발견되었는데, 대부분 회색토기로 구분되는 것이다.

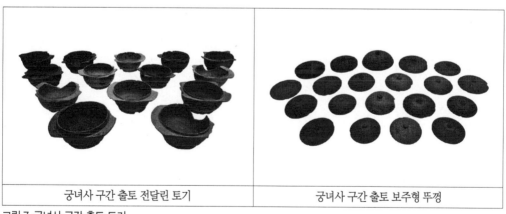

| 궁녀사 구간 출토 전달린 토기 | 궁녀사 구간 출토 보주형 뚜껑 |

그림 7. 궁녀사 구간 출토 토기

12) 윤무병, 1999, 『夫餘官北里百濟遺蹟發掘報告(II)』, 충남대학교박물관, p.69.

13) 국립부여문화재연구소, 2009, 『扶餘 官北里百濟遺蹟 發掘報告IV』, pp.230-236.

14) 김대영, 2020, 「부여 관북리 유적의 변천과정과 사비도성의 전개」, 『百濟學報』 34, 백제학회, p.45.

유물은 합, 뚜껑, 전달린 토기 등의 기종이 다수를 차지하며, 확인된 뚜껑 총 86점 중 손잡이까지 확인되는 것은 55점이 존재한다. 이 55점의 뚜껑 중 1점을 제외하고 54점이 보주형 뚜껑이다. 또한 확인되는 사례가 많지 않은 전달린 토기도 8점이나 출토되었다.

이러한 유물의 출토현황은 이번 궁녀사 상층의 백제시대 2문화층에서 출토된 유물의 구성과 형태가 매우 유사한데, '北舍'명 토기의 출토, 매우 높은 비율을 차지하는 보주형 뚜껑, 전달린 토기가 다수 출토되는 상황으로 미루어 보아 이번에 조사된 궁녀사 구간의 유구 성격이나 시기가 관북리 유적 부소산록 축대 앞에 조성된 유구와 유사할 가능성이 높다.

또한 앞에서 살펴본 바와 같이 관북리 2단계 유적은 아무리 빨라도 6세기 4/4분기 이상으로 올라가지 못하며,[15] 왕궁 등 중심시설의 조성은 무왕대에 이루어 진 것으로 이해되고 있다. 그리고 '北舍'명 토기가 출토된 궁남지는 무왕35년(634)에 조성되었고 백제의 익산지역 경영 역시 백제 무왕(600~641)때 본격화된다.

따라서 토기에 기록되어있는 '乙巳年'은 7세기 이후로 보는 것이 합리적이다. 그리고 명문토기들과 함께 공반된 토기는 백제 토기가 분명함과 동시에 함께 출토된 토기의 편년관[16]으로 볼 때 이들 토기자료를 8세기 이후로 편년하기는 어렵다. 즉 앞에서 살펴본 고고학 자료를 종합해 보면 명문토기에서 확인되는 '乙巳年'은 백제 사비기 후기인 645년에 해당할 가능성이 높다.

이와 관련하여 2011년 공산성 백제왕궁 관련유적 저수시설에서 확인된 貞觀19年(645)명 옻칠갑옷이 주목된다. 공산성의 저수시설 유구는 옻칠갑옷이 출토된 층위 상면으로 100㎝내외의 두꺼운 목질 부탄층이 존재하여 통일신라시대 문화층과 구분되며,[17] 백제 멸망기 동시기 매몰(전체가 의도적 안치)된 유물자료로 이해[18]되고 있다.

금번 '乙巳年' 명문토기가 출토된 유구 역시 집수나 저수 등의 성격을 가진 유구로 이해되며, 유물의 출토 상황으로 보아 일시에 매몰되거나 폐기되었을 가능성이 높다. 그리고 '乙巳年'이 645년일 가능성이 높은 점을 고려하면, 두 유구에서 출토된 유물의 비교·검토는 향후 백제 후기 유물 연구의 하나의 지표가 될 것으로 기대된다.

---

15) 국립부여문화재연구소, 2009, 『扶餘 官北里百濟遺蹟 發掘報告Ⅳ』, pp.230-236.

16) 회색토기는 백제 사비기 율령제 토기양식을 보여주는 대표적인 토기로 지금까지 연구에서는 6세기 말~7세기 전반기에 주로 사용되며(김종만, 2003, 「泗沘時代 灰色土器의 性格」, 『湖西考古學』 9, 호서고고학회, p.82) 7세기대 백제의 최고급 토기로 연구(김종만, 2005, 「7世紀 扶餘·益山地方의 百濟土器」, 『百濟文化』 34, 공주대학교 백제문화연구소, p.143)되고 있다.

17) 이남석, 2012, 「공산성출토 백제 칠찰갑의 명문」, 『목간과 문자』 9, 한국목간학회, p.177.

18) 이남석, 2012, 앞의 논문, p.185.

V. 맺음말

이상으로 부여 부소산성에서 새롭게 확인된 명문 자료를 소개하고 그 의미와 명문이 적혀 있는 토기의 편년적 위치를 살펴보았다. 이번에 출토된 명문자료는 부소산성 내 궁녀사 주변으로 중요 건물이 위치하고 있을 가능성을 보여줌과 동시에 유적의 편년적 위치(645년), 그리고 토기 기종에 대한 백제시대 당시 명칭 등을 살펴볼 수 있는 자료로서 그 가치가 크다고 할 수 있다. 또한 같이 공반 출토된 토기자료는 향후 백제 토기 연구의 하나의 지표가 될 것으로 기대된다.

명문토기가 출토된 지점은 국립부여문화재연구소에서 주변지역으로 확장하여 조사를 진행할 계획에 있다. 따라서 연차적인 조사가 이루어진다면 이번에 확인된 명문자료와 관련 있는 유구가 조사될 가능성이 있다. 부소산성은 1980년부터 조사가 시작되었으나 대부분의 조사가 성벽을 중심으로 진행되었다. 앞으로는 성 내부 공간에 대한 중장기적인 학술조사가 진행되어 내부 공간의 구조와 부소산성의 성격이 명확하게 밝혀지기를 기대한다.

투고일: 2021.04.27   심사개시일: 2021.05.12   심사완료일: 2021.05.31

참/고/문/헌

공주대박물관, 2019, 『백제시대 왕궁관련 유적Ⅴ』.

국립문화재연구소, 1996, 『부소산성 발굴조사보고서』.

국립부여문화재연구소, 1995, 『부소산성 발굴조사 중간보고』.

국립부여문화재연구소, 1997, 『부소산성 발굴조사 중간보고 Ⅱ』.

국립부여문화재연구소, 1999, 『부소산성 -정비에 따른 긴급발굴조사-』.

국립부여문화재연구소, 1999, 『부소산성 발굴조사 중간보고 Ⅲ』.

국립부여문화재연구소, 2000, 『부소산성 발굴조사보고서 Ⅳ』.

국립부여문화재연구소, 2001, 『궁남지 현 궁남지 서북편 일대』.

국립부여문화재연구소, 2003, 『부소산성 발굴조사보고서 Ⅴ』.

국립부여문화재연구소, 2009, 『부여 관북리백제유적 발굴보고Ⅲ』.

국립부여문화재연구소, 2009, 『부여 관북리백제유적 발굴보고Ⅳ』.

국립부여문화재연구소, 2009, 『왕궁리Ⅵ』.

국립부여문화재연구소, 2020, 『부소산성 긴급 발굴조사 약보고서』.

국립부여박물관, 2002, 『백제의 문자』, 하이센스.

마한·백제문화연구소, 2020, 『익산토성』.

백제문화재연구원, 2010, 『부여 쌍북리 602-10번지 유적』.

서정석, 2002, 『백제의 성곽』, 학연문화사.

윤무병, 1985, 『부여관북리백제유적발굴보고(Ⅰ)』, 충남대박물관.

윤무병, 1999, 『부여관북리백제유적발굴보고(Ⅱ)』, 충남대박물관.

김대영, 2020, 「부여 관북리 유적의 변천과정과 사비도성의 전개」, 『백제학보』 34, 백제학회.

김종만, 2003, 「사비시대 회색토기의 성격」, 『호서고고학』 9, 호서고고학회.

김종만, 2005, 「7세기 부여·익산지방의 백제토기」, 『백제문화』 34, 공주대학교 백제문화연구소.

남호현, 2010, 「부여 관북리 백제유적의 성격과 시간적 위치-2008년 조사구역을 중심으로-」, 『백제연구』 51, 충남대 백제연구소.

방국화, 2021, 「부소산성 명문토기 검토 -동아시아 문자자료와의 비교-」, 『2020年 신출토 문자자료와 木簡』 학술회의 자료집, 국립부여문화재연구소·한국목간학회.

박순발, 2002, 「사비도성 구조에 대하여」, 『백제연구』 31, 충남대학교 백제연구소.

서정석, 2014, 「부여 관북리 '北舍'銘 토기 출토 건물지의 성격 試考」, 『한국성곽학보』 26, 한국성곽학회.

성주탁, 1980, 「백제 웅진성과 사비성 연구」, 『백제연구』 11, 충남대학교 백제연구소.

이남석, 2012, 「공산성출토 백제 칠찰갑의 명문」, 『목간과 문자』 9, 한국목간학회.

이병호, 2002, 「백제 사비도성의 조영과정」, 『한국사론』 47, 서울대학교.

이병호, 2021, 「부소산성 출토 명문토기에 대한 검토」, 『2020年 신출토 문자자료와 木簡』 학술회의 자료집, 국립부여문화재연구소·한국목간학회.

田中俊明, 1990, 「왕도로서의 사비성에 대한 예비적 고찰」, 『백제연구』 21, 충남대학교 백제연구소.

홍사준, 1966, 「부여 부소산 출토의 백제유물」, 『미술사학연구』 77, 한국미술사학회.

〈Abstract〉

Newly excavated earthenware with inscriptions from Buyeo Busosan Fortress

Gim, Dae-Young

This paper reflects an examination of the current status and significance of excavation focusing on the newly identified textual data discovered during the construction of the disaster prevention system for Busosan Fortress in 2020. The investigation into the Busosan Fortress ruins has been conducted by the National Research Institute of Cultural Heritage and the National Buyeo Cultural Heritage Research Institute since 1980, but only about 6% of the interior of the fortress has been investigated.

During the construction of the disaster prevention system, an emergency excavation survey was conducted to preserve and record the remains, and textual data were found along with numerous pieces of buried Potteries in the southern part of Gungnyeo Temple, located slightly west of the central Busosan Fortress.

The identified textual data were '乙巳年三月十五日牟尸山菊作', '北舍' inscribed into Baekje Potteries. It is assumed that the characters '乙巳年三月十五日牟尸山菊作' refer to when the Potteries was made, to what type it belonged, and by whom it was made. Inscriptions of similar structures were also found on the Potteries excavated in the ruins of Neungsan-ri, Buyeo and Wanggung-ri, Iksan.

The ruins that contained the Potteries inscribed with '北舍' are understood to be auxiliary facilities of some public buildings or central facilities. The '北舍' Potteries was identified in the east drain of the building site, which was constructed at the second stage of the ruins of Gwanbuk-ri, Buyeo, located just south of the Busosan Fortress, as well as in the Iksantoseong Fortress, Ssangbuk-ri historical site, Geumseongsan Mountain, and Gungnamji.

Since Baekje moved its capital to Sabi in 538, the '乙巳年' could mean the year 585, 645, or 705. The site of Gungnyeo Temple, where the Potteries was excavated, was constructed twice by the cultural deposition layers of the Baekje period, and the inscribed Potteries was identified in the upper deposition layers. The relics excavated together are characterized by their high proportion of the cloth-shaped lid and the Potteries with handles. The composition of such relics is very similar to that of the building district in Guanbuk-ri site where the '北舍' Potteries was excavated.

The site of the excavation of the '北舍' Potteries in the ruins of Guanbuk-ri is to the northeast of the ruins and south of the Busan Fortress' embankment. The building district is identified by the secondary living quarters created after the large—scale expansion of the Guanbuk—ri area in the late 6th to early 7th century. In addition, the construction of Gungnamji (638) and the management of the Iksan area by Baekje began in earnest during King Mu's reign (600-641).

The Potteries excavated together with the inscribed ones is clearly of Baekje, and considering when the latter was produced, it is difficult to date these Potteries after the 8th century, about half a century after the fall of Baekje. Therefore, if you combine the data examined earlier, it is highly likely that '乙巳年' inscribed on the Potteries corresponds to the year 645, which places it during the late Baekje Sabi period.

▶ Key words: Busosan Fortress, Guanbuk-ri site, Inscribed Potteries, 乙巳年, 北舍, Baekjae Potteries

부여 부소산성 출토 토기 명문의 판독과 해석

이병호*

〈국문초록〉

부여 시가지 북쪽에 위치한 扶蘇山城은 백제 사비기의 왕실이나 국가의 중요한 시설이 밀집된 곳이다. 2020년 12월 공개된 '을사년'이 새겨진 토기는 부소산성 내부의 북문지에서 가까운 현재의 궁녀사 주변에서 출토되었다. 이 글에서는 '을사년'명 토기의 판독과 해석, 명문의 기재 의미와 성격 등을 검토하였다.

2장에서는 '을사년'명 토기의 명문 판독과 해석을 시도하였다. '을사년'이 새겨진 토기의 명문은 토기가 건조장으로 이동하기 전에 陶工이 직접 쓴 것으로, "乙巳年三月十五日牟尸山菊作㼑"으로 판독된다. 그중 '을사년 3월 15일'은 제작시기로 645년 3월 15일에 해당하며, '牟尸山'은 馬尸山(郡), 오늘날 충남 예산 덕산면에 소재하는 토기 공방을 가리키고, '菊'은 토기를 제작한 공인의 이름이며, '㼑'은 대형 항아리 자체를 가리키는 백제의 器名에 해당하는 용어라는 점을 확인하였다.

3장에서는 해당 토기의 명문을 기재한 의도한 그 성격에 대해 살펴보았다. 백제에서는 '㼑'자처럼 '瓦'변에 특정한 한자를 조합시켜 토기의 器名을 가리키는 용례가 다수 존재하며, 특히 능산리사지의 대형 항아리에는 '을사년'과 유사한 명문이 확인되어 비교된다. 이처럼 대형 항아리에 명문을 기재한 것은 지방 특산물인 토기를 현물로 납부하면서 그 내용을 적은 付札에 해당한다. 이는 백제에서도 각지의 특산물을 현물로 貢納하는 '調'가 존재했음을 알려주며, 일본의 牛頸(우시쿠비)窯跡群에서 유사한 刻書土器가 출토되어 두 지역의 영향 관계를 시사한다.

한편 '을사년'명 토기와 함께 출토된 '北舍'명 토기는 적어도 3종류 이상의 器種에 비슷한 모양의 도장이

---

* 공주교육대학교 사회과교육과 조교수

날인된 것이 확인된다. '北舍'의 명문 자체가 가진 의미나 출토 유적들의 성격을 종합해 볼 때 '북사'는 부소산성 내부에 있었던 왕실이나 중앙행정기관의 官署를 가리키는 용어일 가능성이 제기된다. 백제 사비기 부소산성 내부의 物流 시스템은 지방에서 특산물로 공납한 토기와 관영공방에서 생산한 토기를 함께 공급받아 사용했던 것으로 보인다.

▶ 핵심어: 甒, 器名, 調, 貢納, 北舍, 物流

I. 들어가는 말

부소산성은 일제강점기에 간략한 실측조사와 시굴조사가 있었지만, 1981년 군창지 일대에 관한 발굴을 시작으로 본격적인 학술조사가 실시되었다. 국립부여문화재연구소는 2002년까지 부소산성에 관한 장기간의 발굴을 전담해 왔고, 그 과정에서 성벽의 축조 기법과 초축 시기, 시기별 변화 양상, 성곽과 관련된 門址나 치성, 장대지, 성 내부의 건물지, 수혈 등 다양한 유구를 확인하고, 다량의 토기와 기와, 중국제 청자, 철제품과 석제품 등을 확보할 수 있었다.

그 뒤 부소산성은 한동안 발굴이 이루어지지 않다가 2020년 여름, 산성 내부 재난 방재관로를 구축하는 과정에서 유구와 유물이 확인되어 국립부여문화재연구소에서 긴급 조사를 하게 되었고, 12월에는 부소산성 내부, 궁녀사 구간의 집수시설에서 '乙巳年'과 '北舍' 등 글씨가 새겨진 토기가 수백여 점의 사비기 토기와 함께 수습되었음을 공개하였다.[1] 이것에 의해 기존에 위급시의 대피성이나 後苑으로서만 생각하던 부소산성에 대해 웅진기의 公山城처럼 왕실이나 국가의 주요 시설이 배치된 중요한 공간이었을 가능성이 새롭게 제기되었다.

그중 '乙巳年'명 토기에 대해서는 '乙巳年三月十五日牟尸山菊作□' 14자의 명문이 있고, 그 내용은 "을사년 3월 15일 牟尸山 사람 菊이 만들었다"로 해석되며, 645년으로 추정되는 토기의 제작연대, 예산군 덕산으로 추정되는 제작지, 제작자 등을 알 수 있는 자료라고 하였다. 또 '北舍'명 토기도 함께 발견되었는데 관북리유적이나 익산토성처럼 백제 왕실과 관련된 중요 유적에서 동일한 명문이 출토된 바 있음을 언급하였다.

이번에 공개된 '을사년'명 토기는 대형 항아리의 胴體 표면에 음각으로 문자를 새겼는데 製作時期와 製作地, 製作者 등을 알 수 있는 중요한 자료이다. 특히 보도자료 배포 당시에는 판독하기 어려웠던 맨 마지막 글자는 백제토기의 器名을 알 수 있는 중요한 것이어서 명문 전체의 판독과 해석, 더 나아가 역사적 의미에 대한 상세한 검토 필요성이 제기되었다.

---

[1] 국립부여문화재연구소, 2020, 「부여 부소산성에서 '乙巳年(645년 추정)' 명문토기 출토」(12.8. 보도자료). 이하 발굴과 관련된 내용은 보도자료 및 국립부여문화재연구소에서 제공한 것으로, 황인호 소장 및 유은식 학예연구실장, 김대영 학예연구사를 비롯한 관계자 여러분께 깊이 감사드린다.

이에 2장에서는 '을사년'명 토기의 사진과 탁본, 실물 관찰에 의한 명문에 대한 판독안과 해석안을 제시하였다. 대형 토기의 제작공정을 고려하면서 명문이 기재된 정황이나 명문 자체에 관한 세밀한 분석, 나아가 제작시기나 제작지, 기존 미해독 글자에 대한 의미를 검토할 것이다. 3장에서는 '을사년'명 토기에 명문을 기재한 의도와 그 성격을 파악하고자 했다. 부여와 익산 지역에서 발견된 '을사년'명 토기의 명문과 유사한 사례를 검토하고, 신라나 일본의 사례와 비교하여 토기 명문의 의미를 파악할 것이다. 나아가 '을사년'명 토기와 함께 발견된 '북사'명 토기에 관해서도 약간의 분석을 더하여, 사비기 토기의 생산체제 및 명문토기가 발견된 해당 유적의 성격에 관해서도 언급할 것이다.

국립부여문화재연구소에 따르면 2021년에도 2점의 명문토기가 발굴된 궁녀사 주변 유구에 대한 추가적인 조사가 예정되어 있다고 한다. 이 글에서 다루는 자료들과 직접 연관되는 토기파편이나 신자료가 출토될 가능성을 배제할 수 없는 실정이다. 그런 점에서 이 글은 현재까지 알려진 자료에 입각한 추론으로 향후 수정·보완을 전제로 하였음을 미리 밝혀둔다.

II. '을사년'명 토기의 판독과 내용

국립부여문화재연구소에서 공개한 '을사년'명 토기는 회청색의 경질토기 파편 여러 개를 접합한 것으로 〈명문 2〉가 남아 있는 잔존 최대길이는 가로 29.7㎝, 세로 36.5㎝, 두께 1.3㎝ 내외이다(도면 1-1의 왼쪽 하단). 토기의 표면에는 線文 타날이 정연하게 찍혀있는데, 대략 12㎝ 간격으로 타날문을 지운 민무늬 띠가 돌아간다. 이러한 민무늬 띠는 백제 토기에서 자주 볼 수 있는 것으로, 토기의 표면을 타날한 뒤 회전대를 이용하여 손으로 지운 결과이다. 민무늬 띠의 너비는 1.5~2.1㎝이다. 토기의 내면에는 회전 조정 흔적을 제외하고 아무런 흔적이 없다.

'을사년'명 토기의 명문은 선문 타날과 회전대를 이용해서 민무늬 띠가 만들어지는 整面 작업 이후에 대칼과 같은 도구를 이용해서 陰刻으로 기재되었다(도면 1-2). 토기에 남아 있는 글자를 확대해 보았을 때 거의 모든 글자에서 筆劃이 끝난 부분에 흙이 밀린 흔적이 남아 있는 것을 보면, 이 토기에 명문을 기재한 시점은 토기의 成形이나 調整 작업이 모두 끝난 직후, 건조장으로 이동하기 이전에 쓴 것으로 생각된다.

한편 삼국시대의 단경호나 장란형토기 등 壺類는 구연부와 동체부를 테쌓기로 성형한 다음 타날을 하고, 그 뒤 녹로에서 떼어낸 뒤 상하를 뒤집어서 마지막에 저부를 별도로 타날하여 圓底 부분을 만들었다.[2] 이는 저장용의 대형(원저)호를 제작할 때도 동일하게 적용되며 1차 성형 후 대형 성형대 위에 뒤집은 다음 저부를 성형을 하게 된다.[3] 그 때문에 원저호류의 저부에는 구연부나 어깨, 몸통 부분에 비해 타날판이 서

---

2) 정인성, 2007, 「낙랑 타날문 단경호 연구」, 『강원고고학보』 9, 강원고고학회, pp.108-110; 국립문화재연구소, 2011, 『한성지역 백제토기 분류표준화 방안 연구』, 서경문화사, pp.161-162 및 pp.253-259.

3) 이성주, 2014, 「저장용 대형 단경호의 생산과 한성 백제기의 정치경제」, 『한국상고사학보』 86, 한국상고사학회, pp.75-77.

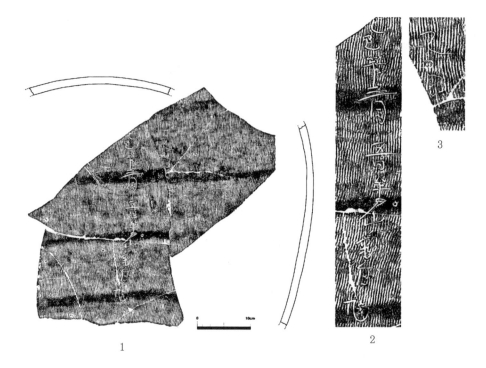

도면 1. 을사년명 토기의 명문

로 중복된 형태로 남는 경우가 많고, 동체부와는 반대 방향으로 타날문을 남기게 된다. '을사년'명 토기의 경우 명문이 기재된 방향을 보면 구연부가 위로 향한 상태에서 종방향으로 기재된 것으로 생각된다. 이것을 보면 해당 명문은 토기의 상하를 뒤집어서 저부를 타날하기 전 구연부가 위로 향해 놓여 있는 상태에서 기재된 것으로까지 좁혀 볼 수 있을 것이다. 또 잔존 토기 표면의 타날판 문양들은 선문이 거의 겹치지 않는다. 이는 이 토기편이 항아리의 底部라기보다는 胴體部에 해당한다는 것을 알려주며, 잔존 토기 횡단면의 곡률을 보아서도 球形의 胴體 파편이라기보다는 타원형이나 장타원형의 동체 파편일 가능성을 높여준다. 토기의 원래 크기나 기형을 복원하고자 할 때 유의할 점이다.

그런데 이곳에서는 〈명문 2〉 이외에도 '을사년'이 적힌 〈명문 1〉이 함께 발견되었다(도면 1-2·3). 이 토기 파편의 잔존 최대길이는 가로 24.0㎝, 세로 29.5㎝, 두께 1.3㎝ 내외이다(도면 1-1의 오른쪽 상단).[4] 토기 표면의 선문이나 내면의 형태는 〈명문 1·2〉가 완전히 동일하고 두 파편은 도면 1-1과 같이 서로 접합된다. 도면 1-1처럼 도상으로 복원한 이 토기파편의 잔존 최대길이는 가로 46.7㎝, 세로 43.8㎝이다. 이것을 보면 '을사년'이 적힌 토기는 동체의 길이만 43㎝가 넘는 대형 항아리였음을 짐작할 수 있을 것이다.

---

4) 이 글에서 다루는 부소산성 명문토기의 명문은 처음 보도될 때 14글자가 적힌 〈명문 2〉 부분만 소개되었고, '을사년' 3글자를 적은 〈명문 1〉 부분은 나중에야 공개되었다. 필자는 3글자를 먼저 쓰다가 오자가 생겨서 그 왼쪽 5㎝ 떨어진 부분에 14글자를 써내려간 것으로 파악하고 있어 〈명문 1〉과 〈명문 2〉의 순서를 학술대회 발표문과 달리 바꾸어 서술하였다.

다음으로 해당 토기에 대한 필자의 판독안을 제시하면 아래와 같고, 그중 문제시되는 글자에 대한 약간의 부연 설명을 하고자 한다(도면 1-2·3참조).

〈명문 1〉   乙　巳　年
　　　　　　1　2　3

〈명문 2〉   乙　巳　年　三　月　十　五　日　牟　尸　山　菊　作　㼋
　　　　　　1　2　3　4　5　6　7　8　9　10　11　12　13　14

1번 글자의 경우 〈명문 2〉에서 '乙'자의 좌측 상단이 깨져서 '己'자일 가능성이 제기될 수 있지만 남아 있는 획이나 〈명문 1〉의 첫 번째 글자를 참고할 때 '乙'자로 보아 무리가 없다.

2번 '巳'자는 〈명문 1〉과 〈명문 2〉 모두 '巳'자로 읽는데 무리가 없다. 이 글자 3획의 시작 부분과 끝부분의 삐침이 동일한 것은 이 명문을 기재한 사람이 같은 사람일 가능성을 높여준다.

3번 '年'자는 〈명문 2〉에서는 통상의 '年'이라는 한자보다 획이 더 많고, 〈명문 1〉의 경우 획이 부족하다. 〈명문 1〉의 경우 이 세 번째 글자를 잘못 썼기에 그 왼쪽에 〈명문 2〉를 다시 써 내려간 것으로 보인다.

9번 '牟'자는 '厶' 아래 '牛'자가 '干'이나 '于'자처럼 보이지만 부여 능산리사지나 구아리유적, 현내들유적, 성산산성 출토 목간의 사례를 참고할 때[5] '牟'자로 보아도 무리가 없다.

10번 '尸'자는 '卩'로 보는 견해가 있을 수 있지만 사비기의 목간이나 기타 명문에 보이는 '卩'에 비해 2번째 획이 왼쪽으로 45도 정도 삐쳐 있고, 함안 성산산성 출토 목간이나 일본 飛鳥池遺蹟 등의 사례를 참고할 때 '尸'로 보는 것이 더 타당해 보인다.[6]

12번 '菊'자는 초두(艹)의 3번째 가로획이 빠져 있지만 '菊'으로 보아 무리가 없다.

문제의 14번 글자는 왼쪽의 '瓦'변에 관해서는 이견이 없지만 오른쪽 '镸'자의 획 일부가 명확하지 않아 이견이 제기될 수 있다. 필자는 이 글자를 '瓺(물장군 장)'의 이체자인 '㼋'으로 파악하고자 한다. 한자자전에는 이 글자에 관해 "배가 볼록하고 목이 좁은 아가리가 있는 질그릇, 또는 커다란 瓶" 등으로 풀이하고 있다.

그런데 14번 글자는 도면 2처럼 일본의 飛鳥池遺蹟에서 출토된 習書 목간이나 平城宮 造酒司遺蹟 출토 付札 목간, 大野市 牛頸窯跡群 출토 大型 스에키 옹의 頸部에 음각한 문자, 平城京 酒造司 中型 甕의 頸部에 음각한 문자, 春日井市 神屋 1호 窯址에서 출토된 스에키 頸部에 음각한 문자 등에서 동일한 글자가 확인되는데 모두 '대형의 저장용 항아리'를 가리킨다.[7] 즉 '㼋'이라는 글자는 백제에서 '대형의 저장용 항아리' 자체를 가리키는 '器名'에 해당한다고 할 수 있다.

---

5) 국립가야문화재연구소, 2011, 『한국 목간자전』, 예맥, p.147.

6) 국립가야문화재연구소, 2011, 위의 책, p.85·p.206; 奈良文化財硏究所, 2013, 『日本古代木簡字典』, 天理時報社, p.206.

7) 巽淳一郎·寺崎保廣, 1994, 「平城宮·出土文字刻書土器資料」, 『奈良國立文化財硏究所年報』1994, 奈良國立文化財硏究所; 巽淳一郎, 1999, 「古代の燒物調納制に關する硏究」, 『瓦衣千年』, 森郁夫先生還曆記念論文集刊行会; 奈良文化財硏究所, 2013, 위의 책.

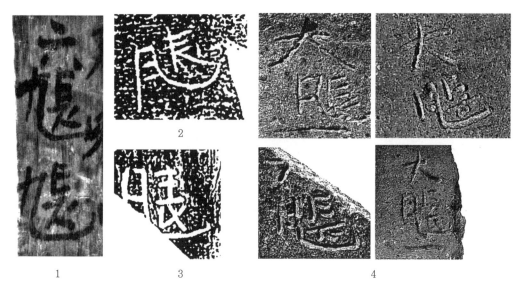

도면 2. '瓺'자의 일본 출토 용례(1. 飛鳥池, 2. 神屋 1호, 3. 平城宮造酒司, 4. 牛頸窯跡群)

이렇게 보면 '을사년'명 토기는 '乙巳年 3월 15일 牟尸山의 菊이 만든 瓺'라는 의미가 된다. 을사년이 두 차례 반복되어 쓰여 있는 것은 〈명문 1〉의 을사년을 써 내려가던 중 '年'자를 잘못 써서 그 왼쪽에 다시 해당 명문을 적은 것으로 생각할 수 있다. 명문의 내용은 ①제작시기-乙巳年 3월 15일, ②제작지-牟尸山, ③제작자-菊, ④제작토기의 器名-瓺 등으로 구성되어 있다.

그렇다면 이 명문의 '을사년'은 언제일까. 이 토기와 함께 출토된 자료들은 6~7세기 대에 속하는 토기와 기와가 다수 포함되어 있다. 그중 부소산성, 관북리·쌍북리·구아리, 왕궁리유적 등지에서 다량 출토된 백제 사비기의 특징적인 토기인 회백색 계통의 전달린토기와 보주 달린 뚜껑, 기대 파편과 印章瓦라 불리는 문자기와와 함께 출토되었다. 이것을 보면 乙巳年은 585년이나 645년 중 하나가 될 것이다.

그런데 이곳에서는 중국제 白瓷 벼루다리 파편이 함께 발견되었다. 현재 남아 있는 벼루다리 파편은 獸脚硯의 臺脚을 하고 있지만, 원래는 투창이 뚫린 圈脚硯처럼 바닥을 돌아가는 띠가 있었는데 파손되어 지금은 남아 있지 않다. 부여 화지산유적에서는 이와 매우 유사한 백자 벼루 파편이 발견된 바 있어 참고된다.[8] 중국에서는 隋唐 시기에 속하는 田行達 隋墓(615년), 湖南省 長沙7호 隋墓(7세기 초), 陝西省 唐 長樂公主墓(643년) 등지에서 유사한 백자 벼루가 출토되었다.[9] 이러한 사례를 감안할 때 이 백자 벼루 파편은 7세기 전엽에 속하는 것으로 보아 무리가 없을 것이다.

이곳에서는 印花文土器 파편도 함께 발견되었다. 이 인화문토기는 어깨 부분에 이중 원문에 水滴形 문양이 찍혀 있고, 짧은 다리가 달린 扁球形 扁甁이다. 부소산성과 정림사지, 능산리사지, 관북리유적 등지에서

---

8) 심상육·이명호, 2018, 『부여 화지산유적-2015~2016년도 2·3차 발굴조사』, 백제고도문화재단, p.177.

9) 山本孝文, 2003, 「백제 사비기의 陶硯」, 『百濟研究』 38, 충남대학교 백제연구소, pp.100-101.

발견된 인화문토기의 사례를 참고할 때 이 토기 파편은 660년을 전후한 시기에 속하는 것으로 보아 무리가 없다.[10]

'을사년'명 토기와 함께 발견된 사비기의 토기와 기와, 중국제 자기와 인화문토기 등을 참고할 때 이 토기의 제작시기는 585년에 속한다기보다는 645년으로 보는 것이 더 타당하다고 생각한다. 따라서 을사년 3월 15일은 645년 3월 15일로, 해당 토기를 제작한 날짜를 기록한 것으로 볼 수 있다.[11]

다음 '牟尸山菊'은 牟尸山(지명)의 菊(인명)으로 읽는 방법과 '牟尸山菊' 전체를 지명이나 인명으로 보는 방법이 있는데 필자는 전자가 타당하다고 생각하며 이를 토기의 제작지로 파악하고자 한다. '牟尸山'이 어디인지와 관련해서는, 『삼국사기』 권제37 잡지 제6 지리4의 "支牟縣, 本只馬馬知"과 "牟支縣, 本另尸伊村"이라는 기사에 의하면, '牟'가 '馬'나 '另'(武의 古字)에 대응하는 것을 알 수 있다. 그런데 동성왕을 牟大 혹 摩牟라고도 하거나, 麻帝 또는 末多로 표기한 것을 함께 참고하면 '牟'와 '馬' 또는 '末'의 상관성이 있음을 짐작할 수 있다.[12] 따라서 필자는 '牟'와 '馬'가 서로 대응하는 점에 주목하여 '牟尸山'을 『三國史記』 권제37 잡지 제3 지리3의 熊川州의 "伊山郡 本百濟馬尸山郡"의 馬尸山郡(현재의 충남 예산군 덕산면)으로 비정하고자 한다.[13]

이처럼 '牟尸山'을 '馬尸山郡'으로 비정할 때 『三國史記』에서 이와 관련된 사료를 찾아보면 아래와 같다.

사료 1: 伊山郡은 본래 百濟의 馬尸山郡이었는데 景德王이 이름을 고쳤다. 지금까지 그대로 따른다. 領縣이 2개이다. 目牛縣은 본래 百濟의 牛見縣이었는데, 景德王이 이름을 고쳤다. 지금은 알 수 없다. 今武縣은 본래 百濟의 今勿縣이었는데, 景德王이 이름을 고쳤다. 지금은 德豊縣이다.[14]

사료 2: 熊川州[에 속하는 군·현] (중략) 馬尸山郡, 牛見縣, 今勿縣 (중략) 任存城, 古良夫里縣,

---

10) 이동헌, 2011, 「통일신라 개시기의 인화문토기」, 『한국고고학보』 81, 한국고고학회; 최병현, 2011, 「신라 후기양식토기의 편년」, 『영남고고학』 59, 영남고고학회.

11) 3월 15일을 해당 토기가 納品되는 날짜를 표기한 것으로 볼 수도 있다. 어느 경우든 명문의 날짜와 그리 멀지 않았을 것이다.

12) 이 부분에 관해서는 한국목간학회 학술대회에서 토론을 맡아주신 노중국(계명대), 정재윤(공주대) 두 선생님의 가르침에 큰 도움을 받았음을 밝힌다.

13) 한편 한국목간학회 학술대회에서 방국화(경북대), 권인한(성균관대) 두 선생님은 '牟尸山'이 '武尸伊郡'과 더 음이 비슷하다는 점을 근거로 전라남도 영광군 영광읍 일대로 비정하는 의견을 제시했다. 그러나 모시산=무시이군=전남 영광읍설은 현재까지 영광읍을 포함한 영산강 유역에서는 이 글에서 다루는 대형 항아리가 발견된 사례가 없다는 점과 사비 백제 중앙과의 교류를 직접적으로 반영하는 자료가 거의 없다는 점에서 따르기 어렵다. 방국화 선생이 발표문에서 언급한 영광 군동유적의 가마터나 대형토기는 영산강유역의 대형옹관과 관련된 것으로 사비기의 대형 저장용 항아리와는 제작기법이나 기술계통이 전혀 다른 이질적인 것이다. 영광 지역의 최근 고고학적 동향은 아래 도록이 참고된다. 국립나주박물관, 2020, 『신령스러운 빛, 영광』, 디자인공방.

14) 『三國史記』 卷36 地理志3 新羅, "伊山郡, 本百濟馬尸山郡, 景德王改名. 今因之. 領縣二. 目牛縣, 本百濟牛見縣, 景德王改名. 今未詳. 今武縣, 本百濟今勿縣, 景德王改名. 今德豊縣."

烏山縣 (하략)[15]

사료 3: 四鎭은 동쪽의 溫沫懃 牙谷停, 남쪽의 海耻也里 悉帝라고 이르는데 推火郡이다. 서쪽의 加耶岬岳 馬尸山郡, 북쪽의 熊谷岳 比烈忽郡이다.[16]

사료 1·2에 보이는 백제 馬尸山郡은 지금의 忠南 禮山郡 德山面으로 비정되고 있다.[17] 사료 3은 이러한 馬尸山郡에 신라에서 中祀의 대상으로 중시되었던 4鎭 중 西鎭 加耶岬岳이 위치하고 있음을 보여주고 있다. 이 기록의 '가야갑악'은 현재의 충남 예산군 덕산면과 서산시 해미면에 걸쳐 있는 伽倻山으로, 『東國輿地勝覽』 德山縣 祠廟에는 伽倻岬祠가 邑의 서쪽 3리 지점에 있다는 기록이 있다.[18] 이것을 보면 '馬尸山郡'은 통일신라시대까지도 중요한 역할을 담당하고 있었음을 짐작할 수 있다.

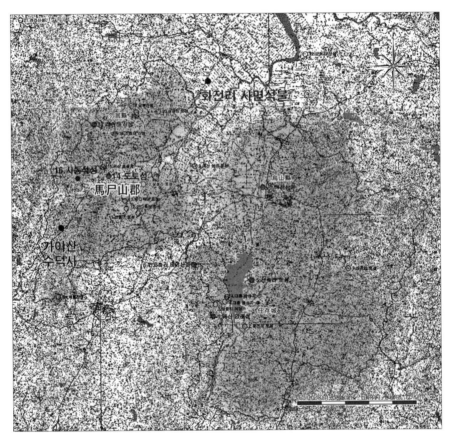

도면 3. 예산지역의 산성과 군현성 영역 추정도

---

15) 『三國史記』 卷37 地理志4 百濟.

16) 『三國史記』 卷32 祭祀志, "四鎭, 東溫沫懃牙谷停, 南海耻也里一云悉帝, 推大郡, 西加耶岬岳馬尸山郡, 北熊谷岳比烈忽郡."

17) 정구복 외, 1997, 『역주 삼국사기 4 주석편(하)』, 한국정신문화연구원, p.303.

한편 현재의 충남 예산군에는 20여 개의 백제 산성이 확인되었다. 그에 관한 지표조사 결과를 바탕으로 예산군의 군·현명과 치소를 대비시켜 보면 현재의 예산군은 백제 今勿縣과 馬尸山郡, 烏山縣, 任存城 등 2개 郡과 2개 縣으로 구분되며, 각 군현의 치소에 대해서는 금물현의 치소는 대천태산성, 마시산군의 치소는 도토성 또는 사동석성, 오산현 치소는 예산산성, 임존성 치소는 임존성 또는 신속리토성으로 비정되고 있다(도면 3).[19]

그중 마시산군에 속한 덕산면 일대에는 모두 7개의 산성이 확인되었다. 정해준은 그중 社洞(里)山城에서만 백제시대 유물이 수습되기 때문에 이곳을 백제 마시산군의 치소로 보고, 통일신라시대 伊山郡의 치소로 계속해서 사용되었다고 했다.[20] 그러나 사동리산성은 가야산 자락의 해발 204m의 산정부에 위치하고 있어, 평야부에서 마시산군의 치소를 찾아야 한다는 반론이 있다.[21] 이에 평야부의 방형에 가까운 둘레 약 1,270m의 대규모 토성인 도토성을 마시산군의 치소로 볼 수 있다는 또 다른 의견이 있다. 향후 발굴이 기대된다.

예산군 덕산면 일대에서는 아직까지 백제의 토기나 기와 가마터 흔적이 발견된 적이 없다.[22] 그러나 바로 인근 지역인 대흥면에 백제 부흥운동의 근거지로 추정되는 任存城이 자리하고, 덕산면 가야산에는 惠現이 활동했다는 北部 修德寺가 위치하며, 봉산면 화전리에는 四面石佛이 위치하고 있다. 또 烏山縣의 치소로 추정되는 禮山山城에 대한 발굴에서는 백제 건물지 2동과 목곽 저장시설 1기, 저장수혈 43기, 수혈유구 4기 등이 발견되었다.[23] 예산산성의 백제 유구에서는 인장와를 비롯한 연화문와당과 대형호 등이 다수 출토되었는데, 백제의 지방 산성에서 연화문와당이 출토된 사례는 이곳이 유일하다.[24]

이러한 점을 참고할 때 馬尸山郡은 웅진·사비기 대중국 交通路의 要地로 중요한 위치를 점하고 있었을[25] 뿐만 아니라 웅진·사비기에도 인근 지역에서 다수의 고분이 축조되고, 저장수혈이나 대형토기, 수막새로 장식된 기와 건물이 건립되는 등 백제 중앙과 밀접한 관련을 가진 지역이었음을 확인할 수 있다. 이러한 점을 감안할 때 토기 명문의 '牟尸山'은 아직 발견되지는 않았지만, '馬尸山郡' 산하에 있었던 대형 토기를 생산

---

18) 정구복 외, 1997, 위의 책, p.24.

19) 가경고고학연구소, 2017, 『예산지역 백제산성 학술조사 연구보고서』, pp.237-238.

20) 정해준, 2001, 「예산지역 백제산성에 관한 일고찰」, 공주대 석사학위논문, p.66.

21) 가경고고학연구소, 2017, 앞의 책, pp.152-159.

22) 다만 지표조사에서 덕산면 인근의 대흥면과 광시면에 위치하는 손지리 큰골요지, 상중리 중단요지, 서초정리 2구 와요지 등이 토기와 기와 가마터로 소개된 바 있다(백제문화개발연구원, 1995, 『충남지역의 문화유산9-예산군편』, pp.248-267).

23) 가경고고학연구소, 2020, 『예산산성』, pp.561-564.

24) 예산 지역에서는 목리·신리유적에서 6~7세기대의 건물지와 저장수혈, 횡혈식석실 등이 조사되고 석곡리 유적에서 사비기의 횡혈식석실과 대형토기를 전용한 옹관 등이 발견되어 함께 참고된다. 충청문화재연구원, 2014, 『예산 목리·신리 유적』; 백제 고도문화재단, 2014, 『예산 삽교 신리 고분군』; 전남문화재연구원, 2019, 『예산 석곡리·대지리유적』; 겨레문화유산연구원, 2020, 『예산 석곡리유적』; 동방문화연구원, 2021, 『예산 사리유적』.

25) 예산 화전면 사면석불은 태안반도와 아산만으로 향하는 길목에 위치하고 공주로 향하는 지름길이 된다(정재윤, 2007, 「예산 사면석불의 조성 시기와 배경」, 『百濟硏究』 45, 충남대 백제연구소, pp.42-47). 마시산군 치소로 비정되는 도토성에서 사면석불까지는 직선거리 약 5.6㎞ 떨어져 있다.

하던 가마의 제작지를 가리키는 것으로 볼 수 있을 것이다.

다음 '菊'은 해당 토기를 만든 陶工의 人名으로 생각한다. 무령왕릉 출토 은제팔찌에 나오는 '多利作'의 '多利'나 3장에서 거론할 능산리사지 대형 항아리 명문 중 '係文作'의 '係文'처럼 그것을 제작한 공인의 이름에 해당한다고 보는 것이다. 다만 '菊' 한 글자만 나오기 때문에 이를 인명으로 보는데 의문이 제기될 수 있고, 福岡縣 牛頸窯跡群에서 발견된 명문 중에 '大神部'라는 인물을 '大'로 축약해서 표기한 사례가 있어 '菊' 역시 그것을 제작한 도공의 인명일 가능성과 더불어 성씨나 집단을 축약해서 표기했을 가능성은 남아 있다.

마지막 토기의 종류, 즉 器名에 해당하는 '甀'에 대해 살펴보기로 하자. 고구려나 신라에서 이와 유사한 사례를 찾아보면 瓮이나 瓷, 缶[㽀], 瓶 등이 있다. 고구려는 홍련봉 2보루에서 출토된 '官瓮'명 壺 사례가 유일하지만,[26] 신라는 '十石入[또는 八瓮'명을 비롯하여 월지[옛 안압지] 출토 목간에서 유사한 사례가 확인된다.[27] 다만 '瓮'이나 '瓷'는 '대형 항아리'의 특정한 기명을 가리키는 용어라기보다는 일반적인 '항아리' 전체를 가리키는 보통명사라는 점에서 차이가 난다.

그런데 앞서 언급한 것처럼 일본에서는 부소산성과 동일한 '甀'자의 사용례가 확인된다. 예를 들어 平城宮 造酒司 출토 목간에는 3石 5斗 9升이나 4石 5斗 9升을 담은 사례가 있고, 長屋王家 목간에는 술의 醸造와 관련된 목간 중에 5石 이상의 甀은 '大甀', 4石1斗8升의 甀은 '次甀', 2石4斗5升의 甀은 '小甀'으로 부른 사례가 있으며, 二條大路 목간에는 末醬 1石 2斗의 용량을 가진 甀의 존재가 알려져 있다. 이러한 사례를 참고하면 甀은 酒·醬·酢 등을 담는 5石 이상의 대형 저장용 토기로, 출토 사례에서 볼 때 口頸이 나팔상으로 벌어지고, 어깨의 약간 아래쪽에 최대경이 있으며 그 아래로 급격하게 지름이 줄어들어 바닥이 뾰족한 尖底를 이룬다.[28] 부소산성 발견 '을사년'명 토기에 보이는 '甀'자의 器形이나 용량, 사용방법 등을 고려할 때 많은 시사를 준다.

이상에서 '을사년'이 새겨진 토기가 원래 대형 항아리였고, 해당 명문은 항아리의 어깨나 동체에 남겨진 것이며, '乙巳年 3월 15일'은 제작시기로 645년 3월 15일에 해당하고, '牟尸山'은 馬尸山(郡), 즉 충남 예산 덕산면에 소재하는 토기 공방을 가리키며, '菊'은 토기를 제작한 공인의 이름이고, '甀'은 '菊'이라는 공인이 만든 대형 항아리 자체를 가리키는 백제의 器名에 해당하는 용어라는 점을 확인할 수 있었다.

III. 토기 명문의 기재 의도와 그 성격

부소산성에서 출토된 '을사년'명 대형 항아리에 그러한 명문이 남겨진 이유나 배경은 무엇일까. 부여와

---

26) 한국고고환경연구소, 2007 『홍련봉 2보루 1차 발굴조사보고서』, p.76.

27) 윤선태, 2000, 「신라 하대의 量制에 관한 일시론」, 『新羅文化』 17·18, 동국대 신라문화연구소, p.7. 월지 출토 대옹이 목지름 58㎝, 동체 최대경 111㎝, 높이 147㎝으로 약 520.8ℓ에 달한다고 추정한 바 있어 참고된다.

28) 巽淳一郎, 1995, 「奈良時代の甀·甁·㽀·由加-大型貯藏用須惠器の器名考證」, 『文化財論叢Ⅱ』, 奈良國立文化財研究所創立40周年記念論文集, p.317.

도면 4. 부여와 익산 출토 참고자료(1. 능산리사지, 2. 왕궁리, 3. 용정리 소룡골, 4. 구교리)

익산 지역에는 '甒'자처럼 '瓦'변에 특정한 한자를 조합시켜 토기의 器名을 가리키는 용례가 확인되어 이를 검토하는 것에서 논의를 시작하고자 한다. 즉 ①능산리사지에서 출토된 '瓦+文'(이하 甒로 표기함), ②왕궁리유적에서 출토된 '瓦+品'(이하 甒로 표기함), ③구교리 건물지에서 출토된 '瓦+曾'(이하 甒으로 표기함), ④기타 용정리 소룡골건물지에서 출토된 '增'[土+曾] 등이 그것이다(도면 4).

먼저 능산리사지 출토품의 경우 이 유물을 처음 소개한 도록에 "사비기에 널리 쓰인 높이 80.0㎝의 대형 항아리의 구연부 아래에 비교적 큰 글씨로 '係文作元甒'이라는 글자를 세로 방향으로 새겼는데 '係文이 원□(元甒)를 만들다'로 풀이되며, '元甒'이라는 용어 자체가 토기를 가리키는 이름이거나, 아니면 '甒'이 토기를 지칭하는 이름이 되어 '가장 좋은 甒를 만들다'라는 뜻으로 이해된다. '甒'라는 글자에 '질그릇'이라는 의미가 내포된 '瓦'자가 포함된 것에서 이를 유추할 수 있다"라고 하였다.[29]

이 토기는 5㎝ 정도의 짧은 목에 구연부가 나팔상으로 외반하며, 동체는 球形에 가깝고 평저에 가까운 높이 80㎝ 크기의 대형 항아리이다(도면 4-1-1). 이 토기의 표면에는 線文이나 格子文의 타날 흔적이 일부 남아 있지만 손으로 지워져서 거의 확인되지 않고, 동체 전체에 약11㎝ 간격으로 두 줄의 가느다란 음각선이 지나간다. 해당 명문은 구연부 쪽이라기보다는 동체의 중앙에 쓰여 있는데(이하 1면으로 부름), 흥미로운 것은 거의 정반대 방향의 거의 동일한 위치에서도 명문이 확인된다(이하 2면으로 부름)는 점이다.

필자는 1면의 글자를 "保文六甒"으로 판독하고자 한다(도면 4-1-2). 과거 '係'자로 판독한 글자는 2면의 글자를 고려할 때 '保'자로 보는 것이 더 타당하다고 생각된다. '元'자의 경우도 두 번째 '文'자의 1·2획이 '二'자처럼 쓰인 점을 참고할 때 '元'보다는 '六'으로 읽은 것이 더 타당하다고 본다.[30] 또 마지막의 '瓦'와 '天'

29) 국립부여박물관, 2002, 『백제의 문자』, 하이센스, p.60.
30) 기존에 '係'로 판독한 글자를 '保'로 볼 수 있다는 견해가 있어 기록해 둔다(동국대 최연식 교수의 지적). '六'의 판독에 관해서

두 글자가 결합되어 '瓦文'으로 판독한 글자 역시 '文'이나 '六'의 1·2획의 필획을 참고할 때 '瓦'와 '文'이 결합된 '瓦文'자로 보는 것이 더 적절하다고 생각한다.[31]

2면의 두 글자는 "保文"으로 판독하였다(도면 4-1-3). 두 번째 글자는 '二'자처럼 보이는 필획만 남아 있지만 1면의 '文'자를 참고할 때 동일한 한자일 가능성이 높다고 판단하였다. 이렇게 보면 능산리사지의 이 대형 토기의 명문 역시, 부소산성 출토 '을사년'명 토기와 유사하게 원래 2면에 保文이라는 글자를 써 내려가다가 誤字 등 모종의 수정 사항이 발생하여 불가피하게 반대쪽 1면에 다시 "保文作元瓦文"을 썼던 것으로 추정할 수 있다.

과거 1면 마지막 두 글자를 과거 "元瓦文"으로 판독하여 으뜸인 토기, 가장 좋은 질그릇으로 해석했지만 필자는 '六瓦文'으로 판독한다. '瓦文'이라는 글자를 어떻게 읽는지, 또 그 의미가 무엇인지를 파악하기는 쉽지 않다. 그러나 필자는 '瓦文'이라는 글자가 해당 명문이 있는 대형 항아리 자체를 가리키는 또 다른 백제의 '器名'으로 볼 수는 있다고 생각한다. '을사년'명 토기의 명문을 참고할 때 "保文作六瓦文"이라는 토기 명문은 '保文이라는 도공이 만든 여섯 개[또는 여섯 번째]의 대형 항아리[瓦文]'라는 의미로 해석할 수 있을 것이다.

'瓦'와 '文' 두 글자가 결합된 '瓦文'자가 '甒'자처럼 토기의 기명을 가리키는 한자라는 필자의 추정을 보완해 주는 자료로 왕궁리유적에서 출토된 '瓦'와 '品' 두 글자가 결합된 '瓦品'라는 글자가 있다(도면 4-2). 이 명문토기는 왕궁리유적 27호 건물지에서 출토된 蓋杯의 바닥에 음각으로 새겨져 있는데 보고서에서는 '弥力寺瓦品'로 판독하였다.[32] 弥力寺는 왕궁리유적에 인접한 익산 彌勒寺에 해당하며 '凡+品'의 합자로 판독한 글자는 '瓦+品'에 해당하는 '瓦品'으로 판독하는 더 적절할 것이다. 그리고 '瓦+品'이라는 글자에 대해 필자는 '瓦+區'의 합자인 "사발 구[甌]"의 '區'에서 'ㄷ'(상자 방) 부분이 탈락한 이체자일 가능성이 높다고 생각한다. 즉 이 명문토기 역시 '瓦'자를 활용하여 器名을 표현한 사례의 하나에 해당한다고 볼 수 있는 것이다.[33]

'甒'자나 '瓦文', '瓦品'의 글자는 공통적으로 '瓦'변이 왼쪽에 쓰여 있는데 현재 통용되는 甒이나 甌라는 한자가 '瓦'변을 오른쪽에 붙여 쓰는 것과는 다른 이체자이다. 그런데 '瓦'자는 기본적으로 '陶器'와 관련이 깊다. 비록 통일신라시대 자료이기는 하지만 '瓦器典'을 景德王 때 일시적으로 '陶登局'으로 부른 적이 있다. 이것은 瓦와 陶가 서로 환치될 수 있는 같은 의미를 가진 글자로 해당 관서는 기와나 토기처럼 점토를 성형하여 燒成하는 器物을 관리하는 조직이라는 의미를 갖는다.[34] 이를 참고하면 '甒'이나 '瓦文', '瓦品'이라는 한자 역시 점토를 성형하여 소성하는 도기의 한 종류를 가리키는 용어라고 해도 무리가 없을 것이다.

는 2021년 1월 6일(수) 국립부여박물관에 전시된 해당 토기를 관찰하면서 경북대 방국화 선생의 교시가 타당하다고 생각되어 인용하였음을 밝힌다.

31) 이 부분은 2021년 1월 11일(월) 동국대 최연식 교수의 교시를 받아 타당하다고 생각되어 수정한 것임을 밝힌다.

32) 국립부여문화재연구소, 2008, 『왕궁리 발굴조사 중간보고VI』, p.293.

33) 다만 이 토기 명문은 토기 제작이 완료된 뒤 음각을 追記한 것으로, 미륵사 소유의 사발이라는 것을 드러내기 위해 기재한 것이다. 경북대 방국화 선생은 「부소산성 명문토기 검토-동아시아 문자자료와의 비교」(한국목간학회 공동학술회의)라는 발표에서 『新撰字鏡』(昌住, 899~901년)이라는 일본 고사전에 '甌'자의 이체자로 '瓦品'자가 사용되고 있음을 소개하여 필자의 추정이 틀림이 없음을 확인시켜 주었다.

34) 김재홍, 2014, 「신라 왕경 출토 명문토기의 생산과 유통」, 『한국고대사연구』 73, 한국고대사학회, pp.141-142.

구교리 건물지와 용정리 소룡골 건물지에서 출토된 명문들은 그러한 구분이 백제에서는 좀더 세분되었음을 보여주는 자료가 있어 주목된다. 먼저 구교리 건물지에서 출토된 자료는 기와의 등면에 "□三百卌四□"이라는 명문이 확인되었다(도면 4-4). 발굴 보고자는 명문의 맨 마지막 글자에 대해 "瓦와 曾이 합쳐진 甑자로 판독되며 이는 '시루'를 가리키는 甑자의 이체자일 가능성이 크다"고 하였다.[35] 이 자료는 토기가 아닌 기와에 새겨져 있지만 "□344개체의 甑(시루)"를 보내면서 그 내용을 기록한 꼬리표와 같은 것이라 할 수 있다. 그런데 용정리 소룡골 건물지에서는 손잡이가 달린 적색 연질토기의 동체 부분에 '曾'자가 음각된 토기가 출토되었다(도면 4-3).[36] 국립부여박물관 도록에서는 해당 토기가 바닥에 구멍이 뚫린 '시루'라는 점을 근거로 '曾'이라는 한자가 바로 '시루'를 가리키는 용어에 해당한다는 견해를 제시하였다.[37]

이러한 두 사례를 참고할 때 백제에서는 '시루'를 가리키는 한자로 甑과 曾이 함께 사용되었다고 할 수 있다. 그렇다면 甑과 曾은 동일한 시루 기명을 가리키는 한자일까. 이와 관련하여 일본의 고문서나 목간에 어떤 器名 앞에 '土'나 '陶'를 붙여 土師器와 須惠器의 구별을 표시했다는 연구성과를 참고할 필요가 있다.[38] 백제 사비기의 여러 유적에서는 적색연질의 시루 이외에도 회백색을 띤 보다 더 경질(또는 瓦質)의 시루가 함께 출토된다. 백제와 일본의 사례를 等値시킬 수 없고, 일본에서는 '土'나 '陶'를 기명 앞에 冠稱하는 차이가 있기 때문에 甑과 曾 앞에 붙은 '瓦'와 '土'를 경질의 시루와 연질의 시루를 구분하기 위한 구분이었다고 단정할 수는 없다. 그러나 '甀'자나 '瓨'자, '甑'자, '甑'자라는 글자에 공통적으로 사용된 '瓦' 부수는, 그것이 燒成을 거친 '경질' 토기의 한 종류라는 것을 더 적극적으로 드러내기 위한 의도적인 표기로 보인다는 점에서 그 가능성은 언급할 수 있을 것이다.

이상에서 백제에서는 부소산성 '을사년'명 대형 항아리에 표기된 '甀'자뿐만 아니라 능산리사지 대형 항아리의 '瓨'자, 왕궁리유적 蓋杯의 '甑'자, 구교리유적과 용정리소룡골 건물지의 甑과 '曾'자처럼 토기의 器名을 가리키는 용어가 함께 있음을 확인하였다. 그렇다면 대형 항아리에 기재한 '甀'자와 '瓨'자는 어떤 차이가 있을까. 부소산성 출토 '을사년'명 대형 항아리 파편과 능산리사지 출토 '瓨'자가 쓰여진 대형 항아리는 타날 문양이나 구연부의 형태·크기, 동체의 형태·크기뿐 아니라 태토와 소성도가 다르다. 이는 그것을 만든 제작지나 제작공방, 제작공인이 달랐음을 알려준다. 백제에서는 대형 항아리라고 해도 그 크기나 형태에 따라 '甀'이나 '瓨'을 서로 구분하여 표기했을 가능성이 제기될 수 있다.

부소산성 출토 '을사년'명 토기를 다시 살펴보면 현재 남아 있는 토기 파편의 잔존 크기는 가로 46.7㎝, 세로 43.8㎝이다. 필자는 이 파편이 대형 항아리의 어깨와 동체의 일부로 추정하고 있는데, 이 토기의 원래 크기를 추정 복원해 보면 적어도 높이 90㎝ 이상의 대형 항아리였을 것으로 생각된다. 이는 능산리사지에

---

35) 심상육·이명호, 2017, 『부여 구교리 구드래 일원 백제 건물·도로·빙고 유적』, 백제고도문화재단, p.58.

36) 윤무병·이강승, 1985, 『부여 용정리 백제건물지 발굴조사보고서』, 충남대박물관 p.17.

37) 국립부여박물관, 2002, 앞의 책, p.58.

38) 예를 들어 正倉院文書에 나오는 '土坑'과 '陶坑'은 土師器와 須惠器를 구분하는 표현으로 이해되고 있다. 小林行雄·原口正三, 1958, 「古器名考證」, 『世界陶磁全集 1』, 小學館, p.276; 西弘海, 1979, 「奈良時代の食器類の器名とその用途」, 『研究論集』 5, 奈良文化財研究所, pp.76-78.

서 출토된 높이 80.0㎝, 구경 37.4㎝, 목 높이 6.2㎝ 크기의 대형 항아리보다 훨씬 더 큰 것으로 여겨진다.

부여 지역에서는 높이 80㎝ 전후, 구경 35㎝의 대형 항아리보다 훨씬 더 큰 초대형 항아리가 실제로 발견된 사례가 있다.[39] 예를 들어 국립부여박물관 소장 부여216번 부여 장암면 발견 대형 항아리는 높이 95.5㎝, 구경 45.0㎝이며 동체부 높이만 91.9㎝의 초대형이다. 부여2089번 부여 염창리 발견 甕棺의 경우도 높이 97㎝, 구경 50㎝의 초대형이다. 즉 백제 사비기의 대형 항아리들은 높이 80㎝, 구경 35㎝뿐만 아니라 그보다 훨씬 더 큰 높이 90㎝ 이상, 구경 45㎝ 이상의 초대형 항아리나 기타 높이 60㎝, 구경 25㎝ 내외의 중소형 항아리 등 다양한 규격의 토기들이 공존했다고 할 수 있다.

이러한 논의와 관련하여 한성기 대형 항아리들이 높이나 구경, 용량에 따라 크게 5가지로 구분되고 있는 점이 참고된다. 한성기의 풍납토성과 몽촌토성, 파주 주월리유적 등에서 출토된 용량 60ℓ 이상의 大甕들은 동체부와 경부, 구연부, 타날문 등이 각기 다르지만 높이나 구경에 따라 대형-중대형-중형-중소형-소형 등으로 구분되고 있다.[40] 각 그룹별 계측적 속성의 평균값은 ①대형은 높이 94.2㎝, 구경 68.6㎝, 용량 199.4ℓ, ②중대형은 높이 91.4㎝, 구경 47.2㎝, 용량 166.8ℓ, ③중형은 높이 87.6㎝, 구경 61.9㎝, 용량 136.9ℓ, ④중소형은 높이 75.2㎝, 구경 51.8㎝, 용량 100.8ℓ, ⑤소형은 높이 61.9㎝, 구경 42.6㎝, 용량 67.3ℓ 정도가 된다. 사비기의 대형 항아리는 한성기의 그것과 구연부나 경부, 동체부 등의 기형 뿐 아니라 제작기술이 달라졌고, 도량형의 크기나 용량 역시 달라졌을 가능성이 있어 이를 곧바로 대응시킬 수는 없을 것이다. 그러나 사비기의 대형 항아리 중 높이 80㎝, 구경 35㎝, 용량 130~160ℓ 크기의 토기보다 훨씬 더 큰 초대형 항아리들이 공존했음을 보여주는 자료로는 활용할 수 있을 것이다.

필자는 '甒'자와 '𤭯'자의 차이에 대해, '𤭯'이라는 글자는 높이 80㎝, 구경 35㎝의 대형 항아리(한성기의 중형이나 중대형)를 가리키며 '甒'자는 그 보다 훨씬 더 큰 초대형 항아리(한성기의 대형)를 가리키는 글자일 가능성이 높다고 본다. 이러한 추론은 일본에서의 사용례를 참고할 때 한층 더 명확해진다. 일본에서는 正倉院文書나 목간, 묵서나 각서토기에 저장용의 대형 항아리를 가리키는 용어로 甕, 甒, 甁, 正, 由加, 壺, 叩戶, 比良加, 瓶 등이 알려져 있다. 巽淳一郎의 연구에 따르면 그중 가장 자주 등장하는 것이 甕과 甒, 甁이고, 그중 甒은 大甕, 甁는 淺甕이며, 甕은 대형 저장용 토기를 가리키는 총칭일 가능성이 크다고 한다.[41] 특히 『法隆寺流記資財帳』에 기록된 대형항아리들의 용량과 크기를 환산해 보면 甒은 높이 80㎝ 이상, 구경 30㎝이고, 甁는 높이 45~72㎝, 구경 30~45㎝의 범주에 있는 것을 가리키는 용어라고 한다. 이를 참고하면 백제의 '甒'자와 '𤭯'자는 일본의 '甒'자와 '甁'에 대응하는 측면이 있다고 생각된다. 다만 백제의 甒이 일본에서도 동일하게 사용되었는지, 또 '𤭯'자가 곧바로 '甁'자와 등치될 수 있는지에 관해서는 향후 좀더 검토가 필요할 것이다.[42]

---

39) 충남대박물관, 2002, 『부여의 문화유산』, 중부인쇄기획, p.542.

40) 국립문화재연구소 고고연구실, 2013, 『백제 한성지역 유물자료집』, 지그래픽, pp.254-260.

41) 巽淳一郎, 1995, 앞의 논문, pp.312-316.

42) 경북대 방국화 선생은 「부소산성 명문토기 검토-동아시아 문자자료와의 비교」(한국목간학회 공동학술회의)라는 발표에서 능산리사지 출토 대형 항아리의 마지막 글자를 '瓦+夫'로 '甒'의 이체자일 것으로 파악하였다. 그 가능성을 완전 배제하기 어렵

그렇다면 부소산성 출토 '을사년'명 토기의 명문은 누가 왜 기재한 것일까. 2장에서 이 토기의 명문이 소성 전, 성형 단계에 이루어졌고, 그것도 토기를 倒置하여 저부에 대한 마무리 작업을 하기 이전에 썼을 가능성을 언급했다. 토기를 소성하는 과정에서 불량품이 나올 수 있는 위험성이 있는데도 불구하고 제작시기와 제작지역, 제작자, 기명을 표기한 것이다. 이러한 점을 고려하면 이 명문의 書寫者는 하급관료와 같은 官人이라기보다는 토기를 만드는 陶工이었을 가능성이 더 크다고 생각한다. 즉 이 토기의 명문은 645년 3월 15일에 牟尸山에 거주하는 菊이라는 도공이 瓺을 제작했음을 드러내기 위해 의도적으로 기록한 것이다. 이 토기편이 발견된 장소가 부소산성 내부라는 점을 상기하면, 이 명문은 해당 물품의 꼬리표와 같은 역할을 했다고 할 것이다.

백제에서 이와 유사한 사례를 찾는다면 금산 백령산성 출토된 문자기와를 들 수 있다. 이곳에서는 "上水瓦作五十九, 夫瓦九十五, 作人那魯城移文"이라는 문자기와가 발견되었는데 '上水瓦 59매, 夫瓦 95매를 만들었다. 만든 사람은 那魯城의 移文이다'로 해석된다. 이 문자기와는 那魯城이라는 백제의 한 지방에서 암키와 59매, 수키와 95매를 제작한 다음, 이를 백령산성에 송부하면서 그 내역을 기록한 付札 木簡같은 것으로 암키와 자체에 進上狀과 같은 문장을 기록하였다.[43] 백령산성에서 함께 발견된 '丙辰瓦栗峴々', '丁巳瓦耳淳辛', '耳淳辛戊午瓦' 등 干支와 地名으로 구성된 문자기와를 종합적으로 고려하면, 이 문자기와들은 백령산성 주변의 여러 지역에서 해당 기와를 貢納한 사실을 드러내려는 의도에서 기재한 것으로 볼 수 있다.

이처럼 어떤 물품이나 생산품에 꼬리표를 매달아 문자를 기재한 사례는 신라의 月池[옛 안압지]나 城山山城에서 출토된 목간에서도 찾을 수 있다. 특히 월지에서는 14점의 목간에서 "연월일 + 作 + 동물명 + 가공품명 +용기"라는 기재 양식이 확인되어, 이 목간들을 동물을 가공한 식품을 담은 용기에 매단 付札(소위 '식품 부찰')로 이해하고 있다.[44] 그중 183호나 185호, 189호, 212호 목간에 보이는 '瓮'이나 '瓷' '瓨' '缶'는 젓갈과 같은 음식물을 담는 대형의 저장용 항아리를 가리킨다. 신라에서는 이처럼 커다란 항아리를 땅속에 묻어 보관·관리했던 것으로 보이는데, 183호 목간의 '第一行瓷'라는 기록에 대해 "땅 속에 몇 줄로 나란히 묻은 용기의 첫 번째 줄에 놓였다"는 것을 의미한다는 지적이 있다.[45]

지만 토기 표면에 선명하게 남아 있는 글자가 '瓺'자와는 확연히 다르기 때문에 필자는 일단 다른 글자일 가능성이 높다고 생각한다. 아울러 ①능산리사지 북편건물지1에서 출토된 높이 81㎝, 구경 39㎝, ②능산리사지 북편건물지2에서 출토된 높이 76㎝, 구경36㎝, ③왕궁리유적 서성벽 일대에서 출토된 높이 67㎝, 구경 29㎝ 등의 대형 항아리의 용량이 각각 ①133~136ℓ, ②136ℓ, ③120~123로 계측되고 있는 점이 참고된다. 이 3점의 대형 항아리는 아직 용량이 계측되지 않은 능산리사지의 대형 항아리(높이 80.0㎝, 구경 37.4㎝)와 구연부나 경부, 동체부, 저부, 타날문 등의 형태가 다르다. 하지만 높이 80㎝ 내외, 구경 35㎝ 내외의 대형 항아리들이 대체로 130ℓ의 용량을 보여, 한성기 대형 항아리 중 중대형이나 중형의 용량과 유사할 것으로 예상된다. 그런 점에서 사비기의 대형 항아리 중에는 한성기의 대형 항아리와 유사한 190ℓ 이상의 초대형 저장용기가 있었고 130~160ℓ 용량을 보이는 중형이나 중대형 항아리와 구별되었을 가능성은 여전히 남아 있다. 향후 유사한 명문과의 사례 비교나 대형 항아리들에 관한 용량 계측에 의한 비교 검토가 필요할 것이다.

43) 이병호, 2013, 「금산 백령산성 출토 문자기와의 명문에 대하여」, 『백제문화』 49, 공주대 백제문화연구소, pp.73-78.

44) 이용현, 2007, 「안압지와 東宮 庖典」, 『신라문물연구』 창간호, 국립경주박물관; 권주현, 2014, 「신라의 발효식품에 대하여-안압지 출토 목간을 중심으로」, 『목간과 문자』 12, 한국목간학회; 橋本繁, 2014, 『韓國古代木簡の硏究』, 吉川弘文館.

45) 김재홍, 2014, 앞의 논문, p.152.

o 183호　　□□□□□□月廿一日 上北廂 X / 猪水助史 /

　　　　　　第一行瓷一入 X / 五十五□□丙番　　　　　　3면

o 185호　　□遣急使條高城醢正 / 辛番洗宅□□瓮一品仲上　　앞뒤

o 189호　　庚午年 正(?)月廿七日 作 □ / □□ 助史(?) 瓷(?)　　앞뒤

o 212호　　庚子年 五月十六日 / 辛番猪 助史 缶　　　　　　앞뒤

　　월지 출토 목간에 보이는 음식 가공품을 만든 관청은 신라 東宮에 소속된 庖典으로 추정되고 있다. 이러한 부찰 대부분은 월지 주변에 있었던 관청에서 제작하여 내용을 기재한 뒤 폐기되었을 것이다. 다만 185호 목간은 '高城'이라는 地名이 보여 지방에서 '醢'를 보내면서 缶의 이체자인 '正'에 매단 꼬리표, 즉 지방 특산물을 貢納하면서 항아리에 함께 부착해서 보낸 부찰일 가능성이 제기될 수 있다.[46]

　　일본 福岡縣 牛頸窯跡群에서 발견된 대형 토기 파편에 새겨진 명문은 부소산성 '을사년'명 토기가 貢納과 관련될 가능성을 더 높여준다. 牛頸窯跡群은 6세기 중엽부터 9세기 전반까지 약 300년간 300기 이상의 가마가 축조된 곳으로, 그중 5개소에서 대형의 토기에 燒成 전에 한자를 새겨 넣은 40여 점의 刻書土器가 발견되었다.[47] 이 글과 관련된 몇 가지 사례를 제시하면 다음과 같다(도면 5).

　　o 刻書2　　築紫前國奈珂郡 / 手東里大神部得身 / □ / □ / □ / 幷三人

　　　　　　　　/ 調大贶一僕和銅六年

　　　　1　　　　　　2　　　　3　　　　　　　　　4

도면 5. 牛頸窯跡群의 각서토기

---

46) 185호 목간은 어느 쪽을 1면으로 보아야하는지를 포함하여 많은 논란이 있고, "高城醢正"에 관해서도 '고성의 젓갈을 담은 항아리' '고성에서 가져온 젓갈과 항아리' 등 이견이 많다. 필자는 "高城醢正"를 일단 고성의 특산물인 젓갈[醢]을 담은 항아리[正]와 관련이 있다고 본다. 185호 목간의 용례나 일본에서 正자의 사례를 참고할 때, 瓮자나 瓷자를 쓰는 대형 항아리는 밑이 둥글거나 뾰족해서 움직일 수 없는 토기인데 반해 正자를 쓰는 경우는 운반용으로도 사용되었을 가능성이 제기될 수 있다. 185호 목간에 관한 연구성과는 다음을 참조. 하시모토 시게루, 2020, 「월지(안압지) 출토 목간의 연구 동향 및 내용 검토」, 『한국고대사연구』 100, 한국고대사학회, pp.244-246.

47) 大野城市敎育委員會, 2008, 『牛頸窯跡群-總括報告書 I』, pp.203-210; 石木秀啓, 2017, 「牛頸窯跡群出土のヘラ書き須惠器について」, 『考古學·博物館學の風景』, 中村浩先生古稀記念論文集, pp.89-103.

○刻書3　　年調大瓹一

○刻書4　　奉調大瓹一

○刻書8　　大神郡(百)江 / 大神 卩麻呂 / 內椋人万呂 / 幷三人奉

　　　　　/ □調一僕和銅六年

　　그 내용은 "和銅 6년(713)에 筑前國 奈珂郡 手東里의 大神部得神身 등 3인이 調로 瓹[大甕] 1口를 납입한다"라는 것이다. 명문이 새겨진 토기는 구경 46㎝가 넘는 대형 항아리로 해당 器名인 '瓹'자와 잘 어울린다. 대형 항아리 頸部의 바깥쪽에 地名과 人名(人數), 調의 品目·수량·연월일을 새겨 넣은 것이다. 이 명문은 해당 가마터가 발견된 주변 지역인 筑紫前國 奈珂郡 手東里에 籍을 둔 大神部得神身 등 3인의 正丁이 調로서 스에키 대옹 1개를 和銅 6년 모월 모일에 貢納한 것을 기록한 것이다.

　　이러한 書式은 「養老令」 賦役令 2條의 "調는 모두 인근의 물건을 合해서 貢納하라. 絹·絁·布의 양 끝 및 糸·綿의 주머니에 상세하게 國·郡·里·戶主의 성명, 年月日을 注記하고, 各國의 印을 날인하도록 하라"라는 규정과 잘 부합한다.[48] 平城京 출토 목간 중 소위 貢進物 付札 역시 이 규정을 준수하고 있는데,[49] 이곳에서는 토기의 실물 자체에 그것이 새겨져 있는 것이다.

　　『延喜式』 主計寮式에는 土師器·須惠器를 調納해야 할 國名, 공납해야 할 器形과 數量, 正丁 한 사람의 공납량 등이 규정되어 있는데, 畿內와 畿外의 납품량이 달라서 畿內는 6인이 1구를 납입하고 그 밖의 지방에서는 3인이 1구를 납입해야 했다. 따라서 牛頸窯跡群에서 출토된 토기의 명문에 正丁 3인이 瓹 1구를 공납하고 있는 것은 이러한 규정과 완전히 일치하며, 이를 실증하는 매우 중요한 자료인 것이다. 巽淳一郎는 이러한 자료를 종합하여 고대 일본에서는 大寶令 시행 이전에 이미 土師器나 須惠器를 현물로 납품하는 調納制가 작동하고 있었을 것으로 추정했다.[50]

　　한편 백제의 조세제도 가운데 調의 품목을 보면 布·絹 등 직물이나 그 원료인 絲·麻가 일반적이다.[51] 『舊唐書』 백제전에는 백제의 稅制가 고구려와 같다는 기록이 있고, 『周書』 고구려전에는 "세금은 명주·베 및 곡식을 그 사람이 가지고 있는 바에 따라 貧富의 차등을 헤아려 받아들였다(賦稅則絹布及粟, 隨其所有, 量貧富差等輸之)"라는 기사가 있다. 그중 '隨其所有(그 사람이 가지고 있는 바를 따랐다)'에 대해 '그 지역에서 많이 나는 것으로 골라서 낼 수 있다'라는 의미로 해석할 수 있다는 의견이 제시된 바 있다.[52]

---

48) 凡調, 皆随近合成, 絹絁布兩頭, 及糸綿囊, 具注國郡里戶主姓名年月日, 各以國印々之. 한편 北宋 天聖令에도 "各令戶人, 具注州縣鄉里戶主姓名及某年月某色稅物"이라는 유사한 내용이 나오는데, 唐에서는 원칙적으로 貢進題記類를 납세자 측에서 썼다고 한다. 吉川真司, 2005, 「税の貢進」, 『文字と古代日本3-流通と文字』, 吉川弘文館, pp.46-47.

49) 이에 관한 연구사적 검토는 다음을 참조. 畑中彩子, 2018, 「木簡群으로서의 성산산성 목간」, 오택현 譯, 『목간과 문자』 12, 한국목간학회, pp.184-189.

50) 巽淳一郎, 1999, 앞의 책, p.621.

51) 양기석, 1987, 「백제의 세제」, 『백제연구』 18, 충남대 백제연구소, pp.10-11.

52) 김영심, 2005, 「백제 5方制 하의 수취체제」, 『역사학보』 185, 역사학회, p.27.

이 견해는 각지의 특산물을 현물로 貢納한다는 '調'의 사전적 의미와 부합하는 해석이지만 그동안 이를 뒷받침할만한 적당한 자료가 발견되지 않았다. 하지만 이번에 부소산성에서 '을사년'명 명문토기가 발견됨으로 인해 백제에서도 지방 특산물인 토기를 현물로 납부하는 '調納制'가 시행되고 있었음을 확인할 수 있게 되었다.[53] 부소산성에서 발견된 '을사년'명 토기의 명문은 단순한 물품 꼬리표가 아니라 牟尸山에 거주하는 지방의 陶工이 그 특산물로 대형 항아리인 '瓹'을 공납하면서 그 내용을 적은 꼬리표인 付札에 해당하는 것이다. 나아가 백제의 器名이나 문자 기재방식, 토기 조납제 시스템 등은 일본 牛頸窯跡群에서 발견된 각서토기와 매우 유사하여 두 지역이 영향 관계에 있었음을 시사하기도 한다.[54]

한편 부소산성 궁녀사 주변 유구에서는 '을사년'명 토기와 더불어 '北舍'가 쓰여 있는 명문토기가 함께 발

도면 6. 北舍명 토기(1. 부소산성(2020년), 2. 쌍북리 602-10, 3. 부소산성, 4. 관북리, 5. 궁남지)

---

53) 한편 월지 185호 목간이나 藤原宮·平城宮 출토 목간에는 대형 항아리에 젓갈(醢)이나 酒·醬·酢 등을 담아서 함께 보내고 있는 것이 확인되어, 혹 백제의 경우도 調를 보내면서 대형 항아리에 이와 비슷한 물건을 담아서 함께 보낸 것은 아닌지 의문이 제기될 수 있다. 이에 대해 필자는 실제 그러한 행위가 있었는지는 알 수 없지만, 일본에서 토기를 공납물로 납부한 사례가 있고, 특히 이 토기 명문의 기재 시점, 즉 書寫者가 토기 제작 공인 자체라는 점을 상기하면 토기의 공납에만 한정된 것으로 보아야 할 것으로 생각한다.

54) 牛頸窯址群은 畿內 陶邑과 관련을 가지고 운영되지만 6세기 말부터 7세기 전반에는 기와 제작기술을 비롯하여 渡來系 유물이 급격히 증가하는 현상이 확인된다는 지적이 있어 참고된다. 龜田修一, 2008, 「牛頸窯跡群と渡來人」, 『九州と東アジアの考古學』, 九州大學考古學研究室50周年記念論文集.

견되었다. 부여와 익산에서는 지금까지 7개체 이상의 '북사'명 토기가 발견되었는데, 부소산성 북문지 주변 1점, 관북리유적 2점, 쌍북리 602-10번지 유적 1점, 궁남지 유적 1점, 금성산 수집품 1점, 익산 토성 1점 등이 그것이다. '北舍'명 토기는 공통적으로 지름 2~3㎝의 원안에 양각의 도장을 捺印했는데 '北'자와 '舍'자는 글자의 세부적인 필획이나 도장의 지름, 도장이 날인된 위치, 도장이 날인된 기형 등에서 차이를 보인다(도면 6).[55]

이번에 부소산성 궁녀사 부근에서 출토된 '북사'명은 부소산성 북문지, 쌍북리 602-10번지, 금성산, 익산토성 출토품과 매우 유사하다. 이 유적들에서 출토된 '북사'명은 공통적으로 선문을 타날한 뒤 물손질하여 지웠으며, 동체부의 횡침선 바로 아랫부분에 도장을 찍었다. 쌍북리 602-10번지에서는 완형의 토기가 발견되었는데 높이 37.8㎝, 구경 17.5㎝, 두께 0.6~0.9㎝로 그 용량이 약 20ℓ이다.[56] 이를 참고하면 다른 유적에서 발견된 '북사'명이 찍힌 중소형 단경호 역시 이와 동일한 크기와 형태를 가진 토기로 볼 수 있을 것이다.

부여 관북리유적에서는 이러한 '북사'명 토기와 거의 동일한 도장이 대형 항아리의 구연부 바로 아래쪽에 찍혀 있다. 관북리유적에서 발견된 '북사'명 토기는 높이 3~4㎝의 구연부가 살짝 외반하고, 頸部의 중간에 한 줄의 돌대문이 돌아간다. 경부 바로 밑부분에는 선문이 서로 교차되어 격자문을 이루고 있다.[57] 그런데 부소산성 동문지 일대 발굴에서는 비록 '북사'명이 찍히지는 않았지만 그와 매우 유사한 토기편이 발견되었다. 이 토기편은 대형 항아리의 구연부편으로 직립하는 구연부의 형태와 돌대문, 선문과 격자문의 타날 문양 등이 같다. 그로 인해 발굴보고서에서는 "이와 동일한 유형의 대형옹 어깨면에 '北舍'명이 각인된 예가 있다"고 하면서 복원 구경이 37.6㎝에 달할 것으로 추정하고 있다.[58] 앞서 언급한 높이 80㎝, 구경 35㎝ 전후의 대형 항아리와 유사했을 가능성이 없지 않다.

궁남지 유적에서는 위 사례와는 전혀 다른 토기에 '북사'가 찍혀 있다. 이 토기는 관북리유적에서 출토된 토기의 구연부보다 더 과도하게 외반하고, 다른 토기들과 달리 명문이 역방향으로 찍혀 있다. 토기 표면에는 선문 타날 흔적만 확인되며, 복원 구경은 8.0㎝로 소형에 속한다.[59] 해당 토기의 크기나 형태가 어떤 것인지는 파손이 심해 추정이 어렵지만(이하에서는 '소형 단경호'로 부름) '북사'가 찍힌 토기의 器形이나 器種이 최소 3종류 이상이었음을 확인시켜 주는데 부족함이 없다.

이러한 검토로 '북사'명 토기는 부여와 익산 지역의 복수 유적, 복수의 기종에 기재된 것을 확인할 수 있었다. 따라서 그러한 명문토기가 발견되었다고 해서 곧바로 대규모 가옥군 중 북쪽에 위치하면서 특별한

55) 이에 관해서는 다음에서 잘 정리되어 있어 참고된다. 원광대 마한백제문화연구소, 2020, 『익산토성(사적 제92호)-서성벽·서문지』, pp.170-172.

56) 백제문화재연구원, 2008, 『부여 쌍북리 602-10번지 유적』, p.16·p.19. 이 글에 인용한 토기의 용량은 구연부 하반부를 계측한 것으로 국립중원문화재연구소 한지선 학예연구사의 도움을 받았다. 협조에 진심으로 감사드린다.

57) 윤무병, 1999, 『부여 관북리 백제유적 발굴보고Ⅱ』, 충남대박물관, pp.68-69.

58) 부여문화재연구소, 1995, 『부소산성 발굴조사 중간보고』, pp.146-147.

59) 국립부여문화재연구소, 2001a, 『궁남지Ⅱ-현 궁남지 서북편 일대』, pp.307-309.

임무를 가진 부속건물에 부여된 이름이라거나,[60] 백제 시조 仇台廟에 해당하는 제사 건물에 사용되던 그 릇[61]과 같은 것으로 추정하는 것은 문제가 있다. 특히 이번에 궁녀사 주변 유구에서는 '北舍'라는 인장이 찍 힌 중소형 단경호 파편뿐 아니라 관북리·부소산성 등지에서 출토된 대형 항아리의 '북사'명과 매우 유사한 구연부 파편이 함께 출토되기도 했다.

'북사'명이 찍힌 토기의 기종이 적어도 3종류 이상이고, 기형이나 명문의 형태에서도 세부적인 차이를 보이고 있다. 이러한 현상은 비슷한 기형과 규격을 가진 토기라고 해도 그것을 생산한 工人이나 가마[工房] 가 달랐음을 알려준다. 그중 2종류가 궁녀사 주변에서 발견된 현상은 이 토기 명문의 경우 앞서 언급한 '을 사년'명 토기와는 그것을 기재한 의도가 달랐음을 시사한다.

'북사'명 명문토기는 대칼과 같은 도구로 문자를 새긴 '을사년'명 토기와 달리 도장이라 부를만한 도구를 이용해서 捺印함으로써 무엇인가를 증명하거나 이를 보증해 주기 위해 문자를 기재했다. 그 제작 공정을 상정해 보면 刻書한 토기와 유사하게 토기를 성형하고 나서 건조장으로 옮기기 전에 날인했을 것이다. 또 '북사'라는 인장을 특정 기종이나 모든 생산품에 찍지도 않았다. 이는 그것을 찍을 수 있는 사람이 제작자인 陶工일 수도 있지만 그러한 생산품을 관리하는 하급관료, 또는 그를 대신하는 제3의 인물일 수도 있다.

한편 '북사'라는 명문은 백제 사비기에 '북사'라고 불리거나 백제인들에게 통용되던 특정한 관청이나 건 물을 가리키며, 해당 제품의 생산이나 납품을 표시하려는 의도에서 찍었다고 할 수 있다. '北舍'의 '舍'자에 는 집이나 관청의 뜻이 있고, 왕궁이나 관청의 하급 실무자를 '舍人'으로 부른 사례가 있는데 나주 복암리유 적에서 출토된 '豆肹舍'라는 명문토기가 '官內用'이 음각된 토기와 함께 발견된 사례는 좋은 참고가 된다.[62] 이러한 점을 참고할 때 '北舍'는 북쪽에 있는 집, 즉 부소산성 내부에 있었을 왕궁이나 중앙행정기관 중 어 느 관서를 가리키는 용어로 사용되었을 가능성이 높다고 생각한다.[63] 부소산성뿐 아니라 관북리·쌍북리· 궁남지·금성산·익산토성 등 복수의 유적들에서 이러한 명문이 발견되는 것은 그처럼 복수의 공인·공방에 의해 생산된 제품들이 '북사'라는 특정 관청(또는 장소)에 모인 뒤 다시 복수의 장소로 分配되거나 流通된 것으로 보아야 할 것이다.

'북사'명 토기의 생산과 유통에는 '官'的인 요소가 깊이 관여되어 있다. 해당 명문토기가 왕궁이나 국가시 설과 관련이 깊은 장소에서 주로 발견되고 있는 것은 이를 뒷받침한다. 특히 왕궁리유적 서성벽 일대에 관 한 조사에서는 '官'이 음각된 파수부호가 발견된 바 있고,[64] 부소산성이나 왕궁리유적에서는 '書官'이 날인 된 대형 항아리의 동체부 파편이 발견되기도 했다(도면 7).[65] 백제 사비기의 중앙 및 지방 행정관서 명칭에

---

60) 충남대박물관, 1999, 『부여 관북리 백제유적 발굴보고Ⅱ』, p.77.

61) 서정석, 2014, 「부여 관북리 '북사'명 토기 출토 건물지의 성격」, 『한국성곽학보』 26, 한국성곽학회, p.57.

62) 국립나주문화재연구소, 2010, 『나주 복암리유적 I』, pp.146-147.

63) 한편 부여나 익산 지역에서는 '北'이나 '舍' 한 글자만 음각하거나 날인된 토기들이 다수 출토되어 이것이 '北舍'와 동일한 의도 에서 기재된 것인지는 좀더 검토할 필요가 있을 것이다.

64) 국립부여문화재연구소, 2001b, 『왕궁리 발굴조사 중간보고Ⅲ』, p.298.

65) 부소산성 1984년 수혈주거지 주변 조사에서 출토된 자료로 '善官'으로 보고 되었지만 왕궁리유적의 서성벽 주변 조사에서 출

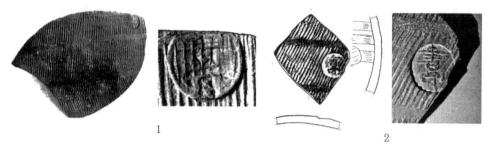

도면 7. 書官명 토기(1. 부소산성, 2. 왕궁리유적)

서 '書官'이라는 이름은 찾을 수 없다. 그러나 '書官'이라는 명칭에서 국가 행정에 필요한 書寫 관련 사무를 관장하는 관청을 가리킨다는 것은 쉽게 짐작할 수 있을 것이다. 이와 동일한 맥락에서 '北舍' 역시 사비기 왕실이나 중앙행정 관서 중 토기의 생산이나 유통과 관련된 특정 시설을 가리키는 용어일 가능성이 있고, 해당 명문은 백제의 관영 공방 시스템 속에서 생산·관리·유통된 것을 알려주는 것으로 볼 수 있다.

'북사'명 토기의 생산과 유통에 관한 이러한 이해는 瓦陶兼業窯에서 토기와 함께 생산된 기와 생산체제와 유사한 측면이 있다.[66] 사비기의 기와 수급은 복수의 생산지에서 복수의 소비지에 공급되어 유통되는 것이 일반적이며, 특히 미륵사지 기와 중에는 동일한 수막새 문양을 가지면서도 각기 다른 제작기술로 제작된 사례가 확인된다. 이것은 마치 오늘날 주문 생산처럼 기와의 문양이나 크기, 수량, 납품기일 등을 매뉴얼화하여 다수의 공방에서 대량으로 기와를 공급받기 위한 시스템이 작동한 결과로 공인과 작업장을 직접 운영하던 기존의 官窯體制의 변화를 반영한 것으로 생각되고 있다.

이상의 검토에서 '북사'명 토기의 명문은 관영공방의 생산과 유통과 관련된 문자일 가능성이 있음을 언급했다. 이는 동일한 장소에서 함께 발견된 '을사년'명 토기의 생산이나 공급 방식과는 다른 것이다. 두 점의 명문토기가 발견된 부소산성은 백제 왕실과 밀접한 관련이 있는 곳이다. 이것을 고려하면 부소산성 내부에 있었던, 백제 사비기 왕실과 밀접한 관련이 있는 모종의 관청이나 기관에서는 지방에서 특산물로 생산된 대형 항아리뿐 아니라 관영공방에서 생산된 토기를 함께 공급받아 사용했다고 할 수 있을 것이다.

IV. 나오는 말

'을사년'과 '북사'가 새겨진 명문토기가 발견된 궁녀사 주변 유구의 성격이나 향후 발굴의 방향성을 전망

토된 동일한 사례를 참고하여 이와 같이 수정하였다. 국립문화재연구소, 1996, 『부소산성 발굴조사보고서』, p.177; 국립부여문화재연구소, 2001b, 앞의 책, p.300.

66) 최영희, 2016, 「백제 사비기의 조와계통과 생산체제」, 『백제연구』 63, 충남대 백제연구소, pp.191-192; 이병호, 2020 「백제의 기와 제작기술과 생산체제의 변화」, 『선사와 고대』 64, 한국고대학회, pp.140-141.

해 보면서 글을 맺고자 한다. 宮女祠가 건립된 것은 1965년으로, 같은 해 9월 해당 부지를 整地하는 과정에서 백제 건물지의 흔적과 유물이 수습된 바 있다.[67] 당시의 조사는 祠宇 건립에 따른 수습 조사에 불과했지만 연화문와당과 토기류, 원형초석과 온돌석, 벽돌편, 철제품을 비롯하여 玉牒 등이 출토되었다고 한다.[68] 홍사준의 짧은 보고문에는 大甕片 1점에 대해 "直立 埋沒되었으나 파손이 극심하고 陶片이 散逸"되었다는 문장이 있다. 이 글에서 소개한 '을사년'명 토기와도 관련이 있는 자료라 할 수 있으며, 경주 월지 183호 목간의 '第一行瓮'처럼 땅 속에 대형 항아리를 열에 맞추어 묻어서 저장하는 모습을 상정해 볼 수 있게 한다.[69]

궁녀사 인근 지역에 관한 조사는 1998년 북문지 서쪽에 관한 발굴, 2000년부터 2002년까지 북문지 동쪽 및 내부에 관한 발굴이 있었다.[70] 북문지 주변과 내부에 관한 발굴에서는 비록 門址가 확인되지는 않았지만 백제 때 축조된 포곡식 성벽을 비롯하여 11기의 竪穴住居址와 13기의 竪穴遺構가 발견되었다. 출토유물로는 앞서 언급한 '북사'명 토기편을 비롯한 다량의 회백색토기와 기대, 벼루 파편, 無文 수막새(일부 연화문 포함)와 인장이 찍힌 평기와, 그밖에 중국제 벼루다리편과 흑갈유완편 등이 있다.

기존 북문지 주변 조사에서 주목되는 것은 '나'지구인 능선 정상부 평탄지(동서 약 70m, 남북 30m)에서, 부소산성 내부에서 가장 많은 수혈주거지와 저장용의 수혈유구가 다수 발견되었다는 점이다. 기와나 토기류 등 출토유물에 대해서는 향후 좀 더 면밀한 비교를 필요로 하지만, 궁녀사 주변 유구에서 발견된 자료들과 매우 유사하다는 것을 예감할 수 있다. 두 유구가 지리적으로 인접해 있고 시기적으로도 중복되는 측면이 있기 때문에 나타난 당연한 결과일 것이다.

한편 부소산성 북문지는 아직까지 발굴되지 못했는데 그 이유는 해당 지역에 금강부여취수장이 건립되어 버렸기 때문이다. 이 지역은 금강부여취수장을 건립할 때까지만 해도 백마강의 물줄기가 들어왔을 정도로 금강과 곧바로 연결되는 곳이었다. 그리고 바로 인근 지역에 浦口와 관련될 가능성이 제기된 바 있는 北浦遺蹟이 위치한다.[71] 이 일대는 금강의 水運을 활용하여 쌍북리 일대로 물류를 공급하기 위해서도 적합한 장소이기도 하지만,[72] 부소산성 내부에 물자를 공급하기에도 가장 적합한 장소였다. 풍납토성이나 공산성 등지에서 공통적으로 확인되는 저장시설인 대형수혈이 북문지 부근에서 다수 확인되는 것은 이러한 물자의 유통과 관련이 있을 것이다.[73] 특히 '을사년'명 대형 항아리는 한성기 이래 창고시설의 일종인 대형수혈

---

67) 홍사준, 1966, 「부여 부소산 출토의 백제유물」, 『고고미술』 7-12, 한국고고미술동호회, p.261.

68) 玉牒으로 소개된 유물은 略測圖에 근거할 때 능산리사지 공방지 I 에서도 출토된 바 있는 중국제 玉佩로 생각된다. 부여 지역 출토 옥제품에 관해서는 다음을 참조. 임승경, 2015, 「백제 왕흥사지 목탑지 출토 옥벽편 사리공양품의 원형복원 연구」, 『史林』 51, 수선사학회, p.23.

69) 이러한 저장 방식은 경주 성건동에서 55기의 大壺 매납유구가 열에 맞춰 세워진 것이 확인되어 참고된다. 서라벌문화재연구원, 2020, 『경주 성건동 도시계획도로(소3-37) 개설부지 내 유적 2차 발굴조사서』.

70) 국립부여문화재연구소, 2000, 『부소산성 발굴조사 중간보고Ⅳ』; 국립부여문화재연구소, 2003, 『부소산성 발굴조사 중간보고 Ⅴ』.

71) 충청문화재연구원, 2009, 『부여 쌍북리 현내들·북포유적』.

72) 김창석, 2020, 「부여 쌍북리 출토 목간을 통해 본 사비도성의 官府 공간과 유교」, 『백제학보』 32, 백제학회, p.68.

73) 소재윤, 2012, 「백제 왕실(국영) 창고시설의 특징과 운영」, 『문화재』 45, 국립문화재연구소; 김왕국, 2016, 「백제 한성기 저장시설 확산의 동인」, 『백제연구』 63, 충남대 백제연구소.

에서 대형 항아리들이 다수 공반되는 현상과도 상통한다. 궁녀사 주변에 관한 향후 조사에서 사비기 물자의 유통이나 저장과 관련된 자료가 추가로 확보되기를 기대한다.

투고일: 2021.04.25   심사개시일: 2021.05.12   심사완료일: 2021.05.27

가경고고학연구소, 2017, 『예산지역 백제산성 학술조사 연구보고서』.

가경고고학연구소, 2020, 『예산산성』.

겨레문화유산연구원, 2020, 『예산 석곡리유적』.

국립가야문화재연구소, 2011, 『한국 목간자전』, 예맥,

국립나주문화재연구소, 2010, 『나주 복암리유적Ⅰ』.

국립나주박물관, 2020, 『신령스러운 빛, 영광』, 디자인공방.

국립문화재연구소 고고연구실, 2013, 『백제 한성지역 유물자료집』, 지그래픽,

국립문화재연구소, 1996, 『부소산성 발굴조사보고서』.

국립문화재연구소, 2011, 『한성지역 백제토기 분류표준화 방안 연구』, 서경문화사.

국립부여문화재연구소, 2000, 『부소산성 발굴조사 중간보고Ⅳ』.

국립부여문화재연구소, 2001, 『궁남지Ⅱ-현 궁남지 서북편 일대』.

국립부여문화재연구소, 2001, 『왕궁리 발굴조사 중간보고Ⅲ』.

국립부여문화재연구소, 2003 『부소산성 발굴조사 중간보고Ⅴ』.

국립부여문화재연구소, 2008, 『왕궁리 발굴조사 중간보고Ⅵ』.

국립부여문화재연구소, 2020, 「부여 부소산성에서 '乙巳年(645년 추정)' 명문토기 출토」(12.8. 보도자료).

국립부여박물관, 2002 『백제의 문자』, 하이센스.

동방문화재연구원, 2021, 『예산 사리유적』.

백제고도문화재단, 2014, 『예산 삽교 신리 고분군』.

백제문화개발연구원, 1995, 『충남지역의 문화유산9-예산군편』.

부여문화재연구소, 1995, 『부소산성 발굴조사 중간보고』.

서라벌문화재연구원, 2020, 『경주 성건동 도시계획도로(소3-37) 개설부지 내 유적 2차 발굴조사서』.

원광대 마한백제문화연구소, 2020, 『익산토성(사적 제92호)-서성벽·서문지』.

전남문화재연구원, 2019, 『예산 석곡리·대지리유적』.

정구복 외, 1997, 『역주 삼국사기4』 주석편(하), 한국정신문화연구원.

충청문화재연구원, 2009, 『부여 쌍북리 현내들·북포유적』.

충청문화재연구원, 2014, 『예산 목리·신리 유적』.

충남대박물관, 2002, 『부여의 문화유산』, 중부인쇄기획.

한국고고환경연구소, 2007, 『홍련봉 2보루 1차 발굴조사보고서』.

권주현, 2014, 「신라의 발효식품에 대하여-안압지 출토 목간을 중심으로」, 『목간과 문자』 12, 한국목간학회.

김영심, 2005, 「백제 5方制 하의 수취체제」, 『역사학보』 185, 역사학회.

김왕국, 2016, 「백제 한성기 저장시설 확산의 동인」, 『백제연구』 63, 충남대 백제연구소.

김재홍, 2014, 「신라 왕경 출토 명문토기의 생산과 유통」, 『한국고대사연구』 73, 한국고대사학회.

김창석, 2020, 「부여 쌍북리 출토 목간을 통해 본 사비도성의 官府 공간과 유교」, 『백제학보』 32, 백제학회.

방국화, 2021, 「부소산성 명문토기 검토-동아시아 문자자료와의 비교」(한국목간학회 공동학술회의 발표자료집).

山本孝文, 2003, 「백제 사비기의 陶硯」, 『百濟研究』 38, 충남대 백제연구소.

서정석, 2014, 「부여 관북리 '북사'명 토기 출토 건물지의 성격」, 『한국성곽학보』 26, 한국성곽학회.

소재윤, 2012, 「백제 왕실(국영) 창고시설의 특징과 운영」, 『문화재』 45, 국립문화재연구소.

심상육·이명호, 2017, 『부여 구교리 구드래 일원 백제 건물·도로·빙고 유적』, 백제고도문화재단.

심상육·이명호, 2018, 『부여 화지산유적-2015~2016년도 2·3차 발굴조사』, 백제고도문화재단.

양기석, 1987, 「백제의 세제」, 『백제연구』 18, 충남대 백제연구소.

윤무병, 1999, 『부여 관북리 백제유적 발굴보고Ⅱ』, 충남대박물관.

윤무병·이강승, 1985, 『부여 용정리 백제건물지 발굴조사보고서』, 충남대박물관.

윤선태, 2000, 「신라 하대의 量制에 관한 일시론」, 『新羅文化』 17·18, 동국대학교 신라문화연구소.

이동헌, 2011, 「통일신라 개시기의 인화문토기」, 『한국고고학보』 81, 한국고고학회.

이병호, 2013, 「금산 백령산성 출토 문자기와의 명문에 대하여」, 『백제문화』 49, 공주대 백제문화연구소.

이병호, 2020, 「백제의 기와 제작기술과 생산체제의 변화」, 『선사와 고대』 64, 한국고대학회.

이성주, 2014, 「저장용 대형 단경호의 생산과 한성 백제기의 정치경제」, 『한국상고사학보』 86, 한국상고사학회.

이용현, 2007, 「안압지와 東宮 庖典」, 『신라문물연구』 창간호, 국립경주박물관.

임승경, 2015, 「백제 왕흥사지 목탑지 출토 옥벽편 사리공양품의 원형복원 연구」, 『史林』 51, 수선사학회.

畑中彩子, 2018, 「木簡群으로서의 성산산성 목간」, 오택현 譯, 『목간과 문자』 12, 한국목간학회.

정인성, 2007, 「낙랑 타날문 단경호 연구」, 『강원고학보』 9, 강원고고학회.

정재윤, 2007, 「예산 사면석불의 조성 시기와 배경」, 『百濟研究』 45, 충남대 백제연구소.

정해준, 2001, 「예산지역 백제산성에 관한 일고찰」, 공주대 석사학위논문.

최병현, 2011, 「신라 후기양식토기의 편년」, 『영남고고학』 59, 영남고고학회.

최영희, 2016, 「백제 사비기의 조와계통과 생산체제」, 『백제연구』 63, 충남대 백제연구소.

하시모토 시게루, 2020, 「월지(안압지) 출토 목간의 연구 동향 및 내용 검토」, 『한국고대사연구』 100, 한국고대사학회.

홍사준, 1966, 「부여 부소산 출토의 백제유물」, 『고고미술』 7-12, 한국고고미술동호회.

大野城市教育委員會, 2008, 『牛頸窯跡群-總括報告書Ⅰ』.

奈良文化財研究所, 2013, 『日本古代木簡字典』, 天理時報社.

小林行雄·原口正三, 1958, 「古器名考證」, 『世界陶磁全集 1』, 小學館.

橋本繁, 2014, 『韓國古代木簡の研究』, 吉川弘文館.

龜田修一, 2008, 「牛頸窯跡群と渡來人」, 『九州と東アジアの考古學』, 九州大學考古學研究室50周年記念論文集.

吉川真司, 2005, 「稅の貢進」, 『文字と古代日本3-流通と文字』, 吉川弘文館.

西弘海, 1979, 「奈良時代の食器類の器名とその用途」, 『研究論集』5, 奈良國立文化財研究所.

石木秀啓, 2017, 「牛頸窯跡群出土のヘラ書き須惠器について」, 『考古學·博物館學の風景』, 中村浩先生古稀
   記念論文集.

巽淳一郎, 1995, 「奈良時代の甀·瓺·正·由加-大型貯藏用須惠器の器名考證」, 『文化財論叢Ⅱ』, 奈良國立文化
   財研究所創立40周年記念論文集.

巽淳一郎, 1999, 「古代の燒物調納制に關する研究」, 『瓦衣千年』, 森郁夫先生還曆記念論文集刊行會.

巽淳一郎·寺崎保廣, 1994, 「平城宮·出土文字刻書土器資料」, 『奈良國立文化財研究所年報1994』, 奈良國立文
   化財研究所.

⟨Abstract⟩

Decipherment and Interpretation on Earthenware Relics Unearthed from Busosanseong Fortress

Lee, Byong-ho

Busosanseong Fortress, situated north of downtown Buyeo, contains many sites of important facilities that were either the property of the government or the royal family of the Sabi Baekje Period. Earthenware objects inscribed with the Chinese characters "乙巳年" (pronounced 'Eulsanyeon', meaning 'Year of Eulsa') were discovered near the quarters of Gungnyeosa Shrine, which is close to the North Gate site inside Busosanseong Fortress, and disclosed to the public in December 2020. The aim of this study is to review the characters inscribed on these relics along with their characteristics and meanings.

Chapter 2 of this paper presents an attempt to interpret the characters inscribed on the relics in question. The characters were handwritten on the relics by a potter before moving them to the drying place. They indicate that the vessel (large-sized jar: 瓺) was made by a potter (named 菊, pronounced *guk*) in Mosisan (present day Deoksan-myeon, Yesan-gun, Chungnam-do) on March 15, 645.

Chapter 3 attempts to ascertain the meaning of the Chinese characters. There are cases in which Chinese characters were combined (e.g. "瓦" was combined with "長" to make "瓺") to indicate the name of an earthenware object during the Baekje Period. It can be seen that a large-sized jar found at the site of an ancient temple in Neungsan-ri is inscribed with characters indicating the "Year of Eulsa", as is the case with the relics discussed in this paper. The inscription incised on the surface of a large-sized jar is equivalent to a tag attached to a special local product such as pottery to provide related information when it was presented to the central government as a tax. The practice of presenting special local goods to the central government (called 調, pronounced *jo*) during the Baekje Period has its parallel in the pottery kiln sites at Ushikubi(牛頸), Japan, pointing to a connection between the two regions.

Meanwhile, at least three types of earthenware objects inscribed with the characters "北舍" (pronounced *buksa*), unearthed together with those inscribed with the characters "乙巳年", have been found to date. Researchers assume that the characters "北舍" refer to either the royal family or a central government office of Sabi Baekje. Judging from these characters, the officials in charge of logistics at Busosanseong Fortress appear to have used both earthenware vessels presented in provinces and objects produced at a workshop run by the central government during the Sabi Baekje Period.

▶ Key words: large-sized jar (瓺), name of an earthenware(器名), offered as a tax("調"), present to the central government(貢納), buksa(北舍), logistics

부여 부소산성 출토 토기 명문의 검토[*]
– 동아시아 문자자료와의 비교 –

방국화[**]

〈국문초록〉

　본고는 부소산성 명문토기에 대해 전면적으로 검토한 논고이다. 판독문의 구성 요소를 하나하나 분석하고 지명으로 보이는 "牟尸山"을 "武尸伊郡"의 이표기로 보고 영광군으로 비정하였다. 그리고 마지막 글자 "瓺"의 형태, 용도 등에 대해 실태를 파악하고자 同訓異表記의 관계로 되는 "甕"과 비교를 하면서 구체적으로 살펴보았다. 결과 "瓺"과 "甕"이 가리키는 토기는 형태나 크기, 용도가 같으나 사용된 지역이 다르고 글을 사용하는 사람에 따라서도 다르다는 차이점을 찾을 수 있게 되었다. 이 차이점의 검토를 통해 일본에 있어서의 "瓺"의 사용은 백제의 영향이라는 것을 밝혔다. 그리고 일본의 출토 토기와 목간과의 비교를 통해 부소산성 명문토기는 공납품으로서 납부된 토기일 가능성이 있다고 보았다.

▶ 핵심어: 부소산성, 명문토기, 瓺, 甕, 비교

---

* 이 논문은 2019년 대한민국 교육부와 한국연구재단의 지원을 받아 수행된 연구이다(NRF-2019S1A6A3A01055801). 또한 2021년 2월 16일에 개최된 국립부여문화재연구소·한국목간학회 공동학술의 『2020 신출토 문자자료와 木簡』(장소: 국립부여문화재연구소)에서 발표한 같은 제목의 원고를 수정·가필한 것이다.
　발표 시 귀중한 의견을 주신 주보돈 선생님, 노중국 선생님, 권인한 선생님, 김병준 선생님을 비롯한 회장에 계신 여러 선생님, 발표 기회를 주신 윤용구 선생님, 부소산성 명문토기 실물조사를 안내해주신 이병호 선생님, 그리고 무엇보다 귀중한 자료를 제공해주신 부여문화재연구소 황인호 소장님과 유은식 실장님을 비롯한 여러 연구원 선생님께도 감사의 뜻을 전한다.
** 경북대학교 인문학술원 HK 연구교수

I. 머리말

서울 연합뉴스 2020년 12월 8일 기사에 "백제 사비도읍기(538~660) 왕궁으로 추정되는 충남 부여 관북리 유적의 북쪽 부소산성(사적 제5호)에서 토기의 제작시기를 추정할 수 있는 '乙巳年'(을사년)이 새겨진 명문토기가 출토됐다"는 내용이 있었고 판독문은 "乙巳年三月十五日牟尸山菊作"으로 소개되어 있었다(그림 1 참조). 그런데 "作" 아래의 마지막 글자에 관해서는 정확히 파악되지 않는다고 적혀 있었다.

필자는 우연히 그 직후에 국립부여박물관에 소장된 명문유물을 조사할 기회가 있었고 능산리사지의 출토품으로 전시되어 있는 큰 항아리에 새겨진 瓦변의 글씨를 보고 같은 글자일 가능성이 크다고 느꼈다.[1] 두 명문토기의 마지막 글자 모두가 좌부변은 "瓦"이고 우부방의 글자 형태도 유사해 보였다.

"瓦"변에 "長"을 쓴 글씨, 즉 "瓺"자로 보였는데 이는 일본 목간이나 명문토기 등 문자자료에 자주 보이는 글씨이다. "瓺"자는 일본에서 "미카"라고 불리며 큰 항아리를 뜻하는 글자로 해석되고 있다.

부소산성 명문토기의 글자 중 마지막 글자의 판독, 즉 "瓺"자는 후술하다시피 일본에는 많이 사용되었지만 중국에는 극히 한정되어 있다. 백제 문자문화와 일본 문자문화의 공통성을 보여주는 자료이며 일본열도로의 영향을 추정할 수 있는 중요한 자료이다.

부소산성 궁녀사 주변 유구에서는 상기 "乙巳年"명 토기 외에 다른 토기도 출토되었으나 본고에서는 주로 "瓺"자가 사용된 "乙巳年"명 토기에 대해 고찰하고자 한다.[2] "瓺"이란 토기의 크기 및 형태, 용도를 중국, 일본 문자자료와의 비교를 통해 검토하고 부소산성 명문토기의 용도에 대해서도 살펴보고자 한다.

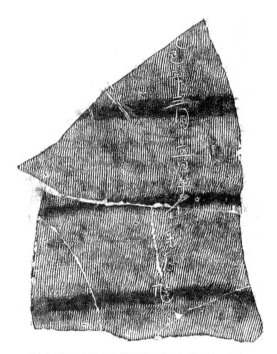

그림 1. 부소산성 명문토기(국립부여문화재연구소 제공)

---

1) 능산리사지에서 출토된 명문토기를 관찰하던 중 이동주 선생님께서 부소산성 출토 명문토기 관련 기사를 보여주셨다. 이 자리를 빌려 감사의 뜻을 전한다.

2) 부소산성 궁녀사 주변 유구, 즉 명문토기가 출토된 유구, 그리고 명문토기에 대한 구체적인 설명은 김대영, 2021, 「부소산성 내 명문토기 출토 유적과 유물」, 『2020 신출토 문자자료와 목간』 국립부여문화재연구소·한국목간학회 공동학술대회 자료집, 이병호, 2021, 「부소산성 출토 명문토기에 대한 검토」, 『2020 신출토 문자자료와 목간』 국립부여문화재연구소·한국목간학회 공동학술대회 자료집 참조.

II. 부소산성 명문토기의 판독문

그림 1에 제시된 부여 부소산성 명문토기를 보면 글씨가 대칼과 같은 예리한 도구로 새겨져 있는데 이는 토기를 제작한 후 굽기 전에 새긴 것이다. 글씨는 선명하게 잘 남아있어 판독문은 기본적으로 큰 문제가 없는 상황이다. 판독문을 제시하면 아래와 같다.

乙巳年三月十五日牟尸山菊作瓶

그림 1에 제시한 글자는 모두 14자이고 1열로 새겨져 있는데 이 파편 오른쪽에 접합된다고 추정되는 파편에도 "乙巳年"이 새겨져 있다.[3] 그럼 이 항아리에 새겨진 글자는 도합 17자로 되겠지만 "乙巳年"은 중복되는 부분이기에 본고에서는 주로 상기 14자에 대해 검토하도록 하겠다.

명문토기 서두에는 연월일, 즉 "乙巳年三月十五日"(을사년 3월 15일)이 적혀 있는데 "乙巳年"은 백제 사비기 후기인 645년으로 보이고 있다.[4] 판독문에는 이견이 없으며 필자도 이에 동의한다.

연월일 아랫부분은 "牟尸山菊" 다음에 "作"이 쓰여 있어 아무개가 만들었다라는 뜻으로 해석된다. "牟尸山菊"을 합쳐서 사람 이름으로 볼 수 있으나 필자는 "牟尸山"을 지명, "菊"을 인명으로 보아야 한다고 생각한다. 그 이유에 관해서는 후술하도록 하겠다. 그런데 "牟"의 글자 형태를 보면 "厶"의 아랫부분이 "牛"의 첫 번째 획이 없는 "キ" 형태로 쓰여 있다. 이는 삼국시기에 사용된 "牟"의 이체자이고 중국에서도 당나라 초기까지는 주로 이러한 이체자가 사용되었다. 삼국시기 백제, 신라, 고구려 문자자료의 유사한 사례를 제시하면 〈표 1〉과 같다.

〈표 1〉에서 알 수 있다시피 "牟"를 "牟"와 같은 형태로 쓰는 사례는 백제뿐만 아니라 신라, 고구려의 문자자료에도 보인다. 중국 당나라 시기에 편찬된 『干祿字書』(顔元孫)를 보면 "牟"은 "통(通)", "牟"은 "정(正)"으로 적혀 있다.[6] 『干祿字書』

표 1. "牟"자의 백제, 신라, 고구려 용례[5]

① 부소산성	② 부여 구아리	③ 쌍북리 현내들	④ 함안 성산산성	⑤ 광개토왕비

3) 김대영, 2021, 위의 논문; 이병호, 2021, 위의 논문 참조.

4) 김대영, 2021, 앞의 논문 참조.

5) ②~④ 목간의 이미지 출처는 국립가야문화재연구소, 2011, 『한국 목간자전』. 本書에 게재된 목간의 번호는 각각 ②부여 구아리 5번, ③부여 쌍북리 현내들 1번, ④함안 성산산성 178번이다. 또한 本書에 게재된 "牟"의 자형을 보면 모두 "厶"의 아랫부분이 "キ"인 형태로 쓰여 있다. ⑤광개토왕비 탁본 이미지의 출처는 "광개토왕릉비"(국사편찬위원회 한국사데이터베이스 http://db.history.go.kr/item/imageViewer.do?levelId=gskh_001_0010_0010, 2021.4.25).

6) 國立國會圖書館デジタルコレクション, 『干祿字書』 1卷, 文化14刊 (https://dl.ndl.go.jp/info:ndljp/pid/2539641/9).

에 보이는 正字는 당나라 중후반시기에 글자체 사용에 관한 규범화가 이루어진 후에 많이 사용된 글자체이 며 그전에는 俗자, 혹은 通자가 많이 사용되었다. "牟"자의 경우, 중국 금석문의 사례를 살펴보면 당나라시 기 초반기 이전에는 "牟" 형태가 대부분이다.[7] 따라서 부소산성 명문토기의 글자는 "牟"로 판독함에 틀림이 없고 이체자 사용의 시대성과도 맞는 사례이다.

마지막 글자에 대해서는 처음에는 판독되지 않았다. 현재까지 알려진 한반도의 문자자료에는 흔히 보이 지 않는 글자이다. 하지만 이 글씨와 비슷한 형태가 일본의 문자자료에는 기재된 사례가 많다. 글자 형태가 특히 비슷한 사례를 제시하면 다음 〈표 2〉와 같다.

부소산성 명문토기의 "瓱"자는 "瓦"변이 "九"와 같은 형태로 쓰였는데 ②飛鳥池유적에서 출토된 목간도 유사한 형태로 쓰여 있다. 우부방 "長"에 관해서는 부소산성 명문토기와 平城宮跡 출토 토 기, 平城京 목간의 글자 형태가 약간 다리긴 하나 윗부분의 가로획이 3획인 점은 같다. 즉 "長"의 가

표 2. "瓱"자의 용례[8]

① 부소산성	② 飛鳥池	③ 平城宮	④ 平城京

로획을 1획 생략한 형태인데 고대 목간이나 다른 출토문자자료에도 이와 같이 글자 획이 많을 경우 1획 추 가하거나 減少하여 쓰는 경우가 많다. 따라서 부소산성 명문토기의 마지막 글자를 "瓱"자로 판독하여도 문 제없다고 생각한다.

이상, 부소산성 명문토기의 판독문에 대해 살펴보았는데 내용을 분해하면 아래와 같다.

표 3. 부소산성 명문토기의 내용 분해

乙巳年三月十五日	牟尸山	菊	作	瓱
시간	지명	인명	행위	물품명

이와 같이 시간+지명+인명+행위+물품명의 순서로 적혀 있다. 즉 언제(645년 3월 15일), 어디서(혹은

7) 중국 漢나라 시기부터 淸나라 시기까지의 금석문 자료를 대량으로 수록한 京都大學人文科學研究所「漢字字体變遷研究のため の拓本データベース」(대표 : 安岡孝一, http://coe21.zinbun.kyoto-u.ac.jp/djvuchar)에 의한 검색 결과.

8) ②, ④의 출처는 나라문화재연구소가 공개하고 있는 木簡庫(https://mokkanko.nabunken.go.jp/ja/, 이하 木簡庫로만 표시) 에 게재된 출전이 飛鳥藤原京1-1319, 城27-22下(342)으로 표시된 목간. ③의 출처는 奈良文化財研究所, 2015, 「平城宮跡資料館 平成27年度 秋期特別展 地下の正倉院展—造酒司木簡の世界」리플렛. ③의 平城宮跡에서 출토된 토기 파편의 경우, 함께 출토된 기년명 목간, 토기 등을 근거로 8세기 초의 유물로 보는 견해가 있다(奈良文化財研究所, 1994, 「平城宮·京出土文字刻書 土器資料」, 「奈良国立文化財研究所年報」). 하지만 "瓱" 위에는 "五十戶"라는 행정단위가 보이는데 "五十戶"는 688년 이후에는 "里"로 변한다는 견해(市大樹, 2010, 「飛鳥藤原出土の評制下荷札木簡」, 「飛鳥藤原木簡の研究」, 塙書房)와 더불어 이 토기를 天武 천황시기의 유물로 보고 藤原宮에서 사용되었던 것이 천도에 의해 平城宮으로 가져가게 되었다는 견해(巽淳一郎, 1999, 「古代 の燒物調納制に關する研究」, 「瓦衣千年-森郁夫先生還曆記念論文集-」, 森郁夫先生還曆記念論文集刊行會)를 참고로 하면 부소산 성 명문토기와 같은 7세기 후반기의 유물로 보아야 할 것이다.

어디의(牟尸山), 어떤 사람(菊)이 무엇을 한(作) 물품(鹿)으로 판독문을 나눌수 있는데 이는 후술하다시피 공납품으로 進上된 하찰목간에 자주 보이는 서식이다.

III. 牟尸山의 비정지

앞부분에서 살펴본 바와 같이 부소산성 명문토기에는 牟尸山이란 지명이 보이는데 이 지명은 어디에 해당될까? 여기서는 그 비정지에 관해 언어학적인 시점에서 논의해보고자 한다.

"牟尸山"에 대해 이병호는 백제의 지명 중에서 가장 유사한 것이 『삼국사기』에 보이는 "馬尸山郡"이기에 "馬尸山"의 이표기로 보고 지금의 忠南 禮山郡 德山面으로 비정된다고 하였다.[9] "牟尸山"과 "馬尸山"의 표기를 보았을 때, 첫 번째 글자즉 "牟"와 "馬"만 다르기에 이 두 글자의 음이 소통된다는 것만 설명이 되면 이표기로 볼 수 있다. 하지만 "牟"의 음은 고대에는 mu와 가깝고 "馬"의 음은 ma에 가까운데 입을 크게 벌

표 4. "牟", "馬", "武"의 상고음과 중고음[10]

	상고음	중고음
牟	mǐu	mǐau
馬	ma	mea
武	mǐwa	mǐu

리는 a와 입을 작게 벌리며 圓脣音(입을 동그랗게 하는 음)으로되는 u는 서로 음 소통이 되지 않는다(표 4 참조).

그런데 『삼국사기』를 보면 "지모현(支牟縣)은 본래 지마마지(只馬馬知)이다"[11], "동성왕(東城王)의 이름은 모대(牟大) 혹은 마모(摩牟)라고도 한다"[12]라는 기록이 보인다. 또한 동성왕의 이름에 관하여 『삼국유사』에는 "동성왕 이름은 모대(牟大)이며, 마제(麻帝) 또는 여대(餘大)라고도 한다."[13]라고 기재되어 있다. 이상의 기록에 대해 정리해보면 다음과 같다.

支牟縣=只馬馬知

東城王=牟大=摩牟=麻帝=餘大

"支牟縣=只馬馬知"의 경우, "只馬馬知"의 "馬知"는 "縣"과 같은 행정구역의 단위라는 견해가 있어[14] "支牟

---

9) 이병호, 2021, 앞의 논문.

10) 李珍華·周長楫, 1993, 『漢字古今音表』, 中華書局.

11) 『三國史記』卷37 雜志6 地理4, "支牟縣 本只馬馬知."

12) 『三國史記』卷26 百濟本紀4 東城王 원년, "東城王, 諱牟大 或作摩牟."

13) 『三國遺事』卷1 王曆 東城王, "東城王 名牟大, 一云麻帝又餘大." 한국사데이터베이스에서는 "牟大"를 "年大"로 하고 순암수택본 등 사본에서는 "牟大"(모대)로 되어 있다는 것을 주로 설명하고 있어 필자는 이러한 사본에 따라 "牟大"로 바꾸었다.

14) 익산문화원, 2000, 『익산의 전래지명고』(익산문화총서 14).

=只馬"로 된다. "支"와 "只"의 음은 모두 "ji"로 읽을 수 있어 "牟=馬"가 성립될 듯 하나 여기서의 "牟"와 馬는 말자음 "m"를 나타낸다고 볼 수도 있다. 즉 "支牟=只馬"의 음은 "jim"으로 볼 수 있다는 것이다. 그럼 이 사례는 "牟"와 "馬"가 음소통이 된다는 확실한 증거로 될 수 없다.

"東城王=牟大=摩牟=麻帝=餘大"의 경우, "牟=摩=麻"로 되는 것처럼 보이나 각 한자의 대응 관계가 파악되지 않는다. 즉 "牟大=摩牟=麻帝"의 경우 두번째 글자, "大"와 "牟", "帝"가 대응된다고 보기 어렵다. 다만 "大", "帝"는 임금의 이름에 흔히 임금을 나타내는 어휘, 또는 크다는 뜻을 나타내는 어휘를 덧붙이는 경우가 있어 이에 해당된다고 생각한다. 한편, "麻"는 "摩"의 이표기로서 사용되는 경우가 많고 音價가 같다. 그럼 "摩牟=麻帝"는 "牟=帝"로 되야 하지만 이는 불가능하다. 또한 "餘大"의 "餘"는 어느 글자와도 음이 통하지 않는다. 이와 같이 동성왕의 이름 표기로서도 "牟"와 "馬"(=麻·摩)가 성립된다고는 보기 어렵다.

그럼 "牟尸山"을 어디로 비정해야 할 것인가? 필자는 "牟尸"라는 표기로부터 이표기가 가능한 백제의 지명을 『삼국사기』에서 찾아보았을 때 "武尸伊郡"[15]의 가능성이 가장 높다고 생각한다. "牟"와 "武"는 모두 mu에 가까운 음으로 이표기로서 사용이 가능하다.[16]

그런데 "武尸伊郡"을 "牟尸山"으로 비정할 경우 2가지 문제가 있다. 첫 번째는 "武尸伊郡"이란 지명에는 "山"이 없다는 것이다. "牟尸山"을 "甀"의 제작지로 볼 경우, 가마터는 구릉지나 산의 경사진 곳에 있어 "牟尸山"을 하나의 고유명사로 보는 것이 아니라 어느 곳의 산으로 보면 "武尸伊郡"도 가능성이 있게 된다. 두 번째는 "武尸伊"를 "牟尸"의 이표기로 보았을 때 "伊"가 남아 문제가 된다. "伊"에 관해서는 "武尸伊"의 "伊"는 어조사로 발음하지 않는다는 견해가 있다.[17] 그럼 발음상으로는 "武尸伊"를 "牟尸"의 이표기로 볼 수 있게 된다.

"武尸伊郡"은 현재의 영광군으로 비정되고 있는데 이곳은 해안과 내륙 곳곳에 해수가 깊이 유입된 지역이며 "무시이"란 지명도 이 지형과 자연환경에 의한 것이라 한다.[18] "武尸"의 "尸"를 "r"로 읽어 "무+ㄹ" 즉 물이 되는 곳으로 보는 견해가 있는데 영광군의 자연환경으로 보아 그러한 가능성이 있으나 "尸"를 "r"로 읽을 수 있을지에 대해서는 조금 신중할 필요가 있다고 생각한다.

그런데 만약에 "牟尸山"을 영광군으로 비정하였을 때 바다 근처에 있어 큰 항아리를 운반하는데에 유리하다. 서해안으로 나와 백마강으로부터 부소산성까지 수로로 운수가 되기 때문이다.

이와 같이 필자는 언어학인 시점에서 "馬尸山"을 "牟尸山"의 이표기로 볼 수 없다는 견해를 제기하고 "武尸伊郡"으로 비정하였다. "牟尸山"을 항아리(甀)의 제작지로 볼 경우, 이 지명에 비정되는 지역에는 항아

---

15) 『삼국사기』 권36 地理志3 新羅, "武靈郡, 本百濟武尸伊郡, 景德王改名, 今靈光郡. 領縣三." 한국사데이터베이스에는 정덕본이 "△尸伊郡"으로 되어 있어 한 글자의 판독이 불분명하지만, "文武王"의 "武"와 모양이 비슷하므로 "武尸伊郡"으로 교감 주해한다는 주기가 첨부되어 있다.

16) 일본의 지명을 예로 들면 "牟"와 "武"가 이표기로 사용된 사례가 있다. 美濃國 武芸郡을 "牟義郡"으로 표기한 목간(木研11-25 頁-(1))도 있거니와 "武義郡"으로 표기한 목간(木研5-19頁-(10))도 있다.

17) 국립해양문화재연구소, 2019, 『영광 낙월도 해역 수중발굴조사 보고서』.

18) 영광군지편찬위원회, 2002, 『靈光郡誌』.

리를 굽는 가마터가 있어야 하나 武尸伊郡(영광군)에는 아직 삼국시기의 가마터가 발견되지 않았다. "馬尸山"(忠南 禮山郡 德山面)도 마찬가지이다. "牟尸山"의 비정지에 관해서는 아직은 추측의 단계에 불과하나 앞으로 발굴조사가 진전되면 부소산성 명문토기와 같은 태토가 발견되어 명문의 완전한 해독이 가능하게 될 것이다.

IV. 瓺의 형태 및 용도

앞서 "瓺"을 항아리, 또는 큰 항아리로 설명하였는데 크기는 어떠한지, 어떤 형태의 항아리를 가리키는지, 어떤 용도로 사용되었는지에 대해 살펴보도록 하겠다.

머리말에서 서술하였듯이 "瓺"은 일본의 문자자료를 보면 독음이 "미카"(ミカ)라고 되어 있다. 일본의 국어사전으로서 제일 큰 규모의 『日本国語大辞典』[19]에 의하면 "瓺"은 표제어 "甕"의 이표기로 수록되어 있고 큰 항아리로 해석되어 있다. 그럼 "瓺"과 "甕"은 같은 항아리를 가리키는 것일까? 두 글자의 차이점은 어디에 있을까?

1. 일본 고사전 기록 내용으로부터 본 "瓺"과 "甕"의 관련성

일본 헤이안시대에 편찬된 고사전을 보면 "瓺"과 "甕"에 대한 해석은 〈표 5〉와 같이 기재되어 있다.

〈표 5〉에 제시한 『新撰字鏡』(昌住, 898~901년)[20], 『和名類聚抄』(源順, 931~938년)[21], 『類聚名義抄』(헤이안말기)[22]는 일본에서 자주 사용되는 고사전이다. "瓺" 또는 좌부변·우부방의 위치를 바꾼 이체자 "瓱"과 함께 "甕", "大甕"이 표제어로 기록되어 있는데 각 고사전에는 훈독에 공통점과 차이점이 있다.

『新撰字鏡』을 보면 "瓺"·"瓱"에 "弥可"·"弥か"(미카)라는 訓讀이 적혀 있고 "甕"에도 훈독 "美か"(미카)가 서사되어 있다. 이외에 "甕"에는 이체자 "瓮"과 함께 용도, 즉 술을 숙성시키는 용기(熟酒之器)라는 것도 기재되어 있다. 그럼 "瓺"·"瓱"과 "甕"·"瓮"은 훈독이 같으므로 동일한 용기를 가리킨다고 볼 수 있을 듯 하다.

『和名類聚抄』는 "甕"과 "大甕"을 표제어로 하고 "瓺"은 "大甕"의 해설 속에 기재하였는데 "大甕"·"瓺"의 훈독은 "美賀"(미카)이다. 그런데 "甕"(이체자 "瓮"도 포함)의 훈독은 "毛太比"(모타히)로 되어 있다. 미카가 "大甕", 모타히가 "甕"인 점을 고려하면 "瓺"은 큰 항아리(甕)로 된다.

그런데 『類聚名義抄』를 보면 "瓺"에 "ミカ"(미카), "モタヒ"(모타히)가 모두 적혀 있는 반면 "大甕"에는 "ミカ"(미카)만 적혀 있어 "瓺"을 단순히 큰 항아리로 보는데는 약간 문제가 있을 듯싶다.

19) 日本大辞典刊行会, 1981, 『日本国語大辞典 9』[縮刷版], 小学館.
20) 京都大学文学部国語学国文学研究室編, 1967, 『天治本新撰字鏡』(増訂版), 臨川書店.
21) 馬渕和夫, 1973, 『和名類聚抄 古写本声点本 本文および索引』, 風間書房.
22) 正宗敦夫, 1955, 『類聚名義抄』, 風間書房.

표 5. 일본 고사전 중 "甌"·"甕"에 관한 기재내용

新撰字鏡	和名類聚抄 (伊勢十)	類聚名義抄

이상, 고사전의 기록을 종합해 보면 "甌"·"瓵"은 큰 항아리로 해석하는 경향이 있으나 꼭 그렇지는 않고 "甕"·"瓮"과 같은 뜻으로 사용되는 경우도 있다고 보여진다. "甌"·"瓵"과 "甕"·"瓮"이 같은 명칭(훈독)으로 기록되어 있기에 양자의 관계는 同訓異表記라고 할 수 있겠다. 그럼 양자는 단지 명칭만 다를 뿐일까?

우선 양자의 차이점을 제시하는 기재 내용이 『和名類聚抄』에 보인다. "大甕"에 대한 記述을 보면 "弁色立成云--(大甕)", "本朝式云甌"과 같이 서사되어 있어 "大甕"과 "甌"의 출전이 다르다는 것을 알 수 있다. 『弁色立成』과 『本朝式』은 모두 현존하지 않는 逸書이지만 『和名類聚抄』를 통해 그 내용을 다소나마 알 수 있다. 전자는 나라시대 초기, 養老연간(717~723) 이전에 편찬된 漢和사전,[23] 후자는 弘仁式(820년) 또는 貞觀式 (871년)이라고 한다.[24] 『弁色立成』이 일본인에 의해 편찬된 중국어 회화사전[25]이란 성격으로 보았을 때 이

23] 藏中進, 1997, 「『和名類聚抄』所引『楊氏漢語抄』『弁色立成』『漢語抄』語彙集覽」, 『武庫川国文』 50, 武庫川女子大学国文学会.
24] 宮城栄昌, 1962, 「倭名類聚抄引用の本朝式について」, 『日本歷史』 174, 日本歷史學會.

는 필시 중국과 관련이 있다고 추측된다. 후술하다시피 중국에서는 그 당시 "甒"자를 사용하지 않았다. 중국에서 일반적으로 사용된 "大甕"과 일본에서 자주 사용된 "甒"을 대응시킨 서술로 여겨진다. 이와 같이 양자의 출전이 다르다는 것은 그 출전의 성격과 관련이 있고 또한 편찬자의 문자 사용과도 관련이 있을 것으로 추정된다.

2. 목간으로부터 본 "甒"과 "甕"의 관련성

앞부분에서는 고사전의 기록 내용으로부터 "甒"과 "甕"의 관계성에 대해 살펴보았는데 구체적인 크기나 형태, 용도 등에 대해서는 설명이 부족하여 아래에 목간, 토기 등 출토문자자료로부터 두 글자가 가리키는 용기의 실태를 파악하도록 하겠다.

"甒"과 "甕"의 크기에 관해서는 일본 고대 목간에 용량이 기록되어 있어 크기를 추측할 수 있다. 또한 용도에 관해서도 내용물이 적혀 있어 어떻게 사용되었는지 추정이 가능하다.

표 6. "甒"과 "甕"의 일본 목간의 용례[26]

	No.	판독문[27]	유적명	출전(木簡庫)	크기[28]
甒	1	甲第五甒受五□〔斛?〕三	平城京	木研20-37頁-1(107)	(242),(8),5
	2	・御酒□〔釀?〕所充仕丁〈蘇我部道 朝倉小常石 椋部告 私部小毛人〉右四人 ・「大甒米三石麴一石水□石 次甒米二石麴一石水二石二斗 次甒米一石麴八斗□甒米□石 麴一石水□石二斗 次甒二石麴八斗水二石一斗 少甒米一石麴四斗水一石五升 」	平城京	城23-5上(5)	405,42,2
	3	三條七甒水四石五斗九升	平城宮	平城宮2-2331	(211),49.5
	4	二條六甒三石五斗九升「□」	平城宮	平城宮2-2330	235,41,6
	5	・下鳥羽甒難酒 ・三斗一升	藤原宮	奈良県『藤原宮』-(56)	131,20,4
	6	□□□御□〔菜?〕二甒不動	平城京	平城京3-4987	104,27,6

25) 藏中進, 1997, 앞의 논문.

26) 木簡庫에 수록된 "甒"의 용례 중, 출전이 城22-14上(90)인 二條大路 목간도 포함되어 있으나 목간 이미지를 보면 "甒"로 판독된 글자는 "甕"로 되어 있어 〈표 6〉에 추가하지 않았다.

27) 판독문은 기본적으로 木簡庫에 의해 표기를 했으나 일부 기호, 글자체를 바꾼 것이 있다. "・"는 木簡庫와 마찬가지로 앞뒷면에 문자가 있을 경우, 그 구별을 나타냄. 추독 문자에 관해 木簡庫에서는 〔斛ヵ〕과 같이 "ヵ"를 사용했으나 이를 모두 "?"로 변경. 〔 〕는 결손된 문자 중에 글자수를 확인할 수 없는 것을 나타냄. 〈 〉안의 문자는 할서를 나타냄(이하 같음).

28) 길이, 너비, 두께의 순서로 배열. 단위는 mm. ( )는 결손이나 2차적인 성형에 의해 원형과 달라진 경우를 나타낸다.

	No.	판독문[27]	유적명	출전(木簡庫)	크기[28]
甕	7	八條四甕納米三斛九斗	長岡宮	長岡京1-499	126,25,3
	8	·五烈蒸六甕□〔受?〕水五石二□ 〔 〕 ·盆木采女 〔 〕	平城京	城31-20下(248)	(103),(20),2
	9	天平[ ]十月七日和泉監薑甕一腹	平城京	城22-19上(151)	206,27,5
	10	·進出物 橡一斛 荼一荷 鯛鮓一瓷 ·右三種 五月一日白鳥鎌足 少書吏	平城京	平城京2-1724	222,(25),3
	11	木上 進 燒米二瓷〈阿支比 棗〉右三種〈稻末呂〉八月八日忍海安万呂	平城京	平城京1-188	310,39,2

먼저 용량에 대해 살펴보면 "瓼"은 "五斛"(No.1), "四石五斗九升"(No.3), "三石五斗九升"(No.4)가 보이는데 "四石五斗九升"는 실제로 담겨 있는 물의 양이 아니라 해당 "瓼"의 최대 용적으로 해석되고 있고 지금의 2石6升, 즉 370ℓ에 해당하며 이는 직경 84㎝의 球形의 체적에 해당한다고 한다.[29] 그럼 No.1 목간의 "瓼"은 이것보다 약간 더 클 것이다. 그런데 No.2 목간을 보면 "大瓼米三石麴一石水□石", "次瓼米二石麴一石水二石二斗", "次瓼米一石麴八斗", "少瓼米一石麴四斗水一石五升"과 같이 "瓼"을 "大", "次", "少"로 구분하여 기재하고 있다. "大瓼"의 경우 물이 몇석이 되는지 숫자가 판독이 되지 않지만 그 다음에 기록한 "次瓼"의 용량이 5石2斗(二石+一石+二石二斗)이기에 "大瓼"은 최소한 6석 이상(三石+一石+?石)이 될 것이라고 생각된다.[30] "少瓼"은 2石4斗5升로 적혀 있어 "大瓼", "次瓼"보다 작은 용기라는 것을 알 수 있다. 이와 같이 "瓼"은 기본적으로 용량이 큰, 즉 크기가 큰 용기를 가리키나 크기가 모두 똑 같은 것은 아니다. 대, 중(次), 소 여러 크기가 있었던 것이다. 또한 No.5 목간의 경우 용량이 "三斗一升"으로 되어 있어 용량 1石 미만의 비교적 작은 항아리도 "瓼"으로 표현했다는 것을 알 수 있다.[31]

"甕"의 용량에 관해서는 "三斛九斗"(No.7. 280ℓ에 해당), "五石二□"(No.8)이 기록되어 있어 "瓼"과 큰 차이가 없다.

용량이나 크기 상으로는 "瓼"과 "甕"의 구별이 어려운데 내용물, 또는 용도로서는 구별이 될까? No.3, No.5, No.6 목간으로부터 "瓼"에는 물(水), 술(酒), 채소(菜)가 담겨 있었다는 것을 알 수 있다. No.2목간에는 여러 크기의 "瓼"에 "米", "麴", "水"을 함께 넣은 것으로 기재되어 있고 앞면 서두에 "酒釀"이란 글자가

---

29) 奈良国立文化財研究所, 앞의 책.

30) "大瓼米三石麴一石水□石"의 "□石" 부분이 1石이라면 합쳐서 5石으로 되어 "次瓼"보다 용량이 적게 된다. 따라서 "□石" 부분은 2石 이상으로 보아야 한다. 그럼 "大瓼"의 용량은 6石 이상으로 된다.

31) 巽淳一郎에 의하면 "瓼"과 "甕"은 1石 이상의 대형 저장구를 가리킨다고 한다(巽淳一郎, 1995, 「奈良時代の瓼·甒·缶·由加-大型貯藏用須惠器の器名考証-」, 『文化財論叢Ⅱ 奈良国立文化財研究所創立40周年記念論文集』, 同朋舍出版). 하지만 No.5 藤原宮 목간은 1石 미만이므로 대형으로 볼 수 없다.

보여 이는 쌀과 누룩, 물을 같이 넣어 "甀" 속에서 발효시킴으로써 술을 빚은 내용으로 해석된다.[32] 또한 No.6의 "菜"는 신선한 야채가 아니라 절인 것일 가능성이 크다. 이러한 사례로부터 "甀"은 단순히 저장용으로뿐만 아니라 醸造用으로서도 사용되었음을 알 수 있다.

"甕"은 쌀(米), 물(水), 생강(薑), 도미 스시(鯛鮓), 볶은 쌀(燒米)의 용기로서 사용되었다는 것이 No.7-No.11의 목간 기재 내용으로부터 알 수 있다. No.7의 "米"에 관해서는 술을 빚기 위한 쌀이라는 견해가 있다.[33] 또한 No.10의 "鯛鮓"는 도미와 밥, 소금으로 발효시킨 음식이다. "甕"도 "甀"과 마찬가지로 저장용, 양조용으로 사용되었다는 것을 알 수 있다.

그런데 No.6의 목간에는 "不動"이란 글자가 보여지는데 "不動"이란 글자 그대로 움직이지 않는다는 뜻으로 항아리를 땅에 묻어 고정시켜 사용했다는 것을 나타낸다. No.3, No.4, No.7에는 "三條七甀", "二條六甀", "八條四甕"과 같은 구절이 보이는데 이는 전후좌우로 여러 줄 배열한 용기 중 몇 번째 줄의 몇 번째 항아리(甀·甕)라는 뜻이다(그림 2 참조).[34] 이러한 항아리는 기본적으로 대형이라고 생각되며 이것이 앞서 서술한 "미카"일 가능성이 있다고 추측한다.

그림 2. 甀·甕의 사용 예(清水みき1993으로부터 轉載)

하지만 모든 "甀"과 "甕"을 땅에 묻어 고정시킨 것은 아니다. No.5는 공납품 꼬리표 목간, No.10, No.11은 물품의 進上에 관련되는 문서목간으로 물품과 함께 움직이는, 즉 운반이 가능한 항아리로 보아야 한다. 따라서 그 크기도 그렇게 크지 않을 것이다. 필자는 이러한 운반이 가능한 항아리가 앞서 서술한 "모타히"가 아닐까 하고 추측한다.[35]

이와 같이 "甀"과 "甕"은 일본 고대 목간의 사례로부터 보았을 때 용도가 유사하고 크기는 대, 중, 소의 차이가 있으나 비교적 큰 것이 많은데 꼭 대형용기만을 가리키는 것은 아니라고 정리할 수 있다. 한국의 고대 목간에도 "甕"의 이체자 "瓮"의 용례가 보이는데 용량을 적은 목간을 제시하면 아래와 같다.

---

32) 이 목간은 長屋王 저택지에서 출토된 목간인데 앞면에는 "御酒□〔釀?〕所"라는 술을 빚는 작업소에 배정된 力役에 종사한 仕丁의 내역을 기록하고 있다. 뒷면에는 앞면과 다른 필체로 기재되어 있는데 이는 仕丁가 담당할 작업 내용으로 보인다.

33) 清水みき, 1993, 「京都·長岡宮跡(北辺官衙)」, 『木簡研究』 15, 木簡学会, pp.142-143.

34) 清水みき, 1993, 앞의 논문. 奈良国立文化財研究所, 2015, 앞의 책. 실제로 이러한 목간이 출토된 長岡宮跡 北辺官衙, 平城宮跡 造酒司지구에서는 큰 항아리를 묻은 흔적으로 보여지는 구덩이가 정연히 배열된 형태로 발굴되었다고 보고되고 있다.

35) 1717년에 편찬된 語源을 적은 사전 『東雅』(新井白石著)에는 "モタ"(모타)의 어원을 들다, 가지다를 뜻하는 持으로 보고 있다(新井白石, 1903, 『東雅』, 吉川半七(國立國會圖書館デジタルコレクション https://dl.ndl.go.jp/info:ndljp/pid/993109)).

함안 성산산성(183호)[36)]

　(앞)「正月中比思伐古尸(次)阿尺夷喙V」

　(뒤)「羅兮(落)及伐尺幷作前(瓮)酒四斗瓮V」

경주 안압지(196호)[37)]

　「 V 南瓮汲上汁十三斗 」

경주 월성해자(임001)[38)]

　(1면) 兮刪宋(宗?)公前別白作(?)□□(파손)

　(2면) 米卅斗酒作米四斗幷卅四斗瓮□(此)□(파손)

　(3면) 公取□開在之

　　이 3매의 목간의 경우 약간 다른 판독문이 제시되는 경우가 있으나 상기 판독문에 따르면 성산산성과 안압지 목간에 기입된 "瓮"은 크기가 그렇게 크지 않지만 월성 해자 목간의 경우 "卅四斗瓮"으로 되어 있어 큰 항아리로 볼 수 있다.

　　항아리 속에 담긴 내용물에 관해서는 상기 목간에서 술과 쌀이 확인되고 이외에 젓갈[39)]도 있으므로 일본의 사례와 유사하다고 할 수 있다.

3. 정창원문서로부터 본 "㼡"과 "甕"의 관련성

　　목간의 사례로서는 "㼡"과 "甕"의 용량, 크기, 용도에 대해 구체적인 양상을 알 수 있었는데 이에는 공통점만 보이고 차이점은 보이지 않는다. 여기서는 종이문서이지만 목간과 같은 1차자료로 되는 정창원문서로서 양자의 관계성에 대해 좀 더 구체적으로 살펴보도록 하겠다.

　　정창원문서를 사용한 "㼡", "甕" 등 저장용구에 대해서는 이미 많은 연구가 이루어져 있기에[40)] 여기서는 기존연구 성과를 소개한 후 약간의 문제점에 대해 제기하도록 하겠다. 먼저 "㼡", "甕"의 내용물에 관해서는

---

36) 국립가야문화재연구소, 2017, 『韓國의 古代木簡Ⅱ』.

37) 하시모토 시게루, 2020, 「월지(안압지) 출토 목간의 연구동향 및 내요 검토」, 『한국고대사연구』 100, 한국고대사학회.

38) 전경효, 2018, 「신출토 경주 월성 해자 묵서 목간 소개」, 『木簡과 文字』 20, 한국목간학회.

39) 안압지 189호 목간에 "助史?瓮?"으로 판독되는 글씨가 있는데 "助史" 앞부분의 글씨가 판독되지 않아 무슨 젓갈인지 확실하지 않지만 젓갈을 담은 용기로 "瓮"이 사용되었다고 보기에는 틀림이 없다(판독문은 하시모토 시게루, 2020, 앞의 논문에 의함). 또한 "瓮"에 소금과 젓갈을 넣었다는 지적도 있다(김재홍, 2014, 「신라 왕경 출토 명문토기의 생산과 유통」, 『한국고대사연구』 73, 한국고대사학회).

40) 関根真隆, 1969, 『奈良朝食生活의 硏究』, 吉川弘文館, pp.377-379; 巽淳一郎, 앞의 논문(1995). 정창원문서에 보이는 저장용구에 대해 본격적으로 다룬 글은 이상 두 편이 있는데 아래에 정창원문서에 관한 서술은 다른 출전을 제시하지 않는 이상 이에 의함.

酒, 醬, 末醬, 醋 등이 확인된다. 그중 한국 목간의 내용 해석, 용도를 고려함에 있어서 참고로 되는 자료가 있어 소개하도록 하겠다.

奉寫一切經用土文案(770)[41]
酢壹瓱弐斛捌斗肆升伍合
　　二斗八升七月三日請
　　二斛五斗六升五合以同月十二日請瓱納米二斛八斗五升得汁〈斛別九斗〉

이 부분의 기재 내용을 보면 "瓱"은 초 284.5升[42]의 용기로서 기록되어 있는데 그중 28升은 7월3일에 청구하였고 나머지 256.5升은 7월12일에 청구하였다. 그런데 이 256.5升은 쌀을 285升 넣은 "瓱"에서 얻어진 "汁"(=酢)이고 이 "汁"은 쌀 1斛에서 九斗 얻는 계산으로 기록되어 있다.[43] 즉 앞서 서술한 No.2 목간과 마찬가지로 쌀을 "瓱"에 넣어 발효시켜 초를 양조했다는 뜻인데 이 초를 固體로 되는 쌀에 비해 액체라는 뜻의 "汁"으로 표현하고 있다.

"汁"에 관해서는 앞서 소개한 안압지 목간(196호)에도 "南瓮汲上汁十三斗"라고 기재되어 있는데 이 목간의 "汁"도 위의 정창원문서의 "汁"과 비슷한 것일 가능성이 있다(그림 3[44]). 南瓮에서 퍼올린(汲上) 汁 13斗, 혹은 南瓮에서 퍼낸(汲) 上汁 13斗로 해석이 되는데 "上"을 어떻게 해석하는가에 따라 의미에 약간 차이가 있다. 이 목간의 "汁"도 초일 가능성이 있지만 술일 가능성도 배제할 수 없다. 위의 문서와 No.2 목간을 참고로 하면 아마도 "南瓮"에도 쌀과 누룩 같은 것이 담겨 있었고 이것이 발효되어 술, 또는 초로 되었을 것이다. "汲上汁"의 "上"을 "汲"의 조동사로 본다면 퍼올린 汁으로 봐야 할 것이고, "上"을 위치로 본다면 "上汁"은 항아리에서 발효된 쌀이나 누룩같은 고체는 아래에 침전되기 때문에 위에 떠있는 액체(汁)로 이해가 가능하다.

다시 정창원문서의 용례로 돌아오겠는데 "瓱", "甕"의 용량에 대해서는 표로 일람화되어 제시되고 있다. 기존연구에 제시된 일람표를 보면 "瓱", "甕"의 용량은 기본적으로 1石-5石 범위 내에 속한다. 다만 아래 기록으로부터 "小甕"의 용량을 7石5斗로 보는 견해(関根真隆)가 있으나 이에는 문제가 있다고 생각된다.

그림 3

41) 続々修三九ノ一①(9)裏, 一八ノ九. 정창원문서의 출전은 일반적으로 이렇게 표시를 하는데 "続々修三九ノ一①(9)裏"는 続々修 第39帙 第1巻 断簡번호1 第9紙 뒷면을 가리킨다. "一八ノ九"는 『大日本古文書』(編年文書) 第18巻 p.9을 가리킨다. 이하 같음.
42) 계산을 편리하게 하기 위하여 단위를 모두 升으로 통일하였다.
43) 米 285升×0.9=汁=酢 256.5升으로 되기에 계산이 맞다. 이 문서의 내용에 관해서는 関根真隆의 앞의 책에서도 소개되고 있다.
44) 이미지 출전은 국립창원문화재연구소, 2006, 『한국의 고대목간』.

豊後國正税帳(737)[45]

　　酒壹拾捌斛伍斗捌升捌合

　　甕肆口〈大甕二口　中甕一口　小甕一口〉

　　醬參斛壹斗伍升

　　甕壹口〈小甕〉

　　酢柒斛伍斗

　　甕壹口〈小甕〉

　이 기록을 보면 "甕"도 "大", "中", "小"로 구분된다는 것을 알 수 있다. "酢柒斛伍斗"가 "甕壹口"에 저장되어 있고 이 "甕"은 "小甕"이란 설명이 추가되어 있어 이 "小甕"의 용량이 7石5斗라고 하는데 이는 잘못된 기록이라고 생각된다. 다른 정창원문서의 용례를 보았을 때 7石5斗의 용량은 보이지 않는다. 앞서 서술한 No.2 목간을 참고로 하면 "大甕"의 용량에 해당되기에 이 부분은 "大甕"을 잘못 적었을 가능성이 있다고 생각된다. 앞줄의 "醬參斛壹斗伍升"의 용기는 "小甕"으로 보아도 문제 없을 듯한데 "酢柒斛伍斗"의 경우 앞부분이 "小甕"이기에 덩달아 "小甕"으로 적은 것이 아닐까하고 추축해 본다.

　"瓹"·"甕"의 크기에 관해서는 巽淳一郎가 『法隆寺伽藍縁起幷流記資財帳』(747년, 이하 資財帳으로 생략)에 기재된 "瓹"에 관한 기재 내용에 의해 口徑이 약 30㎝ 이상, 높이 80㎝ 이상의 대형 항아리로 복원하고 있다. 이 資財帳에는 앞서 소개한 『和名類聚抄』에서는 "淺甕"으로 기록되어 있는 "瓺"가 제일 큰 용기로 기록되어 있고 그 다음에 "瓹"이 보다 작은 용기로 기록되어 있는데 関根真隆은 『延喜式』과 정창원문서의 용례로부터 "瓺"는 "瓹"보다 작은 용기로 보아야 한다고 주장하며 이 부분을 "瓺"과 "瓹"의 錯簡으로 보았다.

　関根真隆의 지적에 따라 資財帳의 "瓺"를 "瓹"으로 보고 그 크기를 살펴보면 높이 "三尺"이 제일 많고 "二尺"과 "四尺"도 조금 있으나 제일 큰 것은 "徑一尺九寸深五尺"이다. 이 제일 큰 "瓹"은 関根真隆에 따라 1尺=29.6㎝로 계산했을 때 口徑 약 56㎝, 높이(深) 148㎝로 된다. 이 크기는 후술하다시피 안압지에서 출토된 "十石入瓮"이 새겨진 대형 항아리(구경 57㎝, 높이는 147㎝)와 크기가 비슷하다. 따라서 資財帳에 기록된 제일 큰 "瓹"은 안압지의 대형 항아리와 유사한 것으로 추측된다.

그림 4. 안압지 출토 대형 瓮

---

45) 正集四二①(3)(二-四六).

4. 명문토기로부터 본 "甒", "甕"의 형태

"甒"·"甕"의 형태에 대해 巽淳一郎(1995)는 출토 토기의 검토를 통해 口緣部에는 약간 차이가 있으나 口頸이 나팔과 같은 형태로 벌어져 있고 어깨부분의 약간 아래 측에 最大徑이 있으며 그 아래부분은 급격적으로 좁아지면서 底部는 약간 뾰족한 형태(땅에 묻기 위함)라고 지적하고 있다. 통일신라 시기의 안압지 대형 瓮도 마침 〈그림 4〉를 보면 이러한 특징을 갖고 있다.[46]

그런데 앞부분에서도 서술하였지만 모든 "甒"·"甕"이 巽淳一郎(1995)가 지적한 것처럼 口徑 30㎝ 이상, 높이 80㎝ 이상의 대형 항아리는 아니다. 8세기 후반기로 보이는 埼玉縣 比企郡의 廣町遺蹟의 여러 가마터가 집중된 鳩山窯蹟群에서는 "大甒布直六十段"이 새겨진 須惠器가 출토되었는데 크기에 관해서는 구경이 21.9㎝로만 소개되고 있으나 비율로 보아 높이는 약 30㎝로 추측된다. 이 "甒"은 巽淳一郎(1995)에 제시된 甕類의 크기 分布圖와 용량 계산법에 의하면 1石 미만으로 된다.[47] 따라서 "甒"을 꼭 용량 1石 이상의 대형 항아리로 볼 필요는 없다고 생각한다.

그림 5. 廣町유적의 甒

이와 같이 통일신라 시대의 대형 "瓮"과 일본 나라시대의 "甒"은 크기가 다르고 형태도 약간 다르나 巽淳一郎(1995)에 의해 지적된 "甒"·"甕"의 형태 특징에는 부합된다. 따라서 이러한 형태의 항아리를 "甒"·"甕"(瓮)으로 표기했다는 것을 알 수 있다.

그림 6. 능산리사지 명문토기

그런데 머리말 부분에서도 간단히 소개했다시피 백제 능산리사지에서 출토된 완형에 가까운 대형 항아리에도 "甒"으로 보이는 글자가 새겨져 있다(그림 6). 현재 국립부여박물관에 소장되어 있는데 판독문은 "係文作元胚"으로 소개되고 있다.[48] 모두 5글자가 새겨져 있는데 4번째 글자는 실물을 보고 관찰한 결과 "六"으로 보는 것이 좋다고 생각된다. 예서체의 경우 점을 짧은 가로획으로 쓰는 경우가 있어 "六"과 "元"은 비슷한 형태로 쓰이게 된다. 두 번째 글자 "文"의

---

46) 〈그림 4〉의 이미지 출처는 국립경주박물관, 2002, 『문자로 본 신라』.

47) 巽淳一郎, 1995, 앞의 논문, p.318에 제시된 분포도에 의하면 D군의 "缶"에 속한다. D군 용기의 용량에 관해서는 7升2合, 2斗 2升의 예가 소개되었다. 이 須惠器와 표6의 No.5 목간으로부터 보았을 때 용량이나 크기 상으로는 D군에 속하지만 이것을 모두 "缶"이라고 부를 수 없다고 생각된다.

48) 국립부여박물관, 2003, 『백제의 문자』, p.62. 이미지도 이에 의함.

첫 번째 획도 "一"과 같이 가로획으로 쓰여 있어 이 항아리에 글을 쓴 사람은 점을 가로획으로 쓰는 습관이 있다는 것을 알 수 있다. 또한 중국에도 "六"을 이와 비슷한 형태로 쓴 사례가 있다.

〈표 7〉의 ①은 후한시기, ②는 北齊시기의 자료인데 모두 점을 가로획으로 쓰고 있다. 또한 ①은 마지막 획도 "元"자와 같이 길게 썼는데 이 형태는 능산리사지 명문토기 4번째 글자와 유사하다. 따라서 "六"으로 판독할 수 있다고 생각한다.

능산리사지 명문토기의 마지막 "瓦" 변의 글씨에 관해서는 앞서 서술한 바와

표 7. 능산리사지 명문토기 "六", "瓽"과 유사한 사례

六[49]		瓽[50]	
①	②	③	④
吳岐子根墓記 (177)	王憐妻趙氏墓誌 (555)	飛鳥藤原京 1-1455	新撰字鏡

같이 "瓽"으로 보는 견해가 있거니와 "瓦+文"으로 보는 견해도 있으나[51] 필자는 "瓽"으로 보고 있다. "天"과 같이 쓰인 부분을 "長"의 간략체로 본 것이다. 〈표 7〉의 ③, 즉 일본의 山田寺 터에서 출토된 7세기 목간의 용례를 보면 "瓽"의 "長" 부분은 "夫"와 비슷한 형태로 쓰여 있다. ④의 용례는 표5에도 게재되어 있는 글자인데 이 "瓽"의 이체자는 "夫" 아래에 "瓦"(이체자)를 쓴 형태이다. 능산리사지 명문토기와 ③, ④의 용례는 "天", "夫"의 차이가 있지만 능산리사지 명문토기의 글자 형태를 잘 관찰해 보면 "夫"처럼 보이기도 한다. 따라서 "瓽"으로 판독하여도 무방할 듯하다.

그럼 능산리사지 명문토기의 전체 판독문은 "係文이 만든(作) 6번째(六) 항아리(瓽)"으로 이해할 수 있다. 이 항아리는 높이 80㎝이므로 이것도 대형 항아리의 하나로 간주되며 이 사례로서 백제의 "瓽"의 실제적인 형태를 확인할 수 있다. 그 형태는 상술한 통일신라 및 일본의 사례와는 조금 다르나 형태 특징은 동일하다고 볼 수 있다.

5. "瓽", "甕"의 차이점

이와 같이 "瓽", "甕"은 크기나 용도, 형태에 별로 차이가 없다는 것이 확인되었는데 그럼 왜 같은 토기에 다른 명칭이 생긴 것일까? 기존에는 "瓽"과 "甕"이 同義 관계라고 하며 양자를 구별하지 않고 함께 다루는 연구도 있었다.[52] 아래에 "瓽"과 "甕"이 중국에서는 어떻게 사용되었는지를 검토함으로써 양자에 차이점이 있는지에 관해 답을 찾아보도록 하겠다.

"瓽"은 중국의 역사 자료를 찾아보면 별로 많지 않다. 전한시기에 편찬된 중국의 방언사전 『方言』(揚雄)

---

49) 이미지 출전은 毛遠明, 2014, 『漢魏六朝碑刻異體字典』, 中華書局.

50) ③의 이미저 출처는 木簡庫. ④의 이미지 출처는 京都大学文学部国語学国文学研究室, 앞의 책.

51) 이병호, 2021, 앞의 논문.

52) 巽淳一郎, 1995, 앞의 논문.

卷五의 "罃"에 관한 서술 내용에 "燕之東北, 朝鮮洌水之間謂之瓺"라고 적혀 있다.[53] 이 지역은 현재 중국의 동북지역, 한반도 서북지역을 가르킨다고 한다.[54] 한반도 서북지역은 삼국시대로 말하자면 고구려, 백제가 이 지역에 속한다. "瓺"(瓺)은 고구려의 문자자료에서는 아직 확인이 되지 않았으나 백제의 문자자료는 부소산성 명문토기, 능산리사지 명문토기에 보여 『方言』의 기재내용과 부합된다. 그럼 일본에 있어서의 "瓺"의 사용은 백제로부터 전해졌을 가능성이 있겠다.

"瓺"에 관한 기록은 『方言』 이후 오랫동안 보이지 않다가 북송시기에 들어서서야 고사전에 다시 등장하기 시작한다. 『廣韻』(陳彭年, 1008년)에는 "瓶也"라는 뜻과 음이 기록되어 있고 『集韻』(丁度, 1039년)에는 『方言』을 인용하여 "方言朝鮮洌水之間謂罃爲瓺"으로만 기재되어 있다. 또한 남송시기에 편찬된 『磧砂藏』隨函音義 중 『法苑珠林』 권45에는 "瓺"자가 보이나 이는 『法苑珠林校注』[55]를 보면 해당 글자가 "甏"으로 되어 있어 "甏"의 誤寫라는 것을 알 수 있다. 이러한 사례로부터 미루어보았을 때 "瓺"(瓺)는 중국 중원지역에서는 자주 사용되지 않았던 글자이었을 것으로 추정된다.

한편 "甕"(瓮)에 관한 기록을 보면 『方言』(揚雄) 卷五에 "自關而東, 趙魏之郊謂之瓮, 或謂之甖."[56]으로 기재되어 있어 "瓺"과 사용된 지역이 달랐다는 것을 알 수 있다. 그후, 당나라시기에 편찬된 『一切經音義』(釋慧琳, 788~810년) 卷六十에는 "瓦器之大者, 或瓷, 或瓦, 深而且圓, 口小而腹廣."이라고 적혀 있고 卷五十一에는 "方言云; 自關而東, 趙魏之郊謂大者爲甕, 小名爲甖."이라고 적혀 있다.[57] 卷五十一의 기록은 『方言』을 인용했음에도 불구하고 내용이 약간 다르다. 즉 "甕"(瓮)과 "甖"의 크기를 분별하고 있는데 북송시기의 고사전 『大廣益會玉篇』(陳彭年, 1013년)에도 "瓮 大甖"으로 기재되어 있어 『一切經音義』의 내용과 일치하다. 아마도 이 것이 그 당시의 실체에 부합된 내용으로 생각된다. 형태에 관해서는 『一切經音義』의 기재내용을 해석하면 "甕"(瓮)은 구경이 작고 배가 크며 깊이가 있는 형태의 대형 항아리를 가리키며 "甕"(瓮)보다 작은 것을 "甖"으로 이해할 수 있다. 그 형태 특징은 巽淳一郎(1995)에 의해 제시된 것과 비슷하다.

그리고 "甖"에 관해서는 한나라 시기의 居延漢簡에 그 용례가 보인다.[58]

　　　居延漢簡　ЕРТ6：27
　　　　　諸水甖三

보고서에서는 "諸"를 "儲"와 통하는 글자로 보고 儲水 설비에 관한 것으로 해석하고 있다. 居延甲渠候官과 金關 등 지역에서도 구경이 좁고 口緣部가 굽어지고 복부가 큰 형태의 토기가 발견되었다고 한다. 또한

---

53) 揚雄, 2016, 『方言』, 中華書局.
54) 楊春宇·王媛, 2015, 「揚雄《方言》所見的幽燕方言」, 『遼寧師範大學學報』 38-6, 遼寧師範大學.
55) 釋道世, 2003, 『法苑珠林校注』, 中華書局.
56) 揚雄, 2016, 앞의 책.
57) 釋慧琳, 2008, 『一切經音義三種校本合刊』, 上海古籍出版社, p.713, p.1585.
58) 中國簡牘集成編輯委員會編, 2001, 『中國簡牘集成』 9, 敦煌文藝出版社.

이러한 토기는 출토 당시 하부가 지면에 매몰되어 있었다고 한다. 토기가 놓여진 장소는 가옥의 한구석에 있는 것도 있거니와 부엌 근처에 있는 것도 있어 물의 저장용으로 사용되었다는 사실을 확인할 수 있었으며 용량은 물 약 30㎏라고 한다. 그럼 이 "甖"은 아마도 크지 않을 것이다. 하지만 용도는 한반도나 일본과 같다는 것이 확인된다.

또한 湖北省 江陵縣 鳳凰山167號墓에서는 "漿甖", "酒甖"이 서사된 목간이 출토되었고[59] 新疆 吐魯番의 晉에서 南北朝시기 中期의 墓에서는 "黃米一甖", "白米一甖"이 묵서된 토기가 출토되었다(그림 7).[60] 그런데 보고서에는 크기가 기재되어 있지 않아 형태 확인만 가능한데 아래 부분은 平底로 되어 있어 한반도나 일본의 형태와 다르다.

그림 7. 白米一甖 토기

상술한 중국의 용례로부터 중국에서 "㼰"는 극히 한정적이고 "甕" 또는 "甖"이 많이 사용되었다고 볼 수 있다. 『方言』의 기록에 의하면 "甕"은 "自關而東", 즉 중원지역에 속하는 현재의 하남성 이동의 지역에서 사용된 글자이고 "㼰"은 현재의 동북지역, 한반도 서북지역에서 사용된 글자로 해석된다. 『一切經音義』에 "㼰"의 서술이 보이지 않고 "甕" 또는 "甖"만이 사용된 점으로부터 미루어본다면 역시 중원지역에서는 당나라시기에 있어서도 사용되지 않았던 것으로 추정된다. "㼰"은 역시 일부 지역에서만 사용되었을 것이다. 『方言』의 기록에 의하면 중국 동북지역, 또는 고구려 지역에서도 "㼰"자를 사용했을 가능성이 있으나 현재는 확인되지 않고 백제에서 사용되었다는 것 만이 부소산성 명문토기를 통해 확인된 것이다. 일본에서 사용된 "㼰"은 이로 인해 백제에서 전파되었다는 가능성을 추측해 볼 수 있지만 고구려를 통해 백제, 일본으로 전해졌을 가능성도 현재로서는 배제할 수 없다.

그런데 중국에서의 "㼰"·"甕"의 지역적 차이는 일본에서도 확인된다. 정창원문서의 사례를 보았을 때 各國의 正稅帳(율령제에 의해 각국이 중앙정부에 제출한 결산보고서) 중 大倭國, 豊後國, 薩摩國 3國만이 "甕"을 사용했다는 巽淳一郎(1995)의 지적이 있다. 다른 지역에서는 모두 "㼰"이 사용되었고 "甕"의 사용은 한정적이었다는 것이다. "甕"이 사용된 大倭國, 豊後國, 薩摩國 중 도성 지역인 大倭國을 제외하면 나무지 두 지역은 모두 西海道 즉 지금의 九州 지역에 해당된다. 이는 九州 지역의 지리적 특성과도 관계가 있다고 생각된다. 九州 지역은 아시아의 현관으로 불리고 있으며 한반도의 많은 선진적인 기술이나 물품이 九州 지역에 먼저 전해지는 경우가 있는데 "㼰"·"甕"의 사용도 한반도와 밀접한 관계가 있을 것으로 추측하고 있다.

하지만 九州에서는 "甕"만 사용된 것이 아니라 "㼰"도 사용되었다. 九州 지역의 제일 큰 가마터인 牛頸窯蹟群에서는 "㼰"이 새겨진 須惠器 토기가 여러 점 출토되었는데[61] "甕"의 용례는 확인되지 않는다. 이는 8세기 초의 토기이고 위의 正稅帳은 8세기 중엽(豊後國正稅帳: 737년, 薩摩國正稅帳: 736년)에 달하는 시기

59) 鳳凰山一六七號漢墓發掘整理小組, 1976, 「江陵鳳凰山一六七號漢墓發掘簡報」, 『文物』.

60) 新疆維吾爾自治區博物館, 1973, 「吐魯番縣阿斯塔那─哈拉和卓古墓群發掘簡報」, 『文物』.

61) 大野城市敎育委員會, 1989, 『牛頸ハセムシ窯蹟群 Ⅱ』.

의 문서이다. 같은 九州 지역에 있어서 "瓹"·"甕" 모두가 사용되었는데 사용된 자료에 시기적인 차이가 있다는 것은 두 글자의 사용에도 시기 차이가 있다는 것으로 이해할 수 있다. 필자는 다른 출토자료와의 비교를 통해 九州 지역의 "瓹" 사용은 백제의 영향, "甕" 사용은 신라의 영향으로 추정하였다.[62]

"瓹"과 "甕"은 사용된 지역·시기에 차이가 있을 뿐만 아니라 글자를 쓴 書記者에 의해서도 차이가 나타난다. 일본의 문자자료를 보면 "瓹"의 사용 빈도가 훨씬 높고 또한 기본적으로 한 자료에 "瓹"과 "甕"을 함

표 8. 『後一切經料雜物納帳』의 "瓹"과 "甕"

날짜	9월 8일	10월 2일	10월 11일
번호	①	②	③
A			
B			

---

62) "瓹"의 사용이 백제에서 일본에 전해진 부분에 관해서는 방국화, 2021, 「신라·백제 문자문화와 일본 문자문화의 비교연구−출토문자자료를 중심으로−」, 『영남학』 77, 경북대 영남문화연구원에 상세한 논증이 있어 이를 참조하기 바란다.

께 서사한 사례는 없으며 "瓺"·"甕" 중 어느 한쪽만 사용되었다. 다만 巽淳一郎(1995)에 의해서도 지적된 바와 같이 정창원문서 『後一切經料雜物納帳』(760년)에는 "瓺"과 "甕"이 같이 쓰여 있다. 『後一切經料雜物納帳』에는 寫經에 관한 기록이 日別로 적혀 있는데 "瓺"은 9월 8일의 기록에, "甕"은 10월 2일과 11일의 기록에 보인다.[63] 이를 영인본으로 확인해본 결과 9월과 10월의 글자체가 다르다는 것이 판명되었다.[64]

앞의 〈표 8〉을 보면 9월 8일(①)과 10월 2일(②), 10월 11일(③)의 전체 필체가 다르다는 것을 알 수 있다. 좀 더 상세히 설명하면 A행은 상기 날짜 전후의 전체 이미지이고 B행은 A행 중 책임자의 인명 부분을 잘라 낸 것이다. 글자 형태나 필체를 확인하기 위하여 같은 인명이 보이는 부분을 제시하였다. 자세히 보면 "主典安都宿祢"는 ①, ②, ③ 모두에 보이는데 ①과 ②는 글자 형태도 필획 굵기도 전혀 다르나 ②와 ③은 아주 유사하다. "賀茂馬甘"는 ①과 ②에 보이는데 "馬甘"는 自署이기에 글자 형태가 닮았다. 그런데 "賀茂" 부분은 해당 날짜의 다른 기록 문자와 같은 필체인데 ①과 ②는 필획의 굵기뿐만 아니라 운필도 다른 것으로 보인다. 특히 "茂"자는 ①에서는 제4획의 삐침이 오른쪽으로 치우쳐 있고 점과 같은 형태로 쓰여 있으나 ②에서는 "ㅣ"과 같이 세로획으로 쓰여 있다. 그리고 마지막 획으로 되는 점의 위치와 형태도 다르다. 따라서 ②, ③은 같은 사람에 의해 기록되었으나 ①은 다른 사람에 의한 것이라는 결론을 얻을 수 있다. 그렇다면 10월의 기록(②, ③)을 쓴 書記者는 "甕"을 사용하고 9월의 기록(①)을 쓴 書記者는 "瓺"을 사용한 것으로 생각된다. 즉 書記者에 따라 사용 문자가 다르다는 것이다.

V. 맺음말 –부소산성 명문토기의 성격 검토–

이상의 검토를 통해 "瓺"과 "甕"은 同訓異表記의 관계로 형태나 크기, 용도가 같다고 볼 수 있으나 사용된 지역, 또는 시기가 다르고 글을 사용하는 사람에 따라서도 다르다는 차이점을 찾을 수 있게 되었다. 글자가 다르면 용법도 다르다고 봐야 하나 시기적 차이, 또는 지역적 차이로 인해 다른 글자를 같은 뜻으로 사용하는 경우가 있는데 "瓺"과 "甕"이 바로 그 사례의 하나로 된다. 본고에서는 이 두 글자의 차이점의 검토를 통해, 그리고 무엇보다도 부소산성 명문토기의 발견을 통해 일본에 있어서의 "瓺"의 사용은 백제의 영향이라는 것을 밝힐 수 있었다. 일본에 있어서의 "甕"(瓮)의 사용은 신라의 영향으로 보았는데 신라가 백제와 같은 "瓺"이 아닌 "甕"(瓮)을 사용한 것은 중국 중원지역의 문자문화가 직접 전파되어서일 가능성이 크다. 이와 같이 "瓺"과 "甕"의 검토를 통해 문자 전파의 루트에 대해서도 편린을 엿볼 수 있었다.

부소산성 명문토기는 파편이고 기재된 글자수도 많지 않지만 중요한 정보를 제공해 주고 있다. 이 명문토기의 구성 요소에 대해 다시 한번 살펴보자면 시간+지명+인명+행위+물품명의 서식으로 되어 있다. 이

---

63) 續々修二ノ六①(2), 一四ノ四二七-四三一.

64) 정창원 홈페이지에서 제공하는 영인본 사진을 통해 글자 형태를 확인하였다(https://shosoin.kunaicho.go.jp/documents?id=0000011303&index=11). 표8의 출처도 이에 의함.

구성 요소는 위에서 소개한 牛頸窯蹟群에서 출토된 "甀"이 새겨진 須惠器 파편과 동일하다. 그 중 한 파편의 판독문을 제시하면 아래와 같다.

筑紫前國奈珂郡
手東里大神部□身
   [   ]
   [   ]
  并三人
調大甀一僕和銅六□[65]

이 須惠器 파편은 일부 판독 불가능한 글자가 있으나 나머지 판독문으로도 지명+인명+행위(奉)[66]+물품명(甀)+시간으로 구성되어 있다는 것은 알 수 있다. 이는 부소산성 출토 토기의 명문과 구성 요소는 같지만 시간을 기재한 위치가 다르다. 즉 부소산성 명문토기에는 시간이 서두에 적혀 있는데 牛頸窯蹟群의 명문토기는 시간이 말미에 쓰여 있다. 시간을 서두에, 지명 위에 적는 기재 양식에 관해서는 일본 목간의 경우, 7세기의 공납품 꼬리표 목간(하찰목간)에 확인된다. 이러한 기재 양식이 8세기에 들어서는 시간 표기가 말미로 기재되는데 이는 大寶公式令에 의해서라고 한다.[67] 그럼 부소산성 명문토기의 기재 양식은 7세기의 공납품 꼬리표 목간과 같다는 것이다. 반면 牛頸窯蹟群의 명문토기는 713년(和銅六年)의 자료인데 이 때에는 大寶令이 실시되었기에 이에 의한 표기법이라고 볼 수 있다.

이와 같이 부소산성 명문토기는 일본 7세기의 공납품 꼬리표 목간, 8세기 초의 調로서 납부된 "甀"이 새겨진 牛頸窯蹟群 명문토기와 공통점이 많다. 일본의 이러한 자료로 비추어 보았을 때 부소산성 명문토기도 유사한 성격의 자료일 가능성이 크다는 생각이 든다. 따라서 "牟尸山"은 공진물을 납부한 지명으로 볼 수 있으며 이 명문토기는 공진물로서 납부된 토기일 가능성이 크다. 다만, 일본 문자자료의 사례로 보았을 때 "甀" 또는 "甕"(瓮)은 물품을 운반하는 용기로서 내용물과 함께 납부된 경우도 있다. 부소산성 명문토기도 이러한 가능성이 없다고 단언할 수는 없지만 명문 내용으로부터 보았을 때 牛頸窯蹟群의 명문토기와 유사하다. 또한 平城宮에서 출토된 토기(표 2-③)에는 "斯野伎五十戶甀"이 새겨져 있는데 "斯野伎五十戶"를 尾張國 春部郡(현재의 春日井市, 小牧市 일대의 지역) 아래의 행정단위로 보고 이 지역에서 공납한 토기로 보는 견해가 있다.[68] 실제로 도성에 납부된 "甀"의 사례가 있다는 것이 확인되었고 부소산성 명문토기도 이러한

---

65) 大野城市教育委員會, 1989, 앞의 책. 이 보고서에서는 마지막 행의 5번째 글자가 "僕"으로 되어 있으나 응당히 단위 명사 "隻"으로 고쳐야 한다.

66) 이 파편에는 "奉"자가 보이지 않으나 다른 파편에는 "并三人奉"과 같이 "奉"자가 새겨져 있다.

67) 岸俊男, 1988,「木簡と大宝令」,『日本古代文物の研究』, 塙書房.

68) 앞서 서술한 바와 같이 藤原宮에 납부된 것을 遷都에 의해 平城宮으로 운반된 것이다(巽淳一郞, 1999, 앞의 논문). 한편 "斯野伎五十戶"를 遠江國 山名郡 信藝鄉(지금의 靜岡縣 袋井市 근처)로 보는 의견도 있다(奈良国立文化財研究所, 1994, 앞의 책).

가능성이 있을 것이다. 부소산성에 운반된 항아리(瓺)의 용도에 관해서는 앞서 서술한 일본, 또는 신라의 사례와 같이 저장용, 또는 양조용으로 사용되었을 가능성이 있거니와 제사 의례에 사용되었을 가능성도 있다.[69]

공납품에 대해 공진 내용을 적은 것은 목간이 많지만 정창원에는 천에 적은 것도 많이 남아 있고 기와, 또는 塼에 대칼로 기입한 사례도 소개되어 있다.[70] 이러한 사례를 참고로 향후에는 물품에 보이는 명문토기 전체에 대해 재검토를 하고 글자가 새겨진 의도에 대해 다시 한번 살펴볼 필요가 있다고 생각된다.

투고일: 2021.04.15   심사개시일: 2021.05.20   심사완료일: 2021.06.04

---

69) "瓺"은 『延喜式』 卷8 神祇 祝詞 祈年祭에 등장하고(虎尾俊哉, 2000, 『延喜式』 上, 集英社) 또한 牛頸窯蹟群의 대형 항아리도 제사 의례에 사용하기 위해 제작된 것이라 한다(大野城市敎育委員會, 2008, 『大野城市文化財調査報告書 第77集 牛頸窯跡群 - 総括報告書Ⅰ-』).

70) 佐藤信, 2002, 『出土資料の古代史』, 東京大学出版会, pp.28-32.

국립가야문화재연구소, 2011, 『한국 목간자전』.

국립가야문화재연구소, 2017, 『韓國의 古代木簡Ⅱ』.

국립경주박물관, 2002, 『문자로 본 신라』.

국립부여박물관, 2003, 『백제의 문자』.

국립해양문화재연구소, 2019, 『영광 낙월도 해역 수중발굴조사 보고서』.

영광군지편찬위원회, 2002, 『靈光郡誌』.

익산문화원, 2000, 『익산의 전래지명고』(익산문화총서 14)

김재홍, 2014, 「신라 왕경 출토 명문토기의 생산과 유통」, 『한국고대사연구』 73, 한국고대사학회.

이병호, 2021, 「부소산성 출토 명문토기에 대한 검토」, 국립부여문화재연구소·한국목간학회, 『2020 신출토 문자자료와 목간』.

전경효, 2018, 「신출토 경주 월성 해자 묵서 목간 소개」, 『목간과 문자』 20, 한국목간학회.

하시모토 시게루, 2020, 「월지(안압지) 출토 목간의 연구동향 및 내용 검토」, 『한국고대사연구』 100, 한국고대사학회.

中國簡牘集成編輯委員會編, 2001, 『中國簡牘集成 9』, 敦煌文藝出版社.

新疆維吾爾自治區博物館, 1973, 「吐魯番縣阿斯塔那―哈拉和卓墓群發掘簡報」, 『文物』 1973-10.

楊春宇·王媛, 2015, 「揚雄《方言》所見的幽燕方言」, 『遼寧師範大學學報』 38-6, 遼寧師範大學.

毛遠明, 2014, 『漢魏六朝碑刻異體字典』, 中華書局.

釋道世, 2003, 『法苑珠林校注』, 中華書局.

釋慧琳, 2008, 『一切經音義三種校本合刊』, 上海古籍出版社.

揚雄, 2016, 『方言』, 中華書局.

李珍華·周長楫, 1993, 『漢字古今音表』, 中華書局.

京都大学文学部国語学国文学研究室編, 1967, 『天治本新撰字鏡(增訂版)』, 臨川書店.

奈良文化財研究所, 1994, 「平城宮·京出土文字刻書土器資料」, 『奈良国立文化財研究所年報』.

奈良文化財研究所, 2015, 『平城宮跡資料館 平成27年度 秋期特別展 地下の正倉院展―造酒司木簡の世界』リーフレット.

大野城市教育委員會, 1989, 『牛頸ハセムシ窯蹟群 Ⅱ』.

大野城市教育委員會, 2008, 『大野城市文化財調査報告書 第77集 牛頸窯跡群 - 総括報告書Ⅰ -』.

日本大辞典刊行会, 1981, 『日本国語大辞典 9』[縮刷版], 小学館佐藤信, 2002, 『出土資料の古代史』, 東京大学出版会.

関根真隆, 1969, 『奈良朝食生活の研究』, 吉川弘文館.

虎尾俊哉, 2000, 『延喜式 上』, 集英社.

馬渕和夫, 1973, 『和名類聚抄 古写本声点本 本文および索引』, 風間書房.

正宗敦夫, 1955, 『類聚名義抄』, 風間書房.

藏中進, 1997, 「『和名類聚抄』所引『楊氏漢語抄』『弁色立成』『漢語抄』語彙集覧」, 『武庫川国文』50, 武庫川女子大学国文学会.

岸俊男, 1988, 「木簡と大宝令」, 『日本古代文物の研究』, 塙書房.

巽淳一郎, 1995, 「奈良時代の瓺·瓼·缶·由加-大型貯蔵用須恵器の器名考証-」, 『文化財論叢Ⅱ 奈良国立文化財研究所創立40周年記念論文集』, 同朋舎出版.

巽淳一郎, 1999, 「古代の燒物調納制に關する研究」, 『瓦衣千年-森郁夫先生還暦記念論文集-』, 森郁夫先生還暦記念論文集刊行會.

宮城栄昌, 1962, 「倭名類聚抄引用の本朝式について」, 『日本歴史』174, 日本歴史學會.

市大樹, 2010, 「飛鳥藤原出土の評制下荷札木簡」, 『飛鳥藤原木簡の研究』, 塙書房.

清水みき, 1993, 「京都·長岡宮跡(北辺官衙)」, 『木簡研究』15, 木簡学会.

國立國會圖書館デジタルコレクション, 『干祿字書1卷』文化14刊 (https://dl.ndl.go.jp/info:ndljp/pid/2539641/9)

新井白石, 1903, 大槻如電 校, 『東雅』, 吉川半七(國立國會圖書館デジタルコレクション (https://dl.ndl.go.jp/info:ndljp/pid/993109)

京都大學人文科學研究所「漢字字体變遷研究のための拓本データベース」(대표 : 安岡孝一, http://coe21.zinbun.kyoto-u.ac.jp/djvuchar)

木簡庫(https://mokkanko.nabunken.go.jp/ja/)

〈Abstract〉

Review of memorandum on earthenware excavated from Buyeo Busosanseong Fortress
－ Comparison with East Asian text data －

FANG Guohua

This paper is a review of Busosanseong Fortress memorandum earthhenware. The components of the inscriptions on the earthenware were analyzed one by one. The name "牟尸山" was regarded as a sign of "武尸伊郡" and criticized as "靈光郡". The form and purpose of the last letter "䍃" were discussed and compared with "甕". The results "䍃" and "甕" have the same form, size, and use, but differ in the area used and depending on the person who uses the text. So the use of "䍃" in Japan revealed the influence of Baekje. And, by comparing Japanese earthenware with Wooden Documents, Busosanseong Fortress memorandum earthenware was assumed to be the earthenware paid to the central government.

▶ Key words: Busosanseong Fortres, engraved earthenware, 䍃, 甕, comparison

논문

함안 성산산성 출토 목간의 제작 유형과 제작 단위

〈봉림사진경대사비〉의 임나(任那) 관련 기록에 대한 재검토

함안 성산산성 출토 목간의 제작 유형과 제작 단위[*]

김도영[**]

〈국문초록〉

함안 성산산성에서 출토된 목간에 복수의 지명이 기재되었을 때 각 지명이 어느 단위에 해당하는지, 또 기재된 지명 가운데 어느 단위에서 목간이 제작되었는지에 관해 연구자 간의 견해가 엇갈린다. 이를 해결하고자 이 글에서는 성산산성에서 출토된 목간 가운데 지명이 쓰인 목간을 집성하고 제작기법(연륜 배열, 형식, 크기, 홈 가공 방법, 수종) 및 서사와 관련된 속성(기재 내용, 할서, 서사 위치, 서사면, 기재 방향, 목간 방향, 서체)을 종합적으로 분석하였다.

그 결과 성산산성에서 출토된 목간의 제작 유형은 크게 지명과 촌이 함께 기재된 유형(①), 하나의 지명만 기재된 유형(②), 하나의 촌명만 기재된 유형(③)으로 나눌 수 있었다. 한편 성산산성 목간이 '郡' 단위에서 제작되었다고 볼 수 있는 결정적인 근거는 현재로서 찾기 어렵다. 아마도 성산산성 출토 목간은 성 또는 촌에서 제작되어 상위 지역으로 모인 후 여기서 검수 과정을 거치고 다시 성산산성으로 운반되거나(유형 ①), 성 또는 촌에서 제작되어 해당 지역에서 검수를 마친 후 바로 성산산성으로 운반(유형②·유형③)되었을 것이다. 이후 함안까지 낙동강 수계를 따라 물품과 함께 이동한 목간은 성산산성에서 다시 한번 검수 과정을 거쳤고 이후 성벽을 쌓는 데 필요한 부엽층에 폐기되면서 '一生'을 마감한 것으로 생각된다.

---

* 이 논문은 2019년 대한민국 교육부와 한국연구재단의 지원을 받아 수행된 연구이다(NRF-2019S1A6A3A01055801).

** 경북대학교 인문학술원 HK연구교수

문자가 기재된 목간은 좋은 문헌 자료이자 동시에 훌륭한 고고 자료이다. 유물의 다양한 속성을 관찰하는 고고학자의 시선으로 삼국시대 발견된 목간을 관찰, 분석한다면 앞으로 문헌사에서 밝히지 못한 새로운 연구 결과도 기대할 수 있다.

▶ 핵심어: 성산산성, 목간, 제작 유형, 제작 단위, 서사

I. 머리말

역사시대를 복원하기 위해 고고학자들이 분석 대상으로 삼는 유물은 工人이 그것을 생산하는 단계를 시작으로 사용자가 직접 물건을 사용하는 단계, 그리고 역할을 마친 후 무덤이나 주거지에 폐기되는 단계를 거쳐 현재의 우리와 마주한다. 나무를 가공하여 만든 얇은 판에 묵으로 글씨를 쓴 木簡도 예외는 아니다. 문자가 쓰여 있다는 이유로 주로 역사학자의 관심을 받아 온 목간 역시 고고자료라는 점을 고려하면 나무를 가공하고 문자를 기입하여 사용한 후, 폐기되는 과정을 거친 것은 분명하다.

이처럼 탄생부터 죽음까지 '木簡의 一生'을 복원하는 데 지금까지 가장 많은 주목을 받은 것은 단연 함안 성산산성에서 출토된 목간이라 하겠다. 한반도에서 발견된 목간 가운데 절반가량에 달하는 대량의 목간이 대부분 上州에서 제작하여 성산산성으로 보낸 짐에 매달았던 하찰이라는 것이 밝혀지면서 목간의 생산-사용(운반)-폐기 과정을 어느 정도 유추할 수 있게 되었기 때문이다.

다만 후술하듯이 모든 연구자가 성산산성에서 출토된 목간의 일생을 동일하게 그리고 있는 것은 아니다. 특히 목간의 제작과 관련하여 하나의 목간에 복수의 지명이 쓰여 있는 경우 郡과 城·村 가운데 어느 단위에서 목간을 생산하였는지에 관해서는 크게 견해가 갈리고 있다. '木簡의 一生'을 복원하기 위한 첫걸음이라는 점에서 결코 소홀히 할 수 없는 목간의 제작 단위 분석은 이후 사용(운반)과 폐기 과정과도 밀접히 연관되어 있다. 목간의 제작 유형과 제작 단위를 명확히 제시할 수 있다면 신라 중고기 지방 수취제도만이 아니라 6세기 신라 사회상의 일단면도 엿볼 수 있으리라 기대된다.

이 글에서는 이와 같은 문제의식을 바탕으로 함안 선상산성에서 출토된 목간을 종합적으로 분석하여 그 제작 유형과 제작 단위를 밝혀보고자 한다. 논지의 전개 순서는 다음과 같다. 우선 II장에서는 연구사를 검토하고 문제를 제기한다. III장에서는 목간의 분석 시점을 제시한 후 IV장에서는 성산산성에서 출토된 목간 가운데 지명이 쓰인 목간을 분석한다. 마지막으로 V장에서는 前章의 분석 결과를 토대로 목간의 제작 유형을 나누고 제작 단위를 파악함으로써 함안 성산산성에서 출토된 목간의 일생을 시론적으로 복원해본다.

본론에 들어가기에 앞서 한 가지 사항을 언급해둔다. 바로 목간의 번호와 석문이다. 성산산성에서 출토된 목간은 지금까지 여러 차례 보고되면서 하나의 목간에 다양한 번호가 부여되었다. 또 연구자마다 다른 석문을 내놓기도 한다. 독자의 편의를 위해 이 글에서는 2017년 국립가야문화재연구소에서 발간한 『韓國의 古代木簡II』에 수록된 목간의 연번(국가 귀속번호)과 석문을 따르되 일부 석문에 관해서는 종래의 연구

성과를 참고로 하면서 논지를 전개한다. 또 본문에서 다른 연구자가 언급한 목간 번호를 필자가 임의로 추가한 경우에는 【○○, 가야○○】와 같은 방식으로 追記한다.

II. 연구사 검토 및 문제 제기

1. 연구사 검토

함안 성산산성에서 출토된 목간의 방대한 연구사는 이미 여러 선학이 정리한 바 있다. 여기서는 목간의 제작 단위와 관련하여 논의된 내용을 연구자별로 검토한다.

과문한 탓인지 모르겠지만 목간의 제작 단위가 본격적으로 논의되기 시작한 것은 윤선태에 의해서인 것 같다. 씨는 함안 성산산성에서 출토된 목간을 A~C로 분류하고 그 가운데 C형 목간에 甘文城, 甘文本波가 병칭된 것을 근거로 甘文이 本波를 행정적으로 관할한 것으로 보았다. 仇利伐과 上彡者村, 仇伐과 干好津村의 관계도 기본적으로 이와 유사한데 이처럼 목간에 '村'의 상위 행정단위로 '郡'이 등장한 것은 각 촌 사이의 차등적인 지배를 전제로 한 것으로 이해하였다(尹善泰, 1999).

목간에 기록된 지명의 형식을 이처럼 州-郡-縣이라는 지방 체제로 이해한 위 견해는 이내 변경된다. 당시까지 보고된 부찰목간 가운데 지명이 적힌 목간이 대부분 '촌명+인명'으로 구성되어 있으므로 '촌명+촌명+인명'으로 구성된 10번 목간【229, 김해1272】역시 仇伐이라는 행정촌과 그 예하의 자연촌, 즉 '촌명(+취락명)+인명'으로 보는 것이 타당하다며 종래의 견해를 수정한 것이다. 또 仇利伐과 上彡者村이 함께 쓰여 '촌명+촌명+인명'의 구조로 보이는 명적목간[1] 역시 작성 주체가 행정촌임은 분명하므로 앞의 촌명을 행정촌 , 뒤의 촌명을 그 예하의 취락으로 이해하였다(尹善泰, 2002).

이후 '城下'가 표기되어 복수의 지명이 나열된 하찰에 주목한다. 앞서 언급한 것처럼 구리벌, 고타 등 서식이나 형태로 보아 '지역색'이 완연한 하찰이 행정촌 단위에서 제작된 것은 명백하므로 '城下'목간에 기록된 복수의 지명에 관해 '감문성'이 감문, 본파 등 몇 개의 행정촌을 아울러 통합하는 광역의 행정 기능을 수행하는 가운데 麥을 부담시킨 지역으로 이해하였다. 즉 '城下'목간을 어느 성 예하의 소지역 거주민이 납부한 개인 하찰로 본 것이다(윤선태, 2012).

유사한 인식은 이경섭의 연구에서도 확인된다. 이경섭은 당시까지 보고된 성산산성 출토 목간이 上州의 州治인 甘文과 마산·창원 부근인 仇利伐에서 제작된 것으로 보았다(李京燮, 2005). 이후 구리벌을 안동시 임하면으로 새로 비정함과 동시에 후술할 목간의 '郡' 제작설에 대하여 행정촌마다 목간의 형태나 목간의 서체가 다른 점, '郡'이 쓰인 목간이 발견되지 않은 점, '추문+○○촌'이라고 기재된 목간【12, 가야38】이 확인된 점을 고려하여 두 개의 지명이 기재된 목간의 경우, 앞의 지명을 행정촌으로, 뒤의 지명을 자연촌으로 이해하였다. 또 수취 행정의 핵심 단위인 행정촌에서 목간을 제작하였으며 목간에 村名만 기재된 村의 경

---

1) 이후 목간의 용도를 수정하였다.

우 행정(성)촌과 자연촌 두 가지 가능성이 모두 존재하는 것으로 보았다(李京燮, 2011). 제작 단위에 대한 이같은 견해는 최근까지도 이어진다(이경섭, 2020).

한편 전덕재는 목간에 서사된 글자 가운데 가장 많이 등장하는 '稗'의 서체를 비교함으로써 부세 수취의 기본 단위가 군인지 아니면 행정촌 또는 자연촌인지를 분석하였다. 그 결과 지명과 필체가 연동된다는 사실을 밝히고 동일한 지명이 기재된 목간들은 한 사람이 묵서한 것으로 추론하였다. 또 중고기 행정촌을 세 가지로 정의하고 여기에 해당하는 구리벌이나 고타, 구벌, 감문, 추문, 구벌, 급벌성, 이벌지, 매곡촌을 행정촌으로, 행정촌에 속하지 않은 여러 촌을 자연촌으로 분류하였다. 더욱이 목간의 제작 단위에 대해서 자연촌에서 목간이 제작되었다면 촌별로 서체가 달라져야 하나 실제로는 그렇지 않고 고타, 구리벌 등 행정촌 단위로 서체가 동일하므로 이를 곧 목간의 제작 단위가 행정촌임을 알 수 있는 강력한 증거로 이해하였다. 나아가 자연촌만 적힌 11번 목간【227, 김해1270】과 12번 목간【228, 김해1271】도 실은 급벌성(행정촌)에서 제작된 것이므로 자연촌에서 하찰을 제작하기는 어려웠을 것으로 보았다(전덕재, 2007).

후속 논고에서는 목간을 더욱 체계적으로 분석한다. 그 결과, 지명이 같은 목간은 형태적으로 닮았으며 서체가 동일할 뿐만 아니라 자연촌명이 묵서된 목간의 서체가 행정촌명이 쓰인 목간의 서체와 일치하므로 중고기에는 행정촌 단위로 목간을 제작하고 서사한 것으로 이해하였다. 즉 자연촌 주민들이 직접 자기가 납부할 곡물을 상자에 넣어 행정촌에 가지고 갔고 文尺과 같은 행정촌 관리가 곡물의 종류와 수량, 납부한 사람의 거주지를 파악한 후 미리 제작해 둔 목간에 그 내용을 묵서한 것으로 상정함으로써 전고의 논지를 보강하였다(전덕재, 2009).

홍기승 역시 성산산성 목간에서 '郡'이라는 명칭을 찾아볼 수 없으므로 '지명+촌명' 목간을 '郡+행정촌'으로 볼 수 없으며 '행정촌+자연촌'으로 이해하는 편이 타당하다고 보았다. 나아가 자연촌을 지방지배의 기층 단위로서 일정 역할을 수행한 독자적 단위로 파악하였다(홍기승, 2019).

이상에서 언급한 연구는 세부적인 차이는 있지만 하나의 목간에 복수의 지명이 기재된 경우 이 가운데 앞선 지명에서 목간이 제작된 것으로 이해하는 점, 또 그 단위를 행정촌으로 비정하는 점에서는 공통된다.

한편 이상에서 언급한 견해와 달리 목간에 기재된 지명 가운데 일부를 '郡'으로 보는 견해도 엄존한다.

김재홍은 일본의 목간 분류안을 참고하여 당시까지 보고된 성산산성 목간을 문서목간과 물품목간으로 대별하고 이 가운데 문서목간을 ⅠA(州+郡+村+人名), ⅠB(郡+村+人名), ⅠC(村+人名), ⅠD(人名) 형식으로 세분하였다. 또 형식마다 최종적으로 작성한 단위 지역이 달라 州, 郡, 村 단위에서 각각 목간을 제작한 것으로 보았다(金在弘, 2001). 村만이 아니라 州, 郡 등 상위 단위에서도 목간을 제작한 것으로 이해한 점에 그 의의가 있다.

목간 제작 단위에 대한 유사한 인식은 다른 연구에서도 확인된다. 김창석은 6세기 중엽 신라의 지방통치 체제를 목간의 분석을 통해 밝히고자 하였다. 그 결과 목간의 자연촌 앞에 쓰인 지명을 郡 또는 행정촌 중 어느 하나로 일괄할 수 없으며 郡(고타, 급벌성, 물사벌), 행정촌(구리벌, 구벌, 일고리촌, 수벌, 추문), 자연촌, 자연촌락 등 다양한 단위에서 목간을 제작한 것으로 보았다. 당시는 州-郡-城·村으로 이루어진 지방통치체제가 정립되어 가던 시기였으므로 郡 또는 행정촌 단위의 정형화된 문서 행정 시스템을 상정하기 어려우며 오히려 이처럼 미숙한 통치체제야말로 6세기 중엽 신라 사회의 실상을 나타내는 것으로 파악하였다(김창석, 2016).

한편 '仇利伐 上彡者村' 목간에 주목한 이수훈은 仇利伐을 행정촌으로, 上彡者村을 자연촌으로 볼 근거는 어디에서도 없다면서 종래의 견해를 비판하였다. '○○村'을 자연촌으로 보면 인명 표기 방식에 일관성이 없으므로 仇利伐을 郡으로, 上彡者村을 행정촌으로 파악하는 것이 순리라고 보았다. 그리고 목간의 인명과 함께 표기된 '○○村'은 행정촌이었으며 郡名은 생략할 수 있으나 행정촌은 반드시 기재한 것으로 이해하였다(이수훈, 2007).

橋本繁는 성산산성 목간 가운데 '村' 앞에 쓰인 구리벌, 고타, 구벌 등을 '郡'으로 상정하였다.[2] 그리고 기재양식을 분석하여 군 단위에서 제작된 목간에서 표리의 기재, 물품명의 표기법, 형상 등이 공통된다고 지적한다. 그 후 구리벌 목간의 필적을 분석하여 촌마다 서자가 달랐을 가능성, 고타 목간의 필적을 분석하여 군 내부에 복수의 서자가 존재하였을 가능성, 구벌 목간을 분석하여 구벌 목간이 촌에 구애되지 않고 같은 서자(同筆)에 의해 제작되었을 가능성을 제기하였다.

이같은 결과를 바탕으로 성산산성 목간은 ①村에서 제작되었거나 ②郡에서 목간이 제작되었으되 村마다 다른 서자가 담당한 것으로 상정하는데 앞서 언급한 것처럼 구벌 목간을 검토한 결과, 村이 달라도 同筆 관계가 인정되므로 村 단위가 아니라 郡 단위에서 목간을 제작하였을 가능성이 큰 것(②)으로 결론짓는다(橋本繁, 2014).

이상으로 언급한 연구는 목간에 복수의 지명이 병기된 경우 그 일부가 郡에 해당하며 郡 단위에서도 목간을 제작하였을 것으로 본다는 점에서 공통된다.

이처럼 성산산성에서 출토된 목간에 복수의 지명이 기재되었을 때 각 지명이 어느 단위에 해당하는지, 또 기재된 지명 가운데 어느 단위에서 목간이 제작되었는지에 관해서는 크게 두 견해로 나누어지고 각 견해는 다시 세분된다.

2. 문제 제기

연구사 검토를 통해 아래와 같은 문제를 제기할 수 있다.

첫째, 우선 지명이 기재된 모든 목간을 집성하여 분석할 필요가 있다. 『韓國의 古代木簡 II』가 출간되어 지명이 적힌 목간은 쉽게 정리할 수 있음에도 의외로 목간을 지명별로 집성한 후 분석한 연구는 드물다. 구리벌, 고타, 구벌이 기재된 목간은 크기, 서체 등 공통된 특징을 지닌 것으로 이해되고 있는데(李京燮, 2005; 橋本繁, 2014; 전덕재, 2007) 실제로 그러한지, 또 이외에 지명이 적힌 목간들도 유사한 특징을 띠고 있는지 검토할 필요가 있다.

둘째, 지명별로 집성된 목간을 종합적이고 체계적으로 분석할 필요가 있다. 주지하듯이 모든 목간은 나

---

2) 전덕재가 정의한 중고기 신라의 행정촌을 간략히 비판한 후 상위 행정단위를 행정촌으로 볼지 군으로 볼지에 따라 지방제도의 평가가 크게 좌우된다며 신중한 태도를 취한다.

무를 깎고 다듬는 제작 과정과 먹을 묻힌 붓으로 문자를 쓰는 서사 과정을 거쳐 완성된다. 지금까지는 연구자마다 주목하는 시점이 달라 여러 과정 가운데 일부만 분석하는 사례가 많았다. 다만 목간 역시 하나의 유물이기 때문에 목간에서 확인되는 '속성'에 주목하고 다양한 분석 시점을 제시한다면 지명이 기재된 수많은 목간을 일관된 기준으로 분석할 수 있을 것이다. 앞으로 발굴할 계획이 없어 더는 자료가 증가하리라 기대하기 어려운 성산산성 목간을 최대 수로 확보한 이 시점에 지명이 적힌 목간을 체계적으로 분석하는 작업은 제작 단위를 판단하는 가장 큰 근거가 될 것이다.

III. 목간의 분석 시점

목간을 분석하는 시점을 제시하기 위해 그 제작 과정에 주목한다. 목간은 적당한 크기의 나뭇가지를 잘라 원하는 크기로 재단하고 표면을 다듬는 ①제작단계와 다듬은 목재 면에 붓으로 문자를 쓰는 ②서사 단계를 거쳐 완성된다. ①제작단계에서는 연륜 배열, 형식, 크기, 홈 가공 방법, 수종 등 제작기법과 관련된 내용을, ②서사 단계에서는 기재 내용, 할서, 서사 위치, 서사면, 기재 방향, 목간 방향, 서체 등 서사와 관련된 내용을 분석할 수 있다. 아래에서는 지명이 적힌 목간을 중심으로 각 단계를 나누어 분석을 시도한다(그림 1).

1. 제작
제작기법의 속성은 아래와 같이 분류한다.

1) 연륜 배열
목간의 단면에 남은 연륜의 배열을 기준으로 아래와 같이 분류한다.

> 판목 : 재면에 대한 연륜의 각도가 45° 이하일 때 얻을 수 있는 목재. 건조 시 수축되면서 변형이 크며 무늬가 화려하여 '무늬결'이라고도 한다.
> 정목 : 재면에 대한 연륜의 각도가 45° 이상일 때 얻을 수 있는 목재. 결의 변화가 없어 단조로우나 건조가 잘되면 휘어지거나 틀어지지 않는다. 결의 변화가 없어 '곧은결'이라고도 한다.
> 추정목 : 정목과 판목의 중간적인 형태. 재면에 대한 연륜의 각도가 30°~60° 사이의 목재를 말한다.
> 심지재 : 수(髓)가 남아 있는 목재를 말한다.

2) 형식
성산산성에서 출토된 목간은 양면묵서사면목간 2점【75, 가야1602】, 【188, 가야2956】과 사면묵서사면

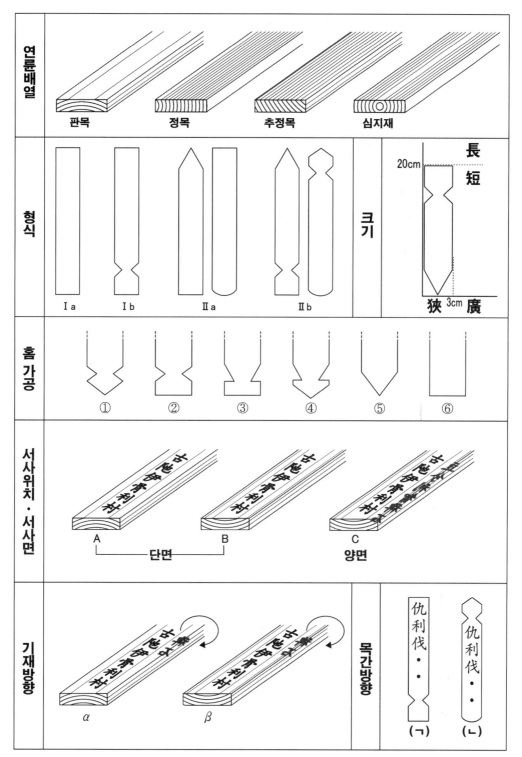

그림 1. 목간의 분석 시점

목간 2점【186, 가야2645】,【218, 가야5598】을 제외하면 모두 얇은 판상의 목간이다. 사면목간을 제외한 나머지 판상목간을 분류한다.[3)]

고고학에서 자주 시도되는 유물의 분류는 사실 그 자체가 목적이 아니라 유물 사이에서 확인되는 상관관계나 정형성을 파악하기 위해서이다. 너무 세분한 분류는 정형성을 파악하는 데 오히려 방해가 될 수도 있다. 따라서 목간의 평면 형태와 홈의 유무에 주목하여 목간의 양단부가 '一'자형인 장방판형목간(Ⅰ)과 (양)단부를 아치형이나 규두형으로 다듬은 목간(Ⅱ), 그리고 홈이 없는 것(a)과 있는 것(b)으로 분류한다. 각 속성을 조합하면 아래와 같이 4개의 형식으로 분류할 수 있다.[4)]

Ⅰa : 장방판형목간, 홈 ×

Ⅰb : 장방판형목간, 홈 ○

Ⅱa : (양)단부 아치형 또는 규두형, 홈 ×

Ⅱb : (양)단부 아치형 또는 규두형, 홈 ○

3) 홈 가공

하찰목간은 짐에 매달기 위해 하단부에 홈을 가공하거나 구멍을 뚫는 것이 일반적이다. 홈의 형태는 대부분 삼각형인데 양쪽에서 가공하여 삼각형의 양변 길이가 동일한 사례와 한쪽에서 날을 길게 넣어 양변 길이가 다른 사례로 나눌 수 있다. 한편 홈을 가공하고 나서 선단을 다듬은 사례와 그렇지 않은 사례가 존재한다. 끈을 묶는 것이 최종 목적이었다면 홈만 가공하면 되었을 것이므로 선단을 가공하였다는 것은 그 외의 다른 의미가 있었을 것으로 예상된다. 따라서 유효한 속성을 간주할 수 있을 것이다. 이상을 고려하여 목간의 하단부에 있는 홈의 가공 방법을 기준으로 아래와 같이 분류한다.

① : 홈을 양쪽에서 가공하고 선단을 다듬은 목간

② : 홈을 양쪽에서 가공하고 선단을 다듬지 않은 목간

③ : 홈을 한쪽에서 길게 가공하고 선단을 다듬지 않은 목간

④ : 홈을 한쪽에서 길게 가공하고 선단을 다듬은 목간

⑤ : 홈을 가공하지 않고 선단만 다듬은 목간

⑥ : 홈을 가공하지 않고 선단도 다듬지 않은 목간

---

3) 성산산성에서 출토된 목간은 이경섭의 기준에 따르면 장방판형목간, 다면형목간, 홈형목간으로 나누어지고(이경섭, 2013, 「新羅木簡의 출토현황과 분류체계 확립을 위한 試論」, 『신라문화』 42, 동국대 신라문화연구소) 이재환의 기준에 따르면 외형(11), 서사면수(Ⅱ)는 대부분 비슷하나 단부에 따라 세분되며(이재환, 2019, 「한국 출토 목간의 분류와 정리 및 표준화 방안」, 『목간과 문자』 23호, 한국목간학회) 전덕재에 따르면 형식을 알 수 없는 것을 포함하여 ⅠMA부터 Ⅱ③D까지 총 21가지로 세분된다(전덕재, 2009, 「함안 성산산성 출토 신라 하찰목간의 형태와 제작지의 검토」, 『목간과 문자』 3, 한국목간학회).

4) 목간의 일부가 결실되어 속성을 알 수 없는 경우는 '?'로 표시한다.

4) 크기

길이 – 長(20㎝ 이상)과 短(20㎝ 미만)로 분류한다.

너비 – 廣(3㎝ 이상)과 狹(3㎝ 미만)으로 분류한다.

5) 수종

목간을 만드는 데 사용된 나무는 굴피나무류, 밤나무류, 버드나무류, 산벚나무류, 산뽕나무류, 소나무류, 전나무류, 팽나무류로 분류할 수 있다.

2. 서사

서서와 관련된 속성은 아래와 같이 분류한다.

1) 기재 내용

목간에 기재된 내용은 지명(城, 村), 인명, 물품(수량), 외위(관등) 등으로 분류할 수 있다.[5]

2) 할서

二行이나 오른쪽으로 치우쳐 문자를 기입(右寄)한 것을 할서로 분류한다.

3) 서사 위치

연륜 배열이 판목일 때

A : 수피 쪽 면에만 서사한 목간.

B : 수(髓) 쪽 면에만 서사한 목간.

C : 나무판의 양면에 묵서한 것.

4) 서사면

단면 : 나무판의 한쪽 면에만 묵서한 것. (서사 위치 A·B)

양면 : 나무판의 양면에 묵서한 것. (서사 위치 C)

5) 기재 방향

서사 위치가 C일 때 (즉, 서사면이 양면일 때)

α : 수피 쪽 면에 먼저 서사 후 나머지 내용을 수(髓) 쪽 면에 서사한 목간

β : 수(髓) 쪽 면에 먼 저 서사 후 나머지 내용을 수피 쪽 면에 서사한 목간

---

5) 기재 내용은 橋本繁, 2014, 『韓国古代木簡の研究』, 吉川弘文館의 분류안을 따라 정리하였다.

6) 목간 방향

(ㄱ) : 목간의 하단에 홈이 있는 것

(ㄴ) : 목간의 상단에 홈이 있는 것

7) 서체

지명별로 목간의 서체 특징을 비교한다.

IV. 지명별 목간의 분석

앞서 제시한 속성을 기준으로 IV장에서는 지명이 기재된 목간을 분석한다. 지명이 쓰인 목간이 복수로 확인되는 사례로 구리벌, 감문성, 고타, 구벌, 급벌성, 아개, 이진지, 추문, 이벌지, 매곡촌, 상모촌, 진성, 상불도리촌, 양촌, 건부지성, 이실혜촌 목간을 들 수 있다.

1. 구리벌 (표 1, 그림 3)

1) 제작기법

(1) 연륜 배열 : 33점 가운데 26점이 판목이다.

(2) 형식 : 확인할 수 있는 25점 가운데 Ⅰa가 4점, Ⅰb가 6점, Ⅱa가 2점, Ⅱb가 13점이다.

(3) 홈 가공 : 33점 가운데 ④가 13점, ⑥이 6점으로 다수이다.

(4) 크기 : 33점 가운데 길이 長이 28점, 너비 廣이 28점 확인된다.

(5) 수종 : 33점 가운데 31점이 소나무류이다.

2) 서사

(1) 기재 내용 : 아래와 같이 Ⅰ~Ⅲ그룹으로 나눌 수 있다.

　　· Ⅰ그룹 : 仇利伐+○○村+인명+負

　　· Ⅱ그룹 : 仇利伐+인명+(외위)+奴人+인명+負

　　· Ⅲ그룹 : 인명+負

(2) 할서 : 33점 가운데 20점에서 할서가 확인된다.

(3) 서사 위치 : 확인할 수 있는 26점 가운데 A가 17점으로 다수이다.

(4) 서사면 : 33점 가운데 30점이 단면, 3점이 양면이다.

(5) 기재 방향 : 확인할 수 있는 3점 가운데 α가 2점, β가 1점이다.

(6) 목간 방향 : 확인할 수 있는 22점 모두 (ㄱ)이다.

표 1.구리별 목간의 속성

그룹	군	연번	국가귀속번호	연륜배열	형식	홈가공	길이	너비	(색)	두께	수종	지명1	지명2	인명	외위	노인	인명	부	합서	서사위치	서사면	기재방향	목간방향
I	1군	6	가야32	판목	IIb	①	29.6	3.5	黃	0.7	소나무류	仇利伐	?谷村				仇?支	負	○	A	단면	-	ㄱ
		83	가야1616	판목	-	⑥	18	3.6	黃	0.7	소나무류	仇利伐	末甘村				借刀利支	負	○	A	단면	-	-
		107	가야1999	정목	IIb	-	24.9	2.8	犾	0.6	소나무류	仇利伐	□□只村				□伐利之	負	○	-	단면	-	ㄱ
		142	가야2034	정목	IIb	③	28.6	3.2	黃	0.7	소나무류	仇利伐	習村				牟利之	負	○	-	단면	-	ㄱ
	2군	7	가야33	판목	IIb	②	29	3.1	黃	1	소나무류	仇利伐	上?者村				波蔓		○	A	단면	-	ㄱ
		209	가야5589	정목	Ib	④	28.8	3.7	黃	0.9	소나무류	仇利伐	上?者村				波蔓		○	-	단면	-	ㄱ
		222	진주1263	추정목	Ia	⑥	23.6	4.4	黃	0.7	소나무류	仇利伐	上?者村						○	-	단면	-	-
		232	김해1275	판목	Ia	⑥	23.5	3	黃	0.9	소나무류	仇利伐	上?者村				乞利	負	○	C	양면	β	-
	3군	173	가야2627	판목	IIb	①	28.5	4.6	黃	0.7	소나무류	仇利伐	□伐?□村				伊面於支	負		C	양면	α	ㄱ
	4군	234	김해1277	판목	-	-	16.7	3.4	黃	0.5	소나무류	前谷村					阿足只	負	○	A	단면	-	ㄱ
II		9	가야35	판목	IIb	①	29.6	3.8	黃	0.7	소나무류	仇利伐		只卽智		奴	於□支		○	B	단면	-	ㄱ
		67	가야1594	판목	Ib	④	22.1	2.7	犾	0.5	버드나무류	仇利伐		□智		奴	□□□支	負	○	B	단면	-	ㄱ
		69	가야1596	판목	IIb	④	29.7	4.5	黃	0.9	소나무류	仇利伐					□□□□支	負	○	A	단면	-	ㄱ
		80	가야1613	판목	IIa	⑤	32.2	3.2	黃	0.6	소나무류	□□□		比夕智		奴人	先能支	負	○	A	단면	-	-
		97	가야1989	추정목	?b	④	26.1	3.2	黃	0.5	소나무류	仇利伐		仇?知	一伐	奴人	毛利支	負		-	단면	-	ㄱ
		120	가야2012	판목	IIb	④	24.3	3	黃	0.6	소나무류	仇利伐		仇?知	一伐	奴人	毛利支	負		A	단면	-	ㄱ
		243	김해1287	판목	IIb	④	22.8	3.8	黃	0.6~0.9	소나무류	仇利伐		仇??	一伐		?利□支		○	A	단면	-	-
		244	진주1288	판목	II?	-	20.3	3.1	黃	0.6	소나무류	仇利伐		□德知	一伐	奴人	□…×			B	단면	-	ㄱ
		109	가야2001	정목	Ia	⑥	32	4.1	黃	0.7	소나무류	仇利伐		□智		奴人	□支	負		-	단면	-	ㄱ
		116	가야2008	판목	Ib	④	21.8	3.9	黃	0.8	소나무류	仇利伐		?豆智		奴人	今?次	負	○	B	단면	-	ㄱ
		144	가야2036	판목	IIb	④	25.2	3.7	黃	1	소나무류	仇利伐					記本?支	負	○	B	단면	-	-
		169	가야2619	판목	Ib	②	24.3	3.8	黃	0.4	소나무류	仇利伐			上干支		□支	負	○	A	단면	-	ㄱ
		170	가야2620	판목	Ia	⑥	29.1	3.8	黃	0.8	소나무류	仇利伐		□智			□□支			A	단면	-	ㄱ
		212	가야5592	판목	Ib	④	21.9	3.5	黃	0.4~1.3	소나무류	仇利伐		卜今智		奴	□□支	負	○	A	단면	-	ㄱ
		213	가야5593	판목	IIb	④	21.7	2.6	黃	0.5	소나무류	仇利伐		夫(及)知		奴人	??	負	○	A	단면	-	ㄱ
		8	가야34	판목	IIb	④	27.7	3.3	黃	0.6	소나무류	丘利伐		內恩知		奴人	居助支	負	○	A	단면	-	ㄱ
		10	가야36	판목	IIb	①	24.4	3.5	黃	0.8	소나무류	仇利伐		內只次		奴	須?支	負	○	A	단면	-	-
		11	가야37	판목	-	-	26.7	4.7	黃	0.7	소나무류	仇利伐		比只次		奴	?先利支	負	○	A	단면	-	ㄱ
III		29	가야55	판목	IIa	⑥	27.8	1.7	犾	0.6	신나무류	仇利伐		□智			弘帝沒利	負	○	A	단면	-	-
		90	가야1624	판목	Ib	④	24.3	3	黃	0.7	소나무류						一古西支	負	○	C	양면	α	ㄱ
		130	가야2022	판목	?b	④	19.8	3.6	黃	0.7	소나무류						居利	負	○	A	단면	-	ㄱ
		152	가야2046	판목	-	-	10.5	2.7	犾	0.3	소나무류						支	負牌		B	단면	-	-
		171	가야2624	추정목	?b	③	10.3	3.1	黃	0.5	소나무류							負		-	단면	-	ㄱ

【범례】 음영 : 뒷면 기재, - : 확인불가

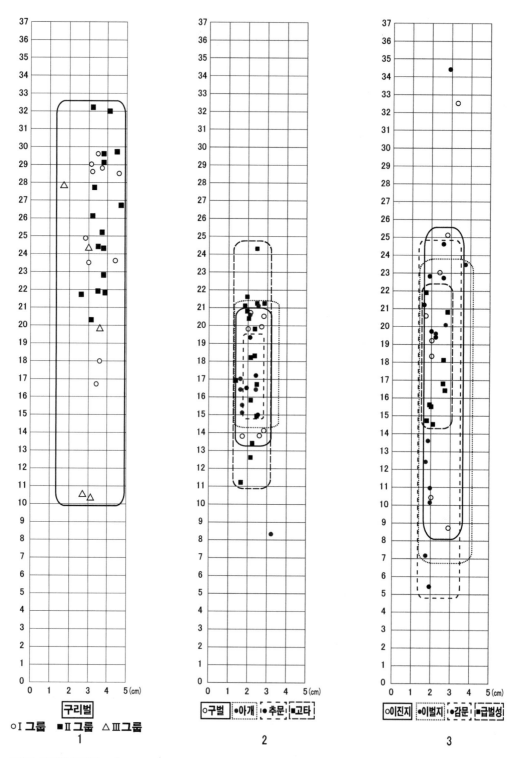

그림 2. 지명별 목간의 크기

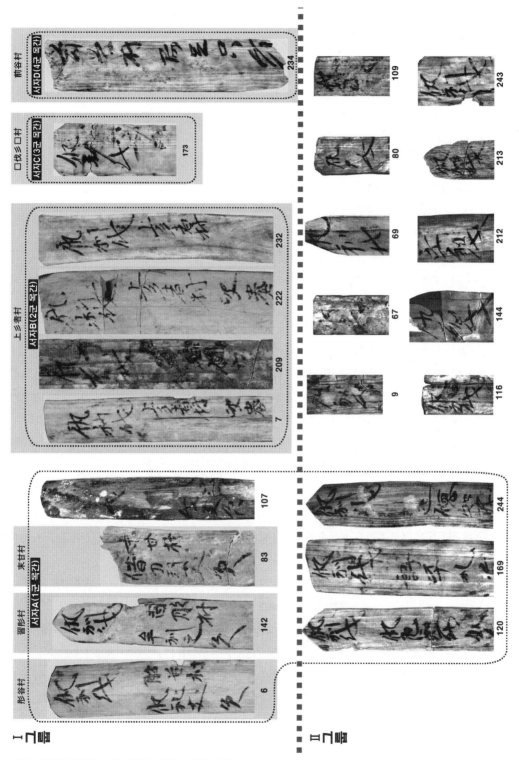

그림 3. 구리벌 목간(Ⅰ~Ⅱ그룹)의 서체와 서자(S=2/5)

3) 소결

제작기법과 관련하여 우선 목간의 크기에 주목해 볼 수 있다. 구리벌 목간의 크기를 파악하기 위해 구리벌 이외에 지명이 쓰인 목간이 최소 4점 이상 출토된 사례를 함께 정리한 것이 〈그림 2〉이다. 대부분의 목간 길이가 15~25㎝에 집중된 것을 알 수 있다. 이진지, 감문 목간은 길이 30㎝가 넘는 대형도 1점씩 있으나 어디까지나 예외적인 존재이며 대부분 18~25㎝에 속한다(그림 2-3). 이에 반해 구리벌 목간의 길이는 대부분 20~30㎝에 집중적으로 분포한다. 특히 너비 3㎝가 넘는 목간은 다른 목간에서 그다지 찾아보기 어려워 구리벌 목간만이 지닌 특징이라 하겠다(그림 2-1). 따라서 크기로 보아 구리벌 나무판을 다듬는 가공 작업은 하나의 단위(공방, 공인)에서 이루어진 것으로 추정할 수 있다.

다음으로 목간의 서사와 관련해서는 기재 내용, 할서, 서체 등에 주목해 보자.

구리벌 목간은 앞서 언급한 것처럼 기재 내용을 기준으로 크게 Ⅰ~Ⅲ그룹으로 뚜렷하게 대별된다(표 1). 그럼에도 각 그룹에 속하는 목간의 크기는 특별한 경향성은 띠지 않는다(그림 2-1). 앞서 언급한 것처럼 나무판을 다듬는 가공 작업이 하나의 단위(공방, 공인)에서 이루어진 것을 고려한다면 하나의 단위 내에서 제작된 나무판에 서사하는 방법과 관련하여 여러 유형이 존재한 것을 의미할 것이다.

한편 Ⅰ그룹에는 모두 村名이 기재되어 있는데 서체, 할서 등 서사와 관련된 속성으로 보아 다시 4개의 군으로 세분할 수 있다(그림 3).

Ⅰ그룹 1군 목간은 【6, 가야32】, 【83, 가야1616】, 【107, 가야1999】, 【142, 가야2034】로 구리벌+촌명(肜谷村, 末甘村, □□只村, 習肜村)+인명+負가 기재되어 있다. 仇利伐, 負의 서체가 같을 뿐만이 아니라 촌명과 인명+負를 仇利伐 하단에 양쪽으로 배치(할서)한 것도 같다. 또 서사 위치와 서사면, 목간 방향이 각각 A, 단면, (ㄱ)으로 공통된다. 기재와 관련된 속성이 매우 유사한 것으로 보아 Ⅰ그룹 1군 목간에 문자를 기재한 서자는 동일인(서자A)으로 볼 수 있을 것이다.

Ⅰ그룹 2군 목간은 【7, 가야33】, 【209, 가야5589】, 【222, 진주1263】, 【232, 김해1275】로 구리벌+上彡者村+인명이 기재되어 있다. 仇利伐 서체가 매우 유사하며 구리벌의 하단부 오른쪽에 치우쳐 上彡者村을 쓴 점, 구리벌 목간에서 여럿 확인되는 負가 확인되지 않는 공통점으로 미루어 보아 2군 목간에 문자를 기재한 서자 역시 동일인(서자B)으로 볼 수 있을 것이다.

이외 3군 목간【173, 가야2627】과 4군 목간 【234, 김해1277】은 기재된 내용이 적어 자세한 분석은 할 수 없으나 서체로 보아 적어도 1, 2군 목간의 서자와 다른 서자(서자C·D)로 간주할 수 있을 것이다.

한편 Ⅰ그룹의 1군 목간과 동일한 서체가 Ⅱ그룹에서 확인되어 주목된다. Ⅰ그룹의 1군 목간 【6, 가야32】, 【142, 가야2034】에 적힌 仇利伐 서체와 Ⅱ그룹 【120, 가야2012】, 【244, 진주1288】, 【169, 가야2619】에 쓰인 仇利伐 서체를 비교해 보면 매우 유사한데 특히 '利'의 'ㅣ'을 'ツ'와 같이 쓴 것으로 보아 동일 서자(A)로 보아 무방하다고 생각한다. 특히 Ⅰ그룹의 1군 목간에 촌명과 인명이 모두 할서로 기재된 것에 반해 Ⅱ그룹 목간은 할서로 기재되지 않은 점, 一伐과 奴人이 확인되는 점을 고려하면 동일한 서자(A)라고 하더라도 목간의 크기와 기재하고자 하는 내용의 多少를 고려하여 처음부터 문자를 배치할 공간을 의도적으로 조절하여 쓴 것으로 볼 수 있을 것이다.

이상의 분석 결과를 통해 한 명의 서자(A)가 다양한 촌명(肜谷村, 末甘村, □□只村, 習肜村)을 쓸 수 있었으며 기재할 내용과 양을 애초에 고려하여 할서로 쓰거나 한 줄로 쓴 것을 알 수 있다. 또 한 명이 여러 목간에 동일한 촌명을 기재하거나(서자B) 촌마다 서자(C·D)가 한명씩 존재하는 경우도 있었다.

마지막으로 할서는 Ⅰ, Ⅱ그룹에서만 확인되는데 구리벌 이외의 목간에서는 전혀 확인되지 않으므로 구리벌 목간의 특징으로 간주할 수 있다.

2. 고타 (표 2, 그림 4)

1) 제작기법

⑴ 연륜 배열 : 17점 가운데 판목이 13점이다.

⑵ 형식 : 확인할 수 있는 13점 가운데 Ⅰa가 1점, Ⅰb가 1점, Ⅱa가 4점, Ⅱb가 7점이다.

⑶ 홈 가공 : 17점 가운데 ④가 5점, ⑥이 4점으로 다수이다.

⑷ 크기 : 길이는 長, 短 모두 확인되나 너비는 17점 모두 狹이다.

⑸ 수종 : 17점 가운데 14점이 소나무류이다.

2) 서사

⑴ 기재 내용 : 지명+촌명+~那+인명+수량으로 정형화되어 있다.

⑵ 할서 : 확인할 수 없다.

⑶ 서사 위치 : 확인할 수 있는 13점 모두 C이다.

⑷ 서사면 : 17점 모두 양면이다.

⑸ 기재 방향 : 확인할 수 있는 13점 가운데 α가 9점, β가 4점이다.

⑹ 목간 방향 : 확인할 수 있는 9점 모두 (ㄱ)이다.

3) 소결

고타 목간은 연륜 배열, 형식, 크기, 수종 등 제작기법과 관련하여 특별한 정형성을 찾기는 어렵다. 이에 반해 기재 내용, 서사 위치, 서사면 등 서사의 속성은 매우 유사한데 예를 들어 서사 위치는 모두 C(양면)이며 기재 방향도 α, 즉 수피 쪽 면에 먼저 서사 후 나머지 내용을 수(髓) 쪽 면에 서사하였다는 공통점이 있다. 한편 고타 목간에서 伊骨(利)村, 一古利村, 新村, 密村이 확인되는데 1점[118, 가야2010]밖에 없어서 판단이 어려운 密村을 제외하면 나머지 목간은 촌별로 서체가 동일하다(그림 4). 예를 들어 新村 목간은 '古'자의 '口'를 다른 목간과 달리 역삼각형이 아닌 사각형으로 표현하였고 '村'자 역시 다른 목간과 확연히 달라 이미 지적된 것처럼(정현숙, 2017) 서자가 달랐을 가능성이 크다.

따라서 고타 목간이 모두 고타에서 제작되었다는 종래의 견해(李京燮, 2011; 전덕재, 2009; 橋本繁, 2014)가 타당하다면 고타에 속하는 伊骨(利)村, 新村, 一古利村에 각자 서자(A, B, C)가 존재한 셈이 된다. 다

표 2. 고타목간의속성

연번	국가귀속번호	연륜배열	형식	홈가공	크기			수종	기재내용						할서	서사위치	서사면	기재방향	목간방향
					길이	너비	두께		지명	촌명	~那	부명?	인명	수량					
1	가야27	판목	IIa	⑥	24.3 長	2.5 狹	0.7	소나무류	古?	伊骨利村	阿那		衆智卜利古支	稗發		C	양면	α	-
239	진주1283	판목	Ia	⑥	12.6 短	2.2 狹	0.5	소나무류	古?	伊骨村	阿那		仇仍支	稗發		C	양면	β	ㄱ
89	가야1623	판목	Ib	②	13.4 短	2.3 狹	0.5	소나무류	古?	伊骨村	阿那		仇利稿支			C	양면	α	ㄱ
4	가야30	추정목	IIb	④	21.2 長	2.9 狹	0.5	소나무류	古?	一古利村	末那		毛羅次尸智	稗石		-	양면	-	ㄱ
100	가야1992	판목	-	-	16.7 短	2.5 狹	0.5	소나무류	古?	一古利村	末那		殆利夫	稗[		C	양면	α	-
103	가야1995	판목	II?		21.2 長	2.5 狹	0.4	소나무류	古?	一古利村	末那		仇口	稗石		C	양면	α	-
106	가야1998	판목	IIa	④	18.3 短	2.4 狹	0.5	소나무류	古?	一古利村			乃兮支	稗石		C	양면	α	-
114	가야2006	정목	IIb	④	21.6 長	2 狹	0.5	소나무류	古?	一古利村	阿那		?伊口(久)	稗石		-	양면	-	ㄱ
122	가야2014	판목	IIb	④	19.8 長	2.4 狹	0.6	소나무류	古?	一古利村	末那		沙見日?利	稗發		-	양면	-	ㄱ
181	가야2636	심지재	?b		15.8 短	2.2 狹	0.4	소나무류	古?	一古利村		本波	×?々支	稗發		-	양면	-	ㄱ
189	가야4685	판목	IIb	③	18.2 短	2.2 狹	0.4	소나무류	古?	一古利村		本彼	?々只	稗發		C	양면	β	ㄱ
127	가야2019	정목	I?	-	11.2 短	1.7 狹	0.3	채취불가	古?	口利村				稗石		-	양면	-	-
2	가야28	판목	IIa	⑥	21.1 長	1.9 狹	0.8	소나무류	古?	新村			智利知一尺那口 豆兮利智	稗石		C	양면	β	-
99	가야1991	판목	IIa	⑥	20.4 長	2.1 狹	0.6	버드나무류	古?	新村			呵斤口利 沙?			C	양면	α	-
118	가야2010	판목	IIb	①	14.9 短	2.5 狹	0.6	소나무류	波?	密村			沙毛	稗石		C	양면	α	-
146	가야2038	판목	IIb	④	16.9 短	1.4 狹	0.4	버드나무류	古?			本波	豆物烈智口 (勿大兮)			C	양면	α	-
192	가야4688	판목	IIb	②	20.8 長	2 狹	0.6	소나무류	古?	伊未矢?上干一大兮伐				豆幼去		C	양면	β	ㄱ

【범례】 음영: 뒷면기재

伊骨(利)村　서자A
新村　서자B
密村　서자?

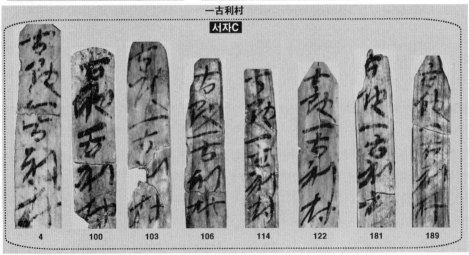

一古利村　서자C

그림 4. 고타 목간의 서체와 서자(S=1/2)

만 고타 목간이 확인되는 서사의 속성(기재 내용, 서사 위치, 서사면)이 매우 유사한 것을 감안한다면 각 촌에 거주한 서자는 매우 가까이 존재하면서 서사와 관련된 다양한 지식을 서로 공유하였던 것으로 추정해 볼 수 있다.

3. 감문 (표 3, 그림 5)

1) 제작 기법

⑴ 연륜 배열 : 정목 2점, 판목 4점, 추정목 1점, 심지재 1점이 확인되어 정형성은 없다.

⑵ 형식 : 확인할 수 있는 7점 가운데 IIa가 3점, IIb가 4점 확인된다.

⑶ 홈 가공 : 확인할 수 있는 6점 가운데 ①이 2점, ③이 1점, ④가 1점, ⑥이 1점으로 다양하다.

⑷ 크기 : 길이는 長, 短 모두 확인되나 너비는 8점 모두 狹이다.

⑸ 수종 : 8점 모두 소나무류이다.

2) 서사

⑴ 기재 내용 : 지명1(甘文城下)+물품+지명2(감문)+부명+촌명+인명+수량이 쓰여 있다.

⑵ 할서 : 확인되지 않는다.

⑶ 서사 위치 : 확인할 수 있는 4점 가운데 A가 2점, C가 2점이다.

⑷ 서사면 : 8점 가운데 5점이 양면이다.

⑸ 기재 방향 : 확인할 수 있는 2점 모두 α이다.

⑹ 목간 방향 : 확인할 수 있는 4점 모두 (ㄱ)이다.

3) 소결

감문 목간은 연륜배열, 형식(IIa·IIb), 크기, 수종(소나무) 등 제작기법의 속성이 유사하며 기재 내용 역시 어느 정도 정형화되어 있다. 서사와 관련하여 大村, 旦利村이 확인되는데 大村이 적힌 2점【64, 가야1590】,【134, 가야2026】의 서체는 묵흔의 잔존 상태가 양호하지 않아 비교하기 어려우나 '甘文', '大村'을 비교해 볼 때 異筆(서자A·B)일 가능성이 크다. 旦利村 목간은 1점 밖에 없어 비교하기 어려우나 역시 다른 서자(C)였을 것으로 보인다. 이외에 '甘文城下麦十五石甘文本波'로 시작하는 2점의 동문목간【191, 가야4687】,【225, 진주1268】도 同筆(서자D)로 보인다. 이를 바탕으로 한다면 감문 내에는 복수의 촌이 존재하였으며 하나의 촌에 복수의 서자가 거주한 경우도 있었던 것으로 추정할 수 있다.

표 3. 감문목간의 속성

연번	국가귀속번호	연륜배열	형식	홈가공	길이	너비	두께	수종	지명1	물품	지명2	부명?	촌명	인명	수량	할서	서사위치	서사면	기재방향	목간방향
36	가야62	정목	-	-	5.4 短	1.9 狹	0.6	소나무류	甘文城下			阿波					-	양면	-	-
64	가야1590	판목	IIb	③	24.6 長	2.6 狹	0.6	소나무류	甘文城下	?		本波	大村	毛利只	一石	C	양면	α	ㄱ
134	가야2026	판목	IIb	①	34.4 長	2.9 狹	1.3	소나무류	甘文城下	□米十一斗石		喙	大村	卜只次持去		A	단면	-	ㄱ
162	가야2057	판목	IIa	⑥	21.2 長	1.6 狹	0.8	소나무류			甘文			□?大只伐	□原石	A	단면	-	-
191	가야4687	추정목	IIb	④	19.4 短	2.2 狹	0.6	소나무류	甘文城下	?十五石	甘文	本波		加本斯	稗一石之		-	양면	-	ㄱ
215	가야5595	심지재	IIa	-	22.8 長	1.9 狹	0.9	소나무류	甘文城下	?十五石	甘文	本波		伊次只去之			-	양면	-	ㄱ
225	진주1268	정목	IIa	⑥	22.7 長	2.6 狹	0.5	소나무류			甘文	本波	(居)(村) 旦利村	伊竹伊			-	단면	-	-
236	진주1279	판목	IIb	①	19.7 短	2 狹	0.6	소나무류	甘文城下	?	甘文	本波		文村(知)利(兮)	負	C	양면	α	ㄱ

【범례】 음영: 뒷면 기재

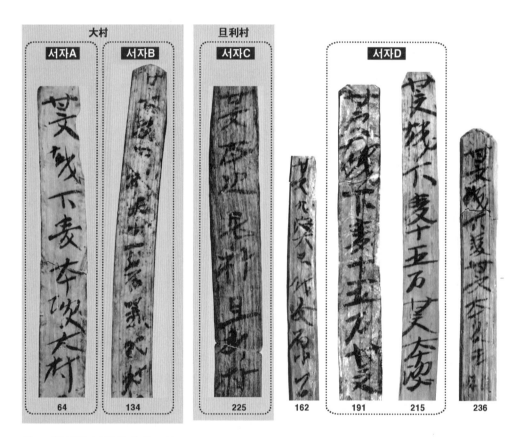

그림 5. 감문 목간의 서체와 서자(S=1/2)

4. 구벌 (표 4, 그림 6)

1) 제작기법

(1) 연륜 배열 : 7점 가운데 판목 4점, 정목 2점, 추정목 1점이 확인되어 정형성은 없다.

(2) 형식 : Ⅰa가 1점, Ⅰb가 2점, Ⅱa가 3점, Ⅱb가 1점으로 모든 형식이 확인된다.

(3) 홈 가공 : 7점 가운데 ⑥이 5점으로 다수이다.

(4) 크기 : 길이는 長, 短 모두 확인되나 너비는 7점 모두 狹이다.

(5) 수종 : 7점 가운데 6점이 소나무류이다.

표 4. 구벌 목간의 속성

연번	국가귀속번호	연륜배열	형식	홈가공	크기 길이	크기 너비	크기 두께	수종	기재내용 지명	기재내용 촌명	기재내용 ~那	기재내용 인명	기재내용 수량	합서	서사위치	서사면	기재방향	목간방향
24	가야50	추정목	Ⅱa	⑥	19.9 短	2.7 狹	0.5	소나무류	仇伐		阿那	舌只	稗石		-	단면	-	-
95	가야1987	정목	Ⅱb	②	19.8 短	2 狹	0.5	소나무류	仇伐		未那	沙刀(?)奴 ?次(分)	稗石		-	양면	-	ㄱ
126	가야2018	정목	Ⅰb	⑥	13.8 短	1.7 狹	0.5	소나무류	仇伐		阿那	內口買子 一支買	稗石		-	양면	-	ㄴ
229	김해1272	판목	Ⅱa	⑤	20.5 長	2.8 狹	0.4	소나무류	仇伐	干好津村		卑尸	稗石	A		단면	-	-
96	가야1988	판목	Ⅰa	⑥	14.1 短	2.8 狹	0.7	전나무류	丘伐				稗	A		단면	-	-
137	가야2029	판목	Ⅰb	⑥	13.8 短	2.6 狹	0.4	소나무류	丘伐				稗石	A		단면	-	ㄴ
207	가야5587	판목	Ⅱa	⑥	20.7 長	2.1 狹	0.7	소나무류	丘伐		未那	早尸智居伐尺奴 能利智	稗石	C		양면	α	-

【범례】 음영 : 뒷면 기재

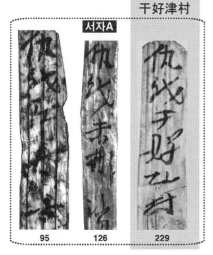

그림 6. 구벌 목간의 서체와 서자(S=1/2)

2) 서사

(1) 기재 내용 : 지명+~那+인명+수량으로 정형화되어 있다.

(2) 할서 : 확인할 수 없다.

(3) 서사 위치 : 확인할 수 있는 4점 가운데 3점이 A, 1점이 C이다.

(4) 서사면 : 7점 가운데 단면이 4점, 양면이 3점이다.

(5) 기재 방향 : 확인할 수 있는 목간 1점은 α이다.

(6) 목간 방향 : 3점 가운데 (ㄱ)이 1점, (ㄴ)가 2점이다.

3) 소결

제작 기법(연륜 배열, 형식, 크기)의 정형성은 인정하기 어렵지만 기재 내용은 정형화되어 있다. 또 干好津村이 쓰인 목간이 1점【229, 김해1272】확인되는데 '仇'자의 삐침 표현, '伐'의 자체로 보아 【95, 가야1987】, 【126, 가야2018】과는 同筆(서자A), 【24, 가야50】과는 異筆(서자B)로 생각된다.[6] 한편【96, 가야1988】, 【137, 가야2029】, 【207, 가야5587】 3점은 구벌의 '구'를 '丘'로 표기하였을 뿐만 아니라 서체도 매우 유사하므로 同筆(서자C)로 생각된다. 이로 보아 干好津村에 존재한 서자(A)는 반드시 촌명을 기재하지 않을 수도 있었으며 구벌 내에 복수의 서자(B, C)가 존재한 것으로 생각된다.

5. 급벌성 (표 5, 그림 7)

1) 제작기법

(1) 연륜 배열 : 9점 가운데 8점이 판목이다.

(2) 형식 : 9점 가운데 6점이 Ⅱb, 3점이 Ⅰb이다.

(3) 홈 가공 : 9점 가운데 ①이 3점, ④가 6점이다.

(4) 크기 : 길이는 대부분 短이고 너비는 모두 狹이다.

(5) 수종 : 9점 가운데 8점이 소나무류이다.

2) 서사

(1) 기재 내용 : 지명+인명+수량으로 정형화되어 있다.

(2) 할서 : 확인할 수 없다.

(3) 서사 위치 : 확인할 수 있는 8점 가운데 6점이 A이다.

(4) 서사면 : 9점 모두 단면이다.

---

6) 橋本繁는 【229, 김해1272】와 【24, 가야50】를 同筆로 간주하지만 異筆일 가능성이 커 보인다.

표 5. 급벌성목간의속성

연번	국가귀속번호	연륜배열	형식	홈가공	크기					수종	기재내용			합서	서사위치	서사면	기재방향	목간방향
					길이		너비		두께		지명1	인명	수량					
112	가야2004	판목	IIb	①	15.6	短	1.9	狹	0.8	소나무류	及伐城	文尸伊	稗石		A	단면	-	ㄱ
113	가야2005	판목	Ib	①	15.5	短	2	狹	0.5	소나무류	及伐城	文尸伊急伐尺	稗石		A	단면	-	ㄱ
179	가야2633	판목	IIb	④	16.4	短	2.7	狹	0.4	소나무류	及伐城	文(尸)□	稗石		B	단면	-	ㄱ
15	가야41	판목	IIb	④	18.1	短	2.6	狹	0.7	소나무류	及伐城	立(龍)	稗石		A	단면	-	ㄱ
44	가야70	판목	Ib	④	14.5	短	2.1	狹	0.6	소나무류	及伐城	只智	稗石		A	단면	-	ㄱ
131	가야2023	판목	IIb	①	21.9	長	1.7	狹	0.5	소나무류	及伐城	登奴	稗石		B	단면	-	ㄱ
49	가야75	판목	IIb	④	14.7	短	1.8	狹	0.5	밤나무류	及伐城	□□	稗石		A	단면	-	ㄱ
176	가야2630	심지재	Ib	④	16.8	短	2.6	狹	0.8	소나무류	及伐城	日沙利	稗石		-	단면	-	ㄱ
230	진주1273	판목	IIb	④	20.8	長	2.8	狹	0.7	소나무류	及伐城	(秀)乃巴	稗		A	단면	-	ㄱ

【범례】음영: 뒷면기재

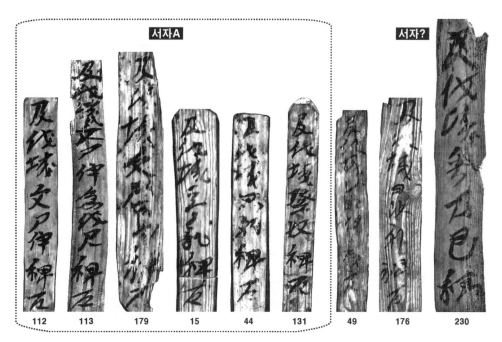

그림 7. 급벌성 목간의 서체와 서자(S=1/2)

(5) 기재 방향 : 확인할 수 없다.

(6) 목간 방향 : 9점 모두 (ㄱ)이다.

3) 소결

연륜배열(판목), 형식(Ⅰb·Ⅱb), 크기(短·狹), 수종(소나무류) 등 제작기법과 관련된 속성이 유사할 뿐만 아니라 기재 내용과 서사 위치, 서사면(단면), 목간 방향(ㄱ) 등 서사와 관련된 속성 역시 매우 유사하다. 이 가운데 3점의 목간【112, 가야2004】,【113, 가야2005】,【179, 가야2633】은 同文일 뿐만이 아니라 '及伐城',

'文尺', '稗' 등 서체와 크기로 보아 동일 서자(A)로 생각된다. 이외 【15, 가야41】, 【44, 가야70】, 【131, 가야 2023】 역시 서체로 보아 동일인으로 보인다. 나머지 목간은 묵흔이 선명하지 않아 판단하기 어려우나 【230, 진주1273】은 목간과 문자의 크기, 서체로 보아 서자(A)가 쓴 목간과 크게 다르다(서자?). 이로 보아 급벌성에는 최소한 복수의 서자가 존재한 것으로 추정해 볼 수 있다.

6. 아개 (표 6, 그림 8)

1) 제작기법
⑴ 연륜 배열 : 7점 모두 판목이다.

표 6. 아개목간의속성

| 연번 | 국가 귀속번호 | 연륜 배열 | 형식 | 홈 가공 | 크기 | | | 수종 | 기재내용 | | | 할서 | 서사 위치 | 서사면 | 기재 방향 | 목간 방향 |
					길이	너비	두께		지명	인명	수량					
23	가야49	판목	IIb	②	15.5 短	1.7 狹	0.7	소나무류	呵蓋	(陽)(村)末	稗石		B	단면	-	ㄱ
28	가야54	판목	II ?	-	16.4 短	2.4 狹	0.7	소나무류	呵蓋	□□□□	稗		B	단면	-	-
77	가야1606	판목	IIb	②	15.1 短	1.7 狹	0.6	소나무류	呵蓋	□□□利	稗		A	단면	-	ㄱ
93	가야1985	판목	IIb	④	20.6 長	2.1 狹	0.8	소나무류	呵蓋	次? 利□?	稗		C	양면	-	ㄱ
105	가야1997	판목	IIb	④	17 短	1.6 狹	0.4	소나무류	呵蓋	? (欲)?支	稗		?	단면	-	ㄱ
111	가야2003	판목	IIb	④	16.4 短	1.6 狹	0.6	소나무류	呵蓋	奈夷利	稗		A	단면	-	ㄱ
180	가야2635	판목	II ?	-	8.3 短	3.2 廣	0.3	소나무류	呵蓋	奈			B	단면	-	-

【범례】 음영: 뒷면기재

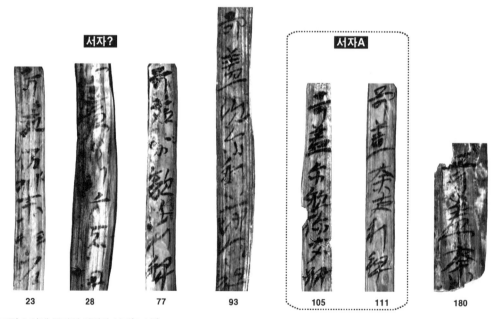

그림 8 아개 목간의 서체와 서자(S=1/2)

⑵ 형식 : 파악할 수 있는 5점 모두 Ⅱb이다.

⑶ 홈 가공 : 파악할 수 있는 5점 가운데 ②가 2점, ④가 3점이다.

⑷ 크기 : 길이는 長, 短 모두 확인되나 너비는 7점 모두 狹이다.

⑸ 수종 : 7점 모두 소나무류이다.

2) 서사

⑴ 기재 내용 : 지명+인명+수량으로 정형화되어 있다.

⑵ 할서 : 확인할 수 없다.

⑶ 서사 위치 : A, B, C 모두 확인된다.

⑷ 서사면 : 7점 중 가운데 6점이 단면이다.

⑸ 기재 방향 : 확인할 수 없다.

⑹ 목간 방향 : 파악할 수 있는 5점 모두 (ㄱ)이다.

3) 소결

연륜배열(판목), 형식(Ⅱb), 크기, 수종(소나무류) 등 제작기법과 관련된 속성이 유사하며 기재 내용 역시 매우 정형화되어 있다. 이 가운데 【105, 가야1997】, 【111, 가야2003】은 '阿蓋', '稗'의 서체로 보아 同筆(서자 A)로 보인다. 이외의 서자도 존재하였으나 이를 특정하기는 어렵다.

7. 이진지 (표 7, 그림 9)

1) 제작기법

⑴ 연륜 배열 : 8점 모두 판목이다.

⑵ 형식 : 확인할 수 있는 5점 가운데 Ⅰb가 1점, Ⅱb가 4점이다.

⑶ 홈 가공 : 파악할 수 있는 6점 가운데 ①이 4점이다.

⑷ 크기 : 길이는 長, 短 모두 확인되나 너비는 8점 가운데 7점이 狹이다.

⑸ 수종 : 8점 모두 소나무류이다.

2) 서사

⑴ 기재 내용 : '城下'가 기재된 목간과 그렇지 않은 목간으로 양분된다. 후자에는 阿那, 阿那가 기재되어 있다.

⑵ 할서 : 확인할 수 없다.

⑶ 서사 위치 : 8점 가운데 A가 2점, B가 1점, C가 5점이다.

⑷ 서사면 : 8점 가운데 양면이 5점이다.

표 7. 이진지목간의속성

연번	국가귀속번호	연륜배열	형식	홈가공	길이	너비	두께	수종	지명	물품	~那	부명?	촌명	인명	수량	할서	서사위치	서사면	기재방향	목간방향
3	가야29	판목	IIb	①	19.2 短	2 狹	1	소나무류	夷津支		阿那			古刀羅只豆支	稗		C	양면	α	ㄱ
18	가야44	판목	Ib	②	20.6 長	1.7 狹	0.7	소나무류	夷津		阿那			休智	稗		A	단면	-	ㄱ
66	가야1593	판목	?b	⑥	25.1 長	2.8 狹	1.4	소나무류	夷津			本波		只那公末□	稗		A	단면	-	ㄴ
119	가야2011	판목	IIb	①	18.3 長	2 狹	0.8	소나무류	夷津支		未那		石村	末□□然	?		C	양면	α	ㄱ
240	김해1284	판목	I?	-	10.4 長	2 狹	0.4	소나무류	夷津支		未那			? 利知			B	단면	-	-
31	가야57	판목	I?	-	8.7 短	2.9 狹	0.7	소나무류	? 城下□			巴?	分村				C	양면	α	-
133	가야2025	판목	IIb	①	32.5 長	3.3 廣	1.1	소나무류	夷津支城下	?		王□ 巴?	分村	?次	二石		C	양면	α	ㄱ
163	가야2058	판목	IIb	①	23 長	2.4 狹	1	소나무류	夷津支城下	?				烏列支負	□□□石		C	양면	α	ㄱ

【범례】 음영: 뒷면기재

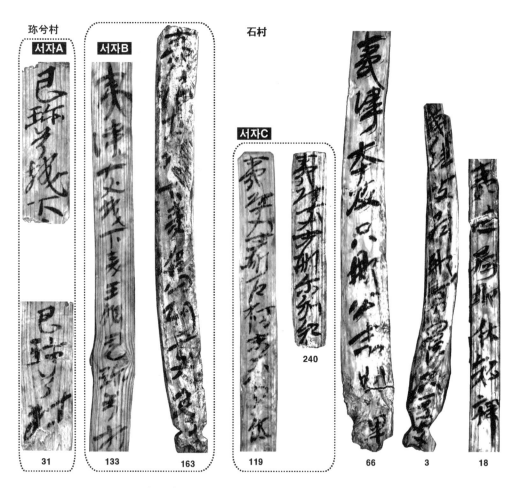

그림 9. 이진지 목간의 서체와 서자(S=1/2)

⑸ 기재 방향 : 8점 가운데 확인할 수 있는 5점 모두 α이다.

⑹ 목간 방향 : 파악할 수 있는 7점 중 5점이 (ㄱ), 1점이 (ㄴ)이다.

3) 소결

제작기법과 관련된 속성은 비교적 유사하다. 기재 내용에 주목해 보면 '城下'가 기재된 2점의 목간【31, 가야57】,【133, 가야2025】에서는 공통적으로 '巴珎兮村'이 확인되는데 '城', '村'자로 보아 異筆(서자A·B)일 가능성이 크다. 또 이 가운데 '夷津支城下麦'로 시작하는【133, 가야2025】은【163, 가야2058】과 同文이며 서체로 보아 同筆로 보인다. 한편 '石村'이 기재된【119, 가야2011】은 서체로 보아【240, 김해1284】와 同筆 (서자C)로 생각된다.

이로 보아 이진지에는 복수의 촌이, 그리고 각 촌에는 복수의 서자가 존재하였고 서자는 목간에 반드시 촌명을 기재하지 않는 때도 있었던 것으로 추정할 수 있다.

8. 추문 (표 8, 그림 10)

1) 제작기법

⑴ 연륜 배열 : 4점 가운데 판목 2점, 정목 1점, 추정목 1점이 확인되어 정형성은 없다.

⑵ 형식 : 4점 가운데 Ⅱb가 3점이다.

⑶ 홈 가공 : 4점 가운데 ①이 2점, ③이 1점, ⑤가 1점이다.

⑷ 크기 : 4점 모두 길이 短, 너비 狹이다.

⑸ 수종 : 4점 모두 소나무류이다.

2) 서사

⑴ 기재 내용 : 지명(추문)+촌명+인명이 확인된다.

⑵ 할서 : 확인할 수 없다.

⑶ 서사 위치 : 확인할 수 있는 2점 모두 A이다.

⑷ 서사면 : 4점 가운데 3점이 단면이다.

⑸ 기재 방향 : 확인할 수 없다.

⑹ 목간 방향 : 확인할 수 있는 3점 모두 (ㄱ)이다.

3) 소결

제작기법과 관련하여 형식, 크기, 수종 등 유사성이 높다. 4점의 목간에서 모두 촌명이 확인되는데 '鄒 文', '村'의 서체로 보아【12, 가야38】,【26, 가야52】,【141, 가야2033】과【78, 가야1607】로 대별할 수 있다 (서자A·B). 이미 지적된 것처럼(정현숙, 2017) 前者를 같은 사람이 쓴 것이 맞다면 추문 내에 여러 촌이 있 었고 한 명의 서자가 다양한 촌명을 기입한 것으로 추정할 수 있다.

표 8. 추문목간의속성

연번	국가귀속번호	연륜배열	형식	홈가공	크기					수종	기재내용					할서	서사위치	서사면	기재방향	목간방향
					길이		너비		두께		지명	~那	촌명	인명	수량					
12	가야38	정목	IIb	③	17.2	短	2.4	狹	0.5	소나무류	鄒文		比尸河村	?利牟利			-	단면	-	ㄱ
26	가야52	판목	IIa	⑤	19.3	短	2.1	狹	0.4	소나무류	鄒文		□□□村	□本	石		A	단면	-	-
141	가야2033	추정목	IIb	①	16.5	短	1.9	狹	0.5	소나무류	鄒文	前那	牟只村	伊□(智)			-	양면	-	ㄱ
78	가야1607	판목	IIb	①	15	短	2.5	狹	1.7	소나무류			鄒文村	內旦利貞			A	단면	-	ㄱ

【범례】음영 : 뒷면기재

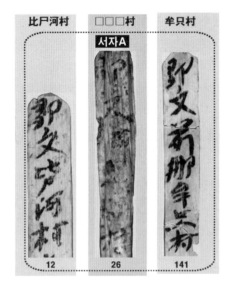

그림 10. 추문 목간의 서체와 서재(S=1/2)

9. 이벌지 (표 9, 그림 11)

1) 제작기법

⑴ 연륜 배열 : 8점 가운데 판목 5점, 정목 2점, 추정목 1점이 확인된다.

⑵ 형식 : 확인되는 5점 가운데 Ⅰb 1점, Ⅱa 2점, Ⅱb 2점이 확인된다.

⑶ 홈 가공 : 파악할 수 있는 5점 가운데 ⑤가 3점으로 다수이다.

⑷ 크기 : 길이는 8점 중 5점이 短, 너비는 8점 중 7점이 狹이다.

⑸ 수종 : 8점 모두 소나무류이다.

2) 서사

⑴ 기재 내용 : 지명+인명+수량으로 정형화되어 있다.

표 9. 이벌지목간의속성

연번	국가귀속번호	연륜배열	형식	홈가공	크기			수종	기재내용			할서	서사위치	서사면	기재방향	목간방향
					길이	너비	두께		지명	인명	수량					
35	가야61	판목	II?	-	10.1 短	2 狹	0.6	소나무류	小伊伐支		石		C	양면	β	-
135	가야2027	추정목	IIa	⑤	10.9 短	2 狹	0.3	소나무류	小伊伐支村	能(毛)?	稗石		C	양면	-	-
48	가야74	정목	Ib	②	12.4 短	1.8 狹	0.5	소나무류	伊伐支	□□波	稗		-	단면	-	ㄱ
50	가야76	정목	?	⑤	7.1 短	1.8 狹	0.4	소나무류	伊智支		石		-	단면	-	-
101	가야1993	판목	II?	-	13.5 短	1.9 狹	0.6	소나무류	(伊)伐支	烏利?	稗石		A	단면	-	-
132	가야2024	판목	IIb	①	19.5 短	2.3 狹	0.9	소나무류	伊伐支村	□只	稗石		B	단면	-	ㄱ
81	가야1614	판목	IIa	⑤	23.4 長	3.8 廣	0.8	소나무류	王松鳥多伊伐支卜烋				A	단면	-	-
226	김해1269	판목	IIb	①	20 長	2.8 狹	0.6	소나무류	王松鳥多伊伐支乞負支				B	단면	-	ㄱ

【범례】 음영: 뒷면기재

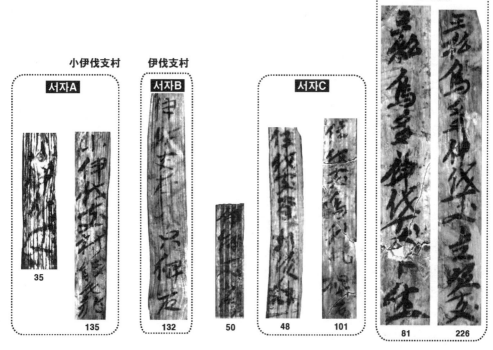

그림 11. 이벌지 목간의 서체와 서자(S=1/2)

(2) 할서 : 확인할 수 없다.

(3) 서사 위치 : 확인되는 6점 가운데 A가 2점, B가 2점, C가 2점이다.

(4) 서사면 : 8점 가운데 단면이 6점, 양면이 2점이다.

(5) 기재 방향 : 확인할 수 있는 목간 1점은 β이다.

(6) 목간 방향 : 확인되는 3점 모두 (ㄱ)이다.

3) 소결

제작기법과 관련하여 형식, 크기, 수종 등 유사성이 높다.

기재 내용과 관련하여 【135, 가야2027】, 【132, 가야2024】에서 각각 '小伊伐支村'과 '伊伐支村'이 확인되는데 '村'의 필체로 보아 異筆(서자A·B)일 가능성이 크다. 한편 【35, 가야61】에도 '小伊伐支'가 기재되어 있으며 필체로 보아 【135, 가야2027】로 동필로 보인다. 이를 통해 서자A는 '小伊伐支村'를 기재할 때 村을 생략하기도 하였다. 한편 이별지만 기재된 【48, 가야74】, 【101, 가야1993】과 【81, 가야1614】, 【226, 김해1269】은 同文일뿐만 아니라 필체로 보아 각각 同筆(서자C·D)로 보인다.

이상의 검토 결과로 보아 이별지에는 복수의 촌이 존재하였으며 각 촌의 서자가 목간에 촌명을 기입할 때 촌을 생략하는 경우도 있음을 알 수 있다.

10. 매곡촌 (표 10, 그림 12)

1) 제작기법

(1) 연륜 배열 : 2점 모두 판목이다.

(2) 형식 : Ⅰb, Ⅱa가 1점씩 확인되어 정형성은 없다.

(3) 홈 가공 : ①이 1점, ⑤가 1점이다.

(4) 크기 : 2점 모두 길이 短, 너비 狹이다.

(5) 수종 : 2점 모두 소나무류이다.

2) 서사

(1) 기재 내용 : 촌명+인명+수량으로 정형화되어 있다.

(2) 할서 : 확인할 수 없다.

(3) 서사 위치 : 2점 모두 C이다.

(4) 서사면 : 2점 모두 양면이다.

(5) 기재 방향 : 2점 모두 α이다.

(6) 목간 방향 : 확인되는 2점은 (ㄱ)이다.

3) 소결

연륜 배열, 크기, 수종, 서사 위치, 서사면이 동일하다. 서체로 보아 이미 지적된 것처럼(정현숙, 2017, p.472) 同筆로 보인다.

11. 상모촌 (표 11, 그림 12)

1) 제작기법
⑴ 연륜 배열 : 2점 모두 판목이다.

⑵ 형식 : 2점 모두 Ⅱb이다.

⑶ 홈 가공 : ①이 1점, ④가 1점이다.

⑷ 크기 : 2점 모두 길이는 短, 너비는 狹이다.

⑸ 수종 : 2점 모두 소나무류이다.

2) 서사
⑴ 기재 내용 : 촌명+인명+수량으로 정형화되어 있다.

⑵ 할서 : 확인할 수 없다.

⑶ 서사 위치 : A가 1점, B가 1점 확인된다.

⑷ 서사면 : 2점 모두 단면이다.

⑸ 기재 방향 : 확인할 수 없다.

⑹ 목간 방향 : 2점 모두 (ㄱ)이다.

3) 소결
연륜 배열, 형식, 크기, 수종, 서사면이 동일하다. 동문목간이며 서체로 보아 同筆(서자A)로 보인다.

12. 진성 (표 12, 그림 12)

1) 제작기법
⑴ 연륜 배열 : 2점 모두 판목이다.

⑵ 형식 : 2점 모두 Ⅱb이다.

⑶ 홈 가공 : 2점 모두 ①이다.

⑷ 크기 : 2점 모두 길이는 短, 너비는 狹이다.

⑸ 수종 : 2점 모두 소나무류이다.

2) 서사
⑴ 기재 내용 : 지명+巴兮支(인명?)+수량으로 정형화되어 있다.

⑵ 할서 : 확인할 수 없다.

⑶ 서사 위치 : A가 1점, B가 1점 확인된다.

(4) 서사면 : 2점 모두 단면이다.

(5) 기재 방향 : 확인할 수 없다.

(6) 목간 방향 : 2점 모두 (ㄱ)이다.

3) 소결

연륜 배열, 형식, 크기, 수종, 서사면, 기재 방향이 동일하다. 동문목간이며 서체로 보아 同筆(서자A)로 보인다(정현숙, 2017, p.477).

13. 상불도리촌 (표 13, 그림 12)

1) 제작기법

(1) 연륜 배열 : 심지재 1점과 정목 1점이 확인된다.

(2) 형식 : Ⅰa 1점, Ⅱb 1점이 확인된다.

(3) 홈 가공 : ①이 1점, ⑥이 1점이다.

(4) 크기 : 2점 모두 길이 短, 너비 狹이다.

(5) 수종 : 2점 모두 소나무류이다.

2) 서사

(1) 기재 내용 : 촌명+인명+수량으로 정형화되어 있다.

(2) 할서 : 확인할 수 없다.

(3) 서사 위치 : C가 1점 확인된다.

(4) 서사면 : 2점 모두 양면이다.

(5) 기재 방향 : 확인할 수 있는 1점은 α이다.

(6) 목간 방향 : 확인되는 1점은 (ㄱ)이다.

3) 소결

크기, 수종, 서사면이 동일하다. 서체로 보아 同筆(서자A)로 보인다.

14. 양촌 (표 14, 그림 12)

1) 제작기법

(1) 연륜 배열 : 2점 모두 판목이다.

(2) 형식 : Ⅰb가 1점, Ⅱa가 1점 확인된다.

(3) 홈 가공 : 2점 모두 ①이다.

(4) 크기 : 2점 모두 길이는 短, 너비는 狹이다.

(5) 수종 : 2점 모두 소나무류이다.

2) 서사

(1) 기재 내용 : 촌명+인명+수량으로 정형화되어 있다.

(2) 할서 : 확인할 수 없다.

(3) 서사 위치 : 2점 모두 A이다.

(4) 서사면 : 2점 모두 단면이다.

(5) 기재 방향 : 확인할 수 없다.

(6) 목간 방향 : 2점 모두 (ㄱ)이다.

3) 소결

연륜 배열, 크기, 수종, 서사 위치, 서사면, 목간 방향이 동일하다. 동문목간이며 서체로 보아 同筆(서자A)로 보인다(정현숙, 2007, p.480).

15. 건부지성 (표 15, 그림 12)

1) 제작기법

(1) 연륜 배열 : 3점 모두 판목이다.

(2) 형식 : 확인되는 1점은 Ⅱb이며 그 외는 불분명하다.

(3) 홈 가공 : 파악할 수 있는 1점은 ④이다.

(4) 크기 : 3점 모두 길이는 短, 너비는 狹이다.

(5) 수종 : 소나무류가 2점, 굴피나무류가 1점 확인된다.

2) 서사

(1) 기재 내용 : 지명(巾夫支城)+인명+수량으로 정형화되어 있다.

(2) 할서 : 확인할 수 없다.

(3) 서사 위치 : A, B, C 모두 확인된다.

(4) 서사면 : 단면 2점, 양면 1점이 확인된다.

(5) 기재 방향 : 확인할 수 없다.

(6) 목간 방향 : 확인되는 1점은 (ㄱ)이다.

표 10. 매곡촌 목간의 속성

연번	국가 귀속번호	연륜 배열	형식	홈 가공	크기 길이	크기 너비		크기 두께	수종	기재내용 촌명	기재내용 인명	기재내용 수량	할서	서사 위치	서사면	기재 방향	목간 방향
71	가야1598	판목	Ib	①	17.8	2.6	狹	0.7	소나무류	買谷村	古光?于	稗石		C	양면	α	ㄱ
157	가야2051	판목	IIa	⑤	15.3 短	2.3	狹	0.5	소나무류	買谷村	物?利 ?于	稗石		C	양면	α	-

【범례】 음영: 뒷면기재

표 11. 상모촌목간의속성

연번	국가 귀속번호	연륜 배열	형식	홈 가공	크기 길이	크기 너비		크기 두께	수종	기재내용 촌명	기재내용 인명	기재내용 수량	할서	서사 위치	서사면	기재 방향	목간 방향
17	가야43	판목	IIb	④	15.8 短	2.4	狹	0.7	소나무류	上莫村	居利支	稗		A	단면	-	ㄱ
228	김해1271	판목	IIb	①	17.3 短	1.6	狹	0.5	소나무류	上莫村	居利支	稗		B	단면	-	ㄱ

【범례】 음영: 뒷면기재

표 12. 진성목간의속성

연번	국가 귀속번호	연륜 배열	형식	홈 가공	크기 길이	크기 너비		크기 두께	수종	기재내용 지명1	기재내용 인명	기재내용 수량	할서	서사 위치	서사면	기재 방향	목간 방향
14	가야40	판목	IIb	①	16.2	2.1	狹	0.5	소나무류	陳城	巴兮支	稗		B	단면	-	ㄱ
238	김해1282	판목	IIb	①	15.9 短	2.2	狹	0.7	소나무류	陳城	巴兮支	稗		A	단면	-	ㄱ

【범례】 음영 : 뒷면 기재

표 13. 상불도리촌목간의속성

연번	국가 귀속번호	연륜 배열	형식	홈 가공	크기 길이	크기 너비		크기 두께	수종	기재내용 촌명	기재내용 인명	기재내용 수량	할서	서사 위치	서사면	기재 방향	목간 방향
5	가야31	심지재	IIb	①	15.9 短	1.5	狹	0.5	소나무류	上弗刀?村	加古波(孕)	稗石		C	양면	α	ㄱ
159	가야2054	정목	Ia	⑥	12.1 短	2.1	狹	0.4	소나무류	上弗刀?村	敬麻古	稗石		C	양면		ㄱ

【범례】 음영: 뒷면기재

표 14. 양촌목간의속성

연번	국가 귀속번호	연륜 배열	형식	홈 가공	크기 길이	크기 너비		크기 두께	수종	기재내용 촌명	기재내용 인명	기재내용 수량	할서	서사 위치	서사면	기재 방향	목간 방향
16	가야42	판목	IIa	①	14.9 短	2.5	狹	0.5	소나무류	陽村	文尸只			A	단면	-	ㄱ
70	가야1597	판목	Ib	①	17 短	2.3	狹	0.5	소나무류	陽村	文尸只	稗		A	단면	-	ㄱ

【범례】 음영: 뒷면기재

표 15. 건부지성목간의속성

연번	국가 귀속번호	연륜 배열	형식	홈 가공	크기 길이	크기 너비		크기 두께	수종	기재내용 지명1	기재내용 인명	기재내용 수량	할서	서사 위치	서사면	기재 방향	목간 방향
117	가야2009	판목	II?	-	13.5 短	2.1	狹	0.6	소나무류	巾夫支城	夫酒只	稗一石		C	양면	-	-
129	가야2021	판목	IIb	④	15.1 短	2	狹	0.7	굴피나무류	巾夫支城	□郞支	稗一		B	단면	-	ㄱ
211	가야5591	판목	I?	-	13.7 短	2.1	狹	0.3	소나무류	巾夫支城	仇智支	稗		A	단면	-	ㄱ

【범례】 음영: 뒷면기재

표 16. 이실혜촌 목간의 속성

연번	국가 귀속번호	연륜 배열	형식	홈 가공	크기 길이	크기 너비		크기 두께	수종	기재내용 촌명	기재내용 수량	할서	서사 위치	서사면	기재 방향	목간 방향
54	가야80	추정목	I?	-	10.7 短	2.2	狹	0.5	소나무류	伊失兮村			-	단면	-	-
123	가야2015	판목	IIb	①	15 短	1.5	狹	0.5	소나무류	伊大兮村	稗石		B	단면	-	ㄱ

【범례】 음영: 뒷면기재

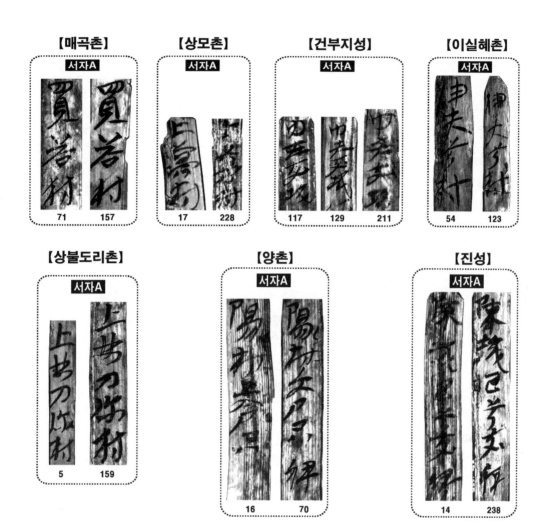

그림 12. 매곡촌, 상모촌, 건부지성, 이실혜촌, 상불도리촌, 양촌, 진성 목간의 서체(S=1/2)

3) 소결

필체로 보아 同筆(서자A)의 가능성이 커 보인다.

16. 이실혜촌 (표 16, 그림 12)

1) 제작기법

⑴ 연륜 배열 : 추정목 1점, 판목 1점이 확인된다.

⑵ 형식 : 확인되는 1점은 Ⅱb이다.

⑶ 홈 가공 : 파악할 수 있는 1점은 ①이다.

(4) 크기 : 2점 모두 길이는 短, 너비는 狹이다.

(5) 수종 : 모두 소나무류이다.

2) 서사

(1) 기재 내용 : 촌명+수량이 확인된다.

(2) 할서 : 확인할 수 없다.

(3) 서사 위치 : 확인되는 1점은 B이다.

(4) 서사면 : 2점 모두 단면이다.

(5) 기재 방향 : 확인할 수 없다.

(6) 목간 방향 : 확인되는 1점은 (ㄱ)이다.

3) 소결

크기, 수종, 서사면 등이 동일하다. 동문목간이며 필체로 보아 同筆(서자A)로 보인다.

V. 성산산성 목간의 제작 유형과 제작 단위

1. 목간의 제작 유형

이상으로 성산산성에서 출토된 목간 가운데 지명이 기재된 목간을 중심으로 제작기법 및 서서와 관련된 속성을 검토하였다. 분석 결과를 토대로 성산산성에서 출토된 목간의 제작 유형을 나누면 아래와 같다(그림 13).

1) 유형①

지명과 촌이 함께 기재된 유형이다. 구리벌, 고타, 감문, 구벌, 이진지, 추문, 이벌지 목간이 이 유형에 속한다. 대부분 하나의 지역에 복수의 촌이 존재하며 각 촌에는 한 명의 서자가 존재한다. 다만 감문, 이진지 사례처럼 하나의 촌에 복수의 서자가 존재하는 사례도 있고 구리벌, 추문 목간에서 알 수 있듯이 한 명의 서자가 여러 촌명을 기재하기도 하였다. 또 구벌, 이진지 사례처럼 특정 촌에 속하였더라도 목간에 촌명을 기재하지 않거나 이벌지 사례처럼 '小伊伐支村'에서 '村'만 생략하는 사례도 있다 .

2) 유형②

하나의 지명만 기재된 유형이다. 아개, 급벌성, 진성, 건부지성 목간이 이 유형에 속한다. 각 지역에는 단독, 또는 복수의 서자가 존재한다.[7]

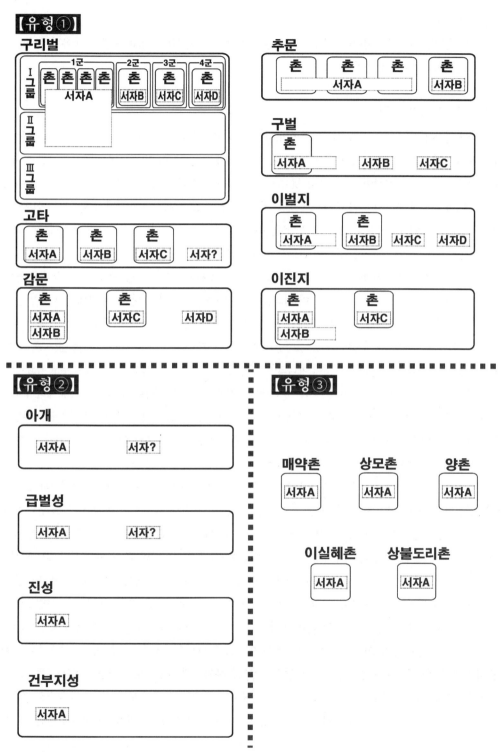

【유형①】

구리벌

I그룹 ┌1군┐ ┌2군┐ ┌3군┐ ┌4군┐
촌 촌 촌 촌 │ 촌 │ 촌 │ 촌
서자A │ 서자B │ 서자C │ 서자D

II그룹

III그룹

고타

촌 촌 촌
서자A 서자B 서자C 서자?

감문

촌 촌
서자A 서자C 서자D
서자B

추문

촌 촌 촌 촌
서자A 서자B

구벌

촌
서자A 서자B 서자C

이벌지

촌 촌
서자A 서자B 서자C 서자D

이진지

촌 촌
서자A 서자C
서자B

【유형②】

아개

서자A 서자?

급벌성

서자A 서자?

진성

서자A

건부지성

서자A

【유형③】

매약촌
서자A

상모촌
서자A

양촌
서자A

이실혜촌
서자A

상불도리촌
서자A

그림 13. 목간의 제작 유형

3) 유형③

하나의 촌명만 기재된 유형이다. 매곡촌, 상모촌, 이실혜촌, 상불도리촌, 양촌 목간이 이 유형에 속한다. 각 촌에는 단독의 서자가 존재한다.

2. 목간의 제작 단위

이상과 같은 분석 결과가 타당하다면 지명이 들어간 복수의 목간은 한 사람이 묵서하였을 것이라는 종래의 견해는 재검토할 필요가 있다. 즉 지명이 다르면 필체가 다르고 지명이 같으면 필체가 같으므로 지명이 들어간 목간들은 한 사람이 묵서하였을 것이라 지적하였으나(전덕재, 2007, p.235) 유형①에서 알 수 있듯이 하나의 지역에 복수의 촌이 존재하고 또 각 촌에는 한 명, 또는 복수의 서자가 존재하므로 실제로는 다양한 서자의 필체가 확인된다. 또 구리벌, 추문 목간처럼 한 명의 서자가 여러 촌명을 동시에 기입하는 사례도 있으므로 '지명=필체'라는 등식이 반드시 성립한다고는 보기 어렵다.

또 앞서 언급한 것처럼 유형①에 속하는 구리벌 목간은 나무판을 다듬는 가공 작업이 하나의 단위(공방, 공인)에서 이루어진 것으로 추정하였다. 이 결과를 중시한다면 구리벌에서 대량으로 제작된 나무판을 각 촌으로 분배한 후 각 촌의 서자가 이미 정해진 양식을 기재하였으리라는 가설도 성립할 수 있다. 다만 서자(A)로 보아 한 명의 서자가 기재할 수 있는 촌명과 양식은 다양하며 또 이미 지적된 것처럼(橋本繁, 2007, p.48) 필요할 때마다 하찰을 제작한 것이 아니라 어느 정도의 하찰을 미리 제작하여 보관해 두고 필요할 때마다 꺼내어 썼을 수도 있으므로 현재로서는 구리벌에서 대량으로 만든 나무판을 각 촌으로 분배하였을 것이라는 가설이 성립할 것이라 단정하기는 어렵다. 하나의 단위(공방, 공인)에서 대량으로 제작된 나무판을 근거리에 있는 여러 촌(서자A~D)에서 함께 가져가 사용하였을 수도 있기 때문이다. 추문 목간 역시 한 명의 서자(A)가 여러 촌명을 동시에 기입한 사례에 해당한다.

한편, 위에서 검토한 목간의 분석 결과만 중시한다면 성산산성 목간이 '郡' 단위에서 제작되었다고 볼 수 있는 결정적인 근거는 적어도 현재로서는 찾기 어렵다. 유형① 이외에 유형②, 유형③까지 고려한다면 성산산성에서 발견된 목간은 城, 또는 지역 내에 존재한 村 단위에서 제작된 것으로 보는 것이 합리적일 것이다. 만약 郡에서 제작한 목간을 촌에서 보낸 稅物에 일괄적으로 부착하였다면 郡, 즉 단위(지명)별로 필체가 같아야 하나 그렇지 않다는 것은 前章에서 자세히 살펴본 대로이다. 따라서 함안 성산산성에서 출토된 목간은 城 또는 村에서 제작되어 상위 지역으로 이동한 후 여기서 검수 과정을 거치고 다시 성산산성으로 운반되거나(유형①), 城 또는 村에서 제작되어 해당 지역에서 검수를 마친 후 바로 성산산성으로 운반(유형②·유형③)되었을 것이다. 함안까지 낙동강 수계를 따라 물품과 함께 이동한 목간은 성산산성에서 다시 한 번 검수 과정을 거쳤고 이후 성벽을 쌓는 데 필요한 부엽층에 폐기되면서 '一生'을 마감한 것으로 생각된다.

설령 앞으로 '郡'이 기재된 목간이 발견된다고 하더라도 이를 '郡' 단위에서 목간이 제작된 것으로 결론짓기 위해서는 또 다른 분석이 필요할지 모른다. 함안 성산산성 목간이 郡에서 제작되었는지에 관한 문제는

---

7) 감문 목간과 이진지 목간에도 '城下'라고 기재되어 유형②으로 분류할 수 있으나 촌명이 확인되므로 유형①로 분류하였다.

이 글에서 시도한 목간의 종합적인 분석만이 아니라 '郡'이 적힌 목간의 발견, 나아가 지금까지 밝혀진 6세기대 신라의 사회상과 행정단위 문제 등을 함께 고려할 때 비로소 해결될 수 있지 않을까.

VI. 맺음말

고대사에 문외한인 필자가 성산산성 출토 목간에 관심을 두게 된 이유는 나무판의 가공부터 서사까지, 목간이 완성되는 과정에 주목하고 이를 종합적으로 분석할 수 있다면 현재 논란거리인 목간의 제작 단위, 즉 郡과 城·村 가운데 어느 단위에서 목간이 제작된 것인지를 밝힐 수 있지 않을까 하는 막연한 기대감 때문이었다. 결과적으로 郡이 기재된 목간이 발견되지 않았으므로 郡 단위에서 목간을 제작한 것으로 보기 어렵다는 기존의 연구 성과를 되풀이할 수밖에 없어 애초에 의도한 바를 전혀 이루지 못한 용두사미격의 글이 되고 말았다.

그럼에도 현재까지 보고된 함안 성산산성 목간에 대해 서사를 집중적으로 분석하는 문헌사의 연구 방법만 아니라 제작 방법과 같은 고고학적인 관점을 접목함으로써 나름의 종합적인 분석을 시도하였다는 점은 이 논문이 지닌 의의라고 할 수 있을 것이다. 나아가 지명이 기재된 목간을 선입견을 배제한 채 일관된 기준으로 분석하고 정리한 점 역시 종래 연구에서 시도되지 않은 연구라고 할 수 있을 것 같다.

문자가 기재된 목간은 좋은 문헌 자료이자 동시에 훌륭한 고고 자료이다. 유물의 다양한 속성을 관찰하는 고고학자의 시선으로 삼국시대 발견된 목간을 관찰, 분석한다면 앞으로 문헌사에서 밝히지 못한 새로운 연구 결과도 기대할 수 있다. 목간을 포함한 고대 동아시아 문자자료의 고고학적인 연구는 앞으로의 과제로 삼고자 한다.

투고일: 2021.04.26   심사개시일: 2021.05.12   심사완료일: 2021.05.25

橋本繁, 2007, 「함안 성산산성목간의 제작기법」, 『함안 성산산성 출토 목간의 의의』, 국립가야문화재연구
　　소·일본 와세대대학 조선문화구소 공동연구 기념 학술대회 자료집.

金在弘, 2001, 「新羅 中古期 村制의 成立과 地方社會 構造」, 서울대 박사학위논문.

김창석, 2016, 「함안 성산산성 木簡을 통해 본 新羅의 지방사회 구조와 수취」, 『百濟文化』 54, 공주대 백제
　　연구소.

尹善泰, 1999, 「咸安 城山山城 出土 新羅木簡의 用途」, 『震檀學報』 88, 震檀學會.

尹善泰, 2002, 「新羅 中古期의 村과 徒」, 『韓國古代史研究』 25, 韓國古代史學會.

윤선태, 2012, 「咸安 城山山城 出土 新羅 荷札의 再檢討」, 『史林』 41, 수선사학회.

李京燮, 2005, 「城山山城 출토 下札木簡의 製作地와 機能」, 『韓國古代史研究』 37, 한국고대사학회.

李京燮, 2011, 「성산산성 출토 신라 짐꼬리표[荷札] 목간의 地名 문제와 제작 단위」, 『新羅史學報』 23, 신라
　　사학회.

이경섭, 2013, 「新羅木簡의 출토현황과 분류체계 확립을 위한 試論」, 『신라문화』 42, 동국대 신라문화연구소.

이경섭, 2020, 「성산산성 목간과 신라사 연구」, 『韓國古代史研究』 97, 한국고대사학회.

이수훈, 2007, 「신라 중고기 行政村·自然村 문제의 검토」, 『韓國古代史研究』 48, 한국고대사학회.

이재환, 2019, 「한국 출토 목간의 분류와 정리 및 표준화 방안」, 『목간과 문자』 23호, 한국목간학회.

전덕재, 2007, 「함안 성산산성 목간의 내용과 중고기 신라의 수취체계」, 『역사와 현실』 65, 한국역사연구회.

전덕재, 2009, 「함안 성산산성 출토 신라 하찰목간의 형태와 제작지의 검토」, 『목간과 문자』 3, 한국목간학회.

정현숙, 2017, 「함안 성산산성 목간의 서체」, 『韓國의 古代木簡 II』, 국립가야문화재연구소.

홍기승, 2019, 「함안 성산산성 목간으로 본 6세기 신라 촌락사회와 지배방식」, 『목간과 문자』 22호, 한국목
　　간학회.

橋本繁, 2014, 『韓国古代木簡の研究』, 吉川弘文館.

[追記]

부족한 원고의 오탈자를 수정하고 거친 글을 교정하는 데 경북대학교 대학원생 김동균 군에게 많은 신세를
졌습니다. 지면으로나마 감사하다는 말을 드립니다.

〈Abstract〉

Types and Units of Fabrication of Wooden tablets of Seongsan Fortress in Haman

Kim, Do-young

Many wooden tablets with geographical names have been excavated from Seongsan Fortress in Ha-man. If several names are written on the wooden tablet, each researcher has a different opinion on which unit each geographical name belongs to and where the wooden board was made. To solve this problem, this study collected the wooden tablet of Seongsan Fortress, where the geographical names were written, and analyzed the properties related to the production techniques and descriptions.

As a result, the wooden tablet of Seongsan Fortress were divided into three types of production. Perhaps the wooden tablets of Seongsan Fortress were constructed in a castle(城) or a vill(村), gath-ered in a higher area, and were inspected here and transported back to Seongsan Fortress(Type ①). Alternatively, it would have been manufactured in a castle(城) or vill(村) and transported to Seongsan Fortress immediately after the inspection in the area(type② · ③). Also, it is difficult to find a decisive basis for the wooden tablet of Seongsan Fortress to be produced in 'gun(郡)'

The wooden tablets with letters are both good literature and excellent archaeological materials. I would like to study ancient East Asian text materials, including the wooden tablets, from now on.

▶ Key words: Seongsan Fortress of Haman, wooden tablet(木簡), type, a production unit, transcription

〈봉림사진경대사비〉의 임나(任那) 관련 기록에 대한 재검토[*]
- 임나(任那) · 초발(草拔) · 금관국(金官國)의 역사적 성격 -

최연식[**]

〈국문초록〉

　김유신의 후손인 진경대사의 행적을 기록한 〈봉림사진경대사비〉 중에서 대사의 가계를 이야기하고 있는 '其先任那王族草拔聖枝'의 구절은 임나(任那)의 성격에 관한 1차적 기록으로 중시되어 왔다. 기존에는 김유신이 금관국 왕족 출신이라는 점을 근거로 위의 기록이 '임나=금관국=김해가야'임을 보여주는 근거로 활용되었지만, 이 구절에서 '초발(草拔)'의 의미가 무엇인지는 제대로 밝혀지지 않았다. 이 구절은 '其先, 任那王族·草拔聖枝'의 대구(對句) 형식이므로 임나(任那)와 초발(草拔)은 서로 밀접하게 관련된 존재로서, 임나의 시조나 시조가 속한 집단으로 보아야 할 것이다. 실제로 초발(草拔)의 동음이의어인 초발(初發)은 임나, 즉 금관국의 시조는 수로(首露)와 동일한 의미를 갖는다. 이로 볼 때 초발(草拔)은 본래 임나의 시조 혹은 시조가 속한 집단이었고, 이것이 좋은 의미의 한자로 바뀌는 과정에서 초발(初發)→수로(首露)로 변화된 것으로 추정된다. 한편 『일본서기』의 금관국과 남가라(南加羅), 즉 원래의 가야국의 멸망에 관한 기록을 살펴볼 때 금관국(=임나)과 김해에 있던 남가라(南加羅)는 본래 별개의 정치세력이었는데, 금관국(=임나)이 신라에 병합되고 그 주민들이 김해 지역에 옮겨 살면서 금관국(=임나)과 남가라가 동일한 정치세력으로 오해되었던 것으로 보인다. 금관국(=임나)은 본래 초발(草拔)과 발음이 비슷한 초팔혜(草八兮)로서 합천 동부의 쌍책면·초계면 지역에 위치하였으며, 이곳에 있는 옥전고분군 및 성산리토성 등은 금관국과 관련된 유적으로

---

[*] 이 논문은 2020년도 동국대학교 연구년 지원에 의하여 이루어졌음.

[**] 동국대학교(서울) 사학과 교수

추정된다. 이 금관국은 북쪽의 고령 지역 정치세력과 함께 대가야(大伽倻)를 구성하는 중심 세력이었으며, 이는 대가야와 금관국의 시조가 형제로서 가야산신의 아들이라는 전설과도 상통한다.

▶ 핵심어: 임나(任那), 금관국(金官國), 수로(首露), 초발(草拔), (남)가라, 대가야, 초팔혜(草八兮), 봉림사진경대사비

I. 머리말

임나(任那)는 고대 한반도에 존재했던 주요한 정치세력의 하나로 한국은 물론 일본과 중국의 문헌에 보이고 있지만, 현재 학계의 임나에 관한 관심과 연구는 그다지 크다고는 할 수 없다. 기본적으로는 임나에 관한 기록들이 대단히 단편적일 뿐 아니라 때로는 서로 상충되는 것처럼 보이기도 하는 자료적 한계에 기인한 것이겠지만, 그에 못지않게 20세기 전반에 일본제국주의 입장에서 이뤄진 임나 관련 연구에 대한 비판의식과 경계감도 임나에 대한 연구의 장애가 되고 있는 것으로 보인다. 하지만 당대의 기록으로 볼 때 임나는 한반도 남부의 주요한 정치세력이었고, 멸망 이후에도 유민들이 상당한 귀속감을 가지고 있었던 것으로 보인다. 현재의 임나에 대한 연구는 가야 연구의 일환으로 이뤄지는 경향이 강한데, 제한된 자료를 통해서라도 임나의 실체에 대해 깊은 관심을 가질 필요가 있다고 생각된다.

현재 임나에 대해서는 일반적으로 본래 김해에 있던 금관국(金官國)의 이칭(異稱)이었다가 후대에는 경상도 서부지역의 이른 바 '가야연맹'을 가리키는 용어로 사용되었던 것으로 이해되고 있다. 이는 신라말기에 찬술된 〈봉림사진경대사비〉에서 금관국 왕실을 임나의 왕족으로 일컬은 내용[1]과 6세기 중엽 신라에 의해 멸망된 대가야 등의 '가야' 지역 정치세력들을 임나의 총칭이라고 이야기한 『일본서기』의 내용[2]을 종합한 것으로, 이러한 이해는 임나를 가야사의 일부로 파악하는 근거이기도 하다.

그러나 이들 자료 중 임나와 금관국에 대해 이야기하고 있는 〈봉림사진경대사비〉에 대해서는 현재 이해되고 있는 것과 다른 시각에서 새롭게 검토될 필요가 있다고 생각된다. 〈봉림사진경대사비〉에 담긴 임나와 금관국 관련 내용 중 일부는 지금까지의 연구에서 간과되어 왔으며, 이로 인해 임나와 금관국에 대해 비문의 찬자가 이야기하려 했던 것과는 다르게 이해된 부분이 적지 않다고 생각되기 때문이다. 이 글에서는 〈봉림사진경대사비〉 중의 임나 관련 기록에 대한 재검토를 통하여 임나와 금관국의 성격에 대해 새로운 이해를 시도해보고자 한다. 임나에 대한 새로운 이해는 가야에 대한 이해에도 새로운 시각을 제공할 수 있을 것이다.

---

1) 〈鳳林寺眞鏡大師寶月凌空塔碑〉. 자세한 내용은 II장의 내용 참조.
2) 『日本書紀』19 欽明天皇 "廿三年春正月, 新羅打滅任那官家. 一本云, 廿一年, 任那滅焉. 總言任那, 別言加羅國·安羅國·斯二岐國·多羅國·卒麻國·古嵯國·子他國·散半下國·乞飡國·稔禮國, 合十國."

II. 임나(任那) 초발(草拔)과 금관국(金官國)의 시조 수로(首露)

924년 4월 경남 창원의 선종사찰 봉림사(鳳林寺)에 건립되었던 (현재는 서울 국립박물관 야외전시장 소재) 〈봉림사진경대사보월능공탑비(鳳林寺眞鏡大師寶月凌空塔碑)〉(이하 〈진경대사비〉)는 몇 안되는 국내의 임나 관련 문자자료 중에서도 임나와 김유신 집안의 관계를 명확히 밝히고 있는 중요한 자료이다. 즉, 923년에 경명왕(景明王)이 찬술한 이 〈진경대사비〉에서는 진경대사 심희(審希)의 가계에 대해서 서술하면서 신김(新金) 씨인 그의 선조는 임나의 왕족이고, 원조(遠祖)는 흥무대왕(興武大王) 곧 김유신이라고 밝히고 있다. 이 기록을 통해 김유신 계통이 본래 임나 왕족의 후손이며, 신라 사회에서 김씨 왕족과 구별되는 신김(新金) 씨로 일컬어졌다는 사실을 확인할 수 있다. 그런데 해당 기록에는 이밖에도 임나 및 김유신의 가계와 관련하여 매우 중요한 '草拔'이라는 내용이 들어 있음에도 이에 대해서는 전혀 주목되지 못하였다. 해당 구절이 제대로 해석되지 못하였기 때문이다. 해당 기록은 다음과 같다.

> (1) 대사의 휘(諱)는 심희(審希)이고, 속성은 신김(新金) 씨이다. 그 조상은 임나(任那)의 왕족이고 초발(草拔)의 성지(聖枝)였는데, 항상 이웃의 군대에 고통받아 우리나라(=신라)에 투항하였다. 원조(遠祖)인 흥무대왕(興武大王, 김유신)은 오산(鼇山, 경주 남산)과 접수(鰈水, 동해)의 정기를 받아 문부(文符)를 잡고 재상의 집안에서 태어나 무략(武略)을 가지고 왕실을 높이 받들었다.[3]

위 문장에서 '임나(任那)의 왕족이고 초발(草拔)의 성지(聖枝)[任那王族·草拔聖枝]'라는 구절은 진경대사의 조상에 대해 설명하는 내용으로, '임나의 왕족'과 '초발의 성지'가 대구(對句)로 이루어져 있다. 따라서 두 문구가 다 같이 주목되어야 하지만 기존에는 앞의 '임나의 왕족'에만 주목하고 뒤의 '초발의 성지'에 대해서는 전혀 주목하지 않았다. 이는 '초발의 성지'가 '임나의 왕족'과 대구라는 점이 제대로 이해되지 못하였기 때문이다.

이 구절에 대한 기존의 해석은 '임나 왕족으로 초발성지가'[4] '임나의 왕족이다. 풀에서 성스러운 가지를 뽑았으나'[5] '임나의 왕족으로, 처음에는 빼어난 왕의 자손이었는데'[6] '임나의 왕족으로, 거친 풀밭에서 성스러운 가지가 빼어났다'[7] 등으로 모두 앞의 '임나왕족'과 뒤의 '초발성지'를 연관 짓지 않고 있으며, 결과적으로 뒤의 '초발성지'의 의미가 제대로 이해되지 못한 채 애매한 해석을 하고 있다. 그런데 해당 문장은 전형

---

3) 景明王 찬술 〈鳳林寺眞鏡大師寶月凌空塔碑〉 "大師, 諱審希, 俗姓新金氏. 其先, 任那王族·草拔聖枝, 每苦隣兵 投於我國. 遠祖興武大王, 鼇山稟氣 鰈水騰精, 握文符而出自相庭 携武略而高扶王室."

4) 올림픽준비단, 1987, 『서울금석문대관』, 서울특별시, p.46.

5) 한국고대사회연구소 편, 1992, 『역주한국고대금석문Ⅲ』, 가락국사적개발연구원, p.223.

6) 이지관, 1993, 『교감역주 역대고승비문(신라편)』, 가산불교문화연구원, p.349.

7) 김태식 외, 2004, 『역주 가야사료집성 제1권』, 가락국사적개발연구원, p.137.

적인 변려문(騈儷文)으로서, 다음과 같이 전체가 대구를 이루고 있다.

> 大師, 諱審希·俗姓新金氏.
> 其先, 任那王族·草拔聖枝, 每苦隣兵·投於我國.
> 遠祖興武大王, 鼇山稟氣·鰈水騰精, 握文符而出自相庭·携武略而高扶王室.

세 단락이 각기 주어인 대사(大師), 기선(其先), 원조흥무대왕(遠祖興武大王) 뒤의 구절을 대구로 표현하고 있는 것이다. 따라서 '任那王族·草拔聖枝'도 대구로 이해되어야 하며, 해석도 '임나의 왕족(王族)'이고 초발의 성지(聖枝)'가 되어야 한다. 아울러 대구이므로 내용상으로도 서로 연결되어야 한다. 즉, 임나와 초발은 밀접한 관련이 있는 내용이 되어야 한다. 실제로 뒤의 왕족(王族)과 성지(聖枝)는 신성한 신분을 나타내는 것으로 유사한 의미를 갖고 있다. 대구의 경우에는 상호 교차하여 해석될 수도 있으므로, '임나·초발의 왕족·성지'라고 해석될 수 있고, 따라서 임나와 초발은 상호 공통된 무엇이지 않으면 안 된다.

그렇다면 '초발의 성지'는 무엇일까. 뒤의 성지가 신성한 후예의 의미로 해석되므로 초발은 조상이 될 수 있는 특정한 인물이나 부족, 집단 등이 되어야 할 것이다. 특히 뒤의 원조(遠祖)를 고려하면, 그보다 앞에 서술된 초발은 원조에 선행하는 존재로서 시조나 소속 집단(의 출자)을 가리키는 것으로 보아야 할 것이다. 즉 초발은 임나의 시조나 아니면 김유신 가계의 출자(出自) 집단으로 볼 수 있는 것이다. 혹은 출자 집단도 특정한 시조에게서 비롯된 것이므로 두 가지 의미를 함께 가지고 있을 수도 있다. 어찌되었든 초발은 임나의 시조 혹은 그와 관련되는 집단을 가리키는 것으로 보는 것이 타당할 것이다.

이와 같이 초발은 임나 왕족의 후예인 진경대사의 시조나 출자집단으로 해석되는데, 그렇다면 진경대사의 원조인 김유신의 경우에도 초발은 시조나 출자집단이 되어야 할 것이다. 그런데 잘 알려진 것처럼 김유신의 시조는 가락국 시조인 수로왕(首露王)이다. 따라서 위의 기록이 타당하다면 초발과 수로는 밀접한 관계를 가져야 할 것이다. 초발과 수로는 어떠한 관련을 갖고 있는 것일까.

이와 관련하여 초발(草拔)과 같은 발음의 다른 한자로 바꾸면 수로(首露)와 의미가 상통하는 사실이 주목된다. 즉, 잘 알려진 것처럼 『가락국기(駕洛國記)』에 의하면 수로는 하늘에서 구지봉으로 내려 온 여섯 개의 알 중에 '처음으로 나타나서[始現]' 수로(首露)라고 이름하였다고 하는데,[8] 초발(草拔)을 발음이 같은 초발(初發)로 바꾸면 이는 '처음 나타나다'는 뜻으로서 수로(首露)와 의미가 일치하게 된다. 이러한 일치는 우연이라고는 생각하기 힘들다. 두 단어가 일정한 관련을 갖는 것은 그들이 본질적으로 동일한 성격을 가지고 있기 때문일 것이다. 즉, 양자는 동일한 존재를 가기키는 서로 다른 호칭, 곧 동의이음(同義異音)의 관계로

---

8) 『三國遺事』紀異第二「駕洛國記」"唯紫繩自天垂而着地, 尋繩之下, 乃見紅幅裏金合子, 開而視之, 有黃金卵六圓如日者. 衆人悉皆驚喜. 俱伸百拜. … 翌日平明, 衆庶復相聚集, 開合而六卵化爲童子, 容貌甚偉. 仍坐於床, 衆庶拜賀, 盡恭敬止. 日日而大, 踰十餘晨昏, 身長九尺則殷之天乙, 顔如龍焉則漢之高祖, 眉之八彩則有唐之高, 眼之重瞳則有虞之舜. 其於月望日卽位也, 始現故諱首露. … 餘五人各歸爲五伽耶主."

볼 수 있다.

초발과 수로가 같은 존재를 가리키는 것이라면 둘 사이의 관계는 어떠한 것이었을까? 후대에는 수로가 널리 알려졌지만, 자료들의 선후 관계로 볼 때는 초발을 언급하고 있는 〈진경대사비〉가 수로를 언급하고 있는 다른 여타의 자료들보다 선행하고 있다. 〈진경대사비〉는 신라 말인 924년(경명왕 8)에 찬술된 반면 수로에 대해 이야기하고 있는 현전 자료들은 모두 고려시대 이후에 찬술된 것들이기 때문이다. 대가야와 금관국의 시조에 대해 언급하고 있는 신라말 최치원의 기록에도 수로에 대한 언급은 없다.[9] 적어도 현존하는 자료로 볼 때에는 초발이 수로에 선행한다고 볼 수 있는 것이다. 김유신 사후 곧바로 건립된 것으로 보이는 김유신의 비문[10]과 그의 현손이 찬술한 행록을[11] 참조하고 있는 『삼국사기』의 김유신 열전에서 김유신의 조상을 수로라고 이야기하고 있기는 하지만[12] 『삼국사기』 편찬 당시에는 이미 김유신의 시조를 수로라고 이야기하는 전승이 확립된 시기였으므로 실제 김유신의 비문과 행록에 수로가 언급되어 있었는지는 알기 어렵다.

두 단어의 성격으로 볼 때에도 초발이 수로에 선행하는 것으로 보는 것이 자연스럽다. 초발(草拔)이 변형된 초발(初發)을 같은 의미의 보다 고상한 표현인 수로(首露)로 바꾸는 것은 단어의 변화 양상을 고려할 때 있을 수 있는 일이지만 원래 있던 수로(首露)를 굳이 초발(初發)로 바꾼 후 이를 그 의미를 쉽게 떠올릴 수 없는 초발(草拔)로 변형시킨다는 것은 상정하기 어렵기 때문이다. 그렇다면 김유신 가계의 시조는 본래는 초발(草拔)로 불리었는데 후대에 보다 고상하고 신비한 의미를 담아서 - 초발(初發)을 거쳐 - 수로(首露)로 바뀌었다고 보는 것이 합리적일 것이다. 이와 같이 토착 이름에 대한 한자 표기가 처음에는 토착어의 발음에 맞는 한자를 임의로 붙였다가 이후 비슷한 발음이면서 한자로도 일정한 의미가 있는 글자로 바꾸고, 이후에 이를 다시 보다 고상하고 우아한 단어로 바꾸는 변화 양상은 『삼국사기』 지리지의 토착 지명의 변화 사례에서도 적지 않게 보이고 있다. 예를 들면 도동화(刀冬火)는 통일신라 때 도동(道同)으로 바뀌었다가 후에 영주(永州)가 되었고,[13] 수이홀(首爾忽)도 통일신라에서 수성(戍城)으로 바뀌었다가 나중에 수안(守安)이 되었고,[14] 빈굴(賓屈) 역시 빈성(斌城)으로 바뀌었다가 다시 인의(仁義)가 되었다.[15] 평진현(平珍峴)이 편험(偏嶮)을 거쳐 운암현(雲巖縣)이 된 것[16]이나 파부리(波夫里)가 부리(富里)를 거쳐 복성(福城)이 된 것[17], 비사

---

9) 『新增東國輿地勝覽』 권29 高靈郡 建置沿革 "按崔致遠釋利貞傳云 '伽倻山神正見母主, 乃爲天神夷毗訶之所感, 生大伽倻王惱窒朱日 金冠國王惱窒靑裔二人,' 則惱窒朱日爲伊珍阿鼓王之別稱 靑裔爲首露王之別稱. 然與駕洛國古記六卵之說俱荒誕, 不可信." 이 기사에서 최치원의 釋利貞傳으로부터의 인용은 밑줄 친 부분이다.

10) 『三國史記』 권43 열전 金庾信下 "大王聞訃震慟, 贈賻彩帛一千匹·租二千石, 以供喪事, 給軍樂鼓吹一百人, 出葬于金山原, 命有司立碑, 以紀功名, 又定人民戶, 以守墓焉."

11) 『三國史記』 권43 열전 金庾信下 "庾信玄孫 新羅執事郞長淸, 作行錄十卷, 行於世. 頗多釀辭, 故刪落之, 取其可書者, 爲之傳."

12) 『三國史記』 권41 열전 金庾信上 "金庾信, 王京人也. 十二世祖首露, 不知何許人也. 以後漢建武十八年壬寅, 登龜峯, 望駕洛九村, 遂至其地開國, 號曰加耶, 後改爲金官國. 其子孫相承, 至九世孫仇亥, 或云仇次休, 於庾信爲曾祖. 羅人自謂少昊金天氏之後, 故姓金. 庾信碑亦云, 軒轅之裔少昊之胤, 則南加耶始祖首露, 與新羅同姓也."

13) 『三國史記』 권34 雜志3 地理1 "道同縣, 本刀冬火縣, 景德王改名. 今合屬永州."

14) 『三國史記』 권35 雜志4 地理2 "戍城縣, 本高句麗首尒忽, 景德王改名. 今守安縣."

15) 『三國史記』 권36 雜志5 地理3 "斌城縣, 本百濟賓屈縣, 景德王改名. 今仁義縣."

현(比史縣)이 백주현(栢舟縣)을 거쳐 태강현(泰江縣)이 된 것[18] 등도 마찬가지 사례라고 할 수 있다.

초발이 수로보다 선행하는 것이고, 수로는 초발의 변형태인 초발(初發)에 의거한 것이라면, 『가락국기』에 이야기되고 있는 것과 같은 하늘에서 여섯 개의 알이 내려오고 그중 알에서 가장 먼저 나온 인물이 왕이 되었다는 전승은 초기부터 있었던 것이 아니라 후대에 초발(草拔)이 초발(初發)로 바뀐 이후에 비로소 출현하였다고 보아야 할 것이다. 사실 수로라는 이름은 대가야 시조 전승에 나오는 이진아시(伊珍阿豉)나 뇌질주일(惱窒朱日), 뇌질청예(惱窒靑裔)[19] 등은 물론 고구려의 주몽(朱蒙)이나 신라의 혁거세(赫居世) 등과 비교해도 매우 세련된 한자 이름이다. 한자 및 한문에 대한 이해가 널리 퍼진 이후에야 이런 이름이 나올 수 있었을 것이다.

III. 금관국의 본래 근거지는 김해였는가

앞 장에서는 「진경대사비」의 내용을 토대로 김유신 가계 나아가 금관국의 시조가 본래는 수로가 아니라 초발이라는 존재였음을 이야기하였는데, 여기에서 나아가 김유신의 가계 및 금관국의 본래 근거지에 대해서도 새롭게 살펴볼 필요가 있다. 현재 일반적으로 김유신 가계의 출신국인 금관국을 김해에 있던 가야국과 동일한 것으로 보고 있지만, 금관국과 관련된 사료 중에는 그렇게 보기에 어려운 내용들도 보이고 있기 때문이다.

금관국을 김해의 가야국과 동일한 것으로 이해하게 하는 기본적인 자료는 『삼국사기』와 『삼국유사』의 금관국에 관한 기록들 및 그에 기초한 후대의 지리지 자료들이다.

> ② 음즙벌국(音汁伐國)과 실직곡국(悉直谷國) 영토를 다투다 왕에게 와서 결정해주기를 청하였다. 왕이 어려워하다가 금관국(金官國) 수로왕이 나이가 있고 지식이 많다고 생각하여 불러 물었다. 수로왕이 의견을 내어 다투는 땅을 음즙벌국에 속하게 하였다.[20]

> ③ 금관국주(金官國主) 김구해(金仇亥)가 왕비 및 세 아들[큰아들은 노종(奴宗), 둘째는 무덕

---

16) 『三國史記』 권35 雜志4 地理2 "偏嶮縣, 本高句麗平珍峴縣, 景德王改名, 今雲嚴縣."

17) 『三國史記』 권36 雜志5 地理3 "富里縣, 本百濟波夫里郡, 景德王改名. 今福城縣."

18) 『三國史記』 권36 雜志5 地理3 "栢舟縣, 本百濟比史縣, 景德王改名. 今泰江縣."

19) 『三國史記』 권34 雜志3 地理1 "高靈郡, 本大加耶國, 自始祖伊珍阿豉王 一云内珍朱智., 至道設智王, 凡十六世, 五百二十年. 眞興大王侵滅之, 以其地爲大加耶郡.";『新增東國輿地勝覽』 권29 高靈縣 "按崔致遠釋利貞傳云 "伽倻山神正見母主 乃爲天神夷毗訶之所感 生大伽倻王惱窒朱日 金冠國王惱窒靑裔二人" 則惱窒朱日爲伊珍阿豉王之別稱 靑裔爲首露王之別稱."

20) 『三國史記』 권1 新羅本紀 婆娑尼師今 "(23년 8월) 音汁伐國與悉直谷國爭疆, 詣王請決. 王難之, 謂金官國首露王年老多智識, 召問之. 首露立議, 以所爭之地, 屬音汁伐國."

(武德), 막내는 무력(武力)이다]과 함께 나라 창고의 보물을 가지고 와서 항복하였다. 왕이 예로 대우하여 높은 등급의 지위를 주고 본국을 식읍으로 하였다. 아들 무력은 벼슬하여 각간에 이르렀다.[21]

④ 김해소경(金海小京)은 옛 금관국(金官國)이다. [혹은 가락국(伽落國)이라고도 하고, 가야(伽耶)라고도 한다.] 시조 수로왕에서부터 10세(世)인 구해왕(仇亥王)에 이르러, 양(梁)나라 중대통(中大通) 4년(532), 신라 법흥왕 19년에 백성들을 거느리고 와서 항복하여, 그 땅을 금관군(金官郡)으로 삼았다. 문무왕 20년인 영륭(永隆) 원년(680)에 소경(小京)으로 하였다. 경덕왕이 이름을 김해(小)경으로 바꾸었다. 지금(=고려)은 금주(金州)이다.[22]

⑤ 김유신(金庾信)은 왕경(王京) 사람이다. 12세조인 수로(首露)는 어디 사람인지 알 수 없는데, 후한 건무(建武) 18년(42) 임인에 구봉(龜峰)에 올라 가락(駕洛) 9촌을 둘러보고 드디어 그 땅으로 가 나라를 열고 이름을 가야(加耶)라고 하였다. 후에는 금관국(金官國)이라고 바꾸었다. 그 자손이 계승하여 9세손 구해(仇亥)[혹은 구차휴(仇次休)라고 한다]에 이르렀는데, 이 사람이 김유신의 증조부가 된다. 신라 사람이 스스로 소호금천씨(少昊金天氏)의 후예이므로 성을 김(金)으로 하였다고 하였는데, 김유신의 비에서도 또한 헌원(軒轅)과 소호(少昊)의 후예라고 하였으니 남가야(南加耶) 시조 수로와 신라는 같은 성(姓)이다.[23]

⑥ 또 『본조사략(本朝史略)』에서 말하기를 "태조 천복(天福) 5년(940) 경자에 5가야의 이름을 바꾸었으니, 첫째는 금관(金官)[김해부이다], 둘째는 고령(古寧)[가리현(加利縣)이다], 셋째는 비화(非火)[지금의 창녕(昌寧)이다. 고령(高靈)의 잘못으로 생각된다.)이고, 나머지 둘은 아라(阿羅)와 성산(星山)[(아라와 성산의 위치는) 앞에서 이야기한 것(=아라는 함안, 성산은 경산)과 같다. 성산은 혹은 벽진(碧珍) 가야라고도 한다.]이다.[24]

---

21) 『三國史記』 권4 新羅本紀 法興王 "(19년) 金官國主金仇亥, 與妃及三子, 長曰奴宗, 仲曰武德, 季曰武力, 以國帑寶物來降. 王禮待之, 授位上等, 以本國爲食邑. 子武力仕至角干."

22) 『三國史記』 권34 雜志3 地理1 "金海小京, 古金官國(一云伽落國, 一云伽耶), 自始祖首露王至十世仇亥王, 以梁中大通四年, 新羅法興王十九年, 率百姓來降, 以其地爲金官郡. 文武王二十年, 永隆元年, 爲小京, 景德王改名金海京, 今金州."

23) 『三國史記』 권41 열전1 金庾信 上 "金庾信, 王京人也. 十二世祖首露, 不知何許人也, 以後漢建武十八年壬寅, 登龜峰, 望駕洛九村, 遂至其地開國, 號曰加耶, 後改爲金官國. 其子孫相承, 至九世孫仇亥, 或云仇次休, 於庾信爲曾祖. 羅人自謂少昊金天氏之後, 故姓金.庾信碑亦云 軒轅之裔, 少昊之胤. 則南加耶始祖首露與新羅同姓也."

24) 『三國遺事』 紀異第二 「駕洛國記」 "又本朝史略云. 太祖天福五年庚子改五伽耶名. 一金官(爲金海府) 二古寧(爲加利縣) 三非火(今昌寧, 恐高靈之訛) 餘二阿羅, 星山(同前. 星山或作碧伽耶)"

⑦ 금관(金官) 호계사(虎溪寺)의 파사석탑(婆裟石塔)은 옛날 이 고을이 금관국(金官國)이었을 때에 세조 수로왕의 왕비인 허황후(許皇后)[이름은 황옥(黃玉)이다]가 동한 건무 24년 (48) 갑신에 서역의 아유타국(阿踰陁國)에서 싣고 온 것이다. …… 금관국은 또한 가락국 (駕洛國)이라고도 하였다. 자세한 것은 본기(本記)에 실려 있다.[25]

⑧ 금주(金州)는 본래 가락국(駕洛國)이다. 신라 유리왕(儒理王) 18년에 …… 금상자가 하늘 에서 내려왔는데 그 안에는 해와 같이 둥근 금색의 알이 있었다. …… 다음날 상자를 열 어보니 한 동자가 껍질을 깨고 나왔다. 나이는 열다섯 살 쯤 되어 보이는데 용모가 매우 훌륭하였다. … 받들어서 임금으로 삼으니 이 사람이 수로왕이었다. 나라의 이름을 가락 (駕洛)이라 하고 또 가야(伽倻)라고도 하였다. 후에 고쳐서 금관국(金官國)이라고 하였다. …… 수로왕 이후에 … 구해왕(仇亥王)에 이르기까지 모두 491년 동안 나라가 지속되었 다. 신라 법흥왕이 (구해왕의) 항복을 받아 객례(客禮)로 대우하고 그 나라를 식읍(食邑) 으로 하고 금관군(金官郡)이라고 하였다. 문무왕이 금관소경(金官小京)을 두었고, 경덕왕 이 김해소경(金海小京)이라고 하였다.[26]

위의 기록들에서는 한결같이 금관국은 김해에 있던 가야 혹은 가락국의 별칭으로 이야기하고 있고, 따 라서 금관국은 처음 건국된 이후 줄곧 김해에 있던 것으로 이해하고 있다. 또한 김해의 신라시대 칭호인 금 관군 및 금관소경은 이 지역에 있던 금관국에서 기인한 것으로 설명하고 있다. 이러한 기록들에 의거하여 금관국이 곧 김해에 있던 가야(가락국)이었고, 이 금관국은 수로왕에 의해 개창된 이후 이 지역에서 발전하 다가 김유신의 조부인 구해왕 때에 신라에 항복하여 신라의 군현이 되었고 그 왕족은 경주로 옮겨가 신라 의 귀족이 되었다고 이해되고 있는 것이다.

그런데 8세기 초기에 편찬된 『일본서기』의 내용 중에는 이러한 금관국과 김해의 가야(가락국)의 동일성 을 의심하게 하는 내용들이 여러 곳에서 보이고 있다. 금관국과 김해의 가야(가라)를 서로 다른 나라로 언 급하고 있을 뿐 아니라 그 멸망 시기도 차이가 나는 것으로 이야기하고 있는 것이다.

---

25) 『三國遺事』 塔像第四 「金官城婆裟石塔」 "金官虎溪寺婆裟石塔者. 昔此邑爲金官國時. 世祖首露王之妃, 許皇后名黃玉. 以東漢建武 二十四年甲申. 自西域阿踰陁國所載來. … 金官國亦名駕洛國. 具載本記.

26) 『高麗史』 권57 志11 地理2 "金州本駕洛國. 新羅儒理王十八年 駕洛之長我刁干汝刁干彼刁干等九人 率其民禊飮 望見龜旨峯有非 常聲氣 就視之 有金櫝 自天而降 中有金色卵圓如日輪. 九人拜而神之奉置我刁干家. 翼日九人咸會開櫝而視 有一童子剖殼而生 年可 十五 容貌甚偉 衆皆拜賀盡禮. 童子日氣岐嶷 歷十餘日身長九尺. 是月望 九人邃奉以爲主卽首露王也. 國號駕洛又稱伽倻 後改爲金官 國. 四境 東至黃山江 東北至伽倻山 西南際大海 西北界智異山. 卽位一百五十八年薨 至九代孫仇亥齎國帑寶物降于新羅. 自首露王以 後 居登王麻品王居叱彌王伊尸品王坐知王吹希王銍知王鉗知王至仇亥王[亥三國遺事駕洛國記作衝.] 有國凡四百九十一年 新羅法興 王 旣受降待以客禮 以其國爲食邑 號金官郡. 文武王置金官小京 景德王爲金海小京."

⑨ (게타이[繼體]천황) 21년(527) 여름 6월 갑오(3일), 오우미노 게나노오미(近江毛野臣)가 무리 6만을 이끌고 임나(任那)에 가서 신라에게 멸망당한 남가라(南加羅)와 탁기탄(喙己吞)을 다시 일으켜 임나에 합하려고 하였다. 그런데 이때에 치쿠시(筑紫, 규슈 북부지역)의 국조(國造)인 이와이(磐井)는 몰래 반역을 도모한 지 여러 해가 되었지만 일이 이루어지기 어려워 기회를 엿보고 있었다. 신라기 이를 알고 몰래 이와이에게 뇌물을 주어 게나노오미의 군대를 막도록 권하였다. 이에 이와이는 히노쿠니(火國, 규슈 서부지역)와 도요쿠니(豊國, 규슈 동부지역)를 장악하여 중앙정부와 통하지 못하게 하였다. 그리고 밖으로는 바닷길을 열어 고려, 백제, 신라, 임나 등의 조공선을 끌어들이고, 안으로는 임나(에 가려는) 게나노오미의 군대를 막았다.[27]

⑩ (게타이[繼體]천황 23년, 529) 이 달(=3월)에 오우미노 게나노오미(近江毛野臣)를 안라(安羅)에 보내 신라에게 남가라(南加羅)와 탁기탄(喙己吞)을 다시 일으키도록 권하게 하였다. 백제는 장군군(將軍君) 윤귀(尹貴)와 마나갑배(麻那甲背) 마로(麻鹵) 등으로 하여금 안라에 가서 조칙을 받들게 했다. 신라는 번국(蕃國)의 관가(官家)를 멸망시킨 것을 걱정하여 대인(大人)을 보내지 않고 부지나마례(夫智奈麻禮)와 해나마례(奚奈麻禮) 등으로 하여금 안라에 가서 조칙을 받들게 했다.[28]

⑪ (게타이[繼體]천황 23년, 529) 여름 4월 무자(7일), 임나왕(任那王) 기능말다(己能末多) 간기(干岐)가 조회하러 와서[기능말다(己能末多)는 아마도 아리사등(阿利斯等)일 것이다.] 오오토모노 오오무라지(大伴大連) 가나무라(金村)에게 "바다 밖의 여러 번국들은 태중천황(胎中天皇, 오진(應神)천황) 때부터 내관가(內官家)를 설치하고 본토(本土)에서 버리지 않았습니다. 그 땅의 영역을 정해준 것은 진실로 까닭이 있어서입니다. 지금 신라는 원래 내려준 영역을 어기고 자주 경계를 넘어 침략해 옵니다. 청컨대 천황께 아뢰어 신(臣)의 나라를 구해 주십시오."라고 하였다. 오오토모노 오오무라지는 요청한대로 아뢰었다.[29]

⑫ (게타이[繼體]천황 23년, 529) 이 달(=4월)에 사신을 시켜 기능말다 간기를 보내고, 아울

---

27) 『日本書紀』 권17 繼體紀 "廿一年夏六月壬辰朔甲午 近江毛野臣 率衆六萬 欲住任那 爲復興建新羅所破南加羅 喙己吞 而合任那 於是 筑紫國造磐井 陰謨叛逆 猶預經年 恐事難成 恒伺間隙 新羅知是 密行貨路于磐井所 而勸防遏毛野臣軍 於是 磐井掩據火豊二國 勿使修職 外邀海路 誘致高麗·百濟·新羅·任那等國年貢職船 內遮進任那毛野臣軍."

28) 『日本書紀』 권17 繼體紀 "是月 遣近江毛野臣 使于安羅 勅勸新羅 更建南加羅·喙己吞 百濟遣將軍君尹貴·麻那甲背·麻鹵等 往赴安羅 式聽詔勅 新羅 恐破蕃國官家 不遣大人 而遣夫智奈麻禮·奚奈麻禮等 往赴安羅 式聽詔勅."

29) 『日本書紀』 권17 繼體紀 "夏四月壬午朔戊子 任那王己能末多干岐來朝言(己能末多者 蓋阿利斯等也) 啓大伴大連金村曰 夫海表諸蕃 自胎中天皇 置內官家 不棄本土 因封其地 良有以也 今新羅 違元所賜封限 數越境以來侵 請 秦天皇 救助臣國 大伴大連 依乞秦聞."

러 임나에 있는 오우미노 게나노오미(近江毛野臣)에게 (기능말다 간기가) 아뢴 바를 알아 보고, (신라와 임나가) 서로 의심하는 것을 화해시키라고 명하였다. (중략) 이에 신라는 다시 그 상신(上臣) 이질부례지(利叱夫禮智) 간기(干岐)로 하여금[신라에서는 대신을 상신이라 한다. 어떤 책에는 이질부례지(伊叱夫禮智) 나말(奈末)이라 하였다] 군사 3천 명을 거느리고 와서 명령을 듣고자 하였다. 게나노오미는 멀리서 무기를 든 무리 수천 명을 보고서 웅천(熊川)에서 나와 임나의 기질기리성(己叱己利城)으로 들어갔다. 이질부례지 간기는 다다라원(多多羅原)에 머물며 공경하여(감히?) 돌아가지 않고 석 달을 기다리며 여러 차례 명령을 듣고자 청했지만 (게나노오미는) 끝내 (명령을) 전하려 하지 않았다. 이질부례지가 거느린 사졸들이 마을에서 밥을 얻어먹다가 게나노오미의 종자인 가와치노 우마카이노오비토(河內馬飼首) 미카리(御狩)와 마주쳤다. 미카리는 다른 문으로 들어가 숨어서 얻어먹는 사람들이 지나가기를 기다렸다가 주먹을 쥐고 멀리서 치는 시늉을 하였다. 얻어먹는 사람들이 보고서 "석 달을 삼가 기다리며 명령을 듣고자 했으나 아직도 전하려 하지 않고, 명령을 들으러 온 사신을 괴롭히니, 곧 상신을 속여서 죽이려는 것을 알겠다."고 하고, 곧 본 것을 모두 상신에게 아뢰었다. 상신(=이질부례지)은 4개 촌(村, 스키)[금관(金官)·배벌(背伐)·안다(安多)·위타(委陀)가 4개 촌이다. 어떤 책에는 다다라(多多羅)·수나라(須那羅)·와다(和多)·비지(費智)를 4개 촌이라 하였다]을 노략질하여 (그곳의) 사람과 물건을 다 가지고 본국으로 들어갔다. 어떤 사람은 다다라 등의 4개 촌이 노략질 당한 것은 게나노오미의 잘못이라고 하였다.[30]

⑬ (스이코[推古]천황 8년, 600) 이 해에 사카이베노오미(境部臣)를 대장군으로 하고, 호즈미노오미(穗積臣)를 부장군으로 삼아[둘 다 이름이 누락 되었다] 만여 명의 무리를 거느리고 임나를 도와 신라를 치도록 하였다. 이에 곧바로 신라를 향하여 바다를 건너갔다. 신라에 이르러 다섯 성을 공격하여 빼앗았다. 이에 신라왕이 두려워하여 흰 기를 들고 장군의 깃발 아래에 이르러 서서 다다라(多多羅)·소나라(素奈羅)·불지귀(弗知鬼)·위타(委陀)·남가라(南迦羅)·아라라(阿羅羅)의 여섯 성을 떼어 주며 항복을 청하였다.[31]

---

30) 『日本書紀』 권17 繼體紀 "是月 遣使送己能末多干岐 幷詔在任那近江毛野臣 推問所奏 和解相疑 於是 毛野臣次于熊川(一本云 次于任那久斯牟羅) 召集新羅·百濟二國之王 新羅王佐利遲遣久遲布禮一本云 久遲爾師知于奈師磨里 百濟遣恩率彌騰利 赴集毛野臣所 而二王不自來參 毛野臣大怒 責問二國使云 以小事大 天之道也(一本云 大木端者以大木續之 小木端者以小木續之) 何故二國之王 不躬來集受天皇勅 輕遣使乎 今縱汝王 自來聞勅 吾不肯動 必追逐退 久遲布禮·恩率彌騰利 心懷怖畏 各歸召王 由是 新羅改遣其上臣伊叱夫禮智干岐 新羅 以大臣爲上臣(一本云 伊叱夫禮智奈末) 率衆三千 來請聽勅 毛野臣 遙見兵仗圍繞 衆數千人 自熊川 入任那己叱己利城伊叱夫禮智干岐 次于多多羅原 不敬歸待三月 頻請聞勅 終不肯宣 伊叱夫禮智所將士卒等 於聚落乞食 相過毛野臣傔人河內馬飼首御狩 御狩入隱他門 待乞者過 捲手遙擊 乞者見云 謹待三月 佇聞勅旨 尙不肯宣 惱聽勅使 乃知欺誑 誅戮上臣矣 乃以所見 具述上臣 上臣抄掠四村(金官·背伐·安多·委陀 是爲四村. 一本云 多多羅須那羅和多費智爲四村也) 盡將人物 入其本國 或曰 多多羅等四村之所掠者 毛野臣之過也."

위의 인용문들에서 보듯 『일본서기』「게타이천황기(繼體天皇紀)」에서는 게타이천황 21년(527) 6월에 신라에 멸망한 남가라(南加羅)와 탁기탄(喙己呑) 등을 부흥시키기 위하여 파견한 군대가 규슈 북부에서 발생한 이와이(磐井)의 난으로 1년 반 이상 지체되어 게타이천황 23년(529) 3월에 안라에 도착하였고, 이후 안라에 주둔하며 신라와 협상하였지만 실패하고 오히려 같은 해 4월에는 신라 군대가 임나의 금관(金官)·배벌(背伐)·안다(安多)·위타(委陀) [혹은 다다라(多多羅)·수나라(須那羅)·와다(和多)·비지(費智)] 등의 4개 촌(村)을 차지하게 되었다고 이야기하고 있다.

이 기록들에 의하면 김해의 가야로 추정되는 남가라는 이미 527년 6월 이전에 멸망한 반면 금관국은 529년 4월에 신라에 공격당한 것으로 나타나고 있어, 양자를 동일한 정치세력으로 보기는 힘들다. 『일본서기』의 다른 곳에서도 남가라와 탁기탄 등의 멸망을 529년보다 훨씬 이전에 있었던 일로 서술하고 있다. 즉, 긴메이[欽命]천황 2년(541)년 7월에 백제의 성(명)왕이 당시 안라에 있던 일본 사신들(임나일본부)에게 일본의 천황이 남가라와 탁기탄 등을 세우라고 명령한지 수십 년이 되었음에도 신라가 듣지 않고 있다고 이야기하고 있는데,[32] 이로 보면 『일본서기』에서는 남가라의 멸망과 그에 대한 일본의 대응을 늦어도 520년대 전반기에는 시작된 것으로 상정하고 있는 것으로 보인다.[33]

한편 「스이코천황기(推古天皇紀)」에서도 스이코천황 8년(600)에 일본이 임나를 구원하기 위해 신라를 공격하였을 때 신라가 다다라(多多羅)·소나라(素奈羅)·불지귀(弗知鬼)·위타(委陀)·남가라(南迦羅)·아라라(阿羅羅)의 여섯 성을 떼어 주며 항복하였다고 이야기하고 있는데, 이 중 다다라·소나라·불지귀·위타는 529년 4월에 신라에 정복당한 4개 촌을 가리키는 것이며, 따라서 여기에서도 금관국(=소나라)과 남가라는 별개의 지역으로 나타나고 있다. 이러한 『일본서기』의 내용을 고려하면 금관국이 김해에 있던 (남)가라(=가야)의 별칭으로 동일한 정치세력이라는 이해는 성립되기 힘들다.

기존의 연구들에서는 위의 『일본서기』의 기사들을 정확하지 못한 후대 편찬자의 창작으로 보고서, 그

---

31) 『日本書紀』 권22 推古紀 "是歲 命境部臣爲大將軍 以穗積臣爲副將軍竝闕名 則將萬餘衆 爲任那擊新羅 於是 直指新羅 以泛海往之 乃到于新羅 攻五城而拔 於是 新羅王 惶之擧白旗 到于將軍之麾下而立 割多多羅·素奈羅·弗知鬼·委陀·南迦羅·阿羅羅六城 以請服 時將軍共議曰 新羅知罪服之 强擊不可 則奏上 爰天皇更遣難波吉師神於新羅 復遣難波吉士木蓮子於任那 竝檢校事狀 爰新羅·任那 二國遣使貢調 仍奏表之曰 天上有神 地有天皇 除是二神 何亦有畏乎 自今以後 不有相攻 且不乾船柂 每歲必朝 則遣使以召還將軍 將軍等至自新羅 卽新羅亦侵任那."

32) 『日本書紀』 권19 欽明紀 "(二年) 秋七月 … 聖明王 謂任那日本府曰, … 天皇 以詔勅 勸立南加羅喙己呑 非但數十年, 而新羅一不聽命 亦卿所知."

33) 같은 欽明 2년(541) 2월의 백제에서 열린 이른 바 '제1차 임나부흥회의'에 관한 기록에서는 성(명)왕이 '신라에 속아 천황을 분노하게 하고 임나를 원통하게 한 것은 자신의 잘못으로 깊이 참회한다'고 자책하고 있는데(『日本書紀』 권19 欽明紀 "二年 夏四月 … 聖明王曰 昔我先祖速古王·貴首王之世, 安羅·加羅·卓淳旱岐等, 初遣使相通 厚結親好, 以爲子弟 冀可恒隆, 而今被誑新羅, 使天皇忿怒 而任那憤恨, 寡人之過也 我深悽悔."), 기사 전체의 내용으로 볼 때 참회하는 일은 바로 백제가 남가라와 탁기탄 등을 제대로 보호하지 못하여 신라에 정복된 것을 가리키는 것으로 보인다. 이들 나라가 멸망한지 이미 수십 년이 지났다는 7월의 기사와 함께 보면, 『일본서기』에서는 남가라와 탁기탄 등의 멸망을 성(명)왕(재위 523~554) 재위 초기에 있었던 일로 간주하고 있는 것으로 보인다. 한편 『삼국사기』에서는 법흥왕 11년(524) 9월에 '남쪽 국경을 순행하며 땅을 넓혔다고 기록하고 있다.(『三國史記』 권4 「新羅本紀 法興王 "十一年 秋九月, 王出巡南境, 拓地. 加耶國王來會."")

선후관계에 대해 특별히 의미부여를 하지 않고 오히려 527년의 6월 및 529년 3월의 기사에 나타난 내용은 실제로는 529년 4월의 기사에 기록된 내용보다 이후의 일로 보고 있다.[34] 즉, 529년 4월의 기사에서 이야기하고 있는 신라의 금관 등 4촌 정복이 바로 남가라를 비롯한 경남 남부지역을 장악한 사실을 기록한 것이고, 527년의 6월 및 529년 3월의 기사에서 이야기하는 남가라 등을 복구하려는 시도는 그 이후의 일을 기록한 것이라고 보고 있는 것이다. 이에 따라서 신라가 남가라와 별도의 금관국을 정복한 것이 아니라, 양자는 동일한 정치세력인데 다만 그 사실이 전승 과정에서 남가라와 금관국이라는 두 개의 정치세력을 정복한 것으로 잘못 기록된 것으로 이해되고 있다. 그런데 이처럼 위의 『일본서기』 기록들을 부정확한 것으로 보는 것은 무엇보다도 위 기사들의 내용이 금관국과 (남)가야를 동일한 것으로 이야기하고 있는 『삼국사기』와 『삼국유사』 등의 한국측의 자료와 부합하지 않기 때문일 것이다. 그 내용에 과장과 오류가 많은 『일본서기』의 내용보다는 금관국의 후손들에 의해 정리된 한국측 자료를 보다 더 신뢰할 수 있는 것으로 보고서, 그에 어긋나는 『일본서기』의 내용을 한국측 자료와 어긋나지 않도록 적절히 취사선택 한 것이다.

그런데 『일본서기』가 비교적 이른 시기인 8세기 전반기의 기록이고, 임나에 관한 전승은 이후 일본 왕실과 지배층에서 지속적으로 기억되어 왔다는 점을 고려하면 그들의 전승에서 신라가 임나의 영역을 침범한 최초의 사건인 남가라와 탁기탄 등의 멸망에 관해 그와 같이 부정확하고 선후가 뒤바뀐 전승을 가지고 있었다고 보기는 힘들다. 더욱이 529년 3월의 게나노오미의 임나 파견은 신라에게 빼앗긴 지역의 회복을 위한 것으로 이야기하고 있는데, 그 원인이 되는 신라의 남가라 등의 정벌에 관한 이야기를 바로 그 뒤에 이어서 배치한다는 것은 원인과 결과가 완전히 뒤바뀐 것으로서, 중요한 사건의 원인과 결과가 이처럼 뒤바뀌어서 전승되는 것은 쉽게 상상하기 힘들다. 『일본서기』의 내용에 과장과 부정확한 부분이 많은 것은 사실이지만, 그러한 과장과 부정확함은 대부분 일본 왕실의 입장을 정당화하거나 사실성이 의심스러운 설화적 사건을 이야기하는 것들이다. 일본 왕실의 입장에서 볼 때 신라에 의한 남가라와 탁기탄 등의 탈취는 일본 왕실의 실패를 드러내는 바람직하지 않은 사실인데, 이러한 실패담을 굳이 중복하여 두 개의 사건으로 기록하거나, 실제 사실보다 더 일찍 발생한 것으로 기록할 필요는 없었다고 생각된다. 『일본서기』의 서술은 그 나름대로 일관된 체계를 가지고 있으며, 그러한 체계에서 신라의 남가라와 금관국 탈취를 별개의 사건이 아닌 동일한 사건으로 보기는 힘들다.

『일본서기』 기사들의 내용을 존중한다면 금관국과 남가라는 본래 서로 다른 정치세력으로 보아야 할 것이다. 그런데 어째서 한국측 자료에는 양자가 동일한 것으로 이야기되고 있는 것일까. 이와 관련하여 앞에 인용한 『일본서기』의 금관(국) 정복 관련 기사(⑫)에서 신라가 금관(국) 등의 '사람과 물건을 다 가지고 본국(=신라)으로 들어갔다(盡將人物 入其本國)'는 구절이 주목된다. 사람을 다 가지고(=데리고) 신라로 들어갔다는 것은 당시의 금관(국) 등에 대한 정복이 일시적인 약탈이 아니라 그 지역 사람들을 모두 신라 내부로 옮겨 살게 하는 사민(徙民)의 성격을 띠었음을 이야기하는 것이다. 앞에 인용한 『삼국사기』 「지리지」(④)의 내

---

34) 末松保和, 1956, 『任那興亡史』, 吉川弘文館, pp.135-138에서 그러한 견해가 제시된 이후 대부분의 연구가 동일한 입장을 취하고 있다.

용에서도 구해왕이 '백성들을 거느리고 와서 항복하였다(率百姓來降)'고 이야기하고 있는데, 이는 금관(국)의 항복이 본래 근거지에 머물면서 복속하는 것이 아니라 지역민들이 본래 근거지를 떠나서 신라 지역으로 옮겨온 것임을 반영하는 것으로 볼 수 있다. 즉, 금관(국) 사람들은 신라에 정복당한 이후에 자신들의 근거지를 떠나 신라 지역으로 사민되었는데, 그들이 사민된 지역이 바로 김해 지역이었기 때문에 후대에 금관국이 김해의 (남)가라(가야)와 동일시되게 된 것이 아닌가 생각된다. 혹 『삼국사기』「지리지」의 기록을 그들이 본래 살던 김해 지역에서 신라 내지로 옮겨 온 것으로 이해할 수도 있지만, 그 경우 금관(국) 사람들은 김해가 아닌 다른 지역에 살게 되어, 이후에 김해 지역이 금관군이 되고 김유신 집안의 근거지로 간주된 것을 이해하기 힘들다.

사민, 특히 해당 지역민 전체의 사민은 당나라가 고구려를 멸망시킨 이후 고구려민들을 집단적으로 당나라 내지(內地)로 옮긴 사례와 같이 위험의 소지가 있는 피정복 집단에 대해 그들의 근거지를 소멸시켜 그 정치적 기능을 완전히 없애는 수단으로도 사용되지만, 한나라에 복속한 흉노 세력들이 다른 흉노 및 적대적 유목민족의 침략으로부터 벗어나기 위하여 한나라와 가까운 지역으로 옮긴 사례와 같이 복속 집단이 주변의 적대적인 정치세력들로부터 안전을 보장받기 위하여 자발적으로 종주국의 보호를 받을 수 있는 지역으로 이주하는 경우도 있었다. 금관(국)의 사민은 그 지배층이 신라의 지배층에 순조롭게 편입된 것을 고려하면 전자가 아닌 후자의 성격으로 볼 수 있다. 즉 금관(국) 사람들은 정복자에 의해 억지로 신라 지역으로 끌려간 것이 아니라 스스로의 뜻에 따라 보다 안전한 생활공간을 찾아 신라 지역으로 옮겨간 것일 가능성이 높다. 그리고 이는 앞에 인용한 「진경대사비」(①) 중의 '(그 조상들이) 항상 이웃의 군대에 고통받아 우리나라(=신라)에 투항하였다.(每苦隣兵, 投於我國)'는 서술과도 부합한다. 『일본서기』에서는 신라가 금관(국) 등을 약탈하였다고[抄掠] 기록하고 있지만 실제로는 신라의 보호를 요청하여 자발적으로 투항하였다고 보아야 할 것이다.

신라로 사민된 금관(국)의 구성원 중 구해왕 일가를 비롯한 최고지배층은 신라의 수도 경주에 거주하게 되었지만 수도의 주민이 특별한 신분으로 존중되던 고대 사회에서 복속한 정치세력의 주민 모두가 수도에 거주하게 되었다고는 생각하기 힘들다. 이들은 수도 이외의 다른 지역으로 옮겨 살게 되었을 텐데 원래의 신라 영토가 아닌 새로 정복한 남가라 지역은 이들의 거주지로서 적절하였다고 생각된다. 외부의 집단을 신라 본래의 영역과는 어느 정도 거리가 있을 뿐 아니라 새로 점령되어 아직 반발의 가능성이 있는 지역에 자발적으로 귀순한 순종적인 주민들을 집단적으로 이주시킴으로써 그 지역의 안정성을 높일 수 있기 때문이다. 고대 중국에서도 이민족을 집단적으로 사민할 경우 중국 본토와 외부 세력의 경계지대에 배치하는 것이 일반적이었다.

금관(국)의 신라 복속 시기에 대해 『삼국사기』(④)와 『일본서기』(⑫)에서 각기 532년과 529년으로 다르게 이야기하고 있는 것도 사민이라는 중간 과정을 고려하면 어느 정도 합리적으로 이해될 수 있다고 생각된다. 먼저 529년에 금관(국)의 구성원들이 모두 김해로 사민되었다가, 이후 그들 중 소수의 사람들이 특별한 선발을 거쳐 532년에 신라의 지배층으로 인정되어 수도 경주 지역으로 다시 옮겨갔다고 볼 수 있는 것이다. 그러한 선발의 배경에 구해왕과 그 아들들의 대외 전투에서 일정한 전공을 올리는 일 등도 생각해 볼 수 있을 것이다.

Ⅳ. 금관국과 초팔혜(草八兮)

앞 장에서 살펴본 것처럼 김유신 가계 및 금관국은 본래 김해를 근거지로 하였던 것이 아니라 처음에는 다른 지역에 거주하다가 신라에 투항하면서 김해로 근거지를 옮긴 것으로 추정된다. 그렇다면 그들의 본래 근거지는 어디였을까. 이와 관련하여서는 「진경대사비」에 보이는 김유신 가계의 시조 혹은 출자집단으로 생각되는 '초발'과 유사한 발음을 가진 초팔혜(草八兮, 합천군 초계면 및 주변지역)라는 지명이 주목된다. 혜(兮)는 지명에 붙는 접미사이므로, 초팔혜는 초팔(草八) 지역이란 의미가 되는데, 발(拔)과 팔(八)은 발음 상 서로 통용될 수 있는 글자이다. 물론 이러한 발음의 유사는 우연이라고 볼 수도 있지만, '초팔' 혹은 '초발'이라는 명칭과 비슷한 이름이 다른 곳에는 거의 보이지 않는 것이어서 우연으로 보기는 쉽지 않다. 더욱이 인명과 지명 등을 고유의 발음과 비슷한 한자로 기록하는 것이 일반적이던 상황에서 이 정도의 발음의 유사성이라면 동일한 대상을 표시한 것이라고 보아 무리가 없을 것이다.

초발이 초팔과 마찬가지로 지명의 성격을 띤다는 점도 양자가 동일한 대상의 이(異)표기일 가능성을 높게 한다. 초발이 지명의 성격을 띠었음은 발(拔)이라는 글자가 백제와 임나[가야] 지역의 지명에서 다수 보이고 있는 것을 통해서도 알 수 있다. 〈광개토왕비〉에는 영락(永樂) 6년의 백제 침공 당시에 고구려에 함락된 백제의 지명 중에 돈발성(敦拔城)과 □발성(□拔城)이 보이고, 영락 10년의 신라 구원 때에 함락한 지역에 임나가라(任那加羅) 종발성(從拔城)이 보이고 있다. 또한 『북사(北史)』와 『수서(隋書)』 등의 중국 북조계 역사서에는 백제 수도의 이름을 거발성(居拔城)이라고 기록하고 있다.[35] 발(拔)이 신라 지역에 많이 보이는 벌(伐)과 비슷하게 백제와 주변 지역에서 지명을 나타내는 용어로 많이 사용되었음을 알 수 있다.

한편 초팔혜가 위치했던 것으로 생각되는 합천 동부지역은 또한 대가야와 신라, 백제의 접경 지역으로서, 이러한 지리적 위치는 '항상 이웃의 군대에 고통받아 신라에 투항하'게 되었다는 금관국의 지리적 상황과도 상통한다. 특히 6세기에 들어와 신라의 (대)가야 지역에 대한 압박이 심화되고, 백제 역시 이 지역에 대한 영향력 강화를 추구하면서 이들의 대립의 최전선이 되었을 가능성이 높다. 신라로의 귀순 이전 금관국은 신라와 이웃 나라, 즉 (대)가야·백제의 경계에 위치하여 전쟁에 시달리다가 결국 구해왕 때에 자발적으로 신라로의 집단적 사민을 결정한 것인데, 이는 초팔혜의 지리적 상황과 정확히 일치한다고 볼 수 있다.

실제로 초팔혜 지역 지배층의 무덤군으로 생각되는 합천 옥전고분군의[36] 무덤 양식과 출토품들의 성격

---

35) 『翰苑』의 建居狄城, 『通典』의 建居拔城, 『太平寰宇記』의 俱尸拔城 등은 居拔城을 轉寫하는 과정에 생긴 오류로 보인다.

36) 합천 옥전고분군을 조성한 정치세력에 대해서는 가까운 주변 지역에 多羅里라는 지명을 근거로 하여 『日本書紀』에 任那를 구성하는 국가 중 하나로 언급되고 있는 多羅國으로 비정하는 것이 일반적이다(조영제, 2007, 『옥전고분과 다라국』, 혜안, p.188). 그런데 최근에 多羅國의 '羅'는 '내(川)나 천변 지역의 평야'를 뜻하는 那·耶·良 등과 같은 의미의 접미사이지만, '다라실' 혹은 '月谷' 등으로도 불린 多羅里의 '羅'는 月의 古語인 '두랄·돌라'를 표기한 것이어서 양자를 연결시킬 수 없고, 오히려

은 단일한 흐름으로 발전하지 못하고 여러 차례 빈번하게 변화하는 모습을 보여주고 있다. 1980년대 후반부터 2000년대초까지 진행된 이 고분군의 발굴 결과에 따르면 이곳에 축조된 대형 고분 중 가장 이른 시기[옥전Ⅱ기]의 것으로 생각되는 23호분의 무덤 형식과 부장품들은 김해-부산 지역의 영향을 받은 전형적인 가야계통의 고분인 반면 그 다음 단계[옥전Ⅲ기]에 만들어진 것으로 보이는 M1호분과 M2호분에서는 신라계 토기와 신라양식의 마구와 함께 경주 금녕총에서 출토된 것과 유사한 로만글라스 제품이 출토되고 있다. 그리고 그 다음 단계[옥전Ⅳ기]의 고분인 M3호분과 M4호분에서는 신라식 토기나 유물들이 사라지는 대신 대가야 양식의 토기와 마구류, 대도(大刀) 등의 위세품이 나타나다가 다음 단계[옥전Ⅴ기]의 고분인 M6호분과 M10호분에서는 기존의 고령양식의 토기와 무기, 마구들이 계승되는 가운데 신라계통의 횡구실석실묘와 출(出)자형 보관, 파수배부 등의 유물들이 출현하며, 이 지역 대규모 고분의 마지막 단계[옥전Ⅵ기]인 M11호분에는 백제계 묘제에 백제계 부장품들이 보인다고 한다.[37]

이처럼 이 지역 지배층의 고분 유적의 무덤 형식과 및 부장품은 단일한 계통이 지속적으로 발전하지 못하고 30년에서 50년 정도의 시기를 단위로 하여 빈번하게 변화하고 있는데, 이는 대가야와 신라, 백제 등 자신보다 강한 여러 정치 세력들의 사이에 위치하고 있던 초팔혜 지역에 대해 주변 정치 세력들이 번갈아 가며 직접 혹은 간접적으로 지배하면서 영향을 미쳤음을 보여주는 것으로 해석된다. 물론 그러한 지배적 영향력을 미치는 세력의 교체는 상당한 군사적 충돌을 수반한 것으로서, 초팔혜 지역은 본인들의 의사와는 관계없이 지속적으로 주변 정치 세력들의 전쟁의 무대가 되지 않을 수 없었을 것이다. 「진경대사비」에서 이야기하는 '항상 이웃의 군대에 고통받았'다는 금관국의 상황과 잘 부합한다고 할 수 있다.

이처럼 초팔과 초발은 동일한 대상을 가리키는 서로 다른 표기의 가능성이 높다고 생각되는데, 그렇다면 초팔혜는 당연히 임나 및 김유신 가계의 시조 혹은 출자집단인 초발과 관련되는 지역으로서, 본래 금관국이 위치하였던 지역으로 볼 수 있을 것이다.

초팔혜 지역이 금관국과 관련이 있는 것은 『삼국사기』의 다음 기록을 통해서도 엿볼 수 있다.

⑭ (파사이사금) 29년(108) 여름 5월, 홍수로 백성들이 굶주렸다. 10도(道)로 사자(使者)를 파견하여 창고를 열고 진휼하였다. 군대를 보내 비지국(比只國), 다벌국(多伐國), 초팔국(草八國)을 병합하였다.[38]

'다라실(돌실)'이나 '다리실(달이실)'을 音借한 것으로 보이는 喙(己呑)國으로 비정될 수 있다는 견해가 제시되었다(전덕재, 2011, 「喙國(喙己呑)의 위치와 역사에 대한 고찰」, 『한국고대사연구』 61, 한국고대사학회, pp.270-278). 두 가지 견해 모두 옥전고분이 있는 쌍책면과 황강을 마주보고 있는 남쪽의 草溪面 지역을 草八兮(國)으로 보고, 쌍책면은 그와 구분되는 별도의 정치세력(소국)으로 보고 있지만, 초팔혜(국) 지역에 설치되었던 八溪縣 및 이를 계승한 草溪縣, 草溪郡 등은 현재의 초계면만이 아니라 황강 너머의 쌍책면 일대를 포함하는 지역이었다. 따라서 초팔혜(국)의 영역도 초계면만이 아니라 쌍책면 일대까지 포괄하는 것으로 보아야 할 것이다. 실제 초계면 일대에는 고대 정치세력(소국)의 유적으로 볼 수 있는 고분군 등이 확인되지 않고 있다.

37) 조영제, 앞의 책, pp.111-125 및 pp.224-229.
38) 『三國史記』 권1 婆娑尼師今 "二十九年, 夏五月, 大水, 民飢, 發使十道, 開食賑給. 遣兵伐比只國·多伐國·草八國并之."

2세기 초의 파사이사금 때의 일로 기록되어 있지만 『삼국사기』에 기록된 초기의 정복 기사들이 후대의 사실을 초기 국왕들의 행적에 소급하여 기록한 경우가 적지 않음을 고려할 때 실제 이 나라들에 대한 정복 시기는 후대일 가능성이 크다. 주목되는 것은 이때에 병합한 나라로 초팔국(草八國)과 함께 언급된 나라들의 이름이 『일본서기』에서 529년에 금관(국)과 함께 신라에 정복된 지역의 이름과 유사하다는 점이다. 즉, 앞에서 언급한 것처럼 『일본서기』에서는 금관(국)[須那羅]과 함께 정복된 지역으로 배벌(背伐)[비지(費智)], 안다(安多)[다다라(多多羅)], 위타(委陀)[화다(和多)]를 열거하고 있는데, 위 『삼국사기』 기사의 비지국(比只國)과 다벌국(多伐國)의 이름은 각기 비지(費智)[배벌(背伐)] 및 다다라(多多羅)[안다(安多)]와 유사하다. 앞에서 본 것처럼 금관(국)의 본래 위치는 초팔혜 지역이었을 가능성이 높은데, 위 기사의 초팔국을 금관국과 같은 것으로 보면 위 기사에 나오는 세 나라는 모두 529년에 신라가 정복한 지역과 통하게 된다. 서로 다른 기사에 나오는 동일한 시기에 한꺼번에 정복한 나라들의 이름이 이와 같이 유사한 것은 우연으로 보기 힘든데, 아마도 이들 지역이 서로 가깝게 이웃해 있어서 한 차례의 정복 전쟁으로 모두 병합할 수 있었던 것이 아닌가 생각된다. 파사이사금 때에 차지했던 초팔혜와 그 주변 지역을 후대에 (대)가야에 빼앗겼다가 529년에 다시 회복한 것으로 볼 수도 있을 것이다.

초팔혜를 금관국과 동일한 것으로 보면 대가야 시조와 금관국 시조를 형제로 이야기하는 대가야의 시조 전승에 대해서도 보다 합리적인 이해가 가능하다.

> ⑮ (대가야)는 시조 이진아시왕(伊珍阿鼓王)[혹은 내진주지(內珍朱智)라고 한다]에서 도설지왕(道設智王)에 이르기까지 모두 16대 지속되었다.[최치원(崔致遠)의 『석이정전(釋利貞傳)』을 살펴보니 "가야산신인 정견모주(正見母主)가 천신(天神)인 이비하(夷毗訶)의 정기를 받아 대가야왕(大伽倻王) 뇌질주일(惱窒朱日)과 금관국왕(金官國王) 뇌질청예(惱窒青裔) 두 사람을 낳았다."고 하였으니 뇌질주일은 아진아시왕의 별칭이고, (뇌질)청예는 수로왕(首露王)의 별칭이다. 그러나 『가락국고기』의 여섯 알의 이야기와 함께 모두 허황되어서 믿을 수 없다.[39]

『신증동국여지승람』에 인용된 『석이정전』에 나오는 위의 대가야국 시조 전승에 의하면 대가야의 시조인 뇌질주일과 금관국의 시조인 뇌질청예는 다 같이 가야산신인 정견모주의 아들로 천신인 이비하의 정기를 받아 태어난 형제 사이였다. 이러한 전승은 금관국이 본래 고령과 가까운 지역에 있었음을 보여주는 중요한 자료로 이해되어야 할 것. 고령과 초발(=초팔혜)은 다 같이 가야산의 동남쪽에 위치한 지역으로, 이곳에 성립된 정치세력들이 자신들을 가야산신의 후예라 하는 것은 자연스러운 일이라 할 수 있다. 하지만

---

39) 『新增東國輿地勝覽』 권29 高靈郡 建置沿革 "自始祖伊珍阿鼓王(一云內珍朱智) 至道設智王, 凡十六世.(按崔致遠釋利貞傳云, 伽倻山神正見母主, 乃爲天神夷毗訶之所感, 生大伽倻王惱窒朱日 金冠國王惱窒青裔二人, 則惱窒朱日爲伊珍阿鼓王之別稱 青裔爲首露王之別稱. 然與駕洛國古記六卵之說, 俱荒誕, 不可信.)"

금관국을 김해에 있었던 것으로 보면 그 시조를 김해에서 멀리 떨어진 가야산신의 아들로 비정하는 것은 이해하기 힘들다. 위의 기록에 대한 기존의 해석 중에는 '(뇌질)청예는 수로왕의 별칭이다.'까지를 최치원의 『석이정전』에서 인용된 문장으로 이해하기도 하는데, 이는 문장의 해석에서 자연스럽지 못하다. 문장의 전후 맥락으로 볼 때 『석이정전』에서의 인용은 정견모주가 뇌질주일과 뇌질청예 두 사람을 낳았다는 부분까지이고, 그 다음의 문장은 『신증동국여지승람』의 편찬자가 부가한 설명으로 보아야 문장이 자연스럽게 이해된다. 수로왕을 금관국의 시조로 이야기한 것은 최치원이 아니라 『신증동국여지승람』의 편찬자로 보아야 할 것이다. 수로가 금관국의 시조라는 전승은 고려시대를 거치며 당연한 사실로 확립되어 있었고, 이에 영향 받은 『신증동국여지승람』의 편찬자는 『석이정전』에 나오는 금관국왕 뇌질청예를 당연히 수로와 동일시 하였던 것이다.

한편 위의 대가야 시조 전승은 대가야와 금관(국)이 원래 대등하면서도 매우 긴밀한 정치적 위상을 가지고 있었음을 보여주는 것으로 이해된다. 아마도 대가야가 본격적으로 국가적 위상을 갖추고 등장하던 당시에 고령과 그 남쪽의 초발(=초팔혜) 지역이 연합하여 하나의 정치세력을 이루었고, 그것이 위와 같은 시조 전승으로 표현된 것으로 보아야 할 것이다. 금관(국)의 후예인 김유신 가계가 후대에 자신들을 임나의 왕족이라고 일컬었던 것으로 볼 때 대가야와 초팔혜(=금관국)가 연합한 정치세력이 임나의 중심을 이루었을 가능성도 있다.

금관국이 본래 초팔혜(국)이었다면 언제부터 금관국이라고 불리게 되었을까. 이와 관련해서는 금관국의 금관(金官)이라는 한자어 이름의 별칭인 수나라(須那羅)나 소나라(素奈羅)라는 고유어 명칭이 신라말을 반영한 것이라는 점이 주목된다. 즉 수나라나 소나라는 쇠(=철)의 나라라는 뜻으로서, 한자어 금관(金官)이 고유어를 번역한 것임을 쉽게 알 수 있는데, 이는 『삼국사기』 등에 전하는 신라의 인명이나 지명들과 동일한 성격이다. 그런데 이는 현재까지 알려진 가야 지역의 지명으로서는 예외적인 것이다. 다른 가야 지역 정치세력의 이름들은 모두 고유어를 한자로 표현한 음차어(音借語)들로 보이는데, 그 한자 발음이 나타내는 이름들은 어떠한 의미의 단어인지 전혀 짐작할 수 없다. 이처럼 금관 혹은 그 별칭인 수나라(須那羅)나 소나라(素奈羅)라는 이름이 다른 가야 지역의 지명과 성격이 다르고, 오히려 신라의 지명과 비슷한 성격이라는 것은 이 이름이 본래의 이름이 아니라 후대에 이 지역이 신라의 영향을 받게 된 이후에 형성된 것을 보여주는 것이라고 생각할 수 있다. 이 지역 지배층의 고분들에서 신라의 영향이 강하게 나타나는 시기[옥전Ⅲ기]에 이러한 이름의 변화가 있었던 것으로 생각된다. 그리고 나라 이름의 변경이라는 것은 정치체제의 변화나 국가 성격의 변화와 관련되는 것을 고려할 때 당시에 초팔혜국이 신라의 일부로 편입되어 직접적인 지배를 받게 되었던 것이 아닌가 추정된다.

Ⅴ. 맺음말

지금까지 〈진경대사비〉의 임나 관련 기록에 대한 분석을 통하여 금관국의 시조로 알려진 수로(首露)는 초발(草拔)이라는 호칭이 후대에 변화된 것이고, 금관국의 본래 이름은 초발과 유사한 초팔혜(草八兮)국으로, 그 본래 위치도 김해가 아닌 합천 동부의 쌍책면-초계면 지역에 있었을 가능성이 높음을 살펴보았다. 금관국이 김해에 있었다고 하는 인식은 금관국의 유민들이 김해에 자리 잡고 생활하게 되면서 비로소 생겨났다고 생각된다.

이처럼 금관국이 본래 김해에 있던 것이 아니라면 금관국 왕실의 후예를 임나왕족으로 칭한 〈진경대사비〉의 기록을 근거로 김해를 임나의 본거지로 보는 이해는 수정될 필요가 있다. 김해 지역은 『일본서기』에서 임나에 속하는 지역으로 언급하고 있는 대가야 등 10개 정치세력에도 들어 있지 않다.[40] 김해가 가야의 근원지라는 점에서 임나는 김해의 원(原)가야(=구야국)와는 구별되는 별도의 정치세력이었을 가능성이 높다고 생각된다.

한편 〈진경대사비〉에서 금관국 왕실의 후예를 임나의 왕족으로 일컫고 있는 것과 달리 『일본서기』에서 언급한 임나를 구성하는 정치세력 중에 금관국(=초팔혜국)의 모습은 보이지 않고 있다. 6세기 당시에는 이미 금관국(=초팔혜국)이 이미 독립적인 정치세력이 아니라 다른 정치세력에 예속된 일부 지역이었기 때문이 아닌가 생각된다. 실제로 『일본서기』에서는 신라의 금관(=소나라) 정벌 사실을 이야기하면서 금관(=소나라)을 국(國)이 아닌 촌(村. スキ)으로 일컫고 있다. 이처럼 이미 독립적 정치세력의 위상을 잃어버렸음에도 여전히 임나의 왕족으로 칭해졌다는 사실에서 임나와 임나 왕족의 성격에 대한 일정한 시사를 얻을 수도 있을 것이다.

임나와 김해의 원(原) 가야를 구분하는 입장을 취하면 임나와 관련된 자료들을 새로운 시각에서 볼 수 있고, 이를 통해 임나와 가야의 기원 및 발전, 그리고 양자의 관계에 대해 지금까지와 다른 새로운 이해가 가능할 것이다. 이와 함께 금관국이 김해의 구야국과 동일시되고 시조 수로에 대한 전승이 형성, 발전되는 과정에 대해서도 깊이 있게 검토될 필요가 있다.

투고일: 2021.04.27   심사개시일: 2021.05.10   심사완료일: 2021.05.23

---

40) 『日本書紀』 권19 欽明紀 "廿三年 春正月, 新羅打滅任那官家. 一本云 廿一年 任那滅焉. 總言任那, 別言 加羅國·安羅國·斯二岐國· 多羅國·卒麻國·古嵯國·子他國·散半下國·乞湌國·稔禮國, 合十國."

참/고/문/헌

『三國史記』『三國遺事』『高麗史』『新增東國輿地勝覽』『日本書紀』

김태식 외, 2004, 『역주 가야사료집성 제1권』, 가락국사적개발연구원.

올림픽준비단, 1987, 『서울금석문대관』, 서울특별시.

이지관, 1993, 『교감역주 역대고승비문 : 신라편』, 가산불교문화연구원.

조영제, 2007, 『옥전고분과 다라국』, 혜안.

한국고대사회연구소 편, 1992, 『역주한국고대금석문Ⅲ』, 가락국사적개발연구원.

전덕재, 2011, 「喙國(喙己呑)의 위치와 역사에 대한 고찰」, 『한국고대사연구』 61, 한국고대사학회.

末松保和, 1971, 『任那興亡史』, 吉川弘文館. (초판 : 1956)

〈Abstract〉

Re-examinatin on the Imna Related Phrase in the Stele for Seon Master Jingyeong ;

the Identities of Imna(任那), Chobal(草拔), and Geumgwan-state(金官國)

Choe, Yeon-shik

A passage in the Stele for Seon Master Jingyeong built in 934 which tells the lineage of the Master — '其先任那王族草拔聖枝' — is one of the most important material about the identity of Imna(任那), the ancient political body in Korean peninsula. As Master Jingyeong was a descendant of famous Kim Yushin from Gimhae, the ex-prince of Geumgwan-state, this passage has been regarded to show the identification of Imna with Geumgwan-state located in Gimhae. But the meaning of the word Chobal(草拔) has not been understood clearly.

As this passage is written in symmetry couplet — '其先, 任那王族 · 草拔聖枝' — Chobal(草拔) must have close relation with Imna(任那). Considering the meaning of the passage, Chobal must be the founding father of Imna or the group where the founding founder belonged. In fact, a homonym of Chobal(草拔), Chobal(初發), has the same meaning with Suro(首露), the founding father of Geumg-wan-state. Chobal(草拔), the orignal and native name of founding father of Imna(=Geumgwan-state) or his group must have been changed at first to Chobal(初發), and then to Suro(首露), in the course of sinicization.

And according to the records of *Nihon shoki*, Geumgwan-state was conquered by Shilla in 529, af-ter the failed trial of Japan to restore the (Southern) Gaya[Gara] merged to Shilla a few years earlier. So the former cannot be identified with the latter located in Gimhae. The identification of Geumg-wan-state with (Southern) Gaya[Gara] might have been the result of the emigration of people of Geumgwan-state to Gimhae after the conquest.

Considering the similarity of pronunciation between Chobal and Chopal, Geumgwan-state can be identified with Chopal-hye(草八兮) located in the eastern area of Hapcheon. The ancient castle and tombs in the area might be the relics related to Geumgwan-state. Considering the legend that the Goddess of Mt. Gaya had born two sons, the founder of Dae-gaya and thao of Geumgwan-state, Geumgwan-state must have had close relation with Dae-gaya in Goryeong north of it. Geumgwan-state and Dae-gaya might have been the essential group of Imna.

▶ Key words: Imna(任那), Geumgwan-state(金官國), Suro(首露), Chobal(草拔), (Southern) Gaya, Dae-ga-ya, Chopalhye(草八兮), Stele for Seon Master Jingyeong

문자자료 및 금석문 다시 읽기

一人兩誌 : 隋代 王贇墓誌 연구

一人兩誌 : 隋代 王贇墓誌 연구[*]

－ 初唐 名將 王文度와 함께 －

拜根兴 著[**]

張元爕 譯[***]

Ⅰ. 머리말
Ⅱ. 王贇 묘지와 隋唐時代의 '一人兩誌'
Ⅲ. 두 개의 王贇 묘지 분석
Ⅳ. 墓誌에 보이는 王文度 事跡
Ⅴ. 맺음말

〈국문초록〉

隋唐時代 어떤 인물의 死後에 두 개의 묘지가 존재했던 상황과 관련하여 아직까지 학계에서 전문적으로 논의가 이루어진 적은 없었다. 初唐 장수 王文度는 당의 영토 확장 전쟁에 참전하여 東征西討하면서 공을 세웠다. 그는 貞觀 14년(640)과 永徽 6년(655) 두 차례에 걸쳐 隋 大業 14년(618)에 죽은 부친 王贇을 위해 墓誌를 써달라고 청하였는데, 그 묘지에는 王氏의 조상과 王贇 본인 그리고 王文度가 당에서 역임한 관직에 대한 많은 정보를 담고 있어서 매우 귀중한 자료이다.

본고에서는 王贇의 두 묘지에서 보이는 그의 조상에 대한 事跡의 차이점과 王贇 본인이 隋朝에서 역임한

---

[*] 이 논문은 中國 教育部가 주관하는 인문사회과학 학술지 『史學集刊』2020년 第6期(11월)에 「一人兩志:隋代將領王贇墓志考釋─兼論王贇之子初唐名將王文度」라는 제목으로 발표되었다. 역자는 이 논문을 통해 최근 중국학계에서 발표되고 있는 묘지 연구의 연구사 현황을 알리고자 한다.

[**] 陝西師範大學 歷史文化學院 教授

1964년생으로 중국 陝西師範大學에서 학사, 석사를 마치고 한국의 慶北大學校에서 『7世紀 중엽 羅唐關係 研究』로 박사학위를 받았다. 주요 研究方向은 古代韓中關係史, 古代中日關係史와 中國古代隋唐史 분야이다. 현재 중국 역사학계에서 古代中外文化交流史, 中外關系史, 古代韓中關係史 연구분야의 권위자로 알려져 있으며, 한국의 역사학계와 학술적 교류를 왕성하게 진행하고 있다. 주요 저서로 『7世紀中葉唐與新羅關系研究』등이 있다.

[***] 경민대학교 교수

대표 논저로 『신라 삼국통일 연구』(학연문화사, 2018), 「신라 삼국통일론 논의의 연구사적 검토」(신라사학보 43, 2018) 등이 있다.

관직 및 方州에서의 죽음, 그리고 왕문도가 두 차례에 걸쳐 그의 부친을 위한 묘지 찬술을 청하게 된 경위를 검토하고자 한다. 나아가 이를 통하여 隋唐時代에 이른 바 '一人兩誌' 현상이 나타나게 된 원인을 고찰하고자 한다.

▶ 핵심어: 一人兩誌, 王贇墓誌, 王文度, 唐太宗, 隋唐墓誌

I. 머리말

隋唐時代에는 石刻 墓誌가 발달하여 고관귀족들은 말할 것도 없고, 약간의 功名이 있거나 富를 누리던 사람들까지도 그들 死後 묘역에 모두 墓誌를 만들었는데, 이는 당시 널리 유행하고 있던 사회적 풍조의 하나로서 문화의 한 단면을 반영하고 있다.

일본학자 게가사와 야스노리(氣賀澤保規)의 최신 통계에 따르면, 2015년까지 현존하는 唐人 墓誌와 誌蓋는 모두 12,513개[1]인데, 이 숫자에는 아직 隋代의 墓誌가 포함되지 않았다. 또, 王其祎와 周晓薇의 연구에 의하면, 隋代 묘지도 천여 개[2] 이상으로서, 최근 새로 출간된 『唐人石刻墓誌集』과 西安, 洛陽에서 매년 출토되는 隋唐 墓誌 역시 중복된 것을 제외한다고 해도 대략 2천여 개 정도가 될 것으로 추정된다.[3]

의심할 여지 없이, 이 묘지들은 隋唐의 웅장하고 감동적인 역사의 원래 모습을 드러냄으로써, 隋唐史 연구에 풍부하고 다채로우며 가치 있는 사료를 제공했다. 본고에서는 唐代 一人兩誌의 현상을 다루면서, 初唐時期 東征西討에 참여했던 장수 王文度[4]와 그의 부친 王贇의 묘를 遷葬하는 과정에서 사람을 청하여 묘지를 또 찬술하게 되는 문제 등을 중점적으로 검토하고자 한다. 나아가 이를 통하여 학계에 이런 자료가 있음을 널리 알리고자 한다.

---

1) 氣賀澤保規 編, 2017, 『新編 唐代墓誌所在總合目錄·前言』, 日本明治大學 東アジア石刻文物研究所, p.vii.

2) 王其祎·周晓薇 編著, 2007, 『隋代墓志铭汇考』, 线装书局. 이 책에는 당시의 다양한 정보를 담고 있는 隋代 墓誌 645개를 수록되어 있다. 저자는 이후 10여 년 동안 쉬지 않고 탐방한 자료를 출판(『贞石可凭:新见隋代墓志铭疏证』, 上海古籍出版社, 2020)하였다고 한다. 이를 근거로 어림잡아 보면, 현존하는 隋代 墓誌는 대략 천여 개 이상으로 추정된다.

3) 필자가 알고 있는 바에 의하면, 이미 출판된 除已出版的齐运通·杨建锋 編, 2017, 『洛阳新获墓志 2015』, 中华书局; 毛阳光 主编, 2018, 『洛阳流散唐代墓志汇编续集』(全3册), 国图书馆出版社; 陕西考古研究院编, 2019, 『陕西考古研究院新入藏墓志』, 上海古籍出版社을 제외하고, 西安碑林博物館 館長인 赵力光도 최근 대략 7백여 개 묘지를 집대성하여 출판할 예정이다. 또, 西安大唐西市博物館도 최근 몇 년 동안 새로운 소장품을 가지고 있어서 가까운 시일 내에 출판할 예정이라고 한다. 그리고 故宮博物院과 陝西省考古研究院이 함께 편찬한 『新中国出土墓志·陝西四』도 2021년에 출간될 예정이다.

4) 王文度의 事跡과 관련해서는 필자의 다음 논문을 참고하기 바란다. 拜根兴, 2008, 「唐将王文度事迹考述-以与新罗关系为中心」, 『唐史论丛』第10辑, 杜文玉 主编, 三秦出版社, pp.206-216.

Ⅱ. 王贇 묘지와 隋唐時代의 '一人兩誌'

〈王贇墓誌〉, 즉 〈隋故武賁郎將王君(贇)墓誌〉는 정관 14년(640)과 영휘 6년(655)의 두 묘지로서 묘지 탁본 사진은 胡戟이 編著한 『珍稀墓誌百品』에 보이는데, 정관 14년(640) 묘지 탁본 사진과 錄文을 모두 수록하고 있으나 영휘 6년(655) 묘지는 탁본 사진만 있을 뿐, 錄文은 없다. 또, 齐运通·张建锋이 편찬한 『洛陽新獲墓誌2015』라는 책에도 역시 두 묘지의 탁본 사진만 수록되어 있다. 이밖에 여러 묘지를 모아 편찬한 다른 책에서도 이 묘지는 보이지 않을 뿐만 아니라, 誌蓋 탁본 사진까지도 역시 수록되어 있지 않다.

문제는 이 묘지가 구체적으로 언제 발견되었으며, 출토되었다고 하는 장소가 西安市 長安區 興教寺 부근의 어디 지점이고, 묘지는 현재 어디에 소장되어 있는가라는 점이다. 이에 대한 정보는 알려진 것이 없어서 정확하게 알 수 없다. 현재로서는 다만 영휘 6년 묘지석에 대해서는 "발견 당시에 묘지석을 건설현장에서 철근을 부수는 다듬이돌로 사용했기 때문에, 글자가 희미해져 분별할 수 없게 되었다. 그래서 탁본만으로는 정확한 판독이 어려웠다."고 하면서 몹시 아쉬워했다.[5]

묘지문에 대한 논의의 편의를 위해, 誌石의 錄文을 다음과 같이 抄錄한다. 먼저 貞觀 14년(640) 誌文이다.

隋故武賁郎將王君墓誌[6]

公諱贇, 字世靜, 天水城[7]紀人也. 將軍受脈[8], 鍾鼎銘功. 安國建侯, 山河勒誓. 況復司空懿德, 藉甚竹林. 龍驤茂積[9], 謳謠星紀. 然則布濩前哲, 渙汙[10]後昆. 靈根祉葉, 有自來矣. 曾祖仁, 魏大將軍, 迭州諸軍事迭州都督蘭香縣開國公. 伯寧持譽, 淮海方其總戎; 君久無伐, 膠東同其昨土.

祖紹, 周使持節河州諸軍事河州刺史略陽郡開國公. 博陽克讓, 倫類少卿; 荊衡致治, 踵武叔子. 父綱, 隨驃騎將軍, 開府義同三司, 襲爵蘭香縣開國公. 去病暉煥, 異代同風; 玄成奕葉, 殊時共貫.

公篆抽嶰穀, 即有宮商; 質挺昆山, 自然琬琰. 範宣幼志之歲, 六藝允文; 仲升棄筆之年, 七德允武. 彎由基之繁弱, 落雁吟猨; 跳延壽之亭樓, 拔距投石. 既而風驚紫塞, 塵暗白羊. 擊鳴鏑於河南, 列穹廬於北假. 公才聞烽燧, 即奮雄圖; 始命偏裨, 便參戎律.

---

5) 胡戟 編, 2016, 『珍稀墓志百品』, 陝西师范大学出版社, p.57.

6) 저자는 본고에서 두 墓誌의 원문만 올리고 번역과 각주를 달지 않았다. 역자는 두 묘지를 한글로 번역하고 그 필요한 부분에 대해 하나하나 각주를 처리하였다. 역자는 번역문의 완성도를 높이기 위하여 李迎春(전 국사편찬위원회 편사연구관)과 張浩重(한문학자) 두 분의 도움을 받았다. (역자 주)

7) '成'의 誤字. 묘지명의 誤字(이하 같음)는 옮기는 과정에서 실수로 인한 것으로 보인다. (역자 주)

8) '脈'의 誤字. (역자 주)

9) '續'의 誤字. (역자 주)

10) '汗'의 誤字. (역자 주)

隨開皇十九年, 從尚書左仆射越公楊素, 薄伐獫狁, 致果八陳. 隨將軍而臨瀚海, 卷釋千裏; 從車騎而上燕然, 籌預帷幄. 功參介冑, 書勳王府, 其年授儀同三司. 若乃關張攘袂之年, 孫吳鞠旅之述. 俱未厥角, 鹹摠牢籠. 廿年, 受右車騎將軍. 三春蘭茂, 既曰斯馨; 九臯鶴唳, 終聞於野.

大業四年, 轉右衛道源府鷹揚郎將, 尋轉左武衛順政府 鷹揚郎將. 熊羆搏噬, 勇逸孟賁; 雕隼鷙擊, 義冠行父. 十一年, 授左衛武賁郎將. 仲躬之與文舉, 伯昭之與桓階, 以此設官, 同彼分職. 況復上封削橐, 昔嗣張純; 遇[11]直含毫, 曾參潘嶽. 鶡冠旌德, 銀章表容. 異禦武之桓桓, 顯扜[12]城之趄趄. 洎炎精不競, 區域板蕩. 天網失紐, 地網絕維. 公推轂八川, 任留四輔. 識三靈之改蔔, 知九鼎而將遷. 猶抱葛瞻之誠, 卒亡西蜀; 仍握臧洪之節, 終淪東郡. 大業十一年八月, 薨於方州, 春秋五十. 公猗猗勁竹, 藹藹貞松. 不落寒雕, 詎喧暑茂. 貪泉攸酌, 與處默而連衡; 膏腴載處, 共君魚而方駕. 雖叔節而去三惑, 伯起而慎四知. 譬此徽猷, 豈得同年而語矣[13].

有子文度, 使持節廓州諸軍事, 廓州刺史, 少擅方伯, 既有荀羨之姿, 久治專城; 顧邁喬鄉[14]之遇, 六條攸寄. 雖磬忠貞百行, 居躬猶先孝德. 所以聞王褒之風什, 譬攸永懷, 想蕭韶之疇昔, 於焉改葬. 粵以貞觀十四年庚子 十月乙醜朔 廿一日乙酉, 遷厝於雍州萬年縣東廿五裏少陵原. 恐兩宮挾壞, 終成樗裏; 千年見日, 卒遇滕侯. 庶百世之可知, 冀萬古而無沫. 式鐫徽烈, 用紀幽泉. 嗚呼哀哉, 乃為銘曰:

安國佐漢, 將軍翼秦. 邦家髦彥, 社稷忠臣.
既銘鍾鼎, 永扇芳塵. 丘陵雖古, 遺烈猶新.
鴻源浚流, 鄧林竦榦. 高枝必茂, 昌波自遠.
渥窪驥駛, 嶵穀竹斷. 定有龍媒, 非武鳳管.
乃祖乃父, 或季或昆. 公侯之裔, 將相之門.
照曜珠玉, 芬馥蘭蓀. 君之祉葉, 即此靈根.
三略遊藝, 七德允武. 戒律贊務, 雄圖匡輔.
介冑軌躅, 銀章規矩. 亭伯莫葳, 亞父載睹.
逝川弗息, 陳駟難留. 薤露一及, 窀穸千秋.
恐同樗裏, 慮屬滕侯. 勒銘泉壤, 用紀徽猷.

---

11) '愚'의 誤字. (역자 주)
12) '幹'의 誤字. (역자 주)
13) '哉'의 誤字. (역자 주)
14) '卿'의 誤字. (역자 주)

隋 故 武賁郎將[15] 王君 墓志

공의 이름은 윤(贇), 자는 세정(世靜)이며, 천수군(天水郡)[16] 성기현(成紀縣) 사람이다. 장군은 황제의 명을 받고 군사를 거느려서(受脤)[17], 종(鍾)과 정(鼎)에 공훈을 새겼으니, 나라를 안정시키고 제후에 임명되어 산하(山河)[18]가 닳아 없어질 때까지 공신에 대한 예우를 보장받았다. 하물며 또 사공(司空) 왕융(王戎)[19]의 훌륭한 덕은 죽림칠현이라고 소문이 떠들썩했고, 용양장군(龍驤將軍) 왕준(王濬)[20]의 무성한 업적은 오랜 세월 동안(星紀)[21] 칭송(謳歌)되었다. 그러므로 선대의 어진 덕을 두루 펴고, 후손들에게 빛을 드리웠으니,[22] 신령한 뿌리(祉, 조상)와 복된 잎(葉, 자손)은 저절로 유래가 있었다. 증조부 왕인(王仁)은 위(魏)나라의 대장군이며, 질주(迭州)[23] 제군사(諸軍事) 질주도독(迭州都督)으로 난향현(蘭香縣)의 개국공(開國公)[24]이었다. 伯寧[25]이 칭찬했던 것은 회해(淮海)[26] 지역의 군사령관이었기 때문이다.

---

15) 隋代의 官名. 隋煬帝 大業 3년(607) 12衛의 護軍을 고쳐 설치했다. 每 衛에 4인을 두었다. 正四品. 武賁은 虎賁인데 勇士의 칭호이다. 唐太祖 李虎(唐高祖 李淵의 부친)의 諱를 피해 개칭하였다. 郞將은 武官으로 宿衛를 담당하였다. (역자 주)

16) 天水郡: 班志 "成紀縣, 屬天水郡."하다. (資治通鑑綱目(3)). 漢武帝 元鼎 3년(B.C.114)에 설치한 행정구역의 하나로 오늘날 甘肅省 天水市 일부 지역이다. (역자 주)

17) 受脤: 『春秋左氏傳』 閔公 2년 조에 "장수가 된 자는 종묘에서 명령을 받고 社에서 제육을 받는다.[帥師者, 受命於廟, 受脤於社.]"라고 한 데서 나온 말이다. 出兵할 때 토지신(社)에게 지내는 제사를 '宜'라고 하고, 제사를 마친 후 제사에 올렸던 고기를 사람들에게 나눠 주는 것을 '受脤'이라고 한다. (역자 주)

18) 山河: '帶礪山河'의 약칭. "黃河가 작아져서 옷에 띠처럼 매고, 泰山을 숫돌처럼 갈 때까지 오랜 세월 변치 않는다."는 뜻으로 功臣에 대한 예우를 子子孫孫 변치 않겠다는 약속이다(『史記』 高祖功臣侯者年表). (역자 주)

19) 司空: 죽림칠현의 한 사람인 王戎(234~305). 字는 濬沖, 琅琊 臨沂 사람. 魏晉時期名士, 官員, "竹林七賢"之一, 曹魏 시기 涼州刺史 王渾의 아들이다. 淸談에 능하고 식견이 높았다. 豫州刺史로 晉이 吳를 정벌할 때 참여하여 安豐縣侯에 봉해졌다('王安豐'으로 부름). 侍中, 吏部尚書, 太子太傅, 中書令, 左仆射 등을 역임하였다. 가정을 돌보지 않고 山水 유람을 즐겼다. 諡號는 "元公". (역자 주)

20) 진(晉)나라의 용양대장(龍驤大將) 왕준(王濬)이 누선(樓船)을 만들어 타고 오나라를 정벌하러 갔는데, 오나라 군사들이 철쇄(鐵鎖)를 설치해 가로막았다. 그러자 왕준이 다시 큰 뗏목을 만들어 불에 태워 철쇄를 녹인 다음 진격하여 오나라를 멸망시킨 일이 있었다. 『晉書』 王濬列傳. (역자 주)

21) 星紀: 세월이 오래됨. (역자 주)

22) 渙汗: 帝王이 聖旨로 호령을 발하여 명령을 시행함. 반포, 유포의 뜻. (역자 주)

23) 迭州: 州의 하나. 北周 때 처음 설치하였다. 治所는 迭川(현재의 甘肅省 迭部縣). 수 나라 때 폐지되었다가 唐 나라 때 다시 설치하였다. (역자 주)

24) 開國公: 남북조시대 北周에서 설치한 작위. 公侯伯子男 아래에 두었다. (역자 주)

25) 伯寧(?~242): 삼국시대 魏나라 滿寵의 字. 조조에게 발탁되어 任許縣 현령으로서 엄격하게 법을 집행하여 이름이 알려져 汝南太守로 승진하여 軍事로서 적벽대전에 참가했다. 關羽가 樊城을 포위, 공격할 때 曹仁이 성을 버리고 도망하려고 하자, 그를 설득하여 원군이 올 때까지 버티는 데 성공했다. 曹丕 때 장군에 오르고 曹叡 때 昌邑侯에 봉해져 豫州刺史를 지냈다. 石亭의 싸움에서 賈逵와 함께 曹休를 구해냈다. 조휴 사망 후에는 揚州로 전임되어 정동장군으로서 對 吳나라 작전 책임을 맡아 공을 세웠다. 조정에서 太尉로 재직하다가 병사한 후에 '景侯'라는 시호를 받았다. (역자 주)

26) 淮海: 『書經』 「禹貢」의 "회수와 바다에 양주가 있다.(淮海惟揚州)"라는 말에서 유래한 것으로, 호남 지역을 땅이 넓고 물산이 풍부한 양주에 빗대어 말한 것이다. (역자 주)

군(君)은 오래도록 자랑하지 않으니, 교동(膠東)[27]의 옛날 풍토와 같았다.

조부 왕소(王紹)는 북주(北周)의 사지절(使持節)[28], 하주(河州)[29] 제군사(諸軍事)[30], 하주자사(河州刺史), 약양군(略陽郡) 개국공(開國公)이었다. 박양성(博陽城)[31]을 사양하니, 차례가 소경(少卿)[32]과 같았고, 형주(荊州)[33]와 형양(衡陽)[34]을 잘 다스리니, 무숙자(武叔子)의 뒤를 이은 것과 같았다. 부친 왕강(王綱)은 수(隨)나라의 표기장군(驃騎將軍)[35]으로 개부의동삼사(開府儀同三司)[36]이며, 난향현(蘭香縣)의 개국공(開國公)의 작위를 세습하였으니 곽거병(霍去病)[37]의 빛남이었고, 시대는 달랐으나 풍모는 같았다. 위현성(韋玄成)[38]과 같이 훌륭한 후손이었으니, 시대는 달라도 관통하는 것은 같았다.

공은 해곡(嶰谷:樂工)[39]으로 출사(出仕)하여 곧 궁상(宮商)[40]의 자질이 있었고, 자질은 곤륜산(崑崙山)과 같이 뛰어났으며 천성은 옥같이 아름다웠다. 범선(範宣)[41]이 어려서 뜻을 세울 나이에 육예(六藝)[42]를 숙달하고, 중승(仲升)[43]이 붓을 버리던 나이에 칠덕(七德)[44]으로 무

---

27) 膠東: 膠萊穀과 그 동쪽을 지칭. 현재의 煙台, 威海 구릉지역과 靑島, 濰坊市 등을 포함. (역자 주)

28) 위진남북조시대에 황제를 대표하여 지방 군정의 권력을 직접 행사하던 관직. 그 다음의 권력으로는 持节과 假节이 있다. '节'은 중국 고대에 자주 사용되던 信物로서 용도에 따라 종류도 다양하다. 봉건제왕이 파견한 使者가 '旌節'을 지니면 사명을 다한 후에 다시 돌려주도록 규정하였다. (역자 주)

29) 河州(甘肅省臨河回族自治州)는 감숙성 남부에 위치하고 있으며 漢, 東鄕, 撒拉, 土, 回 等의 民族이 거주하고 있다. 禹 임금이 治水한 곳으로 전해진다. (역자 주)

30) 官名. 北魏 때 설치. 出征 때 一路의 軍事長官으로서 담당부대의 군사 사무를 총괄한다. (역자 주)

31) 古代의 地名으로서 지금의 山東省 泰安市. 朝代에 따라 博邑, 博陽, 博, 博平 등으로 불렸다. 그러나 治所는 모두 지금의 山東省 泰安市 泰山區 邱家店 鎭舊縣村이었다. (역자 주)

32) 少卿: 北魏 때 설치한 관직. 北齊 때 正卿의 차관이 되었다. 隋唐明淸代까지 유지되었다(『文獻通考』 職官九, 十). 여기에서는 王紹의 아버지 王仁을 지칭하는 것으로 보인다. (역자 주)

33) 荊州: 고대 九州 중의 하나. 荊山과 衡山 사이에 있었다. 현재의 湖北省 荊州市 일대에 있었다.

34) 衡陽: 湖南省 중남부에 있는 지방 도시이다. (역자 주)

35) 驃騎將軍: 漢武帝 때 처음 설치한 무관직. 金印과 紫綬를 사용하며, 지위는 三公과 같았다. 후에는 '驃騎大將軍'이나 '大將軍'으로 부르기도 하였다. (역자 주)

36) 開府儀同三司: 魏晉南北朝 시기의 高官. 隋唐에서 元代에는 종1품의 최고위 文散官이 되었다. 자신의 官府를 설치할 수 있고, 그 의전은 三司와 같았다. 三司는 三公(정1품 太師, 太傅, 太保 혹은 太尉, 司徒, 司空)을 말한다. (역자 주)

37) 霍去病: 기원전 140?~기원전 117. 前漢의 名將. 무제 때 숙부인 衛靑과 함께 흉노를 토벌하는 데에 큰 공을 세웠음. (역자 주)

38) 韋玄成: 漢나라 때 사람으로, 자가 少翁, 시호가 共候이다. 경학에 밝아 元帝가 즉위하자 少府가 되고, 太子太傅를 거쳐 禦史大夫까지 올랐다. 永光 2년에 부친 위현(韋賢)의 뒤를 이어 승상이 되었다. 그러나 탄핵을 받아 관내후(關內侯)로 삭작되어 아버지로부터 이어받았던 列矦보다 관작이 낮아지게 되자 그것을 마음 아파하며 자책하는 4언 고시를 지었는데 그 시 가운데 "누가 화산을 높다고 하였는가, 우러러보면 가지런해질 수 있다네. 누가 덕이 넓다고 하였는가, 노력하면 가까이 도달할 수 있다네.(誰謂華高 企其齊而. 誰謂德廣 厲其庶而.)"라는 구가 있다(『漢書』 卷73 韋賢傳). (역자 주)

39) 嶰谷: 崑崙山 북쪽의 골짜기 이름. 전설에 의하면 黃帝가 伶倫을 시켜 嶰谷의 대나무를 가져다 黃鐘의 악기를 만들었다고 한다. (역자 주)

40) 宮商: 고대 음률 중에 宮音과 商音. 음악 음율을 지칭한다(『文選』 王褒·洞簫賦). (역자 주)

41) 範宣: 範宜라고도 씀. 字는 宣子, 東晉의 名儒이다(『世說新語』 曰書本傳, 曆代名畵記). (역자 주)

(武)에 훌륭하였다. 양유기(養由基)[45]가 번약(繁弱)[46]활을 당기는 것과 같이 활을 쏘니 기러기
가 떨어지고 원숭이가 신음하였으며, 감연수(甘延壽)[47]가 누각을 뛰어넘는 것과 같이[48] 공
중으로 뛰어오르고 무거운 바위를 던졌다. 이윽고 만리장성[49]에서 바람이 처량하였고 백양
관(白羊關)[50]에서 먼지를 뒤집어썼다. 하남(河南)에서 명적(鳴鏑)[51]을 두드렸고(작전을 개시
하였음을 뜻함), 북가(北假)[52]에서 천막을 치고 야영(참전하였음을 뜻함)하였다. 공은 마침
내 봉화(烽火) 불이 솟아오르자, 즉시 웅대한 계획을 떨쳤으며 처음에는 편비(裨將)[53]에 임
명되었다가, 곧 군율(軍律)[54]을 담당하는 데에 참여하였다.

수(隋)나라 개황(開皇)[55] 19년(599)에 상서좌복야(尚書左仆射)였던 월공(越公) 양소(楊素, 車
騎大將軍)[56]를 따라 잠깐(크게) 험윤(獫狁)[57]을 정벌하고[58] 8진을 함락시키는 공을 세웠다.

---

42) 六藝: 중국 고대 귀족사회의 교육 체계에서 익혀야 할 6종의 학예 혹은 자질로 '예악사어서수(礼乐射御书数)'를 지칭한다. (역
자 주)

43) 仲升: 전한의 장군이며 외교관이었던 班超(32~102)의 字. 班超는 사학자인 班彪의 아들. 班固의 아우이며 班昭의 오빠. 큰 뜻
을 품어 학문을 접고 무예를 익혔다. 흉노를 치고 西域에 사신으로 나가 50여 개국을 복속시키고, 서역도호가 되었으며 定遠
侯에 봉해졌다. (역자 주)

44) 七德: 무예에서 중시하는 7 덕목으로, 夫武, 禁暴, 戢兵, 保大, 定功, 安民, 和眾, 豐財을 말한다. "夫武, 禁暴, 戢兵, 保大, 定功, 安
民, 和眾, 豐財者也, 故使子孫無忘其章"(『左傳』 宣公十二年), "武有七德, 我無一焉, 何以示子孫"(『梁書』 武帝紀). (역자 주)

45) 養由基: 춘추시대 楚의 대부이며 장군. 활쏘기에 신기를 가지고 있어 100보 떨어진 버들잎을 백발백중으로 맞혔다고 한다. 孫
叔敖를 令尹으로 晉나라와 전투에서 呂錡를 사살하였고, 오나라와의 전투에서 公子 黨을 사로잡았다. (역자 주)

46) 繁弱: 中國 神話에 나오는 활 이름. 요 임금 때의 명궁 大羿가 쓰던 활이라고도 하며, 夏 나라의 명궁 후예(後羿)의 활이라고도
한다. (역자 주)

47) 甘延壽: 西漢 때의 장수. 명문 출신으로 어릴 때부터 기마와 궁술에 능하여 羽林軍에 들어갔다. 힘겨루기에 진 적이 없었으며
무거운 돌을 던지고 어림군의 누각을 뛰어넘기도 하였다. 승진하여 요동 태수가 되었고, 諫議大夫가 되었으며 서역에 파견되
어 都護騎都尉가 되었을 때, 匈奴의 郅支單于를 죽여 義成侯에 봉해지고, 사후에 壯侯라는 시호를 받았다. (역자 주)

48) 跳延壽之亭樓: 甘延壽가 젊었을 때 바위를 사람에게 던지고, 羽林衛의 정자와 누각을 뛰어넘기도 하였다(『漢書』 甘延壽傳). (역
자 주)

49) 紫塞: 만리장성을 지칭한다. "秦築長城, 土色皆紫. 漢塞亦然, 故稱紫塞焉"(晉 崔豹『古今注』 都邑) (역자 주)

50) 白羊關: 河北省 唐山市 백양강에 있는 만리장성의 한 관문. 전국시대에 燕나라가 세운 대리석 장성의 일부이다. 현재 관문은
무너져 없으나 강과 협곡이 겹쳐 빼어난 명승지를 이루고 있다. (역자 주)

51) 鳴鏑: 響箭, 嚆矢라고도 한다. 화살이 날아갈 때 특이한 소리가 나는 신호용 화살이다. 한나라 때부터 사용되어 청나라 때까지
사용되었다. 철제 화살촉도 있고 짐승 뼈로 만들기도 하였다. (역자 주)

52) 北假: 秦·漢 시대의 지명으로, 현재의 내몽골 河套 이북 陰山 이남의 산악과 황하를 낀 지역을 말한다. "又使蒙恬渡河取高闕、陶
陽山, 北假中, 築亭障以逐戎人."(『史記』 秦始皇本紀) (역자 주)

53) 偏裨: 장수의 참모에 대한 통칭. 偏將, 裨將 등으로 불린다. (역자 주)

54) 戎律: 軍機, 軍紀, 軍法 軍務을 말한다. (역자 주)

55) 開皇: 隋 나라의 창시자 文帝 楊堅의 年號이다. 개황 원년은 581년이다. 601년에 연호를 仁壽로 바꾸었다. (역자 주)

56) 楊素(544~606): 수나라의 장군으로 권신이 되었다. 北周 때 弘農郡 華陰縣(현재의 陝西省 華陰市)의 사족 출신. 禮部 下大夫, 大
都督을 거쳐 車騎大將軍이 되어 北齊를 멸망시키는 전쟁에 참여하였다. 이때부터 楊堅(隋 文帝)을 추종하여 大將軍, 清河郡公
에 봉해졌다. 隋 나라가 건국한 후에 禦史大夫에 승진하고, 開皇 八年(588)에 信州總管으로 陳을 멸망시키고 荊州總管이 되었
다가 越國公으로 승진하였다. 隋煬帝가 즉위한 후에 楊諒의 반란을 진압하고 尚書令, 太師, 司徒가 되었다가, 다시 楚公에 봉해

장군을 따라 한해(瀚海)[59]의 천리를 휩쓸었고, 거기장군을 따라 연연산(燕然山)[60]에 올랐다. 군영의 작전 계획에 참여하고 공로(功勞)는 개주(介胄:갑옷을 입은 장군)에 들었다(공로가 장군의 반열에 올랐다는 뜻임). 왕부(王府)에 공훈이 기록되었으므로, 그 해에 의동삼사(儀同三司)에 제수되었다. 관우(關羽)와 장비(張飛)가 소매를 떨치고 일어날 나이에, 손무(孫武)[61]와 오기(吳起)[62]가 삼군을 호령한 것을 이어받아서 함께 완전한 항복을 받아내지는 못하였으나, 모두 다 통제(牢籠)[63]할 수는 있었다. 개황(開皇) 20년에 우거기장군(右車騎將軍)에 제수되니 봄날에 난초가 무성하여 향기가 그윽하였고, 깊고 먼 못(九皋)[64]에서 학이 울어대니 마침내 온 나라에 명성을 날렸다.

대업(大業)[65] 4년(608)에 우위도원부 응양낭장(右衛道源府鷹揚郎將)으로 전임하였고, 곧 좌무위순정부 응양낭장(左武衛順政府鷹揚郎將)으로 옮겼다. 큰 곰들이 치고 물어뜯는 듯 용맹은 맹분(孟賁)[66]보다 뛰어났고, 독수리와 매처럼 민첩(鷙擊)[67]하였으며 의리는 계손행보(季孫行父)[68]보다 높았다. 대업 11년(618)에 좌위무분낭장(左衛武賁郎將)을 제수받았다. 중궁

졌다. (역자 주)

57) 獫狁: 중국 고대 匈奴族의 별칭. 犬戎이라고도 하였다. (역자 주)

58) 『시경』〈小雅 六月〉尹吉甫가 주나라 宣王을 도와 북방의 獫狁을 정벌한다는 내용으로 되어 있는데, 6월에 군대를 출정하고 있다. 여기에는 정벌의 정당성이 함축되어 있다. (역자 주)

59) 瀚海: 중국 북방의 큰 호수를 지칭하기도 하고, 고비사막을 말하기도 한다. 시대에 따라 그 지칭이 다르지만, 여기서는 사막을 가리키는 것으로 보인다. (역자 주)

60) 燕然山: 몽골고원의 서북에 있는 산. 班固가 지은 『封燕然山銘』이 있다. (역자 주).

61) 孫武(B.C.545~B.C.470): 춘추시대의 군사전략가이며 정치가. 齊나라 樂安(현 山東省 북부)에서 나고, 오나라의 중신이 되었고, 장군으로서 柏擧의 전투에서 초나라를 격파하고 수도 郢城을 점령하여 초나라가 거의 망할 뻔하였다. 저서로 『孫子兵法』 13편이 있다. (역자 주)

62) 吳起(B.C.440~B.C.381): 전국시대 군사전략가이며, 정치가. 현재의 山東省 曹縣 태생으로 魯, 魏, 楚 세 나라에서 벼슬하며 병법, 法家, 儒家의 사상에 정통하였고, 위나라에서 西河郡守를 지내고, 초나라의 정승인 슈尹이 되어 變法으로 국력을 증강시켰으나, 수구파 귀족들에게 살해되었다. 저서 『吳子兵法』이 있다. (역자 주)

63) 牢籠: 새장, 조롱 혹은 우리. 사람을 제약하는 약속이나 사물 혹은 함정을 비유한다. "牢籠天地, 彈壓山川, 含吐陰陽, 伸曳四時, 紀網八極, 經緯六合."(『淮南子』 本經訓) (역자 주)

64) "鶴鳴於九皋, 聲聞於野." 毛傳: "皋, 澤也. 言身隱而名著也." 鄭玄箋: "皋, 澤中水溢出所爲坎, 自外數至九, 喻深遠也. 鶴在中鳴焉, 而野聞其鳴聲…喩賢者雖隱居, 人鹹知之"(『詩經』 小雅·鶴鳴) (역자 주)

65) 大業: 隋煬帝 楊廣의 연호. 605년 정월부터 618년 3월까지 13년간 사용하였다. 그 연호의 유래는 周易에서 비롯된 것이다. "盛德大業至矣哉, 富有之謂大業, 日新之謂盛德.(『易經』 系辭上) (역자 주)

66) 孟賁: 중국 전국시대의 저명한 용사. 秦나라 사람이었으나, 衛나라 사람 혹은 齊나라 사람이라는 설도 있다. 용맹으로 천하에 이름을 떨쳤다. (역자 주)

67) 鷙: 흉포하고 사나운 새. 동작이 민첩하다. (역자 주)

68) 季孫行父(?~BC 568년): 季文子, 季行父로도 불린다. 춘추시대 魯나라 사람으로 文公과 襄公 때 大夫를 지냈다. 문공과 宣公, 成公, 양공 4대를 섬기면서 깊은 신뢰를 쌓은 현인이다. 襄仲이 집정했을 때 公孫歸父가 三桓을 제거하려다 쫓겨났다. 魯成公 원년 齊나라의 침입을 막으려고 丘甲을 만들었다. 다음 해 제나라가 노나라를 공격하고 이어 衛나라를 공격하니, 晉나라가 군사를 보내 구원했다. 鞍에서 전투를 벌여 제나라 군대를 격퇴하는 공을 올렸다. 16년 한 차례 진나라에 잡혀갔다. 집에는 비단옷

(仲躬)[69]이 문거(文擧)[70]에 대한 것과 백소(伯昭)[71]가 환계(桓階)[72]에 대한 것과 같이 이것으로써 관직을 만들고 저들과 함께 직임을 나누었거든, 하물며 다시 위로 削蒿에 봉해진 것은 옛 장순(張純)[73]을 계승한 것임에랴! 우직하기는 증삼(曾參)[74]과 같고 문장(含毫)[75]은 반악(潘嶽)[76]의 경지에 들었다. 갈관(鶡冠)[77]은 그의 덕을 상징하였고, 은장(銀章)[78]은 그의 위용을 나타내었다. 무력을 사용함에 굳세고 굳셈이 특이했으며 간성(幹城)과 같이 씩씩함을 드러내었고,[79] 염정(炎精)에 미쳐서도 다하지 않았다.[80]

온 나라가 혼란에 빠져 하늘의 그물이 맺음을 잃었고 땅의 그물은 벼리가 끊어짐에 공은 장

을 입은 姜이 없고, 마구간에는 곡식을 먹는 말이 없었으며, 창고에는 金玉重器가 없어 사람들이 청렴하고 충직한 사람이라 칭송했다고 한다. 『論語』의 三思而行과 관련된 인물이다. (역자 주)

69) 禰衡(173~198년)을 가리킨다. 후한 말의 인물로 젊었을 때부터 말주변이 있었고, 성격이 강직하면서 오만했다. 오직 孔融, 楊修와 마음을 터놓고 사귀었다. 공융이 그의 재능을 아껴 여러 차례 曹操 앞에서 칭송했다. 조조가 만나려고 불렀지만 병을 핑계로 나가지 않았다. 조조가 불러 鼓史로 삼아 賓客들을 불러 모으고 그를 욕보이려고 했지만 오히려 그에게 모욕을 당했다. 조조가 노하여 형주에 사신으로 보내 劉表의 손을 빌려 그를 죽이려 했다. 유표를 만나 비난의 말을 퍼 붇자 유표는 그를 다시 강하태수 黃祖에게 보냈다. 결국 황조에게 처형되었다. (역자 주)

70) 孔融(153~208): 후한 시대의 관원이며 문장가로 명사였다. 字는 文擧. 山東 曲阜 사람으로 공자의 20세손. 獻帝 때 '建安七子'의 한 사람으로 지칭되었다. 北軍中侯, 虎賁中郎將, 北海國相 등을 지내고 太中大夫에 올랐다. 丞相 曹操의 노여움을 받아 피살되었다. (역자 주)

71) 耿弇(3~58) : 후한의 장수이며 개국 원훈. 字는 伯昭. 陝西省 興平 사람으로, '雲台二十八將' 중 네 번째 인물. 후한 창업자 光武帝 劉秀를 추종하여 偏將軍으로 河北의 평정에 참여하였고, 건국 후 建威大將軍에 임명되어 46군 300여 성을 평정하였다. 후한 천하통일에 혁혁한 공을 세웠다. (역자 주)

72) 桓階(?~221): 삼국시대 위나라의 대신. 字는 伯緖이며 호남성 長沙 사람. 孝廉으로 추천되어 尚書郞에 발탁되었고, 후에 尚書令, 侍中을 지냈으며, 曹丕가 顧命大臣으로 여겼다. (역자 주)

73) 張純(?~56): 後漢의 대신. 字는 伯仁. 陝西省 西安 사람으로, 侍中 張放의 아들이다. 富平縣侯로 있을 때 江南 평정에 참여했고, 五官中郎將, 虎賁中郎將으로 황궁을 숙위하였다. 侍中, 太中大夫, 太仆卿, 大司空을 지냈다. 光武帝의 泰山 순수에 동행하고, 禦史大夫에 올랐다. (역자 주)

74) 曾參: 공자의 제자인 曾子. 山東省 출신이며, 공자의 사상을 이어받아 공자의 손자 子思에게 전하였고, 자사가 孟子에게 그 도를 전하였다. 그는 공자의 高弟로서 효심이 두텁고 內省躬行에 힘썼으며, 孝와 信을 도덕 행위의 근본으로 하였다. (역자 주)

75) 含毫: '붓을 입에 문다'는 뜻으로, 만장을 쓰거나 글씨를 쓰는 일을 비유한 것이다. "或操觚以率爾, 或含毫而邈然."(晉·陸機, 『文賦』) (역자 주)

76) 潘嶽(247~300): 魏晉 시대의 문장가. 후에 潘安으로 개명하였다. 하남성 鄭州 출신. 용모가 빼어나 중국 고대의 4대 미남으로 유명하였다. 懷縣令, 度支部, 太傅主簿, 長安縣令, 著作郞, 員外散騎侍郞, 給事黃門侍郞 등을 지냈으나, 모함을 받아 죽었다. 문장이 뛰어나 『潘黃門集』을 남겼다. (역자 주)

77) 鶡冠: 중국 고대 무관들의 冠帽. '武冠' 혹은 '武弁大冠'이라함. 큰 관의 양쪽에 꿩 깃을 꽂아 만든다. 秦漢시대부터 隋唐 때까지 착용하였다. (역자 주)

78) 銀章: 銀印을 가리킴. 漢 나라 제도에 관리 녹봉이 2,000석 이상이면 모두 銀印을 사용하였다(『漢書』 卷十九 上 「百官公卿表 上」). (역자 주)

79) 방패와 성 같은 역할을 할 수 있는 인재를 말한다. 『시경』〈兔罝〉에 "씩씩한 武夫여, 공후의 간성이로다(赳赳武夫, 公侯幹城)."라고 하였다. (역자 주)

80) 炎精은 불의 정기(精氣)로서 한(漢)나라의 덕을 가리킨다. 隋나라가 망함에 이르러서도 그 정기가 다하지 않았다는 의미이다. (역자 주)

수가 되어 팔방으로 출정하였고(推轂)[81], 천자의 四輔[82]를 역임하였다. 해, 달, 별 삼령(三靈)[83]의 운명이 바뀌게 될 것을 알고, 나라의 명운(九鼎)[84]이 장차 옮겨 갈 것을 알았으나,[85] 오히려 제갈첨(諸葛瞻)[86]의 충성심을 품고 있었다. 끝내 서촉(西蜀)[87]이 망하자 마치 장홍(臧洪)[88]이 충절을 지켜 끝내 동군(東郡)[89]에서 죽은 것과 같이 하였다. 대업(大業) 11년(612) 8월에 방주(方州)[90]에서 돌아가시니, 춘추가 50세였다.

공의 훌륭한 지조는 곧은 대나무와 같았고, 정절은 무성한 소나무와 같았으며, 추운 계절에도 시들거나 잎이 지지 않았고, 혹심한 무더위에도 항상 싱싱하였다. 탐욕의 샘(貪泉)[91]에서 물을 마셨으나 청렴하기가 처묵(處默) 오은지(吳隱之)[92]와 연대를 맺을 만하였고, 비옥한 고

---

81) 推轂: 장수를 지방으로 보낼 때 임금이 수레바퀴를 밀어주는 의식이다. 『사기』 馮唐列傳에 "신이 듣건대 상고 시대에 군왕이 장수를 파견할 때는 무릎을 꿇고 수레를 밀면서 말하기를, 조정 안은 과인이 다스리지만 조정 밖은 장군이 다스리시오라고 하였습니다(臣聞上古王者之遣將也, 跪而推轂, 曰閫以內者, 寡人制之, 閫以外者, 將軍制之.)."라고 하였다. (역자 주)

82) 四輔: 官名. 고대 천자 신변의 4가지 보좌를 말한다(『書』, 洛誥 有"四輔"之稱. 『益稷』有四鄰, 『史記』夏本紀作"四輔". 至『尚書大傳』, 賈誼『新書』始有疑, 承, 輔, 弼『新書』作道, 弼, 輔, 承)爲"四輔"之說, 皆出於 秦 漢 間人的依托). (역자 주)

83) 三靈: 해, 달, 별을 말한다("方將上獵三靈之流, 下決醴泉之滋. 顏師古注, 引如淳曰: 三靈, 日, 月, 星垂象之應也."). 여기에서는 천명(天命)이 바뀔 것을 알았다는 뜻으로 사용했다. (역자 주)

84) 九鼎: 중국 고대의 청동 제기 9종. 국가의 통일과 변영 및 제왕의 존귀함을 상징하였다. "禹收九牧之金, 鑄九鼎. 皆嘗亨鬺上帝鬼神. 遭聖則興, 鼎遷於夏商. 周德衰, 宋之社亡, 鼎乃淪沒, 伏而不見."(『史記』封禪書) (역자 주)

85) 나라가 망할 것을 미리 알았다는 의미. 진시황이 주나라를 멸하고 나라의 상징인 구정(九鼎)을 함양으로 옮겨간 것을 뜻한다. (역자 주)

86) 諸葛瞻(227~263) 중국 삼국시대 蜀漢의 대신. 자는 思遠, 승상 諸葛亮의 아들이다. 劉備의 부마가 되어 騎都尉에 올라 武鄉侯의 작위를 세습하였다. 魏의 장수 鄧艾가 蜀을 정벌하였을 때 장자 諸葛尚, 장군 張遵, 黃崇 등을 끌고 綿竹을 방어하였으나, 黃崇의 건의를 듣지 않고 성을 나와 싸우다가 패전, 아들과 함께 전사하였다. 綿竹을 잃고 後主 劉禪이 항복하여 촉한이 멸망하는 요인이 되었다. 그러나 후세에는 忠孝로 칭송받았다. (역자 주)

87) 西蜀: 삼국시대의 蜀漢(221~263)을 말한다. 221년 劉備가 成都에서 제위에 올라 창업하였다. 정식 국호는 漢. '蜀漢', '蜀', '季漢'이라고도 함. 263년 魏에 함락되어 멸망하였다. (역자 주)

88) 臧洪(160~196): 후한 말 군웅의 한 사람. 字는 子源. 太原太守 臧旻의 아들, 천거로 議郎이 되었고, 關東聯軍에 참여하여 董卓을 타도하고자 하였는데, 袁紹에게 발탁되어 青州刺史, 東郡太守를 지내며 치적을 쌓았다. 袁紹의 不義 때문에 城을 들어 대항하다가 포위 공격을 받아 죽었다. (역자 주)

89) 東郡: 秦始皇이 242년에 설치한 행정 구역. 治所는 현재의 하남성 적양시(濮陽市)에 있었고, 관할 구역은 현재의 하남성 동북부에서 산동성 서부까지였다. 隋 초에 폐지되었다가 煬帝 때 다시 설치되었고, 당나라 초에 활주(滑州)로 개편되었다. (역자 주)

90) 方州: 隋代에 중국 南京에 있었던 행정 구역. 治所는 남경 육합구(六合區)에 있었다. 지금도 '方州廣場', '方州路', '方州花園' 등의 지명이 남아 있다. (역자 주)

91) 貪泉: 중국 東晉 때의 이름난 샘물. 廣東省 廣州와 陝西省 郴縣에 있었다. 샘물이 거울같이 맑고 상쾌하였으나, 마시면 청렴한 사람도 탐심을 일으키게 한다고 전한다. 그러나 東晉의 吳隱之는 이 샘물을 마시고도 더욱 청렴하였다고 한다(『晉書』吳隱之傳). (역자 주)

92) 處默: 晉나라 濮陽 사람 오은지(?~413)의 字. 廣州刺史로 부임하여 탐욕을 불러일으킨다는 貪泉의 샘물을 떠 마시면서 "옛사람이 말하기를 이 샘물은 마시자마자 천금만을 생각하게 된다지만, 백이·숙제에게 마시게 하면 끝내 마음이 뒤바뀌지 않으리라[古人雲此水 一歃懷千金 試使夷齊飲 終當不易心]."라고 읊으며 자신의 청렴한 지조를 잘 지켰다는 고사가 있다(『晉書』良吏 吳隱之列傳). (역자 주)

을에서 벼슬하였으나 가난하게 산 것은 군어(君魚: 孔奮)[93]와 비견(方駕)[94]되었다. 비록 숙절(叔節: 楊秉)[95]이 세 가지 유혹(三惑)[96]을 떨쳐버린 것과 백기(伯起: 楊震)[97]가 네 가지 아는 것(四知)[98]을 조심한 것이라도, 이 훌륭한 분들의 아름다운 법도와 비교해 본다면, 어찌 나이(경지)를 말할 수 있으리오?

아들 문도(文度)가 있었으니, 使持節廓州諸軍事이며, 곽주자사(廓州刺史)이다. 젊어서 방백(方伯: 지방 장관)을 맡았을 때 이미 순선(荀羨: 322~359)[99]의 자질이 있어서, 오래도록 지방을 잘 다스렸다. 고매(顧邁)[100]와 교경(喬卿)[101] 곽하(郭賀)의 대우로 六條[102]를 위임하였다. 비록 충성을 다하고 백 가지 행실을 곧게 하였으나, 수신(修身)에는 효성과 덕을 우선하였으므로, 이 때문에 왕포(王褒)[103]의 風什[104]을 듣고, 영구히 생각한다는 것을 비유한 것이다.

---

93) 君魚: 後漢의 관료 孔奮의 字, 武都郡의 丞으로 있을 때 隴西의 반군 隗茂의 난을 진압하고, 후에 武都太守를 지냈다. 성품이 청렴하여 4년간 비옥한 姑臧의 원으로 있으면서 한 푼도 재산을 늘리지 않아 사람들의 비웃음을 샀다. 어머니의 봉양은 매우 후하게 하였으나, 자신은 극히 소박하게 살았다.

94) 方駕: 두 수레가 나란히 나아감. 比肩 혹은 媲美의 뜻. "臨洮道險, 車騎不得方駕."(『後漢書』馬防傳) "方駕振飛轡, 遠遊入長安." (晉·陸機『擬青青陵上柏』) (역자 주)

95) 叔節: 후한 명신 楊秉(92~165)의 字. 청백리 楊震의 아들로, 은거하며 書傳에 진력하였다. 40세에 비로소 벼슬에 나가 豫荊徐兗 4州의 刺史를 역임하고, 太中大夫, 左中郎將, 侍中, 尚書, 光祿大夫, 太常, 太尉 등을 지냈다. 청백하고 공정하여 관료의 표상이 되었다. 스스로를, "나는 술, 女色, 재물의 세 가지 유혹에 빠지지 않았다(我不受三種東西的迷惑: 酒, 女色, 財貨)."고 하였다. (역자 주)

96) 三惑: 후한의 명신 楊秉(92~165)의 고사에서 비롯한 '술, 여색, 재물'에 대한 유혹을 말한다. 楊秉이 스스로 평하기를, "나는 술, 여색, 재물의 세 가지 유혹에 빠지지 않았다."고 하였다. 嘗從容言曰: "我有三不惑: 酒, 色, 財也"(『後漢書』卷五十四 楊震列傳第四十四』) (역자 주)

97) 伯起: 後漢의 명신 楊震(?~124)의 字, 현재의 陝西省 華陰 사람. 隱士 楊寶의 아들로, 경전에 통달하고 여러 서적에 박식하여 '관서 공자'라는 칭송을 받았다. 荊州刺史, 東萊太守, 太仆, 太常, 司徒, 太尉를 역임하였다. 청렴 정직하여 청백리의 표상이 되었다. (역자 주)

98) 四知: 후한 청백리 楊震의 故事. 부하 王密이 밤중에 황금 10근을 뇌물로 바치며, "밤이라 아무도 모릅니다." 하자, 그는 "하늘이 알고 귀신이 알고 내가 알고 자네가 아는데(天知, 神知, 我知, 子知) 어찌 모른다 하느냐." 하고 질책하였다. 후세에 그를 四知堂이라고 칭하였다. "當之郡, 道經昌邑, 故所舉荊州茂才王密爲昌邑令, 謁見, 至夜懷金十斤以遺震. 震曰: '故人知君, 君不知故人, 何也.' 密曰: '暮夜無知者.' 震 曰: '天知, 神知, 我知, 子知. 何謂無知!' 密愧而出."(『後漢書』楊震傳) (역자 주)

99) 荀羨(322~359): 東晉의 장수. 후한의 시중 荀彧의 6세손이며, 光祿大夫 荀崧의 아들이다. 晉元帝의 딸 尋陽公主와 결혼하여 尉馬都尉가 되고, 建威將軍에 발탁되었다. 吳國内史, 北中郎將, 徐州刺史를 역임하였다. 여러 번 전공을 세웠고, 항복한 적군을 잘 위무하여 명망을 얻었다. 사후에 驃騎將軍이 증직되었다. (역자 주)

100) 顧邁: 남북조 宋(420~479) 때의 吳郡(지금의 江蘇省 蘇州) 사람. 廣陵의 衛府行參軍이 되었는데 詩人으로 이름을 얻었다. 그의 시는 현재 전하지 않는다. (역자 주)

101) 喬卿: 후한 때 郭賀의 字. 곽하가 일찍이 荊州刺史로 부임하여 대단한 善政을 베푼 결과, 백성들이 노래를 불러 찬송하기까지 하였으므로, 顯宗이 巡狩 차 그곳에 이르러 그 광경을 보고 크게 嗟歎한 나머지, 그에게 三公服과 冕旒冠을 하사하면서, 특별히 그에게 部를 순행할 적에는 수레의 장막을 제거하여 백성으로 하여금 그 영광스러운 모습을 보도록 하게 했던 데서 온 말이다(『後漢書』卷二十六). (역자 주)

102) 六條: 刺史가 관리를 시찰할 때 행하던 詔書에 담긴 6가지 내용. 관리의 직무와 직권을 조사하는 것을 내용으로 한다(『漢書』百官公卿表上 "武帝元封五年初置部刺史" 顔師古注引『漢官典職儀』). (역자 주)

蕭韶의 옛일(疇昔)[105]을 생각하고, 어언 간에 개장(改葬)하게 되었다.[106] 생각하건대, 정관(貞觀)[107] 14년(640) 경자(庚子) 10월 을축삭(乙醜朔) 21일 을유(乙酉)에 옹주(雍州)[108] 만년현(萬年縣)[109] 동쪽 25리에 있는 소릉(少陵) 언덕에 개장하였다. 아마도 부부 두 분이 함께 壙穴을 끼고 있으니, 마침내 저리(樗裏)[110]의 분묘와 같은 형상을 이루었다. 천년의 세월을 지나 햇빛을 보게 된다면, 결국 등후(滕侯)[111] 하후영(夏候嬰)을 만나게 될 것이니, 백세의 일도 가히 알 수 있고, 만고의 세월에도 무너지지 않기를 바라노라. 이에 훌륭한 업적을 새겨 황천(黃泉)에 기록한다. 아아, 슬프다. 명문(銘文)을 지어 일렀으되,

공안국[112]은 한(漢)을 도왔고, 장군은 진(秦)을 도왔네.	安國佐漢, 將軍翼秦.
나라의 걸출한 인재요, 사직의 충신이로다.	邦家髦彦, 社稷忠臣.
이미 鍾과 鼎에 공적을 새겼으니, 영원히 芳香을 날렸고,	既銘鍾鼎, 永扇芳塵.
무덤은 비록 오래 되어도, 남긴 충렬은 더욱 새롭도다.	丘陵雖古, 遺烈猶新.
근원은 크고 흐름은 깊으니, 鄧林에 산뽕나무 되기 송구하고,	鴻源浚流, 鄧林竦楮.
높은 가지는 반드시 무성하고, 성한 물결은 저절로 멀리 가도다.	高枝必茂, 昌波自遠
皇恩에 말을 달려, 곤륜산 嶰穀[113]에서 黃鐘 竹을 잘랐으니.	渥窪驥馭, 嶰穀竹斷.

---

103) 王褒(513~576): 남북조시대 문학가. 字는 子淵이며 琅邪 臨沂(지금의 山東省 臨沂) 사람이다. 그의 詩는 현재 약 40여 首가 전하는데 대부분 북방에 있을 때 지은 것으로 타향살이와 고국을 그리면서 변방의 풍속을 그리고 있는데 作風은 웅장하고 씩씩하다. (역자 주)

104) 風什: 詩文을 말한다. (역자 주)

105) 疇昔: 옛날 혹은 이전의 뜻.(『禮記』檀弓上). 晉의 蘇韶가 죽은 뒤에 다시 나타나 형제들에게 말하기를 "현재 천상에는 孔子의 제자인 顔淵과 葡商이 수문랑으로 있다."라고 하였다고 한다. (역자 주)

106) 꿈에 현몽한 일이 있어 마침내 개장했다는 의미. (역자 주)

107) 唐太宗(李世民)의 연호. 元年은 627년이고, 貞觀 23년(649)까지 사용하였다. (역자 주)

108) 雍州: 중국 서북지역의 행정구역으로 9주의 하나. 한 나라 때는 甘肅省 지역이 중심이었으나, 후에는 長安(현재의 西安)이 중심이었고, 涼州로 개칭하였다. 중국 고대 정치, 문화의 중심지. (역자 주)

109) 萬年縣: 중국 고대의 행정 구역. 北周 明帝 2년(558)에 처음 설치되었다. 隋 나라 때 大興城(長安城)에 합쳐졌다가 鹹寧縣으로 독립하였다. (역자 주)

110) 樗裏: 중국 전국시대 秦의 왕족 宰相이며 장수인 樗裏疾(?~B.C.300)을 지칭한다. 樗裏子라고도 함. 성은 嬴, 이름은 疾이다. 秦 孝公의 庶子이며, 惠文王의 異腹 아우. 지혜와 책모가 많고 말을 잘하였다. 전공으로 蜀郡 嚴道縣에 책봉되어 嚴君으로 호칭되었다. 右丞相이 되어 左丞相 甘茂와 함께 무력을 증강하고 전쟁을 벌여 秦의 판도를 넓히고 천하통일의 기초를 닦았다. 사후에 渭水 南岸 章台(현재의 西安市西北) 동쪽에 매장하였는데, 명당으로 이름났다. (역자 주)

111) 漢高祖 때 명신 夏侯嬰의 봉호. "등공이 죽자 동도문 밖에서 장례 지내려고 공경들이 장례 행렬을 배웅했는데, 말들이 앞으로 나아가지 않은 채 발로 땅을 구르며 슬피 울었다. 이에 땅 구른 곳을 파보니, 다음과 같은 명문이 나왔다. '佳城이 아름다우니, 3천년 만에 해를 보도다. 아! 등공이여, 이 방에 거하라.' 이에 그곳에 등공을 묻었다(漢滕公薨 求葬東都門外 公卿送喪 駟馬不行 踏地悲鳴 踏蹄下地 得石有銘 曰 佳城鬱鬱 三千年見白日 籲嗟 滕公居此室 遂葬焉)." 『博物志』異聞) (역자 주)

112) 孔安國: 漢대의 曲阜 사람으로, 공자의 12세손. 『詩經』을 申公, 『尚書』를 伏生에게서 배웠다. 공자의 옛집에서 나온 科門文字로 된 『상서』와 『논어』 등을 今文으로 판독하여 一家를 이루었는데 이를 '古文尚書'라 한다. (역자 주)

駿馬[114]는 정해짐이 있었고, 봉관(鳳管)[115]이 없는 것이 아니라네.　　　定有龍媒, 非無鳳管.

훌륭한 조부와 아버지 아래, 막내도 나고 맏이도 났으니,　　　乃祖乃父, 或季或昆.

공후(公侯)의 후손이요, 장상(將相)의 가문이로다.　　　公侯之裔, 將相之門.

주옥(珠玉) 같이 밝게 비치니, 난과 창포 향기 진동하고,　　　照曜珠玉, 芬馥蘭蓀.

그대의 복 받은 자손은 여기서 신령한 뿌리를 내렸구나.　　　君之祉葉, 即此靈根.

삼략(三略)의 병법을 익혔고, 칠덕(七德)의 무(武)가 훌륭하였네.　　　三略遊藝, 七德允武.

계율(戒律)은 힘써 도왔고, 큰 포부는 바르게 보필하였도다.　　　戒律贊務, 雄圖匡輔.

무관(介胄)[116]의 軌躅[117]을 따르니, 고관(銀章)의 법도요,　　　介胄軌躅, 銀章規矩.

亭伯(劉邦)[118]은 숨지 말라, 亞父(範增)[119]가 눈짓을 하도다.　　　亭伯莫葳, 亞夫載睹.

흘러가는 냇물(逝川)[120]은 쉬지 않고, 천리마는 잡아둘 수 없어,　　　逝川弗息, 陳駟難留.

해로(薤露: 상여소리)[121]가 한 번 미침에, 천추에 무덤을 남겼도다.　　　薤露一及, 窀穸千秋.

저리질(樗裏疾)의 묘소와 같을까 두려워하니, 생각이 滕侯에 이어지네.　　　恐同樗裏, 慮屬滕侯.

광중(壙中)에 명문을 새겨 넣어, 훌륭한 뜻을 기리노라.　　　勒銘泉壞, 用紀徽猷.

隋故武賁郎將王君墓誌銘 並序

公諱賨, 字世靜, 太□□□. 祖安□[122]鎭秦隴, 因家於秦州天水之成紀縣焉. 匡堯佐舜, 名播於五□, □□□周, 慶垂於七百, 聞鳳□[123]於洛浦, 肇開命氏之源. 驗□馬於漢圖, 代有異王. 心見尋其宗, 基自遠芳, 枝疊秀匹. 昆峰韞玉, 與造物而俱興; 漢水孕珠, 畢天壤而無竭. 祖安西將軍蘭香

---

113) "昔黃帝使伶倫自大夏之西, 昆崙之陰, 取竹於嶰谿, 生其竅厚均者, 斷兩節而吹之, 以爲黃鍾之管."(漢應劭,『風俗通』聲音序) (역자 주)

114) "天馬徠龍之媒." 顏師古注引應劭曰: "言天馬者, 乃神龍之類. 今天馬已來, 此龍必至之效也." 後因稱駿馬爲龍媒."(『漢書』禮樂志) (역자 주)

115) 생활과 笙簫 혹은 管樂의 별칭. (역자 주)

116) 介胄: 鎧甲과 頭盔. 武官을 상징함. (역자 주)

117) "外則軌躅八達, 裏閈對出." 劉良注: "軌, 車也; 躅, 跡也."(『文選』左思〈蜀都賦〉) (역자 주)

118) 亭伯: 漢高祖 劉邦의 첫 벼슬인 沛縣 泗水亭의 亭長을 뜻한다. (역자 주)

119) 亞父: 楚霸王 項羽의 책사 範增(B.C.277~B.C.204)의 존칭. 항우에 의해 曆陽侯에 봉해졌다. 鴻門의 연회 때 항우에게 劉邦을 죽이도록 여러 번 눈짓을 보내고 項莊을 시켜 칼춤을 추면서 죽이도록 하였으나, 성공하지 못하였다. 후에 항우의 시기를 받게 되자 벼슬을 버리고 낙향하였다. (역자 주)

120) 逝川: '냇물이나 세월이 흘러가면 돌아오지 못한다'는 의미. 論語에 수록한 孔子의 고사에서 비롯됨. "子在川上曰: '逝者如斯夫! 不舍晝夜.'"(『論語』子罕) (역자 주)

121) 薤露: 전한 때 민간에서 불린 詩歌. 죽은 자에 대한 哀悼詩 혹은 挽歌. 풀잎의 이슬처럼 짧은 인생에 한 번 가면 돌아오지 못함을 노래하였다. 비통한 정서가 사람들을 탄식하게 한다. (역자 주)

122) 문맥으로 보아 □는 '西'字로 보인다. (역자 주)

123) 문맥으로 보아 □는 '鳴'字로 보인다. (역자 주)

公, 能苻[124]上將之文, 俯運中權之勇. 父綱, 周明帝主簿, 贈河州剌史.

君入幕之重, 恩洽於生前, 鶱帷之贈, 禮綷於身後. 既而地稱丹穴, 載誕西申之資; 水號渥洲, □□東來之驥. 啼猨落雁之伎, 得之於天然, 玄女黃□[125]之書, 無□於家業. 開皇中, 起家爲右親衛, 久任爲郎, 始階於尺木, 才屈於位, 未傳於九霄. 跳足行間, 非其好也. 稍遷親侍隊正, 尋轉校尉. 俄而波騰瀚海, 火照甘泉, 空窮池泳之□[126], 竟憂天□[127]之固. 越國公屯營細柳, 將事橐幹, 方將展衛霍之威, 實資甘陳之士, 公感知己之遇, 奮決勝之奇. 既斃射□之奇, 無復牧馬之慮, 授儀同三司, 特奉敕, 事秦孝王爲進馬, 尋改左翊衛道源府鷹揚郎將.

及三韓九種不供職貢, 煬帝天兵地陳, 將弘吊伐, 以千夫之長, 當一校之隊, 推轂行周, 拒輪莫□, 斬將搴旗之勢, 匹鸞鷃之制, □禽陷□摧堅之功, □□龍之吞□子. 帝用嘉之, 擢爲順政郡太守, 進勳秩爲 正議大夫. 駐馬待期之童兒, □□停車決訟, □□□之謀, 接君子以蘭芬, 誅小人以薙本. 豈值夜 無吠犬, 晝有盜馬; 故□[128]俗變齊, 兒氓歌邵父, 酌泉而鎭藩服, □起之清心遹勵, 腰劍而趨軒, 陛史慈之, 壯志方申, 入爲武賁郎將. 屬炎精告眚, 鳳德□哀, □氣挺妖, 蜎毛斯盛, 屯□□而據鞏洛, 非獨張方之壘, 踐銅馳而窺金墉, 更深劉曜之□. 君忠爲己任, 盡節安危, 寄命鋒刃之端, 立功名義之地. 運九天之妙算, 獻三捷之深切, 強寇懾其餘威, □□以之□氣. 掌□亡軀, 冀清趙虜, 石越殞命, 庶滅燕軍.

惜乎! 知勁草於疾風, 忽摧霜露; □□□於歲晚[129], □碎斧斤, 酷甚典韋, 恨深周處. 三軍爲之飲淚, 千載仰其遺風. 於時, 南征之□□旋, 北宸之政斯著. 公雖身沒王事, 忠不上聞, 名爲國傷, 賞不下逮, 竟聞襃贈, 時論冤之.

夫人晉陽郡李氏, 四德克宣, 六行是擧, 自宜其家室; 爰主中饋, 工備組紃, □光內則. 既而龍分劍匣, 空切武昌之水; 鸞悲隴樹, 終期韓氏之塋.

胤子上柱國右武侯將軍文度, 文武兼資, 忠孝齊擧. 是曰名家之駒, 堯傳良冶之業, 始驗芝蘭之室, 不替其芳, 公侯之關, 必復其始. 昔在童孺, 早丁艱棘, 陷仇人之壘, 莫申灌夫之志; 展四極之慮, 庶竭董永之資.

粤以大唐永徽之六年二月遷措於少陵原, 禮也! 昔衛將軍之墓, 因廬山以紀功, 蕭丞相之墳, 樹茂碑以表德, 故知南宮東觀, 雖傳不刊之史, 馬獵牛亭, 須存不朽之跡. 況乎寒暑相襲, 陵穀□移, 兆□公宮, 墳依武庫, 勒銘幽隧, 其可□也.

---

124) '苻'의 誤字 (역자 주)

125) 문맥으로 보아 □는 '帝'字로 보인다. (역자 주)

126) 문맥으로 보아 □는 '利'字로 보인다. (역자 주)

127) 문맥으로 보아 □는 '成'字로 보인다. (역자 주)

128) 문맥으로 보아 □는 '風'字로 보인다. (역자 주)

129) 知勁草於疾風忽推; 霜露□□□於歲晚 (역자 주)

飛鳥仕漢, 水龍平吳. 積慶斯遠, 清塵不渝.

乃祖杖節, 功著邊隅. 顯考入幕, 續預規模.

載誕松筠, 志淩霜雪. 爰□[130]父敬, 克展臣節.

結髮從戎, 推峰[131]亂轍. 鳳書是賞, 鷹揚就列.

蠢茲獫狁, 大邦爲讎. □□[132]天討, 寔類良籌.

陳參魚賈[133], 丘運□□. □[134]功旣展, 懋賞斯□.

出守千裏, 化淸□[135]棘. 入侍九□, 忠存社稷.

四郊多壘, 三象霧塞. 見危□□[136], 亡軀殉國.

□[137]薪有奇, 高門載辟. 列鼎非歡, □陵是感.

□邙宅北, 南陽阡陌. 乃葬者[138]龜, 底安窀穸.

副笄盛飾, 橫劍英才.

□合葬於舊禮, 邁同穴於夜臺.

薤露希予繁笳, □松風結子禽.

哀雖徽烈其如在, 愴人事之悲哉.

永徽六年歲次乙卯二月辛醜朔二日　　壬□堊

隋故武賁郎將王君墓誌銘 並序
(隋나라 고인이 된 武賁郎將 王君 墓誌銘. 序文도 함께)

공의 이름은 윤(贇)이고 字는 世靜이다. 太□□□. 조부 안서(安西)께서는 秦隴을 지켰으므로 이로 인하여 집안이 秦州 天水郡 成紀縣에 자리 잡게 되었다. 훌륭한 제왕들을 보좌하여 명성이 五□에 널리 퍼졌고 경사스러운 일이 7백 년에 드리웠다. 洛浦[139]에서 鳳의 울음소리를 듣고 성씨(王氏)로 이름 짓는 근원을 열었으며, 漢의 版圖를 준마로 달렸으니, 대대로

---

130) 문맥으로 보아 □는 '推'字로 보인다. (역자 주)

131) '鋒'의 誤字 (역자 주)

132) 문맥으로 보아 □□는 '爰行'字로 보인다. (역자 주)

133) '賈'의 誤字 (역자 주)

134) 문맥으로 보아 □는 '戰'字로 보인다. (역자 주)

135) 문맥으로 보아 □는 '荊'字로 보인다. (역자 주)

136) 문맥으로 보아 □□는 '授命'字로 보인다. (역자 주)

137) 문맥으로 보아 □는 '火'字로 보인다. (역자 주)

138) '箸'의 誤字 (역자 주)

139) 洛浦: 신장위구르 자치구 和田 지역. 昆侖山 북쪽 타림 분지 주변에 있다. (역자 주)

다른 제왕이 나타나 마음으로 그의 종통을 살폈다. 먼 조상으로부터 향기가 퍼져 후손에서 거듭 빼어난 인재들이 나왔다. 곤륜산이 훌륭한 자질(玉)을 감추고 조물주와 더불어 함께 일어났으며, 漢水가 보배를 잉태하여 천지가 끝나도록 다함이 없었다. 조부인 安西將軍 蘭香公은 능히 文昌宮 별자리의 上將[140] 文運에 부합하였고, 아래로 主將(中權)[141]이 될 만한 용맹을 가졌다. 부친 王綱은 北周 明帝[142]의 主簿로서 河州刺史에 추증되었다.

君은 막료의 중함으로[143] 은혜가 살아 있는 동안 많았고, 蹇帷(刺史)[144]를 추증받았으니 사후에 예우가 빛났다. 이윽고 땅을 단혈(丹穴)[145]이라 일컬었으니 비로소 西申國[146]의 자질을 타고났다. 그 물을 악주(渥洲)라고 이름하였으니, □□동쪽에서 오는 천리마로 원숭이가 울고 기러기를 떨어뜨리는 재주는 천부적으로 얻은 듯하였고, 玄女[147]와 黃帝의 서적을 家業으로 익히지 않음이 없었다. 開皇(隋文帝의 연호. 581~601) 연간에 집안을 일으켜(起家)[148], 右親衛軍이 되었고 오래 복무하여 郎이 되었다. 처음으로 요직(尺木)[149]에 기용되었으나, 그의 재능에 맞지 않는 낮은 자리에 있어 황제(九霄)와 통하지 않았다. 부대에서 뛰어나기는 하였으나, 그가 좋아한 것은 아니었다. 조금씩 승진하여 친위대(親侍隊)의 隊正이 되었다가, 곧 校尉로 전직하였다. 조금 있다가 노도가 고비사막(瀚海)을 넘어와, 봉화(烽火) 불이 甘泉[150]을 비추었다. 연못에서 헤엄치는 이로움이 텅 비어 다했고, 마침내 하늘이 이루어준

---

140) 上將: 고대의 별 이름이다. 紫微垣의 文昌宮 6성의 하나. 文昌宮은 文運을 주관한다. "斗魁戴匡六星曰文昌宮: 一曰上將, 二曰次將, 三曰貴相, 四曰司命, 五曰司中, 六曰司祿"(『史記』 天官書) (역자 주)

141) 中權: 中軍이나 主將을 가리킴. "以君智略, 入佐中權"(北周・庾信, 『周車騎大將軍賀婁公神道碑』) (역자 주)

142) 남북조시대 北周 제2대 황제 字文毓(534~560). 鮮卑族 출신. (역자 주)

143) 장막 뒤에 숨어서 남의 말을 엿듣는 역할을 하는 참모라는 뜻이다. 진(晉)나라 사안(謝安)이 환온(桓溫)을 찾아왔을 때 환온이 자신의 참모인 치초(郗超)에게 장막 속에 들어가서 엿듣도록 하였는데, 마침 바람이 불어와 장막이 걷히자 사안이 웃으면서 "치생은 장막 속의 손님이라고 말할 수 있겠다.〔郗生可謂入幕之賓矣〕"라고 말한 고사에서 유래하였다(『晉書』 卷67 郗超列傳). (역자 주)

144) 蹇帷: 휘장을 걷는다는 뜻으로 지방 장관으로 부임함을 이른다. 後漢 靈帝 때 문신 賈琮이 冀州刺史가 되어 부임할 때, 부임하는 자사의 수레에 장막을 두르는 관례를 없애고는 말하기를 "자사는 마땅히 널리 보고 넓게 들어야 하는데 어찌 수레에 휘장을 드리워 스스로 가린단 말인가?" 하고, 수레를 모는 자에게 명하여 휘장을 걷어 올리게 한 데서 유래하였다(『後漢書』 卷31). 賈琮傳 (역자 주)

145) 丹穴: 전설 상의 산 이름. 周 나라 시대 西申國에 있고, 여기에 봉황이 산다고 전해온다. "岠齊州以南, 戴日爲丹穴"(『爾雅』 釋地) (역자 주)

146) 西申: 고대 중국 변방 羌戎族의 나라. 현재의 陝西省과 山西省에 걸쳐 있었다. 周敗 왕실과 인척 관계에 있었으므로 周의 제후국으로 간주되고 있다. 西申國에 丹穴山이 있고, 여기에 봉황이 산다고 전해온다. (역자 주)

147) 玄女: 중국 도교의 여신. 九天玄女 혹은 九天娘娘이라고도 한다. 고대의 신화에서는 兵法을 전수해준 여신이었으나, 후에 도교의 여자 선녀가 되었다. 군사 전략에 능통하고 신통을 부리는 정의의 여신이다. (역자 주)

148) 처음으로 벼슬에 나아갔음을 이름 (역자 주)

149) 尺木: 계급은 낮지만 고관으로 진출할 수 있는 중요한 관직. 전설에 의하면, '용이 승천할 때는 조그만 나무 尺木에 의존한다.'고 한다(『三國志』 吳志 太史慈傳). (역자 주)

150) 甘泉: 陝西省 延安市 중부에 있었던 지역. 황토고원의 丘陵과 골짜기 지대에 해당한다. (역자 주)

견고함도 근심하였다. 越國公(楊素, 車騎大將軍)이 細柳[151]에서 진을 치고, 장차 桑幹[152]에서 일을 할 때에 衛靑과 霍去病(衛霍)[153]의 위세를 전개하고자 하면서, 甘陳[154]의 군사들에게 의지하였다. 公은 자신을 알아주는 대우에 감격하여 분연히 승부를 결정 짓는 전술을 전개하였다. 이미 흉노를 격파한 작전 후에 다시는 오랑캐들이 내려와 말을 기르는 염려(牧馬)[155]가 없게 되었다. 儀同三司에 제수되고, 특별히 勅命을 받아 秦孝王(隋煬帝)을 섬겨 進馬[156]가 되었다가, 곧 左翊衛 道源府 鷹揚郎將이 되었다.

고구려(三韓)[157]의 아홉 부족(九種)이 朝貢을 바치지 않으므로, 煬帝가 천하의 병력을 동원하여 장차 크게 (고구려왕을 정벌하고) 백성들을 위로하고자(吊伐)[158] 하였다. 1,000명을 지휘하는 장수로서 一校[159]의 부대를 담당하여 황제의 예우(推戴)를 받으며 출병하니, 수레에 항거하는 자가 없었고, 장수를 죽이고 깃발을 탈취[160]하는 기세와 맹금(鷙鶚)[161]에 필적하는 제압으로 맹수를 잡고 강성한 적을 격파(摧堅)[162]하는 공을 세웠다. 煬帝가 이 때문에 (그를) 가상히 여겨 順政郡의 太守로 발탁하였고 관작을 正議大夫로 승진시켰다. 태수로 있을 때 말을 멈추고 대기하던 어린이를 기다려 주었고, 수레를 멈추고 송사를 해결해 주었다. □ □□의 지략(謀)으로 君子에게는 蘭의 향기로 환대하고, 小人에게는 薙本(부추뿌리)을 자르 듯 하였다. 밤에 어찌 짖는 개가 없겠으며, 낮에 말을 잃어버릴 일이 없겠는가! 그러므로 풍속이 齊나라를 변화시켰고,[163] 어린 백성들이 邵父(邵=召信臣)[164]의 善政을 노래하였다.

---

151) 細柳: 현재의 陝西省 鹹陽市 서남쪽 渭河의 北岸에 있다. 細柳倉이 있었다. 이곳은 한 文帝 때의 장수 周亞夫가 흉노족의 침입을 막기 위하여 이곳에서 진을 쳤다. (역자 주)

152) 桑幹: 강 이름. 현재의 永定河 상류이다. 또 여기에 있던 옛 縣의 이름으로, 현재의 河北省 魏縣 종북부에 있다. 매년 뽕나무 오디가 익을 때 강물이 말라버리므로 이러한 이름이 유래하였다고 한다.

153) 衛霍: 漢 武帝 때의 名將이었던 衛靑과 霍去病을 말한다. 武功이 뛰어나 후세에 "衛霍"이라고 병칭하게 되었다 (역자 주).

154) 甘陳: 漢 나라 장수 甘延壽와 陳湯의 병칭이다. 建昭 3년(36 BC)에 서역도호였던 甘延壽와 副校尉였던 陳湯이 협동 작전으로 흉노족 郅支單於를 격파하고 義成侯와 關內侯에 봉해졌다. (역자 주)

155) 牧馬: '방어' 혹은 '경계'를 지칭함. 고대의 작전에는 말이 가장 중요하였기 때문에 방어 작전 때도 항상 말을 길렀다. (역자 주)

156) 進馬: 隋唐代의 무관 관직. 정7품. 典禮 때 儀仗隊의 지휘관이었다. "進馬五人, 正七品上. 掌大陳設, 戎服執鞭, 居立仗馬之左, 視馬進退(『新唐書』百官志二)" (역자 주)

157) 三韓: 삼한시대의 馬韓, 辰韓, 弁韓으로, 한반도의 별칭. 여기서는 수나라와 전쟁을 벌였던 고구려를 지칭한다. 고구려가 隋에 대하여 朝貢을 바치지 않았으므로 隋煬帝는 612부터 3차에 걸쳐 정벌에 나섰다. (역자 주)

158) 吊伐: '吊民伐罪'의 약칭. '죄 있는 통치자를 정벌하여 고통받은 백성들을 위문함.' 일정한 명분을 들어 다른 나라를 정벌하는 일. "誅其罪, 吊其民, 如時雨降, 民大悅"(『孟子』滕文公下) (역자 주)

159) 一校: 校는 중급 부대의 단위. 현재의 '大隊' 정도로 생각됨. "常護軍傅校獲王. (注) 校者, 營壘之稱."(『漢書』衛靑傳) (역자 주)

160) 斬將搴旗: 적장을 죽이고 적의 기치를 탈취함. "然則一軍之中, 必有虎賁之士, 力輕扛鼎, 足輕戎馬, 搴旗斬將, 必有能者."(『吳子』料敵) (역자 주)

161) 鷙鶚: 용맹함을 형용. "鷙鶚逐孤鳳, 千春傷我情"(唐·李白, 「望鸚鵡洲懷禰衡」詩) (역자 주)

162) 摧堅: 흉포한 자를 꺾어버림. 강성한 적군을 격파함(摧折強暴; 挫敗堅强的敵軍). (역자 주)

163) 『맹자』告子下에 "화주와 기량의 아내가 그 남편의 상(喪)에 곡을 잘하여 나라의 풍속을 변화시켰다.〔華周杞梁之妻 善哭其夫 而變國俗〕"라는 구절이 있는데, 그 註에서 "화주와 기량 두 사람은 모두 제나라 신하이다. 莒나라와의 전쟁에서 전사하자 그

貪泉의 물(酌泉)을 마시면서도[165] 청렴하여 외방 고을(藩服)[166]을 진압하였고, □起의 맑은 마음으로 더욱 힘썼다. 허리에 검을 차고 청사로 달려가 陸史慈의 장한 뜻을 바야흐로 펼쳐 중앙 조정에 들어가 武賁郎將이 되었다.

잇달아 火德(炎精)[167]이 五嶽에 고하니, 군자(황제)의 덕(鳳德)[168]이 이미 쇠약해지고, 妖氣가 만연하며 고슴도치 가시가 왕성하게 일어나듯이, □□에 진을 치고 洛陽과 鞏縣(鞏洛)[169]에서 반란이 일어났다. 張方[170]이 長安에서 堡壘를 지키는 것과 같았을 뿐 아니라, (농민 반란군이) 銅鞮(銅)[171]를 짓밟고 金墉城[172]을 엿보니, 劉曜[173]의 군사가 낙양을 약탈한 '永嘉의 亂'보다 피해가 더욱 심하였다. 君은 충성을 자신의 임무로 삼아 나라의 안위를 위하여 절의를 다하였고, 칼날에 목숨을 붙여 공명과 義를 세우는 처지에, 온 세상(九天)[174]을 움직이게 하는 기묘한 방책으로 세 번의 大捷을 성사시킨 전략을 올리자. 강성한 반란군도 그의 위력을 두려워하였다. 의리를 지켜 몸을 바쳐(□□以之□氣 掌□亡軀), 前趙[175]의 오랑캐들을 청

아내들이 곡하기를 애통하게 하니, 나라의 풍속이 변화하여 모두 곡을 잘하게 되었다.〔華周杞梁 二人皆齊臣 戰死於莒 其妻哭之哀 國俗化之 皆善哭〕"라고 하였다. (역자 주)

164) 邵父: ①前漢의 召信臣이 河南太守가 되었을 때, 백성들을 자식처럼 보살피자 邵父라고 하였다. 後漢의 杜詩가 南陽太守가 되었을 때 정치를 깨끗하고 공명하게 하자 백성들이 말하기를 "이전에는 邵父가 있었는데, 뒤에는 杜母가 있구나"라고 했다. ②召信臣은 前漢 元帝·成帝 때 사람으로 南陽太守가 되어 백성들에게 善政을 크게 베풀었다. 두시(杜詩)는 後漢 光武帝 때 사람으로 汝南都尉·南陽太守 등을 역임하면서 선정을 베풀었다. 그리하여 뒤에 백성들이 이들을 召父杜母(아버지 같은 소신신과 어머니 같은 두시라는 뜻)라고 칭송하였다(『前漢書』 卷89, 『後漢書』 卷61). (역자 주)

165) 酌泉: '貪泉의 물을 부어 마신다'는 뜻. 貪泉은 각주 93 참조. "酌貪泉而覺爽, 處涸轍以猶歡"(王勃, 『滕王閣序』) (역자 주)

166) 藩服: 고대 중국에서 지방 영지. 도성에서 1,000리 밖의 외방 영지를 말한다. "乃辨九服之邦國…又其外方五百裏爲甸服, 又其外方五百裏曰藩服.(賈公彦疏) 言藩者, 以其最在外爲藩籬, 故以藩服稱."(『周禮』 夏官·職方氏) (역자 주)

167) 炎精: '불의 德, 불의 本性'을 말한다. 五行說에서 火德으로 일어난 왕조가 周와 漢이다. "始皇推終始五德之傳, 以爲周得火德, 秦代周德, 從所不勝. (張守節 正義) 秦以周爲火德, 能滅火者水也, 故稱從其所不勝於秦."(『史記』 秦始皇本紀) "火德既微, 運纏大過. (李善 注) 火德, 謂漢也.(班固 『漢書』 高紀贊)" (역자 주)

168) 鳳德: 사대부의 덕행, 명예. "楚狂接輿 歌而過孔子曰: '鳳兮! 鳳兮! 何德之衰.'"(『論語』 微子) "初頲以雅望獲海內盛名, 後頗以酒失. 爲仆射, 略無醒日. 時人號爲'三日仆射'. 庾亮曰: '周侯末年, 所謂鳳德之衰也.'"(『晉書』 周顗傳) (역자 주)

169) 鞏洛: 지명, 洛陽과 鞏義(옛 鞏縣)의 합칭. 隋煬帝 말기에 이 지역에서 반란이 일어났다. (역자 주)

170) 張方(?~306): 서진 때의 명장. 振武將軍으로 있을 때 八王의 난을 진압하고 長安으로 들어가 中領軍에 봉해져 尙書의 지위에 올랐으나, 司馬顒에게 살해되었다. (역자 주)

171) 銅: 중국 고대의 지명 銅鞮의 약칭이다. 銅鞮는 춘추시대 晉의 別縣으로 上黨에 있었다. 晉의 동부 지역 정치 군사 문화의 중심지였다. "執諸銅鞮. (注) 銅鞮, 晉別縣, 在上黨"(『左傳』 成九年, 『前漢』 地理志) (역자 주)

172) 金墉城: 낙양성의 동북쪽에 있었던 작고 견고한 성. 삼국시대 魏明帝가 축조하였다. 618년에 瓦崗에서 일어난 농민 반란군이 이곳을 거점으로 하여 낙양을 공격하였다. (역자 주)

173) 劉曜(?~329). 5호16국 시대 匈奴족이 세운 前趙의 마지막 황제. 왕조 창시자 劉淵의 조카. 전조의 건국에 참여하였고, 311년에 西晉의 수도 洛陽을 공략하여(永嘉의 亂) 316년에 멸망케 하였다. 이후 車騎大將軍, 中山王에 봉해졌다. 相國 겸 都督으로 長安을 다스리고 있다가 318년에 스스로 帝位에 올랐다. 漢學을 숭모하여 학교를 세우고 文敎에 힘썼으나, 石勒이 세운 後趙와 각축전을 벌이다 329년에 포로로 잡혀 살해되고 나라도 멸망하였다. (역자 주)

174) 九天: 세상의 중앙과 八方을 말한다. "指九天以爲正兮, 夫唯靈修之故也. (王逸注) 九天謂中央八方也."(『楚辭』 離騷) (역자 주)

175) 前趙: 5호16국시대 흉노족의 劉淵이 창건한 왕조. 서기 304년부터 329년까지 존속하였다. 국호를 漢으로 정하고, 한나라의

소하기를 바랐으니, 石越[176]이 죽으면서 燕의 군대가 멸하기를 바라는 것과 같았다.

애석하다! 굳센 풀도 세찬 바람에 홀연히 꺾이고 서리와 이슬에 소나무와 대나무는 겨울이 되어야 진가를 알 수 있지만, 도끼날에 (몸이) 쪼개지니,[177] 참혹하기가 典韋[178]보다 심하였고 한스럽기가 周處[179]보다 깊었다. 三軍이 울음을 삼켰으며 천추에 이르도록 그의 遺風을 추앙하였다. 그때 唐의 南征軍이 개선하여 천하가 통일되었고,[180] 당 황실의 훌륭한 정사가 밝게 드러났다. 공은 비록 국가의 일 때문에 죽었으나 그 충성스러움이 위로 보고되지 않았고, 명성은 국가 때문에 손상을 받았으나 포상이 아래로 미치지 않아, 끝내 褒贈이 내리지 않아 당시의 여론이 이를 원통하게 여겼다.

晉陽郡夫人 李氏는 부녀자가 갖추어야 할 4가지 덕목(四德)[181]을 능히 잘하였고, 6가지 행실(六行)[182]을 모두 실천하여, 스스로 가정을 바르게 관리하였다. 이에 음식을 마련하는 일(中饋)[183]을 주관하고, 의복과 장식을 잘 만들어(組紃)[184] 여성의 규범(內則)[185]을 빛내었다. 마침내 龍이 칼집을 떨구자(남편이 죽자), 무덤의 나무(隴樹)[186]를 부여잡고 슬피 울면서(鸞悲)[187], 끝내 韓氏의 묘소처럼 되기를 기약하였다.

재건을 꾀하였으므로, 漢趙라고도 한다. 수도는 左國城(현재의 山西省 離石縣)에 있다가 平壤(현재의 山西省 臨汾縣)으로 옮겼다. (역자 주)

176) 石越(?~384): 5호16국 시대 前秦의 名將. 太子左衛率, 尙書를 지냈다. 그는 전투에 능하고 智謀가 있었다. 378년에 東晉의 襄陽 정벌에 참여하였다. 384년 慕容垂가 반란을 일으켜 後燕을 세우자, 그들과 싸우다 전사하였다. (역자 주)

177) 왕윤이 마지막 전투에서 전사한 것을 의미한다. (역자 주)

178) 典韋(?~197): 후한 말엽의 명장. 무예와 용맹이 뛰어났다. 본래 張邈의 부하였으나, 후에 曹操의 휘하에 들어가 숙위군의 校尉가 되었다. 197년 張繡가 曹操를 배반하여 난을 일으키자, 그가 조조를 보호하며 반군 10여 명을 죽이고 자신도 죽었다. (역자 주)

179) 周處(236~297): 西晉의 대신이며 장수. 吳의 東觀左丞, 無難都督을 지내며 공을 세웠으나, 오나라가 멸망한 후에는 西晉의 新平太守, 廣漢太守, 散騎常侍, 禦史中丞 등을 지냈다. 성품이 강개하여 아첨하지 않았다. 297년 建威將軍이 되어 氐羌의 반란을 진압하는 도중 전사하였다. 平西將軍에 추증되었다. (역자 주)

180) 624년에 唐은 趙郡王 李孝恭 등을 보내 江南 지방에서 마지막으로 저항하였던 輔公祏 세력을 진압하고, 천하통일을 이루었다. (역자 주)

181) 四德: 부녀자가 갖추어야 할 네 가지 덕목(婦德, 婦言, 婦容, 婦功)을 말한다. 이는 원래 궁중 여성들을 위한 덕목이었으나, 후대에 부녀 일반의 수양 표준이 되었다(『周禮』 天官 內宰). (역자 주)

182) 六行: 사람이 갖추어야 할 6가지 행실(孝, 友, 睦, 婣, 任, 恤)(『周禮』 地官 大司徒). (역자 주)

183) 中饋: '집안의 음식을 마련하는 일'이다. "無攸遂, 在中饋. (孔穎達疏) 婦人之道……其所職, 主在於家中饋食供祭而已."(『易』 家人) (역자 주)

184) 組紃: 실로 직조하거나 장신구를 만드는 일. "女子十年不出, 姆教婉娩聽從. 執麻枲, 治絲繭, 織紝組紃, 學女事, 以共衣服."(『禮記』 內則) (역자 주)

185) 內則: 『禮記』의 한 편명으로, 부녀자가 가정에서 필수적으로 준수해야 할 규범이나 준칙을 수록하였다. 부녀자의 직분 혹은 부녀자의 도덕을 뜻하기도 한다(『禮記』 內則). (역자 주)

186) 隴樹: 중국 隴山(현재의 甘肅省 華亭縣에서 陝西省 隴縣에 걸쳐 있는 산) 일대의 나무로 묘소 주변에 많이 심는다. 이 때문에 묘지의 나무를 隴樹라고도 한다. (역자 주)

187) 鸞悲: 난새(鸞鳥)가 비통하게 욺. 옛날 罽賓王이 귀한 난새 1마리를 잡았으나 3년 동안 울지 않았다. 부인의 말에 따라 거울

嗣子 上柱國 右武侯將軍 王文度는 문무의 자질을 겸비하고 충효를 함께 다하였으니, 명문가의 후손이라 할 수 있다. 자손을 올바르게 교육시킨 어버이(良冶)[188]의 사업을 잘 전수(堯傳)[189] 받았다고 할만하다. 芝草와 난초가 있는 방에 들어가 보면 그 향기가 없어지지 않은 것을 알 수 있으니, 公侯의 집(閣)이 반드시 그 처음을 회복할 것이다. 옛적 유년 시절에 일찍이 부친상을 당하였으므로, 원수의 보루에 빠져 灌夫[190]의 뜻을 펴지 못하였다. 사방의 먼 지역(四極)[191]을 염려하는 마음을 펴서 董永[192]의 자질(효성)을 다하였다.

지난 大唐 永徽[193] 6년(655) 2월에 少陵原으로 이장하였으니, 예법에 맞는 일이었다. 옛날 衛將軍[194]의 묘는 廬山으로 인하여 공적을 기록할 수 있었고, 蕭丞相[195]의 분묘는 훌륭한 비석을 세워 德을 표현할 수 있었다. 그러므로 洛陽 南宮의 東觀[196]에는 비록 기록되지 않는 역사서가 전해오지만, 무덤(馬鬣)[197]과 사당(牛亭)에는 모름지기 不朽의 족적을 보존해야 할 것이다. 하물며 추위와 더위가 번갈아 와서(세월이 흘러) 언덕과 골짜기(陵穀)[198]가 바뀔 수

을 비춰주자 난새는 거울에 비친 새가 짝인 줄 알고 비로소 슬프게 울다가 거울에 부딪혀 죽었다는 고사가 있다(南朝·宋·範泰『鸞鳥詩序』). (역자 주)

188) 良冶: '자식을 올바르게 교육시킨 어버이'를 말한다. "良冶之子, 必學爲裘. (孔穎達疏) 言積世善冶之家, 其子弟見其父兄世業鎔鑄金鐵, 使之柔合以補冶破器, 皆令全好, 故此子弟仍能學爲袍裘, 補繡獸皮, 片片相合, 以至完全也."(『禮記』學記) (역자 주)

189) 堯傳: '잘 전수 받음'을 뜻함. "曰若稽古帝堯. (馬注) 翼善傳聖曰堯."(『書』堯典) (역자 주)

190) 灌夫(?~131): 前漢의 장수. 본래 성은 張氏였으나, 부친 張孟이 灌姓을 사성 받았다. 吳楚 7국의 난 때 부친 灌孟을 따라 종군했다가 軍功으로 中郎將에 봉해졌다. 부친이 전사하였으나, 灌夫는 고향으로 返葬하지 않았으므로 용맹으로 이름을 떨쳤다. 후에 代國의 재상이 되었다. (역자 주)

191) 四極: 사방의 극히 먼 지역을 말한다. "覽相觀於四極兮, 周流乎天餘乃下. (朱熹集注) 四極, 四方極遠之地."(『楚辭』離騷) (역자 주)

192) 董永: 후한 때의 효자. 현재의 江蘇省 東台市 西溪鎭 사람이라고 함. 어려서 모친을 여의고 아버지 슬하에서 자랐다. 집이 가난하여 남의 농사일을 해주고 생계를 이었다. 일 나갈 때 늙은 부친을 수레에 태워 밭둑 나무 아래에 모시고 보살폈다. 부친이 죽자 자신을 노비로 팔아 장례비용을 마련하였다. 한나라 때의 "二十四孝"로 칭송되었다(『搜神記』). (역자 주)

193) 永徽: 唐 高宗의 연호. 650년 정월부터 655년까 12월까지 사용하였다. (역자 주)

194) 衛青(?~BC 106): 前漢 武帝 때 장군으로 자는 仲卿, 시호는 烈侯이다. 흉노 정벌 때 전공을 세워 장평후, 대장군 작위에 올랐다. 누이 衛子夫가 무제의 寵姬였으므로 관직에 진출하여 大中大夫가 되고 BC 130년 車騎將軍이 되었다. 이듬해 匈奴 정벌에 나서 전후 7회에 걸친 정벌에서 전공을 세워 BC 127년 長平侯, BC 124년 大將軍의 작위에 올랐다. 그 뒤 霍去病과 함께 大司馬가 되었으나 그가 세운 武功은 대부분 곽거병에게로 돌아갔다. 무제의 철저한 흉노 정벌 정책을 수행하여 勇將으로서 이름을 떨쳤으나, 무제에게 아부했다는 비난도 받았다. (역자 주)

195) 蕭何(?~BC 193): 전한 때 고조 유방의 재상. 한나라 유방과 초나라 항우의 싸움에서는 관중에 머물러 있으면서 고조를 위하여 양식과 군병의 보급을 확보했으므로, 고조가 즉위할 때 논공행상에서 으뜸가는 공신이라 하여 찬후로 봉해지고 식읍 7,000호를 하사받았으며, 그 일족 수십 명도 각각 식읍을 받았다. (역자 주)

196) 東觀: 後漢 수도 洛陽의 南宮에 있었던 문서고. 건물이 높고 화려하였으며, 수목이 우거져 경치가 좋았다. 五經과 諸子書, 史書 및 궁중의 각종 도서와 문서를 저장하였다. (역자 주)

197) 馬鬣: 무덤의 봉분을 말한다. 그 형태가 말 갈기와 비슷하다고 하여 붙인 이름이다. "蓬科馬鬣今已平, 昔之弟死兄不葬."(唐·李白『上留田行』) (역자 주)

198) 陵穀: 구릉과 골짜기. 陵墓를 지칭함. 또 구릉과 골짜기가 뒤바뀌거나 묘소가 훼손됨을 뜻한다. "高岸爲穀, 深穀爲陵. (毛傳) 言易位也. (鄭玄箋) "易位者, 君子居下, 小人處上之謂也."(『詩』小雅 十月之交) (역자 주)

있으므로, 公의 유택(무덤)을 축조하면서 봉분을 武庫처럼 만들고, 壙中의 隧道에 묘지명을 새겨 넣으니, 훗날 가히 證驗할 수 있을 것이다.

나는 새가 漢에 벼슬하고, 물 속 용이 吳를 평정하니,	飛鳥仕漢, 水龍平吳.
경사를 쌓은 지 오래요, 청아한 유풍도 변하지 않도다.	積慶斯遠, 淸塵不渝.
조부는 절의를 지켜 변방에서 공적이 드러났고,	乃祖杖節, 功著邊隅.
부친은 막료가 되어 戰功의 규모를 예상했도다.	顯考入幕, 續預規模.
松竹의 절개와 지조를 받아 태어났으니, 뜻이 서릿발과 같았고,	載誕松筠, 志淩霜雪.
이에 어버이를 공경함으로 능히 신하의 절개를 폈도다.	爰□[199]父敬, 克展臣節.
성년이 되어 군문에 들어가, 병력을 지휘하며 분투하니,	結髮從戎, 推峰[200]亂轍.
황제가 詔書로 상을 내려, 鷹揚 郎將에 올랐구나.	鳳書是賞, 鷹揚就列.
獩貊(고구려)이 준동하여, 대국을 원수로 여기거늘.	蠢茲獩貊, 大邦爲讎.
황제가 이에 討伐을 행하시니, 모두 좋은 계획이었네.	□□天討, 寔賴良籌.
군영에 참여함이 고기를 꿰듯 했으니, 丘運□□.	陣參魚賈[201], 丘運□□.
戰功을 이미 펼쳐서, 풍성한 상을 받았도다.	□[202]功旣展, 懋賞斯□.
천리의 지방관으로 나가, 교화가 황폐한 지역을 맑게 했고.	出守千裏, 化淸□[203]棘.
황궁에 입시하여 충절을 사직에 남겼도다.	入侍九□, 忠存社稷.
사방에 반란이 일어나,[204] 해 달 별[205]이 안개에 가렸으니,	四郊多壘, 三象霧塞.
위험을 당하여 목숨을 바쳤고,[206] 내 한 몸을 잊고 순국하였네.	見危□□[207], 亡軀殉國.
땔나무를 태워도 기이함이 있으니,[208] 높은 가문이 비로소 열렸네.	□[209]薪有奇, 高門載辟.
부귀가 기쁜 것이 아니라, 명당의 묘소에 감격하누나.	列鼎非歡, □陵是感.
북으로 邙山에 자리 잡고, 남으로 양지의 언덕에,	□邙山宅北, 南陽阡陌.
여기에 국가 원로를 매장하니, 유택이 편안하겠도다.	乃葬耆[210]龜, 底安窀穸.

---

199) 문맥으로 보아 □는 '推'字로 보인다. (역자 주)

200) '鋒'의 誤字 (역자 주)

201) '貫'의 誤字 (역자 주)

202) 문맥으로 보아 □는 '戰'字로 보인다. (역자 주)

203) 문맥으로 보아 □는 '荊'字로 보인다. (역자 주)

204) 四郊多壘: 사방에서 적군(반란군)이 쳐들어와 위급함을 말한다. "四郊多壘, 此卿大夫之辱也."(『禮記』曲禮上) (역자 주)

205) 三象: 日月星을 말한다. "含精靈於五緯, 駕貞明於三象."(南朝 梁 沈約『齊武帝議諡』) (역자 주)

206) "見利思義, 見危授命."(『論語』憲問) (역자 주)

207) 문맥으로 보아 □□는 '授命'字로 보인다. (역자 주)

208) '땔감이 다 타도 불은 꺼지지 않고 전해진다(薪火相傳).'는 뜻으로 가문의 정신과 전통이 계승됨을 말한다. "指窮於爲薪, 火傳也, 不知其盡也."(『莊子』養生主) (역자 주)

209) 문맥으로 보아 □는 '火'字로 보인다. (역자 주)

부장품이 성대하니, 英才가 칼을 찼네.　　　　　　　　　　　　　　副笄盛飾, 橫劍英才.

옛 예법대로 부부를 합장하니, 夜台[211] 속에서 壙穴을 같이 하게 되었다. 내가 薤露의 輓歌를 읊자, 솔바람이 子禽[212]의 무덤을 만든 것처럼 되었다. 슬프다! 君의 偉業은 살아 있는 것과 같으나, 생시의 비참한 사연을 슬퍼하노라!

永徽 6년(855) 乙卯年 2월 辛醜朔, 2일 壬寅에 매장하노라.

貞觀 14년 묘지에는 大業 11년(615)에 王賮이 方州에서 사망하였으므로 마땅히 원래의 지명을 사용해야 한다고 기록하였으나, 永徽 6년 묘지에는 왕윤이 사망한 곳이 언급되어 있지 않다. 정관 14년에 王文度가 方州에서 부친의 유골을 모시고 長安으로 들어갔는지. 아니면 大業 연간 말기에 부친의 유골을 장안으로 옮기고 이때 다시 안장만 했는지에 대해서는 두 묘지 모두 이에 대한 언급이 없으므로 여전히 의문점이 남아 있다. 隋唐 시기 方州의 治所는 오늘날 南京 六合區 橫梁街道 동쪽에 위치한다. 方州는 後周 때 처음 설치되어 大業 초기에 이미 폐지[213]되었다가, 武德 7년(624)에 다시 설치되었으나 貞觀 초에 다시 폐지되었다.

'一人兩誌'에 관하여 청나라 말기 금석학자 葉昌熾(1847~1917)가 일찍이 검토한 바 있지만, '一人兩誌'가 나타나게 된 이유를 밝힐 수 없었을 뿐만 아니라, 그 이후 연구자 가운데 이 문제와 관련하여 언급한 사람은 결코 그리 많지 않다는 점은 설명이 필요한 부분이다.[214]

李明은 鄭[215]과 唐初에 지은 두 개의 韋匡伯 묘지를 검토한 적이 있는데 귀중한 자료이다.[216] 필자는 『全

---

210) '著'의 誤字 (역자 주)

211) 夜台: 무덤을 말한다. 그 속이 캄캄하여 아무 것도 보이지 않아 생긴 말이다. "夜台朽骨, 不比生人."(『聊齋志異』 連瑣) (역자 주)

212) 子禽: 춘추시대 공자의 제자였던 陳亢의 字. 衛나라에서 벼슬하다가 병으로 죽었다. 친족들이 고향으로 운구하다가 太康의 來風崗에 매장하고 묘를 지키며 살았으므로 이곳을 子禽墓村이라고 개칭하였다. (역자 주)

213) 『隋書』 卷三一 地理志下, 中华书局 2019, pp.983-984.

214) 『語石』 卷四에는 다음과 같이 실려 있다. "…(中略… 江都에 '兩誌'가 많았는데 하나는 貞元 3년(787)의 것이고 다른 하나는 貞元 11년(795)의 것으로, 후자의 묘지는 그의 처와 合祔되기를 바랐으나 두 묘지문 題首가 모두 妻의 것만 못한 것이 또 하나의 사례이다. …(中略)… 이밖에 '一人兩誌'를 가진 사람으로 襄陽의 張畛이라는 사람으로 두 개의 묘지가 있다. 앞의 묘지는 呂巖說이 찬술하였고 뒤의 묘지는 丁風이 찬술하였는데 문장은 서로 다르다. 劉智, 鄭準, 孟友直의 딸 十四娘도 모두 두 개의 誌石이 있다. 孟友直의 誌文 行字는 하나는 드문드문 길면서도 다른 하나는 촘촘한 短文이다. 또, 하나는 세밀하고 짜임새가 있으나 다른 하나는 한가하고 자유롭다. 鄭準의 것도 역시 다르지 않으며, 劉智의 묘지 중 하나는 蘇靈芝(唐 開元, 天寶年間 武功人(역자 주)) 스타일이다. 이 두 가지 모두 다 후세 사람들이 다시 만든 것인데 原石이 어땠는지는 알 수 없다(叶昌炽 撰, 柯昌泗 评, 陈公柔·张明善 点校, 1994, 『语石 语石异同评』, 中华书局, p.237 참조).
이 밖에 필자가 岑仲勉, 赵振华, 杨向奎 등의 석각묘지 관련 저술을 살펴본 결과, 이들의 저술에서도 隋唐時代 '一人兩誌'와 관련된 언급은 없었다(岑仲勉, 2004, 『金石论丛』, 中华书局; 岑仲勉, 1985, 『唐史余沈』, 弘文出版社; 赵振华, 2009, 『洛阳古代铭刻文献研究』, 三秦出版社; 杨向奎. 2013, 『唐代墓志义例研究』, 嶽麓书社).

215) 隋 말기부터 唐 초기에 걸쳐 활약했던 군웅 王世充(?~621년)이 수나라 마지막 황제 楊侗을 폐위시키고 나라를 세워 국호를 정(鄭), 연호를 개명(開明)이라 하였다. 황제를 자칭하면서 짧은 기간 동안 하남 일대를 지배하였으나, 이세민(훗날 당 태종)

唐文补遗』등의 墓誌總集에서 28명이 각자 모두 2개의 묘지를 가지고 있음을 발견하였는데,[217] 아래에서 그 가운데 겨우 6명의 12개 묘지에 대하여 분석을 시도하였다.

첫째, 左領軍衛 倉曹參軍 趙驊가 지은 『故中大夫使持节原州诸军事检校原州都督群牧都副使赐紫金鱼袋赠太仆卿上柱国修武县开国男京韦府君(衡) 墓志铭并序』와 中書舍人 張漸이 지은 『唐故中大夫平凉郡都督陇右群牧使赐紫金鱼袋上柱国修武县开国男赠太仆卿韦公(衡)墓志铭』은 동일인에 대하여 두 사람이 찬술한 묘지이다.[218]

둘째, 段廓이 그의 형 段庚을 위해 지은 『唐故乡贡进士段府君(庚)墓志铭并序』와 段雍이 그의 사촌형 段庚을 위해 지은 『大唐故乡贡进士段府君(庚)墓志铭并序』.[219]

셋째, 河南府 陸渾縣丞 鄭深이 지은 『唐故监察御史贬岳州沅江县尉荥阳郑府君(洵)墓志铭并序』와 河東 柳識이 지은 『唐故朝议郎行监察御史上柱国郑府君(洵)墓志铭并序』[220]. 그리고 支懷, 段會 두 사람의 4개 묘지와 아울러 본고에서는 隋 大業 11년(615)에 죽었으나 貞觀 14년(640)과 永徽 6년(655)에 나누어 찬술된 王賛 묘지 등을 언급하고자 한다.

분명한 것은, 현존하는 만여 점의 隋唐 墓誌와 '一人兩誌'가 보여주는 당시 사회의 실상은 앞으로 더욱 중요하게 다루어져야 할 과제임에 틀림없다는 점이다. 그러나 단지 상술한 6명의 12개 묘지만을 놓고 보면, '一人兩誌'가 어떻게 나타나게 되었는지에 대한 이유는 확실히 면밀하게 검토해 볼 필요가 있다.

먼저, 韋衡이 開元 20년(732)에 사망하고, 이듬해 10월 2일 北邙山 平陰原에 그의 前 夫人 樊氏와 합장했으나, '屬地勢非順, 墨兆乖圖' 즉 地勢와 風水 때문에 天寶 원년(742) 洛陽縣 淸風原으로 改葬했다. 이때, 左領軍衛 倉曹參軍였던 趙驊가 死者를 위해 묘지를 지었다. 天寶 12년(753) 5월에 韋衡의 부인 夏侯氏가 武德縣에서 사망했는데, 그 아들 韋寂이 당시 武德縣의 縣丞으로 재직하고 있었으므로 이듬해 5월 그의 모친을 洛陽 淸風原에 그의 부친과 合祔하여 장사를 치렀다. 이때, 그는 中書舍人 張漸을 청하여 새로운 묘지를 지어서 무덤에 넣었다. 이렇게 하여 두 개의 韋衡 묘지가 나타나게 된 것이다.

주목할 만한 점은, 天寶 원년 묘지문에는 韋衡의 아들 가운데 두 아들 韋交雲과 韋交崗은 기록했으나, 韋寂은 언급하고 있지 않다는 점이다. 天寶 13년 묘지문에는 오히려 韋交雲과 韋寂만 들어 있는데, 당시 위적은 武德縣 縣丞이었고 하후씨가 무덕현의 관사에서 죽었으며 그의 생모였으므로 별로 문제가 되지 않았을 것이다. 이를 통해 알 수 있는 것은 天寶 13년 묘지는 위적과 상당히 밀접한 관계가 있는데, 아마도 그는 생모 하후씨와 관련하여 일정한 권리를 얻으려고 애썼고 그로 인하여 그의 부친과 함께 합장까지도 이루어냈

에게 사로잡히자, 스스로 항복하였다. (역자 주)

216) 李明, 2017, 「韦匡伯墓志抉疑」, 『中原文物』 2017年 第4期.

217) 여기에서 말한 28명의 56개 묘지에 대하여 필자는 각각 도표를 작성하고 앞으로 좀 더 심도 있는 검토를 할 계획이므로 본고에서는 생략한다.

218) 吳钢等 主編, 2005, 『全唐文补遗 第8輯』, 三秦出版社, pp.40-42 및 p.67.

219) 吳钢等 主編, 1995, 『全唐文补遗 第2輯』, 三秦出版社, pp.73-74.

220) 吳钢等 主編, 2005, 『全唐文补遗 第8輯』, 三秦出版社, pp.79-85.

다는 점이다.

다음으로, 鄕貢進士 段庚이 鹹通 12년(871) 閏8월에 運州官舍에서 죽었고, 10월 1일 잠시 그의 시신을 溫泉縣 甘泉鄕 風流裏에 보관하였는데, 그의 아우 署朝請郎 溫泉縣令 段廓이 형의 가르침과 오랫동안 보살펴 준 데 대해 감사한 마음이 있어, 곧 그와 같은 마음을 "어려서부터 성년이 될 때까지 어질고 자애로우셨다. 대대로 내려오는 家風을 가르쳤고 벼슬길로 이끌어 주셨다. 가르침에는 때가 없었고 배우는 데는 게으름이 없었다(自幼及長, 偏沐仁慈. 語以傳家之道, 指其入仕之門. 教誨無時, 講學不倦.)."라는 문장으로 묘지에 새겨 넣었다. 같은 달 24일에 단경의 유해를 京兆府 萬年縣 古城裏로 옮겨 祖父 墓 옆에 안장했는데, 그의 사촌동생인 鄕貢進士 段雍을 두고 "오로지 雍밖에는 없구나. 어려서는 형과 뜻을 같이하고 성년이 되어서는 형과 道를 더불어 하였도다. 형제 사이의 우애와 공경의 사랑이 이에 깊게 되었다. 비록 심혈을 기울여 그 뜻을 새기지만, 이것으로 내가 형의 덕에 보답하는 것으로는 부족하다(惟雍也, 少與兄同志, 長與兄同道. 由是鶺原[221]友悌之愛, 於斯爲深. 雖剖其心血而銘之, 不足以報吾兄之德)."라는 글을 지어 다른 묘지명에 새겼다. 이것은 바로 두 묘지 모두 형제의 정이 깊었기 때문에 죽은 형을 위하여 묘지를 지은 것이라는 것을 말해주고 있다. 당연히 첫 번째 誌石은 溫泉縣에서 새겨 넣을 수 없었고 경조현 만년현에 도착한 후에 비로소 撰者가 지은 글을 돌에 새겨 완성하였을 것이다. 그리고 두 묘지의 제작 시간은 차이가 있으나 그리 멀지는 않은 시점에 모두 무덤 내부에 매장하였을 것이다.

셋째, 監察禦史 鄭洵은 嶽州 沅江縣尉로 좌천되었다가 大曆 4년(769) 巴陵官舍에서 사망했다. 이듬해 4월 22일 巴陵에서부터 素車[222]丹旌[223]를 끌고 와서 河南 萬山의 북쪽 들에 임시로 관을 설치하고 장례를 기다리니(權厝[224]), 河南府 陸渾縣丞 鄭深이 鄭洵의 아들 鄭鋒 등이 천리 먼 곳에서 遷葬하기 위해 온 효심을 보고 "의리와 벗에게 감동하여 애타게 손짓하노라. 눈물을 머금고 글을 쓰는 것이야말로 장래에 결코 부끄럽지 않으리라(義感友於, 哀纏手足. 掩涕書事, 庶無愧於將來)."라고 묘지를 지었다. 大曆 11년(776) 鄭洵의 부인 왕씨가 揚州 江陽縣 私邸에서 사망했는데, 그의 아들 鄭鋒 등은 이듬해 8월 모친 왕씨의 유해를 淮南으로부터 洛陽으로 운구하였다. 그리고 大曆 13년(778) 정월에 그의 부친과 合祔하여 조상의 묘가 있는 偃師縣 土類山에 안장하였는데, 柳識이라는 사람은 鄭洵의 외삼촌인 王沐과 친하게 지냈는데 정순의 행렬을 우연히 만나 그에게 의뢰를 받아 묘지를 짓게 되었다. 분명한 것은 이 두 개의 묘지를 지은 시기는 서로 다르지만, 大曆 13년에 동시에 분묘에 넣었다는 점이다.

이밖에, 당고종 永徽 3년(652) 11월과 永徽 4년(653) 12월에 각각 따로 조각한『唐故左骁卫朔坡府折冲都

---

221) '鶺原': '鶺鴒在原'의 줄임말로 형제 사이의 友愛를 의미한다.『詩經』「小雅」常棣에 "할미새가 언덕에 있으니 형제가 서로 어려움을 구해 주도다(鶺鴒在原 兄弟急難. 每有良朋, 況也求嘆)."라고 한 데서 나온 말이다. 鶺鴒은 할미새로 형제 사이의 의좋은 새를 상징한다. 급한 일이나 어려운 일을 당했을 때 형제가 서로 돕는 것을 비유한다. (역자 주)

222) 素車: 중국 고대에 凶·喪事 때 쓰던 葬儀 수레로 白土를 발랐다(『周禮』春官·巾車). (역자 주)

223) 丹旌: 장례식 때 死者의 직함 등을 적은 명정을 말한다(微嫂之力, 化爲夷蠻, 水浮陸走, 丹旌翩然(唐·韓愈『祭鄭夫人文』). (역자 주)

224) 權厝: 임시로 관을 설치하고 장례를 기다린다는 뜻이다(宋·王禹偁『滁州謝上表』: "臣拜命已來, 通宵自省, 恐是臣所賃官屋, 在高懷德宅中. 一昨開寶皇後權厝之時, 便欲移出, 未有去處, 甚不違寧."). 역자 주

尉段府君(会)墓志铭』[225]과『唐右骁卫朔坡府故折冲都尉段公(会)墓志铭』[226], 당고종 顯慶 2년(657) 12월과 顯慶 4년(659) 7월에 각각 따로 조각한『唐故支君(怀)墓志铭並序』[227]과, 『大唐故支君(怀)墓志铭』[228]이 있다. 이들 묘지는 비록 그 標題에는 다소 차이가 있으나, 지문의 내용으로 보면 이 역시 같은 인물에 대한 두 개의 묘지이다. 상술한 5쌍의 묘지 찬술 내용을 살펴보면, 이들 모두 遷葬과 관련이 있고, 그러므로 遷葬으로 인하여 동일인에 대한 두 개의 묘지가 나타나게 되었음을 알 수 있다. 나아가 첫 번째 組와 세 번째 組의 상황이 같은 유형에 속하고, 두 번째 組의 묘지는 형제 사이의 友悌와 밀접한 관계가 있음을 알 수 있다.

왕윤의 두 개 묘지 내용은 상술한 5쌍 묘지와는 약간 다를 가능성이 있다. 그 구체적인 표현은 다음 몇 가지 부분과 같다.

첫째, 첫 번째 묘지는 貞觀 14년(640)에 찬술된 것으로 大業 11년(615)에 묘주가 사망한 지 25년이 지난 때였고, 두 번째 묘지는 永徽 6년(655)에 지은 것으로 묘주의 사망한 지 40년이 지난 때였다. 그리고 두 묘지의 찬술 시기도 15년의 격차가 있는데, 이는 隋唐 교체기에 정세가 요동치고 있어서 王贇이 사망했을 때에는 묘지를 찬술할 가능성이 크지 않았으므로, 그 후 그의 아들 王文度가 두 개의 시점에 각각의 묘지를 만들었음을 말해준다. 그러나 상술한 5쌍의 묘지는 모두 제작 시기가 비교적 비슷하여 이런 상황이 일어나지 않았다.

둘째, 貞觀 14년(640) 王贇의 아들 王文度는 廓州刺史 使持節廓州諸軍事의 관료로서 정4품 관직에 있었고, 영휘 6년(655) 왕문도는 右武侯將軍으로 종3품의 관료였다. 그는 두 차례에 걸쳐 사람을 청해 그의 부친의 묘지를 찬술했는데, 그의 부친 왕윤은 隋朝에서의 官品도 비교적 높았을 뿐만 아니라, 왕문도 자신의 관품 또한 상술한 5쌍 묘주 및 그의 자식들과 비교해 높은 신분에 있었다.

셋째, 상술한 5쌍의 묘지는 다른 장소에서 조상의 묘소가 있는 선산으로 이장되었지만, 이장 지점은 어느 정도 약간의 변동이 있다. 그러나 王贇의 묘소는 "雍州 萬年縣 동쪽 25리 少陵原에 옮겨 가매장"했다가, "광동 永徽 6년 2월에 少陵原에 안치했다."고 하여 두 개의 묘지가 다만 찬술 시기가 달랐을 뿐, 상술한 지문을 보면 그 묘소의 위치는 변함이 없었다.

넷째, 상술한 5쌍의 묘지는 아마도 묘주의 아들이 다른 사람을 청하여 지었거나 아니면 묘주를 위하여 형제들이 직접 지었을 것이다. 그리고 당시 관직이 상당히 높았던 왕윤의 아들이 '廓州刺史 使持節廓州諸軍事'이든 아니면 '右武侯將軍'이었던 王文度로서는 다른 사람을 청하여 그의 부친을 위하여 묘지를 짓게 하는 것은 손바닥 뒤집듯 쉬운 일이었을 것이다. 다만, 지문에서 묘지를 찬술한 사람의 이름이 누락된 것은 이해할 수 없다. 필자는 어쩌면 貞觀, 永徽時代에는 묘지를 지은 사람이 특별히 저명한 인사인 경우를 제외하고는 묘지문에 찬술자의 서명을 남기는 것이 그다지 보편적이지 않았거나, 아니면 왕문도가 일개의 무장이었

---

225) 吳鋼等 主編, 1998, 『全唐文补遺 第5輯』, 三秦出版社, p.108.

226) 吳鋼等 主編, 1997, 『全唐文补遺 第4輯』, 三秦出版社, p.334.

227) 吳鋼等 主編, 2000, 『全唐文补遺第7輯』, 三秦出版社, p.259.

228) 吳鋼等 主編, 1999, 『全唐文补遺第6輯』, 三秦出版社, p.270.

으므로 그의 아버지를 위해 청하여 묘지를 지은 사람의 뜻에 따라,[229] 그의 이름을 남기지 않았을 것이라고 생각한다. 물론 여기에는 우리가 모르는 다른 이유가 있을 수도 있겠지만, 이를 증명할 만한 충분한 사료가 없기 때문에 여기에도 별다른 이의가 없다.

III. 두 개의 王贇 묘지 분석

상술한 바와 같이, 정관 14년과 영휘 6년에 각각 지은 왕윤의 두 개 묘지를 총체적으로 보면, 두 묘지의 내용은 대체로 같으나, 永徽 6년 墓誌(이하 '永徽誌文'으로 약칭한다.)은 약간의 새로운 정보를 제공하고 있어서 주목된다.

1. 王贇의 고향과 先祖

貞觀 14년 墓誌(이하 '貞觀誌文'으로 약칭한다.)에 따르면, 왕윤의 字는 世靜, 天水郡 成紀人 출신으로 기록되어 있고, 永徽誌文에는 글자가 마모되어 판독이 어렵지만 글자 數를 보면 貞觀誌文의 것과 비슷하다. 이것은 곧 왕윤의 고향이 지금의 감숙성 천수 일대로, 西魏北周 시기에 關隴貴族 軍功集團 인사들을 배출한 지역이라는 사실에 부합한다.

왕윤의 증조부 王仁은 魏에서 大將軍, 疊州[230]諸軍事, 疊州都督, 蘭香縣開國公을 지냈다. 祖父 王紹는 北周에서 使持節河州諸軍事, 河州刺史, 略陽郡開國公으로 그의 부친 蘭香縣開國公을 세습하였다. 부친 王綱은 隋에서 驃騎將軍, 開府儀同三司로서 그 역시 蘭香縣開國公을 세습하였다. 그러나 '永徽誌文'에는 왕윤의 증조부, 조부에 대해서는 명확하게 기록하지 않았고, 대신 '祖安□鎭秦隴', '祖安西將軍蘭香公'으로 두루뭉술하게 기재하거나 심지어 先祖의 이름조차도 명확하게 명기하지 않았다.

이 두 묘지에는 몇 가지 특징이 있다. 하나는, 蘭香縣開國公을 세습하는 데 있어 두 묘지는 모두 공통점이 있다는 점이다. 그러나 공훈을 세워 그 작위를 얻은 사람이 왕윤의 증조부인지 아니면 조부인지는 두 묘지의 기록에 차이가 있다.

두 번째는 '貞觀誌文'에 기록된 왕윤의 조부 王紹가 北周에서 使持節河州諸軍事, 河州刺史, 略陽郡開國公

---

229) 상술한 당고종 영휘 3년 3월 12일과 영휘 4년 12월 19일에 새긴 『唐故左驍卫朔坡府折冲都尉段府君(会)墓志铭』과 『唐右驍卫朔坡府故折冲都尉段公(会)墓志铭』, 당고종 현경 2년 12월 19일과 현경 4년 7월 9일에 각각 새긴 『唐故支君(怀)墓志铭并序』, 『大唐故支君(怀)墓志铭』은 왕문도가 그의 부친 왕윤을 위해 묘지를 새긴 시기와 같은 시기에 새긴 것으로서 당시 묘지를 제작하는 특징과 요소들을 모두 갖추고 있었을 것이다. 이에 대하여 杨向奎는 黄清发, 赵振华, 江波 등 학자들의 연구를 인용하여 初唐时代 묘지를 쓰고 찬술자가 서명한 것은 많지 않다고 하면서, 시간이 지날수록 찬술자의 서명이 점점 늘어나고 있다고 주장하였다(杨向奎, 2013, 『唐代墓志义例研究』, 嶽麓书社, pp.51-53).
230) 疊州: 北周 建德 6년(577)에 설치되었고 治所는 疊川縣(지금의 甘肅省 迭部縣 東南 24리 지역 일대)이다. 隋 大業 원년(605)에 폐지되었다가 唐 武德 3년(620)에 다시 설치되었으며 唐末에 폐지되었다. (역자 주)

을 지냈다고 기록하고 있으나, '永徽誌文'에는 왕윤의 부친 王綱이 河州刺史를 贈職했다고 하였으므로, 왕강의 관직이 사후에 追贈 받은 것으로 기록하고 있다. 兩者의 기록에는 현저한 차이가 있다.

세 번째로 두 묘지의 제작이 前後 15년이라는 차이에 불과한데도, 왕윤 선조의 관직을 포함하여 구체적으로 각 인물의 관직 부분에서 그 차이가 이렇게 크다는 점이 사람들로 하여금 어리둥절하게 만든다. '貞觀誌文'에 구체적으로 상세하게 기록하고 있지만, 문제가 있을 것이라는 점은 비교적 분명하다.

이 誌文을 쓸 당시 왕윤이 사망한 지는 이미 25년이나 지난 시기였다. 그가 사망한 시기는 바로 수당교체기였으므로, 어쩌면 隋 末期 전란 때 구체적인 인물에 대한 기록이 아주 간략하게 남았을 것이고, 따라서 이렇게 사망한 사람의 선조에 대한 상황은 훨씬 더 이와 비슷했을 것이다. 또, '永徽誌文'의 기록은 상대적으로 간략하고 애매모호하여 어떤 기록은 분명하지 않다는 것을 쉽게 알 수 있는데, 이는 어쩌면 그들 선조의 관직이 실제 상황에 상당히 근접한 것으로 볼 수 있다. 물론, 일반적으로 묘지와 그 사료를 선별하는 관례를 따르면, 시기가 비교적 비슷한 것은 마땅히 신뢰할 수 있지만, 다만 상식적으로 撰者는 앞의 묘지가 지닌 몇 가지 문제를 새로 짓는 묘지에서는 바로잡으려고 할 것이고, 아울러 가족들의 가장 새로운 의견을 수용하려고 하였을 것이다. 물론 뒤에 만드는 것도 粉飾의 여부와 함께 다른 명백한 문제가 있는지 면밀한 검토가 필요하다. 그러나 적어도 현존하는 판본을 보면, '永徽誌文'은 글자 수가 앞의 것보다 상대적으로 줄어들었으며 특히, 先祖에 대한 기록이 상대적으로 모호하기 때문에 상술한 상황은 배제할 수 있을 것이다.

2. 王贇의 관직과 事跡

'貞觀誌文'은 왕윤의 젊은 시절의 事跡을 간략하게 기록하였으나, 東晉의 范宣, 東漢의 班超와 養由基, 甘延壽 등 前朝의 名士들의 典故를 인용하여 그의 젊은 시절 文武, 抱負와 행동규범을 등을 돋보이게 하였다.

살펴보건대, 왕윤은 大業 11년(615) 향년 50세로 方州에서 사망했다. 옛 사람들이 기록할 때 나이가 많은 것을 허세로 삼던 관례에 따라 그의 출생년도는 566년이 되었다. 묘지에는 그의 나이 33세가 되던 開皇 19년(599)에 尙書左僕射 楊素를 따라 출정[231]하여 탁월한 전공을 세우고 儀同三司 관직을 수여 받은 내용이 구체적으로 기록되어 있다. 이듬해에는 右車騎將軍에 올랐다.

大業 4년(608) 왕윤은 右衛道源府鷹揚郎將을 거쳐 곧 左武衛順政府鷹揚郎將으로 옮겼으며 11년에는 관직이 左衛武賁郎將에 올랐다가 그해 8월에 方州에서 사망했다.

'永徽誌文'에는 왕윤이 開皇年中에 右親衛가 되어 집안을 일으켜 세웠다고 기록되어 있다. 이처럼 개황 원년은 581년인데 이때 왕윤의 나이는 15세에 불과하다. 일반적으로 보면 '開皇中'은 당연히 개황 10년 이

---

231) 『隋書』 卷48 楊素傳에 "돌궐의 達頭可汗이 변경을 범하자 양소를 靈州道行軍摠管으로 삼아 출정시켜 이를 토벌하였다. 物 2千段과 황금 百斤을 하사하였다."(pp.1285-1286)라고 기록하고 있다. 『資治通鑑』 권178에는 隋文帝 開皇 19년 2월조에도 그 일이 기록되어 있다. 『隋書』 卷2 高祖本紀下에도 돌궐이 변경을 범한 사건을 開皇 19년으로 기록하고 있다. 이와 같은 사실은 곧 시간상으로 볼 때, 『資治通鑑』 卷178과 『隋書』 卷2 高祖本紀下의 기록이 동일하게 돌궐의 達頭可汗이 변경을 범한 시기를 開皇 19년으로 간주한다는 것을 말한다. 상술한 왕윤 묘지 역시 開皇 19년에 양소가 돌궐로 출정한 사실을 간접적으로 증명하고 있다.

후를 말하고 그 시기에 왕윤의 나이는 25세 전후가 되므로 정7품 관직인 '親衛'를 담당하는 데에 아무런 문제가 없다.

이후 왕윤은 親侍衛正과 親侍衛校尉를 지냈다. 尙書左僕射 楊素를 따라 돌궐로 출정한 것은 당연히 親侍衛校尉에 오른 다음의 일이었다. 그러나 지문에는 왕윤이 칙령에 따라 秦孝王의 進馬에 부임하였다. 秦孝王은 隋文帝의 셋째아들 楊俊으로 개황 20년(600) 6월에 사망했다.[232] 왕윤이 진효왕의 진마에 올랐을 당시에는 그가 돌궐에서 돌아온 지 얼마 되지 않은 때였고 곧 楊俊은 죽음에 이르렀다. 개황 20년 6월 이후에 왕윤은 左翊衛道源府鷹揚郞將에 전임되었다. '進馬'는 唐代 殿中省에 속한 관직으로서 史書에는 "進馬는 5人으로 정7품 上이다. 陳設을 관장하며 戎服에 채찍을 잡고 仗馬의 왼쪽에 서서 말의 進退를 본다."라고 기록[233]하고 있다. 묘지에는 왕윤이 일찍이 秦孝王 楊俊의 府邸에서 진마의 직책을 담당하고 있었는데, 이로 보아 隋代에 이미 '進馬' 관직이 설치되어 있었음을 알 수 있다.

이 외에 새로 알려진 『大唐故使持节夔州都督刘府君(行敏)墓志铭』 중에 劉行敏의 부친 劉都에 대해 "가세가 일어나 進馬가 되었으니 公侯가 재현될 것이로다. 재능이 출중하고 자질이 뛰어나다. 아름다운 자태는 봄꽃과 함께 사라지고 정실함은 가을 날씨에 돋보인다(隨起家爲進馬, 公侯可複, 苗秀方資, 豔彩滅於春華, 貞實爽於秋令)."[234]라고 적고 있다. 이로 보아 隋代의 '進馬'는 王府에서 근무하는 관직으로 唐代에 殿中省에서 근무하던 것과는 서로 다른 것임을 알 수 있다. 여기에 대해서는 앞으로 연구가 필요하다.

大業 8년(612) 王贇은 隋煬帝를 따라 고구려 정벌에 나서서 1,000명을 지휘하는 장수로서 一校[235]의 부대를 담당하여 황제의 예우(禮數)를 받으며 출병하였다. 수레에 항거하는 자가 없었고, 장수를 죽이고 기치를 탈취하는(斬將搴旗)[236] 기세와 맹금(鷙鶚)[237]에 필적하는 제압으로 맹수를 잡고 강성한 적을 격파((摧堅)[238]하는 공을 세웠다. 바로 이 때문에 왕윤은 수양제로부터 포상을 받고 順政郡 太守로 발탁되어 正義大夫에 올랐다. 誌文을 보면, 왕윤은 또 楊玄感의 亂[239] 토벌에도 참여하여 전공을 세운 것 같은데, 이로 인해 武賁郞將으로 승진하였다.

살펴보건대, 武賁郞將은 수양제 大業 3년에 설치되었는데 12衛 護軍을 고쳐 武賁郞將으로 하였고 各 衛는 4인으로 정4품이다. 이는 곧 왕윤이 이때 정4품 무분낭장이 되었다는 것을 말한다. 다만, 대업 11년에

---

232) 『隋書』卷45 文四子·秦孝王楊俊傳

233) 『新唐書』卷47 百官志, 中華書局, 1975, p.1218

234) 陝西考古硏究院 編, 2019, 『陝西省考古硏究院新入藏墓志』, 上海古籍出版社, p.248.

235) 一校: 校는 중급 부대의 단위. 현재의 '大隊' 정도로 생각됨. "常護軍傅校護王. (注) 校者, 營壘之稱."(『漢書』衛青傳)

236) 斬將搴旗: 적장을 죽이고 적의 기치를 탈취함. "然則一軍之中, 必有虎賁之士, 力輕扛鼎, 足輕戎馬, 搴旗斬將, 必有能者."(『吳子』料敵)

237) 鷙鶚: 용맹함을 형용. "鷙鶚逐孤鳳, 千春傷我情"(唐·李白,「望鸚鵡洲懷禰衡」詩)

238) 摧堅: 흉포한 자를 꺾어버림. 강성한 적군을 격파함(摧折强暴; 挫敗堅强的敵軍).

239) 隋 大業 9년(613) 6월에서 8월에 黎陽(지금의 河南省 浚縣 동북지역)에서 禮部尙書 楊玄感이 일으킨 반란. 양현감은 자신을 도운 李密이 올린 세 가지 계책 가운데 上, 中策을 취하지 않고 東都를 습격하는 下策을 취했다. 이 때문에 반란 소식을 접하고 급히 요동지역에서 군사를 돌린 隋軍의 주력에게 진압되고 말았다. (역자 주)

왕윤이 왜 군사를 이끌고 南征을 했는가라는 점인데, 煬帝의 命을 받들어 江都로 남하하여 전방지역에 대한 포석인지, 아니면 江淮地域에서 거사를 일으킨 張起緒, 李子通 등[240]을 진압하기 위한 煬帝의 파병인지, 그렇지 않으면 기타 우리가 전혀 알지 못하는 어떤 이유 때문인지 알 수 없다. 사료의 증거가 없기 때문에 이 또한 의문이 남는다.

어쨌든 왕윤은 먼 방주에서 사망했는데, 방주에서 남방의 풍토병에 걸려 사망했는지 아니면 전장터에서 싸우다가 전사했는지, 두 묘지의 기록이 모두 분명하지 않아서 판단하기 어렵다. '永徽誌文'에 기록된 바와 같이, "공은 비록 나랏일로 죽었으나, 그 충성이 위로 보고되지 않았고, 명성은 국가 때문에 손상을 받았음에도 포상이 아래로 미치지 않아 끝내 褒贈이 내리지 않았으므로 당시의 여론이 원통하게 여겼다(公雖身沒王事, 忠不上聞, 名爲國傷, 賞不下逮, 竟聞褒贈, 時論冤之)".

왜 이런 상황이 일어났을까? 필자는 大業 11년 하반기에 煬帝의 군대가 雁門에서 포위되었다가 낙양으로 돌아온 후, 각지에서 쉴새 없이 급보가 올라오고 있었기 때문에 어쩌면 왕윤 장군이 남방에서 사망했다는 소식을 알지 못했거나, 설령 알았다고 하더라도 당시의 정세가 불안하였으므로 사태를 수습하기가 어려워, 煬帝 본인이나 조정의 관련부서에서 이를 돌아볼 겨를이 없었기 때문이라고 생각한다. 물론 死者 본인과 그 가족들로서는 분명히 쉽게 납득하기 어렵고 슬픈 일이 아닐 수 없었을 것이다. 그러나 왕조 말기 또는 정권 교체기라는 특수한 시기에는 이런 상황은 흔하게 일어나는 일이다.

단순하게 왕윤의 事跡 기록만 놓고 보면 '貞觀誌文'은 비교적 간략한 반면, '永徽誌文'은 상세하게 기록하였을 뿐만 아니라 새로운 내용도 추가되었다. 구체적으로 왕윤이 조직을 받들어 秦孝王 楊俊 府邸에서 進馬 관직을 맡았고,[241] 大業 8년에는 隋煬帝를 따라 고구려 출정에 나서서 戰功을 세워 새로운 관직을 얻게 되었음을 알 수 있다.[242]

그렇다면 왜 두 묘지는 왕윤에 대한 구체적인 사적 기록에 이런 차이가 있는 것일까? 즉, '永徽誌文'은 왕윤이 칙령을 받들어 秦孝王 楊俊의 府邸에서 관리가 된 것과 수양제의 고구려 출정에 참가한 事跡을 밝혀내 추가한 것이다. 그 이유에 대하여 필자는 다음과 같은 몇 가지 가능성이 있다고 생각한다.

먼저, 정관 14년부터 영휘 6년까지 王贇의 아들 王文度가 수도 長安과 다른 지역에 보직하였고 점차 관직이 높아지면서 정보를 얻는 경로가 늘어나 그의 부친 생전의 사적에 대하여 아마도 새롭게 알게 되었을 가능성이 있다.

다음으로는 정관 14년 경에 당태종 군신들이 隋 멸망의 교훈을 정리하면서 수양제의 고구려 親征이 결국 수의 멸망을 초래하였다고 결론지었다. 이때 고구려 出征을 너무 많이 언급하는 것이 어쩌면 일종의 금기시하는 분위기[243]가 있었기 때문에, 묘지를 찬술할 때 이 부분을 애매모호하게 처리하였지만, 永徽 말기

---

240) 『隋書』 卷四 煬帝本紀下.

241) '貞觀誌文'에는 '書勳王府'라는 글자가 있는데, 이는 왕윤이 칙령을 받들어 秦孝王 楊俊의 府邸에서 관직을 맡았다는 기록이어야 한다. 그러나 '永徽誌文'의 기록처럼 상세하고 명확하게 기록되어 있지는 않다.

242) 隋煬帝의 高句麗 出征에 대해서는 다음 논문 참고: 拜根興, 2019, "墓志所见隋炀帝亲征高句丽-兼论唐初君臣对隋亡事件的诠释", 『陝西師范大学学报』 2019年 第1期.

에 이르러 그 분위기가 바뀌었기 때문이다.

셋째, 시간이 흘러 상황이 변하자 그의 부친 왕윤이 隋末 고구려 정벌에 참여한 중대한 사건과 관련하여, 당태종을 따라 고구려 정벌에 나서서 요동지역에서 성을 공격하여 함락시킨 공운 세운 왕문도로서는 더욱 깊은 감명을 받았으므로, 새로운 묘지 가운데 그의 부친이 수양제 고구려 친정에 참여한 사적을 명확하게 기록으로 남기고, 나아가 2대에 걸쳐 요동으로 진군한 영광과 아쉬움으로 일가를 이루었음을 나타내고자 하였다. 물론 고구려가 요동을 장악한 것은 이미 세상을 떠난 수양제와 당태종의 가슴 속에는 쉽게 풀어지지 않는 응어리로 남아 있었을 것이다. 왜냐하면, 永徽 6년에 이르러서도 고구려 문제는 여전히 해결이 지지부진한 상태였기 때문이다.

넷째, 永徽 6년은 바로 왕문도의 인생에서 가장 득의양양한 시기였고, 이 시점은 唐 조정이 이미 고구려를 공략하는 전략을 다시 실행하고 있었다. 왕문도로서는 40년 전에 국가를 위해 일하다 사망한 부친을 위하여 묘지를 다시 찬술할 기회를 잡아 부친 동년배들의 遼東征伐戰 발자취를 추적하였을 것이다. 특히, 당태종의 親征 후 전국 각지 각 계층이 동북지역에 위치한 고구려를 성토하는 분위기[244] 속에서, 부친이 장수 가문의 용감하고 건장한 후예라는 것을 더욱 잘 보여주는 것은, 당연히 자신이 세운 공훈도 동시에 과시하고 자랑하는 것이기도 하다.

또, 『隋書』 권45의 기록에 따르면, 秦孝王 楊俊은 隋文帝의 셋째 아들로 태어나, 처음에는 隋文帝로부터 여러 차례 칭찬과 상을 받았으나 얼마 지나지 않아 호사스런 생활로 여러 차례 수문제로부터 징벌을 받아 마침내 "免官되고 왕의 신분으로 私邸에 머물게 하였다."라고 하였다. 비록 左武衛將軍 劉升, 左僕射 楊素, 大都督 皇甫通이 차례로 表를 올려 양준을 사면해 달라고 청원을 했지만, 수문제는 거의 아들을 용서할 생각이 없었던 것 같다. 양준이 죽었을 때도 수문제는 다만 "몇 차례 哭을 했을 뿐"[245]이었다.

양준이 사망하기 직전에 왕윤을 그의 府邸에 관직을 주고 배치한 것은 그가 앞서 돌궐 정벌에 참여했던 옛 상관 楊素를 선발하여 수문제에게 요청한 결과일 가능성이 매우 높다. 誌文 가운데 '奉勅'이라는 글자가 이런 점을 잘 설명하고 있다. 이 시기는 공교롭게도 양준의 병세가 중하여 임종에 이르렀고 개황 20년 6월에 이르러 양준이 사망하였다. 비록 왕윤이 칙령을 받고 양준의 府邸에 부임한 지 불과 몇 개월이 되지 않았지만, 이 경력은 그에게 있어 황실과 가까워질 기회를 얻게 되었다. 다만, 이때 양준은 이미 병이 매우 깊어져 버리고 동정을 받는 페인이었을 뿐이었다. 이 기간 동안의 경력이 왕준의 벼슬길에 좋고 나빴는지는 단지 현존하는 誌文으로 보면 심대한 영향은 없었던 것으로 보인다.

---

243) (唐) 吳兢 撰, 謝保成 集校, 2003, 『貞观政要集校』, 中华书局. 정관 14년에 찬술한 『柳則墓誌』 가운데에도 柳則을 使節로 삼아 고구려에 사신으로 보냈다가 현지에서 불분명한 이유로 사망한 사건이 있고, 『舊唐書』와 『新唐書』 柳奭傳에도 柳則이 고구려에서 사망한 것을 자세하게 수록하고 있다. 이는 당연히 정관 10년 경에 당의 朝野에서 수양제의 고구려 출정을 반성하고 규탄하는 것과 관련이 있다(拜根兴, 2018, "隋唐时代出使高句丽三使者墓志考释", 陕西历史博物馆 编, 强跃主编, 『陕西历史博物馆论丛』 25辑, 陕西新华出版传媒集团·三秦出版社, pp.236-241).

244) 拜根兴, 2008, 『七世纪中叶唐与新罗关系研究』, 中国社会科学出版社, pp.278-281.

245) 『隋書』 卷四五 文四子·秦孝王楊俊傳

3. 王贇의 부인 晉陽李氏

'永徽誌文'에는 왕윤의 부인으로 晉陽李氏의 자료가 추가되었다. 즉, "부인 晉陽郡 李氏는 부녀자가 갖추어야 할 4가지 덕목(四德)[246]을 능히 잘하였고, 6가지 행실(六行)[247]을 모두 실천하여, 스스로 가정을 바르게 관리하였다. 이에 음식을 마련하는 일(中饋)[248]을 주관하고, 의복과 장식을 잘 만들어(組紃)[249] 여성의 규범(內則)[250]을 빛내었다. 이윽고 龍이 칼집을 떨구자(남편이 죽자), 무덤의 나무(隴樹)[251]를 부여잡고 슬피 울면서(鸞悲)[252], 끝내 韓氏의 묘소처럼 하기를 기약하였다."라고 한 부분이다.

살피건대, 四德은 『周禮』 天官 內宰에서 나온 것으로 여성은 "德, 言, 容, 功"을 갖추어야 하며, 六行은 여성이 따라야 하는 "孝, 友, 睦, 姻, 任, 恤"을 가리킨다. 우선 誌文을 보면, 이씨는 이런 미덕을 모두 갖추고 있다.[253] 이밖에도 이씨는 가정을 잘 다스리고 안팎을 장악하고 있었지만 삶이 너무 짧았으므로 이씨도 남편과의 생이별을 피할 수 없었다.

다음으로, 誌文의 다음 구절인 '胤子王文度'를 보면, 이씨는 바로 왕문도의 生母가 확실하다. 다만, '貞觀誌文'에는 왜 이씨에 대한 언급이 없었는지 이 부분은 관련사료의 기록이 없어서 논하기 어렵다. 필자는 그 원인을 추측해 보건대, 어쩌면 당시 왕윤의 또 다른 부인이 생존해 있었고 왕문도가 불필요한 다툼을 피하기 위해 墓誌에 이 부분을 언급하지 않았기 때문일 것이다. 그러나 15년이 지나 다른 사람들이 세상을 떠나자 새로 새긴 지문에 이씨의 事跡을 포함시켰고, 이것이 어쩌면 15년이라는 시간이 지난 후에 왕문도가 부친의 두 번째 묘지를 만든 진정한 이유가 아닌가 한다. 물론 또 하나의 가능성은 정관 14년에 이씨가 여전히 살아있어서 묘지 지문에 기재하는 것이 불편하였을 수 있었으나, 永徽 6년 이전에 이씨가 이미 사망하였으므로 그녀의 아들인 왕문도가 모친의 유골을 貞觀 14년 遷葬할 때 조성한 묘역에 합장하면서 새로 지은 墓誌를 넣어 그 이전에 미흡했던 부분을 분명하게 설명하기 위함이었을 것이다. 일반적인 이치로 보면, 後者의 가능성이 더 크다고 생각한다.

---

246) 四德: 부녀자가 갖추어야 할 네 가지 덕목으로, '婦德, 婦言, 婦容, 婦功'을 말한다. 이는 원래 궁중 여성들을 위한 덕목이었으나, 후대에 부녀의 수양 표준이 되었다(『周禮』 天官 內宰). (역자 주)

247) 六行: 사람이 갖추어야 할 6가지 행실(孝, 友, 睦, 姻, 任, 恤)을 말한다(『周禮』 地官 大司徒). (역자 주)

248) 中饋: '집안의 음식을 마련하는 일'이다. "無攸遂, 在中饋. (孔穎達疏) 婦人之道……其所職, 主在於家中饋食供祭而已."(『易』 家人) (역자 주)

249) 組紃: 실로 직조하거나 장신구를 만드는 일. "女子十年不出, 姆教婉娩聽從. 執麻枲, 治絲繭, 織紝組紃, 學女事, 以共衣服."(『禮記』 內則) (역자 주)

250) 內則: 『禮記』의 한 편명으로, 부녀자가 가정에서 필수적으로 준수해야 할 규범이나 준칙을 수록하였다. 부녀자의 직분 혹은 부녀자의 도덕을 뜻하기도 한다(『禮記』 內則). (역자 주)

251) 隴樹: 중국 隴山(현재의 甘肅省 華亭縣에서 陝西省 隴縣에 걸쳐 있는 산) 일대의 나무로 묘소 주변에 많이 심는다. 이 때문에 묘지의 나무를 隴樹라고도 한다. (역자 주)

252) 鸞悲: 난새(鸞鳥)가 비통하게 움. 옛날 罽賓王이 귀한 난새 1마리를 잡았으나 3년 동안 울지 않았다. 부인의 말에 따라 거울을 비춰주자 난새는 거울에 비친 새가 짝인 줄 알고 비로소 슬프게 울다가 거울에 부딛혀 죽었다는 고사가 있다(南朝·宋·範泰『鸞鳥詩序』). (역자 주)

253) 强跃·景亚鹂, 2012, "论唐人崇尚的女性美德", 『陝西师范大学学报』 2012年 第5期.

Ⅳ. 墓誌에 보이는 王文度 事跡

初唐 名將 王文度[254]의 事跡은 『舊唐書』와 『新唐書』, 『資治通鑑』, 『冊府元龜』 그리고 金富軾의 『三國史記』 등의 史書에 보인다. 『舊唐書』와 『新唐書』에서는 王文度傳을 세우지 않았다. 그가 나당연합군으로 한반도에 출정하였다가 사망한 것도 『三國史記』에만 언급되어 있다. 왕문도라는 인물이 初唐時期에 영토를 개척하는 데에 공을 세웠고, 특히 멀리 한반도의 백제 정벌에 나섰다가 이역 땅에서 최후를 맞이함으로써 그 비참함이 컸던 점을 감안하여, 필자는 10여 년 전에 일찍이 당시 상황을 알 수 있는 문헌과 石刻資料를 바탕으로 왕문도가 웅진도독부를 맡아 백제에 출정한 전후의 事跡을 검토[255]한 적이 있다. 이는 아마도 지금까지 왕문도라는 인물에 대한 事跡을 다룬 유일한 논문일 것이다. 그러나 상술한 바와 같이, 왕문도가 그의 부친 왕윤을 위하여 지은 두 개의 묘지는 새로운 사료를 제공함으로써, 학계에서 왕문도라는 인물에 대하여 좀 더 잘 이해하는 데에 많은 도움을 주었다. 구체적으로 필자는 다음 몇 가지 주목할 만한 점이 있다고 생각한다.

1. 王文度가 廓州刺史에 오르다.

廓州는 北周 建德 5년(576)에 처음 설치되었는데, '변경을 개척하여 넓혔다(開廓邊境).'는 뜻을 가지고 있으며 , 그 위치는 지금의 青海省 貴德縣 남쪽이다. 隋 大業 3년에 州를 폐지하여 다시 澆河郡이 되었다. 亂이 일어나 도적떼에게 함락되었다가 武德 2년에 이 지역을 평정하고 廓州로 고쳐 다시 설치하였다. 唐朝에 이르러 治所를 化隆縣으로 옮겼는데 그 위치는 지금의 青海省 化隆縣 서쪽이다. 貞觀 10년에 縣의 동쪽 120리 황하 南岸에 米川縣을 설치하여 河州에 속했다가, 永徽 6년에 河北으로 옮겨 廓州에 속하였다.[256]

郁賢皓의 『唐刺史考全編』 卷36 「廓州(寧塞郡)」 條에는 『舊唐書』 권198 「西戎·黨項羌」과 『新唐書』 卷221上 「西域·黨項」의 기록에 따라, 貞觀 初年에는 久且洛生이 廓州刺史의 관직에 있었다고 하였다. 또, 『新唐書·宰相世系表』와 柳宗元의 『柳河東集』 卷11 「故大理評事柳君墓誌」에 의거하여, 역대 역임자를 차례로 배열하였는데 柳楷가 貞觀年中에 곽주자사[257]에 올랐을 뿐, 貞觀年間의 곽주자사 재임 기간에 다른 사람은 보이지 않는다.

이후, 唐人 墓誌가 계속 출토되어 그 모습을 드러내면서 郁賢皓의 저작에서 누락된 부분을 계속해서 수정하고 보충함으로써 唐史研究 사료 제공에 중요한 역할을 하였다. 毛阳光, 曾涧, 赵望秦, 陈翔은 郁賢皓의

254) 왕문도(王文度, ?~660년). 唐의 무장. 서돌궐을 정복하는 과정에서 황제의 명령을 거짓으로 꾸민 탓에 제명당하여 서민으로 강등되었다가 뒤에 左衛中郎將으로 복귀하였다(『冊府元龜』와 『資治通鑑』의 기록과는 달리, 『舊唐書』에는 右衛郎將, 『新唐書』에는 左衛郎將으로 기록되어 있다). 660년 백제 멸망 후 당이 설치한 웅진도독부의 초대 도독으로 파견되었다. 동년 9월(음력) 삼년산성에서 신라 太宗武烈王에게 唐高宗의 칙서와 하사품을 전하다가 의례를 채 마무리 짓지 못하고 병사하였다(『三國史記』 卷5 신라본기 제5 태종무열왕 7년조). (역자 주)

255) 拜根兴, 2008, 「唐将王文度事迹考述-以与新罗关系为中心」, 『唐史论丛』 第10輯, 杜文玉 主編, pp.206-216.

256) (唐) 李吉甫 撰 , 贺次君 点校, 1983, 『元和郡县图志』 卷三九 「陇右道上」』, 中华书局, p.993.

257) 郁贤皓, 2000, 『唐刺史考全編 卷36 「陇右道·廓州」, 安徽大学出版社, p.458.

저서에 수록된 唐人墓誌를 바탕으로 唐代 刺史에 대하여 많은 보완작업을 했으나, 모두 隴右道 廓州刺史와 관련된 정보는 볼 수 없었다. 潘明福이 「〈唐刺史考全編〉补遗」[258]라는 논문에서 李謹行이 唐高宗 후기에 廓州刺史를 역임한 것을 보충하였다. 또, 马建红은 「〈唐刺史考全编〉拾补」[259]에서 崔思忠이 神龍[260] 원년(705)에서 景雲[261] 2년(711)까지 곽주자사를 역임하였음을 보충하였다. 吳炯炯 등은 4편의 보충 논문을 연달아 발표하였는데, 그 가운데에는 光宅[262] 年間에 段平이 곽주자사를 역임하고 최사충이 神龍 이후에 곽주자사에 보직되었으며,[263] 대략 武德(618~626) 기간 중에 朱惠表가 곽주자사를 역임하였고, 王仲玄이 聖曆[264] 3년(700)에서 神龍 2년(706)까지 곽주자사를 역임하였음을 보완하였다.[265] 黃樓는 새로 발표된 大唐西安市立博物館 所藏 墓誌 자료를 근거로 景龍[266] 2년(708)에서 景龍 3년(709)까지 召弘安이 곽주자사를 역임하였음을 보충하였다.[267] 그럼에도 불구하고 貞觀年間에 곽주자사를 역임한 사람은 여전히 久且洛生과 柳楷 등 두 사람에 불과하다.

그러나 상술한 왕윤의 묘지에는 오히려 새로운 자료가 발견된다. '貞觀誌文'에는 왕윤의 아들 왕문도 관직이 '使持節廓州諸軍事 廓州刺史'였음을 언급하고 있다. 이는 곧 정관 14년에 왕문도가 隴右道가 있는 廓州刺史 및 使持節廓州諸軍事를 맡고 있었음을 말해준다. 의심할 것 없이 誌文資料는 貞觀 中期 곽주자사 任職의 공백을 메워주고 있다. 아울러 郁賢皓의 『唐刺史考全編』의 내용을 보완할 수 있는 貞觀年間의 곽주자사 임직자에 대한 새로운 자료를 제공해주고 있다. 물론, 왕문도가 정관 14년에 막 곽주자사에 부임하였는지, 아니면 이미 곽주자사에 부임한 지 여러 해가 지났는지, 그리고 언제 곽주를 떠났으며 그의 후임자는 누구였는지 등에 대하여 현재까지 사료가 분명하지 않기 때문에 증거가 될 만한 새로운 자료의 발굴이 필요하다.

그러나 분명한 것은 貞觀 18년(644)을 전후하여 왕문도는 이미 곽주를 떠났다는 사실이다. 왜냐하면, 왕문도는 副摠管이 되어 당태종의 고구려 친정에 참여하였고 나아가 卑沙城 전투에서 선봉에 서서 공훈을 세웠기 때문이다.[268] 물론 정관 14년을 전후를 연구한 학자는 당태종이 西域을 經略하기 시작하여 土穀渾 세

---

258) 潘明福, 2005, 「〈唐刺史考全編〉补遗」, 『文獻』 2005年 第2期.

259) 马建红, 2010, 「〈唐刺史考全编〉拾补」, 『唐史论丛』 第12辑, 杜文玉 主編, 三秦出版社, pp.215-219.

260) 神龍(705년 1월~707년 9월)은 武周, 唐의 연호이다. 신룡 원년인 705년 2월에 측천무후가 퇴위하고, 국호를 다시 唐으로 고쳤다. 개원 長安 5년 1월 23일(705년 2월 21일)에 연호를 神龍으로 바꾸었다. (역자 주)

261) 唐 睿宗 때의 연호(710~712년). 唐의 제5대이자 제8대 황제인 睿宗(李旦, 재위 684~690, 710~712)이 두 번째 재위기간에 사용한 첫 연호이다. (역자 주)

262) 唐 제5대 황제인 睿宗 때의 연호(684년). 睿宗이 첫 재위 기간에 두 번째로 사용한 연호이다. 684년 음력 9월부터 음력 12월까지 4개월 동안 사용되었다. (역자 주)

263) 杨晓·吴炯炯, 2012, 「〈唐刺史考全编〉补正三」, 『敦煌研究』 2012年 第3期.

264) 武周의 則天武後 때의 열 번째 연호로 697년~700년까지 사용되었다. (역자 주)

265) 杨晓·吴炯炯, 2013, 「〈唐刺史考全编〉补正四」, 『敦煌学辑刊』 2013年 第2期.

266) 唐 제4대이자 제6대 황제인 中宗 李顯, 재위 683~684, 705~710)의 두 번째 재위기간의 두 번째 연호이다. 707년 음력 9월부터 710년 음력 6월까지 4년 동안 사용되었다. (역자 주)

267) 黄楼, 2014, 「〈唐刺史考全编〉订补 : 以〈大唐西市博物馆藏墓志〉为中心」, 『吐鲁番研究』 2014年 第1期.

268) 史書에 기록하기를 "張亮을 滄海道行軍大摠管으로 삼아 태종을 따라 高(句)麗 정벌에 나서 亞將 程名振과 함께 卑沙城을 빼앗았다. 그 성은 사면이 절벽으로 되어 있어 오직 西門만 공격할 수 있었다. 정명진이 군사를 독려하여 夜襲하였다. 부총관 왕

력을 정벌한 후에 이미 隴右 일선 지역에 여러 포석이 이루어져 서북지역의 군사에 정통한 武將을 州刺史로 임명하여 그 후 서역을 경략하기 위한 새로운 조건을 만들었다고 하였다.[269] 군 출신인 왕문도가 곽주자사에 임명된 것도 이런 기획 구도의 일환이었는지 여부에 대해서는 좀 더 많은 사료와 한층 더 깊은 연구가 필요하다.

한편, 廓州는 唐代에 下州에 속하였고 刺史는 正4品下였다. 이는 곧 정관 14년에 왕문도가 이미 정4품의 관직에 올랐고, 권력의 한 축인 隴右道 廓州의 행정장관이 되었다는 것을 말한다. 그가 이전에 武將으로서 唐朝의 개국 전투에서 어떤 戰場에 참여하였고 또 어떤 공헌을 했는지, 새로운 사료가 계속 나타나 왕문도라는 인물에 대하여 이해를 더욱 넓힐 수 있을 것으로 기대한다.

2. 王文度의 나이

필자는 상술한 『唐史论丛』에 발표한 왕문도의 事跡과 관련한 논문 중에서, 일찍이 그의 나이를 다소 소급하여 고증[270]한 바가 있다. 즉, 왕문도의 사망 전 나이를 60세 전후라고 하였으나, 당시의 일반적인 정보를 담은 사료와 왕문도의 임관 이력을 근거로 대담하게 추정하였을 뿐, 구체적으로 어떤지 실증적으로 파악한 증거자료는 없다. 그러나 그의 부친 왕윤의 두 개 묘지가 출토됨으로써 적어도 그의 나이 문제에 대해 진일보된 연구를 할 수 있는 새로운 근거자료를 제공하고 있다.

두 개의 묘지에 의하면, 왕윤은 대업 11년 방주에서 사망했는데, 이때 그의 나이는 향년 50세였다. 당시 일반적으로 매 세대마다 20세의 간격으로 구분하는 관례를 따르면, 왕문도가 태어난 해는 대략 586년이 된다. 그러나 '永徽誌文'에는 "옛적 유년 시절에 일찍이 부친상을 당하였으므로, 원수의 보루를 함락시켜 灌夫[271]의 뜻을 펴지 못하였다. 사방의 먼 지역(四極)[272]을 염려하는 마음을 펴서 董永[273]의 효성을 다하였다."라고 하였다. 이는 곧 大業 11년 그의 부친 왕윤이 방주에서 사망했을 때, 그가 아직 어렸거나 아니면 유년기의 나이에 있었다. 이와는 별도로 학계에서 구분하는 일반적인 연령 단계에 근거하여 이때 그의 나이는 대략 10세 전후였던 것으로 보인다. 즉, 왕문도가 태어난 해는 대략 仁壽[274] 末이나 大業 初로서 605년경이 된다. 물론 왕문도에게 형이나 누이가 있었는지 여부에 대해서는 지문에서 언급이 없었으므로, 우리

문도가 먼저 오르고 사졸들이 계속 진격하여 성이 무너지고 남녀 8천명을 사로잡았다." ((宋) 王欽若等, 『冊府元龜』 卷420 將帥部·掩襲, 中华书局, 2003, p.5007

269) 李军, 2018, 「新出李宽墓志与唐初政局」, 『东岳论丛』 2018年 第3期.

270) 拜根兴, 2018, 「唐将王文度事迹考述:以与新罗关系为中心」, 『唐史论丛』 第10辑, 杜文玉 主编, p.210.

271) 灌夫(?~131): 前漢의 장수. 본래 성은 張氏였으나, 부친 張孟이 灌姓을 사성 받았다. 吳楚 7국의 난 때 부친 灌孟을 따라 종군했다가 軍功으로 中郎將에 봉해졌다. 부친이 전사하였으나, 灌夫는 고향으로 返葬하지 않았으므로 용맹으로 이름을 떨쳤다. 후에 代國의 재상이 되었다. (역자 주)

272) 四極: 사방의 극히 먼 지역을 말한다. "覽相觀於四極兮, 周流乎天餘乃下. (朱熹集注) 四極, 四方極遠之地."(『楚辭』 離騷) (역자 주)

273) 董永: 후한 때의 효자. 현재의 江蘇省 東台市 西溪鎮 사람이라고 함. 어려서 모친을 여의고 아버지 슬하에서 자랐다. 집이 가난하여 남의 농사일을 해주고 생계를 이었다. 일 나갈 때 늙은 부친을 수레에 태워 밭둑 나무 아래에 모시고 보살폈다. 부친이 죽자 자신을 노비로 팔아 장례비용을 마련하였다. 한나라 때의 "二十四孝"로 칭송받았다(『搜神記』). (역자 주)

274) 隋文帝의 연호(601~604년). 601년 음력 1월부터 604년까지 4년 동안 사용되었다. (역자 주)

는 다만 그를 왕윤의 아들, 즉 상속자라는 정도만 알고 있다. 아마도 왕문도가 唐의 개국 과정에서 벌어진 많은 전투에서 공훈을 세웠고 그 가문에서 명성이 자자하여 상속자로서의 중임을 확실하게 이어받았을 것이다. 이런 정황은 다른 묘지에서도 많이 나타나고 있어서 이 점에 대해서는 의심의 여지가 없다.

만약 상술한 추론이 성립한다면, 정관 14년 왕문도가 곽주자사에 임명되었을 때 그의 나이는 35세가 된다. 영휘 5년(654) 5월, 당태종을 따라 萬年宮으로 피서를 떠났는데, 당시 함께 만년궁에 도착한 관원은 禦製 萬年宮 銘碑陰에 이름을 새겨 넣었다. 왕문도는 '右武侯將軍上柱國晉陽縣開國侯'의 신분으로 당시 저명한 臣僚와 軍將이었던 長孫無忌, 李勣, 褚遂良, 尉遲敬德 및 왕자, 藩屬國 使臣 등과 함께 碑陰에 이름이 새겨짐으로써 한 때의 미담이 대대로 이어져 내려오게 되었다.[275] 이때 왕문도의 나이는 50세에 가까웠고, 관직은 종3품 右武侯將軍上柱國晉陽縣開國侯에 올라 의기양양하고 기개가 늠름하였다. 바로 이어서 영휘 6년 2월에 왕문도는 그의 모친 유해와 부친을 합장했고, 또 사람을 청하여 그의 부친을 위해 두 번째 묘지를 지었다.

바로 이렇게 매우 순탄하게 이어진 그의 삶의 분위기는 顯慶 初年(655~657)에 副大摠管되어 大將軍 程知節을 따라 서돌궐에 출정하였으나 현명하고 능력 있는 자를 시기하고 감히 황제의 조칙을 고쳐서 속였으며, 군대를 동원하여 포로를 죽이도록 명령을 내린 일 등으로, 매우 나쁜 영향을 받게 되었을 것으로 보인다. 바로 이 때문에 왕문도가 장안으로 돌아온 뒤에 '죽어 마땅하지만 특별히 除名 당하는' 처벌[276]을 받음으로써 그의 일생에서 최대의 좌절을 맛보았다.

왕문도는 660년 9월, 조칙을 받들어 '左衛中郎將熊津都督'으로서 군대를 이끌고 백제 전장터로 향하였으나 바다를 건넌 지 얼마 되지 않아 갑자기 사망했는데,[277] 그 구체적인 지점은 新羅의 三年山城 부근이다.[278] 왕문도가 사망했을 때 나이는 약 60세 전후였을 것으로 추정된다. 그러나 그의 부친 왕윤 묘지의 출토로 왕문도의 나이를 알 수 있는 새로운 자료를 제공하고 있다. 왕윤 묘지에 따르면, 왕문도의 나이는 원래의 추정치에서 5세 정도가 빨라야 한다. 즉, 왕문도 사망 때의 나이는 약 55세가 되는 것이다. 이렇게 범위를 정하면 좀 더 명확해질 수 있다.

'永徽誌文'에 따르면, 왕문도의 모친은 진양이씨이고 그의 관직은 右武侯將軍上柱國晉陽縣開國侯에 이르렀는데, 이 두 사람 사이에 어떤 관계가 있는 것은 아닌지, 그의 부친 왕윤이 일찍 사망했기 때문에 특별히 내세울 만한 官爵이 없었는데 그의 모친이 晉陽君 출신이었으므로 왕문도가 그의 모친 가문이 가지고 있는 명망으로 爵位에 오른 것인지, 아니면 다른 알 수 없는 이유로 唐 조정이 왕문도를 晉陽縣開國侯에 봉하고

275) 拜根興, 2019, 『石刻墓志与唐代东亚交流研究』, 科学出版社, pp.41-49.

276) 『資治通鑑』 卷200 高宗顯慶元年(656) 十二月條

277) "(九月)二十三日, 百濟餘賊入泗沘, 謀掠生降人, 留守仁願出唐羅人, 擊走之. 賊退, 上泗沘南嶺, 豎四五柵, 屯聚伺隙, 操掠城邑, 百濟人叛而應者二十餘城. 唐皇帝遣左衛中郎將王文度爲熊津都督, 二十八日, 至三年山城傳詔, 文度面東立, 大王面西立, 錫命後, 文度欲以宣物授王, 忽疾作, 便死, 從者攝位, 畢事."(『三國史記』 卷五 新羅本紀 武烈王)

278) 成周鐸, 1976, 「신라 三年山城 연구」, 『百濟研究』 7, 忠南大 百濟研究所, pp.131-160. 이 논문에서는 三年山城 위치에 대한 역사지리적 의미와 산성의 구조, 그리고 신라 산성 배치의 역할 등에 대하여 고찰하였다.

아들이 귀한 관직에 오르자 뒤에 모친을 晉陽君夫人에 봉했는데, 지문을 지은 사람은 '夫人'이라는 글자를 누락시켰다. 이런 사실에 대해서는 상세하고 구체적인 사료의 설명이 없기 때문에, 여기에서는 일단 문제를 제기하고 나중에 새로운 사료가 나오면 다시 논의하고자 한다.

3. 王文度 百濟 出征 때 官職

이상에서 논한 바와 같이, '永徽誌文'에 기재된 왕문도의 관직이 上柱國右武侯將軍이었으며, 이에 앞서 永徽 5년(654)의 「萬年宮碑陰題名」에는 그가 서명한 관직이 右武侯將軍上柱國晉陽縣開國侯였다. 이는 곧 永徽 末에 왕문도의 관직에 큰 변화가 없었음을 말한다. 즉, 종3품의 右武侯將軍 및 上柱國 등이었다. 그러나 顯慶 初年에 副大摠管 신분으로 大將軍 程知節을 따라 서돌궐에 출정하였으나 황제의 조칙을 고쳐서 속이고 현명하고 능력 있는 자를 시기하는 죄를 범해 '죽어 마땅하지만 특별히 除名 당하는' 처벌을 받아, 종3품에 이르렀던 그의 관직이 모두 없어졌고 결국 일개 평민으로 되고 말았다.

顯慶 5년(660) 9월에 唐 조정이 다시 왕문도를 기용했는데, 당 조정이 왜 이 시기에 왕문도를 다시 기용했는지에 대해서는 위에서 이미 다루었으므로 더 이상 언급하지 않기로 하겠다.

『舊唐書』卷84「劉仁軌傳」과 『新唐書』卷220「東夷傳·百濟」의 기록에 의하면, 백제로 출정할 때 왕문도의 관직은 左衛中郎將이었는데, 그 신분으로 熊津都督으로 삼은 것이다. 左衛中郎將은 정4품으로 상술한 右武侯將軍이나 副大摠管이었을 당시에는 모두 종3품 관직이었다. 이는 당 조정이 삭탈관직하여 평민으로 만든 왕문도를 다시 기용하여 백제 출정에서 熊津都督을 맡긴 것은, 사실은 관직에 복직시킨 것이 아니라 왕문도로 하여금 공을 세워 자신이 지은 죄를 보상하도록 하면서 동시에 '死地로 보내 살아남도록 한다(置之死地而後生).'는 의미였다. 그러나 애석하게도 왕문도는 당 조정의 뜻에 보답하지 못하고 건강 상의 이유로 한반도에서 목숨을 잃었다.

그의 관직이 비록 이전에 「萬年宮碑陰題名」에는 종3품 右武侯將軍이라는 관직으로 서명하였지만, '永徽誌文'에서는 새로운 증거를 제공하고 있다. 이는 곧 당 조정이 그를 將領으로 임명하여 출정시켰을 때, 일정한 규범과 해외 작전에서 마주칠 수 있는 험난한 환경에 따라, 일찍이 죄를 지은 자에 대해서는 職權을 수여하는 것이 매우 신중했다는 것을 말해준다.

V. 맺음말

본고에서는 새로 발견된 정관 14년과 영휘 6년에 쓰여진 隋末 將領 王賚의 두 개 묘지를 이용하여, 隋唐時代 왕조 교체기에 빈번한 전쟁으로 다른 지방에서 客死하여 고향으로 遷葬하는 것이 자주 일어나는 일이었고, 이 때문에 한 인물을 두고 두 개의 묘지가 출현하게 되었음을 다루었다.

필자는 현존하는 墓誌 文獻에서 28명(王賚을 포함하여 6명을 실제로 조사하였다.)이 각각 두 개의 묘지를 가지고 있음을 확인했다. 그러나 수많은 唐人 墓誌 가운데에도 이와 같은 상황이 존재한 가능성이 많기 때문에, 이런 문제의 원인을 밝히기 위해 지속적으로 새로운 자료를 찾아내고 연구할 필요가 있다.

둘째, 왕윤의 두 개 묘지를 지은 기간은 15년이라는 시차가 있지만, 그 가운데 묘주의 생에 기록의 복잡함과 간단한 정도, 사건 기록의 삭제 등에 대하여 연구해야 할 부분이 많다. 필자는 그 가운데 존재하는 문제와 차이가 발생하는 원인을 검토해 보았지만, 거기에는 여전히 납득하기 어려운 부분도 있고 또 어떤 부분에서는 실체적인 사실을 파악하지 못하고 있을 수도 있다.

셋째, 묘주 왕윤의 아들 왕문도와 관련된 문제를 검토하였다. 필자는 정관 14년 경에 왕문도가 使持節廓州諸軍事, 廓州刺史에 임명된 것으로, 貞觀 中期에 隴右道廓州刺史 관직에 임명된 사료를 보완할 수 있다고 생각한다. 아울러 왕윤의 사망 연령과 묘지 가운데 嗣子 왕문도를 기술한 것으로, 필자가 이전에 주장했던 왕문도의 生卒 연령에 대한 추론을 정정할 수 있을 것이다.

요컨대, 貞觀과 永徽年間에 묘주 왕윤의 아들 왕문도에 의해 만들어진 두 개의 묘지는 그동안 학계에서 몰랐던 새로운 사료를 제공해 주었고 死者의 생애를 밝히는 데 도움을 주었을 뿐만 아니라, 隋唐時期 몇몇 중대한 사건들에 대하여 증거자료를 제공해주고 있다. 물론, 본고의 내용 가운데는 아마도 약간의 착오가 있을 수도 있을 것이다. 諸賢의 叱正을 바란다.

투고일: 2021.04.15　　　　　　　　　　　　　게재확정일: 2021.05.01

『隋書』, 『新唐書』, 『舊唐書』, 『語石』, 『冊府元龜』, 『資治通鑒』, 『三國史記』

(唐) 李吉甫 撰, 贺次君 点校, 1983, 『元和郡县图志』, 中华书局.

齐运通·杨建锋编, 2017, 『洛阳新获墓志 2015』, 中华书局.

毛阳光 主编, 2018, 『洛阳流散唐代墓志汇编续集』(全3册), 国家图书馆出版社.

陕西考古研究院 编, 2019, 『陕西考古研究院新入藏墓志』, 上海古籍出版社.

拜根兴, 2008, 『七世纪中叶唐与新罗关系研究』, 中国社会科学出版社.

拜根兴, 2019, 『石刻墓志与唐代东亚交流研究』, 科学出版社.

王其祎·周晓薇 编著, 2007, 『隋代墓志铭汇考』, 线装书局.

吴钢等 主编, 1995, 『全唐文补遗 第2辑』, 三秦出版社.

吴钢等 主编, 1997, 『全唐文补遗 第4辑』, 三秦出版社.

吴钢等 主编, 1998, 『全唐文补遗 第5辑』, 三秦出版社.

吴钢等 主编, 1999, 『全唐文补遗 第6辑』, 三秦出版社.

吴钢等 主编, 2000, 『全唐文补遗 第7辑』, 三秦出版社.

吴钢等 主编, 2005, 『全唐文补遗 第8辑』, 三秦出版社.

岑仲勉, 1985, 『唐史余沈』. 弘文出版社. 1985.

岑仲勉, 2004, 『金石论丛』, 中华书局. 2004.

赵振华, 2009, 『洛阳古代铭刻文献研究』, 三秦出版社.

杨向奎, 2013, 『唐代墓志义例研究』, 嶽麓书社.

叶昌炽 撰, 柯昌泗 评, 陈公柔·张明善 点校, 1994, 『语石 语石异同评』, 中华书局.

郁贤皓, 2000, 『唐刺史考全编 卷36 "陇右道·廓州"』, 安徽大学出版社.

拜根兴, 2008, 「唐将王文度事迹考述-以与新罗关系为中心」, 『唐史论丛』 第10辑, 杜文玉 主编, 三秦出版社.

拜根兴, 2018, 「隋唐时代出使高句丽三使者墓志考释」, 『陕西历史博物馆论丛』 25辑, 陕西历史博物馆 编, 强跃主编, 陕西新华出版传媒集团·三秦出版社.

拜根兴, 2019, 「墓志所见隋炀帝亲征高句丽-兼论唐初君臣对隋亡事件的诠释」, 『陕西师范大学学报』 2019年 第1期.

李明, 2017, 「韦匡伯墓志抉疑」, 『中原文物』 2017年 第4期.

强跃·景亚鹏, 2012, 「论唐人崇尚的女性美德」, 『陕西师范大学学报』 2012年 第5期.

潘明福, 2005, 「〈唐刺史考全编〉补遗」, 『文献』 2005年 第2期.

马建红, 2010, 「〈唐刺史考全编〉拾补」, 『唐史论丛』 第12辑, 杜文玉 主编, 三秦出版社.

杨晓·吴炯炯, 2013, 「〈唐刺史考全编〉补正四」, 『敦煌学辑刊』 2013年 第2期.

李军, 2018, 「新出李宽墓志与唐初政局」, 『东岳论丛』 2018年 第3期.

氣賀澤保規 編, 2017, 『新編 唐代墓誌所在總合目錄·前言』, 日本明治大學 東ァジァ石刻文物研究所.

신출토 문자자료

일본 출토의 고대 목간

일본 출토의 고대 목간

- 호적과 목간 -

三上 喜孝 著[*]

이재환 譯[**]

> I. 福岡県 太宰府市 国分松本 유적 출토 戶口 변동 목간
> II. 宮城県 多賀城跡 출토 戶籍 발췌 木簡

〈국문초록〉

　福岡県 太宰府市의 国分松本 유적에서 7세기 말 筑前国 嶋評의 호구 변동을 각 戶 별로 정리한 목간이 발견되었다. 正倉院 문서 중에는 大宝 2年(702)에 만들어진 동일 지역의 호적이 남아 있는데, 목간의 서식은 '西海道型'으로 불리는 해당 호적과 다르고 오히려 '東山道型' 호적과 공통되는 점이 많다. 이는 '東山道型' 호적이 7세기 후반 飛鳥浄御原令制 下의 서식을 이어받았을 것이라는 추정을 뒷받침하며, 해당 시기 긴박한 대외 정세 하에서 군단병사제를 의식하여 호적이 작성되었을 가능성이 유추된다. 한편 宮城県 多賀城市 多賀城跡의 1983년 제44차 조사에서 출토된 제79호 목간은 戶口로 여겨지는 인명에 刻界線·合点·追記 등이 이루어져, 호적에서 인명을 발췌한 뒤 무언가를 체크한 것으로 생각된다. 이 목간 또한 '東山道型'의 서식이 확인되어, 養老 5년(721) '西海道型'으로 전국의 호적 서식이 통일되기 이전에 만들어진 호적과 관련된 것일 가능성이 높다.

▶ 핵심어: 木簡, 戶籍, 書式, 西海道型, 東山道型

I. 福岡県 太宰府市 国分松本 유적 출토 戶口 변동 목간

　福岡県 太宰府市의 国分松本 유적은 西海道(九州)를 통괄하던 大宰府 政廳의 서북쪽 1.2㎞ 정도 지점으로

---

* 日本 国立歴史民俗博物館 교수
** 중앙대학교 조교수

서, 筑前国府 유적 혹은 大宰府 관련 시설로 추정되고 있다. 이 유적에서 7세기 말로 거슬러 올라간다고 생각되는 호적 관련 목간이 출토되었다(그림 1·그림 2).[1]

・嶋評　　　「戸主建部身麻呂戸又附去 建□〔部ヵ〕[

　　　　　　政丁次得□□〔万呂ヵ〕兵士次伊支麻呂政丁次〔

　　「嶋□□〔戸ヵ〕占部恵〔　　　〕川部里 占部赤足戸有□□〔

　　　　　　小子之母占部真□〔廣ヵ〕女老女之子得〔

　　□□□」　　　穴凡部加奈代戸有附　□□□□□〔建部万呂戸ヵ〕占部〔

　　　　　　　　□□

・并十一人同里人進大貳建部成戸有　「戸主□〔建ヵ〕

同里人建部咋戸有戸主妹夜乎女同戸□〔有ヵ〕□

麻呂損戸　又 依去同部得麻女丁女同里□〔人ヵ〕□

白髪部伊止布損戸　二戸別本戸主建部小麻呂□

이것은 筑前国 嶋評(福岡県 糸島市 부근)의 호구 변동을 각 호 별로 정리한 기록목간이다. '評'은 7세기 후반 国 아래에 설치된 행정 구획으로, 701년 大宝律令 제정 이후 '郡'으로 바뀌었다. 또 목간에 보이는 '進大貳'라는 官位가 685년부터 大宝律令 시행되는 701년까지 사용되었던 것이므로,[2] 이 목간은 庚寅年籍(690년)[3] 이후 大宝令 제정 이전의 단계에 작성되었음을 알 수 있다. 어느 쪽으로 보든 飛鳥浄御原令(689년 시행)[4] 체제 하에 작성된 호적에 관련된 것으로, 호적 작성 후 호구의 변동에 대하여 기록한 목간이다. 또한 율령에서 호적은 6년에 한 번씩 작성하도록 규정하고 있어, 이를 감안하면 7세기 말의 造籍年은 庚寅年籍(690년)을 기점으로 할 때 696년에도 호적이 작성되었을 가능성이 있다.

国分松本 유적에서는 그 밖에,

私□板十六枚目録板三枚父母

竺志前国嶋評

方板五枚并廿四枚

라고 기록된 목간도 출토되었다. '竺志前国'은 '筑前国'의 옛 표기이다. '私□板 十六枚', '目録板 三枚', '父母方

1) 木簡学会 編, 2013, 『木簡研究』 35.
2) 『日本書紀』 天武天皇 14年(685) 正月 丁卯条.
3) 『日本書紀』 持統天皇 4年(690) 9月 乙亥朔条.
4) 『日本書紀』 持統天皇 3年(689) 6月 庚戌条.

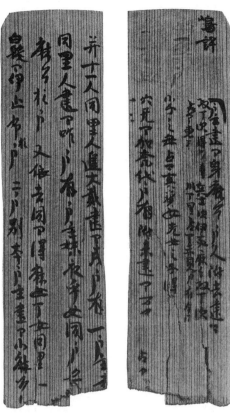

【釈文】
・嶋評

戸主建ア身麻呂戸又附去建（アカ）
政丁次得□□兵士次伊支麻呂政丁次（万呂カ）
占ア恵□□□川ア里占ア赤見戸有□□（広カ）
小子之母占ア真□女老女之子得□□
穴凡ア加奈代ア戸有附（建ア万呂戸カ）□□占ア
□□□
□□

「嶋□□」（戸カ）

・并十一人同里人進大弐建ア成戸有　戸主□□（建カ）
同里人建ア昨戸有戸主妹夜乎女同戸　□□（有カ）
麻呂損戸　又依去同ア得麻女丁女同里　□□（人カ）
白髪ア伊止布損戸　二戸別本戸主建ア小麻呂□□

그림 1. 福岡県 太宰府市 国分松本 유적 출토 호구 변동 목간(복제, 国立歴史民俗博物館 소장. 原品은 太宰府市教育委員会 소장)

그림 2. 福岡県 太宰府市 国分松本 유적 출토 호구 변동 목간(판독문)

板 五枚' 등 총 24매의 帳簿木簡이 嶋評에서 筑前国에 보내질 때의 送状으로서, 이 24매의 목간을 묶고 그곳에 장착한 것인 듯하다. '嶋評'에 해당하는 지역과 国分 松本 유적이 상당히 떨어져 있음에도 불구하고 '嶋評'에 관한 목간이 2점 출토된 것은 놀랄 만한 일인데, 처음 올려진 호구 변동 관련 기록 목간과 함께 嶋評에서 筑前国으로 보내진 서류가 여기에 집적되어 있었던 것으로 생각된다. 이러한 점에서 이 유적이 大宰府 관련 시설 혹은 筑前国의 초기 国府 등 광역 행정 구역을 총괄하는 관청이 위치해 있었다고 추정할 수 있다.

우연하게도 正倉院 文書 중에는 大宝 2年(702) 筑前国 嶋郡의 호적이 남아 있다. 예를 들면 다음과 같은 것이다.[5]

---

5) 『大日本古文書』 1-123.

戸主葛野部勾、年肆拾歳、　　　　正丁　課戸

妻肥君武□利売、年肆拾弐歳、　　丁妻

男葛野部意比止麻呂、年捌歳、　　小子　嫡子

男葛野部止許志提、年伍歳、　　　小子　嫡弟

女葛野部酒持売、年弐拾歳、　　　次女

女葛野部止与売、年拾弐歳、　　　小女

女葛野部妹売、年拾歳、　　　　　小女　上件四口嫡女

卜部方見売、年拾捌歳、　　　　　次女　寄口

男卜部意富麻呂、年参歳、　　　　緑児

葛野部久漏麻呂、年肆拾肆歳、　　正丁　寄口

妻宗形部宿奈売、年参拾漆歳、　　丁妻

男葛野部比都自、年捌歳、　　　　小子　嫡子

女葛野部気豆売、年拾参歳、　　　小子

女葛野部麻泥豆売、年参歳、　　　緑女　上件二口嫡女

弟葛野部牧夫、年弐拾弐歳、　　　正丁

弟葛野部身麻呂、年壱歳、　　　　緑児

卜部意止麻呂、年拾陸歳、　　　　小子　寄口

卜部忍男、年肆拾肆歳、　　　　　残疾　寄口

妻宗形部阿比太売、年肆拾玖歳、　丁妻

奴夜恵麻呂、年拾壱歳、

婢伊奈豆売、年肆拾肆歳、上件二口戸主奴婢

（後略）

筑前国의 8세기 호적은 '西海道型' 호적이라고 불리는데, 가족 관계, 이름, 나이, 연령 구분 등을 한 명당 한 행씩 쓰며, 각 행에는 중복을 피하지 않고 氏의 집단명(葛野部, 卜部 등)과 개인명(意比止麻呂, 酒持売 등), 즉 풀 네임을 기록하고 있는 점이 특징이다.

동일하게 筑前国 嶋郡(嶋評)에 관한 호적임에도 이 목간과 大宝 2년의 호적에는 서식 상 차이가 있다. 오히려 동일하게 大宝 2년에 작성된 御野国(美濃国, 지금의 岐阜県) 戸籍과 공통되는 점이 많다. 御野国의 大宝 2년 호적은 '東山道型 戸籍'이라고 하는 서식을 갖추고 있다. 그 예는 다음과 같다.[6]

---

6) 『大日本古文書』1-1.

下々戸主石足〈年卅三、兵士〉　戸主兄国足〈年卅四、正丁〉　嫡子安倍〈年六、小子〉

戸主弟高嶋〈年廿七、兵士〉　嫡子八十麻呂〈年二、緑子〉　戸主弟久留麻呂〈年二十五、正丁〉

次大熊〈年廿、少丁〉　次広国〈年十九、少丁〉　次友乎〈年十八、少丁〉

戸主母国造族麻奈売〈年卅、正女〉　戸主妻国造族志祁多女〈年卅二、正女〉　大熊児阿尼売〈年二、緑児〉

御野国 戸籍의 경우는 다음과 같은 특징이 있다.

　　① 1행 1인이 아니라 1행에 3인을 기록한다.
　　② 앞에 기재되어 있는 인물과 우지名이 같은 경우는 우지名을 생략한다.
　　③ '兵士' 등의 注記가 있다.

国分松本 유적 출토 목간과 大宝 2년 호적을 자세히 비교해 보면, 예를 들어 목간에서 '次'이라는 글자를 사용하여 직전 인물과의 형제 관계를 표시하였지만, 筑前国 호적에는 이러한 서사 방식이 보이지 않고, 오히려 御野国 호적과 공통되는 서식이다. 그 밖에도 '兵士'라는 注記의 존재, 중복되는 우지名의 생략 등 御野国 호적과 공통되는 서식이 일부 확인된다.[7]

奈良 東大寺의 正倉院에 남아 있는 大宝 2년 호적에는 크게 '西海道型'과 '東山道型'의 두 서식이 존재할 가능성이 지적되어 왔는데,[8] 이 목간은 '西海道型'이 아니라 오히려 '東山道型'에 가까운 것이다.

'東山道型' 戸籍은 7세기 후반 飛鳥浄御原令制 下의 호적 서식을 답습하였을 가능성이 종래에 지적된 바 있는데, 이 목간이 그것을 뒷받침한다고 할 수 있겠다. 좀 더 깊이 생각해 보면 '東山道型' 호적은 각 戸에서 兵士를 징발할 것을 염두에 둔 서식인데, 7세기 후반 筑前国에서도 마찬가지로 7세기 후반의 긴박한 대외 정세 하에서 군단병사제를 의식한 호적이 작성되었음을 의미하는 것은 아닐까?

이 목간의 발견에 의해 飛鳥浄御原令制下 호적의 존재가 실증되고, 7세기 후반에서 8세기에 걸친 호적 서식의 변천을 추적할 수 있게 되었다는 점에서 의의가 크다.

II. 宮城県 多賀城跡 출토 戸籍 발췌 木簡

戸籍에 관련된 목간으로는 国分松本 유적 외에 宮城県 多賀城市 多賀城跡에서 출토된 목간을 들 수 있다 (그림 3·그림 4). 1983年 제44차 조사에서 출토된 제79호 목간이다. 문자를 판독할 수 있는 부분만을 추려

---

7) 坂上康俊, 2013, 「嶋評戸口変動木簡をめぐる諸問題」, 『木簡研究』 35.
8) 平川南, 2003, 「出土文字資料と正倉院文書」, 『古代地方木簡の研究』, 吉川弘文館(初出: 1999).

내면 다음과 같다.[9]

　　黒万呂姉占部麻用売
　　弟万呂母占部小□□〔売ヵ〕
　　戸主同□〔族ヵ〕□□□

이 목간은 호구로 여겨지는 인명의 표기나 배열 외에, 刻界線·合点·追記 등의 특징을 가지고 있어, 호적에서 인명을 발췌하여 무언가를 체크한 흔적이 엿보인다.

기재 상의 특징으로 "黒万呂의 姉 占部麻用売", "弟万呂의 母 占部小□売" 등 '남성 이름 + 누이 이름', '남성 이름 + 어머니 이름'의 남성 이름을 주체로 하는 기재 방법을 들 수 있다. 앞서 언급한 御野国 호적에도 "戸主母国造族麻奈売", "戸主妻国造族志祁多女", "大熊児阿尼売" 등 같은 서사 방식이 있어, 이 목간이 御野国 호적, 즉 '東山道方' 호적과 같은 기재 양식을 취하고 있음을 알 수 있다.

목간의 연대에 대해서는 養老 5년

그림 3. 宮城県 多賀城市 多賀城跡 출토 79号 木簡 (宮城県多賀城跡調査研究所 소장)

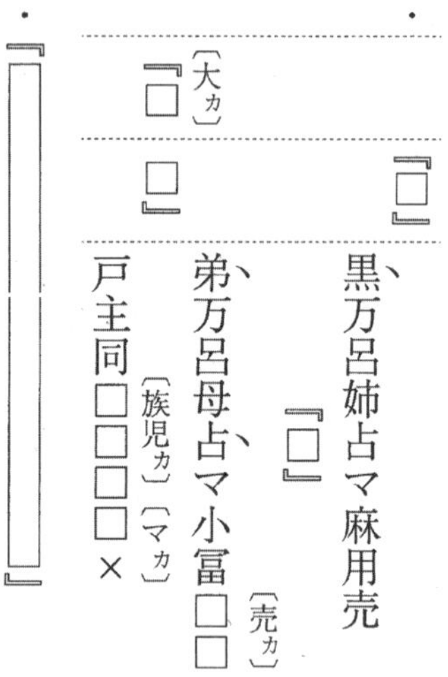

그림 4. 宮城県 多賀城市 多賀城跡 출토 79号 木簡(판독문)

(721)에 작성된 호적 단계에 전국적으로 '西海道型' 호적의 서식으로 통일되었다는 견해가 있어, 그에 따르면 '東山道型' 호적의 서식을 답습한 이 목간은 호적 서식이 통일되기 전, 즉 大宝 2년(702), 和銅元年(708), 和銅 7년(714) 중 어느 해에 작성된 호적에 관련된 것일 가능성이 높다.[10]

호적은 6년에 한 번 작성되기 때문에 6년 간의 호구 변동 등을 그때 그때 기록해 둘 필요가 있다. 목간은 공문서로서 종이로 호적을 작성할 때 참조할 기록으로 중요한 의미를 가졌던 것이다.

투고일: 2021.05.14　　　심사개시일: 2021.06.07　　　심사완료일: 2021.06.13

---

9) 宮城県多賀城跡調査研究所, 2013, 『宮城県多賀城跡調査研究所資料Ⅲ 多賀城跡木簡Ⅱ(本文編)·(図版編)』.
10) 平川南, 2003, 「多賀城の創建年代」, 『古代地方木簡の研究』, 吉川弘文館(初出: 1993).

참/고/문/헌

坂上康俊, 2013, 「嶋評戸口変動木簡をめぐる諸問題」, 『木簡研究』35.

平川南, 2003, 「多賀城の創建年代」, 『古代地方木簡の研究』, 吉川弘文館(初出 1993).

平川南, 2003, 「出土文字資料と正倉院文書」, 『古代地方木簡の研究』, 吉川弘文館(初出 1999).

宮城県多賀城跡調査研究所, 2013, 『宮城県多賀城跡調査研究所資料Ⅲ 多賀城跡木簡Ⅱ(本文編)·(図版編)』.

〈Abstract〉

Ancient documents excavated in Japan
－ Family registers and Wooden documents －

Mikami Yoshitaka

From the Kokubun Matsumoto site in Dazaifu City, Fukuoka Prefecture, a wooden document which recorded the change in the household members by each house in the Chikuzen Kunishima at the end of the 7th century was excavated. The family register document of the same area in 702CE(Taiho 2) also remains in Shosoin. Its form is classified as 'Saikaido' style. However, the form of the wooden document is similar to 'Tosando' style rather than 'Saikaido' style. This supports the assumption that 'Tosando' style of the family register has inherited the style from the Asukakiyomihara ordinance of the late 7th century. The family register may have been made with the intention of recruiting soldiers from each family under the critical international situation at that time. Mokkan No. 79 excavated in the 44th survey of the Tagajo Castle in Tagajo City, Miyagi Prefecture in 1983 has arrangement of the names of people thought to be the household members, and also has the engraved lines, connection mark and additional notes. It is thought that something was checked after extracting names from the family register. Since 'Tosando' style is identified in this wooden document too, it can be related to the family register made before 721CE(Yoro 5) when the form of family register was unified nationally as 'Saikado' style.

▶ Key words: wooden document, family register, form, saikaido style, tosando style

휘 보

학술대회, 신년휘호

학술대회, 신년휘호

1. 학술대회

1) 제35회 정기발표회

■ 일시: 2021년 2월 16일(화요일)
■ 장소: 부여 국립부여문화재연구소 회의실
■ 주최: 국립부여문화재연구소, 한국목간학회
■ 주관: 한국목간학회
■ 일정

□ 9:00~11:00
  부소산성 명문토기 출토유적 답사
□ 11:00~12:00
  명문토기 실견

□ 1부 개회식 13:00~13:15 – 사회 : 유은식(국립부여문화재연구소)
  개회사 및 환영사

□ 2부 신출토 문자자료 13:20~14:10 – 사회 : 윤용구(경북대)
  제1주제: 부소산성 내 명문토기 출토유적과 유물 – 김대영(국립부여문화재연구소)
  제2주제: 장수 침령산성·남원 아막성 출토 목간자료 소개 – 조명일(군산대 가야문화연구소)

□ 3부 부소산성 출토 명문토기 14:20~15:10 - 사회 : 홍승우(경북대)

　　제1주제: 부소산성 출토 명문토기에 대한 검토 - 이병호(공주교대)

　　제2주제: 부사산성 명문토기 검토 : 동아시아 문자자료와의 비교 - 방국화(경북대)

□ 4부 종합토론 15:40~17:20 - 좌장 : 주보돈(경북대)

　　노중국(계명대), 정재윤(공주대), 권인한(성균관대), 백종오(한국교통대)

2) 제36회 정기발표회

■ 일시: 2021년 4월 26일(월요일)~27일(화요일)

■ 장소: 경북대학교 인문한국진흥관 B102

■ 주최: 경북대학교 인문학술원

■ 주관: 한국목간학회, (재)화랑문화재연구원, 경북대학교 인문학술원 HK+사업단

■ 후원: 한국연구재단

■ 일정

《4월 26일 – 1일차》

□ 17:00~18:30

　　참석자 등록, 호텔 투숙

□ 18:00~20:00

　　참석자 환영만찬, 종합토론 진행 방식 안내

《4월 27일-2일차》

□ 개회·기조강연 9:00~10:10 - 사회 : 橋本繁(경북대)

　　개회사 및 환영사·

　　〈기조강연〉 경산 소월리 목간과 금호강문화 - 주보돈(경북대)

　　〈기조강연〉 古代朝鮮と日本における谷戸と村の開発 - 平川南(일본, 人間文化研究機構)

□ 1부 경산 소월리 목간과 그 주변 10:20~10:45 - 사회 : 이병호(공주교대)

　　제1주제: 경산 소월리 유적 추가발굴 조사보고 김상현(화랑문화재연구원)

　　제2주제: 경산 소월리 목간과 유구의 성격 - 이동주(경북대)

□ 2부 경산 소월리유적과 동아시아 14:10~16:00 - 사회 : 김경호(성균관대)

제1주제: 走馬樓吳簡"隱核波田簿"與三國六朝南方水利 - 凌文超(중국, 北京師大)

제2주제: 简牍材料所见先秦秦汉时期的水利行政史 - Brian G. Lander(미국, Brown Univ.)

□ 3부 종합토론 15:40~17:20 - 좌장 : 노중국(계명대)

李成市(일본, 早稻田大), 이수훈(부산대), 하일식(연세대), 김병준(서울대), 홍승현(창원대), 김진우(경북대)

2. 신년휘호

* 2021년 2월 16일

* 藏山 金斗漢 先生

신년휘호
(藏山 金斗漢 先生, 2021. 2. 16 제35회 정기발표회장에서)

부록

학회 회칙, 간행예규, 연구윤리규정

학회 회칙

제 1 장 총칙

제 1 조 (명칭) 본회는 한국목간학회(韓國木簡學會, The Korean Society for the Study of Wooden Documents)라 한다.

제 2 조 (목적) 본회는 목간을 비롯한 금석문, 고문서 등 문자자료와 기타 문자유물을 중심으로 한 연구 및 학술조사를 통하여 한국의 목간학 발전에 이바지함을 목적으로 한다.

제 3 조 (사업) 본회는 목적에 부합하는 다음의 사업을 한다.
    1. 연구발표회
    2. 학보 및 기타 간행물 발간
    3. 유적·유물의 답사 및 조사 연구
    4. 국내외 여러 학회들과의 공동 학술연구 및 교류
    5. 기타 위의 각 사항의 사업을 수행하기 위해 필요한 사업

제 4 조 (회원의 구분과 자격)
    ① 본회의 회원은 본회의 목적에 동의하여 회비를 납부하는 개인 또는 기관으로서 연구회원, 일반회원 및 학생회원으로 구분하며, 따로 명예회원, 특별회원을 둘 수 있다.
    ② 연구회원은 평의원 2인 이상의 추천을 받아 평의원회에서 심의, 인준한다.
    ③ 일반회원은 연구회원과 학생회원이 아닌 사람과 기관 및 단체로 한다.
    ④ 학생회원은 대학생과 대학원생으로 한다.
    ⑤ 명예회원은 본회의 발전에 크게 기여한 회원 또는 개인 중에서 운영위원회에서 추천하여 평의원회에서 인준을 받은 사람으로 한다.
    ⑥ 특별회원은 본회의 활동과 운영에 크게 기여한 개인 또는 기관 중에서 운영위원회에서 추천하여 평의원회에서 인준을 받은 사람으로 한다.

제 5 조 (회원징계)   회원으로서 본회의 명예를 손상시키거나 회칙을 준수하지 않았을 경우 평의원회의 심의와 총회의 의결에 따라 자격정지, 제명 등의 징계를 할 수 있다.

제 2 장 조직 및 기능

제 6 조 (조직)   본회는 총회·평의원회·운영위원회·편집위원회를 두며, 필요한 경우 별도의 위원회를 구성할 수 있다.

제 7 조 (총회)
① 총회는 정기총회와 임시총회로 나누며, 정기총회는 2년에 1회 정기적으로 개최하고 임시총회는 필요한 때에 소집할 수 있다.
② 총회는 회장이나 평의원회의 의결로 소집한다.
③ 총회는 평의원회에서 심의한 학회의 회칙, 운영예규의 개정 및 사업과 재정 등에 관한 보고를 받고 이를 의결한다.
④ 총회는 평의원회에서 추천한 회장, 평의원, 감사를 인준한다. 단 회장의 인준이 거부되었을 때는 평의원회에서 재추천하도록 결정하거나 총회에서 직접 선출한다.

제 8 조 (평의원회)
① 평의원은 연구회원 중 평의원회의 추천을 받아 총회에서 인준한 자로 한다.
② 평의원회는 회장을 포함한 평의원으로 구성한다.
③ 평의원회는 회장 또는 평의원 4분의 1 이상의 요구로써 소집한다.
④ 평의원회는 아래의 사항을 추천, 심의, 의결한다.
    1. 회장, 평의원, 감사, 편집위원의 추천
    2. 회칙개정안, 운영예규의 심의
    3. 학회의 재정과 사업수행의 심의
    4. 연구회원, 명예회원, 특별회원의 인준
    5. 회원의 자격정지, 제명 등의 징계를 심의

제 9 조 (운영위원회)
① 운영위원회는 회장과 회장이 지명하는 부회장, 총무·연구·편집·섭외이사 등 20명 내외로 구성하고, 실무를 담당할 간사를 둔다.
② 운영위원회는 평의원회에서 심의·의결한 사항을 집행하며, 학회의 제반 운영업무를 담당한다.
③ 부회장은 회장을 도와 학회의 업무를 총괄 지원하며, 회장 유고시에는 회장의 권한을 대행한다.

④ 총무이사는 학회의 통상 업무를 담당, 집행한다.

⑤ 연구이사는 연구발표회 및 각종 학술대회의 기획을 전담한다.

⑥ 편집이사는 편집위원을 겸하며, 학보 및 기타 간행물의 출간을 전담한다.

⑦ 섭외이사는 학술조사를 위해 자료소장기관과의 섭외업무를 전담한다.

제 10 조 (편집위원회)　　편집위원회는 학보 발간 및 기타 간행물의 출간에 관한 제반사항을 담당하며, 그 구성은 따로 본회의 운영예규에 정한다.

제 11 조 (기타 위원회)　　기타 위원회의 구성과 활동은 회장이 결정하며, 그 내용을 평의원회에 보고한다.

제 12 조 (임원)

① 회장은 본회를 대표하고 총회와 각급회의를 주재하며, 임기는 2년으로 한다.

② 평의원은 제 8 조의 사항을 담임하며, 임기는 종신으로 한다.

③ 감사는 평의원회에 출석하고, 본회의 업무 및 재정을 감사하여 총회에 보고하며, 그 임기는 2년으로 한다.

④ 임원의 임기는 1월 1일부터 시작한다.

⑤ 임원이 유고로 업무를 수행할 수 없게 된 때에는 평의원회에서 보궐 임원을 선출하고 다음 총회에서 인준을 받으며, 그 임기는 전임자의 잔여임기가 1년 미만인 경우는 잔여임기에 규정임기 2년을 더한 기간으로 하고, 잔여임기가 1년 이상인 경우는 잔여기간으로 한다.

제 13 조 (의결)

① 총회에서의 인준과 의결은 출석 회원의 과반수로 한다.

② 평의원회는 평의원 4분의 1 이상의 출석으로 성립하며, 의결은 출석한 평의원 과반수의 찬성으로 한다.

제 3 장　출판물의 발간

제 14 조 (출판물)

① 본회는 매년 6월 30일과 12월 31일에 학보를 발간하고, 그 명칭은 "목간과 문자"(한문 "木簡과 文字", 영문 "Wooden documents and Inscriptions Studies")로 한다.

② 본회는 학보 이외에 본회의 목적에 부합하는 출판물을 발간할 수 있다.

③ 본회가 발간하는 학보를 포함한 모든 출판물의 저작권은 본 학회에 속한다.

제 15 조 (학보 게재 논문 등의 선정과 심사)

　① 학보에는 회원의 논문 및 본회의 목적에 부합하는 주제의 글을 게재함을 원칙으로 한다.

　② 논문 등 학보 게재물은 편집위원회에서 선정한다.

　③ 논문 등 학보 게재물의 선정 기준과 절차는 따로 본회의 운영예규에 정한다.

제 4 장 재정

제 16 조 (재원)　　본회의 재원은 회비 및 기타 수입으로 한다.

제 17 조 (회계연도)　　본회의 회계연도 기준일은 1월 1일로 한다.

제 5 장 기타

제 18 조 (운영예규)　　본 회칙에 명시하지 않은 운영에 필요한 사항은 따로 운영예규에 정한다.

제 19 조 (기타사항)　　본 회칙에 규정되지 않은 사항은 일반관례에 따른다

부칙

1. 본 회칙은 2007년 1월 9일부터 시행한다.

2. 본 회칙은 2009년 1월 9일부터 시행한다.

3. 본 회칙은 2012년 1월 18일부터 시행한다.

4. 본 회칙은 2015년 10월 31일부터 시행한다.

편집위원회에 관한 규정

제 1 장 총칙

제 1 조 (명칭)　본 규정은 '편집위원회에 관한 규정'이라 한다.

제 2 조 (목적)　본 규정은 한국목간학회 편집위원회의 조직 및 편집 활동 전반에 관한 세부 사항을 규정하는 것을 목적으로 한다.

제 2 장 조직 및 권한

제 3 조 (구성)　편집위원회는 회칙에 따라 구성한다.

제 4 조 (편집위원의 임명)　편집위원은 세부 전공 분야 및 연구 업적을 감안하여 평의원회에서 추천하며, 회장이 임명한다.

제 5 조 (편집위원장의 선출)　편집위원장은 편집위원 전원의 무기명 비밀투표 방식으로 편집위원 중에서 선출한다.

제 6 조 (편집위원장의 권한)　편집위원장은 편집회의의 의장이 되며, 학회지의 편집 및 출판 활동 전반에 대하여 권한을 갖는다.

제 7 조 (편집위원의 자격)　편집위원은 다음과 같은 조건을 갖춘자로 한다.
1. 박사학위를 소지한 자.
2. 대학의 전임교수로서 5년 이상의 경력을 갖추었거나, 이와 동등한 연구 경력을 갖춘자.
3. 역사학·고고학·보존과학·국어학 또는 이와 관련된 분야에서 연구 업적이 뛰어나고 학계의 명망과 인격을 두루 갖춘자.

4. 다른 학회의 임원이나 편집위원으로 과다하게 중복되지 않은 자.

제 8 조 (편집위원의 임기)   편집위원의 임기는 2년으로 하되, 연임할 수 있다.

제 9 조 (편집자문위원)   학회지 및 기타 간행물의 편집 및 출판 활동과 관련하여 필요시 국내외의 편집자문위원을 둘 수 있다.

제 10 조 (편집간사)   학회지를 비롯한 제반 출판 활동 업무를 원활히 하기 위하여 편집간사 약간 명을 둘 수 있다.

제 3 장 임무와 활동

제 11 조 (편집위원회의 임무와 활동)   편집위원회의 임무와 활동 내용은 다음과 같다.
    1. 학회지의 간행과 관련된 제반 업무.
    2. 학술 단행본의 발행과 관련된 제반 업무.
    3. 기타 편집 및 발행과 관련된 제반 활동.

제 12 조 (편집간사의 임무)   편집간사는 편집위원회의 업무와 활동을 보조하며, 편집과 관련된 회계의 실무를 담당한다.

제 13 조 (학회지의 발간일)   학회지는 1년에 2회 발행하며, 그 발행일자는 6월 30일과 12월 31일로 한다.

제 4 장 편집회의

제 14 조 (편집회의의 소집)   편집회의는 편집위원장이 수시로 소집하되, 필요한 경우에는 3인 이상의 편집위원이 발의하여 회장의 동의를 얻어 편집회의를 소집할 수 있다. 또한 심사위원의 추천 및 선정 등에 필요한 경우에는 전자우편을 통한 의견 수렴으로 편집회의를 대신할 수 있다.

제 15 조 (편집회의의 성립)   편집회의는 편집위원장을 포함한 편집위원 과반수의 출석으로 성립된다.

제 16 조 (편집회의의 의결)   편집회의 제반 안건은 출석 위원 과반수의 찬성으로 의결하되, 찬반 동수인 경우에는 편집위원장이 결정한다.

제 17 조 (편집회의의 의장) 편집위원장은 편집회의의 의장이 된다. 편집위원장이 참석하지 아니한 경우에는 편집위원 중의 연장자가 의장이 된다.

제 18 조 (편집회의의 활동) 편집회의는 학회지의 발행, 논문의 심사 및 편집, 기타 제반 출판과 관련된 사항에 대하여 논의하고 결정한다.

부칙
제1조 이 규정은 운영위원회의 의결을 거쳐 2007년 11월 24일부터 시행한다.
제2조 이 규정은 운영위원회의 의결을 거쳐 2009년 1월 9일부터 시행한다.
제3조 이 규정은 운영위원회의 의결을 거쳐 2012년 1월 18일부터 시행한다.

학회지 논문의 투고와 심사에 관한 규정

제 1 장 총칙

제 1 조 (명칭)   본 규정은 '학회지 논문의 투고와 심사에 관한 규정'이라 한다.

제 2 조 (목적)   본 규정은 한국목간학회의 학회지인 『목간과 문자』에 수록할 논문의 투고와 심사에 관한 절차를 정하고 관련 업무를 명시함에 목적을 둔다.

제 2 장 원고의 투고

제 3 조 (투고 자격)   논문의 투고 자격은 회칙에 따르되, 당해 연도 회비를 납부한 자에 한한다.

제 4 조 (투고의 조건)   본 학회에서 발표한 논문에 한하여 투고하는 것을 원칙으로 한다.

제 5 조 (원고의 분량)   원고의 분량은 학회지에 인쇄된 것을 기준으로 각종의 자료를 포함하여 20면 내외로 하되, 자료의 영인을 붙이는 경우에는 면수 계산에서 제외한다.

제 6 조 (원고의 작성 방식)   원고의 작성 방식과 요령 등에 관하여는 별도의 내규를 정하여 시행한다.

제 7 조 (원고의 언어)   원고는 한국어로 작성함을 원칙으로 하되, 외국어로 작성된 원고의 게재 여부는 편집회의에서 정한다.

제 8 조 (제목과 필자명)   논문 제목과 필자명은 영문으로 附記하여야 한다.

제 9 조 (국문초록과 핵심어)   논문을 투고할 때에는 국문과 외국어로 된 초록과 핵심어를 덧붙여야 한다. 요약문과 핵심어의 작성 요령은 다음과 같다.

1. 국문초록은 논문의 내용과 논지를 잘 간추려 작성하되, 외국어 요약문은 영어, 중국어, 일어 중의 하나로 작성한다.
2. 국문초록의 분량은 200자 원고지 5매 내외로 한다.
3. 핵심어는 논문의 주제 및 내용을 대표할 만한 단어를 뽑아서 요약문 뒤에 행을 바꾸어 제시한다.

제 10 조 (논문의 주제 및 내용 조건)   논문의 주제 및 내용은 다음에 부합하여야 한다.
1. 국내외의 출토 문자 자료에 대한 연구 논문
2. 국내외의 출토 문자 자료에 대한 소개 또는 보고 논문
3. 국내외의 출토 문자 자료에 대한 역주 또는 서평 논문

제 11 조 (논문의 제출처)   심사용 논문은 온라인투고시스템을 이용한다.

제 3 장 원고의 심사

제 1 절 : 심사자

제 12 조 (심사자의 자격)   심사자는 논문의 주제 및 내용과 관련된 분야에서 박사학위를 소지한 자를 원칙으로 하되, 본 학회의 회원 가입 여부에 구애받지 아니한다.

제 13 조 (심사자의 수)   심사자는 논문 한 편당 2인 이상 5인 이내로 한다.

제 14 조 (심사 의뢰)   편집위원장은 편집회의에서 추천·의결한 바에 따라 심사자를 선정하여 심사를 의뢰하도록 한다. 편집회의에서의 심사자 추천은 2배수로 하고, 편집회의의 의결을 거쳐 선정한다.

제 15 조 (심사자에 대한 이의)   편집위원장은 심사자 위촉 사항에 대하여 대외비로 회장에게 보고하며, 회장은 편집위원장에게 이의를 제기할 수 있다. 심사자 위촉에 대한 이의에 대하여는 편집회의를 거쳐 편집위원장이 심사자를 변경할 수 있다. 다만, 편집회의 결과 원래의 위촉자가 재선정되었을 경우 편집위원장은 회장에게 그 사실을 구두로 통지하며, 통지된 사항에 대하여 회장은 이의를 제기할 수 없다.

제 2 절 : 익명성과 비밀 유지

제 16 조 (익명성과 비밀 유지 조건)   심사용 원고는 반드시 익명으로 하며, 심사에 관한 제반 사항은 편집위원장 책임하에 반드시 대외비로 하여야 한다.

제 17 조 (익명성과 비밀 유지 조건의 위배에 대한 조치)   위 제16조의 조건을 위배함으로 인해 심사자에게 중대한 피해를 입혔을 경우에는 편집위원 3인 이상의 발의로써 편집위원장의 동의 없이도 편집회의를 소집할 수 있으며, 다음 각 호에 따라 위배한 자에 따라 사안별로 조치한다. 또한 해당 심사자에게는 편집위원장 명의로 지체없이 사과문을 심사자에게 등기 우송하여야 한다. 편집위원장 명의를 사용하지 못할 경우에는 편집위원 전원이 연명하여 사과문을 등기 우송하여야 한다. 익명성과 비밀 유지 조건에 대한 위배 사실이 학회의 명예를 손상한 경우에는 편집위원 3인의 발의만으로써도 해당 편집위원장 및 편집위원에 대한 징계를 회장에게 요청할 수 있으며, 이 경우 그 처리 결과를 학회지에 공지하여야 한다.

    1. 편집위원장이 위배한 경우에는 편집위원장을 교체한다.
    2. 편집위원이 위배한 경우에는 편집위원직을 박탈한다.
    3. 임원을 겸한 편집위원의 경우에는 회장에게 교체하도록 요청한다.
    4. 편집간사 또는 편집보조가 위배한 경우에는 편집위원장이 당사자를 해임한다.

제 18 조 (편집위원의 논문에 대한 심사)   편집위원이 투고한 논문을 심사할 때에는 해당 편집위원을 궐석시킨 후에 심사자를 선정하여야 하며, 회장에게도 심사자의 신원을 밝히지 않는 것을 원칙으로 한다.

제 3 절 : 심사 절차

제 19 조 (논문심사서의 구성 요건)   논문심사서에는 '심사 소견', 그리고 '수정 및 지적사항'을 적는 난이 포함되어야 한다.

제 20 조 (심사 소견과 영역별 평가)   심사자는 심사 논문에 대하여 영역별 평가를 감안하여 종합판정을 한다. 심사 소견에는 영역별 평가와 종합판정에 대한 근거 및 의견을 총괄적으로 기술함을 원칙으로 한다.

제 21 조 (수정 및 지적사항)   '수정 및 지적사항'란에는 심사용 논문의 면수 및 수정 내용 등을 구체적으로 지시하여야 한다.

제 22 조 (심사 결과의 전달)   편집간사는 편집위원장의 지시를 받아 투고자에게 심사자의 논문심사서와 심사용 논문을 전자우편 또는 일반우편으로 전달하되, 심사자의 신원이 드러나지 않도록 각별히 유의하여야 한다. 논문 심사서 중 심사자의 인적 사항은 편집회의에서도 공개하지 않는다.

제 23 조 (수정된 원고의 접수)   투고자는 논문심사서를 수령한 후 소정 기일 내에 원고를 수정하여 편집위원장에게 송부하여야 한다. 기한을 넘겨 접수된 수정 원고는 학회지의 다음 호에 접수된 투고 논문과

동일한 심사 절차를 밟되, 논문심사료는 부과하지 않는다.

제 4 절 : 심사의 기준과 게재 여부 결정

제 24 조 (심사 결과의 종류)　심사 결과는 '종합판정'과 '영역별 평가'로 나누어 시행한다.

제 25 조 (종합판정과 등급)　종합판정은 ①揭載 可, ②小幅 修正後 揭載, ③大幅 修正後 再依賴, ④揭載 不可 중의 하나로 한다.

제 26 조 (영역별 평가)　영역별 평가 기준은 다음과 같다.
1. 학계에의 기여도
2. 연구 내용 및 방법론의 참신성
3. 논지 전개의 타당성
4. 논문 구성의 완결성
5. 문장 표현의 정확성

제 27 조 (게재 여부의 결정 기준)　심사용 논문의 학회지 게재 여부는 심사자의 종합판정에 의거하여 이들을 합산하여 시행한다. 게재 여부의 결정은 최종 수정된 원고를 대상으로 한다.

제 28 조 (게재 여부 결정의 조건)　게재 여부 결정의 조건은 다음과 같다.
1. 심사자의 2분의 1 이상이 위 제25조의 '①게재 가'로 판정한 경우에는 게재한다.
2. 심사자의 2분의 1 이상이 위 제25조의 '③게재 불가'로 판정한 경우에는 게재를 불허한다.

제 29 조 (게재 여부에 대한 논의)　위 제28조의 경우가 아닌 논문에 대하여는 편집회의의 토의를 거친 후에 게재 여부를 확정하되, 이 때에는 영역별 평가를 참조한다.

제 30 조 (논문 게재 여부의 통보)　편집위원장은 논문 게재 여부에 대한 최종 확정 결과를 투고자에게 통보하여야 한다.

제 5 절 : 이의 신청

제 31 조 (이의 신청)　투고자는 심사와 논문 게재 여부에 대하여 이의를 신청할 수 있다. 이 때에는 200자 원고지 5매 내외의 이의신청서를 작성하여 심사 결과 통보일 15일 이내에 편집위원장에게 송부하

여야 하며, 편집위원장은 이의 신청 접수일로부터 15일 이내에 이에 대한 처리 절차를 완료하여야 한다.

제 32 조 (이의 신청의 처리)　이의 신청을 한 투고자의 논문에 대해서는 편집회의에서 토의를 거쳐 이의 신청의 수락 여부를 의결한다. 수락한 이의 신청에 대한 조치 방법은 편집회의에서 결정한다.

제 4 장 게재 논문의 사후 심사 및 조치

제 1 절 : 게재 논문의 사후 심사

제 33 조 (사후 심사)　학회지에 게재된 논문에 대하여는 사후 심사를 할 수 있다.

제 34 조 (사후 심사 요건)　사후 심사는 편집위원회의 자체 판단 또는 접수된 사후심사요청서의 검토 결과, 대상 논문이 그 논문이 수록된 본 학회지 발행일자 이전의 간행물 또는 타인의 저작권에 귀속시킬 만한 연구 내용을 현저한 정도로 표절 또는 중복 게재한 것으로 의심되는 경우에 한한다.

제 35 조 (사후심사요청서의 접수)　게재 논문의 표절 또는 중복 게재와 관련하여 사후 심사를 요청하는 사후심사요청서를 편집위원장 또는 편집위원회에 접수할 수 있다. 이 경우 사후심사요청서는 밀봉하고 겉봉에 '사후심사요청'임을 명기하되, 발신자의 신원을 겉봉에 노출시키지 않음을 원칙으로 한다.

제 36 조 (사후심사요청서의 개봉)　사후심사요청서는 편집위원장 또는 편집위원장이 위촉한 편집위원이 개봉한다.

제 37 조 (사후심사요청서의 요건)　사후심사요청서는 표절 또는 중복 게재로 의심되는 내용을 구체적으로 밝혀야 한다.

제 2 절 : 사후 심사의 절차와 방법

제 38 조 (사후 심사를 위한 편집위원회 소집)　게재 논문의 표절 또는 중복 게재에 관한 사실 여부를 심의하고 사후 심사자의 선정을 비롯한 제반 사항을 의결하기 위해 편집위원장은 편집위원회를 소집할 수 있다.

제 39 조 (질의서의 우송)　편집위원회의 심의 결과 표절이나 중복 게재의 개연성이 있다고 판단된 논문에 대해서는 그 진위 여부에 대해 편집위원장 명의로 해당 논문의 필자에게 질의서를 우송한다.

제 40 조 (답변서의 제출)　위 제39조의 질의서에 대해 해당 논문 필자는 질의서 수령 후 30일 이내 편집위원장 또는 편집위원회에 답변서를 제출하여야 한다. 이 기한 내에 답변서가 없을 경우엔 질의서의 내용을 인정한 것으로 판단한다.

제 3 절 : 사후 심사 결과의 조치

제 41 조 (사후 심사 확정을 위한 편집위원회 소집)　편집위원장은 답변서를 접수한 날 또는 마감 기한으로부터 15일 이내에 사후 심사 결과를 확정하기 위한 편집위원회를 소집한다.

제 42 조 (심사 결과의 통보)　편집위원장은 편집위원회에서 확정한 사후 심사 결과를 7일 이내에 사후 심사를 요청한 이 및 관련 당사자에게 통보하여야 한다.

제 43 조 (표절 및 중복 게재에 대한 조치)　편집위원회에서 표절 또는 중복 게재로 확정된 경우에는 회장에게 지체 없이 보고하고, 회장은 운영위원회를 소집하여 다음 각 호와 같은 조치를 집행할 수 있다.
　　1. 차호 학회지에 그 사실 관계 및 조치 사항들을 기록한다.
　　2. 학회지 전자판에서 해당 논문을 삭제하고, 학회논문임을 취소한다.
　　3. 해당 논문 필자에 대하여 제명 조치하고, 향후 5년간 재입회할 수 없도록 한다.
　　4. 관련 사실을 한국연구재단에 보고한다.

제 4 절 : 제보자의 보호

제 44 조 (제보자의 보호)　표절 및 중복 게재에 관한 이의 및 논의를 제기하거나 사후 심사를 요청한 사람에 대해서는 신원을 절대적으로 밝히지 않고 익명성을 보장하여야 한다.

제 45 조 (제보자 보호 규정의 위배에 대한 조치)　위 제44조의 규정을 위배한 이에 대한 조치는 위 제17조에 준하여 시행한다.

부칙
제1조(시행일자) 본 규정은 2007년 11월 24일부터 시행한다.
제2조(시행일자) 본 규정은 2009년 1월 9일부터 시행한다.
제3조(시행일자) 본 규정은 2015년 10월 31일부터 시행한다.
제4조(시행일자) 본 규정은 2018년 1월 12일부터 시행한다.

학회지 논문의 투고와 원고 작성 요령에 관한 내규

제 1 조 (목적)　이 내규는 본 한국목간학회의 회칙 및 관련 규정에 따라 학회지에 게재하는 논문의 투고와 원고 작성 요령에 대하여 명시하는 것을 목적으로 한다.

제 2 조 (논문의 종류)　학회지에 게재되는 논문은 심사 논문과 기획 논문으로 나뉜다. 심사 논문은 본 학회의 학회지 논문의 투고와 심사에 관한 규정에 따른 심사 절차를 거쳐 게재된 논문을 가리키며, 기획 논문은 편집위원회에서 기획하여 특정의 연구자에게 집필을 위촉한 논문을 가리킨다.

제 3 조 (기획 논문의 집필자)　기획 논문의 집필자는 본 학회의 회원 여부에 구애받지 아니한다.

제 4 조 (기획 논문의 심사)　기획 논문에 대하여도 심사 논문과 동일한 절차의 심사를 시행하는 것을 원칙으로 하되, 편집위원회의 의결을 거쳐 심사를 면제할 수 있다.

제 5 조 (투고 기한)　논문의 투고 기한은 매년 4월 말과 10월 말로 한다.

제 6 조 (수록호)　4월 말까지 투고된 논문은 심사 과정을 거쳐 같은 해의 6월 30일에 발행하는 학회지에 수록하며, 10월 말까지 투고된 논문은 같은 해의 12월 31일에 간행하는 학회지에 수록하는 것을 원칙으로 한다.

제 7 조 (수록 예정일자의 변경 통보)　위 제6조의 예정 기일을 넘겨 논문의 심사 및 게재가 이루어질 경우 편집위원장은 투고자에게 그 사실을 통보해 주어야 한다.

제 8 조 (게재료)　논문 게재의 확정시에는 일반 논문 10만원, 연구비 수혜 논문 30만원의 게재료를 납부하여야 한다.

제 9 조 (초과 게재료)　학회지에 게재하는 논문의 분량이 인쇄본을 기준으로 20면을 넘을 경우에는 1

면 당 2만원의 초과 게재료를 부과할 수 있다.

제 10 조 (원고료)　학회지에 게재되는 논문에 대하여는 소정의 원고료를 필자에게 지불할 수 있다. 원고료에 관한 사항은 운영위원회에서 결정한다.

제 11 조 (익명성 유지 조건)　심사용 논문에서는 졸고 및 졸저 등 투고자의 신원을 드러내는 표현을 쓸 수 없다.

제 12 조 (컴퓨터 작성)　논문의 원고는 컴퓨터로 작성함을 원칙으로 하며, 문장편집기 프로그램은「훈글」을 사용할 것을 권장한다.

제 13 조 (제출물)　원고 제출시에는 온라인투고시스템을 이용하며, 연구윤리규정과 저작권 이양동의서에 동의하여야 한다.

제 14 조 (투고자의 성명 삭제)　편집간사는 심사자에게 심사용 논문을 송부할 때 반드시 투고자의 성명과 기타 투고자의 신원을 알 수 있는 표현 등을 삭제하여야 한다.

제 15 조 (출토 문자 자료의 표기 범례 등 기타)　출토 문자 자료의 표기 범례를 비롯하여 위에서 정하지 않은 학회지 논문의 투고와 원고 작성 요령 및 용어 사용 등에 관한 사항들은 일반적인 관행에 따르거나 편집위원회에서 결정한다.

부칙
제1조(시행일자) 이 내규는 2007년 11월 24일부터 시행한다.
제2조(시행일자) 이 내규는 2009년 1월 9일부터 시행한다.
제3조(시행일자) 이 내규는 2012년 1월 18일부터 시행한다.
제4조(시행일자) 이 내규는 2015년 10월 31일부터 시행한다.
제5조(시행일자) 이 내규는 2018년 1월 12일부터 시행한다.

韓國木簡學會 研究倫理 規定

제 1 장 총칙

제 1 조 (명칭)   이 규정은 '한국목간학회 연구윤리 규정'이라 한다.

제 2 조 (목적)   이 규정은 한국목간학회 회칙 및 편집위원회 규정에 따른 연구윤리 등에 관한 세부사항을 규정하는 것을 목적으로 한다.

제 2 장 저자가 지켜야 할 연구윤리

제 3 조 (표절 금지)   저자는 자신이 행하지 않은 연구나 주장의 일부분을 자신의 연구 결과이거나 주장인 것처럼 논문이나 저술에 제시하지 않는다.

제 4 조 (업적 인정)

1. 저자는 자신이 실제로 행하거나 공헌한 연구에 대해서만 저자로서의 책임을 지며, 또한 업적으로 인정받는다.
2. 논문이나 기타 출판 업적의 저자나 역자가 여러 명일 때 그 순서는 상대적 지위에 관계없이 연구에 기여한 정도에 따라 정확하게 반영하여야 한다. 단순히 어떤 직책에 있다고 해서 저자가 되거나 제1저자로서의 업적을 인정받는 것은 정당화될 수 없다. 반면, 연구나 저술(번역)에 기여했음에도 공동저자(역자)나 공동연구자로 기록되지 않는 것 또한 정당화될 수 없다. 연구나 저술(번역)에 대한 작은 기여는 각주, 서문, 사의 등에서 적절하게 고마움을 표시한다.

제 5 조 (중복 게재 금지)   저자는 이전에 출판된 자신의 연구물(게재 예정이거나 심사 중인 연구물 포함)을 새로운 연구물인 것처럼 투고하지 말아야 한다.

제 6 조 (인용 및 참고 표시)

1. 공개된 학술 자료를 인용할 경우에는 정확하게 기술하도록 노력해야 하고, 상식에 속하는 자료가

아닌 한 반드시 그 출처를 명확히 밝혀야 한다. 논문이나 연구계획서의 평가 시 또는 개인적인 접촉을 통해서 얻은 자료의 경우에는 그 정보를 제공한 연구자의 동의를 받은 후에만 인용할 수 있다.

2. 다른 사람의 글을 인용하거나 아이디어를 차용(참고)할 경우에는 반드시 註[각주(후주)]를 통해 인용 여부 및 참고 여부를 밝혀야 하며, 이러한 표기를 통해 어떤 부분이 선행연구의 결과이고 어떤 부분이 본인의 독창적인 생각·주장·해석인지를 독자가 알 수 있도록 해야 한다.

제 7 조 (논문의 수정)　저자는 논문의 평가 과정에서 제시된 편집위원과 심사위원의 의견을 가능한 한 수용하여 논문에 반영되도록 노력하여야 하고, 이들의 의견에 동의하지 않을 경우에는 그 근거와 이유를 상세하게 적어서 편집위원(회)에게 알려야 한다.

제 3 장 편집위원이 지켜야 할 연구윤리

제 8 조 (책임 범위)　편집위원은 투고된 논문의 게재 여부를 결정하는 모든 책임을 진다.

제 9 조 (논문에 대한 태도)　편집위원은 학술지 게재를 위해 투고된 논문을 저자의 성별, 나이, 소속 기관은 물론이고 어떤 선입견이나 사적인 친분과도 무관하게 오로지 논문의 질적 수준과 투고 규정에 근거하여 공평하게 취급하여야 한다.

제 10 조 (심사 의뢰)　편집위원은 투고된 논문의 평가를 해당 분야의 전문적 지식과 공정한 판단 능력을 지닌 심사위원에게 의뢰해야 한다. 심사 의뢰 시에는 저자와 지나치게 친분이 있거나 지나치게 적대적인 심사위원을 피함으로써 가능한 한 객관적인 평가가 이루어질 수 있도록 노력한다. 단, 같은 논문에 대한 평가가 심사위원 간에 현저하게 차이가 날 경우에는 해당 분야 제3의 전문가에게 자문을 받을 수 있다.

제 11 조 (비밀 유지)　편집위원은 투고된 논문의 게재가 결정될 때까지는 심사자 이외의 사람에게 저자에 대한 사항이나 논문의 내용을 공개하면 안 된다.

제 4 장 심사위원이 지켜야 할 연구윤리

제 12조 (성실 심사)　심사위원은 학술지의 편집위원(회)이 의뢰하는 논문을 심사규정이 정한 기간 내에 성실하게 평가하고 평가 결과를 편집위원(회)에게 통보해 주어야 한다. 만약 자신이 논문의 내용을 평가하기에 적임자가 아니라고 판단될 경우에는 편집위원(회)에게 지체 없이 그 사실을 통보한다.

제 13 조 (공정 심사)　심사위원은 논문을 개인적인 학술적 신념이나 저자와의 사적인 친분 관계를 떠

나 객관적 기준에 의해 공정하게 평가하여야 한다. 충분한 근거를 명시하지 않은 채 논문을 탈락시키거나, 심사자 본인의 관점이나 해석과 상충된다는 이유로 논문을 탈락시켜서는 안 되며, 심사 대상 논문을 제대로 읽지 않은 채 평가해서도 안 된다.

제 14 조 (평가근거의 명시)　심사위원은 전문 지식인으로서의 저자의 인격과 독립성을 존중하여야 한다. 평가 의견서에는 논문에 대한 자신의 판단을 밝히되, 보완이 필요하다고 생각되는 부분에 대해서는 그 이유도 함께 상세하게 설명해야 한다.

제 15 조 (비밀 유지)　심사위원은 심사 대상 논문에 대한 비밀을 지켜야 한다. 논문 평가를 위해 특별히 조언을 구하는 경우가 아니라면 논문을 다른 사람에게 보여주거나 논문 내용을 놓고 다른 사람과 논의하는 것도 바람직하지 않다. 또한 논문이 게재된 학술지가 출판되기 전에 저자의 동의 없이 논문의 내용을 인용해서는 안 된다.

제 5 장　윤리규정 시행 지침

제 16 조 (윤리규정 서약)　한국목간학회의 신규 회원은 본 윤리규정을 준수하기로 서약해야 한다. 기존 회원은 윤리규정의 발효 시 윤리규정을 준수하기로 서약한 것으로 간주한다.

제 17 조 (윤리규정 위반 보고)　회원은 다른 회원이 윤리규정을 위반한 것을 인지할 경우 그 회원으로 하여금 윤리규정을 환기시킴으로써 문제를 바로잡도록 노력해야 한다. 그러나 문제가 바로잡히지 않거나 명백한 윤리규정 위반 사례가 드러날 경우에는 학회 윤리위원회에 보고할 수 있다. 윤리위원회는 윤리규정 위반 문제를 학회에 보고한 회원의 신원을 외부에 공개해서는 안 된다.

제 18 조 (윤리위원회 구성)　윤리위원회는 회원 5인 이상으로 구성되며, 위원은 평의원회의 추천을 받아 회장이 임명한다.

제 19 조 (윤리위원회의 권한)　윤리위원회는 윤리규정 위반으로 보고된 사안에 대하여 제보자, 피조사자, 증인, 참고인 및 증거자료 등을 통하여 폭넓게 조사를 실시한 후, 윤리규정 위반이 사실로 판정된 경우에는 회장에게 적절한 제재조치를 건의할 수 있다.
단, 사안이 학회지 게재 논문의 표절 또는 중복 게재와 관련된 경우에는 '학회지 논문의 투고와 심사에 관한 규정'에 따라 편집위원회에 조사를 의뢰하고 사후 조치를 취한다.

제 20 조 (윤리위원회의 조사 및 심의)　윤리규정 위반으로 보고된 회원은 윤리위원회에서 행하는 조

사에 협조해야 한다. 이 조사에 협조하지 않는 것은 그 자체로 윤리규정 위반이 된다.

제 21 조 (소명 기회의 보장)   윤리규정 위반으로 보고된 회원에게는 충분한 소명 기회를 주어야 한다.

제 22 조 (조사 대상자에 대한 비밀 보호)   윤리규정 위반에 대해 학회의 최종적인 징계 결정이 내려질 때까지 윤리위원은 해당 회원의 신원을 외부에 공개해서는 안 된다.

제 23 조 (징계의 절차 및 내용)   윤리위원회의 징계 건의가 있을 경우, 회장은 이사회를 소집하여 징계 여부 및 징계 내용을 최종적으로 결정한다. 윤리규정을 위반했다고 판정된 회원에 대해서는 경고, 회원자격정지 내지 박탈 등의 징계를 할 수 있으며, 이 조처를 다른 기관이나 개인에게 알릴 수 있다.

제 6 장 보칙

제 24 조 (규정의 개정)
1. 편집위원장 또는 편집위원 3인 이상이 규정의 개정을 發議할 수 있다.
2. 재적 편집위원 3분의 2 이상의 찬성으로 개정하며, 총회의 인준을 얻어야 효력이 발생한다.

제 25 조 (보칙)   이 규정에 정해지지 않은 사항은 학회의 관례에 따른다.

부칙
제1조(시행일자) 이 규정은 2007년 11월 24일부터 시행한다.

Wooden Documents and Inscriptions Studies No. 26.   June. 2021

[Contents]

The Korean Society for the Study of Wooden Documents

木簡과 文字 연구 25

엮은이 | 한국목간학회
펴낸이 | 최병식
펴낸날 | 2021년 7월 23일
펴낸곳 | 주류성출판사
　　　　서울시 서초구 강남대로 435
　　　　전화 | 02-3481-1024 / 전송 | 02-3482-0656
　　　　www.juluesung.co.kr
　　　　e-mail | juluesung@daum.net

책　값 | 20,000원
ISBN　978-89-6246-443-6　94910
세트　　978-89-6246-006-3　94910

* 이 책은 『木簡과 文字』 26호의 판매용 출판본입니다.